Hist[oire]

ET

Philosophie des Styles

(ARCHITECTURE, AMEUBLEMENT, DÉCORATION)

PAR

HENRY HAVARD

INSPECTEUR GÉNÉRAL DES BEAUX-ARTS

OUVRAGE ENRICHI
DE 40 PLANCHES HORS TEXTE ET DE PLUS DE 400 GRAVURES
D'APRÈS LES DESSINS DE

YPERMAN, MANGONOT, BOUDIER, HOTIN, MELIN, ROGUET, etc.

et de nombreuses reproductions de documents originaux

PREMIER VOLUME

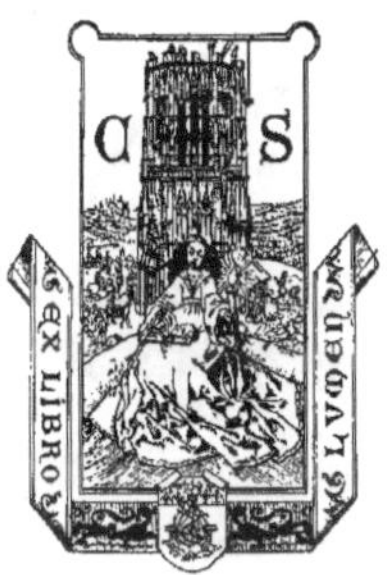

PARIS

LIBRAIRIE GÉNÉRALE D'ARCHITECTURE ET DES ARTS INDUSTRIELS

CHARLES SCHMID, ÉDITEUR
51, RUE DES ÉCOLES, 51

1899

IMPRIMERIE LAHURE

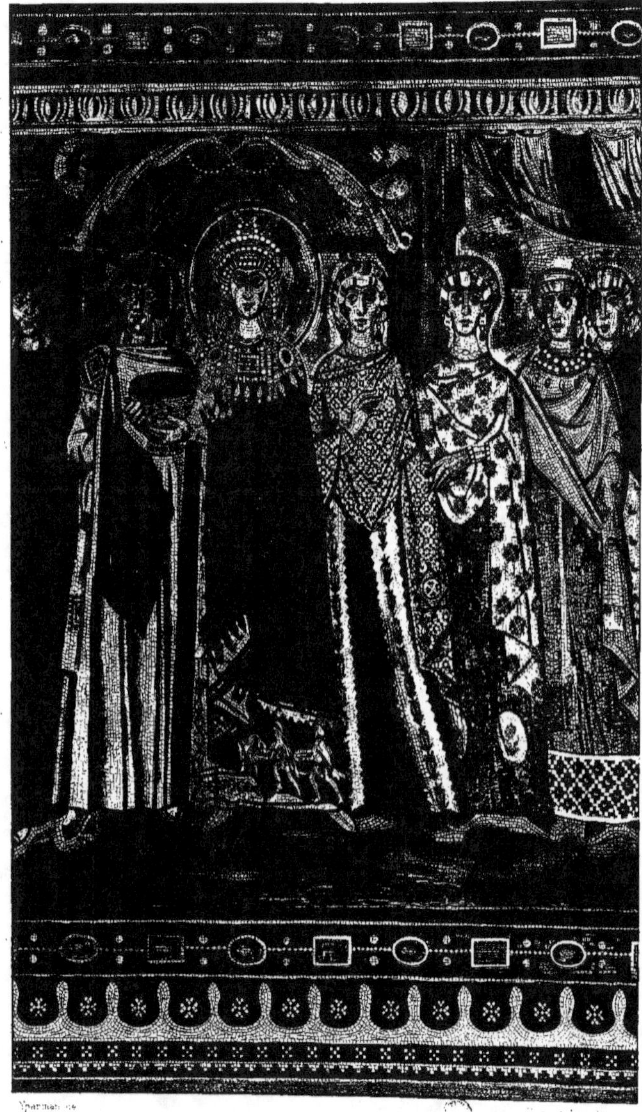

STYLE BYZANTIN

GRANDE MOSAÏQUE DE SAN VITALE DE RAVENNE
REPRÉSENTANT THÉODORA ET SA COUR

Histoire

ET

Philosophie des Styles

(ARCHITECTURE, AMEUBLEMENT, DÉCORATION)

PAR

HENRY HAVARD

INSPECTEUR GÉNÉRAL DES BEAUX-ARTS

OUVRAGE ENRICHI
DE 40 PLANCHES HORS TEXTE ET DE PLUS DE 400 GRAVURES
D'APRÈS LES DESSINS DE

YPERMAN, MANGONOT, BOUDIER, HOTIN, MELIN, ROGUET, etc.
et de nombreuses reproductions de documents originaux

PREMIER VOLUME

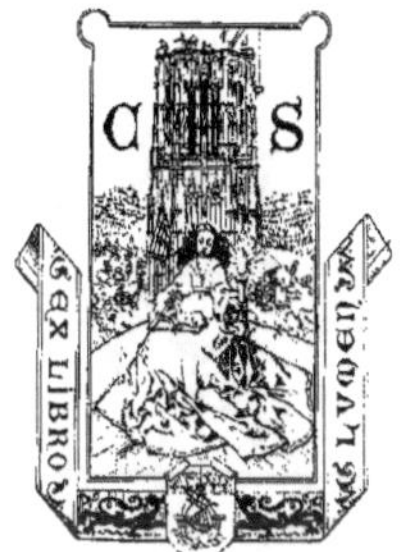

PARIS

LIBRAIRIE GÉNÉRALE D'ARCHITECTURE ET DES ARTS INDUSTRIELS
CHARLES SCHMID, ÉDITEUR
51, RUE DES ÉCOLES, 51

M D CCC IC

A

Monsieur le Comte Henri Delaborde

HENRY HAVARD.

15 Décembre 1898.

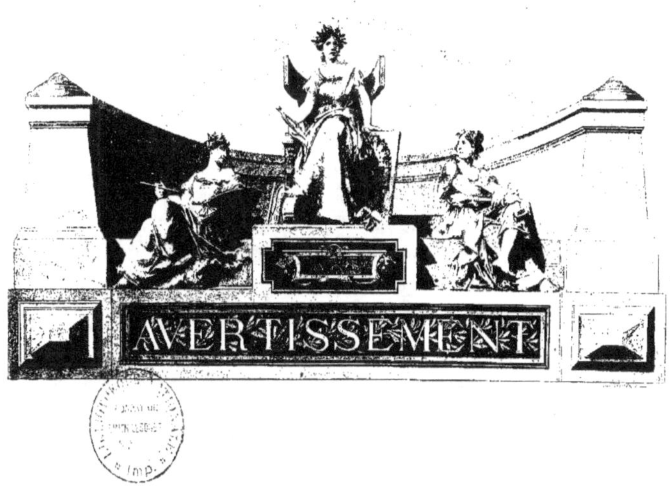

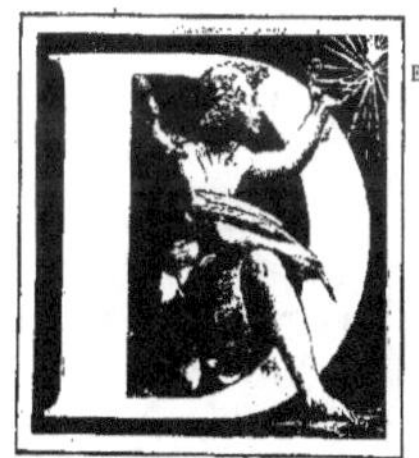

E toutes les études qui ont l'Art pour objet, aucune n'est plus attachante, plus captivante, que celle à laquelle ce Livre est consacré. Aucune, par contre, n'est plus délicate, plus difficile, ne réclame des recherches plus nombreuses, un esprit plus libre, un jugement plus impartial, une application plus soutenue, parce qu'il n'en est pas qui expose à de plus graves et de plus séduisantes erreurs.

Pour traiter un sujet aussi vaste avec l'impartialité indispensable, il faut, en effet, faire dès le principe complète abstraction de ses affections, de ses goûts; car la sincérité de nos impressions ne répond pas de leur justesse. La vérité, dans le domaine de l'Art comme dans celui de la Science, est fort souvent en contradiction avec les impressions de nos sens et leur témoignage irréfléchi. Aussi, pour bien juger de la valeur d'une nation, d'une époque, ne fût-ce que d'une œuvre, devons-nous nous faire une sorte de violence, et par une longue éducation acquérir la faculté de « nous isoler de nous-mêmes », c'est-à-dire de dépouiller nos préférences innées, de répudier les préventions ambiantes, de nous placer en dehors et au-dessus des préoccupations de notre race et des préjugés de la société au milieu de laquelle il nous faut vivre.

On a dit, avec infiniment de raison, qu'une époque « se peint dans le choix de ses mots, dans le tour de ses phrases ». On pourrait ajouter, non moins judicieusement, qu'elle livre, dans ses manifestations artistiques, un portrait également fidèle de son degré de culture et de civilisation. Rien n'est mieux fait pour nous révéler ce que fut son goût; mais rien aussi n'est plus variable que le goût, et rien n'est plus dangereux que d'ériger son Moi en juge suprême et sans appel des qualités ou des défauts qui distinguent les manifestations artistiques d'une race, d'un peuple ou d'un siècle. Le point de vue, en effet, varie non seulement suivant le temps, le caractère, l'entourage, la nationalité, mais même suivant l'âge auquel on est parvenu. Ainsi que le remarque Machiavel[1], la différence des affections et du tempérament nous montre les événements sous des aspects divers, selon que nous approchons de la sénilité ou que nous sommes encore pleins de jeunesse. En outre, il faut surtout se persuader, comme l'a dit Adolphe Lance[2], que « le Beau n'est heureusement le privilège ni de certaines époques, ni de certaines formes », et qu'il peut être réalisé « de mille façons différentes et par les moyens les plus opposés ».

Il en est de même si l'on veut remonter des effets aux causes, et chercher à découvrir dans les événements historiques les raisons qui ont amené ces effloraisons ou ces décadences, ces transformations générales ou partielles, qui caractérisent l'Art à ses différentes étapes dans le monde. Ici encore, il faut agir avec une extrême prudence. L'histoire, quand on en consulte les sources et quand on tient à se pénétrer de son esprit, n'apparaît pas avec cette limpidité, ces divisions nettes et tranchées que fournissent les *précis*.

Dans la vie de l'Humanité, les faits ne s'éclaircissent pas toujours à mesure qu'on en étudie le détail et qu'on en analyse les raisons. Beaucoup d'événements, simples en apparence, deviennent, dès qu'on les étudie, compliqués et troublants. Plus les témoignages recueillis sont nombreux, plus ils ont chance d'être contradictoires; et souvent il suffit d'une circonstance, plus ou moins futile, pour jeter à bas le monumental échafaudage d'un système laborieusement établi, et qui paraissait inébranlable. Où l'on voyait enchaînement et déduction, on découvre qu'il y a seulement concordance. Les origines, qu'on croyait les plus solidement déterminées, sont renversées par une date découverte après coup. L'enchaînement des faits est anéanti par un fait nouveau. Les conclusions les mieux assises se révèlent comme d'audacieux paradoxes, et les démarcations officiellement adoptées, enseignées comme articles de foi, se confondent, s'obscurcissent et disparaissent.

Enfin, le monde, dans son développement, ne suit pas cette progression logique que nous montrent les livres. Certains temps ne marchent pas; ils procèdent par bonds, par secousses, avec des retours, des reculs et une violence d'allure déconcertante. L'Art, qui obéit aux mêmes impulsions, présente les mêmes incohérences apparentes. « L'histoire, comme l'a si bien dit Michelet, n'est pas un professeur de rhétorique qui ménage les transitions[3]. »

Telles sont les raisons qui rendent l'étude que nous commençons particulièrement délicate et nous obligent, dès notre point de départ, à clairement définir le sujet que nous prétendons traiter.

Et d'abord, que faut-il entendre par le mot *Style?* Quelle est son origine, quelle est son exacte signification?

Ce terme, qu'on emploie aujourd'hui dans des acceptions bien différentes, a pris, dans le vocabulaire des lettres et des arts, les sens multiples qu'il possède, grâce à une de ces opérations qui, en Logique, portent le nom de Métonymie, et par lesquelles notre intelligence emprunte à la Matière certaines images, qui lui servent à rendre mieux saisissables et plus compréhensibles les notions plus ou moins abstraites qu'elle se propose de bien caractériser. Personne n'ignore que *stylos* en grec (comme *stylus* en latin) a désigné jadis une sorte de poinçon aigu à l'une de ses extrémités, arrondi à l'autre bout, dont on faisait usage pour écrire sur des tablettes enduites de cire. La pointe servait à tracer des caractères, la tête arrondie à les effacer. De l'instrument, le nom passa aux signes écrits;

---

1. MACHIAVEL, *Discours sur Tite-Live*, liv. II, préambule.
2. AD. LANCE, *Excursion en Italie*, p. 22.
3. MICHELET, *Histoire de France*, édition Lemerre. Paris, 1887, t. XVII, préface.

puis, par une déduction assez inattendue et plus qu'ingénieuse, ce substantif, qui originairement s'appliquait à un outil dénué de toute valeur spirituelle, arriva à signifier ce qu'il y a au monde de moins matériel dans la Littérature : la conception et l'arrangement des idées, l'art insaisissable qui préside à leur développement et à leur ordonnance.

Une fois en si beau chemin, notre mot ne s'arrêta pas à cette magnifique conquête; et cela était à la fois naturel et fatal. Les Arts, on ne saurait le méconnaître, constituent eux aussi un véritable langage. Ils empruntent, il est vrai, à la Nature des formes visibles, — tangibles et palpables même dans certains cas, — mais la création, la combinaison de ces formes, donnent naissance à des impressions essentiellement intellectuelles, expriment des idées purement morales, et aboutissent ainsi à des résultats relevant directement de l'Imagination et du Goût. Il était donc inévitable que la signification nouvelle du mot Style, passant de la Littérature dans cet autre domaine, servît à caractériser d'une manière générale les contours particuliers, les ornements typiques, que (suivant les temps, les climats et les races, suivant aussi leur degré de culture et leurs aptitudes physiques, politiques ou morales) les divers peuples de notre continent ont imprimées aux productions si variées de ce qu'on est convenu d'appeler les Beaux-Arts.

Et voilà comment le mot Style, en dépit de ses origines ultra-modestes, est devenu d'un général usage non seulement pour désigner les différentes façons dont un artiste voit, interprète et sait rendre les objets qu'il entend reproduire; pour caractériser ses aptitudes de composition, sa science des proportions, le degré d'harmonie qu'il introduit dans ses œuvres; mais encore pour établir une sorte de classification des formes et des ornements, suivant qu'ils ont été employés par certains peuples et plus spécialement à certaines dates de leur histoire; si bien qu'un œil suffisamment exercé peut, suivant la remarque de Quatremère de Quincy[1], « distinguer au premier abord les productions de l'Art de chaque siècle, les différents maîtres qui y brillèrent et les manières distinctes de chaque École ». Chercher à retracer l'*Histoire et la Philosophie des Styles*, c'est donc étudier l'Art dans toutes ses manifestations, dans ce qu'il a de plus général et de plus intime, de plus évident et de plus subtil. C'est mieux encore, c'est retracer l'histoire et la philosophie des civilisations successives; car rien en ce monde — et dans les productions de l'esprit moins que dans le reste — n'est l'effet du Hasard au sens propre du mot. « On ne conçoit pas plus, écrit Diderot, qu'un être agisse sans motif, qu'un bras de balance agisse sans l'action d'un poids. »

Si le raisonnement de Diderot est juste pour l'individu isolé, à plus forte raison l'est-il quand il s'agit d'une collectivité. Dans un livre traduit en toutes les langues, le philosophe Herzen a montré combien est fragile cette faculté, que nous appelons tantôt Volonté et tantôt Libre Arbitre[2]. Longtemps avant lui, saint Augustin avait écrit : *Non enim cuiquam in potestate est, quid veniat in mentem*; et bien d'autres penseurs éminents, dans tous les temps et tous les pays, ont été du même avis, depuis Sénèque jusqu'à Montaigne, depuis Pascal jusqu'à Romagnosi! Dès son berceau, chaque génération est, en effet, enveloppée par l'éducation qu'elle reçoit; inspirée par les exemples qu'on lui prodigue; asservie à la coutume, cette « seconde nature qui détruit la première »; soumise au joug d'un certain nombre de préjugés, c'est-à-dire de « jugements portés ou admis sans examen »; à la tyrannie d'idées générales, considérées (à tort ou à raison) comme les plus favorables au bien

1. QUATREMÈRE DE QUINCY, *Dictionnaire de l'Architecture*, article STYLE, t. II, p. 501.
2. HERZEN, *la Physiologie de la Volonté*, traduction Létourneau. Paris, 1874.

public, à la grandeur de la race, et qui finissent par former un bagage d'opinions assez fortes « pour se faire épouser au péril de l'existence[1] ».

A mesure que cette génération avance dans la vie, l'ambition, l'affection, la dépendance, la puissance de l'exemple, la crainte du scandale, resserrent encore ces liens, fortifient ces croyances, gouvernent ces aspirations, et non seulement régissent les plus grandes comme les plus petites actions de l'existence, mais imposent à chacun des membres de la collectivité les mêmes formules de langage, la même urbanité, le même costume, des habitudes identiques. C'est ce qui explique comment tous les hommes d'un même temps et d'un même pays ont une manière commune d'agencer leurs habitations, d'édifier leurs temples ou leurs palais, de meubler leurs demeures, de draper leurs vêtements, d'embellir et de parer leurs personnes; manière qui leur est si particulière et leur reste si spéciale, que plus tard, quand on veut les copier exactement, cela devient presque impossible. « L'histoire des modes, a écrit Mme de Genlis, n'est pas si frivole qu'on le croit. Elle est en partie celle des mœurs. »

Au milieu de cet asservissement inconscient, mais général, l'artiste n'a garde de faire exception à la règle universelle. Quoi qu'il en ait, dans sa façon d'exprimer ses pensées, comme dans celle de se vêtir, il adopte forcément les usages, la mode, les manières de son temps; et comme la coutume, l'inexorable coutume, prescrit des formes d'art aussi bien que des formules de politesse, l'artiste, s'il n'a ni la passion, ni le courage de s'insurger contre les traditions de son milieu, est amené à se conformer à l'Idéal de son entourage; et même, quand — exceptionnellement — il se résout à braver les despotiques préjugés qui l'enserrent, encore se voit-il forcé de recourir à des détours, pour ne pas choquer trop vivement ses contemporains. Et voilà comment chaque époque et, dans chaque époque, chaque peuple, et l'on pourrait presque dire chaque génération, a des couleurs et des contours qu'elle affectionne, des symboles qu'elle vénère; et ces couleurs, ces symboles, ces contours sont d'un emploi si général, on les retrouve d'une façon si régulière, qu'ils servent à dater et à localiser avec une relative certitude presque toutes les productions artistiques qu'il est permis au connaisseur et à l'archéologue d'examiner attentivement. En outre, par une sorte d'effet réflexe, l'ensemble de ces particularités — désignées communément sous le nom de Style — permet de déterminer le caractère d'une nation; car, ainsi que le remarque Grimm[2], chaque peuple comme chaque individu a un caractère qui lui est propre, « qui ne dépend d'aucune circonstance en particulier et qui tient à toutes. Il est l'effet nécessaire de leur réunion simultanée et successive. C'est ce qui constitue ce génie national, dont l'ascendant paraît irrésistible. » On voit par là quelle séduction s'attache à l'étude que nous entreprenons. Mais cette séduction, nous l'avons dit, n'est pas sans péril.

Si l'étude des Styles est attirante, en effet, passionnante même, il n'en est guère, ne craignons pas de le répéter, qui demande des précautions plus grandes, des recherches plus approfondies et une attention plus soutenue. Là, plus que partout ailleurs, on est exposé à prendre de captivantes mais décevantes hypothèses pour des réalités. Et, tout d'abord, il faut bien reconnaître que, pour les époques éloignées, trop souvent les points de comparaison manquent, et que les déductions pèchent par l'absence de bases certaines. Toutes les explications, quelque savantes, quelque ingénieuses qu'elles puissent être, reposent ordinairement sur l'examen de monuments exceptionnels, absolument supérieurs, et qui ont dû leur conservation à cette supériorité. Certes, M. Brunetière a parfaitement

---

1. MONTAIGNE, *Essais*, liv. I, chap. XI.
2. GRIMM, *Correspondance littéraire*, t. XIV, p. 320.

raison de dire que « la tradition n'est pas tout le passé, mais le peu qui a survécu ». Nous ne le contredirons pas quand il ajoute : « La tradition n'est pas Mévius ni Bavius, qui sont parfaitement morts, c'est Virgile, c'est Horace!...[1] » Il n'en est pas moins vrai que ce serait s'exposer à de graves mécomptes, que de juger toute la littérature latine du temps d'Auguste d'après ses deux modèles les plus parfaits.

La seconde difficulté réside dans ce fait, que le Style ne consiste pas uniquement dans le choix de certaines formes, dans l'emploi régulier de certains ornements, ni même dans une préférence marquée accordée à certaines couleurs ou à certains contours, mais dans la façon dont tout cela est mis en œuvre. « Le Style, a dit Buffon[2], n'est que l'ordre et le mouvement qu'on introduit dans ses pensées.... Bien écrire, c'est tout à la fois bien penser, bien sentir et bien rendre. C'est avoir en même temps de l'esprit, de l'âme et du goût.... Les idées seules forment le fond du Style. L'harmonie des paroles n'en est que l'accessoire et ne dépend que de la sensibilité des organes. Il suffit d'avoir un peu d'oreille pour éviter les dissonances, et de l'avoir exercée, perfectionnée par la lecture des poètes et des orateurs, pour que, mécaniquement, on soit porté à l'imitation de la cadence poétique et des tours oratoires. Or, jamais l'imitation n'a rien créé.... » Impossible de mieux dire, et l'on comprend, après cela, comment le rêve d'André Chénier avait en soi quelque choses d'irréalisable et de contradictoire. Sur des « pensers nouveaux », on ne saurait faire des « vers antiques ». De même la définition de Buffon nous explique comment les imitateurs de Raphaël et de Michel-Ange nous paraissent si fades et si pâles. On ne dérobe point aux artistes la majesté de leur forme, quand on ne possède pas le fond de leurs idées.

Dans les créations des Beaux-Arts, les choses, en effet, ne se passent pas autrement que dans le domaine de la Littérature : et c'est pourquoi il n'est venu à la pensée de personne de donner aux diverses architectures grecques le nom de *Styles*, malgré la signification architectonique de ce mot[3]. Les proportions strictement établies des divers membres du temple antique, qu'il fût dorien, ionique ou corinthien, étant à peu près immuables dans leurs relations, ne permettaient aucune interprétation très nouvelle. A plus forte raison interdisaient-elles l'adjonction de ces idées qui seules « forment le fond du style ». Aussi a-t-on appelé ces architectures des *Ordres*, mot qui dans ses multiples acceptions leur convenait admirablement; car le propre du classicisme, c'est l'impersonnalité.

Avec nos arts occidentaux, il n'en va plus ainsi, et, dans leur perpétuelle recherche d'un Mieux qui n'a pas toujours été ami du Bien, on les a vus constamment s'enquérir de formes nouvelles pour habiller, pour parer des « pensers nouveaux »; mais l'histoire de ces transformations, bien qu'évidentes, ne laisse pas que d'être parfois difficile à bien pénétrer. Ce qui fait le charme, le grand charme, des conceptions franchement originales, c'est, en effet, que leurs auteurs, pour exprimer leurs idées, s'ils ont largement appliqué les principes qu'ils venaient de découvrir, n'ont pas préalablement asservi leur génie créateur à l'observation étroite des règles qu'ils établissaient.

Dès que le Style est acquis, au contraire, dès que les formules ont pris force de loi, l'Art abdique le meilleur de son originalité et par conséquent de sa saveur, de son agrément. On le voit bien par tous ces monuments du xv⁰ siècle, si inférieurs à ceux du xⅢ⁰, pourtant plus purs de style, et qui, charmants en détails artificiels, en ornements exquis, surchargés de complications ingénieuses et

---

1. Brunetière, *Manuel de l'Histoire de la Littérature française*, p. 256.
2. Buffon, *Discours sur le Style*.
3. *Stylos* : colonne.

savantes, semblables à la « reine de village » dont parle Pascal, s'ils ne laissent pas de nous intéresser, cessent du moins de nous émouvoir.

On constate encore mieux ce que peut produire cette observance trop exacte des règles par des hommes qui n'ont plus l'esprit du temps où elles virent le jour, dans cette profusion de monuments pseudo-archaïques dont on a paré nos villes; dans ces copies élégantes, scrupuleuses et froides de meubles de tous les régimes dont on a, depuis cinquante ans, encombré nos demeures. « Le style Louis XIV, nous disait un jour un grand ébéniste parisien, nous le *faisons* plus pur qu'à l'époque. » La prétention n'est pas neuve. Lisez avec attention Vignole, Scamozzi, Palladio, et à travers les lignes vous verrez — en dépit du respect religieux qu'ils professent pour l'Antiquité — poindre une prétention pareille. Ne s'est-on pas avisé de relever les « imperfections » et les « singularités » de ce bijou exquis, de ce délicieux chef-d'œuvre qui a nom la Maison Carrée[1]?

La stricte observation des principes, en effet, ne saurait en aucun cas suppléer au génie créateur; et les périodes où les artistes ont voulu faire la même chose que leurs prédécesseurs médiats ou immédiats sont celles qui, dans l'histoire de l'Art, marquent le moins. Leur caractère propre est justement de manquer de caractère.

Une autre difficulté des classements systématiques réside dans ce fait, que la plupart des transformations capitales ne se sont pas effectuées rapidement, nettement, comme par un coup de baguette, mais lentement, progressivement et, suivant les pays, d'une façon très irrégulière. « Il est un axiome, que nous voudrions voir acquérir droit de cité dans l'histoire monumentale, écrit M. Anthyme Saint-Paul, c'est qu'un style ne chasse pas l'autre[2]. » Bien loin de se chasser réciproquement, ils se pénètrent, au contraire, s'accordent, se confondent même parfois. Sans qu'on en puisse démêler exactement les raisons, on voit les principes nouveaux avancer et reculer tour à tour; telle contrée devancer de vingt, de trente ans sa voisine; tel édifice plus récemment construit être en retard d'un demi-siècle, comme ornementation et comme structure, sur tel autre qui l'a précédé. Il faut, en outre, tenir compte des périodes de transition, qui, si elles ont une importance généalogique considérable, — puisqu'elles préparent celles qui vont suivre et souvent les expliquent, — sont généralement rares en œuvres durables, et tendent à passer inaperçues, quoiqu'elles occupent parfois dans le temps un espace important. Enfin, il faut encore compter avec certaines qualités locales, avec une disposition d'esprit particulière à certaines régions; qualités, dispositions, qui non seulement communiquent aux productions autochtones une sorte de « goût de terroir » très reconnaissable, mais agissent directement sur l'adoption de certaines règles et la préférence accordée à certains contours.

Brongniart remarquait fort justement que les formes des objets céramiques, de l'usage le plus répandu, le plus courant, varient suivant les provinces, et persistent dans cette variété malgré l'uniformité des besoins et la versatilité de notre temps, époque de transition par excellence[3]. A plus forte raison doit-on faire état de ce même particularisme irréductible dans l'étude d'édifices, dans la

---

1. « On a remarqué, écrit Frossard, plusieurs imperfections ou singularités dans la construction de la Maison Carrée. Les colonnes ne sont pas à égale distance; la corniche horizontale du fronton du nord ne présente que vingt-neuf modillons; celle du sud en a trente-deux. La façade latérale de l'ouest est ornée de cinquante-quatre modillons; on en compte soixante-quatre sur la façade opposée. »

2. Anthyme Saint-Paul, *Encyclopédie d'Architecture*, à l'article Architecture romane, t. VI, p. 439.

3. « En prenant pour exemple, non les formes recherchées et exceptionnelles, mais les formes populaires, on remarquera que les tasses à thé, les tasses à café au lait, que nous nommons *génieux*, les soupières, les pots à l'eau, les cruches, etc., sont, même actuellement, dans ce siècle de transition et de versatilité, généralement différentes en Angleterre, en Allemagne, en Italie, en Espagne,

décoration de monuments, qui, au lieu de répondre à des nécessités ordinaires et précises, sont tenus de satisfaire les aspirations les plus élevées d'une collectivité souvent très attachée, par ses traditions, à certaines formes ou à un mode particulier d'ornementation.

On voit, par ces quelques observations, combien la chronologie exacte, et particulièrement la concordance des Styles, sont choses délicates à établir, pour peu qu'on veuille ne pas borner ses recherches à une seule province, et surtout à une seule nation. Une autre difficulté non moins grande réside dans la reconstitution des origines, de la généalogie, de la filiation, si l'on peut dire ainsi. C'est un fait depuis longtemps constaté, que les hommes en général, et les archéologues en particulier, ont la passion de tout expliquer. Un écrivain du Moyen Age, dont nous aurons souvent à invoquer le témoignage[1], a dit, avec infiniment de raison, que beaucoup de faits se présentent qui n'offrent qu'obscurité aux esprits les plus expérimentés, s'ils ne se rappellent les révolutions passées. C'est ce qu'un philosophe anglais a pris la peine de nous redire en des termes analogues[2], sans qu'on puisse l'accuser, cependant, d'avoir plagié son lointain prédécesseur.

Cette coïncidence nous montre assez que certaines pensées se manifestent périodiquement, sans qu'il existe aucun lien de parenté intellectuelle entre ceux qui les ont émises. Elles reparaissent à des dates souvent très lointaines, parce qu'elles font partie du bagage général de la pensée humaine, bagage commun à tous les temps, à tous les pays. Il en est de même dans le domaine de l'Art. Comme l'a si bien dit Viollet-le-Duc, on n'y voit presque rien aboutir, qui n'ait été tenté à maintes reprises, plus ou moins vainement. En outre, périodiquement, les mêmes faits se représentent, avec des caractères de similitude laissant supposer une imitation que rien ne justifie. Un archéologue de la première heure et d'un rare mérite a pris soin de rapprocher, dans son précieux ouvrage[3], certaines peintures en mosaïque de Sainte-Marie-Majeure de Rome, des bas-reliefs de la colonne Trajane, simplement « pour prouver que l'identité des sujets dicte souvent des conjectures à peu près semblables, malgré la différence du temps, la diversité des personnages, la distance des lieux[4] ». Dans tous les ordres d'idées, l'humanité, en effet, recommence spontanément ce que très loin dans le temps ou dans l'espace elle a maintes fois exécuté.

Après ce songe fameux où lui était apparue la merveilleuse échelle à laquelle il allait donner son nom, Jacob, dit la Bible, prit une pierre « et la dressa pour monument[5] ». Lorsque les Juifs eurent traversé le Jourdain, Josué prit douze pierres et les dressa à Gilgal[5]. Nous voici en présence de ces « pierres levées », de ces menhirs qui, longtemps mal connus, sont devenus depuis peu des monuments historiques. Les autres livres les plus anciens qui soient parvenus jusqu'à nous, parlent également de ces monolithes commémoratifs. Ainsi, quand, aux funérailles de Patrocle, Nestor indique à Antilochus la piste à suivre pour la course des chars : « La route dont je te parle, écrit-il, est directe, et tu ne peux te tromper… de chaque côté s'élèvent des pierres blanches, placées là pour indiquer

---

en France ; et que, malgré notre manie d'imitation des Anglais, malgré l'empire si puissant que la mode exerce sur nous, malgré notre légèreté, et enfin, il faut le dire, malgré notre défaut de caractère en ce genre, ces imitations ne s'étendent pas aux formes populaires, qui y résistent par un repoussement irréfléchi, et même trop souvent nuisible aux réelles améliorations. » BRONGNIART, *Traité des Arts céramiques ou des Poteries.*)

1. ORDERIC VITAL, *Histoire de Normandie*, au commencement du livre VI.

2. « Dans les affaires de ce monde, grandes et petites, il y a tant de répétitions, qu'une histoire nouvelle n'est en réalité qu'une vieille histoire. » (ALEX. BAIN, *les Sens et l'Intelligence*, traduit de l'anglais par E. CAZELLES, Paris, 1874.)

3. SÉROUX D'AGINCOURT, *Histoire de l'Art par les monuments*. Paris, 1823. Texte, t. II, p. 36 ; Pl., t. V, pl. XIX à XVII.

4. Voir notamment l'*Apparition de Jupiter à l'armée de Trajan*, rapprochée de l'*Apparition de Jéhova à l'armée de Josué* ; Trajan recevant les éclaireurs envoyés à la découverte, et Josué recevant les espions envoyés à Jéricho.

5. *Genèse*, ch. XXVIII, § 28. — G. *Josué*, ch. IV, § 4 à 8.

le tombeau de quelque héros mort depuis longtemps, ou pour attester la mémoire d'un événement accompli dans les âges écoulés[1] ». Nous sommes, cette fois, en face d'un « alignement » analogue à ceux de Karnak. Ira-t-on prétendre que ces monuments symboliques, répandus à profusion sur toute la surface du globe — et qui devaient trouver leur expression la plus haute dans l'obélisque, que nous voyons apparaître en Égypte dès la XVIIIe dynastie, et chez nous dans la colonne commémorative, — ont une origine commune? Osera-t-on affirmer que cet usage d'ériger des monolithes s'est répandu dans le monde entier par une initiation progressive? N'est-il pas plus sage de croire que l'homme, en élevant ces « pierres », a obéi à un sentiment inné, à une impulsion purement naturelle?

Si de l'érection de ces monuments primitifs nous passons à la décoration des meubles et des objets d'usage, nous verrons que, partout, dans le principe, ils revêtent le même caractère et procèdent d'un même Idéal. Sous n'importe quelle latitude, on ne peut guère fouiller de sépulture préhistorique sans y rencontrer des anneaux, des colliers ou des vases, qui présentent entre eux plus qu'un air de famille. En Grèce, à Thérasia, sous les cendres d'un volcan éteint depuis des milliers d'années, on a découvert des poteries ornées de dessins géométriques, analogues à ceux qu'on distingue sur nos vases gaulois. Dans l'île de Santorin, à Monte Crescenzio, sous les cendres volcaniques du Latium, on a retrouvé des céramiques dont la décoration n'est pas sans analogie, non seulement avec les objets similaires ensevelis sous les pierres celtiques de l'ancienne Armorique, les *tumuli* du Danemark et les dolmens de la Drenthe, mais aussi avec les tatouages dont les Fidjiens habillent leur nudité[2]. Comment établir la transmission à travers le monde et les âges de ces principes d'ornementation? La conclusion de ces remarques n'est-elle pas qu'il faut se méfier des systèmes, quelque séduisants qu'ils puissent être? Tous ces rattachements, le plus souvent, ne reposent que sur des constatations bien fragiles, ou, qui pis est, sur des hypothèses; et celles-ci, comme les étymologies, ont d'autant moins de chance d'être fondées qu'elles semblent plus ingénieuses.

Malheureusement, beaucoup d'archéologues ne procèdent pas avec cette prudence. Aussi demandons-nous la permission d'insister sur ce point, parce qu'il est d'une importance capitale.

On a mis au jour récemment, en Provence, un monument qu'on dit être funéraire, et qui est gravé de caractères phéniciens. De suite, certains érudits s'empressent de proclamer la Phénicie comme initiatrice de la Gaule dans le domaine de la Civilisation et de l'Art. Que penseraient ces mêmes érudits d'un écrivain qui, dans dix siècles, s'autoriserait de l'existence, à Cannes, à Menton, à Monaco, de véritables nécropoles russes, pour affirmer que les compoles du casino de Monte Carlo ou de l'hôtel Beau-Rivage, dont nous connaissons assez les architectes, ont emprunté leurs bulbeux contours au génie moscovite?

Nous verrons, au cours de cette étude, que tous les écrivains auxquels le Moyen Age est cher, les Vitet, les Viollet-le-Duc, les Daniel Ramée, et plus récemment M. Gonse, ont curieusement relevé la contemporanéité de l'émancipation des Communes et de l'érection de nos grandes cathédrales, rattachant l'efflorescence du style gothique à l'entrée en scène de l'élément laïque, se substituant, dans l'édification de nos sanctuaires, à l'élément monacal. Comment jugerions-nous le hardi archéologue

---

1. *Iliade*, XXIII.

2. Voir : John Lubbock, *l'Homme préhistorique* (Paris, 1876), et les *Origines de la Civilisation* (Paris, 1873). — Crautz, *History of Greenland*. — W. Eeckhoff, *Friesche Oudheden*. — D. A. Visconti, *Lettera sopra alcuni vasi sepolchrali* (Rome, 1867). — Williams, *Fiji and the Fijians*. — Henry Havard, *l'Art à travers les mœurs*, etc.

qui, constatant la coïncidence absolue de l'établissement du suffrage universel et de l'architecture en fer, déciderait, dans sa haute sagesse, que celle-ci est la conséquence directe et naturelle de celui-là? Voyez combien l'hypothèse est séduisante : le peuple couvrant d'immenses espaces pour décider, en ses comices, des destinées de la nation et du gouvernement de la chose publique. Dans sept ou huit siècles d'ici, — si l'on se mêle encore d'archéologie, — une pareille affirmation ne laissera pas sans doute de trouver des partisans nombreux ; et comme elle paraîtra plus naturelle que d'imaginer la toute-puissance populaire exprimant ses volontés en quelques salles d'école obscures, ou en des magasins, bureaux de vote improvisés, asiles sans prestige du peuple souverain!

Dans les actions les plus décisives, comme dans celles qui semblent les plus intimes et par conséquent le mieux échapper aux influences extérieures, on retrouve ces mêmes concordances, au moins étranges. Nous lisons dans la Bible que Saül, chagrin et malade, laissa pousser sa barbe en signe de deuil[1]. Suétone, d'autre part, rapporte que Caligula laissa croître la sienne comme marque de la désolation que lui causait la mort de sa sœur Drusille[2]. Comines, enfin, nous montre, après la bataille de Morat, Charles le Téméraire réduit au désespoir, et l'archevêque de Vienne obligé d'user de son influence sur ce prince, pour le forcer à couper cette barbe que, lui aussi, il avait laissé croître en témoignage de sa douleur[3]. Prétendra-t-on que le duc de Bourgogne imita en cela l'empereur romain, qui lui-même copia le roi des Juifs?

Et puisque nous parlons de la barbe, dont on a fait si maladroitement le symbole de la toute-puissance, peut-être a-t-on remarqué que tous les grands hommes de guerre, en Europe, tous les conquérants illustres, ont abdiqué cet apanage du sexe fort, et conservé le visage glabre. Alexandre, César, Auguste, Saint Louis, Louis XIV, Frédéric II, Carnot, Napoléon, de Moltke, étaient rasés. En sorte que l'absence de barbe pourrait être imprudemment considérée comme un indice irréfutable de l'esprit de domination ou de la science de la guerre. Les empereurs romains ne commencèrent, en effet, à porter la barbe, que lorsqu'ils virent leur autorité ébranlée, et l'empire, entamé par l'invasion, trembler sur sa base. De même, c'est seulement à l'époque de la Renaissance, c'est-à-dire à l'avènement de la Réforme et de la philosophie, appelées à transformer la face de l'Europe, qu'on vit papes, empereurs et rois consentir à ne plus se raser. Jules II, François Ier, Charles-Quint, laissèrent pousser leur barbe en même temps[4]. Celle-ci continua d'orner les visages, jusqu'à ce que le révocateur de l'Édit de Nantes eût restauré, avec l'hégémonie de l'Église, sa complète autocratie. Proscrite de nouveau par l'absolutisme de Louis XIV, elle ne reparut sur le trône qu'à la Restauration, c'est-à-dire quand une Constitution eut limité le pouvoir royal. Elle se montra d'abord timide, sous forme d'imperceptibles favoris, qui grandirent sous Charles X, se développèrent sous Louis-Philippe, et se transformèrent en moustaches et impériales sous le règne de Napoléon III. Qui ne se souvient que, sous ce dernier règne, comme en 1525, le port de la barbe entière fut interdit aux fonctionnaires de tout ordre? Si bien qu'il fallut notre troisième république pour émanciper de toute contrainte l'Armée, la Magistrature, l'Administration et le Barreau. Certes, voilà, semble-t-il, un ensemble de consta-

---

1. *Samuel*, liv. I, ch. XXVIII.

2. SUÉTONE, *Caligula*, XIV.

3. COMINES, *Mémoires*, édition de Denys Godefroy. Bruxelles, 1706. Liv. V, chap. V, t. I, p. 292.

4. Encore ne fut-elle officiellement tolérée, sous l'Ancien Régime, que dans des proportions réduites. En 1525, le Parlement défendit de porter des grandes barbes, « qui sembloient cacher quelque dessein pernicieux contre le repos de l'État » (D. FÉLIBIEN, *Histoire de Paris*, t. II, p. 963). On sait que l'illustre Pierre Lescot, nommé chanoine de Notre-Dame de Paris, sollicita et obtint, faveur insigne, une ordonnance lui permettant de ne pas couper sa barbe pour être admis à la jouissance de son canonicat (Archives Nationales, *Registres capitulaires de Notre-Dame*, LL 250, p. 913).

tations curieuses. Si l'on en voulait tirer des conséquences extrêmes, il ne manquerait pas de bons esprits pour crier au paradoxe; et cependant, combien de conclusions archéologiques ne sont pas mieux déduites ni plus solidement établies!

Nous pourrions présenter un ensemble de constatations analogues relativement aux cheveux, qui, après avoir longtemps été, chez nous, la visible attestation du pouvoir, ont subi les mêmes fluctuations que celui-ci, augmentant ou diminuant de longueur suivant le degré d'absolutisme du souverain; atteignant leur apogée avec la perruque in-folio du Grand Roi, pour revenir, avec la Révolution, aux proportions les plus modestes. Mais c'est assez nous égarer dans ces incidences, qui n'auront pas été inutiles, toutefois, si elles ont démontré le danger des systèmes édifiés sur de simples apparences.

Aussi, pour terminer, nous bornerons-nous à signaler un dernier ensemble de difficultés avec lesquelles celui qui entreprend une étude sérieuse des Styles se trouve obligé de compter. C'est que la terminologie aujourd'hui adoptée pour désigner ceux-ci est souvent inexacte, parfois même fautive. Il ne faut pas oublier, en effet, que les termes *Moyen Age, Gothique, Renaissance*, etc., ne sont pas très anciens, et que les noms *Roman, Ogival*, etc., sont d'application encore plus récente. *Licet novis rebus nova nomina imponere*, a dit Cicéron, mais encore faut-il que les noms nouveaux, appliqués aux choses nouvelles, soient à l'abri de toute critique. Malheureusement, il n'est pas un seul d'entre ces mots dont la valeur, la formation, l'exactitude, n'aient été contestées. Nous relèverons forcément, au cours de ce travail, les critiques adressées à chacune de ces expressions déterminatives; et il nous faudra bien reconnaître que la plupart sont justifiées dans une large mesure. Nous constaterons, même, que les qualifications purement chronologiques — telles que : *Style Louis XIV, Style Louis XVI* — n'offrent pas toute la précision qu'on leur attribue, et que la convention tient une large place dans ces délimitations un peu arbitraires. Ces nouveautés et ces incertitudes contrarieront, nous ne l'ignorons pas, certains esprits amoureux des systèmes consacrés et des divisions précises. Il eût peut-être été prudent de ne pas rompre en visière à des principes si bien établis. « Si vous voulez, disait Swift, vous faire une réputation de sagesse, soyez toujours de la même opinion que la personne avec qui vous causez. » Nous avons pensé, malgré cela, qu'il serait déloyal de taire nos scrupules.

Si nous nous sommes aussi longuement étendu sur toutes les difficultés afférentes à la tâche que nous avons entreprise, c'est que, mieux que personne, nous savons quelles lacunes et quelles incertitudes comporte forcément une étude qui embrasse une telle multitude de faits et qui a nécessité un si grand nombre d'observations et de recherches. Nous ne voulons pas parler seulement des erreurs matérielles qui ont pu se glisser dans ce long travail, et que le lecteur attentif ne découvrira que trop aisément. Nous avons fait notre possible pour qu'il ne s'en rencontrât pas de trop graves; mais, dans le dépouillement de plus de quatre mille volumes et de milliers de documents de toutes sortes, comment les yeux et la mémoire ne failliraient-ils pas?

Il ne saurait donc être question ici que des erreurs de doctrine. « Il est facile d'écrire aujourd'hui sur la Peinture, l'Architecture, la Musique, sans avoir la première notion de ces arts, » disait, au siècle dernier, un philosophe ingénieux et mondain[1]. Le nombre considérable de personnes qui, de

---

1. Sénac de Meilhan, *Considérations sur l'Esprit et les Mœurs*, p. 23.

nos jours, traitent de ces délicats sujets, au pied levé et presque sans initiation préalable, montre assez que la boutade de Sénac de Meilhan est encore de quelque actualité. Ce que nous pouvons certifier, par contre, c'est que rien n'est plus malaisé que d'écrire sur ces matières quand on les a longuement et passionnément étudiées.

Ce dernier cas est celui de l'écrivain qui présente aujourd'hui ce livre au public. Dès l'année 1874, après une longue période d'assidue préparation, il se mesurait pour la première fois avec ces questions si palpitantes, en un ouvrage publié en Hollande, et qui limitait le cadre de ses investigations aux *Quatre Derniers Siècles*. Huit ans plus tard, il complétait ce premier travail, faisant remonter son étude jusqu'aux temps obscurs de notre formation nationale, et publiait *l'Art à travers les Mœurs*. Enfin, en 1895, il donnait, en un volume intitulé *les Styles*, une sorte d'épitomé de l'ouvrage qu'il achève aujourd'hui.

On peut donc affirmer que, pendant près de trente années, sa pensée a été constamment tendue vers ce curieux sujet; et s'il ne lui appartient pas de prétendre à des qualités d'érudition, à une puissance de dialectique dont le lecteur est l'unique juge, à une autorité que seul confère le talent, du moins est-il en droit de se prévaloir d'une assiduité d'esprit, d'une persistance à rechercher cette vérité relative,   la seule à laquelle nous puissions atteindre,   qui pourra lui concilier l'indulgence du public.

Celui-ci a bien voulu accueillir avec une faveur marquée nos précédents travaux. Nous serons particulièrement heureux s'il consent à montrer la même bienveillance pour une œuvre qu'il nous faut considérer comme le couronnement d'une longue vie de travail, d'une carrière laborieuse et active, presque entièrement consacrée à l'étude de l'Art et à la vulgarisation de ses ineffables beautés.

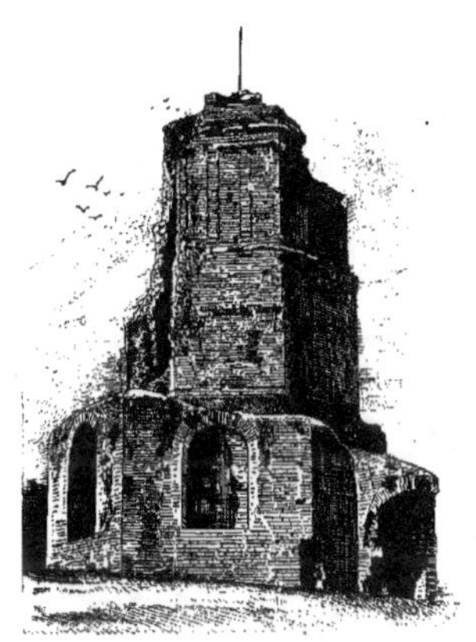

LA TOUR MAGNE, A NIMES.

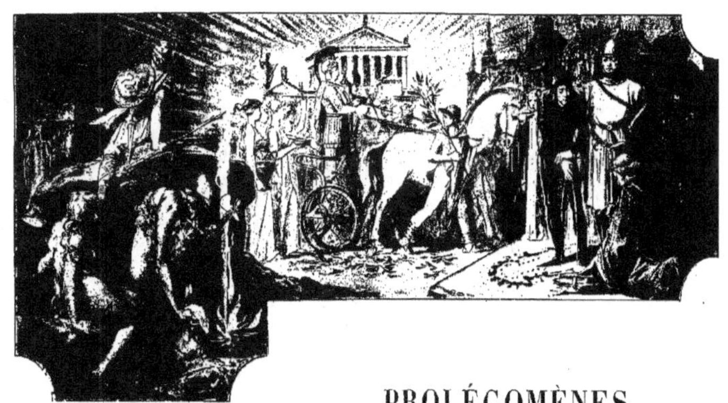

PROLÉGOMÈNES

Période Gauloise et Gallo-romaine

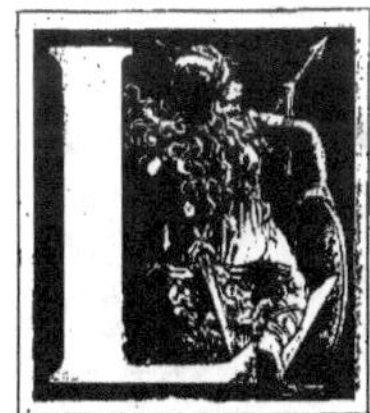

es sociétés humaines ne vivent pas seulement dans le présent, écrit Augustin Thierry ; et il leur importe de savoir d'où elles viennent pour savoir où elles vont. » Avant d'aborder les périodes historiques capables de prétendre à un art personnel et à ce qu'on appelle un Style, il nous faut donc remonter dans la nuit des temps jusqu'aux peuples primitifs, qui allaient former ce qu'on pourrait appeler les premières assises de notre nation et des nations voisines. Malheureusement, l'histoire de la Gaule primitive est des plus obscures. Sans même nous aventurer dans les grottes de Laugerie-Basse, dans les antres de Tayac et de la Madeleine, où nous pourrions rencontrer la présomption d'une évolution primordiale inexpliquée, et les mystérieux vestiges d'une civilisation relativement délicate, les traces d'une race arrivée au terme de son évolution artistique, mais physiquement faible, et qui fut absorbée ou détruite par une race moins cultivée et plus robuste, qui ne comprit rien à ces primitives créations d'un ordre trop élevé ; même en ne remontant pas au delà de ces Walyas, de ces Gaulois, que nous considérons avec une certaine fierté comme nos premiers ancêtres, le passé demeure encore plein de ténèbres et d'insondables obscurités.

C'est à peine, en effet, si nous savons, par le témoignage d'historiens forcément hostiles, que ces Walyas, ces Gaulois, victimes de leur belliqueuse ardeur, se laissèrent entraîner par un besoin irrésistible de conquête, par la soif du butin et l'amour de l'inconnu, vers les plus lointains rivages ; que leurs bandes formidables, traînant après elles tout un peuple de femmes et d'enfants, traversèrent les fleuves, escaladèrent les montagnes, et, comme un irrésistible torrent, se répandirent dans les riches plaines de l'Italie, dans les fertiles contrées qui bordent la Méditerranée, promenant du Tage au Danube leurs audacieuses et bruyantes cohortes. On nous dit que « la Grèce terrifiée les vit s'avancer, invaincus et terribles, franchir les Thermopyles et porter à Delphes, jusqu'au seuil du temple merveilleux, leur ardeur profanatrice et leur goût du pillage » ; que sur la Macédoine, la Thrace, la Phrygie, ils passèrent comme un furieux ouragan ; qu'ils pénétrèrent jusqu'en Syrie, où, épuisés par un si gigantesque effort, ils furent enfin arrêtés par les armées d'Antiochus et refoulés par Eumène, souverain de Pergame, et par son fils Attale.

On ajoute qu'une partie de ces envahisseurs demeura dans ces contrées lointaines, cantonnée en des territoires qui lui demeurèrent acquis; qu'une autre partie, après avoir fait pendant quatre cents ans trembler les Romains, « non pour la gloire, mais pour l'existence » de la Ville Éternelle, se fixa dans le nord de l'Italie, et constitua cette Gaule Cisalpine qui par la suite devait former comme un prolongement du monde romain. Pour les derniers enfin, quand, après tant de fortunes

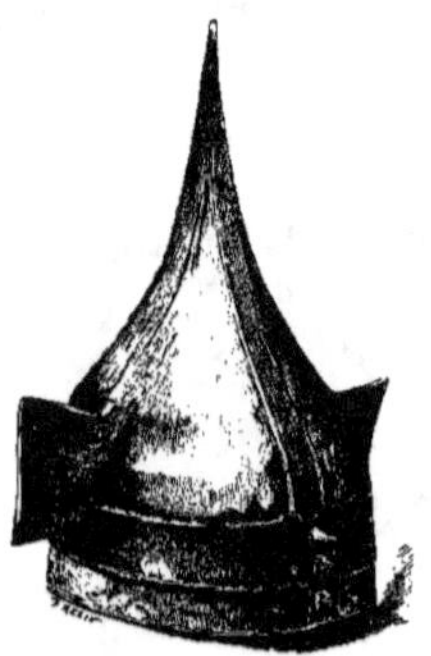

diverses, de combats victorieux, de batailles perdues, de provinces conquises et ensuite abandonnées, ils rentrèrent dans leur patrie primitive, c'étaient assurément d'autres hommes qu'au moment où ils avaient commencé leur belliqueux exode.

Ils n'avaient pas impunément vécu de cette vie délicate et somptueuse des villes de l'Italie et de la Grèce. Ils n'avaient pas en vain contemplé tant de luxe et tant d'admirables monuments. Avec leur part du butin, ils rapportaient dans leurs foyers les éléments d'un art parvenu ailleurs à son point de perfection, les semences d'une civilisation arrivée à des raffinements qui n'ont pas été dépassés depuis lors. Bien longtemps avant que les Romains ne songeassent à la conquête de la Gaule, celle-ci avait vu s'établir sur son sol un luxe dispendieux, et les industries chargées d'en préparer la splen-

deur. Au retour de leurs sanglantes incursions dans le monde antique, les Gaulois n'étaient plus ces étranges sauvages, ces hommes demi-nus et tatoués, dont, quinze siècles avant notre ère, les Égyptiens avaient figuré les traits dans l'image symbolique du Tamhou. Comme cet ancêtre primitif, ils n'avaient pas cessé d'avoir la peau étonnamment blanche et les yeux bleus; comme lui, ils continuaient à rejeter en arrière leurs longs cheveux, objet de fierté et signe d'indépendance; mais, quand ils s'emparaient du Capitole, leurs habits étaient, au dire de Virgile, brochés ou tissus de fil d'or, et leurs manteaux rayés étalaient au soleil leurs couleurs éclatantes. C'est dans ce même costume que Strabon nous les présente[1]. Leurs armes étaient recherchées même par leurs ennemis[2], et leurs bijoux, dont ils tiraient vanité, étaient plus magnifiques encore : « Leurs guerriers, écrit Quicherat, avaient des armures semblables à celles des héros d'Homère[3] », et Tite-Live, parlant des victoires remportées sur eux par les Romains, « spécifie ordinairement le nombre des colliers et des bracelets gagnés sur l'ennemi, pour spécifier le nombre des officiers qu'ils avaient perdus[4] ».

Constatons encore que vêtements, parures et joyaux étaient d'une forme assez heureuse, d'une exécution assez savante, pour que plus tard — même après la conquête — le vainqueur ait aimé à se parer des modes du vaincu. Hommage singulier rendu par le conquérant à son adversaire réduit et soumis, le bijou gaulois par excellence, le *torque*, devint, par la suite, un bijou romain[5]. Il en fut de même de quelques-unes des principales pièces du costume, des braies, (*braca*) et de ces chaussures à semelle épaisse, auxquelles les Romains, en les adoptant, donnèrent le nom de *gallicæ*, pour bien indiquer leur origine gauloise[6]. Il faut croire aussi que la coupe du manteau appelé par nos ancêtres *bardocucullus* était heureuse, et que ce vêtement se drapait d'une harmonieuse façon, car nous le voyons fort en vogue à Rome au temps de Martial. Plus tard, un autre vêtement du même genre, la *caracalle*, jouit des mêmes prérogatives. Cette espèce de tunique courte, faite de bandes d'étoffe cousues et ornée d'un capuchon, sembla si bien convenir aux soldats, qu'elle garantissait parfaitement, et dont cepen-

---

1. Virgile. *Énéide*, liv. VIII, v. 659 et suiv. — Strabon. *OEuvres*, trad. du grec en français. Paris, 1809, t. II. liv. IV, p. 62, 65, 70.

2. On recherchait les javelots de Mâcon, les cuirasses d'Autun, les boucliers, les carquois, les arbalètes de Soissons, les épées d'Amiens. (Cambry, *Monuments celtiques*, p. 19 et s.)

3. Jules Quicherat, *Histoire du Costume en France*, Paris, 1877 (temps primitifs : époque celtique), p. 6.

4. Tite-Live cité par Pelloutier, *Histoire des Celtes*, t. I, p. 177.

5. « Ce qui achève d'assigner à ces joyaux un caractère de haute somptuosité, c'est leur poids souvent considérable. Deux de ces torques en or conservés au musée de Cluny pèsent, le premier 618 grammes, le second 482 ; et, s'il fallait en croire certains commentateurs, le torque offert par la Gaule à Auguste aurait pesé près de trente livres. » (*Histoire de l'Orfèvrerie française*, p. 34.)

6. D'après certains auteurs, il faudrait voir dans ces *gallicæ* l'origine de nos galoches.

dant elle ne gênait ni les mouvements, ni la marche, que le fils de l'empereur Septime-Sévère la fit adopter par ses troupes. Lorsque, en l'année 213, il revint à Rome, elle surprit d'abord le public par son étrangeté, mais bientôt elle devint d'un usage assez fréquent, même dans la vie civile, et les patriciens, par courtoisie, donnèrent à cet habillement le nom d'*antoninienne*, alors que, par dérision, « dans les conversations et dans les correspondances secrètes, on appelait le fils de Septime-Sévère *Caracallus* ou Caracalla[1] ».

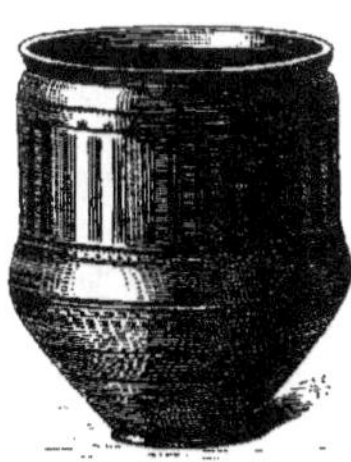

VASE GAULOIS EN TERRE JAUNE
trouvé à Clermont-Ferrand.

Ces détails, surpris un peu au hasard et perdus dans une littérature relativement touffue, nous donneraient un ardent désir de mieux connaître ces arts déjà distingués et remarquables dès leur berceau. Mais, par un hasard bien malencontreux, il semble que ceux-là mêmes qui s'étaient attribué la mission de nous éclairer sur ces premières manifestations, pourtant si curieuses, aient failli à leur tâche. Les uns, comme M. du Cleusiou[2], après nous avoir promis de nous entretenir de cette céramique gauloise dont nous retrouvons dans nos musées tant de spécimens remarquables, se bornent à nous décrire les mœurs, les usages des peuples anciens, et à nous raconter la conquête des Gaules. D'autres, dont les compétences spéciales nous permettaient d'espérer des révélations précieuses, des aperçus nouveaux, se bornent à nier péremptoirement l'existence de certains arts.

« Les Gaulois, écrivent MM. Bosc et Bonnemère[3], n'ont pas d'architecture; en effet, on ne peut considérer comme monuments de cet art la cabane gauloise ainsi que les constructions celtiques et druidiques. » Voilà, semble-t-il, qui est bientôt dit. Qu'il ne soit rien

demeuré de l'architecture des Gaulois, cela est possible. Qu'ils n'aient point eu d'architecture religieuse ni d'architecture civile, ni temples, ni palais, on peut l'admettre à la rigueur. Point de temples, puisque leurs sacrifices à *Esus* le dieu suprême, à *Tarann* le dieu de la foudre, à *Belus* qui personnifiait le soleil, à *Teutatès* qui présidait à la sécurité du foyer et à la fécondité de la race, avaient lieu en plein air, dans les profondeurs mystérieuses des forêts, et que les Gaulois, essentiellement spiritualistes, se refusaient à enfermer leurs dieux nationaux dans une demeure, fût-elle de marbre ou de porphyre. Point de palais, puisque chacune de ces nations, de ces tribus qui composaient la grande collectivité gauloise, était gouvernée par une démocratie soupçonneuse et jalouse, inquiète de tout ce qui pouvait ressembler à une usurpation[4]. Mais l'architecture privée existait certainement, et le luxe des parures, le caractère artistique des quelques meubles et des ustensiles parvenus jusqu'à nous, sont de sûrs garants de l'élégance et du soin qui présidaient à la décoration des demeures[5].

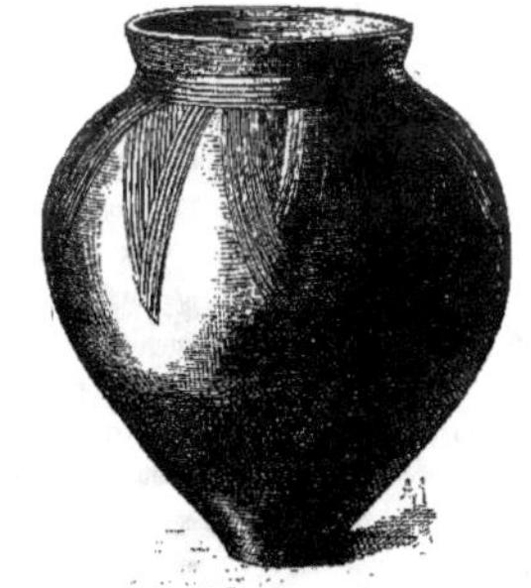

VASE GAULOIS A CONSERVER LES LIQUIDES EN TERRE BRUNE
provenant de Cologne.

Ces beaux vases en terre noire, jaune ou grise, qui, dans nos collections publiques et privées, font si bonne figure à côté des bijoux, des joyaux d'or et d'argent,

---

1. MARTIAL, *Épigrammes*, liv. XIV, Ép. 128. — AMÉDÉE THIERRY, *Histoire de la Gaule avant la domination romaine*, t. II, p. 41. — LONANDRE, *les Arts somptuaires*, t. I, p. 18.

2. HENRI DU CLEUSIOU, *De la Poterie gauloise*. Paris, 1872, in-8.

3. E. BOSC ET LIONNEL BONNEMÈRE, *Histoire nationale des Gaulois sous Vercingétorix*. Paris, 1882.

4. « Les formes de la nomination ainsi que les attributions du chef de la république pouvaient varier d'un État à l'autre, et même dans chaque État, suivant les circonstances, mais l'investiture par suffrages libres en constituait partout le principe. Jusque dans la corruption de la démocratie, le principe républicain subsistait donc. La souveraineté était un fonds inaliénable que la cité gardait. » (JEAN REYNAUD, *Œuvres choisies : l'Esprit de la Gaule*. Paris, 1866, p. 147.)

5. On peut juger de la beauté de la bijouterie gauloise par les spécimens conservés dans nos grandes collections publiques, notamment aux musées de Saint-Germain et de Cluny, au Cabinet des Médailles, ainsi que dans nombre de musées de province, qui renferment les richesses de ce genre, recueillies dans les sépultures de la Marne, des Landes, du Finistère, de la Loire-Inférieure, de l'Ille-et-Vilaine, de la Haute-Garonne, etc.

à côté de ces casques majestueux surmontés de cimiers flanqués d'ailes, et dans lesquels on a cru reconnaître une adaptation nationale de la tiare asiatique[1]; ces vases,

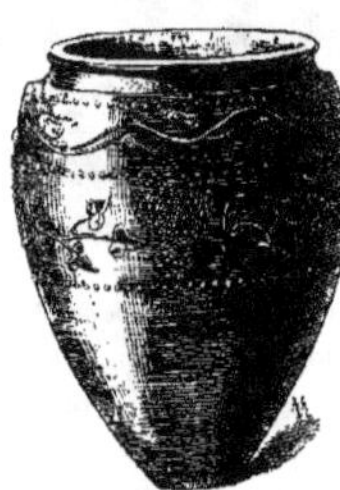

VASE GAULOIS EN TERRE GRISE
provenant des bords du Rhin.

disons-nous, ont une forme toujours simple, logique et commode. Leur décor, élégant et savamment réparti, ne présente jamais cette prolixité qui sent la barbarie; et tous ces beaux ouvrages sont bien sortis des mains de ces ancêtres dédaignés. Nous savons, en effet, qu'ils façonnaient eux-mêmes leurs bijoux et leurs armes; qu'ils connaissaient la composition de ces alliages que les anciens estimaient à l'égal de l'or[2]; qu'ils savaient couler, planer, estamper au marteau, repousser, emboutir, graver et ciseler l'argent, le cuivre et l'étain; que l'art des incrustations n'était pas un secret pour eux; qu'ils avaient appris, dans leurs pérégrinations, à forger le fer, et qu'avant tous les autres peuples ils avaient inventé l'art d'émailler les métaux[3]. Un passage de Philostrate l'atteste; de savantes investigations, conduites avec un rare bonheur par M. de Laborde, confirment le passage de Philostrate; et, à défaut des preuves apportées par le sophiste grec et l'érudit français, un atelier complet d'émailleur au moins contemporain de la venue de César dans les Gaules, et probablement très antérieur, découvert à Mont-Beuvray[4] et transporté au musée de Saint-Germain, suffirait à montrer que cet art essentiellement national était couramment pratiqué chez nous antérieurement à la réduction en province romaine[5].

Nous avons parlé tout à l'heure des vêtements gaulois et des succès que certains d'entre eux obtinrent à Rome : il nous faut constater que les tissus dont ces vêtements étaient confectionnés, on les fabriquait dans le pays même et avec une habileté, une ingéniosité,

égales à celles que les Gaulois apportaient au traitement des métaux. Bien avant la conquête romaine, les Atrébates avaient acquis une réputation méritée dans la fabrication des tissus de laine, destinés à la confection de la *saie*, le vêtement national par excellence; et le plus remarquable, c'est que cette fabrication se perpétua à travers le Moyen Âge, fut réglementée par Colbert en 1666, et qu'elle est demeurée jusqu'à nos jours localisée dans l'Artois et la Picardie, c'est-à-dire dans le pays même qui lui avait donné le jour. Enfin, secret non moins profitable, ces Gaulois si parfaits tisserands n'étaient pas moins bons teinturiers, et ils avaient découvert ou rapporté chez eux les procédés leur permettant de contrefaire la pourpre de Tyr[6]. Comment après cela oser affirmer que des peuples si bien doués, en possession d'industries si perfectionnées, n'aient apporté aucune recherche d'art et aucun goût dans l'édification de leurs demeures? La prétention semble d'autant moins admissible, que MM. Bosc et Bonnemère[7] se font un devoir de reconnaître que « l'ensemble de leurs ustensiles, de leurs bijoux, de leurs armes, de leur poterie, tout cela constitue un art gaulois véritable, dont les traces, même aujourd'hui, n'ont pas entièrement disparu ».

Si le temps s'est montré implacable, est-ce une raison pour se montrer injuste? Faut-il, parce qu'il a tout ou presque tout détruit, affirmer d'une façon doctrinale et péremptoire qu'il n'a rien existé? Et n'y a-t-il pas quelque impiété à s'écrier, avec M. Olivier Merson[8] : « Inutile de se bercer d'illusions; d'embellir complaisamment la réalité de transformations idéales. Il n'y a pas, j'ajoute, et il ne peut y avoir d'art gaulois. »

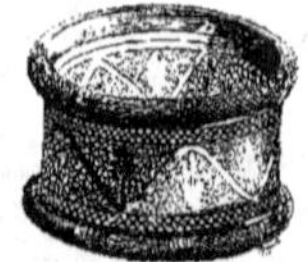

BRACELET EN OR CISELÉ ET REPERCÉ
trouvé à Pont-Audemer.

---

1. S. Reinach, le *Catalogue du musée de Saint-Germain*.

2. Voir sur ces alliages notre *Hist. de l'Orfèvrerie française*, ch. i et ii.

3. Parmi les autres inventions qu'on leur attribue, il faut mentionner la charrue à deux roues, le feutrage des tissus, l'étamage des vases (Pline, *Hist. nat.*, lib. XVIII, cap. ii, xii et xviii; lib. IX, cap. ii, et lib. XXIV, cap. xvii). — Enfin ils auraient perfectionné l'art de la verrerie, car nulle part on ne trouve d'aussi nombreux spécimens de cette industrie que dans les tombeaux gaulois, et d'aussi parfaits, — témoins le vase réticulé de Strasbourg, les gobelets de Chambéry, d'Autun, de Trouville eux Caux et de Chavagnes en Paillers (Vendée).

4. Mont-Beuvray, qu'on croit être l'ancienne Bibracte.

5. Philostrate, *Images*, liv. I, ch. xvii; — de Laborde, *Notice des Émaux du Louvre*; — J. Bulliot et Henri de Fontenay, *l'Art de l'Émaillerie chez les Éduens avant l'ère chrétienne*, Paris, 1875; — Salomon Reinach, *Musée de Saint-Germain*.

6. Savary des Bruslons, *Dictionnaire de Commerce*, t. IV, col. 705. — *Mémoires de l'Académie des Inscriptions*, nouvelle série, t. V, p. 122. — Louandre, *les Arts somptuaires : Costume gaulois*, t. I, p. 10.

7. E. Bosc et Bonnemère, *Histoire nationale des Gaulois*, p. 134.

8. *La Peinture française du IXe au XVIe siècle : introduction*, p. 22.

II

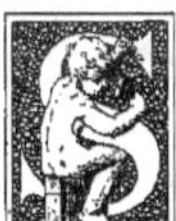

'IL était besoin d'une preuve nouvelle de cette culture d'esprit, de ce sentiment d'art élevé et délicat, qui distinguaient nos lointains ancêtres bien avant la conquête romaine, nous trouverions cette preuve dans l'étonnante rapidité avec laquelle le conquérant parvint à assimiler à sa civilisation le peuple ou plutôt les peuples conquis, car, ainsi que le remarque Augustin Thierry[1] : « les Romains, quand ils envahirent la Gaule, y trouvèrent trois peuples et trois langues ». Or, « on ne crée pas les arts avec des lois, avec des institutions, des règlements. Il faut d'autres éléments pour les rendre viables[2]. » Il faut une préparation antérieure, souvent bien longue, une ouverture d'esprit spéciale, une communauté de vues, presque une égalité de civilisation. L'être le plus élevé dans la hiérarchie humaine n'est pas et ne saurait être un modèle pour l'être très inférieur. « Ce dernier, en effet, ne pourrait profiter de ses exemples s'il le voulait, et il n'a garde de le vouloir[3]. » S'il n'y eût pas eu affinité de sociabilité entre les deux races, elles auraient pu vivre très longtemps physiquement rapprochées, séparées moralement par un abîme, se voyant chaque jour, échangeant des idées superficielles, mais éloignées dans les profondeurs de leur être intellectuel, par une ère tout entière de civilisation, et n'exerçant ainsi l'une sur l'autre qu'une bien faible influence. Or, ce n'est pas ce qui se produisit. Loin de là. « Trop prompte fut la romanisation des provinces les plus éloignées des Alpes, écrit Benjamin Fillon[4], pour ne pas supposer que, dans quelque repli secret du cœur de beaucoup de vaincus, les vainqueurs avaient eu, de longue main, un allié gagné à leur cause. »

Bien longtemps, en effet, avant que les Romains prissent la route de « la Gaule chevelue », — dont les invasions avaient été pour eux une perpétuelle menace, un constant sujet de préoccupation et d'in-

quiétude, — les habitants de la Gaule Cisalpine, de cette *Gallia togata*, comme on l'appelait alors, pour exprimer qu'avec le costume de Rome elle avait adopté sa civilisation, avaient remonté vers leurs frères du Nord, pour prêcher la conversion aux maximes nouvelles. Les villes fondées par eux, — *Mediolanum* (Milan), *Brixia* (Brescia), *Bononia* (Bologne), *Sena Gallica* (Sinigaglia), — étaient non seulement des cités considérables et très peuplées, mais encore très actives, très vivantes, en rapport constant avec les populations d'au delà des Alpes, pendant qu'aux bords de la Méditerranée, Fréjus et l'Antique Phocée, Marseille, commerçante et industrieuse dès son berceau, établissaient un courant d'échanges considérables entre les riverains du Rhône et ce qu'on regardait à cette époque comme l'Extrême-Orient. Ainsi, antérieurement à la venue de César, il existait entre Gaulois et Romains des relations courantes. L'influence des institutions et des exemples de l'art romain avait précédé l'arrivée des légions dans le Nord; et quand celles-ci pénétrèrent dans le cœur même de cette Gaule redoutable, qui pendant quatre siècles avait considéré Rome comme une proie

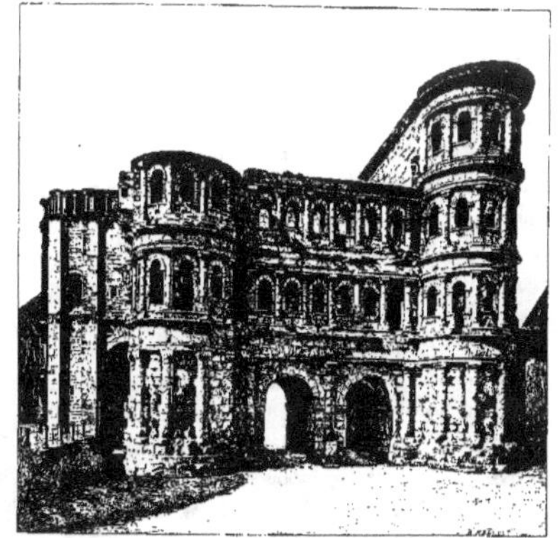

LA PORTE NOIRE « PORTA NIGRA », A TRÈVES.

promise à son avidité, elles se trouvèrent en face de peuples, héroïques assurément, fiers de leur antique liberté, décidés à vendre chèrement leur indépendance,

---

1. Augustin Thierry, *Lettres sur l'Histoire de France*, lettre II.
2. Viollet-le-Duc, *Dictionnaire de l'Architecture*, t. VIII, p. 105.
3. W. Bagehot, *Lois scientifiques du développement des nations*, p. 158. « Si l'expérience des Anglais dans l'Inde prouve quelque chose, c'est qu'une race très avancée dans la civilisation peut ne pas exercer promptement une excellente influence sur une race moins civilisée, parce qu'elle en est trop différente et qu'elle a trop de supériorité. » Le même fait s'est produit pour nous en Algérie.
4. B. Fillon, *l'Art romain et ses dégénérescences*, dans les *Beaux-Arts et les Arts décoratifs de l'Exposition de 1878*, t. II, p. 105 et suiv.

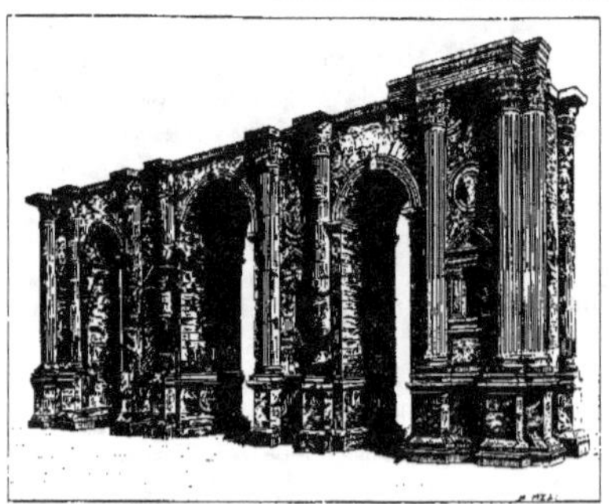

LA PORTE DE MARS, A REIMS.

mais supérieurement préparés pour comprendre la civilisation romaine, et pour exceller dans les arts de leurs vainqueurs.

La politique habile des empereurs acheva l'assimilation, qui s'étendit jusqu'à la foi religieuse. S'il est vrai, comme on l'a écrit, que « la religion change chez les hommes plus rarement que le reste[1] », n'est-il pas curieux qu'en un nombre d'années relativement assez court, les Gaulois aient renoncé à ce culte mystique du Druidisme, s'isolant « dans je ne sais quelle taciturnité sublime, qui l'empêchait de descendre à l'étude des formes extérieures[2], » pour donner à leurs dieux une apparence tangible, et qu'ils aient abandonné ces forêts que remplissait la terreur vague et mystérieuse des puissances cachées, qu'il fallait apaiser, flatter, satisfaire souvent par des sacrifices horribles, pour loger confortablement ces divinités, devenues traitables, dans des temples élégants[3].

Ce qu'on ne sait pas assez, ce qu'on néglige d'apprendre à nos jeunes gens, c'est que du Nord au Midi et de l'Est à l'Ouest, en moins d'un siècle, la Gaule se couvrit de monuments considérables à tous égards et d'une magnificence, d'une beauté, sans égales. Ce qu'on oublie trop facilement, c'est que le voyageur se rendant précipitamment en Italie, pour y étudier l'art romain, l'art antique, laisse derrière lui, en France, les plus beaux spécimens de cet art qui nous aient

été conservés, et que les grands architectes italiens, à l'époque de la Renaissance, vinrent respectueusement étudier et copier.

Où trouver, en effet, dans toute la Péninsule, un aqueduc qui soit comparable au Pont du Gard, des temples plus exquis dans leurs proportions réduites que la Maison Carrée et le temple de Diane, à Nîmes; un arc de triomphe plus imposant dans sa masse que celui d'Orange[4]; un tombeau plus élégant que celui des Jules à Saint-Remy; des arènes mieux conservées et d'une forme plus distinguée que celles d'Arles et de Nîmes; un autre théâtre que celui d'Orange ayant conservé presque intacts sa scène et son mur de fond? Le voyageur ensommeillé et distrait, qui s'éveille aux radieux rayons du soleil de Provence, ne se doute pas

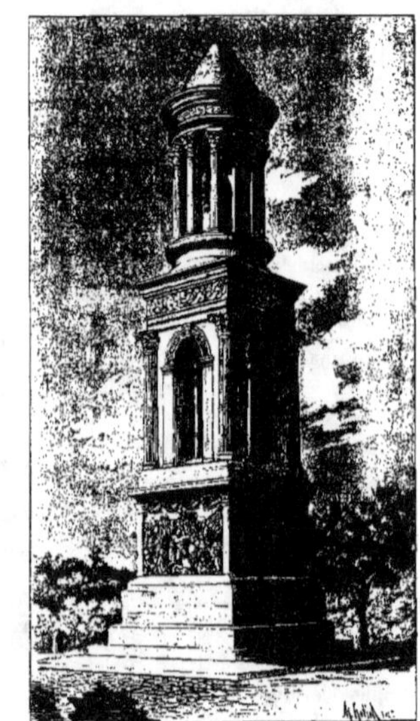

LE TOMBEAU DES JULES, A SAINT-REMY.

---

1. BAGEHOT, *loc. cit.*, p. 61.

2. Du CLEUSIOU, *la Poterie gauloise, la Source de l'Art gaulois*, p. 120.

3. Le voyageur anglais Lister rapporte que, durant une visite faite en 1660 au Père Mabillon, celui-ci lui montra une douzaine de dessins exécutés par des religieux dans l'Est d'après des monuments antérieurs à la conquête romaine ou contemporains de cette conquête. « Cinq ou six représentaient des Mercures. Il était figuré avec un coq à ses pieds, une chlamyde nouée sur l'épaule droite et retombant par derrière, les cheveux frisés autour du visage et rattachés par un ruban... et le caducée à la main. » (*Voyage de Lister*, ch. V, p. 115.) Ce nombre de statues de Mercure trouvées dans un pays gaulois confirme ce que César, dans son sixième livre, dit de la religion de ces contrées : *Deum maxime Mercurium colunt; cujus sunt plurima simulacra.*

4. Nous en donnons ici une restitution d'après l'architecte Caristie. Au xviie siècle, Mignard en avait lui aussi dessiné une restitution curieuse, mais forcément moins exacte.

qu'il vient de passer, avec une rapidité vertigineuse, au milieu de tant de trésors d'art incomparables. La réalisation de ces merveilles eût-elle été possible si les semences apportées par l'invasion romaine n'avaient pas trouvé un terrain admirablement préparé pour les recevoir? On reconnaîtra combien César voyait juste, lui qu'on prétend avoir été « bien plus propre à vaincre les Gaulois qu'à les peindre[1] », quand il constatait la surprenante facilité des vaincus à s'assimiler les arts et les mœurs des vainqueurs; et combien l'empereur Claude fut sagement inspiré, lorsque, un demi-siècle à peine après la conquête, au moment d'accorder le droit de cité aux habitants de la Gaule, il disait au Sénat romain : « Croyez-moi, consommons l'union des deux peuples, dont les mœurs et les arts sont déjà communs ». Tous les historiens, sur ce point, se sont accordés pour lui rendre justice[2]. On sait que ce mémorable discours, gravé sur des tables de bronze, fut déposé à Lyon, ville où Claude était né, et pour laquelle il conserva toujours une tendresse spéciale[3], dans le temple d'Auguste. Et de nos jours encore, les amoureux du passé peuvent, au musée lapidaire de cette ville, contempler ce contrat de famille entre Rome et la Gaule[4].

A partir de cette annexion politique et morale, la Gaule entière devint comme une banlieue de Rome.

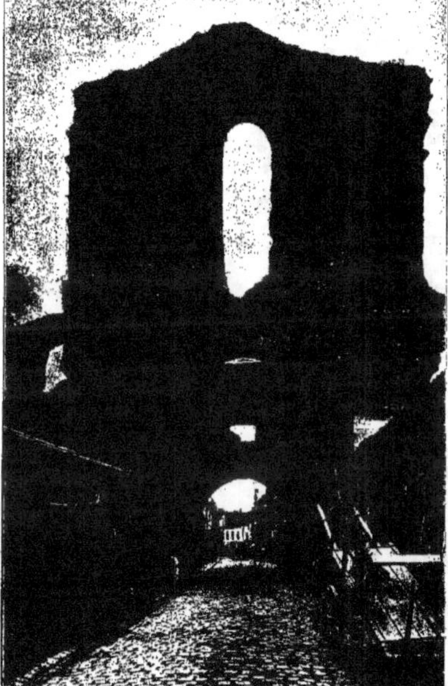

LE PALAIS GALLIEN, A BORDEAUX.

On a de tout temps vanté « l'influence des œuvres sur les œuvres », les effets entraînants de l'exemple, mille fois plus puissants que les froides prescriptions, les dissertations banales et les préceptes[5]. Encore faut-il, dans le domaine de l'art, pour que les exemples portent leurs fruits, qu'ils s'adressent, non pas à des intelligences indécises, ne possédant que « ce vague sentiment de la beauté qu'on rencontre dans les esprits sensibles, délicats, quoique non cultivés[6] », mais à des cerveaux et à des yeux ayant déjà le sentiment de la forme, et capables d'en saisir les beautés. Or, la période d'un siècle, qui s'étend entre la proclamation de Claude et l'avènement de l'empereur Commode, voit, d'une extrémité à l'autre, la Gaule se couvrir de monuments. Partout on érige des temples, partout on bâtit à grands frais des amphithéâtres, des bains, des cirques et des basiliques. Combien de superbes édifices, en outre de ceux que nous avons déjà cités, subsistent encore, partiellement au moins, et attestent la grandeur et le goût de cette féconde époque! Les arcs de triomphe de Saint-Remy, de Cavaillon, de Carpentras; les amphithéâtres de Périgueux, de Fréjus, de Paris, de Narbonne; les portes triomphales de Nîmes, de Langres et celle si célèbre (*Porta Nigra*) de Trèves! Les thermes de l'ancienne Lutèce, le cirque de Bordeaux, connu sous le nom de Palais Gallien, ses

---

1. Dom Martin, *la Religion des Gaulois tirée des plus pures sources de l'Antiquité*. Paris, 1727, t. I, p. 333.

2. V. de Belloguet, *Civilisation des Gaulois*. — Henri Martin, *Histoire de France*. — Fustel de Coulanges, *Histoire des Institutions politiques de l'ancienne Gaule*. — Guizot, *Histoire de la Civilisation en France*. — Baudrillart, *Histoire du Luxe*.

3. Suétone, *Claude*, II : « Claudius natus est, Julio Antonio, Fabio Africano consulibus, Kalendis Augustis, Lugdini. »

4. Voir la *Monographie* publiée par J.-B. Monfalcon, in-folio.

5. *Longum est iter per præcepta, breve et efficax per exempla.* (Sénèque, *Epist.* 6.) — Voir aussi *Controvers.*, IX, 2, et Quintilien, XXII. 6.

6. Bagehot, *Lois scientifiques*, etc., p. 21.

Piliers de Tutelle, aujourd'hui démolis, mais qui nous sont connus par une gravure du xvie siècle[1]; la porte de Mars à Reims et le tombeau de Jovin; le théâtre d'Arles et les restes de son forum; l'arc de triomphe et l'amphithéâtre de Saintes[2]; Autun avec son amphithéâtre, son théâtre, ses temples de Pluton et de Janus, et sa *Porta Lingonensis*; les antiquités de Vayson, ses tombeaux,

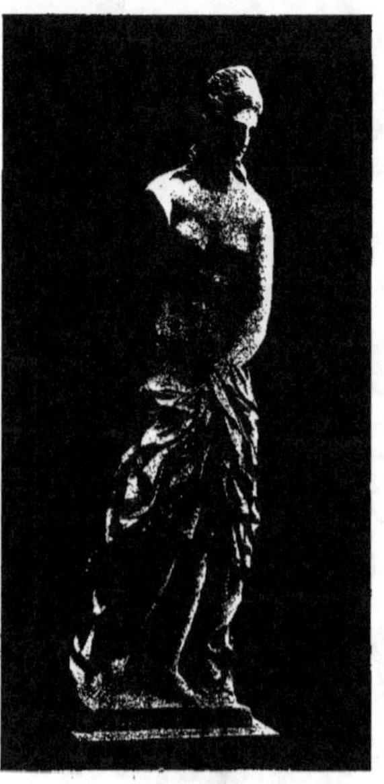

STATUE DE VÉNUS.
(Musée de Nîmes.)

son pont romain; Vienne, son temple de Livie et sa coquette pyramide, etc. Et combien d'autres, plus nombreux, sinon plus vastes et plus magnifiques, ont été détruits, « transformés en carrières de pierres taillées, où les habitants venaient chercher leurs matériaux pour construire des monuments nouveaux! » Pendant quinze siècles, en effet, « les dépouilles des édifices antiques, comme le constatent Séroux d'Agincourt et Quatremère de Quincy, servirent non seulement à décorer la plupart

des églises où l'on voulait déployer quelque magnificence, mais encore à les bâtir[3] ». Les cathédrales du Puy, de Sens, de Reims, offrent en leurs murs des traces de ces systématiques dévastations. Et les monuments sculptés, découverts en 1711 sous le chœur de Notre-Dame de Paris, ont prouvé que cette église avait été édifiée sur l'emplacement d'un temple dédié à Jupiter[4]. Bien mieux, des gravures curieuses du xviie et du xviiie siècle nous montrent l'amphithéâtre d'Arles « comme il est à présent » (1686), c'est-à-dire transformé en une ville forte, donnant asile à près de deux mille âmes, la Maison Carrée convertie en église, et l'arc de triomphe d'Orange couronné de créneaux et servant de citadelle[5].

Quant à cette multitude de villas, de maisons bâties, décorées, meublées à la façon d'Italie, dont les puissants gallo-romains avaient peuplé les sites les plus pittoresques; quant à ces habitations luxueuses, qui dominaient les prairies, les forêts, s'alignaient le long des fleuves ou bordaient l'océan, s'il n'en est presque pas demeuré de traces, encore en possédons-nous de précieuses descriptions.

Sidoine Apollinaire, qu'on ne saurait trop consulter, venant à parler de celle de son cher Consentius, vante ses hautes murailles disposées suivant les règles de la symétrie architecturale, ses thermes, sa bibliothèque, et ses portiques majestueux. Dans une pièce de vers intitulée *le Château de Pontius Leontius*, il décrit la résidence idéale de ce temps, surmontant un roc, au confluent de deux fleuves; défiant la sape, bravant l'escalade; contenant des bains somptueux; un palais à double façade et à double portique, orné de peintures magnifiques représentant des sujets profanes; muni de citernes alimentées par une machine hydraulique, renfermant des greniers immenses et des ateliers de tissage dirigés par la châtelaine du lieu. Enfin, à l'exemple de Pline le Jeune, qui nous dépeint la villa qu'il possédait en Italie, Sidoine nous a tracé une description brillante de sa villa d'Avitac, apportée en dot par sa femme Papianilla, fille de l'empereur Avitus. Salle de bains vaste et commode, salle de parfums, piscine alimentée par un aqueduc, corps de logis (*basilica*), appartement des femmes, vestibule, appartement d'été, appartement d'hiver, terrasses, tricli-

<hr>

1. Voir, au Cabinet des Estampes, *Topographie génér. de la France*. Vᵃ 60.
2. Voir Baron Chaudruc de Crazannes, *les Antiquités de la ville de Saintes* (1820).
3. Séroux d'Agincourt, *Histoire de l'Art par les monuments*. Paris, 1823. *Architecture*, t. I, p. 40. — Quatremère de Quincy, *Vies des plus célèbres Architectes*, t. I, p. 16.
4. Voir la publication de Bardelot et Moreau de Mautour et D. Michel Félibien, *Histoire de la Ville de Paris*, t. I, p. 129.
5. Voir, au Cabinet des Estampes, *Topographie générale de la France*, les gravures de Peytret (1686), de J.-B. Guibert, de J. Bangin (1640-1660) représentant ces divers monuments, tels qu'ils étaient au xviie et au xviiie siècle.

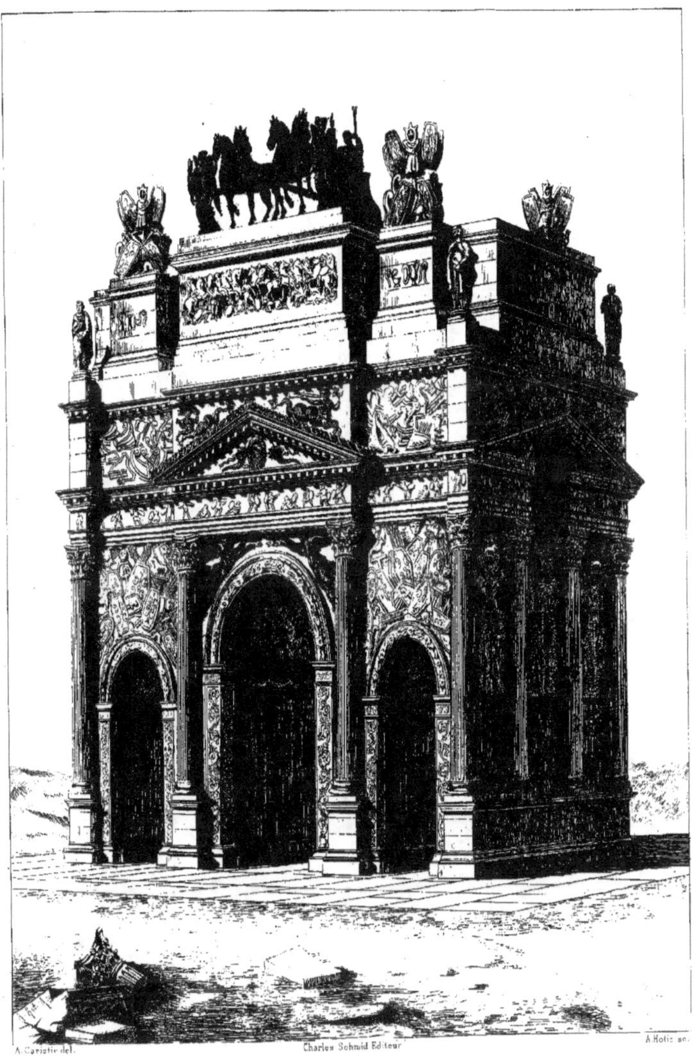

ARC DE TRIOMPHE D'ORANGE
Supposé dans son état primitif

nium, portiques ; rien ne manque à ce charmant séjour, pas même une vue étendue et magnifique[1].

Plus heureux avec les statues de marbre ou de bronze, nous pouvons raisonner ici sur autre chose que des descriptions. Les proportions de ces statues sont belles, leurs formes élégantes, leurs gestes sobres, et la dignité de leurs poses, la noblesse de leurs draperies, rappellent l'art romain dans son plus beau temps. La *Vénus* d'Arles et celle de Nîmes, le délicieux torse de jeune fille et le buste de *Jupiter* conservés au musée de cette dernière ville, l'*Apollon* de Lillebonne, les bustes d'Auguste et de Livie découverts à Neuilly-le-Réal, celui d'Octavie trouvé à Lyon, le tombeau de Jovin à Reims, le *Mercure* de Langres, les admirables sarcophages provenant des Aliscamps et qui sont l'honneur du musée d'Arles, la statuette d'Annecy, et vingt autres, de mérite presque égal, conservées au Louvre dans une salle spéciale, montrent assez à quelle perfection les Gallo-Romains étaient parvenus dans l'exécution

LE TEMPLE DE DIANE, À NÎMES.

des œuvres plastiques. Leur réputation comme bronziers avait même franchi les Alpes, et l'on vit, par une réciprocité assez inattendue, un statuaire gaulois, né en Auvergne, où il s'était rendu célèbre par l'exécution d'un énorme *Mercure*, mandé à Rome pour jeter en bronze la figure colossale qui devait transmettre les traits augustes de Néron à la postérité la plus reculée[2].

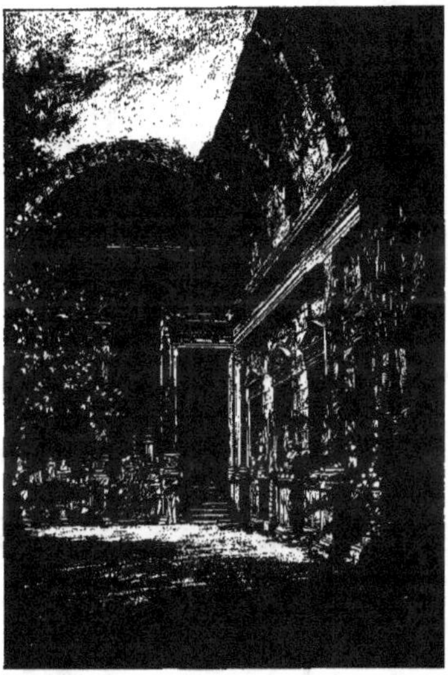

Si des bronzes nous passons aux métaux précieux, des constatations non moins éloquentes nous attendent. L'admirable patère en or massif découverte à Rennes en 1674, et que l'on considère avec justice comme un des joyaux les plus précieux de notre Cabi-

net des Médailles, est une de ces œuvres presque parfaites qui marquent l'apogée d'un art. Le grand disque en argent trouvé dans le Rhône et dénommé — par suite d'une interprétation erronée du sujet qui le décore — *Bouclier de Scipion*, quoique d'une exécution moins délicate, constitue également un ouvrage de premier ordre. Les soixante-dix pièces qui composent le trésor d'Hildesheim, bien que d'une facture inégale, n'en doivent pas moins compter parmi les plus belles orfèvreries connues. Les cratères surtout, et les bassins enrichis de feuillages et de masques, sont d'un style magistral. La coupe ornée des bustes d'Atys et de Cybèle est d'un travail absolument supérieur. Quant aux coupes représentant Minerve assise, et Hercule enfant étouffant des serpents en ses mains, elles peuvent supporter la comparaison avec les œuvres les plus achevées de la Grèce. Les soixante pièces composant le trésor découvert en 1830 au Villeru (Eure) et conservées au Cabinet des Médailles sous le nom de « trésor de Bernay », si elles sont moins remar-

quables au point de vue de l'art, peuvent figurer cependant au nombre des orfèvreries les plus précieuses. Les deux statuettes de Mercure, notamment, et les quatre hydries ornées de scènes homériques, sont de forme excellente quoique un peu lourde. Leur fabrication, en outre, est savante. À côté de ces morceaux d'importance capitale, le trésor de Chaource, découvert à Montcornet (Aisne) et conservé au British Museum, et le trésor de Notre-Dame d'Alençon, qu'on peut voir au Louvre, présentent un intérêt moindre ; mais ils concourent à montrer combien ces belles argenteries étaient répandues en Gaule.

---

1. Caii Solii Sidonii Apollinaris *Epistolæ*, lib. II, epist. 2, lib. VIII, epist. 4, et *Carmina* XXII.

2. Pline rapporte que Zénodore — c'est le nom de l'artiste qui nous occupe — travailla à ce *Mercure*, qui allait le rendre si célèbre, pendant dix ans, et sa statue revint à 40 millions de sesterces, soit environ 9 millions de francs, ce qui donne une idée de ses dimensions. La réputation que l'artiste gaulois acquit par ce travail le fit mander à Rome par Néron (Pline, lib. XXIV, chap. XVIII).

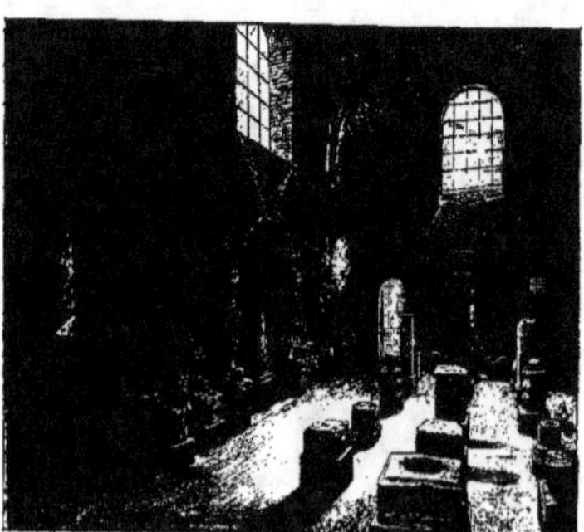

LES THERMES DE PARIS.

Ces découvertes accidentelles de richesses enfouies en des jours de crise, comme le joli vase trouvé près d'Alise, comme d'autres dépôts du même genre mis au jour en 1867 à Larnaud (Jura), en 1870 à Réallon (Hautes-Alpes), en 1884 à Petit-Villatte (Cher), prouvent que ces dissimulations mystérieuses furent, aux jours de crise, pratiquées sur toute l'étendue du territoire. En outre, nous savons par nos vieilles chroniques que, maintes fois, durant le Moyen Age, de pareilles aubaines se produisirent. Les plus fameuses de ces trouvailles sont celle que fit Gontran, roi d'Orléans, laquelle, refondue, permit de doter l'église de Saint-Marcel de Chalon-sur-Saône d'une châsse énorme et magnifique, et celle qui amena devant « le chastel de Chauliez » la mort de Richard Cœur de Lion.

Faut-il pousser dans un autre sens nos investigations, recueillir les témoignages des rares contemporains de cette belle efflorescence; de Sidoine Apollinaire, par exemple, que nous avons déjà interrogé? Faut-il, à la suite de ce Lyonnais de naissance, Romain d'alliance, qui fut à la fois poète, évêque et préfet du prétoire, saluer Narbonne, ses murailles, ses édifices publics, ses portes, ses portiques, son forum, son amphithéâtre, ses temples, son capitole, ses thermes, ses arcs de triomphe, ses greniers publics, ses marchés, etc.?

Faut-il passer la revue de ces milliers de poteries délicates en terre lustrée, chargées de trophées, de cartouches, de guirlandes, d'attributs? Devons-nous accorder un regard aux belles mosaïques d'Autun, de Nîmes, de Reims, de Sens, etc., ou fouiller le curieux écrin découvert à Lyon, en 1839, et renfermant des bracelets, des boucles, des colliers? Interrogerons-nous ces intéressants bas-reliefs représentant des scènes intimes et qui pourraient nous révéler, comme le sarcophage de Clermont-Ferrand, l'élégante tenue des matrones gallo-romaines?

Ce que nous venons de constater nous semble suffisant pour montrer à quels raffinements d'art et de civilisation était, avant l'invasion des Franks, parvenue cette vieille et chère Gaule, berceau de notre race.

Son épanouissement artistique, au surplus, surprend moins quand on constate qu'il coïncide avec une intensité de culture littéraire exceptionnelle. Il ne faut pas oublier, en effet, qu'avant même la dissolution de l'Empire romain, le grand mouvement littéraire s'était transporté de la Ville éternelle dans les provinces d'Europe. C'est à des Espagnols, aux Sénèque, aux Lucain, aux Martial, qu'appartient en grande partie la succession immédiate des écrivains du beau siècle de la littérature romaine. C'est de Bordeaux, que l'empereur Valentinien fit venir Ausone, pour lui confier l'éducation de son fils Gratien. Dès les premiers empereurs, l'académie de Lyon, déjà fameuse sous le nom d'Athénée, méritait les éloges de Juvénal, et, ainsi que le constate Séroux d'Agincourt, « Nîmes avait vu naître et éduquer dans son sein Antonin le Pieux, l'honneur des hommes et des Lettres». Enfin Arles, Autun, Toulouse, que Martial appelle *Palladia*, possédaient des écoles célèbres qui, grâce au séjour des empereurs romains dans les Gaules, égalaient celles de Lyon, de Nîmes, de Bordeaux, et rivalisaient avec celles d'Italie.

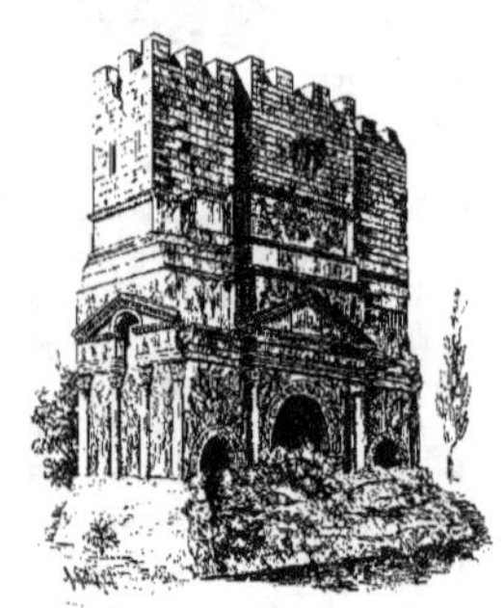

L'ARC DE TRIOMPHE D'ORANGE
transformé au Moyen Age en citadelle.

LIVRE SECOND

Les Mérovingiens. — Le Style Latin.

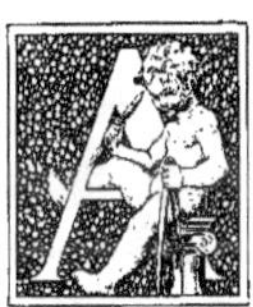

UTANT les monuments civils et religieux, édifiés pendant la période gallo-romaine, sont encore nombreux sur notre sol, et montrent à nos yeux surpris des vestiges considérables d'une antique splendeur; autant ils nous étonnent par la majesté de leur plan, la noblesse de leur décoration, la magnificence de leur appareil; autant ceux de la période suivante sont rares et — à tous les points de vue — dénués de grandeur, de beauté, d'intérêt. Le peu qui nous en est demeuré n'apparaît qu'à l'état de débris; et ces débris, « presque toujours informes, presque toujours défigurés par les modifications de tout genre que les siècles postérieurs leur ont fait subir, sont d'une interprétation si difficile, que la plupart des historiens de notre art national ont renoncé à les classer d'une façon rigoureuse[1] »; et voilà comment, en dépit des recherches, nous sommes, faute de points de repère certains, réduits aux conjectures pour tout ce qui concerne l'architecture en Gaule, entre la chute de l'Empire romain et l'avènement de la dynastie capétienne.

D'où vient cette nuit si profonde? A quels événements faut-il attribuer ce brusque arrêt dans une voie si largement ouverte, si noblement suivie? C'est ce que nous allons essayer de faire connaître en quelques lignes.

Après une initiation à la fois si rapide, si complète et dès le début si franchement acceptée, après une consécration résultant de quatre siècles de volontaire pratique, il semble que la culture gallo-romaine, suivant une marche cohérente, rationnelle, était appelée à imprimer à sa production un développement régulier et normal. Il n'en fut rien. L'invasion vint arrêter net ce généreux et superbe essor. La Gaule, envahie, subjuguée, asservie par les Franks, fut forcée de rétrograder jusqu'à son point de départ, jusqu'à ces poteries mal formées, jusqu'à ces ornements géométriques, qui apparaissent d'une façon inéluctable à l'origine de toutes les sociétés humaines. Et c'est ce recommencement à la fois curieux et pénible, cette nécessité de parcourir à nouveau, au milieu de vicissitudes extraordinaires, les étapes déjà franchies, qui donnent à l'histoire de notre pays cet intérêt si particulier, que tous les écrivains lui ont toujours reconnu. « La France, a dit fort justement Guizot, a cet honneur que sa civilisation reproduit, plus fidèlement qu'aucune autre, le type général, l'idée fondamentale de la civilisation. C'est la plus complète, la plus vraie, la plus civilisée pour ainsi dire[2]. » Ce privilège ne lui est même pas contesté par les étrangers, et c'est par une étude sur la France, que l'anglais Henry Hallam ouvre sa magistrale étude sur l'*Europe au Moyen Age*[3].

Cet anéantissement d'une culture si avancée, si délicate, si parfaite à beaucoup de points de vue, ne s'accomplit pas sans lutte. Les dépositaires de la civilisation gallo-romaine résistèrent de toutes leurs forces à la destruction de cette initiation, qui avait fait jaillir du sol de la Gaule tant de beaux fruits, et de si savoureux. Nombre d'excellents esprits méritèrent le compliment que Sidoine Apollinaire adresse à son ami Ecdicius. Ils s'efforcèrent d'empêcher de redevenir barbares ceux

---

1. R. DE LASTEYRIE, *l'Église Saint-Martin de Tours, étude critique sur la forme de ce monument* (*Mémoires de l'Académie des Inscriptions et Belles-Lettres*, t. XXXIV, 1re partie).

2. GUIZOT, *Histoire de la Civilisation française.* Paris, t. I, p. 21.
3. HENRY HALLAM, *l'Europe au Moyen Age*, traduction de Borghers et Dudouit. Bruxelles, 1838, t. I, p. 17.

qu'ils avaient obligés de devenir latins[1]. — D'autres firent entendre des cris d'alarme. « Malheur à nous, s'écrie Grégoire de Tours, si l'étude des lettres périt parmi nous[2]! » Mais cette résistance ne fut que temporaire. Le Gallo-Romain eut beau se cramponner à ses traditions glorieuses, invoquer le bon sens et prôner le bon goût, le Barbare refusa de se laisser persuader. Le vainqueur, orgueilleux de sa force victorieuse, ne montra que mépris et dédain pour un peuple qui s'était laissé soumettre, et qui dès lors lui semblait inférieur. Courbé sous l'implacable joug, trop faible et trop découragé pour lutter davantage, le vaincu, corrompu par l'exemple, se laissa imposer l'art naïf et rudimentaire de l'envahisseur. « Qui empêchait ces nouveaux venus de bâtir des édifices réguliers sur les modèles romains? écrit Voltaire[3]. Ils avaient la pierre, le marbre et de plus beaux bois que nous.... Pourquoi toutes les commodités qui adoucissent l'amertume de la vie deviennent-elles inconnues, sinon parce que les sauvages qui passèrent le Rhin rendirent les autres peuples sauvages? »

Ce qui ajoute à la singularité de ce retour vers la barbarie, c'est qu'il ne fut pas immédiat, mais progressif; c'est qu'il ne résulta pas, comme on pourrait le croire, d'une sorte de cataclysme, mais d'une action lente, persistante et durable. Tout ne sombre pas à la fois dans cet effondrement. En dépit des hommes d'État qui ont prétendu que la loi salique fut partout substituée à la législation antérieure[4], l'érudition moderne a démontré « la perpétuité » du droit romain du ve au xiie siècle[5]. Avec les lois essentielles, une foule de coutumes persistèrent, celle des bains, notamment, si chers aux Romains[5]; celle aussi de se laver les mains au commencement et à la fin de chaque repas. Nous verrons, dans le chapitre consacré au mobilier, qu'il en fut de même pour l'habitude toute romaine de prendre les repas étendu sur un lit. Les combats de gladiateurs, les courses de chars, les jeux du cirque, ces *circenses* qui faisaient en quelque sorte partie intégrante de la vie

romaine, continuèrent d'avoir lieu comme par le passé; et Grégoire de Tours nous apprend que Chilpéric fit construire des amphithéâtres à Paris et à Soissons et donna des spectacles au peuple[7]. Il n'est pas jusqu'à la pompe funèbre antique qui n'ait été respectée. Un enfant de Chilpéric et de Frédégonde étant mort, les mimes et les pleureuses lui firent cortége, et la foule suivit son corps jusqu'à l'église Saint Crépin, « vestue de robes de plours[8] ». Enfin, particularité assez curieuse, la loi salique elle-même reconnaissait à la vie des Romains une valeur sinon égale à celle des Franks, — il s'agissait en effet de préserver avant tout l'existence du vainqueur contre les révoltes et les attentats du vaincu, — du moins un prix encore considérable; et si ce Romain était « convive » du roi, c'est-à-dire admis dans son entourage, l'amende à laquelle était condamné son meurtrier était d'une fois et demie plus forte que celle édictée pour un guerrier frank[9]. « Impatronisés sur les domaines des propriétaires gaulois, ayant reçu ou pris à titre d'hospitalité les deux tiers des terres et le tiers des esclaves, écrit Augustin Thierry[10], ils se faisaient scrupule de rien usurper au delà. Ils ne regardaient pas le Romain comme leur colon ou leur *lite*, selon l'expression germanique, mais comme leur égal en droit dans l'enceinte de ce qui lui restait. »

Quels étaient au juste ces envahisseurs, ces Franks si fameux dans l'histoire? C'est ce qui n'a jamais été bien clairement établi. « La nation des Franks, proclame la *Loi salique*[11] (dans un prologue qui semble la traduction littérale d'une ancienne chanson germanique), la nation des Franks est illustre entre toutes, ayant Dieu pour fondateur, forte sous les armes, ferme dans les traités de paix, profonde en conseil, noble et saine de corps, d'une blancheur et d'une beauté singulières, hardie, agile et rude au combat.... » Mais exista-t-il jamais une « nation » des Franks? Jusqu'à la fin du siècle dernier, personne n'avait osé émettre un doute sur ce sujet. Laissant de côté cette peu vraisemblable légende, sur laquelle nous aurons occasion de revenir, et qui faisait

---

1. *Epistolæ*, lib. II, epist. 3. — Voir aussi, sur la germanisation de la Gaule, FUSTEL DE COULANGES, *Histoire des Institutions politiques de l'ancienne France*, 2e édition, t. I.

2. GRÉGOIRE DE TOURS, *Histoire ecclésiastique des Gaules*, dans GUIZOT, *Collection des Mémoires relatifs à l'Histoire de France*, t. I, p. 23.

3. VOLTAIRE. *Essai sur l'esprit et les mœurs*, t. I (Œuvres complètes, t. VIII), p. 284.

4. « Lesquels François, en reboutant les loix romaines, firent gouverner leurs conquestes à la justice de la loi salicque. » (*Antiquités de la Flandre*, par le président P. WIELANT, conseiller de Charles le Téméraire, de Philippe le Beau et de Charles-Quint : J.-J. DE SMET, *Corpus chronicorum Flandriæ*, t. IV, p. 11.)

5. DE SAVIGNY, *Histoire du Droit romain au Moyen Age*, cité par GUIZOT, *Histoire de la Civilisation en France*, t. I. p. 320.

6. *Les Grandes Chroniques de France, selon qu'elles sont conservées en l'église de Saint-Denis en France*, publiée par PAULIN PARIS, liv. IV, ch. xviii et xxi: liv. V, ch. x.

7. GRÉGOIRE DE TOURS, *op. cit.*, liv. V, dans GUIZOT, etc.. t. I, p. 245; *Grandes Chroniques*, liv. III, ch. xv.

8. *Grandes Chroniques*, liv. III, ch. xi.

9. « Si quelque homme libre a tué un Frank ou un barbare vivant sous la loi salique, il sera jugé coupable au taux de 200 sols. Si un Romain propriétaire de terres a été tué, celui qui sera convaincu de l'avoir tué sera jugé coupable à 100 sous.... Si un Romain, convive du roi, a été tué, la composition sera de 300 sols. » (*Lex Salica*, tit. XLIV, apud *Script. rer. gallic. et francic.*, t. IV, p. 147.)

10. AUGUSTIN THIERRY, *Lettres sur l'Histoire de France*, lettre VI, p. 81.

11. *Legis Salicæ prologus*, apud *Script. rer. gallic. et francic.* t. IV, p. 121.

descendre les envahisseurs des Troyens, — légende si fortement enracinée dans l'imagination populaire, que certains historiens considéraient presque comme un crime de lèse-patrie toute contestation à cet égard[1], — la plupart de nos écrivains nationaux[2] en étaient même arrivés, au XVIIe et au XVIIIe siècle, à prétendre que les Franks, — Gaulois d'origine, — après avoir une première fois émigré de l'autre côté du Rhin, avaient repassé le grand fleuve, « soit pour trouver de nouvelles habitations, soit pour délivrer leurs frères de la servitude des Romains ». Ils ajoutaient que la facilité avec laquelle ils effectuèrent cette rentrée dans leur pays originel et le peu de résistance qu'ils rencontrèrent de la part des indigènes « donnent lieu de croire que cette entreprise n'avait pas été faite sans la participation de ces derniers[3] ». Théorie un peu extravagante, née, suivant la remarque spirituelle de Leibnitz, beaucoup plus du désir que du raisonnement, mais qui recevait l'approbation des savants, comme étant la plus glorieuse à la nation française[4].

Il fallut, pour qu'on revînt à une appréciation plus juste de ces événements obscurs, qu'au siècle dernier, deux hommes courageux, Nicolas Fréret et le comte de Boulainvilliers, démontrassent d'une façon irréfutable, celui-ci que les Franks, en subjuguant la Gaule, avaient asservi les Gallo-Romains et formé une aristocratie qui, grâce à la complicité du pouvoir royal, avait pendant longtemps seule participé au gouvernement du pays ; celui-là que les Franks, au IIIe siècle, ne constituaient ni une race distincte, ni une nation particulière, mais seulement une ligue formée par plusieurs tribus de la basse Germanie, et que leur nom ne signifiait pas « libre » comme on l'avait prétendu, mais était l'équivalent du latin *ferox*, « dont il avait tous les sens favorables et défavorables : fier, intrépide, orgueilleux et cruel[5] ». Ajoutons que l'affirmation de Fréret, qui lui coûta la

liberté, comme étant irrespectueuse de la nation et blessant le pouvoir, mais qui s'accorde si bien avec les terribles prescriptions que les chroniqueurs placent dans la bouche de Crocus[6] a été depuis lors reconnue exacte, adoptée par l'érudition moderne, et qu'elle seule explique le terrible recul que subit notre civilisation.

Le certain, c'est que ces farouches conquérants n'apportèrent rien, en fait d'architecture, dans le pays qu'ils venaient de subjuguer, et que les très rares monuments, qu'on fait remonter avec plus ou moins de certitude à leur époque de domination absolue — l'église souterraine des Saintes-Maries ; la *Basse Œuvre* de Beauvais ; la façade latine de Saint-Front, à Périgueux ; Notre-Dame-du-Pré, au Mans ; le temple de Saint-Jean, à Poitiers ; certaines parties de Saint-Martin d'Angers — dénoncent si peu des procédés de construction nouveaux, que l'on a englobé sous le nom de *style latin* tout cet ensemble d'édifices[7].

Les caractères essentiels de ces constructions dérivent en effet : 1° de l'*appareil*, qui lui-même découle directement de la pratique romaine — *opus incertum*, avec chaînes de briques mises à plat — ou utilisation de pierres de grand appareil, empruntées à des monuments antérieurs ; 2° de la forme et de la dimension des fenêtres, très étroites et à plein cintre, dont l'arcade est formée de voussoirs cunéiformes, séparés par d'épaisses couches de ciment ; 3° de l'emploi de colonnes de modules différents, enlevées à des constructions plus anciennes, parfois même, comme à Saint-Michel de Vintimille, de bornes milliaires utilisées pour cette destination ; 4° dans des simplifications qui dénoncent une main-d'œuvre relativement inexpérimentée, dans des corniches d'une simplicité rudimentaire, d'où l'architrave et la frise sont bannies, et qui reposent sur des modillons barbares.

---

1. Voir, notamment, BERNARD DE GIRARD, seigneur DU HAILLAN, *Histoire générale des rois de France* (1576), discours préliminaire, p. 1.

2. Voir JEAN BODIS, *Method. ad facilem histor. cognitionem.* — F. FORCADEL, *De Gallorum imperio et philosophia.* — CHANTEREAU-LEFÈVRE, *Traité des Fiefs et de leur origine*, etc.

3. CHANTEREAU-LEFÈVRE (*op. cit.*, p. 43), le protagoniste de cette théorie, écrivait en 1658. En 1676, ses prétentions, quoique peu vraisemblables, mais qui flattaient l'amour-propre national, étaient si bien adoptées, que l'historien AUDIGIER (*De l'Origine des François et de leur Empire*, t. I, préface), poussant la théorie à l'absurde, s'efforçait de démontrer que « les Goths, les Burgondes, les Hérules, les Huns eux-mêmes, en un mot tous les peuples qui travaillèrent à la ruine de l'Empire, étaient des Gaulois plus ou moins déguisés ».

4. Voir *Recueil de diverses pièces sur la philosophie, la religion et l'histoire*, par LEIBNITZ, CLARKE, NEWTON et autres. Amsterdam, 1720, t. II, p. 187, et *Journal des Savans* du 29 mars 1677.

5. NICOLAS FRÉRET, *Mémoires sur l'Origine des François* (1714), dans *Œuvres*, édition de 1798, t. V, p. 164-203 et s. (ce mémoire, lu à l'Académie des Inscriptions, le fit mettre à la Bastille). — Le COMTE DE BOULAINVILLIERS, *Histoire de l'Ancien Gouvernement de la France* (La Haye, 1727). — Voir aussi *Examen critique de l'opinion de Boulainvilliers*, par de FONCEMAGNE, et *Traité de l'Origine du Gouvernement français*, par GARNIER, dans *Collection des meilleures dissertations sur l'Histoire de France*. Paris, 1838, t. I, 2e livr., p. 14 et 136.

6. « Beau-fils, dit-elle, si tu veux estre nommé par tout le monde, abats et renverse les tours et les édifices, que les plus grans princes et les plus puissans ont restaurés jadis ; gaste les plus grandes citéz et les plus nobles, et tout le peuple mets à l'espée. » (*Grandes Chroniques*, liv. II, ch. XXIII.)

7. « Les Franks, écrit Augustin Thierry, n'étaient pas un peuple, mais une confédération de peuplades anciennement distinctes, différant même d'origine, bien que tous appartinssent à la race tudesque ou germanique. » (*Lettres sur l'Histoire de France*, liv. VI, p. 70) ; et plus loin : « On trouve dans les anciens glossaires *Franci a feritate dicti*. *Frech*, en allemand moderne, signifie « hardi, téméraire » ; *Vrang*, en hollandais, veut dire « âpre, rude ».

Quant à l'ornementation, « la pratique de l'art, écrit Batissier[1], était tombée dans une si complète décadence, qu'on ne trouvait même plus de sculpteurs pour décorer de moulures les édifices publics ».

De ces divers monuments, le plus complet peut-être, et le plus étudié assurément[2], le temple ou, mieux, le Baptistère de Saint-Jean, à Poitiers, présente des défaillances dans sa décoration, qui justifient ce jugement si sévère. « Ce monument, écrit M. Louis de Fourcaud, est fait presque entièrement de pièces de rapport, où visiblement les chapiteaux n'ont pas été taillés pour les colonnes, où les briques romaines mêlées à l'appareil témoignent elles-mêmes d'un premier emploi, où la sculpture avoue des provenances diverses et accuse d'étonnants disparates. » Mais cette construction qui, suivant la remarque d'Adolphe Berty, « est barbare plus encore par la conception que par la construction », à côté de courts pilastres symétriques recoupés et mutilés, que surmontent deux motifs triangulaires séparés par un arc archivolté, montre certains motifs de sculpture : étoiles, rosaces à six pointes, croix pattées et cerclées, pointes de diamant ou torsades, qui appartiennent en propre à l'art mérovingien, et prouvent qu'on n'avait pas absolument renoncé, comme l'écrit Batissier, à l'art de tailler et de sculpter la pierre. Nous en aurons, du reste, bientôt d'autres témoignages dans les tombeaux, si nombreux, parvenus jusqu'à nous, et datant de cette lointaine époque, ainsi que dans d'autres ouvrages d'une relative importance.

Hâtons-nous d'ajouter que ces bâtisses, toutes sommaires, toutes grossières qu'elles puissent nous paraître, jouissaient auprès de leurs contemporains d'un certain prestige, et qu'elles étaient qualifiées pompeusement : « à la façon romaine » (more romano), pour les distinguer des habitations gauloises (more gallicano)[3], qui étaient, croit-on, en bois, et qui, dans un pays de forêts, devaient naturellement être les plus nombreuses. Malheureusement, il ne nous est rien resté de ces constructions autochtones, appelées à disparaître forcément, à une époque où l'incendie était érigé en procédé de conquête. Et comme il ne nous est rien demeuré non plus des palais, châteaux et maisons de plaisance habités par les princes mérovingiens, on en a été amené à conclure que les résidences princières étaient construites en bois de charpente[4]. Quoi qu'il en soit, ces habitations augustes étaient nombreuses. Nous savons, par nos plus anciens chroniqueurs, que les princes mérovingiens résidèrent tour à tour dans les châteaux de Chelles, de Conflans, d'Andernach, de Worms, dans le palais de Clichy (alias Clippi)[5]. Ils nous disent, en outre, que Chilpéric avait une préférence marquée pour Braine ; que ses trésors, aux derniers temps de sa vie, étaient conservés à Chelles[6]. Nous savons encore que ses frères et lui passaient la belle saison dans leurs villas de Reuilly, d'Épinay, d'Espoisse, de Maslay, de Rueil ; que Brunehaut habita souvent le domaine de Boucheveu ; mais c'est à peu près tout ce qu'on nous apprend ; et il faut dépouiller toute une suite de récits sanglants, d'épisodes farouches, pour pouvoir reconstituer l'intérieur de ces logis princiers, et con-

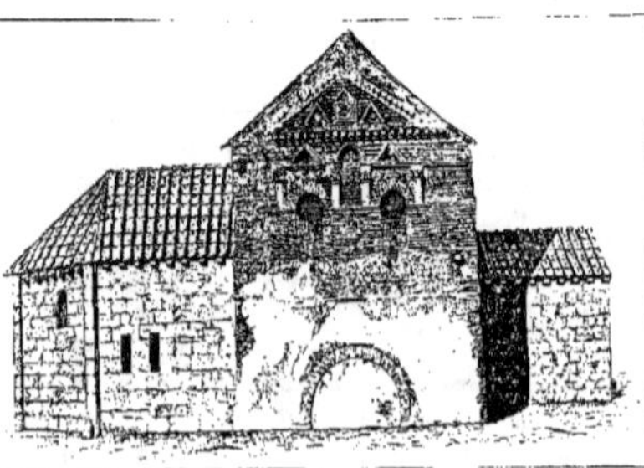

LE BAPTISTÈRE DE SAINT-JEAN, A POITIERS
avant sa restauration, d'après un dessin de Gaithabaud.

---

1. L. Batissier, *Éléments d'Archéologie nationale*, p. 405.

2. Ce monument, précieux à tant de titres, signalé dès 1724 à l'attention des archéologues par le savant bénédictin dom Martène (*Voyage littéraire de deux Bénédictins*) ; objet de controverses auxquelles prirent part Dreux-Duradier, dom Fontenai et l'abbé Lebeuf (*Journal de Verdun*, année 1750) ; décrit ou reproduit par Millin dans son *Voyage dans les départements du Midi de la France*, par Alex. Lenoir dans son *Atlas des Arts au Moyen Age*, par Mérimée dans ses *Notes de Voyage dans l'Ouest de la France* ; sauvé par Vitet d'une destruction qui paraissait certaine ; restauré sous la savante direction du Père de La Croix, qui a pris des moulages de toutes ses parties essentielles, a été l'objet de notices très remarquables signées de Berty (*Monuments anciens et modernes*, de Gailhabaud), d'Émile Espérandieu (*le Baptistère de Saint-Jean de Poitiers*) et de L. de Fourcaud, *France artistique et monument.*, t. IV, p. 133.

3. « Non quidem nostro gallicano more, sed sicut antiquorum murorum ambitus magnis quadrisque saxis extrui solet. » (*Vie de Saint Didier, évêque de Cahors*, 630, apud D. Bouquet, t. III, p. 331.) Emeric David constate que la construction en pierres fut qualifiée aussi par les écrivains franks *Novum ædificandi genus* (*Mémoire sur les démonstrations et les règles de l'Architecture dite gothique*, dans le *Bulletin monumental*, t. V).

4. Ces travaux de charpente, ainsi que le remarque M. R. de Lasteyrie (*l'Église de Saint-Martin de Tours*, p. 6), étaient souvent désignés sous le nom de *machina*. C'est le terme qu'emploie Sidoine Apollinaire pour parler de l'église primitive élevée par saint Brice, à Tours, laquelle était en bois.

5. P. Paris, *Grandes Chroniques de France, selon qu'elles sont conservées à l'église de Saint-Denis en France*, liv. V, chap. xv.

6. Id. *Ibid.*, liv. III, chap. xx.

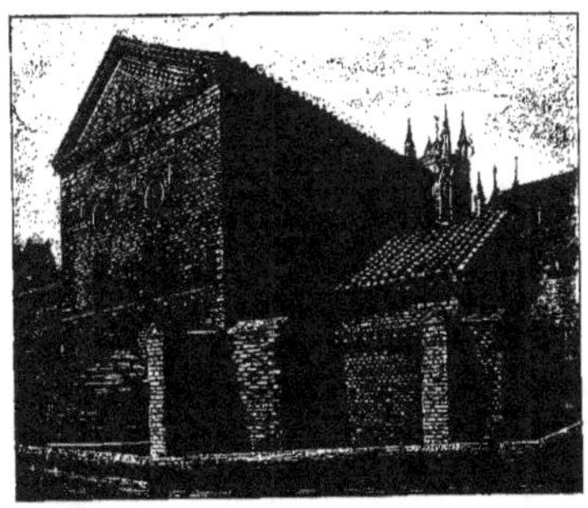

LE BAPTISTÈRE DE SAINT-JEAN, A POITIERS.
(État actuel.)

naître les localités principales dont ils se composaient.

Des pièces d'habitation, la première et la plus importante était sans contredit la « salle le roy »[1], sorte de galerie ou de salle du trône, dans laquelle le prince recevait, donnait ses audiences et les banquets qu'il offrait à ses leudes. En dehors de cette première galerie, il y avait une « salle de festins », pour les repas journaliers et les réunions moins imposantes, et, pour le service de cette salle, des celliers et des cuisines[2]. Pour la nuit, il existait des chambres assez nombreuses, ordinairement garnies de plusieurs lits. Le prince reposait entouré de ses gardes et l'évêque de ses clercs. Les officiers et principaux domestiques couchaient dans les *soliers*, ou greniers disposés sous les combles, et dont le plancher de bois était porté par des solives[3]. Puis, dans des endroits dissimulés, généralement placés au centre de l'habitation, il y avait la chambre du *trésor*, « où l'avessclement estoit », c'est-à-dire où l'on conservait tous les vases d'or et d'argent, les lingots de métaux précieux, les étoffes de prix composant la fortune mobilière du maître[4]. Il y avait enfin un certain nombre de retraites secrètes, connues seulement de quelques serviteurs de choix, où l'on pouvait se cacher en cas de danger pressant, et, à cause de cela, nommées *ripostailles*[5].

On voit par cette énumération que les palais méro-vingiens se composaient des mêmes éléments que nos habitations modernes, et comportaient même quelques adjonctions devenues superflues. Quant à leur apparence extérieure, à leur structure, une opinion généralement admise et fort plausible — quoiqu'elle s'appuie uniquement sur des présomptions — nous représente ces résidences princières des premiers Mérovingiens, comme de grandes métairies fortifiées, renfermant dans leurs dépendances tout un village de guerriers (de *sergents*, comme les appellent les chroniqueurs), d'esclaves et de serfs. Amédée Thierry pense que ces rustiques demeures, mieux appropriées que les habitations des villes aux allures un peu fantastiques et très indépendantes de ces forcenés chasseurs[6], étaient en bois, faites de poutres équarries et sculptées, et entourées de portiques. C'était du moins ainsi qu'étaient logés les princes des Huns, des Danois et des Germains.

Ces demeures princières, toutefois, n'étaient pas dépourvues d'une certaine recherche d'art. L'ambassadeur que Théodose le Grand dépêcha, en 449, au

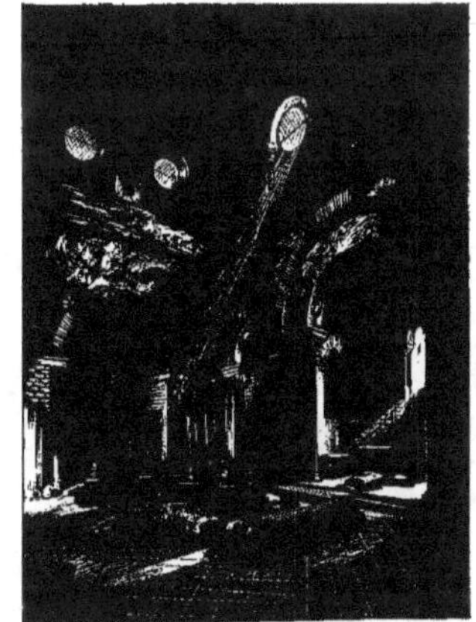

LE BAPTISTÈRE DE SAINT-JEAN, A POITIERS.
Intérieur (état actuel).

<hr>

1. *Grandes Chroniques*, selon qu'elles sont conservées à l'église de Saint-Denis en France, liv. III, chap. xv.

2. FRODOARD. *Histoire de l'Église de Reims*, liv. I, chap. xvii. AIMOIN, *Histoire des Francs*, liv. II, chap. vi.

3. *Grandes Chroniques*, liv. I, chap. xxi.

4. *Ibid.*, liv. III, chap. v.

5. *Ibid.*, liv. III, chap. xxiv.

6. Cette passion déréglée pour la chasse était en quelque sorte caractéristique des princes et des rois franks, et de tous leurs leudes. Les *Grandes Chroniques*, qui déclarent (liv. I, chap. xxii) que les « François sont, d'ancienne coustume, chaceurs plus que nulle autre gent », reviennent plus loin sur cette déclaration (liv. II, chap. xxii) dans des termes presque identiques, et plus loin encore (liv. V, chap. i), parlant de Clotaire II, signalent comme un fait à son éloge, que « chaces de bestes sauvages au bois maintenoit assiduement ».Enfin, nous lisons dans le *Tiers Livre des Fais et des Gestes de Charlemaines*, chap. ii, « accoustumément chevauchoit en chasçant ès bois selon la coustume des François, car à peine est il nacion qui autant en sache ».

farouche conquérant, qui se qualifiait « le Fléau de Dieu », nous renseigne sur ce point; et il serait au moins incivil de supposer que les demeures des rois franks n'égalaient pas, en élégance et en confortable, celles de princes considérés comme de parfaits barbares.

« La maison d'Attila était beaucoup plus élevée et plus belle que les autres, écrit l'ambassadeur de Théodose. Elle était faite de planches très bien polies et entourée d'une palissade en bois, non comme fortification, mais comme ornement. La maison la plus voisine du roi était celle d'Onegèse — le premier ministre d'Attila. — Elle était entourée, elle aussi, d'une palissade de bois, mais elle n'était ni si élevée, ni garnie de tours ». Et plus loin notre diplomate ajoute : « Dans cette enceinte (celle du palais) étaient beaucoup d'édifices construits en partie de planches sculptées et élégamment assemblées, en partie de poutres sans sculptures, bien dressées avec la doloire et polies, qui étaient entremêlées de pièces de bois travaillées au tour; les cercles qui les unissaient à partir du sol s'élevaient et étaient distribués suivant certaines proportions ». Ces détails étaient à retenir[1]. Mais ces édifices civils, ces palais, ces résidences, ne sont pas les seules constructions considérables qu'on ait édifiées en ces temps troublés. Il nous faut dire aussi quelques mots des églises.

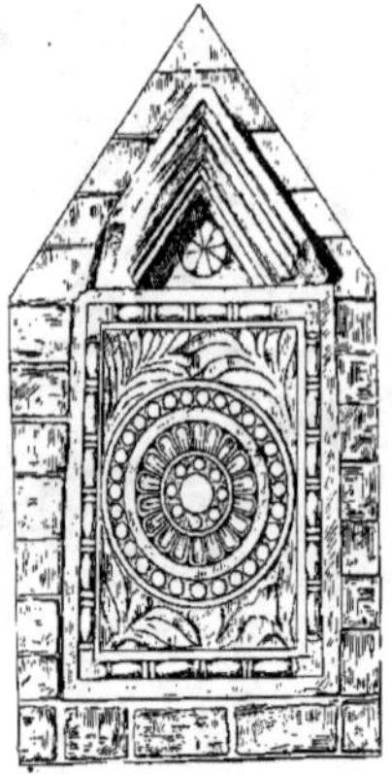

II

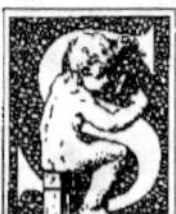

Si l'invasion franque avait exercé une influence capitale sur les destinées de la Gaule, un autre fait, plus considérable encore, était venu donner à ces destinées un nouveau cours. Une gracieuse légende raconte qu'en l'an 35 de notre ère les « saintes Maries », c'est-à-dire sainte Marie-Madeleine, sainte Marie-Salomé et sainte Marthe, abordèrent près de Marseille, et qu'avec elles le Christianisme pénétra chez nous. Dès le commencement, la foi nouvelle compta de nombreux martyrs. Saint Pothin, sainte Blandine, saint Irénée, confessèrent leurs croyances au milieu des tortures; mais la persécution n'arrêta pas le zèle des prédicateurs. Saint Gratien à Tours, saint Trophime à Arles, saint Saturnin à Toulouse, saint Denis à Paris, saint Martial à Limoges et à Bourges, saint Crépin et saint Crépinien à Soissons, saint Quentin à Amiens, établirent si solidement la doctrine du Christ dans nos diverses provinces, que saint Martin osa lutter de front avec le paganisme, et renverser les autels des faux dieux.

« Il est probable, écrit Batissier[2], que les premiers chrétiens des Gaules, pendant les temps de persécution, se rassemblèrent, comme leurs frères de Rome, dans des lieux souterrains; se réunirent dans des grottes naturelles, dans des carrières abandonnées. » Plus tard, quand le Christianisme devint triomphant, ces lieux vénérés et les tombeaux renfermant les dépouilles des martyrs furent consacrés par l'érection de chapelles, d'églises, de monastères. « Puis, lorsque, avec l'aide de Dieu, Clovis le Chevelu, le beau, l'illustre roi des Franks, eut reçu le premier le baptême catholique », les rois ses successeurs, à son exemple, « se firent un devoir d'orner somptueusement d'or et de pierres précieuses les corps des saints martyrs que les Romains avaient brûlés, mutilés par le fer ou fait déchirer par les bêtes[3] ». Alors les sanctuaires s'élevèrent de toutes parts.

Un grand nombre de ces églises primitives furent construites en bois. Sidoine Apollinaire, nous l'avons déjà dit, rapporte que la première chapelle édifiée par

---

1. *Relation de l'Ambassade envoyée en 449 à Attila par Théodose le jeune,* publiée par GUIZOT, *Histoire de la Civilisation en France depuis la chute de l'Empire romain,* t. III, p. 46 à 52.

2. BATISSIER. *Histoire de l'Art monumental.* Paris, 1845. p. 460.

3. *Legis Salicæ prologus,* apud *Script. rer. gallic. et francic.,* t. IV, p. 122 et suivantes.

saint Brice sur le tombeau de saint Martin, appartenait à ce genre de constructions[1]. À Soissons, il en fut de même pour la sépulture de saint Médard[2]; de même encore à Toulouse pour la dépouille mortelle de saint Saturnin, dont la chapelle fut bâtie en planches (*vilibus ligneis*)[3]; de même aussi à Maestricht, pour le corps de saint Servais. Grégoire de Tours, qui nous renseigne sur ces premiers édifices, nous apprend également que le palais épiscopal dans lequel il résidait était édifié — comme la demeure d'Attila — en madriers et planches; et qu'il en était ainsi de la basilique de Saint-Martin, à Rouen, où Mérovée et Brunehaut vinrent chercher un refuge contre la colère furieuse de Chilpéric[4].

Cet usage de construire des sanctuaires en bois dura, au surplus, jusqu'au XIᵉ siècle[5]. Ailleurs, Grégoire donne de grands éloges à un de ses vénérés prédécesseurs, qui, après avoir été abbé de Saint-Martin, devint évêque de Tours. Ce prélat, paraît-il, excellait dans ces constructions en bois, et surtout dans l'édification des flèches et des clochers. « Il était habile en charpente, écrit-il, et il exécuta des tours à toits dorés, dont il existe encore quelques-unes[6]. » Ces tours à toitures dorées étaient bien certainement recouvertes de feuilles de plomb ou de cuivre, avant de recevoir leur dorure finale. L'usage de ces couvertures métalliques nous est, au reste, confirmé par un passage de la *Vie de Dagobert*, où nous voyons ce prince attribuer dans ce but, à la basilique de Saint-Denis, huit mille livres de plomb pesant, qu'il recevait tous les deux ans de la ville de Marseille[7]. C'est aussi de plomb qu'était recouverte, fort vraisemblablement, l'église de Saint-Martin de Tours, quoique Grégoire prétende que, par ordre de Clotaire, elle fut gratifiée d'une couverture d'étain[8].

Enfin souvenons-nous que la partie des combles de la basilique de Saint-Denis, qui protégeait les châsses des saints, fut couverte « par dehors de très fin argent », qui, sous Clotaire II, fut fondu pour être distribué aux pauvres[9].

Mais nous avons vu plus haut, par quelques restes vénérables, qu'il existait également des églises mérovingiennes construites d'une façon moins précaire. Grégoire de Tours, à qui l'on doit toujours revenir quand on s'occupe de cette lointaine époque, parle avec une réelle admiration de plusieurs grands ouvrages exécutés *more romano* par les Franks, et notamment du « Château » fameux de Dijon, presque aussi célèbre par ses murailles que par son vin[10]. Il fait mieux encore, il nous fournit des renseignements d'un prix inestimable sur deux églises justement renommées de son temps, l'une édifiée à Tours même par l'évêque Perpetuus et dédiée à saint Martin, apôtre et patron des Gaules; la seconde, que saint Namatius fit construire dans la ville de Clermont.

La première de ces deux églises, appelée à remplacer une de ces pauvres « chapelettes », sortes d'oratoires élevés sur le tombeau du saint qu'on prétendait honorer, était de dimensions relativement considérables. Elle mesurait, nous dit Grégoire de Tours, environ 53 mètres de longueur sur 20 de large et 15 d'élévation. La nef, portée par 41 colonnes, était éclairée par 20 fenêtres. Le chœur était percé de 32 ouvertures. L'ensemble de l'édifice ne comportait pas moins, par conséquent, de 52 fenêtres, auxquelles il convient d'ajouter 8 portes, 3 du côté de l'autel, et 5 ouvrant directement dans la nef. Il nous dit encore que le nombre total des colonnes, tant grandes que petites,

---

1. Voir R. DE LASTEYRIE, *l'Église Saint-Martin de Tours*, p. 6.

2. GRÉGOIRE DE TOURS, *De Gloria confessorum*, cap. 95.

3. RUINART. *Acta sincera*, p. 112 (cité par R. DE LASTEYRE).

4. GRÉGOIRE DE TOURS, *De Gloria confessorum*, cap. 72. *Histoire ecclésiastique des Francs*, liv. V, *loc. cit.*, t. I, p. 219 et 224.

5. HELGAUD, *Vie du roi Robert*, dans GUIZOT, *Collection des Mémoires*, etc., t. VI, p. 401, nous apprend que l'église construite par ordre de l'abbé Gosselin, au monastère de Fleury, était en bois.

6. GRÉGOIRE DE TOURS, *Histoire ecclésiastique des Francs*, liv. III et X, dans GUIZOT, *op. cit.*, t. Iᵉʳ, p. 134, et II, p. 147.

7. *Vie de Dagobert*, dans GUIZOT, *op. cit.*, t. II, p. 305. — *Grandes Chroniques*, liv. V, ch. XVII.

8. GRÉGOIRE DE TOURS, *op. cit.*, liv. IV, et t. I, p. 175. On pourrait déduire d'un passage du prétendu dialogue de l'évêque Adalberon et du roi Robert (GUIZOT, *Mémoires relatifs à l'Histoire de France*, t. VI, p. 433) que cette dorure des flèches et des clochers fut assez fréquente sous les princes de la première et de la seconde race, car l'évêque signale à l'attention du roi « Reims, où tombe en ruine cette magnifique basilique où brillaient tant de coupoles dorées ». — LENOIR (*Musée des Monum. franç.*, t. II, p. 24) rappelle que Saint-Germain-des-Prés s'est longtemps appelé *Saint-Germain-le-Doré*, à cause de sa toiture. Nous avons, du reste, établi que les orfèvres franks excellaient dans l'art

de la dorure au point de tromper les marchands expérimentés et de vendre du cuivre doré pour de l'or (*Histoire de l'Orfèvrerie française*, p. 65). On voit que Didron aîné, relevant le passage de Photius (*Descriptio novæ ecclesiæ*) où il est dit : « le toit en dehors est revêtu de plaques de bronze doré », avait tort de signaler cette magnificence comme exceptionnelle (DIDRON, *le Palais impérial de Constantinople : Annales archéologiques*, t. XXI. p. 319).

9. *Grandes Chroniques*, liv. V, ch. IX et XX. — Voir aussi *Gesta Dagoberti*, cap. XVIII.

10. Les coteaux dijonnais fournissaient déjà, au dire du bon prélat, « un si noble falerne que ses habitants dédaignaient le vin de Châlons ». On voit que l'antagonisme des vins de Champagne et de Bourgogne remonte loin (GRÉGOIRE DE TOURS, *op. cit.*, liv. III, *loc. cit.*, t. I, p. 139). AIMOIS (*op. cit.*, liv. II, chap. XXV) et les *Grandes Chroniques* (liv. II, chap. XXVII) complètent les descriptions de l'évêque de Tours. Ils nous apprennent que la ville de Dijon était enveloppée « de murs de pierres carrées, taillées au ciseau », que ces murs mesuraient 15 pieds d'épaisseur et 50 de haut, qu'ils comptaient trente-trois tours « qui ferment les murs tout autour, et sont assises par droite devise et juste proportion », et ils ajoutent : « quatre portes a en ce chastel, qui regardent les quatre parties du ciel : l'une vers orient, l'autre vers midi, la troisième vers occident, la quatrième vers septentrion ».

s'élevait à 120. Nous avons vu que la toiture était couverte en plomb, et nous savons par le récit d'un vol que les fenêtres étaient vitrées[1]. La beauté du sanctuaire et sa richesse étaient en outre fameuses, puisque Sidoine Apollinaire, après avoir raconté la fondation de ce temple, déclare qu'il peut maintenant le disputer en renommée à celui de Salomon, alors considéré comme la septième merveille du monde :

Quae Salomoniaco potis est confligere templo,
Septima quae mundo fabrica mira fuit.

Et il termine son dithyrambe par un jeu de mots d'un goût risqué, demandant que le temple de *Perpetuus* dure *perpétuellement* :

Perpetua durent culmina Perpetui[2].

Voilà, semble-t-il, une réunion de renseignements exceptionnellement précis. Reste à déterminer la physionomie exacte du monument. C'est ce que n'ont pas laissé de faire un certain nombre d'archéologues, car on pense bien que des textes si importants ne pouvaient manquer de mettre en verve le goût de restitution dont la plupart de nos savants sont animés. Seulement, comme il arrive trop souvent, les érudits n'ont pu se mettre absolument d'accord.

Tout d'abord, Ch. Lenormand et Albert Lenoir[3] se sont appliqués à démontrer qu'on se trouvait en face d'une rotonde, comme le Saint-Sépulcre. Puis, un archéologue allemand, M. Hubsch[4], a prétendu que l'église, — à l'exemple de certains sanctuaires des bords du Rhin et notamment de Sainte-Marie du Capitole, à Cologne, — devait avoir la forme d'une croix. Enfin, Quicherat[5] a restitué à ce monument primordial le plan basilical, que la longueur de l'édifice, excédant deux fois et demie sa largeur, dénonçait assez clairement. Ajoutons que cette restitution, qui parut à des archéologues éprouvés le résultat d'investigations aussi savantes

qu'ingénieuses[6], fut généralement adoptée, et, quoique des fouilles fort soigneusement exécutées depuis lors sur l'emplacement même de ce sanctuaire aient semblé assez peu convaincantes, — car six basiliques successives s'y étant succédé, il est difficile de faire la part de chacune d'elles, — les historiens de cette église primitive se sont ralliés, dans leurs publications successives, au plan et aux indications présentés par Quicherat[7]. Seul, en ces derniers temps, M. R. de Lasteyrie, sans contester autrement les points essentiels de ce curieux travail de résurrection, crut devoir faire certaines réserves paraissant fondées. Il réclama notamment la suppression du déambulatoire et des absidioles autour du sanctuaire, sous le prétexte assez plausible que cette disposition ne se rencontre pas avant le Xe siècle. Il proposa, en outre, la substitution d'une tour carrée à la tour ronde montée sur pendentifs imaginée par Quicherat, et dont l'édification près d'un siècle avant l'érection de Sainte-Sophie lui parut également trop précoce[8]. Sous le bénéfice de ces réserves et de quelques autres modifications d'importance limitée, le curieux dessin donné par Quicherat du plan probable et de l'élévation intérieure suffit à nous faire connaître la physionomie et la disposition d'un sanctuaire de première importance à l'époque mérovingienne. Sanctuaire qui, « étant le plus célèbre de tous les édifices religieux de la Gaule barbare, ainsi que le remarque un de ses historiens, a dû exercer une influence considérable sur le développement de notre architecture nationale[9] ».

Le second monument dont parle Grégoire de Tours n'est pas moins intéressant, quoiqu'il ait suscité moins de polémiques. Il s'agit, nous l'avons dit, de l'église que saint Namatius fit construire dans sa ville épiscopale de Clermont. Cette église subsistait au temps de Grégoire ; celui-ci en parle en homme qui l'a

---

1. Grégoire de Tours, *op. cit.*, liv. II, *loc. cit.*, t. I, p. 74, et liv. VI, *loc. cit.*, t. I, p. 320.

2. Sidoine Apollinaire, *Epistolae*, lib. IV, epist. XVIII.

3. *Éclaircissements sur la restitution de l'église mérovingienne de Saint-Martin de Tours*, à la fin du tome Ier de l'édition de Grégoire de Tours publiée par la Société de l'Histoire de France.

4. Hubsch, *Monuments de l'Architecture chrétienne depuis Constantin jusqu'à Charlemagne*, traduit par l'abbé Guerber. Paris, 1866, pl. XLVIII, fig. 6 et 7.

5. Quicherat, *Restitution de la basilique de Saint-Martin de Tours*. Paris, 1869, réimprimée dans les *Mélanges d'Archéologie et d'Histoire*, par R. de Lasteyrie.

6. « Il est impossible de retracer... avec quelle merveilleuse perspicacité M. Quicherat a interrogé tous les documents contemporains de l'édifice, et les a conciliés entre eux. Je ne puis non plus reproduire par le menu tout ce qu'il a fait sortir de renseignements des indications en apparence les plus insignifiantes, ce qu'il a arraché de révélations aux témoins qui semblaient les plus muets. » (Courajod, *Gazette des*

Beaux-Arts, 1870-1871, t. II, p. 235.) Voir aussi Darcel, *Revue archéologique*, t. XXVII, p. 65.

7. Voir Mgr C. Chevalier, *les Fouilles de Saint-Martin de Tours, recherches sur les six basiliques successives élevées autour de son tombeau*. Tours, 1888. — Stanislas Ratel, *les Basiliques de Saint-Martin de Tours*. Bruxelles, 1886, avec supplément publié en 1890. — Le même, *Du Lieu de Sépulture de Saint-Martin de Tours*. Tours, 1889, etc.

8. R. de Lasteyrie, *l'Église Saint-Martin de Tours, étude critique sur l'histoire et la forme de ce monument*. Paris, 1891 : Voir notamment p. 26 et 48. La conclusion de ce remarquable essai est à retenir : « La basilique de Saint-Martin de Tours était donc une basilique ordinaire, avec une abside, sur le modèle si connu des basiliques de Rome. Vouloir préciser davantage serait peut-être téméraire. »

9. Mgr Chevalier, *les Fouilles de Saint-Martin*, p. 25. Il faut avouer, toutefois, que si l'abbatiale de Charroux, élevée au XIIe siècle, est, comme l'affirment certains auteurs, la reproduction de Saint-Martin de Tours, toutes ces belles restitutions tombent dans l'eau, car l'église de Charroux se termine par une rotonde.

visitée, et nous en donne la description suivante : « Elle a cent cinquante pieds de long, soixante de large, cinquante de haut à l'intérieur de la nef; au-devant est une rotonde, et, de chaque côté, les ailes de l'église sont d'une élégante structure. Tout l'édifice est disposé en forme de croix[1]. » Ainsi, voilà une église, qui au vi° siècle était déjà considérée comme ancienne, et qui, tout en conservant ce plan de la basilique, plan qui nous est cette fois encore dénoncé par la diffé-rence de ses dimensions (5o mètres environ sur 20), se trouve munie d'un transept avec deux branchées

somptuosité, ni d'un certain caractère d'art. Par lui, nous saurons que Saint-Martin de Tours était ornée de belles boiseries; que l'église de Clermont possédait, autour de l'autel principal, des bas-reliefs de marbre; et que la basilique de Saint-Martin, à Brives, renfer-mait des colonnes de marbres précieux de couleurs différentes, dépouille de quelque temple antique du voisinage[2]. Sidoine Apollinaire, d'autre part. décri-vant en vers un sanctuaire élevé à Lyon par l'évêque Patiens, nous dit[3] : « Cette église est régulièrement orientée et décorée avec un grand luxe. Le soleil fait

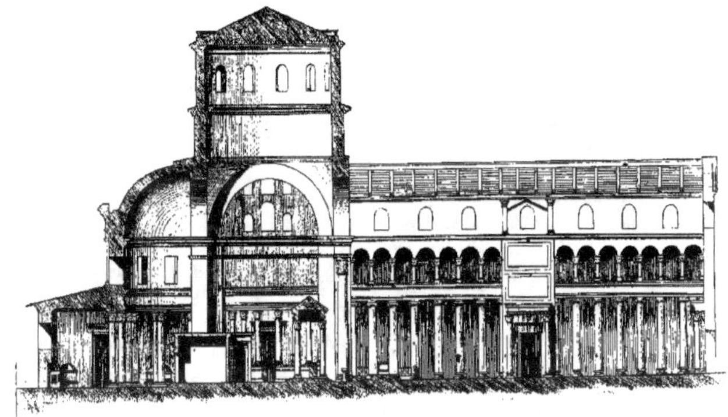

ÉGLISE MÉROVINGIENNE DE SAINT-MARTIN, A TOURS.
(Restitution de Quicherat.)

« d'une élégante structure », constatation d'une impor-tance singulière, et dont nous aurons l'occasion de remarquer toute la valeur. « Elle compte quarante-deux fenêtres, continue Grégoire de Tours, soixante-dix co-lonnes et huit portes. Une pieuse crainte de Dieu se fait sentir en ce lieu, où pénètre une brillante clarté. » On remarquera que le nombre des portes est identiquement le même qu'à Saint-Martin de Tours; que celui des fenêtres, quoique inférieur de dix unités, est encore assez grand. Ces baies, en outre, contrairement à l'usage du temps, devaient être vastes, puisque notre historien a été frappé de l'abondance du jour.

Si de la forme générale de ces pieux édifices nous passons à leur décoration intérieure, notre vénérable guide nous enseignera qu'elle n'était dépourvue ni de

resplendir l'or des lambris, les marbres habillent de leurs nuances variées la voûte, le pavé et les embra-sures des fenêtres; au-dessous de figures polychromes, les saphirs des vitraux colorent la muraille d'une teinte verdoyante et printanière. A l'entrée se dresse un triple portique soutenu par des colonnes de marbre d'Aqui-taine; d'autres portiques semblables entourent l'*atrium*, et au milieu de la nef s'étend au loin une forêt de colonnes de pierre. »

Aimoin et les *Grandes Chroniques*, que nous pou-vons également interroger, nous apprendront qu'Agri-cola, évêque de Châlons, « fist paindre moult riche-ment de diverses paintures » son église épiscopale[4], et que même il l'orna de précieuses mosaïques. Ils ajoutent que Dalmatique, évêque de Rodez, fit abattre

---

1. Grégoire de Tours, *Histoire ecclésiastique des Francs*, liv. II, dans Guizot, *Mémoires relatifs à l'Histoire de France*, t. I, p. 75.

2. Grégoire de Tours, *op. cit.*, liv. V et VII, dans Guizot, *loc. cit.*, t. I, p. 290 et 383.

3. *Epistolæ*, lib. II, epist. x (lettre à Fsperius). Voir aussi lib. VI, epist. xii (lettre à Paticus). Sidoine, après avoir félicité le prélat « des

magnifiques ornements dont il embellit son église », ajoute : « On doute, quand on les voit, si les anciens ouvrages que tu répares l'empor-tent sur ceux que tu fais faire. »

4. *Grandes Chroniques*, liv. III, chap. xii. — Aimoin dit de son côté : « Ecclesiam suæ civitatis, columnis fulcivit, marmore variavit, mussivo depinxit » (*Histoire des Francs*, liv. III, ch. xl).

plusieurs fois sa cathédrale pour la reconstruire plus belle, et finalement « la lessa néant parfaite ». Nous savons, pareillement, que saint Léger fit restaurer sa cathédrale d'Autun, la fit paver de marbre, en fit dorer le plafond, éleva un portique servant d'*atrium*, — comme celui de Lyon et aussi de Saint-Ambroise, à Milan, — annexa à son église un hôpital, et orna somptueusement le baptistère situé dans le voisinage[1].

Enfin, à ces décorations déjà fort variées, comprenant marbres, boiseries, mosaïques, bas-reliefs et même vitraux, il nous faut ajouter la peinture, dont nous avons déjà touché un mot à propos de l'évêque Agricola, et dont il est fait mention à trois reprises différentes dans l'*Histoire ecclésiastique des Francs*. Tout d'abord, Grégoire nous apprend qu'il fit *repeindre*, par des artistes à ses gages, la basilique de Perpetuus endommagée par le feu. En second lieu, il consigne dans son précieux livre, qu'une des injures jetées par les ennemis de Gondewald à la tête de ce prétendant, dont l'origine royale était fort contestée, consistait à lui demander s'il n'était pas « ce peintre qui, au temps du roi Clotaire, décorait les parvis et les voûtes des églises ». En troisième lieu, le fidèle historien nous montre la femme de cet évêque de Clermont, dont nous parlions à l'instant, de ce Namatius qui fit reconstruire son église épiscopale, dirigeant, elle aussi, dans un faubourg de cette même ville, la construction d'un sanctuaire dédié à saint Étienne. « Voulant le faire décorer de peintures, écrit-il, elle avait en son giron un livre, où elle lisait des actions des anciens temps, indiquant aux peintres comme ils devaient les représenter sur les murailles[2]. »

On peut juger, par ces quelques citations, de l'importance et de la magnificence des églises mérovingiennes. Si l'on veut se souvenir, après cela, que c'est aux princes de ce temps, qualifiés à tout instant du beau titre de « larges aumosniers » et « nobles fondeurs d'églyses[3] », qu'on doit l'érection de la plupart des monastères qui au Moyen Age allaient remplir l'Europe de leur nom : celui de Lagny-sur-Marne gouverné d'abord par saint Firmin : les abbayes de Saint-Hilaire et de Sainte-Radegonde à Poitiers, de Saint-Martin à Tours, de Saint-Germain-des-Prés à Paris, de Saint-Médard à Soissons, de Saint-Romain à Auxerre, de Solignac, de Glandfeuille près d'Angers, de Saint-Denis en France, de Cauci (Choisy-sur-Aisne, où fut enterré Childebert), de Saint-Michel-sur-Meuse, fondée par Vulphoal, maire du palais de Chilpéric, etc. ; si l'on constate encore qu'il n'était pas jusqu'aux princesses les plus décriées par le clergé qui ne s'efforçaient d'acheter par des prodigalités bien placées l'absolution de leurs crimes[4], on comprendra la boutade de Chilpéric, qui, s'alarmant des excès de cette générosité dévote, s'écriait « aucunes fois devant tous, quand il séait en son palais : « Toutes nos richesses « descendent aus églyses; cleres et prélats règnent et « sont honorés sur toutes autres gens[5]. »

III

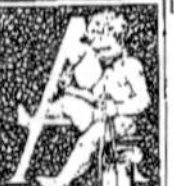

Près avoir étudié l'architecture mérovingienne, si nous passons au mobilier, les obscurités redoublent. Plus fragile et par conséquent moins durable, victime des usages et de la mode, celui-ci a laissé encore moins de traces, et, dans les récits contemporains, la nuit qui enveloppe son histoire demeure d'autant plus épaisse, que les documents écrits, quand ils daignent s'occuper de lui, manquent absolument de précision. C'est à peine si le costume, moins négligé par les chroniqueurs, peut nous fournir, par inductions ou par rapprochements, quelques indications précieuses.

Le costume des Franks ne le cédait guère, si nous en croyons les écrivains de ces temps lointains, à celui des Gallo-Romains. Sidoine Apollinaire[6] nous montre leurs chefs de haute stature, couverts de vêtements ajustés, de courtes tuniques bariolées laissant paraître leurs jarrets, et relevées par des agrafes ou fibules de bronze, d'argent ou d'or. Leurs armes, toujours luxueuses, — témoin celles de Childéric qui ornent aujourd'hui notre Cabinet des Médailles[7], — étaient d'une grande

---

[1]. *Vie de Saint Léger*, dans Guizot, *Collection des Mémoires relatifs à l'Histoire de France*, t. II, p. 227.

[2]. Grégoire de Tours, *Histoire ecclésiastique des Francs*, liv. II, dans Guizot, *op. cit.*, t. I, p. 76, liv. VII, *ibid.*, t. I, p. 413.

[3]. *Grandes Chroniques*, liv. III, chap. v, liv. IV, chap. viii, liv. V, chap. i. — Aimoin, *op. cit.*, liv. III, chap. xvi.

[4]. Après avoir injurié comme il convient Brunehaut, l'avoir traitée de « femme cruelle plus que nulle beste sauvaige », de créature « desloyale et plaine de très desmesurée cruauté », le bon moine de Saint-Denis ajoute : « mais toutes voies ne fut elle pas si défrénée de tout en tout qu'elle n'eust en grant révérence les eglyses des saints et des saintes, que le roy et les preudomes avoient fondées.... Tant fonda d'eglyses et autres édifices qui sont encore au royaume de France, en Avanterre (avant terre, c'est-à-dire en Austrasie) et en Bourgogne, que l'on ne trouveroit pas légièrement que une seule femme en eust tant édifié en son temps » (*Grandes Chroniques*, liv. IV, chap. xxi).

[5]. *Grandes Chroniques*, liv. III, chap. xix.

[6]. Sidoine Apollinaire, *Panegyr.*, V.

[7]. Voir, au sujet de ces belles armes, J.-S. Chifflet, *Anastasis Childerici primi Francorum regis, sive thesaurus sepulchralis Tornaci Nerviorum*

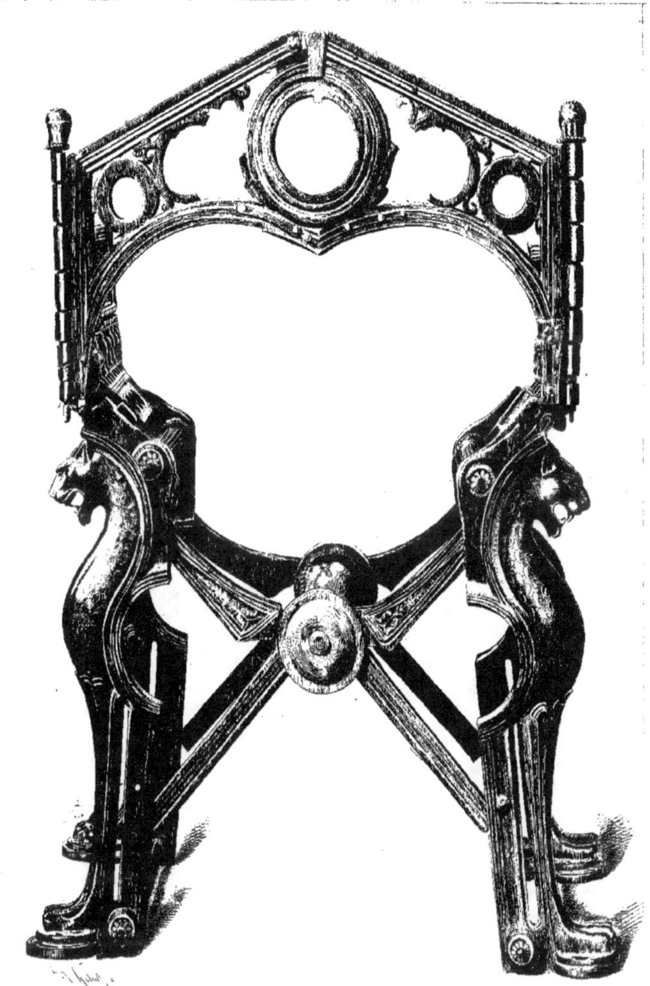

SIÈGE MÉROVINGIEN
dit trône de Dagobert
(Cabinet des Médailles)

richesse, montées en métaux précieux relevés de cabochons ou d'émaux cloisonnés. Un large baudrier, apanage de la noblesse et du commandement, et qui figurait parmi les « garnemens royaux », supportait leur épée[1]. Pour aller au combat, ils revêtaient des tuniques aux nuances éclatantes, afin de désigner, par une forfanterie de bravoure, leurs personnes aux coups de l'ennemi. « Couvrons-nous de vêtements vermeils[2], crie Bertoald à Landri, maire du palais de Clotaire, précédons les autres au lieu de la bataille : c'est là qu'on jugera de ma bravoure et de la tienne. » Longtemps après la conquête, même lorsque les Mérovingiens auront abdiqué tout pouvoir, cette somptuosité dans la parure des anciens Franks, cette élégance dans la coupe des vêtements, demeureront célèbres. Ermold Le Noir parlera avec une respectueuse déférence des « manteaux de couleur et des autres vêtements, coupés d'après la mode si parfaite des Franks[3] ». Il n'est pas jusqu'au moine de Saint-Gall, qui, au moment où ce costume national allait disparaître, n'ait cru devoir en décrire les diverses parties[4].

Brodequins dorés par dehors, retenus par des courroies longues de trois coudées; pieds habillés de chaussettes fixées par des bandelettes, qui enlacent la jambe jusqu'au genou; caleçon en lin d'une seule couleur, mais le plus souvent d'une étoffe fine et précieuse, maintenu également par des courroies de cuir longues et serrées en croix; chemise de toile très fine; baudrier; et par-dessus le tout le manteau national tissé de laine frisonne[5], blanc ou bleu saphir, et taillé de telle sorte que, devant et derrière, il tombait jusqu'aux pieds, alors que sur les côtés il ne descendait que jusqu'aux cuisses. Tel était ce costume brillant et commode, et si apprécié de ceux qui avaient l'habitude de le porter, que l'empereur Charlemagne lui-même, sauf dans quelques occasions solennelles, n'en voulut point vêtir d'autre[6].

De cette magnificence du vêtement et de la parure, reconnue, proclamée par tous et mêlée, il faut bien le dire, de quelques réticences, — car ces guerriers superbes étaient d'une propreté douteuse, et fleuraient de détestables senteurs de beurre acide, d'ail et d'oignon[7], — de cette héroïque somptuosité, faut-il conclure à la splendeur du mobilier frank, à son confort relatif? Cela serait au moins téméraire. La vie nomade, l'existence des camps, le séjour aux armées, s'accordent assez du luxe du costume et des armes; ils ne comportent pas de meubles encombrants, et l'habitude des déplacements rapides et fréquents concorde mal avec un ameublement compliqué, précieux et riche. En outre, il est probable qu'en pénétrant en Gaule, les Franks durent s'en rapporter aux Gaulois du soin de leur fournir, de gré ou de force, les meubles nécessaires à leur installation définitive. Cela était d'autant plus naturel, que, au point de vue des raffinements du luxe, les populations qu'ils se proposaient d'asservir n'avaient rien à apprendre, même de Rome. Leur éducation en cela était faite et parfaite. Depuis longtemps les plus beaux meubles d'Italie avaient pris le chemin de la Gaule. Étant à court d'argent, Caligula[8] avait fait transporter au delà des Alpes les mobiliers qui garnissaient les palais de ses sœurs récemment exilées, et tous avaient trouvé acquéreurs à des prix si élevés, que l'empereur avait expédié, dans ces mêmes provinces, les meubles de ses propres palais.

Le Frank vainqueur était-il capable d'apprécier ces merveilles d'exécution et de goût? Le fait est douteux. Dans le feu de la conquête, beaucoup d'entre ces objets d'art durent être détruits. Ce qui en demeura alla prendre place dans le trésor des rois; et il est à présumer que les cinquante chariots remplis de matières d'or et d'argent que Frédégonde donna à sa fille Rigonthe, fiancée au roi Ricarède, renfermaient quelques débris fameux du luxe impérial[9]. Aucun chroniqueur, toutefois, ne fait mention de ces beaux ouvrages. Cette fâcheuse réserve s'étend, au surplus, à tout le mobilier de cette époque, et c'est d'une façon accidentelle qu'il nous est permis de saisir quelque vague indi-

---

effossus et commentario illustratus, Anvers, 1655, et notre *Histoire de l'Orfèvrerie française*, p. 60. Ces armes précieuses sont déposées au Cabinet des Médailles, dans la *Galerie des Monnaies antiques*, vitrine VII.

1. *Grandes Chroniques*, liv. IV, chap. IV et XVIII. Mummole, voulant dépouiller Gondoald de son titre de roi, lui enlève son baudrier d'or.

2. *Festibus vermiclis* (FREDEGAIRE, *Chronique*, dans GUIZOT, *Mémoires relatifs à l'Histoire de France*, t. II, p. 175).

3. ERMOLD LE NOIR, *Faits et Gestes de Louis le Pieux*, chap. II.

4. LE MOINE DE SAINT-GALL, *Faits et Gestes de Charlemagne*, chap. I.

5. Ces manteaux étaient fabriqués en Frise. Le moine de Saint-Gall nous apprend qu'après un certain séjour en Gaule, les Franks, ayant adopté à leur tour le manteau court, le *bardocucullus*, les Frisons profitèrent de la mode nouvelle pour vendre ces petits manteaux aussi cher que les vastes houppelandes des anciens Franks. Une ordonnance royale intervint qui taxa ces vêtements suivant leur mesure.

6. EGINHARD, *Vie de Charlemagne*, dans GUIZOT, *Mémoires relatifs à l'Histoire de France*, t. III, p. 147.

7. SIDOINE APOLLINAIRE, *Carmina*, XII.

8. SUÉTONE, *les Douze Césars : Caligula*, XXXIX. Les convois chargés de ce transport étaient si considérables et si nombreux, que, manquant d'animaux de trait, on réquisitionna pour les conduire à destination les chevaux des boulangers romains, et que pendant plusieurs jours le pain ne put être distribué à Rome.

9. « La Royne donna à sa fille tant en or et en argent et en meubles et joiaus, qu'il sembla au roy qu'il demouroit povre. » (*Grandes Chroniques*, liv. III, chap. XVIII. — AIMOIN, *Histoire des Francs*, liv. III, chap. LIV.)

cation. Il nous faut, en effet, dépouiller toute une bibliothèque de sanglants récits, pour constater que ces princes demi-sauvages faisaient grand usage d'étoffes de prix, pour orner les sanctuaires chrétiens. Par eux, nous savons que la reine Clotilde en décorait les principales églises, afin de se rendre le clergé favorable; et que, lors du baptême de Clovis, la basilique où s'accomplit la cérémonie était entièrement tendue de tapisseries peintes[1]. De même, Dagobert, pour témoigner à saint Denis toute sa reconnaissance, voulut que « son église fust ornée et parée par dedans de *pailes* et de très riches dras de soie à marguerites (perles) et autres pierres précieuses, et que ils fussent atachés aux parois, aux colones et aux arcs, aus festes annuelles et autres solennités[2] ». De la demeure de Dieu, ce luxe passa naturellement dans la demeure des rois et dans celle des prélats. Aimoin, racontant la tentative d'assassinat projetée sur le roi Clotaire par Théodoric, rapporte que le palais de celui-ci était décoré de portières, derrière lesquelles il fit placer les meurtriers[3]. Grégoire de Tours nous montre le farouche Vadon prenant prétexte de ce que l'on n'a pas, en son honneur, « recouvert les bancs de tapis », pour chercher à s'emparer, les armes à la main, d'une métairie appartenant au gendre de Bertrude[4]. Saint Remi meurt, et nous lisons dans son testament, que son garde-meuble conservait des tapisseries en forme de portières, pour clore aux jours de fête, en son palais épiscopal[5], « les portes de la salle du festin, celles du cellier et de la cuisine ». Grégoire de Tours, en racontant l'horrible trépas d'un religieux prévaricateur et coupable de meurtre, nous informe que ces tentures masquaient aussi l'entrée d'autres « lieux »[6]. Et de la sorte voici les multiples emplois des tapisseries et tentures suffisamment déterminés[7].

Nous avons dit qu'on en recouvrait les bancs; on en revêtait aussi les huches et les coffres. Voulant sauver de la mort Parthémie, ancien officier du palais de Théodebert, l'évêque de Trèves et ses prêtres « en une huche le boutèrent, puis la couvrirent de courtines[1] ». Ces huches, ces coffres, qui servaient à toutes sortes d'usages[2], et qui durant tout le Moyen Age jouèrent un rôle considérable dans l'existence de nos ancêtres, avaient déjà adopté la forme qu'ils ont conservée depuis. L'anecdote suivante en fait foi. Grégoire de Tours raconte que Rigonthe, fille du roi Chilpéric, avait la regrettable habitude de publiquement injurier sa mère, de la souffleter. Étant entrée avec celle-ci dans la pièce qui servait de *trésor*, cette tendre mère invita sa fille à tirer quelques effets précieux d'un coffre, et, cette dernière, s'étant penchée sur le meuble ouvert, « la mère rabattit le couvercle, lui en frappa la tête, puis, pesant de tout son poids, lui serra le col contre la paroi latérale avec une telle violence que les yeux lui sortaient de la tête[10] ».

Un autre détail de l'ameublement non moins important et plus ignoré se trouve fixé par différents textes. Nous voulons parler de l'habitude, que les dignitaires de l'Église et les hauts personnages de la cour avaient empruntée aux Romains, de prendre leurs repas étendus sur des lits.

Par Sidoine Apollinaire, nous savons que Théodoric dînait étendu sur un lit[11]. Parlant du prêtre qui succéda à Sidoine dans l'épiscopat d'Auvergne, l'auteur de l'*Histoire ecclésiastique des Francs* nous apprend que, pour célébrer son élévation, ce prélat, peu familiarisé avec les convenances, « fit préparer un festin, invita les principaux de la ville à venir dans la maison épiscopale, où, sans respect pour les vieillards, il se coucha le premier sur son lit[12] ». Autre part, à propos d'Æthérius, évêque de Lisieux, le même historien écrit cette phrase non moins caractéristique : « Retourné en sa maison, il se coucha pour souper. Après quoi, il alla se reposer sur son lit, qu'entouraient les lits d'un grand nombre de ses clercs[13]. » Ces divers textes, si formels, si précis, émanant d'auteurs si peu suspects, n'ont, je crois, jamais été rapprochés. En voici un autre également digne de confiance, dont on peut

---

1. Grégoire de Tours, *Histoire ecclésiastique des Francs*, liv. II, dans Guizot, *op. cit.*, t. I, p. 89 et 91.

2. *Grandes Chroniques*, liv. V, chap. viii. — *Vie de Dagobert*, dans Guizot, *op. cit.*, t. II, p. 286.

3. « Il fist tendre une courtine, chevaliers armez fist cacher derrière, puis leur commanda qu'ils occisent le roy Clotaire, tantost come il seroit devant lui venu. » (Aimoin, *Histoire des Francs*, liv. II, chap. ii.)

4. Grégoire de Tours, *Histoire ecclésiastique des Francs*, liv. IX, dans Guizot, *op. cit.*, t. II, p. 53.

5. Frodoard, *Histoire de l'église de Reims*, liv. I, chap. xvii.

6. Grégoire de Tours, *Histoire ecclésiastique des Francs*, liv. II, dans Guizot, *op. cit.*, t. I, p. 80.

7. Une des preuves de l'abondance des tissus de soie employés dans la décoration des sanctuaires, aussi bien en Italie qu'en France, résulte du mot *pala*, qui signifie à la fois pièce de soie (paile) et retable.

8. Aimoin, *op. cit.*, liv. II, chap. xxvi. — *Grandes Chroniques*, liv. II, chap. xvii.

9. Notamment pour serrer les effets précieux. Il est fait mention, dans les récits du temps, de « grandes huches ferrées pour receler l'or et l'argent » (*Grandes Chroniques*, liv. III, chap. iv).

10. Grégoire de Tours, *Histoire ecclésiastique des Francs*, liv. IX, dans Guizot, *op. cit.*, t. II, p. 51.

11. Caii Solii Sidonis Apollinaris *Epistolæ*, lib. I, epist. ii.

12. Grégoire de Tours, *ibid.*, liv. II, dans Guizot, *op. cit.*, t. I, p. 81.

13. Grégoire de Tours, *ibid.*, liv. VI, dans Guizot, *op.*, *cit.*, t. I, p. 355 et 355.

induire, semble-t-il, que non seulement ces habitudes romaines avaient pris pied à la cour des Mérovingiens, mais qu'elles étaient encore usitées sous la dynastie suivante. Nous voulons parler du récit d'Ermold le Noir, relatif au banquet dont fut suivi le baptême du roi danois Harold[1].

Le narrateur nous montre le cortège pénétrant dans la salle du festin : L'empereur Louis le Débonnaire ouvre la marche; « il prend place sur un lit; par son ordre, la reine Judith, après avoir embrassé ses augustes genoux, s'étend auprès de lui. Lothaire son fils et Harold son hôte s'étendent, de leur côté, sur un second lit. » On remarquera qu'il n'est point parlé d'autres convives qui se seraient couchés, particularité conforme à l'étiquette impériale en honneur à Rome au temps des Césars. Il est curieux de voir, sur ce point, Ermold le Noir se rencontrer avec Suétone[2].

Cette adoption par les rois mérovingiens et par le clergé de leur temps des usages romains et de l'étiquette impériale, est d'autant plus à remarquer qu'elle se trouve en contradiction avec les habitudes traditionnelles des Germains en général et des Franks en particulier. Ces peuples, essentiellement guerriers, toujours sur le qui-vive, mangeaient assis sur des bancs ou accroupis sur le sol. Ces bancs étaient d'une charpenterie rudimentaire, et d'un poids considérable, par conséquent difficiles à mouvoir : aussi, quand arrivait l'heure des repas, dressait-on devant eux des tables posées sur des tréteaux, et, une fois le repas fini, on enlevait vaisselle, plats, tréteaux et tables. Cette façon de faire, essentiellement nationale et qui devait se perpétuer chez nous jusqu'aux premières années du xviie siècle[3], était déjà usitée au temps de Frédégonde. Grégoire de Tours prend soin de nous le faire savoir, en nous racontant un assassinat odieux commis par cette princesse[4]. Ce crime, qui fut vraisemblablement suivi de quelques autres du même genre, démontra aux convives trop confiants, qu'il y avait une véritable imprudence à prendre place sur ces bancs, où l'on n'était en aucune façon protégé contre les attaques

pouvant se produire par derrière; et de cette remarque, naquit, d'une part, l'habitude d'accoter les bancs à la muraille, ou, quand on ne pouvait les accoter, la coutume de les munir d'un haut dossier, qu'on finit par surmonter d'un dais. Cette adjonction — simple mesure de prudence, dans le principe, qui mettait l'occupant à l'abri de toute surprise — se transforma par la suite en une distinction nobiliaire et hiérarchique.

Telles sont les révélations, bien concises, hélas! bien incomplètes, auxquelles se bornent les chroniqueurs et les historiens de cette époque demeurée si mystérieuse. S'ils ne se montrent pas très prodigues en détails qu'on aimerait tant à connaître, les très rares spécimens de ce mobilier mérovingien qu'on croit être parvenus jusqu'à nous sont encore moins éloquents. C'est d'eux, au reste, que nous allons nous occuper maintenant.

IV

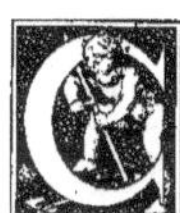

ES monuments sont, pour notre pays, au nombre de trois ou quatre, un en bois sculpté, les autres en métal. Celui en bois appartient, à l'heure actuelle, au monastère de Sainte-Croix, à Poitiers, où il est considéré comme une précieuse relique. Nos dessins en font connaître la décoration. On prétend retrouver en lui le « lectrin » ou pupitre de sainte Radegonde. Signalé pour la première fois par Durand à l'attention des archéologues et à la piété des fidèles[5], il a été l'objet de dissertations savantes[6], qui s'accordent à représenter ce petit meuble comme authentique, et son origine comme suffisamment certaine, quoiqu'il soit impossible d'étayer sur des textes sérieux la tradition de sa provenance. « Ce pupitre a-t-il appartenu à sainte Radegonde? écrit M. Molinier, qui le dernier a parlé du précieux objet, il serait difficile d'apporter des preuves à l'appui de cette assertion. Mais pourquoi pas? la tra-

---

1. Ermold le Noir, *les Faits et Gestes de Louis le Pieux*, chant IV.

2. Suétone, parlant de l'empereur Claude, écrit : « il avait toujours ses enfants auprès de lui à table, qui, avec les jeunes gens de la plus haute noblesse, mangeaient assis ou appuyés contre les piliers des lits ». (*Claude.* XXXII.)

3. Voir, dans notre *Dictionnaire de l'Ameublement.* 2e édition, t. I, col. 238, et t. IV, col. 118.j, les relations du banc et de la table, telles qu'elles continuèrent d'exister jusqu'au xvie siècle.

4. « Frédégonde, ayant invité un grand nombre de gens à un festin, fit asseoir trois de ses conviés (coupables de ne s'être pas conformés à ses conseils) sur un même banc. Lorsque le repas se fut longtemps prolongé et que la nuit fut venue, *les tables ayant été emportées, suivant la coutume des Franks*, les convives demeuraient assis sur le banc où ils avaient été placés, et, après avoir absorbé beaucoup de vin, tout le monde était tellement appesanti, que les serviteurs ivres s'endormaient dans les coins. Alors cette femme ordonna à trois hommes de venir avec des haches derrière les trois dont j'ai parlé; et comme ils causaient ensemble en un même temps, pour ainsi dire, les serviteurs laissèrent tomber leurs coups, et, ces trois hommes tués, on quitta le festin. » (Grégoire de Tours, *Histoire ecclésiatique des Francs.*)

5. Voir Cahier et Martin. *Mélanges d'Archéologie*, t. III, p. 78.

6. Voir, notamment, L. Palustre, *le Pupitre de Sainte Radegonde*, dans le *Bulletin monumental*, t. XLIV, p. 258, et Barbier de Montault, *le Trésor de Sainte-Croix de Poitiers.*

dition le veut, et en cela la tradition est conforme à la date que l'examen du style permet d'attribuer au monument[1]. » Peut-être est-ce aller un peu vite en besogne.

Et tout d'abord, il faut remarquer que ce petit pu-

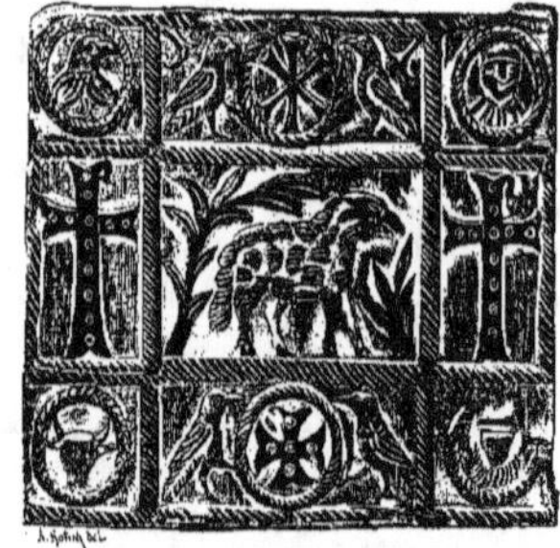

PUPITRE DIT DE SAINTE RADEGONDE.
Convent de Sainte-Croix (Poitiers).

pitre se compose de deux parties très distinctes, et d'âge très différent : 1° la partie supérieure, qui n'est pas formée, comme on l'a écrit, par une tablette, mais par six plaquettes très minces fixées par des pointes sur un plateau assez épais ; et 2° le bâti incliné, sur lequel la tablette est ajustée. Ce bâti, assemblé à tenons et mortaises, avec ses cadres reliés par des petits balustres façonnés au tour, et assemblés eux-mêmes à tourillons, est d'une facture grossière. La nature du bois aussi bien que la façon attestent un travail relativement moderne, qui ne doit pas remonter très au delà du commencement du xvii° siècle. Quant aux plaquettes, elles sont infiniment plus anciennes. Leur décoration, qui représente au centre l'agneau mystique, cantonné à droite et à gauche de deux croix potencées, encadré en haut et en bas par le monogramme du Christ enfermé dans une couronne, et accosté de deux colombes, et enfin accompagné, dans les quatre angles, des emblèmes des évangélistes également entourés d'une couronne, rappelle certains sarcophages de la Gaule romaine. Cette similitude a même induit M. Barbier de Montault à assigner à ces petites sculptures une date antérieure d'un demi-siècle au moins à sainte Radegonde ; et, pour expliquer l'origine de sa possession, il ajoute que la sainte souveraine « a pu le recevoir en don de saint Césaire lui-même[3] ». C'est s'aventurer bien loin, sans doute, dans le domaine des suppositions ; et certains archéologues ayant démontré que les deux personnages n'avaient pu se connaître autrement que de réputation[2], il convient de ne pas ajouter une créance exagérée à ces trop ingénieuses hypothèses.

Au surplus, c'eût été là un assez mince cadeau pour une si grande princesse[4]. Si, comme le rapporte complaisamment Venantius Fortunatus, Radegonde, renonçant aux vanités de ce monde, avait dépouillé les royaux atours pour revêtir la grise robe de bure des religieuses[5], encore n'avait-elle pas abdiqué en même temps tout souci d'art, tout sentiment de recherche et d'élégance. Cette fille des rois, élevée pour les plaisirs d'un roi, n'avait pas reçu l'éducation sommaire et même un peu sauvage des filles de race germanique, mais bien « l'éducation raffinée des riches gauloises ». Elle avait joint aux travaux élégants d'une femme civilisée l'étude des lettres grecques et latines, des écrivains sacrés et des poètes profanes[6], et n'avait pas renoncé à toutes les délicatesses du luxe permis. Nous savons de quel prix étaient les joyaux que, sur l'autel de Noyon, elle remit entre les mains de saint Médard, pour décider ce vertueux prélat à briser le lien qui l'attachait à un époux abhorré. Plus tard, quand Clotaire, domptant sa

TABLETTE SUPÉRIEURE DU PUPITRE DIT DE SAINTE RADEGONDE.

farouche passion, consentit à ce que la fille des rois de Thuringe, suivant l'exemple de Cæsaria, l'illustre sœur de saint Césaire, fondât à Poitiers un monastère de

---

1. Molinier, *Histoire générale des Arts appliqués à l'Industrie : les Meubles du Moyen Age et de la Renaissance*, p. 3.

2. Barbier de Montault, *op. cit.*, p. 214.

3. Molinier, *op. cit.*, p. 4.

4. Ce qui rend la pauvreté de ce petit meuble plus choquante encore, ce sont ses dimensions infimes : il mesure, en effet : o m. 265 de longueur, et o m. 215 de largeur sur o m. 170 de hauteur en arrière, et par devant o m. 10. La reine-religieuse ne pouvait donc placer dessus que de modestes livres de prière.

5. Mens ornata bonis fugitivos spernit honores,
    Sciens in solo firma manere deo.
   Regia lactineo commutans pallia culta,
    Vilior ancillæ vestis amata tegit.
   Splendida serraco quondam subvecta superbo,
    Nunc terit obsequio planta modesta lutum.
   Quæ prius insertis onerata est dextra smaragdis
    Servit inops famulis sedulitate suis.
              Venantii Fortunati *Opera*, lib. VIII, cap. 1.

6. Augustin Thierry, *Récits mérovingiens*, Ve récit (Œuvres, VIII, 146).

femmes, il lui restitua les grands biens que, suivant la coutume germanique, il lui avait attribués en dot et en « présent du matin »; et l'on peut croire que le couvent élevé par ses soins n'était pas un triste réduit. La vie misérable des premiers religieux ne fut jamais le lot des nobles filles qui vinrent, à sa suite, y chercher un asile[1].

On n'était déjà plus au temps des grandes et douloureuses austérités de ce Wulfilaïch, émule de saint Simon d'Antioche, qui, réfugié sur sa colonne, voyait en hiver les ongles arrachés par le froid de ses pieds gelés, et sa barbe chargée, pendant des mois, de stalactites de glace; de saint Senoch, volontairement muré dans une cellule si étroite, qu'il ne pouvait y faire un mouvement; de ces reclus : les Caluppa, les Patrocle, les Hospitius, qui, par les tortures qu'ils s'infligeaient, édifièrent les provinces d'Auvergne et de Provence[2]. Les querelles retentissantes et les scandales plus retentissants encore qui, quelques années plus tard, allaient éclater, à l'instigation de Basine et de Chrodielde, dans ce même couvent fondé par sainte Radegonde, montrent assez que les filles de sang royal, en franchissant le seuil de ces saintes demeures, n'abdiquaient pas les préoccupations du « siècle[3] ».

Pour sainte qu'elle ait été, Radegonde ne laissa donc pas de mener, dans son monastère, une vie empreinte de sensualité délicate et riche. Venantius Fortunatus, « ce dernier poète de la haute société romaine », comme l'appelle Augustin Thierry[4], le convive choyé des cours barbares, l'hôte très assidu de la reine recluse, nous a laissé des descriptions émues de cette vie cloîtrée. Il nous dépeint avec une infatigable complaisance les repas recherchés qu'on lui servait dans cette chaste demeure, aux murailles enguirlandées de fleurs odorantes; les tables jonchées de roses, sur lesquelles défilaient des mets de choix, présentés, suivant leur nature, sur des plats d'argent, de marbre ou de cristal[5]. Si la table du poète était si magnifiquement servie, de quelle somptuosité devaient être la parure du sanctuaire, les vases destinés au saint sacrifice, les instruments du culte, les couvertures des livres sacrés, et les lectrins sur lesquels on plaçait avec vénération ces volumes, réceptacles de la Divine Sagesse et de la Sainte Parole ! Au lieu de prétendre reconnaître dans le petit meuble du couvent de Sainte-Croix de Poitiers le pupitre de sainte Radegonde, ne serait-il pas plus sage et plus simple de n'y voir que des petits panneaux ayant primitivement décoré un coffret, et plus tard transformés en un lectrin, auquel on a assigné une origine illustre?

Ces mêmes raisons nous engagent à ne pas prendre trop au sérieux non plus la croix de bronze qu'on dit aussi avoir appartenu à sainte Radegonde. A cette époque où la passion de l'or dominait dans tous les cœurs; où les princes faisaient profession d'en posséder en leurs trésors des quantités énormes; où les armes, harnais et

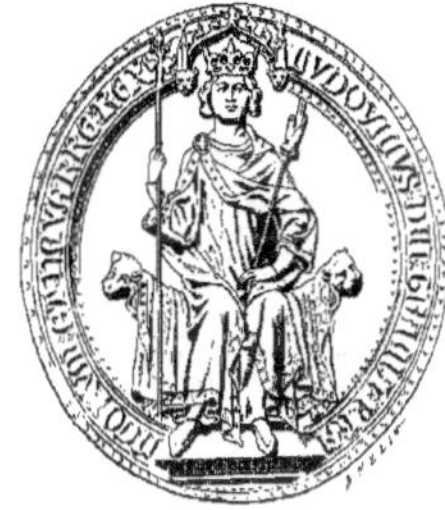

SCEAU REPRÉSENTANT LOUIS LE HUTIN SUR LE TRÔNE DE DAGOBERT.

bijoux masculins étaient confectionnés en métal précieux; où les personnages consulaires, vêtus de l'éclatante *trabie*, s'asseyaient dans des sièges d'ivoire (*eboratæ curules*) et traversaient le pays en litières dorées (*gestatoriæ bracteatæ*), où ces objets enfin étaient regardés comme les attributs distinctifs de la grandeur[6]; la ci-devant reine ne devait, ne pouvait posséder que des joyaux en or, et des meubles en ivoire ou en métal de prix.

Les deux autres meubles dont nous avons encore à parler sont la châsse ou reliquaire de saint Mommole et le fauteuil ou trône de Dagobert. Nous laisserons de côté pour le moment le reliquaire et nous nous occuperons du trône, dont la forme est trop connue et qui a été reproduit trop souvent pour que nous en don-

---

1. Fortunatus, *Vita S. Radegundis*, apud *Scriptores rerum gallicarum et francicarum*, t. III, p. 456, et Bolland : *Acta Sanctorum*, *Augusti*, t. III, p. 68.

2. Grégoire de Tours. *Histoire ecclésiastique des Francs*, liv. V, VI et VIII. dans Guizot, *op. cit.*, t. I, p. 231-232, 311, 440, etc.

3. Id., *Ibid.*, liv. X. t. II, p. 113.

4. Augustin Thierry, *Récits mérovingiens*. liv. V, dans Œuvres complètes, t. VIII, p. 143. — Voir aussi Michel-Ange Lechi, *Vita Venantii Fortunati, præfixa ejus operibus*, dans ses *Opera omnia*. Rome, 1786.

5.   Carnea dona tumens, argentea gavata perfert,
        Quod nimium pingui jure natabat olus
    Marmoreus defert discus, quod gignitur ortis,
        Quo mihi mellitus fluxit in ore sapor
    Intumuit pullis vitreo scutella rotatu
        Subductis pennis, quam grave pondus habens !

              Venantii Fortunati *Opera*, lib. XI, cap. x.

6. Caii Sollii Sidonii Apollinaris *Epistolæ*, lib. VIII, epist. viii, ad Syagrium.

nions ici une nouvelle image[1], mais qui lui au moins a cet avantage énorme sur le pupitre de sainte Radegonde de voir son origine proclamée par les plus respectables traditions, et consacrée par les textes les moins contestables. Dès le XIIe siècle, en effet, Suger, dans le livre qu'il consacre à son administration, constate la vénération dont on entourait ce noble siège (*nobilem cathedram*[2]) et nous apprend qu'il provenait du roi Dagobert. Il ajoute que, suivant un antique usage, les

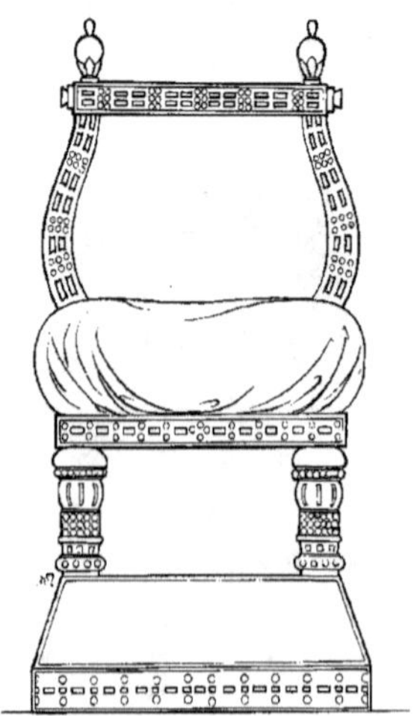

rois de France prenaient séance sur lui, quand ils étaient couronnés. C'était donc là le trône officiel des monarques français. Cette particularité, au surplus, est confirmée par une suite de documents d'une authenticité irréfutable. Nous voulons parler des sceaux des rois de France, qui tous, ou presque tous, représentent, avec une exactitude plus ou moins scrupuleuse, ces derniers assis sur ce siège pliant de forme particulière[3], et très différent des trônes sur lesquels les princes des autres pays sont généralement placés[4]. Voici donc une origine assez bien établie, pour que, même aujourd'hui, au Cabinet des Médailles, où il a trouvé un final asile, ce curieux fauteuil soit encore désigné par une étiquette dorée comme étant le trône de Dagobert. L'autre point à élucider concerne son auteur. Est-il l'œuvre de saint Éloi? Suger ne le dit pas; mais, depuis le grand abbé, la tradition s'est là encore très solidement acclimatée. Nous avons longuement raconté ailleurs[5] comment saint Éloi dut son étonnante fortune, en tant qu'orfèvre d'abord et comme ministre ensuite, à la surprenante habileté dont il avait fait preuve dans la confection d'un trône d'or destiné au roi Clotaire II; et nous avons reproduit l'explication si ingénieuse, fournie par M. Charles Lenormand, de la façon dont le saint artisan s'y prit pour fabriquer avec ce qui lui restait d'or un trône semblable au premier[6] — fabrication qui passa longtemps pour miraculeuse. Dagobert hérita de ces deux trônes, se réserva le premier, celui en or massif; et c'est sur celui-là qu'au déclin de sa vie il dicta son testament, ayant « en son chief » une couronne d'or « comme coustume estoit lors aux roys de France[7] ». L'autre, suivant la tradition, aurait été attribué à l'église favorite du prince, à cette basilique de Saint-Denis qu'il avait édifiée, dotée, enrichie même des dépouilles de divers sanctuaires[8], et serait celui-là que possède encore notre Cabinet des Médailles. C'est du moins ce que tendent à prouver les historiens du saint orfèvre et principalement son biographe attitré[9], les descripteurs de l'antique abbaye de Saint-Denis et

---

1. Nous l'avons reproduit dans notre *Histoire de l'Orfèvrerie française*, pl. VI (hors texte), et dans notre *Dictionnaire de l'Ameublement et de la Décoration* (2e édition), t. II, col. 723.

2. « Nec minus nobilem gloriosi regis Dagoberti cathedram, in qua, ut perhibere soles antiquitas, reges Francorum, suscepto regni imperio, ad suscipienda optimatum morum hominia primum sedere consueverant, tum pro tanti excellentia officii, tum etiam nos operis ipsius precio, antiquatam et disruptam refici fecimus. » (SUGER, *De Administratione sua*, XXXIV, dans *Œuvres complètes*, publiées pour la Société de l'Histoire de France, p. 204.)

3. Voir, dans *le Costume au Moyen Age d'après les sceaux*, par G. DEMAY (Paris, Dumoulin, 1880), les sceaux, notamment, de Louis VI, de Louis VII, de Philippe Auguste, de Louis IX, de Louis le Hutin, de Charles V et même de Charles VII (pages 27, 31, 80, 81, 85, 88), etc. On peut voir également à la Bibliothèque Nationale (collection Clairambault, vol. 632, n° 7022) une figure de Pépin le Bref, et (7023) un portrait de Carloman, tous deux représentés sur ce même siège; ces deux derniers sont exécutés d'après des peintures de l'abbaye de Fulde, qu'on disait être du XIe siècle. Le fonds Gaignières (Cabinet des Estampes) possède également une représentation en aquarelle de ce siège avec la légende suivante : « Chaize du roi Dagobert, dans laquelle il rendoit justice à ses subjects, l'an 630, conservé (*sic*) jusqu'à présent dans le trésor de Saint-Denis en France ».

4. Voir, dans *la Bible de Charles le Chauve*, le portrait de ce prince; les sceaux de l'empereur Henri Ier et de Frédéric II, roi des Romains, etc. On remarquera que ces derniers sièges se rapprochent comme forme des trônes représentés sur les diptyques des consuls Anastasius et Magnus, conservés à la Bibliothèque Nationale, et offrent quelque ressemblance avec les trônes byzantins des mosaïques de Ravenne.

5. Voir notre *Histoire de l'Orfèvrerie française*, p. 63.

6. CHARLES LENORMAND, *Mélanges d'Archéologie*, t. I, p. 157.

7. AIMOIN, *Histoire des Francs*, liv. IV, ch. XXX. — *Gesta Dagoberti*, ch. XXXIX.

8. *Gesta Dagoberti*, chap. XXIV et XXV. — *Grandes Chroniques*, liv. V, chap. XI. — *Histoire de l'Orfèvrerie française*, p. 53 et 65.

9. AUDOENUS, *Vita S. Eligii*, dans le *Spicilegium* de D.-L. D'ACHÉRY.

les inventaires de son ancien trésor[1]. C'est ce que conteste, par contre, l'érudition moderne, en s'appuyant sur ce fait, que la facture de ce fauteuil ne présente aucune similitude avec les ouvrages mérovingiens[2]. « Dagobert a pu s'asseoir sur le siège que possède le Cabinet des Médailles à la Bibliothèque nationale, écrit M. Molinier, mais Dagobert s'asseyait simplement sur un siège appartenant à une période très classique de l'art[3]. »

Nous avouerons que, étant donné le très petit nombre de spécimens de l'orfèvrerie de cette époque parvenus jusqu'à nous, et ce fait que ce siège est un meuble unique en son genre, nous ne comprenons pas très bien les scrupules des auteurs que nous citons. Vraiment, il n'aurait servi de rien à saint Éloi d'être « d'une habileté consommée dans tous les arts[4] », s'il n'avait surpassé ses rivaux. En second lieu, ne connaissant pas d'autre ouvrage du même genre, il nous est assez difficile d'établir des points de comparaison sérieux, et il serait plus qu'imprudent de vouloir assimiler à cette œuvre de bronze fondu les bijoux en métal repoussé. Enfin, quant à la forme, rien ne dit qu'Éloi n'ait pris pour modèle un siège d'une époque antérieure, et que même il ne l'ait surmoulé. Les trônes de ce genre, simples pliants et par conséquent faciles à faire voyager, ne devaient pas, au surplus, être rares dans les Gaules à cette époque. C'est à eux que par la suite on donna le nom de fauteuils[5]. Dans nombre de récits des poètes du Moyen Age, il est question de ces « faudestuels » en métal précieux[6], et nous savons par Odon de Cluny, qui écrivait au x⁰ siècle, que Grégoire de Tours étant allé présenter ses hommages au pape Grégoire le Grand, celui-ci « eut tant à cœur d'illustrer le siège épiscopal de Tours, qu'il fit cadeau au saint évêque d'un trône d'or », qu'au temps, d'Odon, on pouvait encore voir dans l'église cathédrale de cette ville[7].

Sous le bénéfice de ces réserves, nous ne voyons aucun inconvénient à reconnaître que le siège précieux du Cabinet des Médailles ne présente aucune ressemblance avec les œuvres de métal de la période mérovingienne, ni même avec celles de saint Éloi, telles du moins qu'on nous les décrit. Car, en admettant, avec le chroniqueur, que l'illustre artiste, « qui estoit evesque de Noyon et orfèvre le meilleur et le plus esprové que l'on seust en nule terre[8] », ait exécuté tous les ouvrages magnifiques que ses biographes lui attribuent[9], il ne nous est rien demeuré qui puisse lui être authentiquement attribué; et cependant, hâtons-nous de le dire, jamais artiste français n'a trouvé de critiques plus indulgents et d'archéologues plus passionnés à la recherche de ses œuvres[10].

Grâce à leur zèle, on est parvenu à ressaisir la trace d'une trentaine de ses ouvrages, dont l'authenticité n'est rien moins que démontrée. De ce nombre, nous en retiendrons un seulement, parce qu'il paraît avoir constitué le chef-d'œuvre de l'illustre orfèvre. Nous voulons parler de la grande croix destinée à l'église de Saint-Denis, « la plus riche et la plus soubtille que l'on povoit pourpenser ». Joyau célèbre durant tout le Moyen Age, fait de « pur or et de pierres précieuses », et tel « que l'œuvre fait esmerveiller ceus qui la voient pour l'engin (ingéniosité), et pour la soubtillité du saint homme qui la forgea, car les meilleurs et les plus en-

---

1. Jacques Doublet, *Histoire de l'Abbaye de Saint-Denis*, — Dom Mich. Félibien, *Histoire de l'Abbaye royale de Saint-Denis*. — D. Millet, *le Trésor sacré de Saint-Denis*. — *Inventaire du Trésor de Saint-Denis*, xvi⁰ siècle, 1534-1634, cité par Labarte, *Histoire des Arts industriels*.

2. Babelon, *le Cabinet des Antiques, à la Bibliothèque nationale*, p. 109.

3. E. Molinier, *Histoire générale des Arts appliqués à l'Industrie : les Meubles*. p. 4.

4. *In omne arte fabricandi doctissimus*. (Audoenus, *Vita S. Eligii*, liv. I, ch. v.)

5. *Vox porro faldistorium a germanico* fahlen, *quod est plicare* (Du Cange, *Glossarium*), explication adoptée par Littré, qui écrit : « Le *fauteuil* fut dans son principe un siège pliant ».

6. On lit, en effet, dans *le Lusidaire* :

    El faudestuel d'or l'asseront
    Illecques le couronneront.

dans le *Roman de Blanchandin* :

    Dessur un faudestuel vermeil,
    S'apoieront en un conseil.

Voir, pour d'autres exemples, notre *Dictionnaire de l'Ameublement et de la Décoration*, sous Fauteuil, 2⁰ édition, t. II, col. 718.

7. Odon, abbé de Cluny, *Vita S. Gregorii*, § 24.

8. *Grandes Chroniques*, liv. V, chap. viii. .

9. « Entre autres œuvres remarquables, il exécuta en or, en argent et en pierres précieuses un grand nombre de tombes et de châsses destinées à des saints, celles notamment de Germain, évêque de Paris; de Séverin, abbé d'Agaune; de Platon, prêtre et martyr; de Quintin, de Lucien, évêque de Beauvais; de Geneviève, de Colombe, de Maximien, de Julien et d'une infinité d'autres; mais surtout aux frais du roi Dagobert il exécuta d'une façon merveilleuse la châsse de saint Grégoire de Tours[2]. » Indépendamment de ces joyaux exclusivement réservés à la parure des sanctuaires et au service des autels. Éloi produisit encore un nombre considérable d'autres orfèvreries destinées aux usages profanes. « Il confectionna pour le roi, ajoute son historien, une quantité d'ouvrages d'or enrichis de pierres précieuses. Il travailla sans relâche, aidé de Thillo son serviteur, Saxon de naissance, qui suivit les traces de son maitre et mena, lui aussi, par la suite, une sainte vie. » (Audoenus, *Vita S. Eligii*, liv. I, cap. xxiii, et liv. II, cap. vi.)

10. Voir Jacques Doublet, *Histoire de l'Abbaye de Saint-Denis*, liv. I, ch. xlv. — Du Breul, *Antiquités de Paris*, p. 433. — Gilbert, *Description de Notre-Dame de Paris*, p. 323. — Renet, *Bulletin du Comité des Arts*, liv. II, p. 301. — Baron de Saint-Amable, cité par l'abbé Texier, *Dictionnaire d'Orfèvrerie chrétienne*, col. 937. — Martène et Durand, *Voyage littéraire de deux bénédictins*, liv. II, p. 132, et *Deuxième Voyage littéraire*, p. 4. — Legros, *Vies des Saints du Limousin*, liv. IV, p. 497. — Desmarets, *Éphémérides de la Généralité de Limoges*, p. 107. — Legros, *Inventaire du Trésor de l'abbaye de Grandmont*, art. IV, — et notre *Histoire de l'Orfèvrerie française*, p. 67 et s.

gingneux orfèvres, qui ores soient, tesmoignent que à peine pourroit-on trouver nul, tant fust bon maistre, qui tel euvre seust faire, pour ce mesmement que l'us et la manière de cette euvre est mise en oubli[1] ».

Cette pièce magnifique, elle aussi, a disparu. Mais, grâce à un inventaire remarquablement détaillé du trésor de Saint-Denis, dressé en 1634[2] par ordre de Louis XIII, le savant Labarte a pu en reconstituer l'exacte description. Par lui, en effet, nous savons que « cet admirable joyau était formé d'une âme de bois revêtue de lames d'or; l'artiste avait couvert tout le champ d'or de la croix de plaques de verre, sur lesquelles il avait disposé des pierres fines d'un grand prix, enchâssées dans d'élégants chatons qui se rattachaient, au moyen de filigranes, à une bordure d'argent doré, enrichie de rosaces d'argent à feuillage d'argent doré. Les trois extrémités supérieures de la croix étaient terminées par un fleuron de même métal[3] ». Enfin, par l'ouvrage de J. Doublet, qui vivait à l'époque du dernier inventaire, nous savons que ce précieux monument mesurait 1 m. 60 ou environ[4].

Hâtons-nous d'ajouter que saint Éloi, pour avoir été le plus illustre orfèvre de son temps, ne fut pas seul à exécuter des ouvrages considérables et qui jouirent d'une grande et légitime réputation. Aimoin nous apprend que « le fort roy Clovis », fraichement converti, fit exécuter et envoya « à l'églyse Saint-Pierre à Rome une couronne d'or, aournée de pierres précieuses, par l'amonestement Mgr saint Remi[5] ». Grégoire de Tours, d'autre part, raconte qu'en 581, l'empereur Tibère ayant expédié à Chilpéric « moult riches aornemens et grans besans d'or », sur lesquels « estoit empreinte l'image de l'empéreour et lettres en la circuite, qui disoient : « C'est la forme de Tibère « Constantin perpétuel augusté[6] »; le prince frank, pour ne pas demeurer en arrière, fit à son tour confectionner un énorme plat d'or chargé de pierreries, et, en le montrant à ses leudes, il aimait à dire : « Voilà ce que j'ai fait pour donner de l'éclat et du renom à la nation des Franks[7] ». Enfin, nous lisons encore dans l'*His-*toire *ecclésiastique*, que Brunehaut envoya au roi d'Espagne, par Ébrégésile son ambassadeur, un « bouclier d'une merveilleuse grandeur, fait d'or et de pierres précieuses, et deux bassins en bois également ornés d'or et de pierreries[8] ».

Quelle était la valeur artistique de ces joyaux? Si l'on s'en rapportait à la condition de ceux qui les fabriquaient, et au peu de considération dont ils étaient entourés, on serait amené à ne leur accorder qu'une estime toute relative. Il ne parait pas, en effet, que les braves orfèvres compris dans la domesticité royale aient été plus appréciés (au moins sous les premiers Mérovingiens) que les autres ouvriers du palais ou de la ferme. Le second capitulaire de Dagobert, dans la fixation des amendes à payer pour meurtres ou assassinats, les assimile — même lorsqu'ils ont fait leurs preuves et ont acquis un certain renom dans leur art — aux bergers, aux cuisiniers ou porchers ayant quarante porcs à conduire[9]. Nous savons, il est vrai, par un passage de Grégoire de Tours, qu'il existait à Paris même — et vraisemblablement dans les autres grandes villes — des orfèvres libres, habitant en boutiques, et qui avaient un assortiment d'ouvrages d'argenterie; mais il ne parait pas que ces modestes marchands, malgré les capitaux dont ils devaient être pourvus, aient occupé un rang beaucoup plus élevé dans la hiérarchie sociale[10].

Pour la couronne votive expédiée à Rome par Clovis, rien n'interdit de supposer qu'elle devait être dans le genre des couronnes de Guarrazar, que possède notre musée de Cluny, bien que celles-ci ne soient pas vraisemblablement d'origine franque[11]. Quant au plat de Chilpéric et au bouclier de Brunehaut, on peut les assimiler au trésor de Gourdon, conservé au Cabinet des Médailles; c'est-à-dire qu'ils étaient probablement d'or travaillé au marteau, et décorés de filigranes et de cabochons de grenat, d'améthystes ou de saphirs.

Mais ce sont surtout les armes et les bijoux qui peuvent nous fournir sur l'orfèvrerie de ce temps des renseignements presque certains, et des révélations pré-

---

1. *Gesta Dagoberti*, cap. xx. — *Grandes Chroniques*, liv. V. chap. IX.

2. *Inventaire du Trésor de l'abbaye de Saint-Denis en France, en date du 27 mai 1634.* M. S. Arch. nat. L. L., 1327.

3. J. Labarte, *Histoire des Arts industriels au Moyen Age*, t. I, p. 248.

4. J. Doublet, *Histoire de l'Abbaye de Saint-Denis*, liv. I. chap. xlv.

5. Aimoin, *Histoire des Francs*, liv. I, chap. xxiv. — *Grandes Chroniques*, liv. I, chap. xxv.

6. L'inscription était sur la face : *Tiberii Constantini perpetui Augusti*; sur le revers : *Gloria Romanorum.* — Voir *Grandes Chroniques*, liv. III, chap. vi, note de M. P. Paris.

7. « Ego hæc ad exornandam atque nobilitandam Francorum gentem feci. » (Grégoire de Tours, liv. VI, dans Guizot, *Collection des Mémoires* relatifs à *l'Histoire de France*, t. I, p. 304. et *Grandes Chroniques, loc. cit.*).

8. Grégoire de Tours, *op. cit.*, liv. IX, *Ibid.*, t. II, p. 43.

9. Baluze, *Capitulaire* 1, 79. Il est dit dans cette loi : « Si occisi fuerint faber, aurifaber an spatarius qui publici probati sunt, quadraginta soldis componator ».

10. Grégoire de Tours, *Histoire ecclésiastique des Francs*, liv. VI. — Augustin Thierry, *Récits mérovingiens* (1er récit).

11. On a essayé, cependant, de les attribuer à notre orfèvrerie nationale. Voir, à ce sujet, la *Correspondance littéraire*, mars 1859, et, pour l'étude de ces joyaux si précieux au point de vue de l'histoire, F. de Lasteyrie, *Description du Trésor de Guarrazar*, Paris, Gide, 1860, ainsi que notre *Histoire de l'Orfèvrerie française*, p. 58.

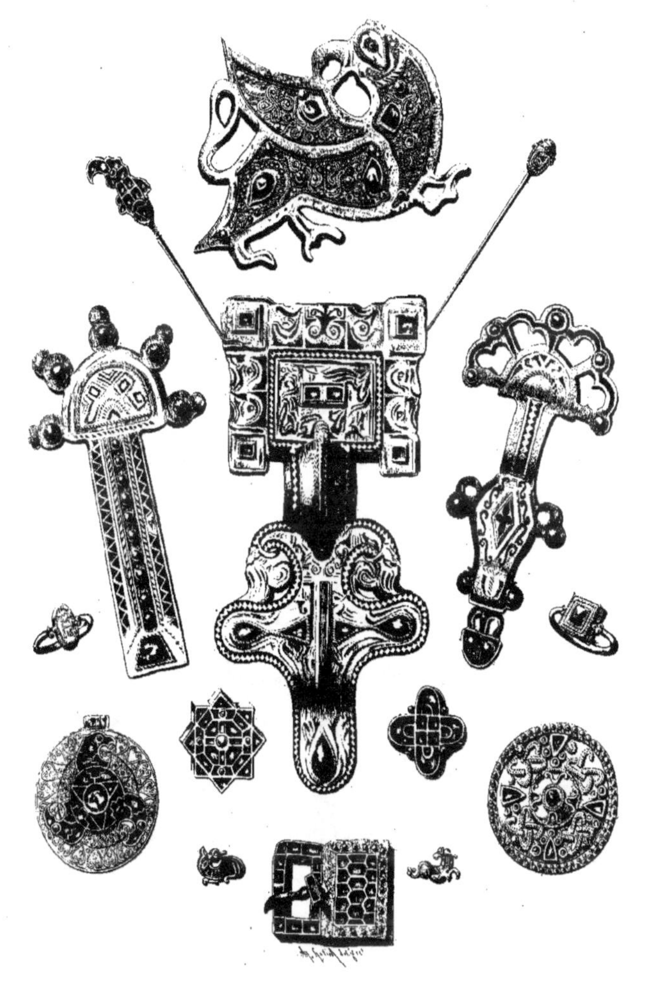

BIJOUX MÉROVINGIENS
provenant des sépultures de Charnay
Brochon, Caranda, Herpes et Sainte Sabine

Charles Schmid Éditeur

cieuses. Les joyaux de Childéric, dont nous avons déjà parlé, et surtout cette bijouterie éclatante dont les Franks étaient si fiers, et dont ils couvraient leurs personnes et leurs vêtements[1]; les anneaux, les boucles, les

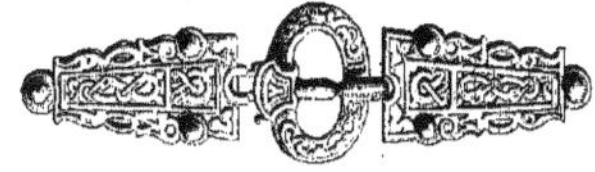

BIJOUTERIE MÉROVINGIENNE. FIBULE EN BRONZE.
(Cimetière de Charnay.)

fibules, les broches, les appliques, exhumés des sépultures de Pouans, de Caranda, de Charnay, de Sainte-Sabine, de Brochon, d'Herpes[2], dénoncent un mélange surprenant d'habileté et d'inexpérience, de procédés relativement perfectionnés et de pratiques presque enfantines; et si quelques-uns, comme la trouvaille de Tournay, ont paru — à des archéologues généralement mieux inspirés[2] — d'un travail assez parfait pour pouvoir être attribués à Byzance, il n'est pas, quant aux autres, d'erreur possible.

Ce qui distingue, en effet, cette orfèvrerie, — outre son caractère barbare, — c'est l'absence presque absolue de toute représentation, non pas seulement humaine, mais animale et florale. Plus de bas-reliefs ingénieux, de gracieux trophées, de médaillons délicats, de guirlandes. De cette ornementation fine et charmante, qu'on peut regarder comme caractéristique de l'orfèvrerie gallo-romaine, il ne sera plus question pendant un nombre respectable de siècles. Quand on a cité quelques poissons, ou des serpents qui peuvent bien être des emblèmes religieux[4]; les sommaires abeilles, insignes du pouvoir temporel, qui ornaient le manteau de Childéric; quelques oiseaux difformes tenant du perroquet ou du corbeau bien plus que de l'aigle impérial; des chevaux minuscules et des laies, réminiscence des enseignes gauloises, on a énuméré à peu près toutes les figurations animales qu'un demi-siècle de recherches méthodiques a mises au jour. Sur tout le reste, c'est le dessin géométrique qui règne en maître, développant sur cette joaillerie mérovingienne, avec les infinies combinaisons de ses méandres, ses entrelacs,

ses crosses, ses croix pattées ou potencées, ses damiers, ses roues pointées, ses imbrications, ses S affrontés, formant des enchevêtrements variés à l'infini. Ornementation toujours ingénieuse, agréable même, quoique le plus souvent indépendante de la forme, mais qui ne manque ni d'allure ni de caractère. — Art barbare, malgré sa richesse d'invention, et qui de cette bijouterie d'origine vraisemblablement scandinave, passa sur les œuvres de pierre et les monuments.

Si l'on considère attentivement certains chapiteaux de la crypte de Saint-Bénigne à Dijon, ou de l'église de Cadiac (vallée d'Aure, Basses-Pyrénées); les curieux bandeaux conservés au Musée de Toulouse, et qui semblent copiés d'une broderie barbare; un des piliers de Moissac; telle corniche de Notre-Dame-la-Grande de Poitiers, figurant des « enlacements d'êtres monstrueux, parmi lesquels on distingue des serpents », il est impossible de méconnaître que « certaines sculptures anciennes de Scandinavie et d'Islande ont avec ces divers monuments des rapports de parenté non contestables[5] ». Ces mêmes caractères de famille, on peut les retrouver sur quelques manuscrits saxons du British Museum, comme sur l'Évangéliaire de Noyon, sur la couverture du Sacramentaire de la cathédrale de Monza, sur des meubles et des boiseries sculptés du Musée de Christiania, où l'on voit revivre comme l'épuration, le perfectionnement des ornements de la bijouterie mérovingienne. Il serait téméraire, toutefois, de vouloir créer entre ces manifestations des liens trop étroits, de prétendre établir une descendance trop

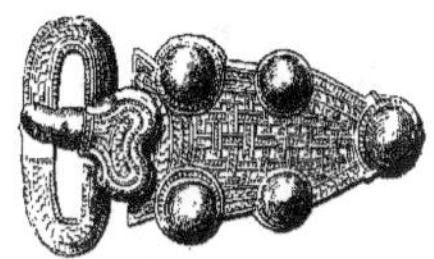

BIJOUTERIE MÉROVINGIENNE. AGRAFE EN BRONZE.
(Sépultures de Caranda.)

directe, d'y découvrir autre chose qu'une intéressante connexité. On doit se souvenir, en effet, que l'ornement géométrique apparaît à la base de toutes les civilisa-

---

1. « France, il te faut des agrafes d'or pour relever tes magnifiques vêtements, de la pourpre de Tyr pour donner à ta peau un vif incarnat; tu ne veux pour tes épaules que des manteaux enrichis d'or; une ceinture ne plaît à tes reins que si elle est garnie de pierres précieuses, et tes pieds ne s'accommodent que de courroies dorées. » (ABBON, *Poème du Siège de Paris par les Normands,* liv. II.)

2. Voir BAUDOT, *Sépultures barbares de l'époque mérovingienne,* 1860. — L'Abbé COCHET. *Sépultures gauloises, franques et romaines.* — MOREAU, les *Fouilles de Caranda.* — Le *Cimetière d'Herpes* (fouilles et collection Delamain, 1892, etc., etc.).

3. Voir, notamment, LABARTE, *Histoire des Arts industriels au Moyen Age,* t. I, p. 252.

4. Voir l'Abbé AUBER, *Histoire et Théorie du Symbolisme religieux,* 1871. — MARTIGNY, *Dictionnaire des Antiquités chrétiennes.* — Le P. CAMILLE DE LA CROIX, *Hypogée Martyrium de Poitiers,* 1883, etc.

5. VIOLLET-LE-DUC, *Dictionnaire d'Architecture,* t. VIII, p. 123 et 180.

tions, où il revêt des caractères presque identiques[1]; que souvent il persiste pendant un nombre considérable

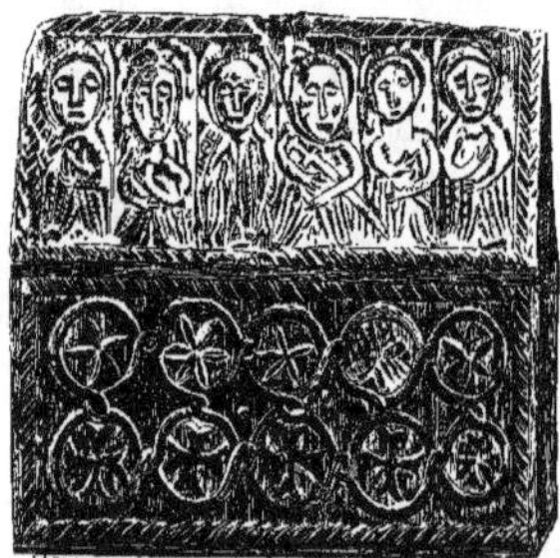

CHÂSSE DE SAINT MOMMOLE, A SAINT-BENOIT SUR LOIRE.

de siècles, et même que chez certains peuples il n'est jamais complétement abandonné.

Quant aux représentations humaines bannies de la bijouterie, c'est à peine si l'on en voit apparaître quelques ravissimes échantillons dans les pièces d'orfévrerie ou sur les monuments de pierre. La châsse de saint Mommole, dont nous avons déjà parlé et que nous reproduisons ici, montre à quel degré d'abaissement enfantin étaient tombés les arts graphiques du viie au viiie siècle de notre ère. Les deux *marmousets* crucifiés ou crucifères découverts par le Père de la Croix dans l'hypogée martyrium de Poitiers ne sont pas d'un art beaucoup meilleur. La *Victoire* en bronze du vi[e] ou du viie siècle exposée en 1878 par M. Benjamin Fillon au Trocadéro, « sorte de vampire approprié au temps affreux où il fut modelé[2] », pour être d'une valeur esthétique assurément supérieure, n'en demeure pas moins singulièrement barbare. En dehors de la Gaule devenue française, dans cette Italie hier encore foyer de lumière et d'art, nous retrouvons les mêmes défaillances, une pauvreté identique. Certains bas-reliefs de la basilique royale de Saint-Michel de Pavie, des fragments de Saint-Zénon de Vérone, les sculptures justement célèbres de Cividale en Frioul, tout comme le coffre en bois sculpté de Terracine, attestent un retour douloureux à l'enfance de l'art. En présence de cet avilissement, ne serait-on pas tenté de s'associer au pessimisme de Guizot, et de proclamer avec lui que jamais à aucune autre époque « le chaos n'a été si grand, et l'Art n'a si peu existé[3] »?

Et cependant nous avons quelque peine à croire que l'effondrement ait été aussi complet qu'il le paraît. La civilisation romaine, qui avait porté de si beaux fruits, n'était pas morte, éteinte pour toujours; elle n'était qu'assoupie. La puissance qu'elle possédait d'exister par les lois, les mœurs, la langue et jusque par la religion nationale, ne pouvait ainsi s'anéantir. Il est démontré, nous l'avons dit plus haut, que, du ve au xiie siècle, la France nouvelle fut presque exclusivement gouvernée par le Droit romain, c'est-à-dire par le Code théodosien et par la Constitution de Valentinien III, qui donnait force de loi aux prescriptions des cinq grands jurisconsultes. Les titres des fonctionnaires et les noms chargés de désigner les diverses fonctions, qui persistent à travers tout le Moyen Age, montrent la non-interruption du régime municipal romain. Les actes civils, les donations, les ventes, les testaments, passés suivant les formes du Droit

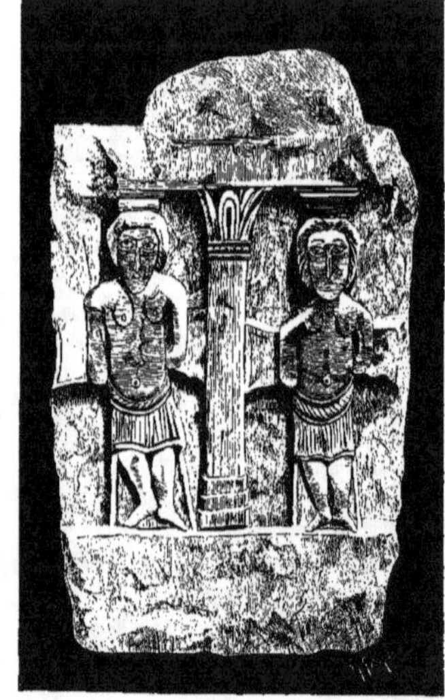

SCULPTURE FUNÉRAIRE MÉROVINGIENNE. PERSONNAGES CRUCIFIÉS.
(Hypogée martyrium de Poitiers.)

romain, attestent la persistance de son étude, et les chroniqueurs, les écrivains, les historiens du temps,

---

1. Voir John Lubbock, *l'Homme préhistorique*, Introduction, p. 15 et 22. — et notre *Art à travers les mœurs*, p. 91.

2. B. Fillon, *l'Art romain et ses dégénérescences*, loc. cit.

3. Guizot, *Histoire de la Civilisation en France*, t. II, p. 95.

se plaisent à nous signaler ceux de leurs contemporains qui excellaient dans sa connaissance[1].

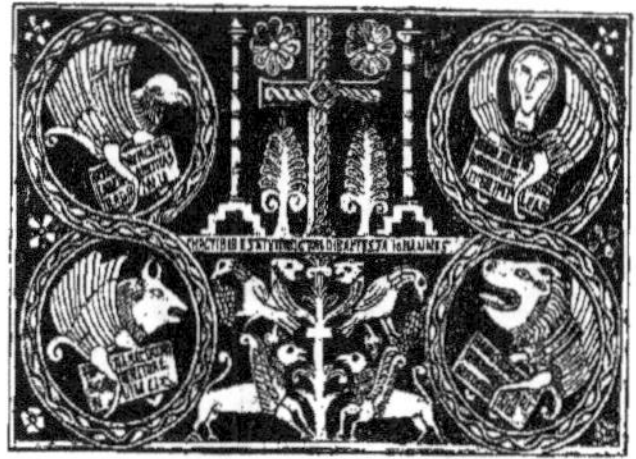

DALLE DE L'APPUI.
Baptistère de Calixte, à Cividale (Frioul).

Sans doute, on peut prétendre, avec Mably, que « l'avarice des empereurs romains et l'insolence de leurs officiers avoient accoutumé les Gaulois aux injustices, aux affronts, à la patience ». On peut ajouter qu'ils « ne sentoient point l'avilissement où la domination des Francs les jetoit, comme l'auroit fait un peuple libre, et que le titre de citoyen romain qu'ils portoient n'appartenoit depuis longtemps qu'à des esclaves[2] ». Mais, ce que la révolte n'aurait pu leur donner, leur esprit insinuant et souple, leur culture supérieure, le leur faisaient obtenir. Dès leur entrée en Gaule, les rois franks avaient si bien apprécié la supériorité de l'organisation romaine, qu'ils avaient accepté, non pas seulement avec reconnaissance, mais encore avec joie[3], des grades et des titres indiquant un rang subalterne. C'est ainsi qu'on avait vu Childéric investi du grade et de l'autorité de maître de la milice des Gaules, et que son fils Clovis avait cumulé cette même dignité avec celle de consul, conférée par l'empereur Anastase, et avec son titre de Roi.

Mais c'était surtout dans le clergé que les traditions étaient demeurées purement et exclusivement romaines. L'étude des livres saints, à cette époque où la dévotion était universelle, avait généralisé la connaissance du latin, et bien que les jeunes Gallo-Romains affectassent dans leurs relations privées de ne parler que la langue franque[4], encore leurs vainqueurs n'avaient-ils garde d'ignorer le latin, qui leur permettait de comprendre la sainte prédication, et de prendre connaissance directement des textes sacrés. Langue, usages, qualifications honorifiques, tout restait donc romain dans le clergé. Le Droit romain revivait dans les canons des conciles. Il réglait la procédure des tribunaux ecclésiastiques. Leur constitution, en outre, relevait de l'idée impériale, de la puissance unique, opposée à la souveraineté domaniale indépendante, produit des mœurs germaniques[5]. Les rois mérovingiens n'avaient pas manqué, on peut le croire, de se concilier la bienveillance de ces riches lettrés, que leurs contemporains qualifiaient de « sénateurs illustres » et parmi lesquels se recrutaient les évêques[6]; d'autant plus que les souverains de ces époques troublées se piquaient de théologie, présidaient les conciles, et prétendaient intervenir dans les questions de dogme pur[7]; et que leurs filles et leurs veuves ne trouvaient guère d'asile à peu près sûr que dans les couvents

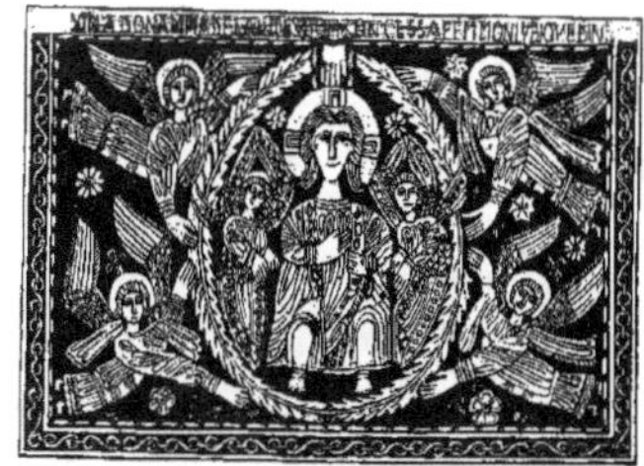

AUTEL DE PEMMOSE (FACE ANTÉRIEURE).
Église Saint-Martin, à Cividale (Frioul).

---

1. Au vi⁰ siècle, l'Auvergnat Andarchius « était très savant dans les œuvres de Virgile, les lois théodosiennes et l'art du calcul »; à la fin du vii⁰ siècle, saint Bonet, évêque de Clermont, nous est signalé comme « imbu des principes des grammairiens, et savant dans les décrets de Théodose »; saint Didier, évêque de Cahors (629-654), « s'appliquait à l'étude des lois romaines, etc., etc. » (GRÉGOIRE DE TOURS, liv. IV, c. XLVII. — *Acta Sanctorum : Juani*, c. 1, n° 3. — SAVIGNY, *Histoire du Droit romain*, t. I, p. 267.—GUIZOT, *Histoire de la Civilisation en France*, t. I. p. 332.)

2. MABLY, *Observations sur l'Histoire de France*, t. I, p. 241.

3. AIMOIN, *Histoire des Francs*, liv. I, chap. XXII. — *Les Grandes Chroniques*, liv. I. chap. XXIII, ne nous cachent pas la joie que Clovis éprouva à la lecture du message qui lui apportait la nouvelle de sa double nomination. Il dit à son entourage « qu'il plaisoit à l'Empereur et aus sénateurs qu'il fust ami de l'Empire, patrice et conseiller des Romains ». Les lettres lues, « il s'appareilla de robe de sénateur que l'Empereur lui avoit envoiée, ainsi ala à une large place qui siet entre l'églyse Saint-Martin et la Cité; là donna grans dons au peuple ». — Voir également l'Abbé DUBOS, *Histoire critique de l'Établissement de la Monarchie dans la Gaule*, liv. II, III. IV, V.

4. C'est CASSIODORE (*Variar.*, lib. VIII, ép. 21) qui nous fait cette confidence : *Et pueri stirpis romanæ nostra lingua loquuntur.*

5. AUGUSTIN THIERRY, *Considérations sur l'Histoire de France*, t. I, p. 26.

6. Grégoire de Tours cite, parmi ses prédécesseurs au siège de Saint-Martin, Eustoche, Perpetuus et Volusien, qui étaient de « naissance sénatoriale ».

7. On sait que, non seulement Chilpéric écrivit un traité sur la réforme de l'orthographe, prétendit ajouter plusieurs caractères à l'alphabet usuel, et composa des vers latins, auxquels Grégoire de Tours reproche de ne pas se conformer toujours aux règles métriques, mais

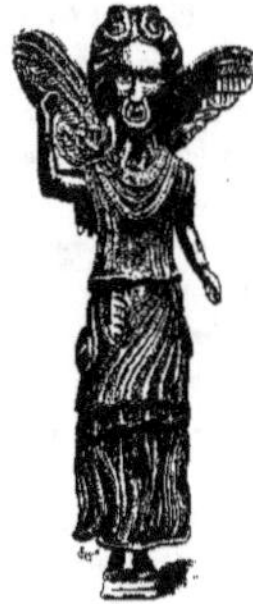

VICTOIRE EN BRONZE FONDU.
Ouvrage du VIIe siècle.

qu'elles avaient fondés. C'est ce qui explique comment l'exemple de sainte Radegonde avait été pieusement suivi par une foule de princesses de sang royal. Au décès de son mari, l'épouse de Clotaire II se réfugia dans le monastère dont elle avait confié le gouvernement à saint Léger[1]. Itta, femme de Pépin de Landen, convertit sa maison de Nivelles en une abbaye[2], dont elle créa sa fille abbesse. La fille du roi Charibert, Chrodielde, et Bazine, la fille insoumise de Chilpéric, prirent le voile à Poitiers, et scandalisèrent leurs contemporains par le trouble qu'elles jetèrent dans la paisible demeure de sainte Radegonde[3]. Enfin, c'est à la reine Balthcur qu'on doit la fondation de l'abbaye de Chelles, où cette princesse vint, au déclin de sa vie, chercher un repos définitif[4].

Ces faits étaient à rappeler. Avec les aimables descriptions de Venantius Fortunatus faisant défiler sous nos yeux les tables en argent massif simulant un pied de vigne ciselé en relief, « en sorte que l'on pouvait contempler les grappes en même temps qu'on savourait le jus du raisin »; avec celles de Sidoine Apollinaire, nous montrant, à Arles, dans un banquet offert à l'em-

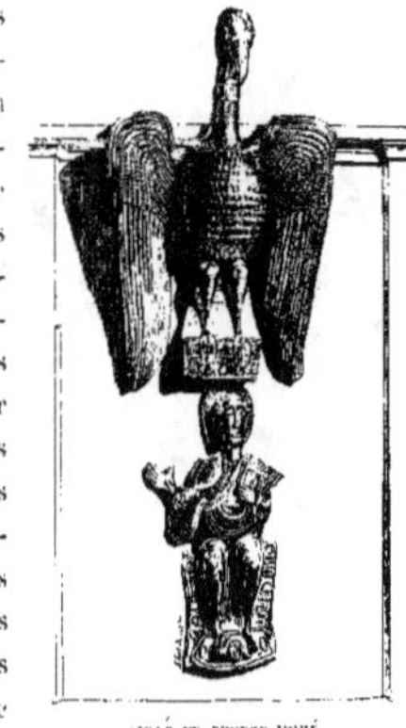

AIGLE EN BRONZE DORÉ.
A Sant' Ambrogio de Milan.

pereur Majorien[5], les lits couverts de tapisseries orientales; la table circulaire chargée de lauriers, de lierres et de pampres verdoyants; l'air embaumé par les parfums d'Arabie; les lambris éclairés par de riches lampes; les serviteurs pliant sous le poids des plats ciselés pleins des mets les plus exquis; les coupes d'or remplies de falerne mêlé avec le nard; et les musiciennes de Corinthe accompagnant sur les instruments à cordes leurs chants délicieux; ils atténuent, en effet, la désolante impression que les spécimens, fort incomplets, qui nous sont demeurés de l'art de cette lointaine époque ne manquent pas de produire. Et si l'on rapproche ces révélations de certaines confidences de Grégoire de Tours, on comprend que quelques esprits excellents se soient laissés aller à penser qu'une « grande partie de ce que nous appelons *antiquités romaines* date seulement des premiers temps de la monarchie française[6] ».

---

encore qu'il donna un traité sur les qualifications qui convenaient à la Sainte Trinité. D'autres princes montrèrent également des goûts littéraires. De ce nombre fut Clotaire II, que les *Grandes Chroniques* qualifient de « prince bien morigéné…, débonnaire, piteux à toutes gens et introduit en lettres ». Grégoire de Tours donne le même titre à Gondewald, et Aimoin n'hésite pas à flétrir Théodoric, qui, malgré son amour de la littérature, fit mourir Boèce, le « grant clerc qui translata la philosophie d'Aristote du grec en latin » (GRÉGOIRE DE TOURS, liv. IV, V et VI. — *Grandes Chroniques*, liv. V, ch. XXIII. — AIMOIN, *Histoire des Francs*, liv. II, ch. IV).

1. *Vie de Saint Léger*, dans GUIZOT, *Collection*, etc., t. II, p. 329.
2. SIGEBERT DE GEMBLOUX, *Chroniques*, à l'année 650.
3. GRÉGOIRE DE TOURS, *Histoire ecclésiastique des Francs*, liv. IX.
4. *Grandes Chroniques*, liv. V, ch. XXIII.
5. CAII SOLLII APOLLINARIS SIDONII *Epistolæ*, lib. IX, epist. XIII.
6. PAULIN PARIS, *les Grandes chroniques de la France*, t. I, p. 196, note.

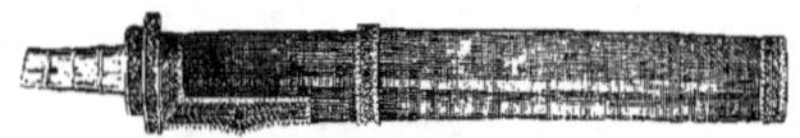

GLAIVE DE CHILDÉRIC
restitué d'après les fragments conservés au Cabinet des Médailles.

LIVRE TROISIÈME

Époque Carolingienne. — Style Byzantin.

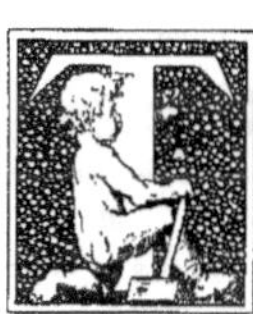

Tout le monde a lu le récit lamentable qu'Eginhard a tracé de l'état d'abaissement auquel la royauté était descendue sous les derniers Mérovingiens. « A l'exception d'un vain titre et d'une pension alimentaire mal assurée et que réglait le maire du Palais suivant son bon plaisir, le roi, écrit-il, ne possédait en propre qu'une seule maison de campagne d'un modique revenu; et c'est là qu'il tenait sa cour, composée d'un fort petit nombre de serviteurs. Lui fallait-il aller quelque part, il voyageait sur un chariot traîné par des bœufs, et qu'un bouvier conduisait à la manière des paysans.... Aussi le prince était réduit à se contenter du nom de roi, du droit de porter les cheveux flottants et la barbe longue, et de s'asseoir sur un trône où il faisait figure de monarque[1]. » Traduite en langue vulgaire et popularisée par les chroniqueurs[2], cette description de la royauté mérovingienne agonisante devint en quelque sorte classique, et tous les historiens modernes se sont fait une espèce de devoir d'assombrir encore ce lugubre tableau. « La dégénération fut rapide chez les Mérovingiens, » écrit Michelet, et il ajoute, dans son langage lumineux et imagé : « Le symbole de cette race, ce sont les *énervés* de Jumièges : ces jeunes princes à qui l'on a coupé les articulations et qui s'en vont sur un bateau, au cours du fleuve, qui les porte à l'Océan échouer dans un monastère[3] ». Moins poétiquement inspiré, Guizot, après avoir constaté l'existence de ce chaos, recherche les causes de cette désagrégation, de cette dissolution attribuée tour à tour à la lutte de l'élément germain contre l'élément gallo-romain; à la permanente défiance des rois contre les leudes, qui aspirent à se rendre indépendants; à l'antagonisme du clergé contre les laïques, c'est-à-dire des évêques contre les grands propriétaires barbares; ou encore à toutes ces causes réunies[4]. Enfin, se plaçant à un point de vue qui rentre plus intimement dans le cadre de cette étude, Mérimée, après avoir proclamé que « l'art mourut en quelque sorte avec l'Empire romain, et que sa résurrection au Moyen Age fut aussi lente que celle de la Société qui se forma de l'amalgame des Romains et des Barbares, » arrive à cette désolante constatation : « A peine pouvait-on trouver des ouvriers en état de sculpter un chapiteau, peut-être même de tailler une colonne monolithe. Telle était la détresse à cet égard, que la ressource la plus ordinaire était de dépouiller les édifices antiques[5]. »

Qu'on ait emprunté des colonnes et des chapiteaux à des monuments plus anciens, le fait n'est pas douteux. C'était alors un usage constant, non seulement en Gaule, mais à Byzance et même à Rome. Le Colisée, du reste, en fait foi. Que l'anarchie régnât en France et que l'État fût en pleine décomposition, on n'en saurait douter. Toutefois, en s'appesantissant sur cette décrépitude générale, nos historiens modernes n'ont pas pris assez garde que, obéissant aux lois d'une prudente rhétorique, le confident du Grand Empereur avait bien pu noircir à plaisir les premiers plans de son tableau, pour rendre l'apothéose de son maître plus splendidement triomphante. « Les objets, — a dit fort

---

1. EGINHARD, *Vie de Charlemagne*, dans GUIZOT, *Collection des Mémoires relatifs à l'Histoire de France*, t. III, p. 123

2. Voir dans les *Grandes Chroniques* (t. II, p. 57), les *Livres des Faits et des Gestes le fort roy Charlemaines.*

3. MICHELET, *Histoire de France*, édition Lemerre, t. I, p. 270.

4. GUIZOT, *Histoire de la Civilisation en France*, t. II, p. 95.

5. PROSPER MÉRIMÉE, *Études sur le Moyen Age : Essai sur l'Architecture religieuse*, p. 3 et 7.

justement celui des historiens anglais qui a le mieux étudié cette époque, — les objets tirent aussi une grandeur apparente de la petitesse de ceux qui les environnent. La nudité du désert qui entoure Palmyre donne de l'éclat aux ruines de cette ville[1]. » Bornons-nous donc à remarquer qu'il ne s'agissait pas seulement pour Eginhard de glorifier les grands services rendus à la cause de la civilisation par le premier empereur d'Occident : il lui fallait encore excuser, légitimer même, l'usurpation de cette dynastie nouvelle, dont les premiers héros, Charles Martel et Pépin surtout, s'étaient comportés comme de véritables chefs de hordes sauvages, pillant, rançonnant, incendiant, dévastant les villes et les provinces que leurs descendants devaient gouverner.

C'est à l'aide de ce procédé qu'on est parvenu à donner à la grande figure carolingienne ces proportions démesurées qui en font dans l'histoire un des personnages les plus imposants qu'on connaisse. C'est ce que constate fort ingénieusement Gibbon. « On a souvent donné le nom de grand, écrit-il, à des princes qui ne l'ont guère mérité; mais il n'y a que pour Charlemagne qu'on ait fait un seul mot du nom propre et de cette belle épithète. Il se trouve au nombre des saints dans le calendrier de Rome, et, par un rare bonheur, les historiens et les philosophes d'un siècle éclairé ont donné des éloges à ce saint[2]. » Peut-être y a-t-il dans cet « excès d'honneurs » un peu d'exagération; c'est pourquoi il nous semble utile de réduire à ses justes proportions cette physionomie grandie à plaisir, d'examiner attentivement son rôle politique et social, pour pouvoir ensuite — dans le domaine étroit où il nous faut évoluer — nous rendre un compte plus exact des préoccupations majeures qui gouvernèrent les Beaux-Arts à cette lointaine époque.

En premier lieu, Charlemagne, en tant que saint, manqua quelque peu de continence; et la chasteté paraît difficilement pouvoir figurer au nombre de ses principales vertus. Neuf femmes ou concubines en titre, « qu'il répudia sans beaucoup de formalités », suivant le mot charmant de Hallam[3], alternant avec d'autres affections moins relevées et moins durables; le peu de soin qu'il prit de refréner les mœurs licencieuses de ses filles, qu'on l'accuse même d'avoir trop aimées; le nombre exagéré de ses bâtards, qu'il poussa dans la prêtrise; certes, voilà qui n'est pas très édifiant, et qui semble peu fait pour créer des droits à l'auréole sacrée. — En second lieu, des meurtres aussi nombreux qu'inutiles; l'égorgement des princes mérovingiens d'Aquitaine; la mise à mort de quatre mille cinq cents Saxons sans défense, massacrés en quelques heures et en un même endroit, ne plaident guère en faveur de son cœur, et ne révèlent point ces sentiments de pitié, de charité, que le Christianisme proclame être la base de sa sainte doctrine. Comme grand général et comme conquérant, on serait tenté de moins lui marchander les éloges; on ne peut, toutefois, s'empêcher de constater qu'il profita non seulement des travaux de ses devanciers, mais de la formidable organisation que les Mérovingiens eux-mêmes avaient donnée aux armées franques. Alexandre conquit l'Asie avec les soldats de son père Philippe. Charlemagne avait sous ses ordres les vétérans de guerres antérieures, entraînés et disciplinés par Charles Martel et Pépin le Bref. Encore ne les employa-t-il qu'à combattre des peuples sauvages ou des nations dégénérées. Et, suivant la remarque d'un historien, « aucune de ses expéditions ne peut se comparer à la victoire de Charles Martel sur les Sarrasins[4] ».

Ajoutons encore la supériorité de l'armement, et celle-ci, à cette époque, jouait un rôle considérable dans la solution des batailles. Dès le règne de Clovis, les rois franks s'étaient préoccupés d'une façon toute spéciale de procurer à leurs guerriers ces armures impénétrables qui devaient par la suite leur valoir le surnom de *fervestus*[5]. Sous les Carolingiens, cette parure guerrière était si formidable, qu'elle suffisait à frapper d'épouvante, non seulement les hordes barbares, mais encore les peuples méridionaux, qui avaient conservé l'usage des Romains de ne porter que des armes peu pesantes.

Le moine de Saint-Gall, racontant l'entrée de Charlemagne à Pavie, nous a tracé un poignant tableau de

---

1. GIBBON, *Histoire de la Décadence et de la Chute de l'Empire romain*, chap. XLIX, édition du *Panthéon littéraire*, t. II, p. 370.

2. GIBBON, *loc. cit.* — Gibbon fait ici allusion à MABLY (*Observations sur l'Histoire de France*), à VOLTAIRE (*Histoire générale*), à ROBERTSON (*Histoire de Charles-Quint*), à MONTESQUIEU (*Esprit des Lois*), etc., qui tous ont accordé les plus grands éloges à Charlemagne.

3. HALLAM, *l'Europe au Moyen Age*, t. I, p. 31.

4. HALLAM, *op. cit.*, t. I, p. 30.

5. « Le roy (Clovis) manda ses princes et ses barons : commandé fut généralement que chascun venist armé et *fervestu* comme pour son corps deffendre et assaillir ses ennemis. » (*Grandes Chroniques*, liv. I, ch. XV.) Ce texte a d'autant plus d'importance, qu'on paraît avoir oublié au XIIᵉ siècle la haute ancienneté de cet armement formidable. « Les Modernes, écrit Guillaume le Breton dans sa *Philippide* (chant XI), sont beaucoup plus soigneux de se mettre à couvert que ne l'étaient les Anciens, qui souvent, ainsi que nous le lisons, tombaient par mille milliers en un seul jour. A mesure que les malheurs se multiplient, les précautions contres les malheurs se multiplient aussi; et l'on invente de nouveaux moyens de défense contre de nouveaux moyens d'attaque. »

l'épouvante que produisaient ces farouches cohortes : « Alors parut Charles lui-même, cet homme de fer, la tête couverte d'un casque de fer, les mains garnies de gantelets de fer, sa poitrine de fer et ses épaules de marbre défendues par une cuirasse de fer : la main gauche armée d'une lance de fer et la droite étendue sur son invincible épée. L'intérieur des cuisses, que les autres, pour avoir plus de facilité à monter à cheval, dégarnissaient même de courroies, était entouré de lames de fer. Que dirai-je de ses brodequins? Toute l'armée avait coutume de n'en porter que de fer. Tous ceux qui précédaient le monarque, tous ceux qui marchaient à ses côtés, tous ceux qui le suivaient, le gros même de l'armée, avaient des armures semblables. Le fer couvrait les champs et les grands chemins. Les pointes de fer réfléchissaient les rayons du soleil. Ce fer si dur était porté par un peuple d'un cœur plus dur encore. L'éclat du fer répandit la terreur dans les rues de la cité. « Que de « fer, hélas! que de fer! » Tels furent les cris confus que poussa la foule[1]. »

Enfin, comme politique et comme législateur, le peu de durée de l'édifice que ce terrible guerrier avait tenté de bâtir montre le peu de solidité de ses conceptions et dénonce les imperfections du plan trop vaste sur lequel il prétendait élever son empire. Néanmoins, la postérité lui a tenu un compte énorme de ses intentions. Elle s'est laissé gagner par sa belle et fière prestance, par la majesté de sa figure, par la vigueur de son esprit, par la sagesse relative de son administration, par la longueur de son règne. Elle lui a voué une admiration particulière, parce qu'il avait su se faire craindre et se faire estimer, non seulement de ses sujets, non seulement à Rome et à Constantinople, mais par les princes lointains, qui avaient recherché son amitié et sollicité son alliance. Elle s'est montrée émerveillée de cette surprenante activité qui, durant la paix aussi bien que pendant la guerre, l'éloignait de tout fâcheux repos. Elle lui a su enfin un gré infini de son désir hautement proclamé de se servir des modèles de l'Antiquité, ou des exemples que pouvaient lui fournir des nations plus policées, pour perfectionner les arts de son temps et pour aider la production d'œuvres mieux conçues et exécutées avec un goût plus épuré. Amélioration de l'écriture et du langage, relèvement de la culture intellectuelle, meilleure entente de la forme et de la décoration : tel était l'idéal que ce grand homme poursuivit et qu'il eût peut-être atteint, si le degré de culture de ses peuples et son éducation personnelle eussent répondu à ses intentions généreuses. En outre, comme le remarque Voltaire[2], les pays qui composent aujourd'hui la France et les provinces rhénanes lui durent près de cinquante ans de tranquillité, et l'Italie treize. Ce fut là un bien inestimable, qui, s'il ne suffit pas à rendre à la civilisation et aux arts leur splendeur évanouie, du moins pénétra l'humanité d'une éternelle reconnaissance.

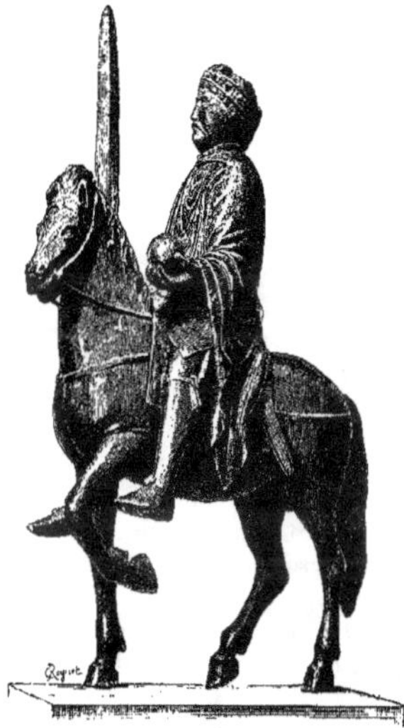

STATUETTE EN BRONZE REPRÉSENTANT CHARLEMAGNE.
(Musée Carnavalet.)

Quels furent, au point de vue spécial qui nous occupe, les modèles que se proposa d'imiter ce premier empereur d'Occident? « Charlemagne, écrit Viollet-le-Duc, ne pouvait songer à autre chose, en fait d'Art, qu'à remuer les cendres de l'Empire romain, pour y retrouver quelques étincelles[3]. » « Le double caractère de l'art sous Charlemagne, ajoute Vitet, c'est, avec une exécution à demi barbare, une imitation superstitieuse de la forme romaine[4]. » Double et capitale erreur! Si, en matière d'administration et de législation, Charlemagne se vit forcé d'utiliser l'organisation latine, qui, implantée dans le pays, avait survécu à la dynastie mérovingienne, comme homme public et privé, il affecta de demeurer Frank, c'est-à-

1. *Des Faits et Gestes de Charles le Grand, roi des Francs et empereur*, par un MOINE DE SAINT-GALL, liv. II, dans DOM BOUQUET, *Recueil des Historiens des Gaules et de la France*, t. V, et dans GUIZOT, *Collection des Mémoires relatifs à l'Histoire de France*, etc., t. III, p. 257.

2. VOLTAIRE, *Essai sur l'Esprit et les Mœurs*, t. I, p. 281 (VIII des Œuvres complètes).
3. VIOLLET-LE-DUC, *Dictionnaire d'Architecture*, t. VIII, p. 105.
4. VITET, *Études sur l'Histoire de l'Art*, t. I, p. 360.

dire Germain. « Il portait toujours, dit son biographe[1], l'habit de ses pères, l'habit des Franks. Les vêtements étrangers, si riches qu'ils fussent, il les méprisait. » Seules, ses armes faisaient exception à cette volontaire simplicité. Son baudrier, insigne du commandement, et le fourreau de son épée étaient garnis de plaques d'argent et d'or. Une plaisante aventure, racontée par le moine de Saint-Gall, nous apprend qu'il eût voulu faire partager cette robuste simplicité aux grands dignitaires de sa cour[2].

Beaucoup d'historiens ont considéré comme une sorte d'originalité cette affectation, commune à une foule de grands capitaines, de porter un costume modeste, qui se transformait, il est vrai, dans les hautes solennités, en un luxe presque oriental[3]. Cette fidélité aux habitudes de ses ancêtres était, au contraire, dictée par des raisons profondément politiques. Appelé à gouverner des peuples d'origines diverses : Gallo-Romains, Goths, Burgondes, Franks, etc., l'empereur avait les meilleures raisons pour conserver à la race dont il était issu sa suprématie morale; et l'influence qu'exerce le costume des chefs n'était pas, dans ce cas, un élément à dédaigner[4]. En outre, il avait pour ne pas adopter les usages et les vêtements des Romains, une autre raison tout aussi déterminante. De l'aveu même de ses historiens les moins sévères, l'Italie était tombée à ce moment dans un tel état d'avilissement, que la condition des anciens maîtres du monde paraissait abjecte à tous les autres peuples[5]. Mieux que personne, Charlemagne connaissait cet avilissement et cette abjection, lui qui était allé par deux fois remettre à l'ordre les Italiens révoltés, et l'on peut croire qu'il eut quelque rancœur à s'entendre proclamer « auguste, grand et pacifique empereur des Romains », par un vieillard que ses propres sujets avaient, quelques années plus tôt, injurié, frappé, meurtri, auquel ils voulaient arracher les yeux avant de le mettre à mort[6].

Enfin, son dédain de ce qui, en Occident, n'appartenait pas à la race franque, s'étayait sur cette prétention d'ancienneté, et par conséquent de noblesse, dont nous avons déjà dit un mot, et qui, si elle semble aujourd'hui fantastique et quelque peu ridicule, s'appuyait alors sur une tradition que l'on croyait inattaquable. Tous nos historiens nationaux étaient, au Moyen Age, si bien persuadés que les Franks descendaient des Troyens émigrés, que presque tous commencent la narration de nos fastes à l'enlèvement d'Hélène :

> Quand Paris ot la biele Elaine
> Ravie al port de sous Mikaine,
> K'il ot roi Menelau tolue,
> Ki feme ele ot esté et drue,
> Dedans Troies l'en amena....

C'est par ce récit que l'évêque Philippe Mouskes fait débuter sa fameuse *Chronique rimée*[7]. Ce faisant, il était fort excusable. Dès le ive siècle, Lucain et Sidoine Apollinaire n'avaient-ils pas réclamé cette illustre origine pour les habitants de l'Auvergne? Au viie siècle, déjà la légende était partout adoptée. Frédégaire, qui écrivait au temps de Dagobert Ier et de son fils Clovis II, l'enregistre comme étant hors de discussion. L'auteur anonyme des *Gesta regum francorum*; Paul Diacre, dans son livre relatif aux évêques de Metz; le moine Roricon, Aimoin, Sigebert de Gembloux et tous ceux qui suivent,

---

1. Eginhard, *Vie de Charlemagne*, dans Guizot, *Collection de Mémoires*, etc., t. III, p. 147. Eginhard donne une description de ce costume qui, à quelques détails près, est identique à celle que nous transcrivons plus loin, d'après un autre texte.

2. Dans ses *Faits et Gestes de Charles le Grand*, le Moine de Saint-Gall (*loc. cit.*, p. 260) rapporte qu'étant en Italie un dimanche, après la messe, il convia les principaux officiers de son entourage à une partie de chasse. Or, ses invités revenaient précisément de Pavie, où ils s'étaient rencontrés avec des marchands vénitiens, qui rapportaient d'Orient de merveilleuses étoffes. Ils étaient habillés « de vêtements surchargés de peaux d'oiseaux de Phénicie, entourés de soie, de plumes naissantes du cou, du dos et de la queue de paons, enrichis de pourpre de Tyr et de franges d'écorce de cèdre. Sur quelques-uns brillaient des étoffes piquées, sur quelques autres des fourrures de loir.... C'est dans cet équipage, ajoute notre chroniqueur, qu'ils parcoururent les bois; aussi revinrent-ils déchirés par les branches d'arbres, les épines et les ronces et tachés par le sang des bêtes fauves. » Tous gémissaient, au fond de leur cœur, sur la perte qu'ils avaient faite en une seule journée de tant d'effets précieux. Et le malicieux empereur ne manquait pas de leur dire : « Oh! les plus fous des hommes! quel est le meilleur habit? Est-ce le mien qui vaut un sou, ou les vôtres qui ont coûté des livres d'argent pesant, et même plusieurs talents? »

3. « Dans les grandes solennités, il se montrait vêtu d'un justaucorps brodé d'or, de brodequins ornés de pierres précieuses; sa saye était retenue par une agrafe d'or, et il était couronné d'un diadème tout brillant d'or et de pierreries. » (Eginhard, *loc. cit.*, p. 148.) Ce costume paraît être devenu traditionnel, car il est à peu de chose près le même que celui porté par Louis le Débonnaire. « Dans les jours solennels, écrit Thégan (*De la Vie et des Actions de l'Empereur Louis le Pieux*), il portait une chemise et des chausses brodées d'or et une épée toute brillante d'or, des chaussures et un manteau couverts d'or, enfin il avait à la main un sceptre d'or et sur son front une couronne d'or resplendissante. »

4. Fait curieux, on retrouve chez Attila une affectation de simplicité plus grande encore en même temps qu'une fidélité égale au costume de ses ancêtres. « Ses habits étaient fort simples et ne se distinguaient de ceux des autres barbares que parce qu'ils étaient d'une seule couleur et sans ornements. Son épée, les courroies de sa chaussure, les rênes de son cheval, n'étaient pas, comme ceux des autres Scythes décorés de plaques d'or et de pierres précieuses. » (*Relation de l'Ambassade envoyée en 449 à Attila par Théodose le Jeune*, dans *Histoire de la Civilisation en France*, t. III, p. 59.)

5. Muratori, *Rerum italic. scriptores*, t. II, p. 481.

6. Eginhard, *Annales*, aux années 796, 799 et 800. — Le Moine de Saint-Gall, *les Faits et Gestes de Charles le Grand*, dans Guizot, *Collection des Mémoires*, etc., t. III, p. 208.

7. Philippe Mouskes, *Chronique rimée*, publiée par le baron de Reiffenberg, t. I, p. 4, vers 50 et suiv.

n'ont garde de la révoquer en doute. Les *Grandes Chroniques*, qui les résument tous, prennent pour titre du premier chapitre de leur premier livre : « Comment les François descendirent des Troïens »; et plus loin elles placent dans la bouche de Clovis Ier, haranguant ses leudes, un discours où cette prétention se trouve hautement proclamée[1]. Comment s'étonner après cela qu'au XIIe et au XIIIe siècle, cette descendance hyperbolique ait pris la puissance de la chose jugée; que les poètes aient essayé de l'embellir de détails amusants ou prétentieux; que Philippe Mousket dont nous parlions à l'instant, et Guillaume Le Breton dans sa *Philippide*[2], nous entretiennent tout d'abord des migrations de Francion, fils d'Hector et premier chef de notre race; que Guillaume de Nangis[3], enfin, s'autorise d'une conformité de noms pour prétendre que la capitale de la France, « jadis fondée par les Troyens sortis de la Sicambrie », doit le sien au fils de Priam, dont on voulut ainsi éterniser la mémoire? « Est-il donc absurde, écrit à ce propos le baron de Reiffenberg, de présumer qu'à ces propositions ambitieuses se mêlaient des souvenirs relatifs à d'anciennes migrations des bords de la mer Noire ou des Palus-Méotides? Est-il impossible que les expéditions des habitants des Gaules dans l'Asie Mineure aient introduit dans leurs chants populaires des traditions troyennes[4]? »

Mais, si cette explication n'est nullement absurde, ce qui est extraordinaire, par contre, c'est de voir des écrivains modernes, presque contemporains, comme du Buat[5] et le marquis de Fortia[6], se faire, au seuil de notre siècle, les défenseurs de cette conviction chère à nos vieux poètes et à nos chroniqueurs ! Et quand on constate cette persistance de crédulité, à une époque où les études historiques avaient fait tant de progrès — et de si considérables — faut-il s'étonner qu'au Moyen Age il y ait eu sur ce symbole, tenu pour article de foi, une unanimité complète, absolue, de sentiments, et que tous les Français lettrés ou illettrés aient, ainsi qu'on l'a remarqué[7], partagé cette croyance populaire? Celui qui ne ferait pas entrer en ligne de compte un pareil sentiment négligerait assurément un des éléments importants de l'Histoire.

II

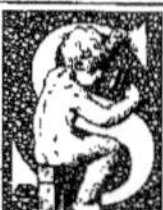

Et la haute opinion qu'avait Charlemagne de ses augustes origines et le mépris qu'il éprouvait pour Rome dégénérée et avilie l'empêchaient de prendre pour modèle une cité et un peuple déchus de toute autorité et de toute grandeur, il n'en était pas de même de Byzance, resplendissant alors d'un éclat qui n'avait jamais été dépassé. « Appui des trônes, reine de l'Orient, Rome de l'autre univers...![8] », comme on l'appelait alors, Constantinople exerçait sur les peuples barbares une sorte de fascination. C'est là qu'on pouvait trouver, avec des exemples dignes d'être imités, un type du faste impérial.

A ce prince essentiellement chrétien, il fallait, en effet, un modèle chrétien; et Constantin, entre tous, devait le séduire par sa grande allure, l'auréole sacrée qui entourait son nom, sa vaillance à combattre, sa prudence à régner, son activité infatigable. Les analogies entre la vie des deux empereurs étaient, au surplus, singulières. Comme Constantin, Charles était fondateur d'empire, quelque peu usurpateur par conséquent. Comme lui, il avait dû faire face, sur toutes ses frontières, à des ennemis toujours prêts à se soulever. Pendant de longues années, Constantin, selon les besoins de la paix ou de la guerre, avait transporté sa résidence dans les diverses provinces de l'Empire. Puis, quand, arrivé au seuil de la vieillesse, il avait résolu d'assigner à son trône une base plus sédentaire, il avait déserté l'ancienne capitale de ses États, pour transporter le siège de son autorité aux confins de l'Europe et de l'Asie, de façon à surveiller de plus près les riverains du Danube et du Tanaïs, dont il avait quelque raison de soupçonner les intentions et la conduite. Or, n'est-il pas extrêmement remarquable que Charlemagne ait agi précisément de même? Ainsi que le remarque Voltaire, pendant la majeure partie de sa vie il n'eut pas de capitale. Il avait renoncé même à se prévaloir de cette

---

1. « Seigneurs François, vous qui estes descendus de la haulte lignée des Troïens, vous devez avoir en remembrance la haultesse de vostre nom et de vostre lignage. » (*Grandes Chroniques*, liv. I, chap. IX.) En admettant que le discours n'ait pas été prononcé, le seul fait de l'enregistrer montre l'autorité dont jouissait alors cette légende.

2. GUILLAUME LE BRETON, *la Philippide*, chant Ier. Dans l'argument du chant IX, les Français sont désignés « descendants d'Énée ».

3. GUILLAUME DE NANGIS, *Chroniques*, dans GUIZOT, *Collection des Mémoires*, etc., t. XIII, p. 57.

4. *Chronique rimée de Philippe Mousket* (introduction, p. CCXLV).

5. DU BUAT, *Hist. anc. des Peuples de l'Europe*. Paris, 1772, t. V, p. 583.

6. DE FORTIA, *Mémoires pour servir à l'Histoire du Globe terrestre*, t. I, p. 153, et t. III, p. 9 et s.

7. AUGUSTIN THIERRY, *Récits des temps mérovingiens*, t. I, p. 17.

8.   Salve, sceptrorum columen, regina Orientis,
    Orbis Roma tui....

(SIDONII APOLLINARIS *Carmina II* : Panégyrique d'Anthemius Auguste, deux fois consul, prononcé à Rome par Sidonius.)

possession de Paris[1], qui avait semblé aux Mérovingiens si bien constituer le signe manifeste de la domination suprême, et dont l'occupation paraissait si caractéristique du pouvoir royal, que Clovis avait voulu que son corps y fût inhumé, et que ses successeurs, les rois de Neustrie et d'Austrasie, pour prévenir toute usurpation[2], s'étaient interdit de s'y rendre en armes d'abord,

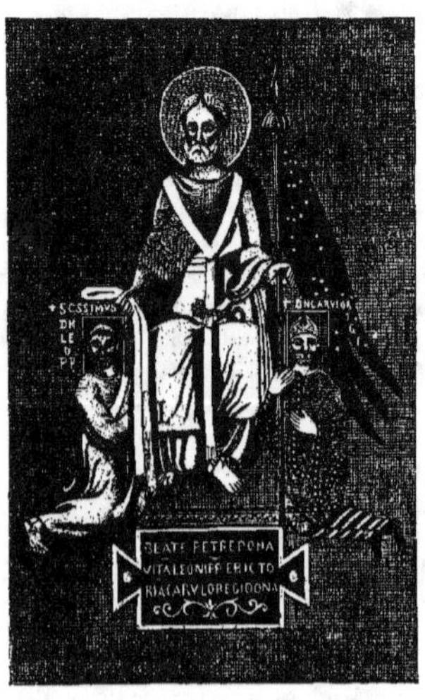

CHARLEMAGNE REPRÉSENTÉ EN COSTUME DE MONARQUE FRANK
dans la mosaïque de Saint-Jean de Latran.

et ensuite les uns sans les autres. Ses *plaids* même, ces grandes assemblées que les Franks tenaient chaque année au commencement du printemps, pour assurer la répartition des impôts et décider les expéditions prochaines, avaient eu lieu alternativement à Worms (770, 776, 795), à Valenciennes (771), à Duren (775, 779), à Paderborn (777, 785), à Mayence (788), à Francfort (794), etc., etc.[3] Ce ne fut, comme Constantin, qu'au terme de sa vie, qu'il se décida à substituer un lieu de repos définitif à ces maisons royales, à ces innombrables palais de Samoucy, d'Attigny, d'Herstall, de Ni-

mègue, de Ratisbonne, de Seltz, de Verberie, de Compiègne, de Francfort, etc.[4], qu'il n'avait guère occupés que comme des séjours de vacances. Et quand il eut pris cette résolution, il établit le siège de son empire sur les confins de la Gaule et de la Germanie, près de Trèves, qui conservait précieusement le souvenir de Constantin, qui avait été dotée, par ce prince, d'un cirque, « émule du cirque romain », d'une basilique, d'un forum, « œuvres vraiment royales »[5]; à proximité de ces « hommes du Nord », Saxons, Frisons, Danois, auxquels ses ancêtres et lui-même avaient porté de si rudes coups, et qui restaient (on le vit assez par la suite) une menace perpétuelle pour son empire.

Ce fut là qu'il donna des audiences aux ambassadeurs des Califes et des empereurs d'Orient. Aussi voulut-il que ce lieu fût digne de sa grandeur et de la majesté impériale. Mais, bien qu'un reste de culture romaine persistât dans la Gaule si rudement asservie, et qu'il l'eût utilisée pour asseoir sa domination et régulariser le fonctionnement de son pouvoir, encore ne découvrait-il pas autour de lui ce qui pouvait l'aider à satisfaire son rêve de splendide élévation.

Est-ce à dire que rien ne restât dans son voisinage direct qui sentît l'ancien faste et l'antique apparat? Un fait qu'on n'a pas suffisamment mis en relief, c'est qu'à l'avènement des Carolingiens le luxe n'était nullement banni des Gaules, et les objets d'art, soit de provenance romaine, soit importés de l'Orient, étaient assez nombreux et assez magnifiques surtout pour qu'on pût les donner en exemple aux ouvriers indigènes. S'il en fallait des preuves, elles seraient faciles à fournir. On sait que Charlemagne expédiait périodiquement dans les provinces lointaines de son empire des fonctionnaires investis de sa confiance, pour y faire respecter son autorité. Vers la fin du viiie siècle, vraisemblablement en 798, un de ces *missi dominici*, nommé Théodulf, reçut mission d'aller dans les deux Narbonnaises, pour réformer l'administration de ces provinces.

De retour à la cour impériale, il composa un poème intitulé *Parænesis ad judices*, « exhortation aux juges », où, entre autres choses, il retrace les tentatives de corruption qu'il eut à repousser. Or, dans le nombre des cadeaux qui (dit-il) lui furent offerts, il en est qui nous intéressent d'une façon particulière[6]. Nous voyons

---

1. VOLTAIRE. *Essai sur l'Esprit et les Mœurs.* t. 1, p. 281 (VIII des Œuvres complètes.)

2. *Grandes Chroniques*, liv. I, chap. xx, et liv. III, chap. xviii. — AIMOIN, *Histoire des Francs.* liv. III, chap. lIII.

3. EGINHARD, *Annales*, dans GUIZOT, *Collection des Mémoires*, etc., t. III, p. 13, 16, 19, 22, 29, 32, 39, etc.

4. EGINHARD, *Annales, loc. cit.*, p. 13, 19, 35, 38. — *Annales de Saint-Bertin.* dans GUIZOT, *Collection des Mémoires*, etc., t. IV, p. 187, 188, 198. 202. etc.

5. EUMÈNE, *Panégyr. Constant. Aug. dict.*, chap. xxii.

6. *Parænesis ad judices*, vers 163-290, dans les *Opera varia* du Père Sirmond, t. II, p. 1032 et s.

figurer notamment des cristaux et des pierres précieuses d'Orient, des monnaies d'or « que sillonnent les caractères des Arabes, ou de celles que le poinçon latin a gravées sur un argent éclatant de blancheur » ; des manteaux teints et brodés de couleurs éclatantes et variées, venant d'Asie, sur lesquels sont représentés de frais pâturages où « l'on voit le veau suivre sa mère et la génisse suivre le taureau ». « Un autre, écrit Théodulf en parlant de ces corrupteurs, appelle en secret un de mes serviteurs et lui dit à voix basse : « Je possède « un vase remarquable par sa ciselure et son antiquité. « Il est d'un métal pur et d'un poids considérable. On « y voit gravée l'histoire des crimes de Cacus ; les « visages des bergers fracassés à coups de massue de « fer et souillés de sang ; les signes de ses nombreuses « rapines ; un champ inondé du sang des hommes et « des troupeaux ! On voit Hercule en fureur qui brise « les os du fils de Vulcain, et celui-ci de sa bouche « féroce vomissant les feux terribles de son père. Mais « Alcide lui écrase l'estomac avec son genou, les flancs « avec ses pieds, et lui fracasse avec sa massue le « visage, d'où jaillissent des torrents de fumée. On voit « aussi Alcide faisant sortir de la caverne des bœufs « qui semblent craindre d'être traînés une seconde fois « à reculons. Tout ceci est dans la partie creuse du « vase, dont un cercle uni forme le bord. L'autre côté, « couvert de dessins moins grands, montre l'Enfant de « Tirynthe étouffant les deux serpents, et ses fameux « travaux y sont placés dans leur ordre. Mais un fréquent usage a tellement poli la partie extérieure, que « les effigies représentant Hercule, le Fleuve Acheloüs et « Nessus combattant pour ta beauté, Déjanire, effacées « par le temps, ont presque complètement disparu. On « voit encore la funeste robe empoisonnée du sang de « Nessus, et l'horrible destin du malheureux Lichas ; et « Antée étouffé dans des bras redoutables, lui qui ne « pouvait être vaincu ni abattu à terre, comme la généralité des mortels. »

D'autres propositions corruptrices contiennent de non moins intéressantes révélations. Il y est fait mention de coupes à « l'intérieur doré, à l'extérieur noirci, la couleur de l'argent ayant cédé aux atteintes du soufre[1] ». Il y est question de « draps propres à recouvrir de brillants lits » ; de beaux vases ; de peaux blanches ou rouges « qui prennent de toi leur nom, ô Cordoue ! » ; de coffres précieux ; de tissus « qui nous servent à laver, avec un peu d'eau, notre visage et nos mains…. Il en

est même qui, d'un air de triomphe, présentent de rondes bougies de cire. » La douzaine de serviettes et la livre de bougies, considérées comme moyen de corruption, l'aveu est à retenir !

L'intègre Théodulf eut-il à repousser ces offres séduisantes ? Nous n'oserions l'affirmer, mais il suffit qu'il énumère tous ces objets de luxe pour en attester l'exis-

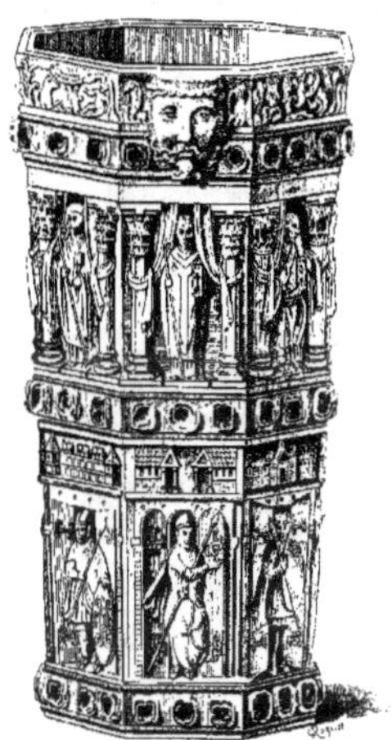

BÉNITIER PORTATIF DE CHARLEMAGNE EN IVOIRE ET OR
conservé à Aix-la-Chapelle.

tence de son temps ; et la description si précise, si formelle, de cette belle coupe qui rappelle singulièrement cette autre

> Chière coupe d'or,
> Qui fu emblée du trésor
> Au riche empéreour de Rome :

dont il sera question cinq siècles plus tard, dans le gracieux roman de *Floire et Blanceflor*[2], prouve que Théodulf l'a vue, l'a tenue en ses mains. Elle démontre aussi que, en dépit des invasions, des désastres, les œuvres d'art antiques, et même les orfèvreries (les moins durables de toutes) n'avaient pas été aussi régulièrement détruites, qu'on le prétend généralement ; de même que les pierres orientales et les tissus asiatiques attestent l'activité des relations avec l'Asie Mineure, et par conséquent avec Byzance.

Ce qui donne, au surplus, à supposer que le récit de

---

[1] S'agit-il là de nielles, ou simplement d'argenteries volontairement oxydées ? La question n'est pas sans intérêt.

[2] Voir *Floire et Blanceflor*, poèmes du XIIIᵉ siècle publiés par EDELESTAND DU MÉRIL. Paris, 1856, p. 19.

Théodulf doit être d'une scrupuleuse exactitude, c'est la description, par un de ses contemporains d'une réception faite par un évêque à un de ces *missi dominici* du grand empereur. Le luxe de notre épiscopat, si on le compare à celui de ce prélat, est vraiment bien modeste. La salle est ornée de tapisseries et de tentures de soie de tous genres. Le repas est servi dans des vases d'or et d'argent, enrichis de pierreries. Au milieu de la table, le prélat est étendu sur de moelleux coussins de plume. Il est revêtu d'habits de soie brodés d'or. Les mets, préparés par une escouade de pâtissiers, de charcutiers, de bouchers, de cuisiniers, sont exquis. Au dessert, les convives, couronnés de fleurs, reçoivent des coupes d'or remplies de liqueurs parfumées; après quoi l'on introduit une troupe de chanteurs et d'instrumentistes, « dont les accents et les sons paraissent capables d'amollir les cœurs les plus fermes, et de durcir les flots limpides du Rhin[1] ». Malgré soi on pense, en écoutant ce récit, aux prodigalités luxueuses que Sidoine Apollinaire indiquait comme caractéristiques des repas de son temps, et du service des tables impériales[2].

Rapprochez cette fête presque intime, du banquet donné par Louis le Débonnaire à la suite du baptême de Harold[3], roi des Danois, et dites si, à la lecture de pareils récits, on ne croit pas assister à des évocations de la vie antique?

Charlemagne était-il à même d'apprécier ce luxe brillant, de comprendre la beauté des belles œuvres, sinon dédaignées, du moins repoussées par Théodulf? Assurément oui. S'il n'était pas un lettré, un érudit, ce n'était déjà plus un barbare. Dans la fréquentation journalière de ses gendres Angilbert et Eginhard, il s'était laissé gagner par la féconde contagion de la science. Il avait appris la grammaire avec le diacre Pierre, qu'il avait fait venir de Pise; et Alcuin, l'homme le plus érudit de son temps, lui avait enseigné la rhétorique, la dialectique et l'astronomie[4]. Son goût pour la littérature devint bientôt tel, qu'à « son mangier faisoit lire aucuns rommans, ou aucunes anciennes histoires des princes anciens, » et qu'il « escripvit lui mesme les chans de diverses chançons, que l'on chante des fais et batailles des anciens roys[5] ». Ce sont ces anciennes histoires qui, transformées en poèmes-romans, sont devenues nos *chansons de geste*. Charlemagne peut donc être regardé comme le fondateur de cette littérature nationale, dont nous aurons à reparler plus tard, et qui exerça une influence si grande sur le développement littéraire de l'Europe. En cela, il poursuivait un but patriotique : montrer que sa nation, à aucun point de vue, n'était

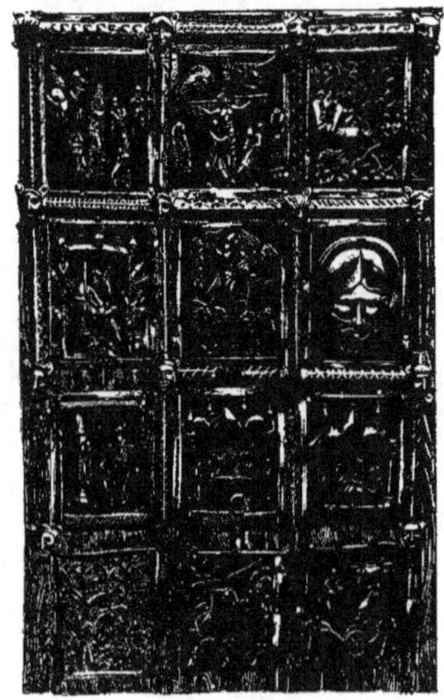

PORTE DE BRONZE DU IXe SIÈCLE
à *San Zeno de Vérone*.

inférieure à ces Grecs et à ces Romains « qui ont toujours jalousé la gloire des Franks![6] ».

Eût-il pu, en dépit de son dédain pour Rome descendue si bas, retrouver dans cette Gaule assoupie les éléments d'une rénovation artistique? On répondra certainement oui, si l'on se persuade que la civilisation gallo-romaine se perpétua sous la domination barbare, et si l'on tient compte de cette vivacité de traditions qui porta au xıı^e siècle un nombre considérable de cités à se prévaloir de leur origine romaine[7]. Pour nous surtout, qui savons, par Grégoire de Tours et ses commentateurs,

---

1. LE MOINE DE SAINT-GALL, *les Faits et Gestes de Charles le Grand*, liv. I, dans GUIZOT, *Collection des Mémoires*, etc., t. III, p. 196.

2. « Videas ibi elegantiam græcam, abundantiam gallicanam, celeritatem italam, publicam pompam, privatam diligentiam, regiam disciplinam. » (*Epistolæ*, lib. I, epist. 2.)

3. ERMOLD LE NOIR, *Faits et Gestes de Louis le Pieux*, ch. IV.

4. *Vie de Charlemagne*, dans GUIZOT, *Collection des Mémoires, op. cit.*, etc., t. III, p. 149.

5. *Grandes Chroniques : Tiers livre des Fais et Gestes [de] l'Empereur Charlemaines*, chap. II. EGINHARD dit également : « Item barbara et antiquissima carmina, quibus veterum regum acta ac bella canebantur scripsit memoriæque mandavit ».

6. LE MOINE DE SAINT-GALL, *les Faits et Gestes de Charles le Grand*, liv. I, dans GUIZOT, *loc. cit.*, t. III, p. 185.

7. Au xıı^e siècle, les habitants de Reims prétendirent que la loi de leur ville et sa magistrature étaient antérieures à l'invasion des Franks.

avec quelle magnificence furent édifiées les basiliques de Clermont et de Tours; qui avons appris des *Grandes Chroniques* le luxe que Dagobert déploya dans la décoration de Saint-Denis; qui avons vu ce prince s'emparer des portes de bronze qui fermaient l'église de Saint-Hilaire de Poitiers (portes analogues sans doute aux plus anciennes existant encore à *San Zeno* de Vérone et dont nous donnons ci-contre une reproduction); pour nous, qui avons constaté qu'en ces années proclamées improductives, tant d'églises, de couvents, d'abbayes, sous l'impulsion de la dévotion royale ou de la générosité privée, sortirent du sol de la Gaule devenue française; nous ne pouvons croire à cette subite éclipse de l'art de bâtir, que quelques archéologues proclament comme une certitude incontestée. Et, pour parler franc, il nous semble qu'il y a presque autant de témérité à nier l'existence d'une architecture religieuse et civile antérieure au xe et au xie siècle, qu'à prétendre — comme on l'a fait pendant deux cents ans au moins — qu'il n'existait pas d'art français avant François Ier.

S'il ne chercha pas à revivifier directement les arts de la vieille Gaule, en prenant ses modèles autour de lui, c'est d'abord que nul n'est prophète en son pays, et en outre que Charlemagne obéit à une tendance d'esprit qui se manifeste chez nous d'une façon périodique et bien curieuse. Chaque fois, en effet, qu'en France les liens nationaux se trouvent resserrés, et que notre constitution politique tend vers la cohésion, par conséquent vers l'unité, les lettres et les arts font un retour marqué vers cette antiquité grecque et romaine qui a fini par devenir pour nous le type de la culture classique. Charlemagne nous offre le spectacle de cette première *Renaissance*, malheureusement éphémère. François Ier, lorsque l'œuvre d'unification si bien conduite par Louis XI aura été achevée par Charles VIII et son successeur, présidera à une seconde évolution du même genre, mais plus durable; et nous assisterons à la troisième, non moins curieuse et plus prononcée encore, à la veille de cette Révolution qui proclamera la France « une et indivisible ».

Les *Renaissances* qui portent les noms de François Ier

et de Louis XVI furent surtout inspirées, guidées par des exemples venus d'Italie. Nous avons dit pourquoi l'empereur des Franks ne pouvait guère s'adresser à Rome appauvrie et méprisée. Il tourna donc ses yeux vers la Grèce, c'est-à-dire vers Byzance, alors dans tout l'éclat, sinon de sa grandeur, du moins de son faste et de sa richesse. C'est de Byzance et de l'art byzantin qu'il nous faut parler maintenant.

III

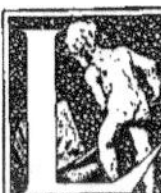

A translation du siège de l'Empire de Rome à Byzance constitue, au point de vue de l'histoire de la civilisation, et par conséquent de l'histoire de l'Art, un fait d'une importance considérable. Ce fut la revanche de l'Orient sur l'Occident; le retour du monde romain vers son berceau, vers son prétendu lieu d'origine; la restitution à la Grèce et à l'Asie de ce sceptre du monde qu'elles avaient si longtemps possédé.

Cette translation, cet exode, au surplus, se laissaient depuis longtemps pressentir. La Grèce, conquise d'abord, soumise ensuite, puis réduite en province romaine, avait pris une pacifique revanche et progressivement reconquis son vainqueur. Ses lettres, ses sciences, ses arts, sa civilisation, avaient pénétré le monde romain. Dès l'avènement de César, tout ce qui dans la haute société de Rome se piquait de quelque distinction affectait de parler grec[1]. Il était d'usage et de bon ton de citer à tout propos, et quelquefois hors de propos, des vers grecs pour montrer sa bonne éducation[2]. Certaines lettres d'Auguste à Livie sont émaillées de citations grecques, et même de mots, de lambeaux de phrases, comme si les équivalents n'existaient pas en latin; et l'on sait qu'Auguste composa en grec des comédies dans le genre d'Aristophane[3]. Sous Tibère, cette langue était devenue si courante, qu'elle s'était infiltrée jusque dans le langage officiel, et ce prince dut rendre un décret

---

La même prétention se fit jour à Lyon, Bourges, Arles, Marseille. Périgueux, Angoulême, etc., et Toulouse, jouant sur le nom de son corps de magistrats, prétendit, à l'exemple de Rome, posséder un capitole. (Voir, au sujet de ces revendications : *J. Saresberiensis epistola ad Ioannem Pictavensem episcopum*, apud *Script. rerum gall. et franc.*, t. XVI, p. 568. — Dubos, *Histoire critique de l'Établissement de la Monarchie française*, t. IV, p. 300-302. — Loyseau, *Traité des Seigneuries* (1608), p. 375 et s. — Raynouard, *Histoire du Droit municipal*, t. II, p. 182, 249, 352.)

1. Le continuateur de Plutarque nous apprend que celui-ci avait ouvert boutique d'éloquence à Rome, et que les plus grands personnages se faisaient un devoir d'assister aux leçons du rhéteur (*les Vies des Hommes illustres, pour servir aux Vies de Plutarque* — Plutarque, XIII). Or, Plutarque avoue, dans sa *Vie de Démosthène*, qu'il ne parla jamais le latin couramment.

2. Suétone, *les Douze Césars*. Voir *Caligula*, XXII; *Néron*, XXXVIII; *Galba*, IV et XX; *Vespasien*, XXIII; *Domitien*, XII; etc., etc.

3. Suétone. Voir notamment, sous *Claude*, IV, la lettre d'Auguste donnée par l'auteur des *Douze Césars*. Elle ne contient pas moins de onze citations grecques la plupart inutiles, simple étalage d'érudition. Voir aussi Plutarque, *la Vie des Hommes illustres : Auguste*, VI.

pour bannir les termes grecs des actes de procédure[1]. Claude, cependant, qui parlait admirablement le grec et affectait de répondre en grec aux ambassadeurs étrangers; Claude, qui écrivit en grec une histoire des Tyrrhéniens et une autre des Carthaginois, toléra que l'on plaidât devant lui dans cette langue, et même, un jour qu'il citait en plein tribunal un vers d'Homère qui témoignait de plus d'érudition que d'à-propos, il s'entendit traiter par un avocat grec de vieillard et d'imbécile : Καὶ σὺ γέρων εἶ, καὶ μῶρος[2].

Et cette affectation de haute culture et d'hellénisme n'était pas particulière à Rome. Sous le règne de Caligula, on avait assisté, à Lyon, à un tournois public d'éloquence grecque et latine, *certamen græcæ latinæque facundiæ*, où les vainqueurs furent couronnés par leurs concurrents moins heureux. Enfin, nous savons par Suétone que les épigrammes les plus sanglantes, qu'on faisait courir à Rome sous la toge, ou qu'on se murmurait à l'oreille, revêtaient la forme de vers grecs, et que Néron prononça théâtralement un de ces vers au moment de se percer la gorge avec son poignard[3].

A cette affectation, à ce snobisme, qui témoignent d'un état d'âme spécial, d'une disposition d'esprit très particulière, il faut ajouter beaucoup d'autres causes encore. En premier lieu, la dégénérescence de la nation produite par l'innombrable quantité de mercenaires et d'esclaves importés d'Orient pour exercer les métiers les plus divers. Brodeurs, tisseurs, orfèvres, parfumeurs, employés à tous les travaux d'utilité et de luxe, s'étaient rendus indispensables. On les récompensait par l'affranchissement, et, grâce à leur rapide fortune, ils finissaient par jouer un rôle dans l'État; alors que par leurs mariages ils arrivaient à corrompre la race jusque dans sa source[4]. Cette assimilation était encore facilitée par l'extension prodigieuse de l'Empire; par l'habitude des voyages lointains; par les longs séjours des Légions dans des pays fameux par leur faste et par leurs habitudes voluptueuses; et enfin par cet appel constant fait aux Barbares, qui de tributaires devenaient alliés,

d'alliés sujets de l'Empire, puis obtenaient le droit de cité, quand ils n'étaient pas de suite incorporés parmi les vétérans et les légionnaires, et introduits même dans les cohortes prétoriennes qui disposaient de la pourpre impériale.

C'est ainsi que, par une infiltration progressive et sûre d'éléments étrangers et barbares, la nationalité romaine se désagrégea rapidement, et perdit une à une ses qualités distinctives; et cette désagrégation fut encore activée par l'élévation au rang suprême de deux empereurs, Aurélien et Dioclétien, tous deux nés en Orient, n'ayant par leur origine obscure aucun des goûts, aucune des traditions qui faisaient la supériorité de la haute société romaine, même à son déclin. Amoureux seulement d'un luxe outré, et traînant à leur suite une multitude de serviteurs de tous pays, ils introduisirent à Rome une magnificence et un cérémonial asiatiques, qui déjà faisaient prévoir le faste futur de Byzance.

Aussi, quand Constantin résolut de transporter la capitale de l'Empire sur les rives du Bosphore, la volonté impériale ne rencontra-t-elle pour ainsi dire aucune opposition sérieuse. Elle n'étonna même pas ce peuple romain dégénéré, qui avait abdiqué le culte des ancêtres pour la Rome Éternelle[5]. Domitien, au surplus, avait déjà nourri un projet pareil. Il avait jeté les yeux sur une gracieuse ville de Bithynie, située à l'est de la Propontide, au fond du golfe Astacénus. Nicomédie avait été en partie rebâtie par lui, embellie par ses soins, et il y avait établi sa résidence. Mais la mémoire de Domitien était haïssable à un prince qui s'était fait le protecteur de la nouvelle Église; et Constantin, fasciné lui aussi par le mirage magique de l'Orient, chercha un autre emplacement pour la capitale du monde. Tout d'abord, si nous en croyons les historiens[6], il eut la pensée de retourner au berceau même du peuple romain, à ces rivages fameux de Troie d'où Énée était parti jadis, pour aller s'établir finalement dans le voisinage de la Ville aux sept collines.

---

1. SUÉTONE, *Tibère*, LXX, LXXI.

2. SUÉTONE, *Claude*, XV et XLII.

3. SUÉTONE, *Néron*, XXXIX, XLVI, XLIX, *Domitien*, XII et XIV.

4. JUVÉNAL déjà (sat. VI, vers 292) signale la dissolution résultant de la conquête de pays lointains et de l'adoption des mœurs étrangères :

> .... Gula et sævior armis
> Luxuria incubuit, victumque ulciscitur orbem.

Voir aussi, sur ce sujet, MACHIAVEL, *OEuvres politiques. Discours sur Tite-Live*, liv. II, ch. XX.

5. Ajoutons qu'au point de vue de la religion nouvellement adoptée par lui, l'empereur ne rencontra pas plus de résistance. Sur trente-deux papes élus avant l'avènement de Constantin, onze étaient d'origine orientale. Sept étaient Grecs : Anaclet (78), Télesphore (127), Hygin (139), Anthéros (235), Sixte II (257), Eusèbe (310); un était Juif : Évariste (100); un Syrien : Anicet (157); un Africain : Victor (193); un Dalmate : Caïus (283). En outre, n'oublions pas que les actes des premiers conciles furent rédigés en grec.

6. « Constantin, écrit Gibbon, avant de donner à la situation de Byzance la préférence qu'elle méritait, avait eu dessein de placer le siège de l'Empire sur ce terrain fameux, dont les Romains prétendaient tirer leur fabuleuse origine. Il choisit, pour bâtir sa nouvelle capitale, la vaste plaine qui s'étend au-dessous de l'ancienne Troie, jusqu'au promontoire de Rhète, où reposent les cendres de l'orgueilleux Ajax; et quoique cette entreprise ait été bientôt abandonnée, les restes imposants des tours et des murs imparfaits frappèrent longtemps les yeux et l'attention des navigateurs. » (GIBBON, *Histoire de la Décadence de l'Empire romain*, chap. XVII. Édition du *Panthéon littéraire*, t. I, p. 356.)

Mais cette préférence historique et sentimentale dut céder à des considérations d'un autre ordre, qui furent heureusement décisives. L'emplacement de la nouvelle capitale était, du reste, admirablement choisi. Plusieurs siècles avant Constantin, un des plus judicieux écrivains de l'Antiquité[1] avait signalé les avantages de sa situation, qui avait valu l'empire des mers à la faible colonie que le navigateur Byzas avait amenée avec lui de Mégare et d'Argos. L'infatigable fertilité des provinces qui l'entourent devait y rendre la vie facile et douce à une population nombreuse, à une agglomération un peu factice, comme celle d'une capitale improvisée. Par le passage des détroits, dont elle détenait les clefs, elle livrait au commerce de l'Orient les richesses de la Méditerranée, et celles de l'Euxin au monde occidental. Tout ce que l'art de l'Europe et de l'Asie la plus lointaine produisait de plus précieux, toutes les ressources de la Germanie et de la Scythie, allaient affluer en son port. Elle pouvait reprendre à son compte le rôle de l'ancienne Tyr, de cette « Tyr qui, demeurant aux avenues de la mer, avait fait métier de revendre aux nations de la terre » ; et qui, suivant la parole d'Ezéchiel, « avait rassasié les peuples et enrichi les rois »[2].

« Nombril du monde », comme on l'a appelée, point de jonction de ses trois parties, creuset où l'Europe, l'Afrique, l'Asie, vinrent amalgamer leurs arts, leur sens si différent de la forme, leur goût un peu contradictoire de la décoration, leurs préjugés et surtout leur amour de l'ostentation et du faste, sa situation unique, vantée dès la première heure[3], et qui faisait d'elle le lieu de rendez-vous des nations étrangères, devait assurer sa prépondérance commerciale pendant une longue suite de siècles. C'est là que les Vénitiens, les Génois, et ces Lombards qui jouèrent un rôle si considérable dans l'Europe marchande, vinrent s'approvisionner de tissus précieux, de coffrets d'ivoire, d'armes orientales. Pendant cinq cents ans, « les modes et les articles de Byzance jouèrent à peu près le même rôle que de nos jours les modes et les articles de Paris[4] ».

Pour sanctifier, en quelque sorte, l'étonnante importance que sa ville de prédilection allait prendre, Constantin lui assigna une origine miraculeuse. Il feignit d'obéir à un ordre du Très-Haut, et procéda à la dé-

limitation de ses remparts avec une solennité toute religieuse. La lance à la main, il traça le sillon qui marquait la place où devait s'élever l'enceinte de la future capitale, et à ceux qui s'étonnaient de l'étendue de ce circuit dépassant celui des villes les plus peuplées : « J'avancerai, répondait l'empereur, jusqu'à ce que l'ange, invisible à vos yeux, qui me guide, me dise de m'arrêter[5] ».

Une fois l'enceinte tracée, on se mit à l'œuvre avec une activité fébrile. Les forêts qui couvraient les rives de l'Euxin furent dévastées ; on épuisa presque les fameuses carrières de marbre blanc, qui se trouvaient dans la petite île voisine de Proconèse[6]. Une multitude d'architectes, de manœuvres de tous pays, amenés en hâte, activèrent la marche de cette gigantesque entreprise. Constantin avait rêvé de faire une autre Rome ! Dans l'enceinte de son circuit, il avait compris sept collines ; il lui fallut ensuite un capitole, un grand forum qu'il appela *Augustæon*, un autre forum circulaire qui prit son nom, et qu'entoura par la suite un majestueux portique peuplé d'admirables statues ; car si les constructions de la nouvelle ville furent telles que les artistes et les ouvriers du temps de Constantin les pouvaient fournir, du moins prit-on soin de les décorer avec les œuvres les plus célèbres qu'avaient produites les sculpteurs du temps de Périclès et d'Alexandre. « Le pouvoir d'un empereur romain, écrit à ce propos Gibbon, n'allait pas jusqu'à ranimer le génie de Phidias et de Lysippe ; mais les immortelles productions qu'ils avaient léguées à la postérité furent livrées sans défense à l'orgueilleuse avidité du despote[7]. »

Sur les côtés de l'*Augustæon*, on vit bientôt s'aligner les édifices les plus importants de la capitale nouvelle : le grand Palais Impérial, merveilleusement situé et dominant le Bosphore, la Basilique, le Palais du Sénat, et, auprès du Palais Impérial, avec lequel il communiquait, l'Hippodrome, construit sur le modèle des cirques romains, « véritable foyer de la vie publique, telle qu'elle pouvait subsister dans l'empire d'Orient[8] ».

L'empressement de la population répondit à la grandeur du plan imaginé par l'empereur. Une description de Constantinople tracée un siècle juste après sa fondation nous apprend que, outre les monuments que nous venons d'indiquer, elle renfermait deux théâtres, huit

---

1. Polybe, *Histoire générale*. Édition de Casaubon, liv. IV, p. 433.

2. Ezéchiel, chap. XXVII.

3. Busbequius, ép. I, p. 64. Cité par Gibbon, *Décadence de l'Empire romain*, t. I, p. 256.

4. Bayet. *l'Art byzantin* (dans la Collection de l'Enseignement des Beaux-Arts), p. 116.

5. On n'est pas d'accord sur l'étendue de cette enceinte : les uns l'estiment à 9500 toises, les autres à 7800, c'est-à-dire, dans le premier cas, 18515 mètres et dans le second 15202 (voir *Mémoires de l'Académie des Inscriptions*, t. XXXV, p. 747 à 758).

6. Ce sont ses carrières de marbre blanc qui ont fait donner à l'île de Proconèse son nom actuel de Marmara, lequel passa plus tard à la mer qui l'enveloppe.

7. Gibbon, *op. cit.*, chap. XVII, t. I, p. 359.

8. Rambaud, *l'Hippodrome à Constantinople* (*Revue des Deux Mondes*, 15 août 1871).

bains publics, cent cinquante-trois bains particuliers, huit aqueducs avec réservoirs, quatre basiliques ou salles de justice, quatorze palais, cinquante-deux portiques et quatre mille trois cent quatre-vingt-huit maisons, que leur grandeur et leur magnificence distinguaient des demeures de la bourgeoisie[1].

Ces dernières étaient si nombreuses, s'entassant les unes sur les autres sans égard pour la santé des habitants et la libre circulation des voies publiques, que les rues cessèrent presque d'être praticables aux voitures et même aux piétons. Bientôt, du reste, les habitations franchirent les murailles, et les constructions qui ne tardèrent pas à s'élever le long de la mer auraient pu constituer une grande cité.

C'est ainsi que la volonté d'un homme, — obéissant vraisemblablement à des impulsions inconscientes, et qui naissaient de la nature même des événements, — réussit à implanter sur les rives du Bosphore, en une capitale nouvelle, l'art, la science et l'industrie. Dans cette tâche, il est vrai, il fut singulièrement aidé par l'étrange vitalité du génie grec, qui, s'il avait perdu le sentiment de la forme, n'avait rien abdiqué, par contre, de sa fécondité prodigieuse et de sa surprenante élasticité. « Il est possible, écrit Finlay, que la Grèce se soit appauvrie sous l'Empire romain, que ses ports se soient vidés, que sa population se soit répandue en Asie et en Italie. Sa civilisation a peut-être été transportée à Alexandrie et à Antioche, et ses campagnes se sont transformées en un désert; mais il ne faut pas oublier que la civilisation grecque brilla d'un tel éclat, que ses vestiges purent, après la chute de l'Empire romain, répandre la lumière dans un État nouveau[1]. »

Et voilà comment le *Jupiter* de Dodone, la *Minerve* fameuse exécutée par Scyllis et son frère Dipène, l'*Apollon Pythien* et l'*Apollon Sminthien*, la *Rhéa* que les Argonautes avaient placée sur le mont Dindyme, *les Muses* enlevées de l'Hélicon, le groupe de *Persée et Andromède* pris à la ville d'Icomium en Phrygie, et un *Apollon* colossal de Phidias, — le tout complété par soixante statues amenées de Rome, et par un nombre égal de figures de bronze, dont furent enrichis les bains de Zeuxippe, — vinrent réveiller dans la capitale nouvelle le sens du Beau et le goût de l'Art. « Cette réunion de chefs-d'œuvre, écrit Labarte, porta ses fruits. Elle donna une grande émulation aux artistes, que Constantin et ses successeurs employèrent à élever de nouvelles statues[2]. »

Mais si l'empereur avait tenu à doter sa ville par excellence de tous les organes de son aînée; si, en y transplantant les merveilles de l'art antique, il s'était efforcé d'en faire une seconde Rome, il n'oublia pas non plus qu'il voulait surtout en faire une Rome chrétienne; et, à tous ces monuments précieux à tant de titres, Constantin et sa mère, si l'on en croit les chroniqueurs byzantins, auraient en l'espace de sept années ajouté vingt et une églises. Ces sanctuaires, érigés par leurs soins, furent, en outre, enrichis de donations et gratifiés de vases et d'instruments du culte en métal précieux. « Anastase le Bibliothécaire, qui a pris soin de récapituler les dons de ce genre faits par Constantin aux églises d'Orient et d'Italie, nous apprend que le poids total des coupes, des bassins, des aiguières, des burettes, des calices ministériels et commémoratifs, des couronnes votives, des candélabres à coupes destinés à brûler les huiles odorantes, des torchères, des fonts de baptême, des encensoirs offerts au clergé par ce prince, s'élevait à 22 000 livres d'argent et 1 700 livres d'or[3]. » Les églises de Constantinople furent, naturellement, les plus favorisées dans cette distribution : celle surtout des Saints-Apôtres, destinée à servir de lieu de sépulture à la famille impériale, et celle, plus magnifique encore, que Constantin avait consacrée à la Sainte Sagesse de Dieu.

Cette Sainte-Sophie n'est point celle qui, traversant les siècles, est parvenue presque intacte jusqu'à nous. L'église dont il est question ici avait été à peu près ruinée par l'incendie de 404. Réparée avec soin par les ordres de Théodose, elle devint une seconde fois la proie des flammes, lors de l'insurrection fameuse qui faillit enlever à Justinien le trône avec la vie. L'empereur, victorieux des révoltés, résolut de réédifier le sanctuaire de la Sainte-Sagesse sur un plan nouveau. Ce plan, en marque d'éternelle reconnaissance, devait dépasser en dimensions et en magnificence les édifices religieux les plus célèbres de l'Antiquité. C'est de ce pieux vouloir que naquit la Sainte-Sophie actuelle, celle-là même qui allait devenir l'archétype de l'architecture byzantine.

---

1. Il ne s'agit ici que des demeures patriciennes. Rome, à cette époque, ne comptait que dix-sept cent quatre-vingts de ces grandes maisons. A ce compte, la nouvelle capitale de l'Empire était deux fois et demie plus favorisée que l'ancienne.

2. Finlay, *Griechenland unter der Rœmern*, p. 64 et suiv., cité par Kondakoff, *Histoire de l'Art byzantin*, p. 93.

3. Labarte, *les Arts industriels au Moyen Age*, t. I, p. 20.

4. Voir notre *Histoire de l'Orfèvrerie française*, p. 50.

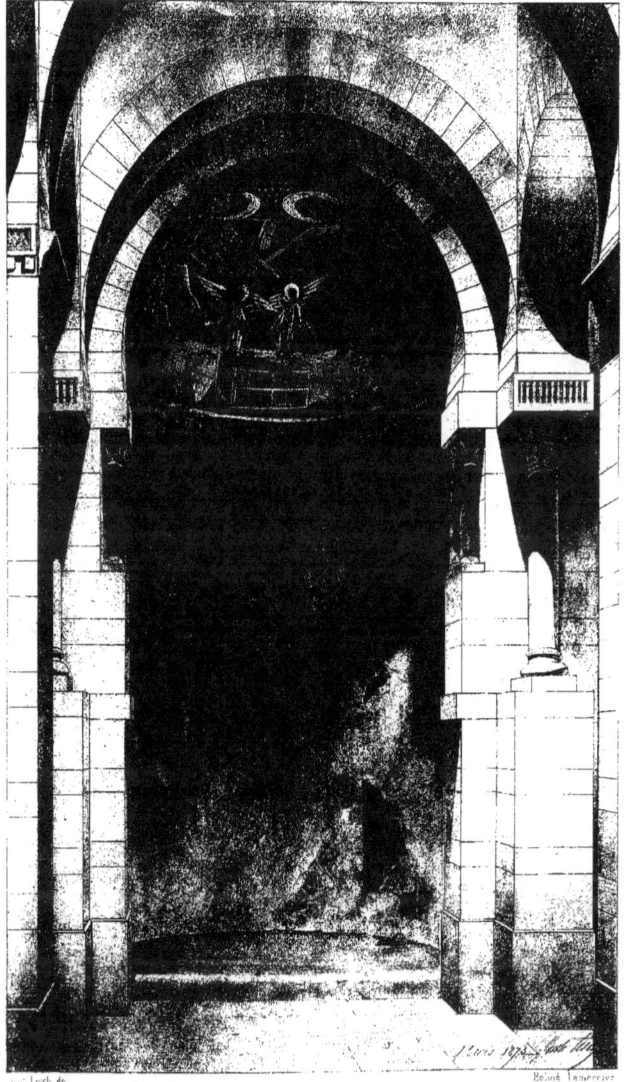

ÉGLISE CAROLINGIENNE
de Germigny les Prés
(Alsace)

IV

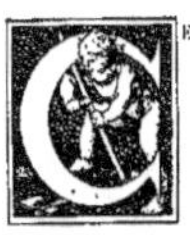E n'est pas seulement par ses dimensions et par l'éclat tout oriental de sa parure, que la Sainte-Sophie de Justinien justifiait l'enthousiasme qu'elle excita dans le monde chrétien. Elle méritait encore — et n'a cessé de mériter — l'admiration des artistes et des savants par l'audace des problèmes résolus dans sa construction. Elle était digne aussi de la reconnaissance du clergé et des fidèles, parce qu'elle allait inaugurer, dans l'édification des monuments sacrés, une esthétique nouvelle, résultant d'une conception toute chrétienne du rôle que les sanctuaires étaient appelés à jouer désormais.

Le temple antique et païen, nul ne l'ignore, n'était pas intérieurement accessible à la foule. C'était l'asile consacré, la demeure d'élection du Dieu vénéré, que le public ne pouvait et ne devait contempler que du dehors. C'est là l'explication de ses proportions réduites et de son élégance tout extérieure[1]. Avec le culte nouveau, il ne devait, il ne pouvait plus en être de même. Le clergé catholique admettant désormais au spectacle des Saints Mystères la masse des fidèles, — c'est-à-dire une multitude de juifs convertis, venus à Rome pour faire les bas métiers, les Syriens nombreux partout, les esclaves, les artisans, car le Christianisme à ses débuts fut une religion de petites gens, — il fallut, pour abriter ces ouailles de plus en plus nombreuses, des édifices religieux aux dimensions plus étendues, analogues aux basiliques civiles, à la fois lieux de réunion, tribunaux et palais, et distribués de façon à recevoir un public considérable. C'est ce qui explique comment les chrétiens, chaque fois qu'ils le purent, s'emparèrent, pour les transformer en églises, des basiliques existantes. Ils les appliquèrent à leur usage, sans rien modifier aux dispositions essentielles, et se bornèrent à substituer dans la décoration, lorsque cela était

nécessaire, les emblèmes de la foi nouvelle à ceux de la religion qu'elle prétendait remplacer.

Quand, après la reconnaissance du Christianisme comme religion d'État, il fut officiellement permis au clergé d'élever des édifices spéciaux pour les besoins du nouveau culte, on n'eut garde de rien modifier au plan de ces basiliques, dont non seulement on avait pu constater la parfaite convenance, mais qui, d'un usage ancien et courant, avaient reçu une sorte de consécration traditionnelle. Nous aurons, du reste, occasion de voir par la suite, que l'Occident demeura fidèle, au moins dans ses lignes essentielles, à ce type de constructions, qui, de ce côté, s'est perpétué jusqu'à nos jours sans modifications capitales.

Justinien, victorieux de la sédition et maître désormais sans contestation de l'Empire, réédifia, nous l'avons dit, l'église consacrée à la Sagesse du Dieu qui l'avait fait si puissant, et voulut qu'elle dépassât en dimensions et en splendeur tous les temples connus, même celui que Salomon s'était proposé d'ériger à l'Éternel[2]. Dans la réalisation de ce projet, qu'il disait lui avoir été inspiré par le Ciel[3] désireux de lui fournir l'occasion d'assurer à la fois le bonheur de ses sujets, la gloire de son règne et le salut de son âme; dans cette réalisation, il fut aidé par un mathématicien de génie, dont la science, au dire de ses contemporains, égalait celle d'Archimède.

En ce temps-là vivait à Tralles, ville d'Asie, un riche citoyen qui eut cinq fils, appelés tous cinq à devenir illustres. Le plus âgé, Olympius, excella dans la pratique de la jurisprudence romaine; deux autres, Dioscorus et Alexandre, devinrent d'habiles médecins; le quatrième, Métrodore, acquit une grande réputation comme grammairien; et Anthémius devait s'immortaliser comme mathématicien et comme architecte. Justinien fit venir auprès de lui Anthémius, Métrodore et Olympius. Alexandre alla exercer sa profession à Rome; Dioscorus demeura dans sa ville natale.

Le seul de ces illustres personnages qui doive nous occuper ici, Anthémius, dont ses compatriotes vantaient les inventions et les expériences, en leur don-

---

1. L'exiguïté des temples païens se retrouve dans un certain nombre de sanctuaires chrétiens élevés en Orient durant les premiers siècles du Christianisme, et dans la plupart de ceux qui en Occident furent édifiés sous l'influence byzantine. La cathédrale d'Athènes, d'après Didron, ne mesure que 11 mètres de long sur 6 m. 25 de large. La plus grande des églises grecques de ce temps, la Kamkarea, compte 13 mètres de long sur 11 de large. San Vitale de Ravenne, comme San Nazare et Celso, sont de simples oratoires. Aix-la-Chapelle est relativement de peu d'étendue. Auprès de ces sanctuaires, la Sainte-Chapelle de Paris, qui compte 37 mètres de long sur 16 de large et 38 mètres de hauteur, affecte des allures de cathédrale.

2. Voir Perrot et Chipiez, leur *Restitution du temple de Salomon*. Il est à remarquer qu'à partir de Justinien toutes les représentations du temple de Salomon, qu'on exécuta en peinture ou en sculpture, montrent celui-ci avec une coupole.

3. Voir les divers songes attribués à l'empereur et à son architecte par Procope (*De Ædificiis*, liv. I, c. 1, et liv. II. c. 3). La première Sainte-Sophie avait été également commandée à Constantin par un ange apparu dans un songe. *Magno Constantino, templum Sanctæ Sophiæ exstructuro. Angelus per somnium descriptam templi istius imaginem exhibuit.* (Codinus, *De Originibus Constantinopolitanis*, p. 67. Cité par Junius, *De Pictura veterum*, liv. II, c. I, p. 47.)

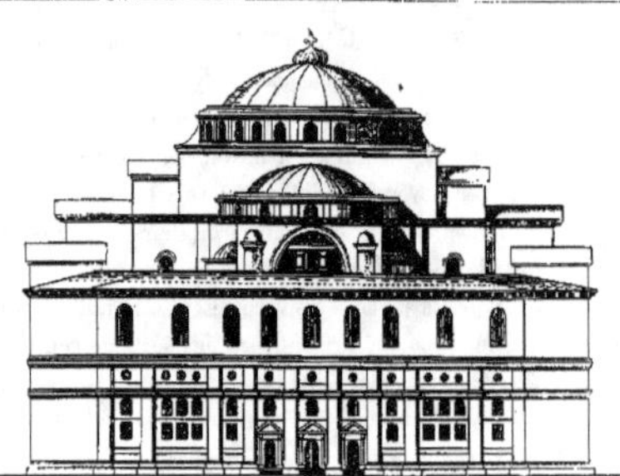

SAINTE-SOPHIE. ÉLÉVATION DU MONUMENT ANTIQUE
d'après Séroux d'Agincourt.

nant l'importance de miracles réalisés par son génie; Anthémius, choisi par Justinien, inspiré par les rêveries impériales, secondé surtout par un éminent architecte, Isidore de Milet, se mit à l'œuvre. Sur les ruines de la première Sainte-Sophie deux fois brûlée, et dont l'emplacement fut augmenté de terrains nouveaux acquis à des prix énormes, dix mille ouvriers, qui recevaient chaque soir leur paye en monnaie neuve d'argent, travaillèrent sans relâche, et, cinq ans onze mois et dix jours après la pose de la première pierre, Justinien, assistant à la consécration de sa cathédrale bien-aimée, pouvait s'écrier : « Gloire à Dieu qui m'a jugé digne d'achever un si grand ouvrage! O! Salomon, je t'ai vaincu!

Justinien ne se trompait pas. L'importance de cette œuvre considérable allait grandir encore en traversant les siècles. La nouveauté de son plan, arrêté avec l'intention décidée de servir de type aux églises à venir, ne dénonce pas seulement une superbe hardiesse, elle comporte encore toute une révolution dans l'art de bâtir. Et d'abord, conception absolument imprévue et qui aurait fait frémir les architectes de la Grèce antique, la beauté extérieure est sacrifiée. C'est l'intérieur qui commande. C'est pour lui qu'on réserve les élégances de la forme, l'ingéniosité des aménagements, l'opulence de la parure. Le dehors, en effet, est bien loin de laisser prévoir les surprises du dedans. L'im-

pression même en est médiocre. L'aspect général en est lourd. Les demi-coupoles et les combles, dont l'inclinaison est désagréable, produisent un fâcheux effet. Cet enchevêtrement de murailles droites et de demi-calottes déprimées paraît incohérent. On saisit mal le plan de l'édifice, et sa destination n'apparaît pas clairement. La façade occidentale, en outre, manque à la fois de simplicité et d'opulence, et il n'est pas jusqu'au dôme central, audacieux et presque téméraire, qui ne semble écrasé. Mais, dès qu'on pénètre à l'intérieur de l'édifice, le spectacle change, l'impression est tout autre !

Il est impossible, en effet, de ne pas se sentir profondément remué par la hardiesse incroyable de cette conception géniale, et par la façon savante dont elle a été réalisée. On est forcément troublé, ému, par la majesté des lignes et par le parfait accord qui règne entre l'architecture et l'ornementation. Et encore ne voyons-nous le chef-d'œuvre d'Anthémius de Tralles et d'Isidore de Milet que dévêtu, si l'on peut dire ainsi, dépouillé de son opulente parure. Justinien n'avait pas voulu seulement que le nouveau temple fût magnifique de proportions et d'ampleur, il l'avait souhaité resplendissant de marbres de prix, de mosaïques étincelantes,

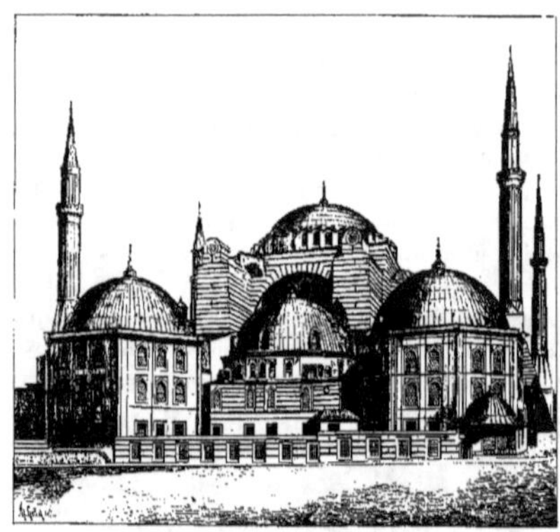

SAINTE-SOPHIE.
Vue perspective de la mosquée actuelle.

1. « Il n'existe pas dans l'histoire de l'art chrétien, écrit avec beaucoup de raison M. Bayet, d'église dont l'importance soit plus grande : Notre-Dame de Paris compte des égales, même dans les provinces voisines; Saint-Pierre de Rome manque d'originalité et n'est guère chrétien que de destination. Sainte-Sophie, au contraire, a le double avantage de marquer l'avènement d'un style nouveau et d'atteindre du même coup à des proportions telles, qu'elles n'ont jamais été dépassées en Orient. » (*L'Art byzantin*, p. 41.)

d'or et d'argent. Pour compléter son ajustement, il avait ordonné à ses lieutenants d'envoyer ce qu'ils avaient de plus beau dans leurs provinces respectives; et ces obéissants serviteurs, se conformant aux ordres du maître, avaient de nouveau dépouillé les temples antiques et saccagé les palais. Ce qui restait de statues et de bas-reliefs avait pris le chemin de la Rome nouvelle. Le préteur Constantin avait envoyé huit colonnes de vert

tenu par quatre colonnes en vermeil. Partout, aux parois des piliers, à l'intrados et aux tympans des arcs, de grandes mosaïques à fond d'or ou d'azur, recouvertes depuis par le badigeon de l'Islam, représentaient de saints personnages vêtus de robes superbes, de somptueuses dalmatiques aux broderies compliquées, rehaussées d'or et de pierres précieuses[1].

Pour faire face à un pareil débordement de luxe

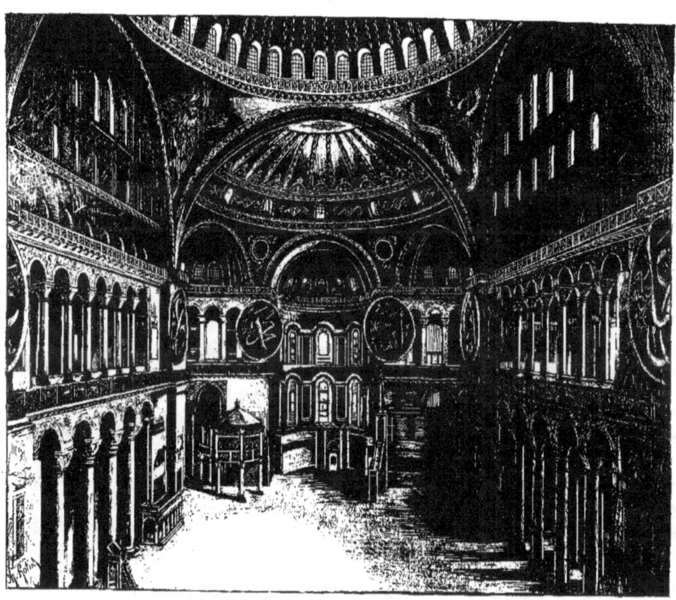

SAINTE-SOPHIE DE CONSTANTINOPLE.
(Intérieur, état actuel.)

antique enlevées à Éphèse; il en était venu d'Athènes, de la Troade, de Cyzique. Les huit colonnes de porphyre qu'Aurélien avait placées dans le temple du Soleil furent offertes par la piété d'une dame romaine[1]. Ajoutez à la rutilance des marbres, l'éclat de l'or, des émaux, des gemmes; le Saint des Saints entouré d'une clôture d'argent massif; les vases sacrés d'un or splendide et pur. L'autel, également resplendissant d'or, était dominé par un ciborium en forme de dôme, sou-

entraînant des dépenses sans précédent, il fallut inventer des impôts nouveaux[2]. Ces impôts, au surplus, eussent été nécessités — alors même que Sainte-Sophie n'eût pas vu le jour — par le nombre considérable d'édifices publics que Justinien fit ériger au cours de son règne. Maître de soixante-quatre provinces, donnant des lois à cent trente-cinq villes, il ne fut pas seulement le second fondateur, le rénovateur de Constantinople ravagée par les insurrections, mais encore

---

1. PROCOPE, *De Ædificiis*. — PAUL LE SILENTIAIRE, *Histoire de l'Église de Sainte-Sophie*. — DU CANGE, *Histoire byzantine*. — GIBBON, *Décadence de l'Empire romain*. — BAYET, *l'Art byzantin*, etc.

2. Suivant les uns, l'*ambon* seul avec la *solea* coûta une année des revenus d'Égypte (BAYET, *l'Art byzantin*, p. 42); suivant d'autres, la dépense n'aurait pas excédé 25 millions (GIBBON, *op. cit.*, t. II, p. 49).

le restaurateur des principales cités de son Empire; et, ce rôle bienfaisant et grandiose, il en tira vanité au point qu'il est le seul empereur d'Orient qui ait ordonné à son historiographe de consacrer un ouvrage spécial aux monuments élevés par ses ordres sur toute l'étendue des pays relevant de son autorité[1]. Pour en revenir à Constantinople, Justinien dédia dans cette seule ville vingt-cinq églises au Christ, à la Vierge et aux Saints; parmi lesquelles l'église des Saints-Apôtres, bâtie, comme celle de Saint-Jean, à Éphèse, sur un plan analogue à Sainte-Sophie. En outre, il réédifia presque entièrement le Palais Impérial.

Ce palais, moins célèbre mais non moins magnifique que Sainte-Sophie, comprenait, au temps de sa splendeur, sept péristyles ou vestibules, huit cours intérieures, quatre grandes églises[2], neuf grandes chapelles, neuf oratoires et un baptistère, quatre salles des gardes, trois grandes galeries, cinq salles d'audience ou de réception, dix appartements réservés à l'habitation personnelle de l'empereur et de la Maison impériale, trois salles pour les repas, sept galeries et trois allées destinées à mettre en communication les diverses parties du palais, une bibliothèque, une galerie des armes, une salle des trophées, trois terrasses à ciel ouvert et deux bains. En outre, il existait dans ce qu'on appelait l'enceinte du Palais Impérial huit autres édifices qui, par leur importance et la majesté de leurs façades, méritaient ce même nom de palais[3]. En un mot, l'ensemble de ces constructions couvrait un espace de 400 000 mètres carrés, c'est-à-dire un peu plus que le Louvre et les Tuileries, cours et jardins compris.

Fait très particulier, le Palais Impérial et les palais parallèles attribués à Constantin, le Daphné et la Chalcé, étaient orientés comme des églises; sans doute pour bien établir que le maître de ces lieux participait des prérogatives divines[4]. Du Forum Augustæon, entouré d'arcades[5] et au milieu duquel s'élevait le Milliaire, point de départ de toutes les routes de l'Empire, on pénétrait dans le palais par les portes de bronze de la Chalcé, et de suite on était comme ébloui par la somptuosité des mosaïques à fond d'or, par les marbres rares rehaussés d'ornements de métal, et les statues des empereurs[6]. Mais l'émerveillement était surtout provoqué par la salle qu'on avait baptisée le *Triclinium des Dix-neuf Lits*. C'était là qu'aux jours de cérémonie et notamment aux fêtes de Noël, l'empereur et ses illustres convives prenaient leurs repas, étendus à la façon romaine. Partout les pavements de marbre précieux se combinaient en de riches dessins. Partout les colonnes de porphyre, de marbre phrygien, d'onychite et même d'argent, supportaient les voûtes enrichies de feuillages et de branches de vigne, s'enlevant sur un fond d'or[7]. Entre les colonnes, de riches étoffes tramées d'or et de soie tombaient en plis lourds; et, sur les parois, des mosaïques étincelantes, contemporaines de celles de Ravenne, achevaient de donner à cette décoration luxueuse un aspect magnifique, d'une richesse inouïe.

Le mobilier, enfin, n'était pas moins splendide. Un ambassadeur étranger qui fut admis à prendre part à un de ces festins, Luitprand, nous en a laissé une description qui dépasse tout ce qu'on peut imaginer[8]. Non seulement toutes les pièces du service étaient en or, mais d'un tel poids, que pour les amener et pour les mettre en place on était obligé de se servir de chariots et de poulies actionnées par des cordes de soie.

Le *Chrysotriclinium*, la galerie des Quarante Saints, la Magnaure, n'étaient pas moins magnifiques. Dans ces pièces, éclairées par d'énormes candélabres d'argent, des lions d'or gardaient les marches du trône, et des oiseaux de même métal mêlaient leurs chants aux sons des orgues, dont la possession était considérée à cette époque comme un titre de gloire[9].

---

1. Cet ouvrage si précieux est le *De Ædificiis* de Procope. Il est divisé en six livres. Le premier parle des monuments élevés à Constantinople; le second comprend ceux de la Mésopotamie et de la Syrie; le troisième concerne l'Arménie et l'Euxin; le quatrième, l'Europe; le cinquième, l'Asie Mineure et la Palestine; et le sixième, l'Égypte avec l'Afrique. L'Italie est oubliée dans cette nomenclature : il est vrai que l'historien grec publia son ouvrage d'adulation avant l'année 555, où l'Italie passa sous le sceptre de Justinien.

2. C'étaient celles nommées : Saint-Étienne, le Sauveur, Sainte-Marie du Phare et la Nouvelle Basilique.

3. Ces palais avaient nom : la Magnaure (sans doute *magna aula*) le Boucoléon, le Porphyre, le Pentacoubouclon, l'Aétos, le Trésor, le Garde-Meuble impérial et le Garde-Meuble de la Nouvelle Basilique.

4. Cette particularité est d'autant plus à retenir que, dans ce monde singulier, où le sacré et le profane se mélangeaient à tout propos, où le symbolisme tenait une place considérable, où l'on aimait à prodiguer aux impératrices les noms de Sophie, Irène, Zoé, Eudoxie, où la principale église, le Sanctuaire par excellence, était consacrée à la Sainte Sagesse de Dieu, la plupart des bâtiments et des pièces composant cet ensemble de palais, empruntaient leur désignation soit à leur forme : tels étaient ceux appelés le Sigma, le Triconque, l'Oatos, l'Octogone, etc., soit à leur destination, comme la Fontaine (*phiale*), les Dix-neuf Lits, le Consistorion, le Spatharicion ou corps de garde des porte-glaive; ou encore à la matière ayant servi à leur édification ou à leur décoration, comme le Porphyre, le Carien (construit en marbre de Carie), le Chrysotriclinium, la Chalcé, ainsi appelée à cause de ses portes de bronze. Ce n'est que très exceptionnellement qu'on trouve une pièce ou un édifice comme l'Éros, ou le Mousicos, qui tire son nom d'un symbole ou d'une idée non matérielle. Encore le caractère religieux en est-il banni.

5. Nous verrons que Charlemagne imita à Aix-la-Chapelle cet entourage d'arcades.

6. Didron compare cette réunion de statues à la « salle des ancêtres », établie dans nos châteaux féodaux « pour animer les vivants au courage et à la vertu » (*Annales archéologiques*, t. XXI, p. 269).

7. Labarte, *le Palais impérial de Constantinople et ses abords*. Paris, 1861, p. 53 et 83.

8. Dans Pertz, *Monum. German. hist.*, t. V, p. 338.

9. Pour comprendre l'importance attachée à cette époque à la pos-

Si l'empereur était somptueusement logé, la demeure des Saints n'était pas moins luxueuse. Nous possédons plusieurs descriptions de l'église neuve construite par Basile le Macédonien[1], et toutes, rien qu'à la lecture, nous causent des éblouissements. « L'or et l'argent, y est-il dit, se partagent presque tout l'intérieur du temple. Tantôt ces métaux apparaissent sous le verre des mosaïques; tantôt ils forment revêtement, étendus en plaques; tantôt ils se combinent avec d'autres matériaux non moins précieux. Les parties de l'église que l'or n'embellit pas ou que l'argent n'a pas envahies trouvent leur ornementation dans un curieux travail de marbres de diverses couleurs.... La clôture qui sert de fermeture au sanctuaire, les colonnes qui s'élèvent au-dessus et l'architrave qui les unit, les sièges disposés à l'intérieur, les marches qui y conduisent et les saintes tables, tout est d'argent doré, rehaussé de pierres précieuses et de perles de la plus belle eau. Quant à l'autel sur lequel se célèbre le saint sacrifice, il est d'une composition plus précieuse que l'or, et le ciborium qui abrite le tout, ainsi que les colonnes sur lesquelles il porte, sont en vermeil. »

Malheureusement, un trop petit nombre de spécimens de cet art byzantin si splendide, si fastueux, sont parvenus jusqu'à nous. Mais le peu qui nous en a été conservé confirme amplement la magnificence de ces descriptions. La fameuse *Pala d'oro*, dont s'enorgueillit à juste titre Saint-Marc de Venise, aussi bien que les admirables reliures que l'on conserve dans le trésor de cette incomparable église, nous révèlent avec quelle prodigieuse maîtrise les orfèvres byzantins travaillaient l'or, l'argent et l'émail; alors que certains ivoires, sculptés avec un art incomparable, et les mosaïques de Ravenne, dont nous allons bientôt parler, nous permettent de nous faire une idée approximative de la merveilleuse décoration des églises et des palais.

V

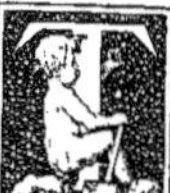

ANT de somptuosité, une si prodigieuse richesse, des nouveautés si magnifiques, durent, on le comprend, émerveiller le monde entier. Malgré les charges effroyables que ces constructions féeriques faisaient peser sur les peuples de l'Empire, l'achèvement du plus illustre de ces monuments élevés, suivant le mot d'un historien, « avec le sang et les trésors du peuple », fut salué par une explosion d'actions de grâces. Plus encore que ses sujets (étant donnée l'incertitude des temps), Justinien eut hâte de voir réaliser son rêve. Mais cet empressement excessif faillit tout compromettre. Ses architectes, trop pressés par lui, donnèrent l'ordre prématuré de décintrer la coupole centrale. Lors des tremblements de terre de 553 et 557, des lézardes profondes se manifestèrent dans la maçonnerie; en 558, la coupole centrale s'écroula. Les deux architectes de génie qui avaient exécuté ce grand ouvrage étaient morts. Ce fut un neveu d'Isidore de Milet qui répara le désastre. Cette fois, toutes les précautions furent prises, et Sainte-Sophie de Constantinople put désormais, conformément au vœu de Justinien, constituer le type de l'église orthodoxe. « Dès lors, comme le remarque judicieusement M. Bayet[2], les basiliques du type latin devinrent l'exception en Orient; mais, dans les églises nouvelles à coupoles, on ne se contenta pas de copier le plan de Sainte-Sophie; la coupole fut comme le thème, autour duquel on exécuta des variations nombreuses. »

C'est, en effet, une remarque essentielle à faire, que cet art byzantin qu'on est tenté de considérer, dans ses manifestations diverses, comme « immobilisé » et figé dans ses formules, fit preuve, au contraire, dans la

---

session des orgues, il faut se souvenir de la place énorme que les chants religieux tenaient dans la vie publique des empereurs et des rois. Chez nous, jusqu'à Robert le Pieux, ils chantèrent au lutrin. C'est ce qui faisait dire à Ermold Le Noir (*les Faits et Gestes de Louis le Pieux*, chant IV) que Louis le Débonnaire, depuis qu'il avait fait fabriquer des orgues à Aix-la-Chapelle, pouvait se vanter de surpasser les empereurs byzantins, et il ajoutait que cette prise de possession, qui les dépouillait de leur principale gloire, « annonçait aux Grecs qu'un jour il leur faudrait courber la tête sous le joug des Franks ». Ermold Le Noir ignorait sans doute que Pépin avait possédé lui aussi des orgues, qui lui avaient été envoyées par l'empereur Constantin IV (Eginhard, *Annales*, dans Guizot, t. III, p. 6), que des orgues pneumatiques avaient déjà été confectionnées à Aix-la-Chapelle au temps de Charlemagne (Moine de Saint-Gall, liv. II), et que les orgues hydrauliques (*organa hydraulica*) étaient usitées en Occident dès le temps de Sidoine Apollinaire (*Epistolæ*,

lib. I, ép. 2). Voir à ce sujet Coussemaker, *Annales archéologiques*, t. III, p. 275.

1. Photius, *Novæ ecclesiæ descriptio*. — Constantin Porphyrogénète, *Historia de vita et rebus gestis Basilii imperat*. — Jules Labarte, *le Palais impérial de Constantinople*, etc.

2. Bayet, *op. cit.*, p. 54. La coupole devint si bien, à partir de cette époque, un membre typique de l'Église orthodoxe, que les manuels d'iconographie distribués aux peintres, pour les guider dans leurs grandes compositions décoratives, assignent des coupoles au temple de Salomon. On lit, en effet, dans le *Manuel de Peinture* du moine Denys (p. 109) : « Salomon bâtissant le temple de Dieu : Un grand temple à coupoles. Des ouvriers bâtissent : les uns portent de la chaux, d'autres taillent du bois et des pierres. Près de là est Salomon avec des officiers et des soldats; il tient dans sa main un livre fermé. » (*Iconographie chrétienne grecque et latine*, p. 109.)

conception et l'exécution de ses sanctuaires, d'une variété de formes et d'une faculté d'invention bien supérieures à celles qu'on rencontre dans les églises latines, inféodées au dispositif de la basilique. Aux environs de Sainte-Sophie, à Constantinople, sous le règne de Justinien, s'élevèrent des églises de même style, mais d'un plan tout différent. Dans le reste de l'Empire d'Orient, ce plan varie à l'infini. Parfois, il est rectangulaire; d'autres fois, il constitue une croix

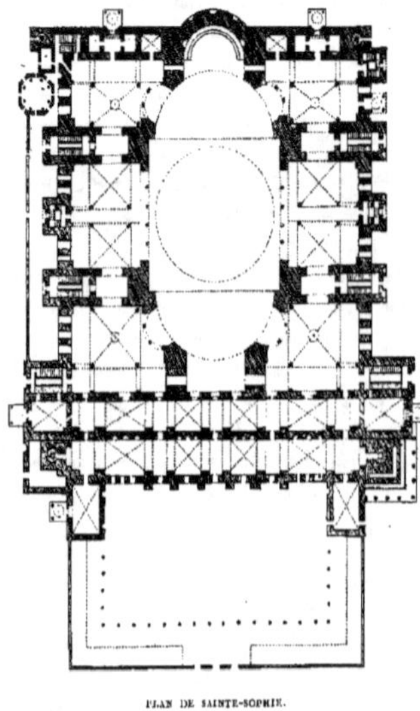

grecque; on en rencontre en forme d'hexagones, d'octogones, de polygones à douze et à seize côtés, de rotondes. A la coupole unique de Sainte-Sophie, appuyée et contrebutée par deux demi-coupoles, succèdent des édifices à coupoles multiples, qui dans certains cas sont montées sur des tambours cylindriques. Grâce à ces recherches, l'aspect extérieur du monument, qui dans le chef-d'œuvre d'Anthémius de Tralles et d'Isidore de Milet est lourd, trapu, écrasé, prend une légèreté relative et devient agréable à l'œil.

En outre, les alternances de briques et de pierres, de curieuses innovations dans l'appareil des revête-

ments, l'adjonction d'arcades, l'abondance des ouvertures cintrées, en achevant d'alléger la construction, lui communiquent un aspect plus varié et égayent ses surfaces. Les églises de *Theotocos* (la Mère de Dieu) et du *Pantocrator* sont d'une élégance bien supérieure à celle de Sainte-Sophie. De même pour les églises des Saints-Apôtres, de Saint-Élie et de la Vierge de Salonique[1]. Mais, malgré l'intérêt que ces modifications présentent, aucune de ces variations exécutées sur un thème nouveau n'approche, comme masse, comme dimensions et par conséquent comme audace, du colosse élevé par ordre de Justinien.

Sans compter, en effet, l'abside orientale, Sainte-Sophie couvre un rectangle de 77 mètres de côté sur 76 m. 70, c'est-à-dire un espace formant presque un carré parfait. Cet espace comprend une partie centrale et deux parties latérales. Sur la partie centrale s'élève la grande coupole de 31 mètres de diamètre. Inscrite dans un carré, elle repose sur quatre grands arcs d'une ouverture égale à son diamètre, lesquels retombent sur quatre gros piliers. « D'immenses pendentifs sphériques, se projetant sur le vide, remplissent l'espace entre les grands arcs et viennent saisir la coupole. Sur les deux arcs perpendiculaires à la nef, l'arc oriental et l'arc occidental, s'appuient deux demi-coupoles; au contraire, au nord et au midi de la grande coupole, les arcs sont fermés par un mur plein que soutiennent des colonnades. Autour de l'hémicycle, que recouvre la grande demi-coupole orientale, s'ouvrent trois absides : au centre, l'abside principale qui se prolonge à l'orient et se termine par une voûte en cul-de-four, et deux absides secondaires à droite et à gauche de l'abside principale. Le pourtour de l'hémicycle occidental est pénétré de même manière, mais l'arcade centrale n'est pas terminée en cul-de-four; la voûte se prolonge jusqu'au mur de face, dans lequel sont percées les trois portes qui communiquent avec le narthex[2]. »

On voit de suite quelles différences capitales existent entre le dispositif de cette nouvelle église et celui de la simple et modeste basilique, adopté en Occident. Et si, comme le prétend M. Perrot, le génie grec « ayant à peu près épuisé toutes les combinaisons que comportait le style classique, était las de tourner toujours dans le même cercle et de se voir condamné à de perpétuelles redites », on peut hautement proclamer que, grâce à Anthémius de Tralles et à Isidore de Milet, il

1. Voir COUCHAUD, *Choix d'Églises byzantines.* — TEXIER, *Architecture byzantine.* — W. SALZENBERG, *Monuments de l'Architecture chrétienne à Constantinople du v* au xii* siècle.*

2. LABARTE, *le Palais de Constantinople et ses abords, Sainte-Sophie, le Forum,* etc. Paris, 1861, p. 24.

3. PERROT ET CHIPIEZ, *Histoire de l'Art dans l'Antiquité,* t. II, p. 177.

rompit absolument, radicalement, avec les traditions consacrées, et lança l'architecture dans des voies, sinon inexplorées, du moins singulièrement nouvelles.

Il y aurait quelque témérité, en effet, à prétendre que, dans la conception de Sainte-Sophie, tout est absolument neuf, et que la disposition du plan aussi bien que les membres principaux et caractéristiques de l'édifice n'empruntent rien à des ouvrages antérieurs. Sans même aller aussi loin que M. Perrot, qui croit apercevoir dans les deux grands architectes de Justinien « les continuateurs, les disciples de ces maîtres oubliés dont l'art déjà savant a soulevé de terre des millions et des millions de briques pour les suspendre, en voûtes et en hautes coupoles, au-dessus de la tête des Sargon et des Nabuchodonosor, » il faut bien reconnaître que la partie impressionnante de Sainte-Sophie, sa coupole, ce « thème », comme l'appelle M. Bayet, autour duquel allait évoluer l'architecture religieuse d'Orient, était connu depuis de longues années en Occident, aussi bien que dans cette partie de l'Asie où naquit le Christianisme.

L'application de la coupole devait découler, en effet, — et nous ajouterons nécessairement, — de la forme circulaire ou octogonale donnée à certains édifices. Or, dès le ive siècle avant l'ère chrétienne, les Athéniens, déjà fatigués de la régularité solennelle de leurs monuments rectangulaires, avaient érigé le charmant édicule choragique connu sous le nom de Lysicrates, qui le bâtit. Quelques années plus tard, un autre édifice, construit celui-là dans un but d'utilité, la fameuse *Tour des Vents*, avait été élevé sur un plan octogonal irrégulier, à côtés inégaux, disposition assez singulière, mais qui, commandée par le rôle tout spécial de ce petit monument, montre que les artistes grecs savaient subordonner les traditions et même la régularité à la destination, condition première d'existence.

En Italie, à une époque plus récente, ces monuments à formes compliquées et de structure variée étaient relativement abondants. Sans parler du tombeau de Théodoric, à Ravenne, où l'architecte a audacieusement résolu le problème, en coiffant ses murailles circulaires d'une coupole monolithe; le Panthéon d'Agrippa; les thermes de Caracalla; l'église de Sainte-Constance, construite en rotonde annulaire et qui remonte, croit-on, au ive siècle; l'église des Saints Marcellin et Pierre, édifiée par Constantin et qui servit de sépulture à sainte Hélène, sa mère; Saint-Étienne-le-Rond, sur le mont Cœlius, à Rome; l'église de Saint-George de Thessalonique, qu'on dit dater également du règne de Constantin; le temple antique de Nocera, sur la route de Naples à Salerne, transformé plus tard en église[1], attestent de la façon la plus évidente que, dans le bassin de la Méditerranée, la coupole était déjà connue, au moins depuis quelques siècles.

Ce qui constitue, toutefois, la grande audace et aussi la nouveauté de l'œuvre d'Anthémius de Tralles et d'Isidore de Milet, c'est la superposition de la coupole circulaire à un plan carré. Les divers édifices à coupole

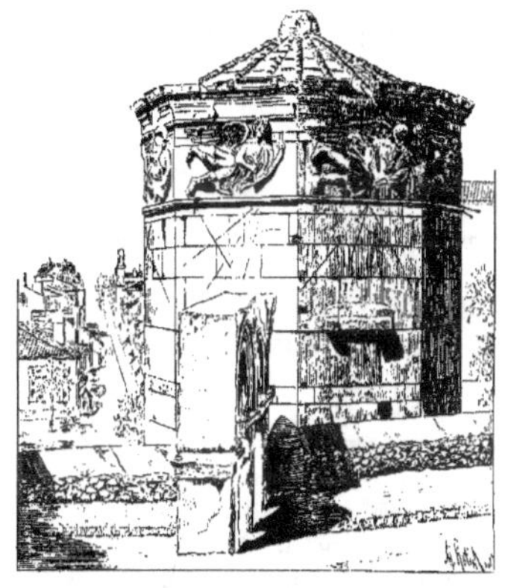

LA TOUR DES VENTS, À ATHÈNES.

que nous venons d'énumérer, construits le plus souvent en vue d'une adaptation toute spéciale, tombeaux, oratoires, baptistères, sont tous de forme ronde ou au moins octogonale. Or, pour ceux qui reposent sur un plan circulaire, la coupole n'exige aucun artifice spécial de construction. Avec l'octogone et les polygones à un nombre plus considérable de côtés, les points d'appui sont encore assez rapprochés pour que les porte-à-faux intermédiaires soient faciles à racheter, à cause de leur peu de portée. Mais, avec le carré, il n'en va plus de même. La coupole « hardiment suspendue sur ses fuyants supports[2] » présente des difficultés d'exécution singulières. Il est vrai qu'elle offre en échange d'énormes avantages. Car une rotonde, ainsi que le remarque M. de Verneilh, « est unique par nature[3] ». Au contraire, la coupole amortissant un espace rectan-

---

1. Séroux d'Agincourt, *op. cit.*, t. I, p. 15 et suiv., et t. IV, pl. 8.
2. Vitet. *Études sur l'Histoire de l'Art*, t. I, p. 323.
3. De Verneilh, *les Influences byzantines* (*Annales archéologiques*, t. XIV, p. 174).

gulaire forme un dispositif qui peut être multiplié autant de fois qu'on le juge nécessaire, et qui se prête, par conséquent, à une infinité de combinaisons.

Mais cette coupole circulaire superposée à un plan carré, si elle était inconnue en Occident, l'était-elle de même en Orient? C'est un autre problème dont les archéologues se sont grandement préoccupés depuis cinquante ans, et sur lequel la lumière est bien près d'être faite. Le certain, là encore, c'est que la coupole fut pratiquée dès les temps les plus reculés. On en trouve l'embryon, en quelque sorte, dans les sépultures chaldéennes de Mougheir[1]. Des bas-reliefs assyriens, notamment celui de Kouioundyk, reproduit par Layard, montrent des édifices recouverts de dômes, soit sphériques, soit elliptiques. En Perse, dans le monument de Sarvistan signalé par M. Dieulafoy[2], la grande salle était amortie par une coupole de briques reposant sur des pendentifs en moellons, dont elle était séparée par une corniche. Avant M. Dieulafoy, M. de Vogüé avait établi que, de très bonne heure après notre ère, on procéda, en Syrie, à des essais qui devaient aboutir à la coupole sur pendentifs. Déjà à Omm-es-Zestoun on en reconnaît des traces dans un édifice qui remonterait à l'année 282. Un essai analogue se rencontre à Chaqqa dans un palais antérieur au IVe siècle. Au VIe siècle, des exemples de ce système de construction apparaissent dans les églises de Basra et de Saint-Georges d'Ezra[3]. Enfin, en remontant aux origines, on voit, — M. Auguste Choisy le constate, — « ces méthodes se rattacher à de très anciennes influences émanées de la haute Asie; on les aperçoit en germe jusque dans l'antiquité ninivite »[4].

Les deux architectes de Sainte-Sophie eurent-ils connaissance de ces curieuses tentatives? On le doit croire. L'un et l'autre étaient originaires d'Asie Mineure. Leurs regards, vraisemblablement, se tournèrent plutôt vers l'Orient que vers l'Occident. Et sans même revendiquer, avec M. Auguste Choisy, pour les Sassanides, la priorité de ces couvertures audacieuses[5],

la prédominance des influences orientales n'en paraît pas moins certaine, et l'on est amené à considérer ce grand événement architectural comme une revanche de l'art asiatique sur l'art occidental.

« Si l'on a pu discuter sur les origines de Sainte-Sophie, écrit M. Bayet[6], ce qu'on ne saurait nier, c'est l'influence que ce monument exerça sur ceux qu'on construisit après lui en Occident aussi bien qu'en Orient. » Sa renommée fut bientôt universelle. « Messire Saint-Germain, evesque de Paris, » revenant de visiter le Saint-Sépulcre, fut un des premiers chez nous à célébrer les splendeurs de la grande église d'Orient. Bientôt tous les pèlerins renchérirent sur lui[7]. Il semble, toutefois, que la richesse incomparable de la décoration ait dû surtout les émouvoir, car la difficulté vaincue dans la construction demandait, pour être comprise, une science, des calculs et des comparaisons, que de simples riverains de la Seine n'étaient guère en état de faire à cette époque. La preuve, c'est que Charlemagne, lorsqu'il voulut, rival de Constantin, édifier sur les bords du Rhin une capitale pour l'empire d'Occident, s'y trompa lui-même. C'est à travers Ravenne et ses monuments qu'il devina et comprit l'Orient, comme la Renaissance française devait, sept cents ans plus tard, voir et comprendre l'antiquité romaine à travers les monuments de Florence.

Il faut aujourd'hui, quand on visite Ravenne, faire un certain effort d'imagination et de volonté pour se persuader que cette petite ville, si discrètement recueillie, a joué jadis un rôle très important, non seulement dans l'histoire de l'Italie, mais dans l'histoire du monde. Les voyageurs peuvent dire qu'elle est plus byzantine que Constantinople elle-même[8]. La vérité est qu'elle manque totalement de prestige. Ses avenues mal pavées par un cailloutage aigu, au milieu desquelles flâne un ruisseau fangeux; ses places irrégulières et vides, pour la plupart exemptes de ces constructions princières, de ces *palazzi* disproportionnés, qui donnent à Ferrare, à Bologne, à Vérone et à tant d'autres villes de l'Italie

---

1. Pierre Benouville, *Encyclopédie de l'Architecture et de la Construction*, t. I, p. 328.

2. Dieulafoy, *l'Art antique de la Perse*. — Voir également : Ch. Texier, *l'Arménie, la Perse et la Mésopotamie*; ainsi que P. Coste, *les Monuments de la Perse*.

3. De Vogüé, *Architecture civile et religieuse de la Syrie centrale du IVe au VIIe siècle* (avant-propos). Cette église d'Ezra, construite en 515, est un des rares édifices de ce genre, parvenus jusqu'à nous sans remaniements, qui montrent la solution progressive du problème. Sa coupole repose sur un mur octogonal, dont les dernières assises sont formées de dalles faisant saillie et débordant aux angles de façon à transformer l'octogone en polygone de seize côtés; puis, grâce à ce même artifice, l'assise supérieure présente trente-deux côtés, et se rapproche assez de la circonférence pour qu'on ait pu établir une coupole circulaire en blocage portant directement sur cette dernière assise.

4. Auguste Choisy, *Note sur la Construction des Voûtes*, p. 14.

5. Auguste Choisy, *l'Art de Bâtir chez les Byzantins*, p. 151.

6. Bayet, *l'Art byzantin*, p. 54.

7. Parlant de Justinien, les *Grandes Chroniques*, écho de ces enthousiastes récits, notent que cet empereur « fist un temple à Constantinoble, qui est apelé églyse Sainte-Sophie, en l'honneur Jésus-Christ, qui est Souveraine Sophie (sagesse). Cette œuvre est de si grand noblesse qu'elle surmonte de beauté et de bonté toutes les églyses du monde, comme le tesmoignent ceulx qui l'on veüe. » (*Grandes Chroniques*, liv. III, chap. II.)

8. Taine, *Voyage en Italie*, t. II, p. 266.

PL. VI

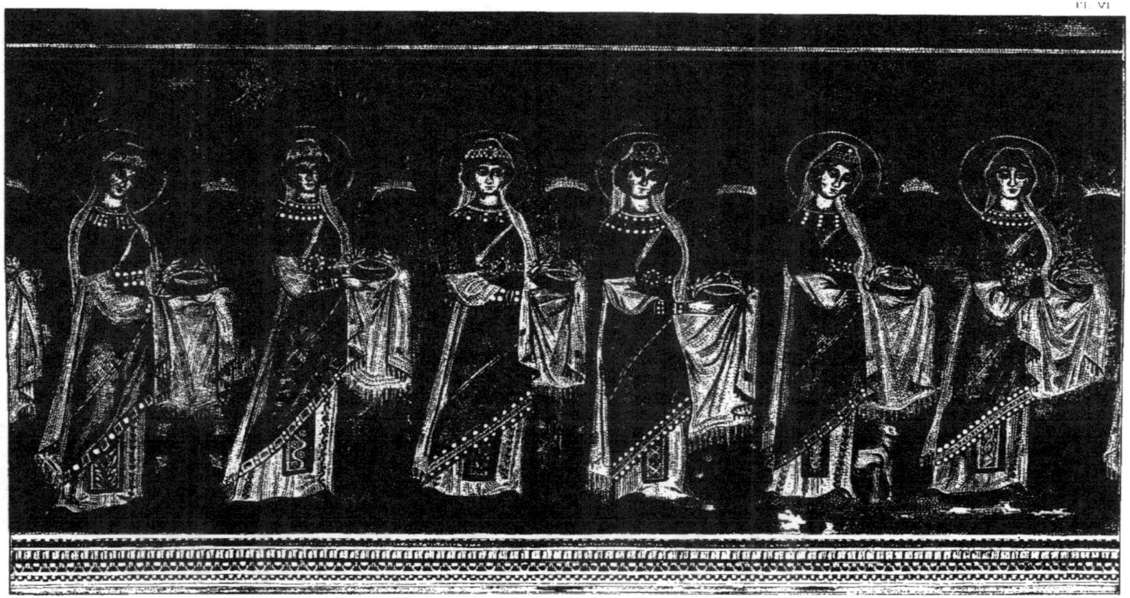

Yperman del.

Charles Schmid, Éditeur

GRANDE FRISE EN MOSAÏQUE
DE L'ÉGLISE SANT' APOLLINAIRE IN CITTÀ À RAVENSE.

du Nord une si aristocratique allure; ses rues bordées de maisons basses et sans boutiques, qui semblent désertes; rien, dans cet ensemble modeste et silencieux, ne révèle un passé si fameux; et cependant Ravenne, ancienne capitale de l'Empire d'Occident, *Ravenna pulchra*, comme l'appelle Alcuin[1], balança la gloire et l'influence de Rome. Cette « sorte d'épave

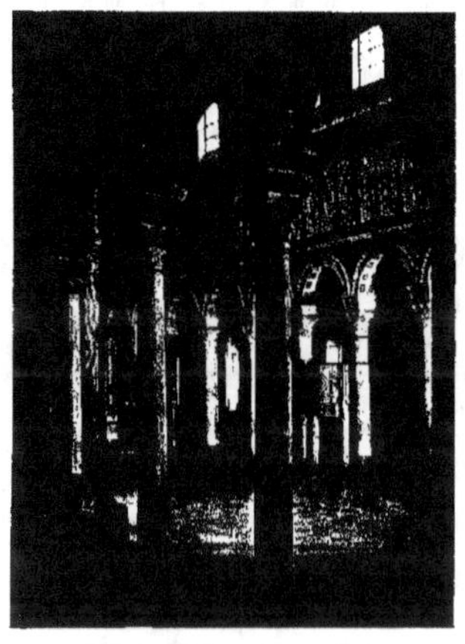

RAVENNE « SANT' APOLLINARE IN CITTÀ ».
(Vue intérieure.)

ensablée que Byzance, en se retirant, laissa sur la côte; cette dernière station de l'Empire romain, plus désolée qu'une ruine, parce que la moisissure est pire que l'effondrement », eut, en effet, ses jours de beauté et ses instants de grandeur. C'est là que César s'était arrêté avant de franchir le Rubicon. Elle avait été sa dernière station avant de se lancer dans l'irréparable; et jamais, par la suite, ses successeurs n'oublièrent le

rôle qu'elle avait joué dans la constitution de l'Empire.

Plus tard, quand la domination du monde fut partagée en deux parts inégales, Honorius, le fils de Théodose, y établit sa résidence impériale, préférant son séjour à celui de Rome; et c'est là qu'il succomba, au milieu de ses courtisans et de ses eunuques, sous les coups d'Alaric. Plus tard encore, Népos s'y établit, puis Odoacre, et après eux Théodoric, qui veilla avec la plus tendre sollicitude à sa conservation et à son embellissement[2]. Ensuite, Ravenne devint le siège de l'exarchat; et, même après que les Lombards eurent pris possession de l'Italie du Nord, elle demeura, avec Padoue, le point d'attache de l'Occident à l'Empire de Byzance.

A l'époque carolingienne, Ravenne, destituée de son rôle de capitale, n'avait rien perdu de son prestige artistique. En 792, celui qui devait être Louis le Débonnaire séjourna, par ordre de son père, dans cette ville encore riche et fameuse, et y célébra la Noël avec son frère Pépin[3]. En l'an 800, Charlemagne s'y arrêta pendant toute une semaine; en 801, il y fit un nouveau séjour. C'est là, rapporte Eginhard, qu'il apprit le débarquement, à Pise, des ambassadeurs envoyés près de lui par le « roi des Perses » Haroun-al-Raschid[4]. L'impression qu'il ressentit de cette double visite fut si forte, elle demeura si durable, que non seulement dans son testament il comprit Ravenne au nombre des Métropoles auxquelles il assigna une part de ses biens personnels[5], mais qu'il s'efforça de prendre ses monuments pour modèles.

Ces monuments étaient alors assez nombreux. Il en reste encore une douzaine plus ou moins intacts. Ce sont : la cathédrale, *San Vitale*, les deux basiliques de *Sant' Apollinare*[6], *San Giovanni in Fonte* (ancien baptistère); les églises de *Santa Maria in Cosmedin*, de *San Domenico*, de *San Spirito*, de *Santa Agata*, de *San Giovanni Evangelista*, celle des saints *Nazario e Celso*, connue sous le nom de tombeau de Galla Pla-

---

1. Cependant, dès cette époque, Ravenne était marécageuse et malsaine. Sidoine Apollinaire en parle à différentes reprises dans ses lettres, et s'il constate qu'elle est populeuse et commerçante, il se plaint de ses canaux odorants et de ses campagnes humides, de ses moustiques, de ses grenouilles, etc. « Marais fétide où les lois de toutes choses sont renversées, où les murailles croulent, les eaux restent stagnantes, les tours flottent, les vaisseaux demeurent immobiles, où les médecins sont alités. » (*Epistolæ*, lib. I, epist. 5 et 8, lib. VII, epist. 18.)

2. « Paul Diacre nous l'assure, écrit Séroux d'Agincourt, et l'on en trouve de fréquentes preuves dans les formules dont Cassiodore nous a transmis la Collection. » (*Histoire de l'Art par les Monuments, Tableau historique*, t. I, p. 25.) Et mieux que Paul Diacre, que Cassiodore, et que Séroux d'Agincourt lui-même, les monuments encore debout témoignent de cette sollicitude.

3. L'Astronome, *Vie de Louis le Débonnaire*, dans Guizot, *Collection des Mémoires relatifs à l'Histoire de France*, t. III, p. 305.

4. Eginhard, *Annales*, dans Guizot, *Collection des Mémoires*, etc., t. III, p. 48. 51.

5. Eginhard, *Vie de Charlemagne*, dans Guizot, *loc. cit., ibid.*, p. 159. Ces métropoles étaient Rome, Ravenne, Milan, Fréjus, Gratz, Cologne, Mayence, Salzbourg, Trèves, Sens, Besançon, Lyon, Rouen, Reims, Arles, Vienne, Moustiers dans la Tarentaise, Embrun, Bordeaux, Tours et Bourges.

6. Ravenne possède deux églises de *Sant' Apollinare*, l'une dans le cœur de la ville, et appelée à cause de cela *Sant' Apollinare in Città*, ou encore *Sant' Apollinare Nuovo*, parce que, bâtie par Théodoric pour les Ariens, cette église ne fit que plus tard retour au culte catholique. L'autre est située hors des murs de Ravenne, et appelée *Sant' Apollinare in Classe*, à cause de Classis, qui était le port de cette ville, et qui fut détruit en 728 par Luitprand. Fondée en 534 en l'honneur du premier évêque de Ravenne, elle possède encore de remarquables mosaïques du vi[e] et du viie siècle, et de nombreux tombeaux.

cidia; le tombeau de Théodoric transformé en église sous le vocable de *Santa Maria della Rotonda*; et enfin le palais de ce prince.

Les deux églises consacrées à *Sant' Apollinare*, celle de Saint-Jean évangéliste, ainsi que *Sant' Ursus* (la cathédrale), affectaient la forme basilicale. Elles ne durent pas frapper très vivement l'imagination de Charlemagne, puisque cette forme, nous le savons, était celle de nos cathédrales mérovingiennes. *San Spirito, Santa Agata, San Domenico* étaient des sanc-

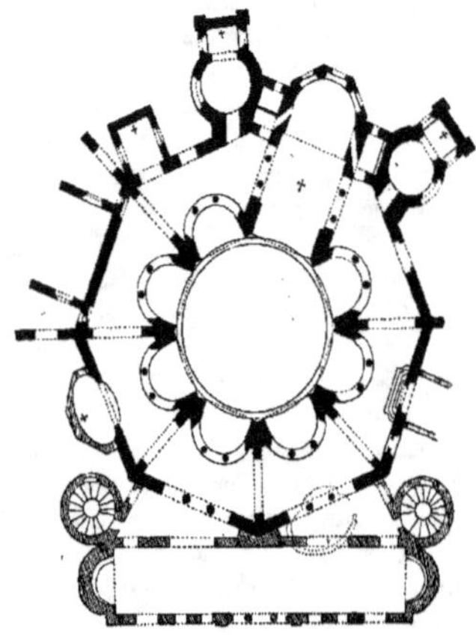

PLAN DE « SAN VITALE » DE RAVENNE.
Les lignes grises dénoncent des adjonctions plus récentes.

tuaires de peu d'importance. Il en était de même pour *San Giovanni in Fonte* et *Santa Maria in Cosmedin*, dont la forme octogone dut l'intéresser, et dont la décoration lui plut certainement, mais dont les dimensions modestes ne pouvaient longuement arrêter ses augustes regards. Le tombeau de Théodoric et celui de Galla Placidia, remarquables à des titres différents, ne pouvaient non plus lui servir de modèle. Le palais de Théodoric allait lui fournir des matériaux de construction. Restait *San Vitale*, qui du premier coup dut conquérir toutes ses préférences.

Cette charmante église est restée debout dans sa forme première; et, quoique dépouillée des marbres précieux qui faisaient sa parure extérieure[1], encore

sa structure générale est-elle, malgré douze siècles, demeurée à peu près intacte. Ce délicieux sanctuaire est construit sur un plan octogonal, qui s'amortit en une coupole portée sur huit gros piliers, entre lesquels se développent sept exèdres. Le huitième intervalle donne accès dans une manière d'abside. Les exèdres sont formés de trois arcades, portées par deux colonnes et venant buter sur deux pilastres appliqués contre les gros piliers. Une galerie règne au-dessus, et forme un premier étage de tribunes. Puis, à une grande élévation du sol plane la coupole qui couronne le monument et l'éclaire par des fenêtres percées à sa base. Comme élégance, on peut difficilement imaginer quelque chose de plus satisfaisant. Et si l'on veut lui restituer par la pensée non seulement sa marmoréenne parure extérieure, mais la décoration intérieure qu'elle possédait au IXe siècle, on ne s'étonnera pas de l'impression profonde que ce joli monument, resplendissant de mosaïques d'or et de marbres précieux, fit sur l'imagination du Grand Empereur.

Aujourd'hui, les restaurations les moins à prévoir et les plus déplacées atténuent singulièrement l'effet produit[2]; mais ce débordement fâcheux de peintures tendres et printanières ne parvient pas, toutefois, à effacer l'inoubliable et puissante émotion que produit la contemplation du chœur, épargné par la flamboyante palette des malencontreux restaurateurs. Dès qu'on a pu se dérober au décor nuageux et fleuri de la rotonde, et qu'on a pénétré dans l'abside, on se sent comme enveloppé par les colorations à la fois riches et sobres des mosaïques, qui prennent, dans le jour assoupi, les apparences d'un tissu splendide, moelleux et souple. L'or, en effet, y est discret. Les nuances puissantes, en même temps fortes et douces, se fondent en des harmonies pénétrantes et délicates. Cette mélodie, où le vert et le bleu dominent, affecte la douceur de tons d'un cachemire.

Mais ce merveilleux ensemble qui nous ouvre des vues si précieuses sur ce qu'étaient la peinture et la décoration byzantines à l'époque de Justinien, mérite qu'on l'isole pour l'étudier à part pendant quelques instants. C'est ce que nous allons faire au prochain chapitre.

---

[1]. Ils furent enlevés par le terrible Malatesta, pour en décorer à Rimini le temple qu'il éleva à sa divine maîtresse.

[2]. Peut-être serait-il impossible de trouver un autre monument retapé, réparé, redécoré en de fâcheuses époques, où les disparates éclatent d'une façon plus cruelle. Jamais les guirlandes de fleurs printanières et d'une excessive fraîcheur, les cascades d'anges maniérés, aux carnations nacrées, se précipitant sur le sol au milieu de nuages opalins, les marbres feints, plus jaspés, plus luisants que nature, n'ont détonné d'une façon plus désagréable sur un ensemble de formes à la fois élégantes et simples.

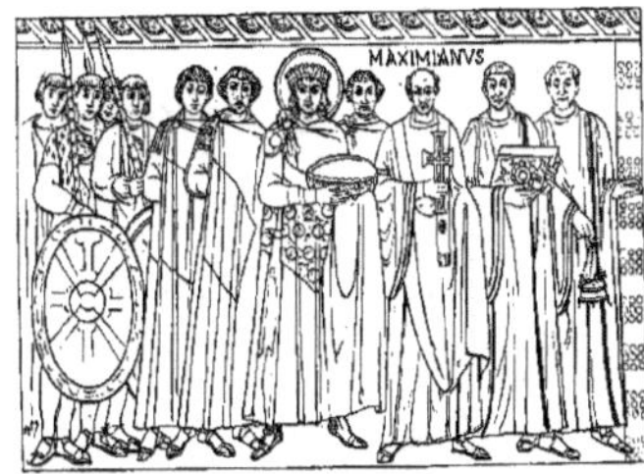

GRANDE MOSAÏQUE DE « SAN VITALE », A RAVENNE.

VI

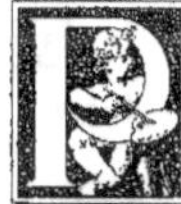ersonne n'est sans connaître, par des reproductions d'une exactitude et d'une fidélité, hélas! bien relatives, la composition de cette décoration doublement précieuse[1]. Son grand intérêt historique réside surtout en deux vastes tableaux situés dans la tribune, à droite et à gauche de l'autel, et représentant, l'un, l'empereur Justinien nimbé et vêtu du manteau impérial, assisté de l'évêque Maximien entouré de courtisans et de dignitaires; l'autre, l'impératrice Théodora également nimbée et escortée des dames de sa cour. Si l'interprétation qu'on en donne est exacte, le premier de ces tableaux figurerait la consécration de l'église *San Vitale*. Le second, la translation des reliques de saint Gervais et saint Protais. Le sujet, toutefois, n'est que secondaire. L'art, ici, domine tout le reste, et pour peu qu'on ait contemplé ces deux scènes, on en conserve un souvenir inoubliable.

Quoique ces figures soient des portraits, et que l'artiste se soit appliqué à leur donner une ressemblance assez précise pour ne pas choquer ses contemporains, leur longueur volontairement exagérée — il en est quelques-unes qui mesurent plus de huit têtes, — leur maigreur caractéristique, leur manque de souplesse et d'abandon, impriment à ces représentations un aspect barbare, un peu sauvage même, mais d'une sauvagerie très impressionnante. Figés dans leurs poses hiératiques, avec leurs gestes simples et anguleux,

leurs roides draperies, leurs visages bien présentés de face et percés d'yeux énormes, ces personnages étranges semblent appartenir à un autre monde, et leur observation attentive trouble comme fait toujours la contemplation de quelque chose qui paraît plus qu'humain. Le grand caractère de ces deux célèbres compositions est rendu plus pénétrant encore par l'étude des scènes compliquées qui décorent les parois latérales du chœur. Ici se trouvent figurés les quatre évangélistes assis, Isaïe et Jérémie debout, Moïse, devant le Buisson ardent, déliant ses sandales et, plus loin, recevant les tables de la Loi de la main de Dieu entourée d'une gloire. Puis viennent le Christ en Bon Pasteur; Abraham servant à dîner aux trois anges; le sacrifice d'Isaac, etc., etc.; en un mot, des représentations pieuses, empruntées plus spécialement à l'Ancien Testament. Pour bien rendre ces dernières scènes, le mosaïste s'est essayé à donner du lointain à ses fonds et à les étager en des perspectives un peu plafonnantes. Mais ces tableaux, s'ils nous fournissent un intéressant aperçu de ce que la peinture murale pouvait être en ces temps éloignés, ne laissent pas ce persistant souvenir qu'on emporte de la contemplation, même hâtive, des deux grandes pages historiques signalées tout d'abord.

Nous ne nous arrêterons pas aux insuffisances de dessin dont témoignent ces œuvres diverses. Nous ne nous demanderons pas si ces personnages sont, comme on l'a dit, « des ébauches d'hommes plutôt que des hommes[2] », et si à travers l'abâtardissement du modèle on ne distingue pas clairement l'insuffisance de l'artiste et la décadence de l'art. Assurément, ces figures à la tête trop petite, aux épaules trop étroites, au corps émacié par la vie ascétique, aux yeux énormes enfoncés sous de grandes arcades creuses; ces femmes à la taille indéfiniment allongée, au front trop étroit, et dont les formes amaigries se perdent sous l'éclat scintillant des robes réticulées de perles et soutachées d'or, n'ont rien à démêler avec les œuvres grecques de la grande époque. Mais Byzance n'était pas Athènes. A des civilisations différentes, il faut, pour exprimer leur idéal, des expressions également différentes.

Ce que nous retiendrons avec l'impression très pénétrante, très forte, que l'on conserve de cette contemplation, c'est le charme singulier qui, au point de vue de l'harmonie décorative, se dégage de cet ensemble

---

1. C'est l'insuffisance de ces reproductions qui nous a décidé à demander à M. Yperman, — dont on connaît les beaux relevés de peintures archaïques exécutés pour les Monuments Historiques, — de se rendre à Ravenne, afin d'exécuter la copie de ces mosaïques, que nous reproduisons dans le présent volume.

2. Taine, *Voyage en Italie*, t. II, p. 270.

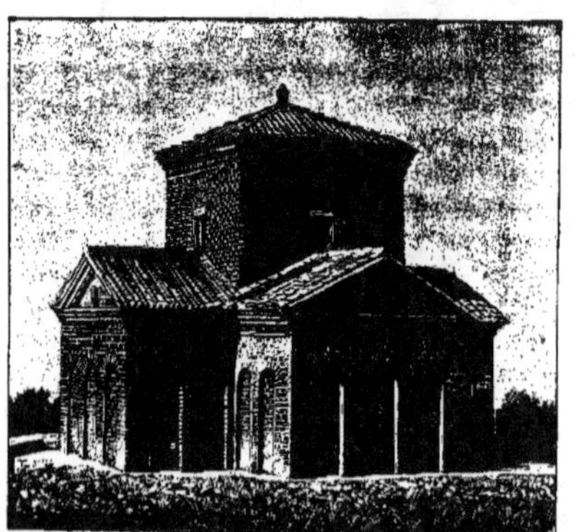

TOMBEAU DE GALLA PLACIDIA.
(Aujourd'hui église des *SS. Nazario e Celso*.)

à la fois si riche et si discret dans sa splendeur. Sous ce rapport, l'ornementation qui habille cette abside est exquise. Faite de rinceaux, d'urnes, d'animaux symboliques, de paons, de médaillons habilement encadrés et heureusement répartis sur l'intrados de l'arc triomphal, elle compose un spectacle à la fois opulent et sobre, magnifique, délicat et doux. Rien dans le rapprochement, dans l'union de ces nuances riches et vibrantes, ne détonne et ne choque, et l'on en arrive à se demander si ce genre de décoration, qui n'a rien perdu de son éclat et de sa merveilleuse fraîcheur en traversant les siècles, ne constitue pas le procédé qui convient le mieux à l'ornementation d'un palais, à la parure d'un sanctuaire.

Pendant près de huit siècles, ce fut là, au surplus, l'opinion des princes et des rois qui, s'arrêtant à Ravenne, purent contempler ce beau décor, encore intact. L'impression que ce spectacle produisit sur Charlemagne et l'influence qu'il exerça sur notre architecture carolingienne sont hors de contestation. Sept cents ans plus tard, Laurent le Magnifique, également ébloui, rêvait de revêtir d'une ornementation pareille la coupole de Sainte-Marie-des-Fleurs[1]. Aussi doit-on se

méfier des critiques à système prétendant que « la mosaïque dite *byzantine* » a toujours quelque chose de barbare, et accusant ses tons très intenses de modifier les formes et de détruire les lignes de l'architecture.

Viollet-le-Duc, quand il formulait ce jugement trop sévère[2], avait oublié certainement *San Vitale*. Il ne se souvenait pas davantage, il faut le croire, du mausolée de Galla Placidia, non plus que du baptistère de *San Giovanni in Fonte*, où l'on retrouve avec les mêmes négligences, — disons mieux, — avec les mêmes insuffisances de dessin, les mêmes prodiges d'harmonie. Le premier de ces monuments, comme il convient à une petite église familiale[3], en son principe destinée à abriter des dépouilles aimées, a une apparence plus modeste et un caractère plus intime. Sa forme, qui est celle d'une croix à branches égales, est bien franchement orientale. Ses dimensions rappellent les

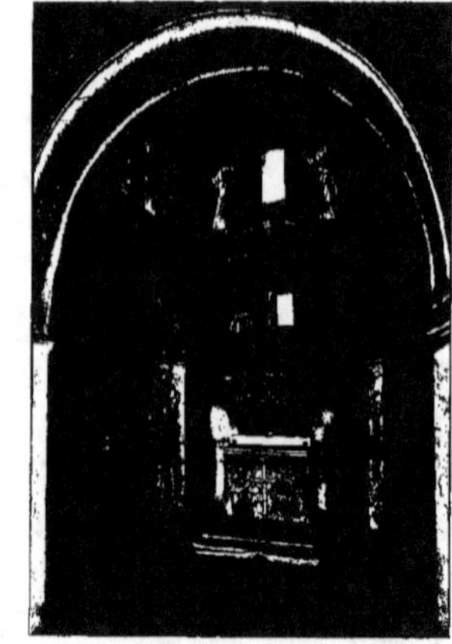

TOMBEAU DE GALLA PLACIDIA.
(Vue intérieure.)

---

[1]. On connaît l'amusante anecdote que Vasari rapporte concernant ce prince ami des arts : « Causant un jour avec le Graffione, qui avait son franc-parler (*che era uno stravagante cervello*), le magnifique Laurent de Médicis disait : « Je veux faire décorer de mosaïques et de stucs tout l'intérieur de la coupole du dôme de Florence. » Et le Graffione répondit : « Vous n'avez pas de maîtres qui en soient capables. » « Ah! répliqua Laurent, j'ai tant d'écus que je m'en procurerai. » Et le Graffione, réfléchissant : « Eh! Laurent, dit-il, ce ne sont pas les écus qui font les maîtres, mais les maîtres qui font les écus. » (VASARI, *Vie d'A. Baldovinetti*.)

[2]. *Dictionnaire d'Architecture*, t. VII, p. 57.

[3]. Cette petite église, consacrée actuellement aux saints *Nazare* et *Celso*, reçut et conserve encore le sarcophage de la princesse Galla Placidia Augusta, fille de Théodose le Grand, ceux de son frère Honorius, de Constance son mari qui fut associé à l'Empire, et aussi celui de son fils Valentinien III. C'est une des premières applications, avec le tombeau de Théodoric transformé également en église sous le vocable de *Santa Maria della Rotonda*, de l'architecture chrétienne au culte des morts. (Voir SÉROUX D'AGINCOURT, *Histoire de l'Art par les Monuments, Tableau historique*, t. I, p. 29.)

églises grecques, qui ne sont guère plus grandes que des oratoires. Là encore, il ne faut pas s'arrêter à l'étude

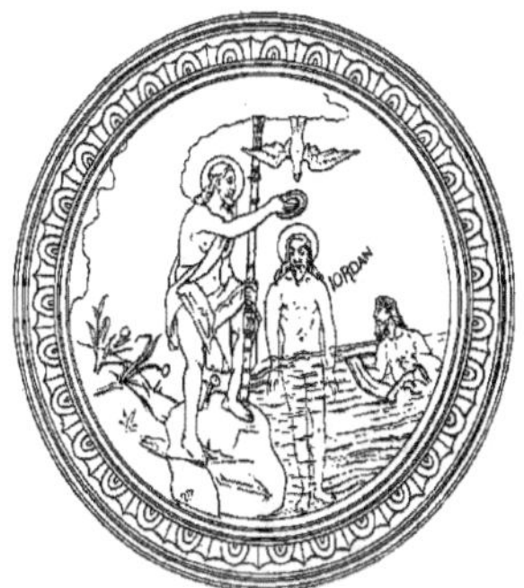

LE BAPTÊME DU CHRIST.
Mosaïque, à *San Giovanni in Fonte* (Ravenne).

des compositions qui meublent les tympans de trois des bras de la croix, et dont les personnages, drapés à la romaine, se détachent sur un fond brun roux très monté. Ce qui appelle notre attention, ce sont les voûtes décorées d'une infinité de fleurons reliés par des arabesques, où l'or sobrement employé se joue dans un bleu lapis très profond, d'un charme indéfinissable. Des grecques, un peu compliquées peut-être, des rubans curieusement déroulés, servent d'encadrement à ce beau jeu de fond, qui donne l'impression d'une riche broderie d'or, exécutée sur un tissu de soie brillant et satiné.

Plus importante à tous égards, la mosaïque du baptistère de *San Giovanni in Fonte* est aussi plus instructive; car elle nous met sur la trace de faits assez particuliers. Toute la partie inférieure est décorée de rinceaux d'or, se détachant sur un fond bleu améthyste presque noir, qui communique aux tons orangés de l'or une puissance extraordinaire et une douceur infinie. Décidément, ces mosaïstes étaient des coloristes d'un goût bien sûr et bien subtil. Une frise, très curieuse au point de vue de l'histoire du mobilier, — mais bien insuffisante comme dessin, perspective et mise en place des objets qu'elle représente, — nous conduit à une sorte de *velum* garnissant l'intérieur de

la coupole, et décoré par un défilé de saints personnages entourant un médaillon, où se trouve représentée une composition toute de circonstance : *le Baptême de Jésus au milieu du Jourdain*. Cette scène comporte trois personnages et une colombe : Jésus, plongé jusqu'à mi-corps dans le fleuve; Jean-Baptiste qui l'ondoie, et le fleuve lui-même personnifié par un vieillard à longue barbe, au-dessus duquel, pour éviter toute méprise, on a inscrit son nom ; IORDAN. Cette dernière figure, qui sent sa mythologie d'une lieue, et offre, de ce chef, plus d'un rapport avec l'Orphée des catacombes de Saint-Calliste[1], mérite toute notre attention; car elle ne constitue pas un fait accidentel, une fortuite intervention du vieux monde dans le nouveau : elle a une importance plus haute.

Dans un autre sanctuaire de cette même Ravenne, — baptistère construit par Théodoric pour ses coreligionnaires ariens, et depuis consacré à *Santa Maria in Cosmedin*, — nous retrouvons notre Jourdain[2] remplissant également ses attributions de fleuve spectateur et surpris. Il ne s'agit pas, dans ce nouvel exemplaire, — hâtons-nous de le constater, — d'une reproduction identique, d'une copie littérale et sentant le décalque, mais simplement d'une réplique. Ainsi qu'on peut le reconnaître en comparant nos images, la composition est ren-

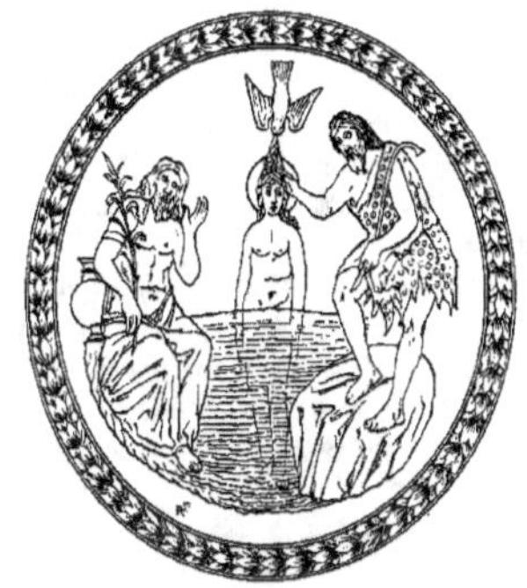

LE BAPTÊME DU CHRIST.
Mosaïque, à *Santa Maria in Cosmedin* (Ravenne).

versée. Jésus, qui dans l'un de nos tableaux est barbu, dans l'autre est imberbe; la pose du Fleuve diffère aussi.

---

1. Cette curieuse peinture réunit autour d'un Orphée, charmant les bêtes au son de sa lyre, quatre scènes empruntées aux Saintes Écritures : *David maniant sa fronde, Moïse frappant le rocher de sa verge, Daniel dans la fosse aux lions, et la Résurrection de Lazare.* Cette peinture si peu orthodoxe a été souvent reproduite, notamment par Lubke. (Voir *Essai*

de l'Histoire de l'Art, traduit par A. D. Koella. Paris, 1886, t. I, p. 277.)

2. Le Jourdain joue un rôle relativement important dans l'iconologie chrétienne des premiers temps. Parfois, quand il n'est pas figuré en personne, une inscription (comme dans la belle mosaïque des saints Cosme et Damien, à Rome) consacre son souvenir.

Mais l'analogie des deux compositions est trop frappante, des rapprochements trop faciles s'imposent avec trop d'autorité, pour ne pas dénoncer, chez deux artistes de mérite très différent et de valeur inégale, l'intention, la volonté de se conformer à un programme arrêté d'avance, imposé, au moins dans ses lignes essentielles, par une sorte de formulaire. L'évidence de ce joug supérieur, auquel le mosaïste n'avait garde de vouloir se dérober, est d'autant moins niable, que ce même baptistère de *San Giovanni in Fonte* offre un autre exemple de cette identité d'interprétation.

Nous avons dit que le médaillon central, où se trouve figuré le *Baptême de Jésus*, est circonscrit par un défilé de saints personnages. Or, ce défilé se retrouve, aussi avec des variantes, dans une des deux églises de Ravenne consacrées à *Sant' Apollinare*[1]. Dans ce sanctuaire de forme basilicale, décoré sous le règne de Justinien, dont il existe du reste un portrait au-dessus de la porte d'entrée, on admire deux énormes frises qui de chaque côté se déroulent au-dessus des vingt-quatre colonnes antiques, séparant la nef principale des deux bas côtés. La frise de gauche est occupée par une longue théorie de vingt-deux saintes nimbées, faisant escorte aux trois rois mages vêtus en baladins, qui viennent déposer leur offrande aux pieds de Marie. Celle-ci, assise sur un trône gardé par quatre chérubins armés de lances, tient sur ses genoux son divin enfant. Sur la frise de droite se déploie un autre cortège de saints personnages également nimbés, drapés à l'antique, portant chacun en ses mains une couronne, qu'il vient offrir au Christ assis, lui aussi, sur un trône gardé par quatre chérubins.

On a quelque peu discuté sur la valeur esthétique de ces figures d'hommes et de femmes, de saints et de saintes, trop longues, trop maigres, trop calmes, trop tristes au gré de quelques-uns. On a été jusqu'à les injurier[2], sans se rendre compte du but poursuivi par l'artiste; sans se demander si la dignité froide de ces êtres un peu surnaturels, leur absence de réalité, la répétition des mêmes gestes, des mêmes attitudes, des mêmes draperies, de la même expression, ou plutôt le défaut de toute expression, n'était pas justement ce qui pouvait étonner, surprendre, émouvoir les chrétiens du vi siècle. Aujourd'hui encore, quoique nos idées aient bien changé, il n'est guère possible de contempler, sans être fortement impressionné, ces deux processions aboutissant à la sereine impassibilité du Christ et de sa mère, sérénité rendue plus grave encore par leurs vêtements sombres et dénués d'ornements, qui tranchent avec la richesse outrée de leurs trônes et la claire parure de leurs gardes. Que devait-ce être quand la disposition d'esprit des fidèles répondait à ces solennelles évocations?

Mais là n'est pas le point important que nous voulons signaler. Ces personnages austères, qui vont déposer leurs couronnes aux pieds du Christ, nous les retrouvons dans cette partie de la tenture de *San Giovanni in Fonte*, — car cette belle décoration mosaïque rappelle par ses dispositions essentielles l'intérieur d'une riche tente, — nous les retrouvons, dis-je, non plus nimbés cette fois, mais toujours marchant du même pas, toujours drapés à l'antique, toujours porteurs de couronnes, réduits au nombre de douze et élevés du rang de saints à la dignité d'apôtres.

Là, encore, il n'y a pas identité absolue, copie textuelle, mais connexité assez flagrante d'inspiration pour qu'on s'efforce de découvrir la raison supérieure qui a conduit des artistes différents à se ressembler d'une façon si visible. Il semble que les uns et les autres aient obéi à une inspiration commune, se soient conformés à une sorte de réglementation. Mais sous quelle forme cette réglementation, cette inspiration, étaient-elles imposées aux artistes grecs, aux peintres et aux mosaïstes de Byzance? C'est ce qu'on ignorait avant que Didron aîné, dans un voyage archéologique entrepris par lui au mont Athos, fût parvenu à en démêler le secret.

Étonné par cette conformité d'expression, maintes fois constatée au cours de sa route, l'esprit éveillé surtout par l'inépuisable et invraisemblable fécondité dont avaient fait preuve certains peintres à peine connus[3], Didron surprit, dans le monastère d'Esphigménon, un de ces peintres au travail. L'éminent archéologue a raconté en détail le plaisir qu'il éprouva à voir ce religieux artiste couvrir en peu d'heures une vaste surface[4],

---

1. Construite par ordre de Théodoric pour les Ariens, attribuée plus tard aux catholiques, cette église fut décorée aux frais de l'évêque Agnellus, entre 556 et 559.

2. « Il n'y a pas un de ces personnages qui ne soit un idiot, hébété, aplati, malade. Les paroles manquent pour exprimer leur physionomie. » (TAINE, *Voyage en Italie*, t. II, p. 270.)

3. Notamment au monastère de Panagia-Phanéroméni que, sur la foi de Pouqueville (*Voyage en Grèce*, t. IV, p. 501), on a prétendu décoré de 50000 figures de 2 mètres de haut; alors qu'elles ne sont, paraît-il,

qu'au nombre de 3724; chiffre respectable, mais qui n'a rien d'excessif, puisque Chartres comprend dans sa décoration près de 9000 figures peintes et sculptées.

4. « Le jeune frère étendait le mortier sur le mur, le maître esquissait le tableau, le premier élève remplissait les contours marqués par le chef; un jeune élève dorait les nimbes, peignait les inscriptions, faisait les ornements; les deux autres, plus petits, broyaient et délayaient les couleurs.... Cependant, le maître peintre esquissait les tableaux comme de mémoire et d'inspiration; en une heure, sous nos yeux, il traça sur

aidé de quelques apprentis et d'un ou deux élèves, témoignant de la plus surprenante mémoire et d'une habileté supérieure à celle des peintres de second ordre qui traitent chez nous les sujets religieux. Sa surprise se changea en une joie bien vive quand, à une nouvelle visite au monastère d'Esphigménou, notre archéologue pénétra le mystère de cette fécondité :

« Tout cela est moins extraordinaire que vous ne pensez, lui dit en substance le peintre interrogé. Voici un manuscrit qui nous apprend tout ce que nous devons faire. Ici on nous enseigne à préparer nos mortiers, nos pinceaux, nos couleurs, à composer et à disposer nos tableaux; là sont écrites les inscriptions et les sentences que nous devons peindre, et que vous m'entendez dicter à ces jeunes gens, mes élèves..... » Plus tard, Didron put se procurer une copie de ce précieux manuscrit[1], dont le texte

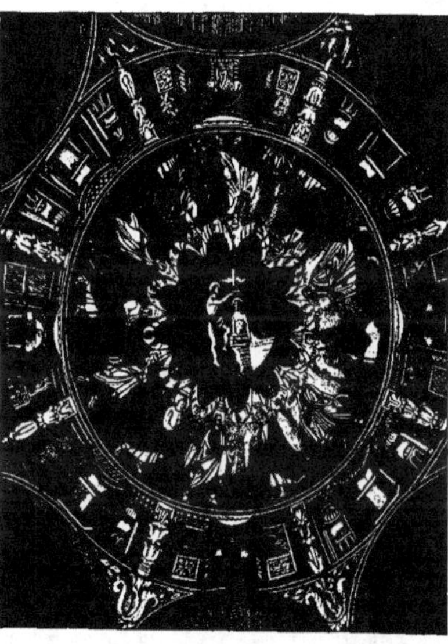

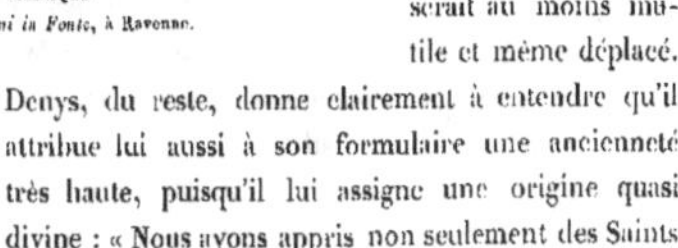

original, très remanié, complété certainement[3], remonte vraisemblablement à une époque fort lointaine, et doit être même très antérieur à la fameuse *Schedula* du moine et prêtre Théophile, qui paraît avoir joué un rôle analogue dans nos arts d'Occident[3]. Cette présomption de très haute ancienneté ressort de différents passages. Tout d'abord, le bon moine Denys, auteur du manuscrit, se proclame le disciple respectueux « du célèbre et illustre maître Manuel Pansélinos, de Thessalonique ». Or, ce Pansélinos, le Giotto de l'école byzantine moderne, vivait sous l'empereur Andronic Ier Comnène, c'est-à-dire à la fin du XIIe siècle. Mais nous savons qu'à cette époque la grande querelle des Iconoclastes, sur laquelle nous aurons à nous expliquer tout à l'heure, avait pris fin depuis longtemps. Or, un passage très caractéristique de notre livre prend justement en mains la défense des saintes icones, et lave ceux qui les exécutent ou les vénèrent du reproche d'idolâtrie[4]. Si le livre, dans sa forme première, n'était pas beaucoup plus ancien que Pansélinos, ce passage serait au moins mutile et même déplacé.

Denys, du reste, donne clairement à entendre qu'il attribue lui aussi à son formulaire une ancienneté très haute, puisqu'il lui assigne une origine quasi divine : « Nous avons appris non seulement des Saints

---

le mur un tableau représentant Jésus-Christ donnant à ses apôtres la mission d'évangéliser et de baptiser le monde. Le Christ et les onze personnages étaient à peu près de grandeur naturelle. Il fit son esquisse de mémoire, sans carton, sans dessin, sans modèle. En examinant les autres tableaux, je lui demandai s'il les avait exécutés lui-même; il répondit affirmativement, et ajouta qu'il effaçait rarement un trait une fois tracé. » (DIDRON, *Manuel d'Iconographie grecque et latine*. Introduction, p. xvi et suiv.)

1. Ce manuscrit, traduit par le docteur Paul Durand, a été publié sous le titre *Manuel d'Iconographie chrétienne grecque et latine*, avec introduction et notes de Didron (Paris, 1. R., 1845, in-8). Il est divisé en quatre parties : 1° un manuel technique; 2° un formulaire expliquant : a « Comment on représente les merveilles de l'Ancienne Loi », b « Comment on figure les fêtes du Seigneur et les autres œuvres et miracles du Christ, selon le saint Évangile », c « Les fêtes de la mère de Dieu », d « Les allégories et moralités »; 3° un dispositif sur la façon dont il faut distribuer les peintures dans les églises; et 4° un appendice.

2. On y relève, en effet, un chapitre intitulé : *De la Préparation des couleurs et comme on peint à l'huile sur toile*.

3. *Diversarum Artium Schedula*, publiée par le comte CHARLES DE L'ESCALOPIER. Paris, 1843. Voir, au sujet de la date probable de ce livre, notre *Histoire de l'Orfèvrerie française*, p. 132 et suiv.

4. « Nous révérons les Images avec respect, mais nous ne les adorons pas.... Lorsque nous rendons un hommage de vénération à une Image, nous rapportons cet hommage au prototype que nous représente cette Image. Lorsque, par exemple, l'Image que nous saluons et embrassons représente le Christ, le respect que nous éprouvons pour cette figure, nous le rapportons au Christ lui-même, fils de Dieu fait homme pour nous. Nous n'adorons pas les couleurs et l'art, mais la personne réelle du Christ qui est dans les cieux; car, dit saint Basile, l'honneur rendu à une Image s'adresse au modèle. Pareillement pour la sainte Vierge et les autres saints. Si nous les représentons, c'est pour rappeler leurs vertus, leurs travaux, et élever vers eux nos âmes. Anathème aux calomniateurs ! » (*Iconographie grecque et latine*, p. 452.)

Pères, mais des Apôtres et j'ose le dire du Christ lui-même, comment il fallait faire les saintes Images », écrit-il. Enfin, voilà qui achève la démonstration de cette ancienneté : nous retrouvons dans ce précieux volume l'exacte description de la scène du Jourdain, qui figure en double exemplaire au baptistère de Ravenne et à Sainte-Marie-de-Cosmedin, et celle de la *Philoxémie* d'Abraham, qui décore l'église *San Vitale*[1].

Est-il nécessaire d'ajouter que ces deux compositions apparaissent, dans le *Manuel* du moine Denys, englobées et comme noyées au milieu d'une iconographie religieuse extrêmement touffue et fort complète, embrassant l'Ancienne et la Nouvelle Loi. Cette iconographie enseigne aux artistes non seulement quelles sont les scènes pieuses, les saintes anecdotes qu'il faut reproduire de préférence, les miracles des Saints, les actes des Martyrs qui peuvent être traduits en compositions murales[2], mais encore la façon dont ces tableaux doivent être distribués ; le nombre de personnages que chacun d'eux comporte ; comment les figures doivent être groupées, leurs positions respectives, leurs costumes, les attributs qui les distinguent et jusqu'à leurs attitudes. — En un mot, notre livre trace, pour chaque sujet, un programme étroit et détaillé, auquel l'artiste devait se conformer, en le traduisant du mieux qu'il lui était possible.

Ces prescriptions si formelles n'étaient pas inutiles, au surplus, et leur utilité fut grande, surtout, dans les commencements. Jusqu'au jour où l'Église chrétienne se fut, comme les cultes anciens, approvisionnée de symboles, les artistes chrétiens marquèrent une naturelle tendance à se servir de ceux adoptés par le paganisme, et dont celui-ci avait fait un usage si fréquent et si distingué. Ajoutons que, malgré les excellentes intentions des formulaires, la séparation des deux religions ne put jamais être strictement établie. De tout temps, on releva dans les saintes représentations des confusions singulières. Nous en avons signalé déjà un double exemple, dans le Jourdain du baptistère de Ravenne, aussi bien que dans l'Orphée des catacombes

de Saint-Calliste. Un manuscrit célèbre, le *Josué* de la Bibliothèque Vaticane, remontant au viie siècle, renferme également un grand nombre de personnifications mythologiques. On voit, en ses curieuses miniatures, des villes couronnées de tours, assises au pied de leurs remparts ; des dieux étendus au sommet des montagnes ; des fleuves nus et barbus, couchés comme il convient, et tenant l'urne traditionnelle. Un autre manuscrit byzantin, psautier grec appartenant à la Bibliothèque Nationale, un peu antérieur au xe siècle, et dont les miniatures représentent les prophètes de l'Ancienne Loi, nous montre David jouant de la harpe, inspiré par une jeune déesse figurant la *Mélodie* ; Isaïe invoquant l'Éternel entre le *Soir* s'incarnant en une femme voilée, et le *Matin* figuré par un enfant tenant une torche. Ailleurs, nous distinguons des personnifications de la *Force* et de la *Sagesse* ; et, au *Passage de la Mer Rouge*, cette dernière est figurée par une femme tenant un gouvernail, alors que l'*Abîme*, sous les traits d'un homme fortement musclé, s'empare de Pharaon. Ajoutons que, pour éviter toute confusion, des inscriptions viennent identifier ces personnages allégoriques et souligner l'hétérogénéité de ces représentations païennes, attardées dans les épisodes les plus orthodoxes du culte nouveau.

On voit par là combien la pénétration fut non seulement profonde, mais durable. Elle ne s'étendit pas seulement aux figurations symboliques, mais jusqu'aux types des personnes sacrées[3]. Bien mieux, un écrivain qui a fait de l'art byzantin l'objet de ses études constantes, déclare que, « du jour où les sources mythologiques et poétiques » qui alimentaient la peinture byzantine furent taries, « sa manière est devenue aride et sèche, et tout son mérite se trouve concentré dès lors dans l'habileté de l'artiste[4] ». Ainsi, dès les premiers temps, l'art et l'orthodoxie ne se trouvèrent pas toujours d'accord. Leurs luttes même furent longues, ardentes, instructives ; et à Byzance plus qu'ailleurs elles atteignirent un tel degré d'acuité, qu'il ne nous est pas possible de les passer sous silence.

---

1 Le baptême du Christ est formulé ainsi : « Le Christ debout, nu, au milieu du Jourdain ; le Précurseur sur le bord du fleuve, sa main droite sur la tête du Christ, et il étend la gauche vers le ciel. Au-dessus, le ciel, d'où sort le Saint-Esprit sur un rayon qui descend vers la tête du Christ. Au-dessous du Précurseur, dans le fleuve, un homme nu couché en travers et regardant le Christ avec crainte ; il tient une urne d'où l'eau s'écoule. » La concordance, on le voit, est frappante. Elle n'est pas moins exacte pour la *Philoxémie* d'Abraham. Le texte porte « Maison », et nous en avons une sur la gauche : « Trois anges assis à table » ; ils tiennent le milieu de la composition. « A leur droite, Abraham avec un plat ». Le patriarche sert, en effet, ses divins convives. « A gauche, Sara en apporte un autre ». Ici, une variante : Sara est à droite, parce que le mosaïste avait besoin de toute la partie gauche, pour représenter le Sacrifice d'Isaac.

2. Le *Manuel de Peinture*, toutefois, ne dit rien des scènes de l'*Apocalypse*, et le fait est à noter, car elles ont été bien souvent représentées par les artistes byzantins.

3. En dépit de cette réglementation préventive, les artistes grecs et byzantins ne purent pas toujours se soustraire aux influences de l'art antique, et bien souvent, en dépit de leur docilité, ils adaptèrent des types profanes à des personnifications sacrées. A ce propos, Albert Dumont a remarqué, avec beaucoup de sens et de finesse, que les vierges de certaines absides orientales rappellent la Junon antique, qu'elles ont les traits forts, le menton athénien, le nez droit, les yeux trop grands, et que les portraits de saint Georges sont ordinairement copiés d'après le cavalier thrace. (A. Dumont, *Revue archéologique*, 1870-1871, t. XXII, p. 222.)

4. N. Kondakoff, *Histoire de l'Art byzantin*, t. II, p. 5.

VII

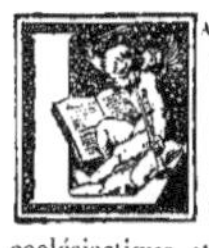

A « source la plus empoisonnée de tous les malheurs des Grecs, écrit Montesquieu parlant de l'empire de Byzance, c'est qu'ils ne connurent jamais la nature, ni les bornes de la puissance ecclésiastique et de la séculière; ce qui fit que l'on tomba de part et d'autre dans des égarements continuels[1]. » L'Empire d'Orient fut, en effet, pendant près de cinq siècles, avant et après Justinien, en proie aux passions théologiques. L'interprétation d'un point de dogme suffisait pour enfiévrer les passions. Elle provoqua plus d'une fois des émotions populaires[2].

Ces querelles « byzantines », que nous ne comprenons plus guère, ne pouvaient manquer d'avoir fatalement leur contre-coup dans le domaine de l'Art. L'empereur gouvernait l'Église, mais celle-ci gouvernait l'empereur et l'État qu'elle avait envahi. La lutte entre les deux pouvoirs devait éclater tôt ou tard. Les moines exerçaient, à l'aide des saintes Images, une redoutable puissance sur les esprits naïfs et sur les âmes vulgaires. Pour mettre un frein au pouvoir monacal, on s'en prit aux Images. En 726, un premier édit ordonna qu'on les suspendît à une grande hauteur dans les églises, pour que les fidèles ne pussent les baiser et les gratifier des trop expansifs témoignages d'une latrie exagérée. En 728, on prétendit les supprimer, et des émeutes éclatèrent. Constantin V, qui monta sur le trône en 741, ne se montra pas moins acharné que son père, Léon l'Isaurien, contre les représentations sacrées. En 754, un concile d'évêques réuni par son ordre déclara que « l'art coupable de la peinture est un blasphème contre le dogme fondamental de notre salut ». Il flétrit l'artiste imprudent qui, de ses mains impures, prétend « donner une forme à ce qui ne doit être cru que de cœur ». Et la proscription ne s'étendit pas seulement aux Images exclusivement divines. En vain les défenseurs des icones sacrées objectaient-ils que Marie et les apôtres, les prophètes et les martyrs, n'ayant été que des êtres humains, « ne composaient pas deux natures comme le Christ ». Le concile répondait par cet argument péremptoire : « Le Christianisme a renversé le Paganisme tout entier, non pas seulement les sacrifices païens, mais aussi les Images païennes. »

Cet ostracisme fut suivi d'une destruction méthodique des œuvres d'art présentant un caractère chrétien. Ainsi, contresens singulier, pendant qu'on tolérait sur les places publiques, sous les portiques des palais, les représentations les plus profanes, les statues des dieux ou des déesses, admirables ouvrages de l'art païen, que les premiers pères de l'Église avaient chargés de leurs malédictions; pendant que Justinien continuait de trôner dans l'Augustæon costumé en Achille, et que la vénération publique saluait le grand Constantin sous la forme d'une statue d'Apollon, transformée en effigie impériale[3] : dans les églises orthodoxes, on recouvrait d'un lait de chaux ou de badigeon les peintures murales et les pieuses mosaïques. Puis, après avoir détruit les

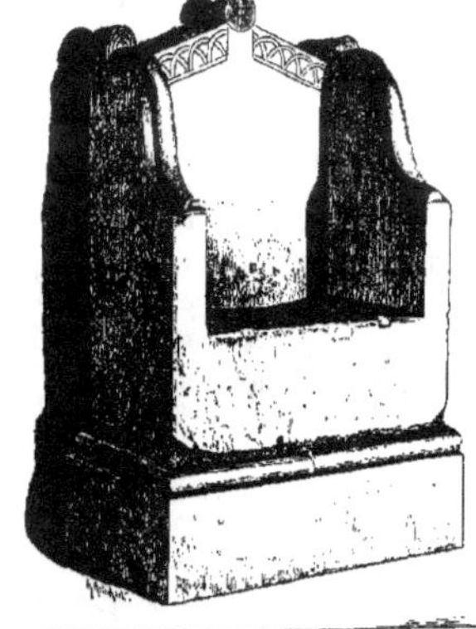

Images, on s'en prenait à leurs partisans, à ceux qui les exécutaient, et l'art religieux eut aussi ses martyrs[4].

Cet excès d'iconoclasme dura jusqu'en 787, où le

---

1. Montesquieu, *Grandeur et Décadence des Romains*, chap. xxii (dans Œuvres complètes, Paris, 1822, t. I, p. 260).

2. « Priez un homme, dit saint Grégoire de Nazianze, de vous changer « une pièce d'argent; il vous apprendra en quoi le Fils diffère du Père. « Demandez à un autre le prix du pain; il vous répondra que le Fils est « inférieur au Père. Informez-vous si le bain est prêt; on vous dira que le « fils a été créé de rien. » Et les hommes se massacrent sur ces articles, et le seul intérêt capable de soulever une révolte à Constantinople, c'est la question des pains azymes ou la double nature de Jésus-Christ. » (Taine, *Voyage en Italie*, t. II, p. 276.)

3. Cette statue d'Apollon avait été enlevée à la ville d'Héliopolis, en Phrygie, pour être apportée à Constantinople.

4. Le moine Lazare, qui dans sa prison avait recouvert les murailles de peintures religieuses, eut les deux mains brûlées par ordre de l'empereur Théophile (*Vie de Théophile*, chap. xiii, citée par Bayet, *Art byzantin*, p. 112).

concile de Nicée, réuni par l'impératrice Irène, opéra une sorte de contre-révolution. Non seulement les Images, de nouveau tolérées, reparurent dans les temples et sur les vêtements sacerdotaux, mais on permit aux fidèles de s'agenouiller devant elles, de les baiser, « sans leur rendre, cependant, un culte véritable, lequel n'est dû qu'à la divinité seule ».

Cette victoire, toutefois, ne fut pas immédiatement décisive. Un certain nombre d'empereurs, notamment Léon l'Arménien et Théophile, eurent des retours hostiles. Mais, avec Basile le Macédonien, le culte des Images récupera toute sa puissance, et entra dans une voie de somptuosité tout à fait asiatique. L'identification de l'Image et de l'Idée reparut même. Un des princes de sa dynastie, Constantin Porphyrogénète, qui était, assure-t-on, un artiste de talent[1], prit soin de rédiger un code des cérémonies byzantines, où tous les actes du Souverain étaient prévus, où les moindres actions des officiers du Palais et de l'Empire, et jusqu'aux acclamations de la foule étaient réglées par une étiquette aussi implacable que méticuleuse. Un esprit si méthodique ne pouvait laisser la fantaisie des peintres s'égarer dans l'interprétation des dogmes chrétiens. Aussi lui attribue-t-on une réglementation de la peinture religieuse, analogue à celle dont il avait doté le cérémonial de la cour. L'emploi des attributs et des emblèmes fut consigné dans une sorte de code, et comme il fallait que le fils de Dieu, devant qui l'empereur fléchissait le genou, fût au moins son égal, dès lors le Christ et sa mère n'apparurent plus dans ces représentations que sous l'aspect imposant et magnifique de majestés orientales, assises sur des trônes resplendissant d'or et de gemmes[2], le front calme, le regard impassible, entourées d'une cour de saints et d'archanges, bénissant les fidèles d'un geste impérial.

Ainsi, cette lutte contre les Images n'avait été, en réalité, comme le remarque Finlay[3], « qu'une lutte de la puissance impériale et du principe de centralisation, du pouvoir spirituel et temporel, contre le clergé ». On devait voir renaître à diverses époques ces accès d'iconoclasme déguisant, au temps de Suger et de saint Bernard, l'antagonisme de deux ordres monastiques, ou masquant, comme à l'époque de la Réforme et de la Révolution, des dissentiments sociaux et politiques.

Cette fois, ils aboutirent à une réglementation de l'Art, à une codification de formules, d'autant plus étroites, que la peinture, dans ses différentes applications, fut désormais considérée comme une manifestation pieuse, et que sa pratique, aux yeux des iconolâtres, équivalut à un acte de dévotion.

Mais, le plus intéressant pour nous, c'est que cette

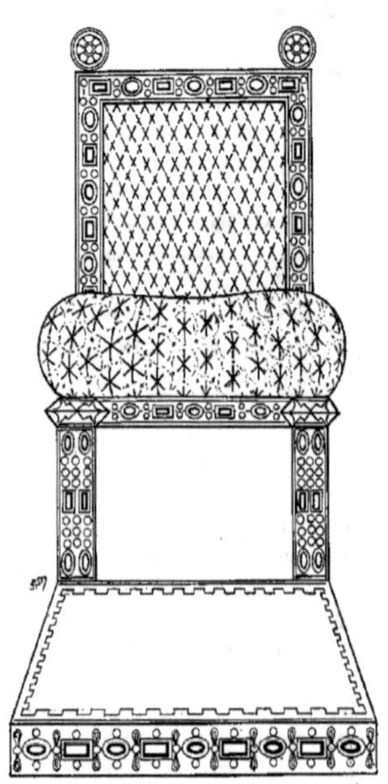

TRONE IMPÉRIAL DE LA VIERGE
dans la mosaïque de *Sant' Apollinare in Città.*

codification de l'étiquette céleste, — simple consécration officielle, dans bien des cas, de représentations adoptées dès les premiers âges du Christianisme, — exerça une influence considérable, non seulement sur les destinées de l'art byzantin proprement dit, mais encore sur le développement de l'art occidental. Il est à remarquer, en effet, que le grand mouvement d'expansion en Europe de la mosaïque, ce genre de décoration

---

1. Si nous en croyons son biographe, il excellait à peindre, au point que ses flatteurs affirmaient qu'il surpassait, dans cet art difficile, les artistes de l'Antiquité. Non content d'être un virtuose émérite, il inspirait, revoyait, corrigeait les ouvrages des peintres mosaïstes qu'il occupait, en dictait le sujet et la composition, et fournissait des modèles aux orfèvres. Il fit exécuter sous ses yeux les portes d'argent doré du Chrysotriclinium, et une table de même métal pour les festins d'apparat. (*Vie de Constantin Porphyrogénète,* chap. XX. — RAMBAUD, *Constantin Porphyrogénète,* p. 67. — BAYET, *l'Art byzantin,* p. 118.)

2. Son image répondait ainsi au passage de l'*Apocalypse,* IV, 3 : « Et qui sedebat, similis erat aspectui lapidis jaspidis et sardinis, et erat in circuitu sedis, similis visioni smaragdinæ ».

3. FINLAY, *History of Byzant. Emp.,* cité par KONDAKOFF, *Histoire de l'Art byzantin,* t. I, p. 154.

prétendu divin et consacré plus particulièrement à la gloire, au triomphe de l'Église[1], est postérieur à la réglementation, par Constantin Porphyrogénète (911-959), de l'iconographie chrétienne. En Orient, les mosaïques de Sainte-Sophie de Salonique, des monastères de Chora (aujourd'hui mosquée de Kachrie), à Constantinople, de Sainte-Sophie de Kiev, datent du xie siècle, et celles de l'église de la Nativité, à Bethléem, du xiie. Du xiie également sont celles de la petite église de *Santa Maria dell'Ammiraglio* ou de la *Martorana*, à Palerme; de la basilique de Monréale, en Sicile; du monastère de Daphni, sur la route d'Éleusis à Athènes; de la chapelle palatine de Palerme; et enfin les plus fameuses de toutes, les mosaïques de Saint-Marc. On peut donc dire, avec M. Kondakoff, « qu'aucune autre période de l'art byzantin n'a laissé de monuments aussi vastes et aussi splendides[2] ». Les décorations de Saint-Marc, en effet, ne couvrent pas moins de 40 000 pieds carrés, et celles de Monreale 60 000.

Ajoutons que ce n'est pas seulement par ces grands et magnifiques ouvrages que Byzance fit pénétrer et répandit son influence artistique en Occident. Cette expansion fut accélérée par une importation considérable de Livres Saints, ornés de curieuses miniatures; hiéroglyphes charmants, accessibles aux femmes ainsi qu'aux illettrés, et qui tiraient précisément des ouvrages qu'ils avaient pour mission d'illustrer une autorité et une consécration spéciales. Ce rôle éducateur, au surplus, avait été prévu, escompté, si l'on peut dire ainsi.

« Les scènes de l'Ancien et du Nouveau Testament, reproduites par d'habiles artistes, apprendront à ceux qui ignorent la lecture et ne peuvent prendre directement connaissance des textes sacrés, les belles actions de ceux qui ont servi Dieu fidèlement. » Qui dit cela? C'est un disciple de saint Chrysostome, qui fut préfet de Constantinople au ive siècle, et qui, retiré dans un couvent du mont Sinaï, parvint à la sainteté[3]; et un autre saint personnage, Nicéphore, ajoute que l'illustration des livres de prières n'a pas seulement pour but et pour effet de les rendre plus précieux et plus beaux, mais aussi de rendre « la vérité plus palpable, plus réelle aux yeux des laïques[4] ».

Partout où ces livres pénétrèrent, leur influence fut considérable; et l'on peut dire que leur action sur les artistes d'Occident, surtout quand ceux-ci étaient eux-mêmes des religieux, fut plus déterminante peut-être que celle des manuels didactiques, analogues au livre du moine Denys[5]. Fut-elle toujours heureuse? Ceci est une autre question. On peut même dire que, dans bien des cas, les exemples prodigués par ces livres vénérés devinrent funestes. En premier lieu, ils aidèrent à la formation de types trop nettement définis, desquels on eut scrupule de s'éloigner, parce que la fidélité à ces types parut faire partie du dogme. « Trait commun à toutes les religions », dit fort justement M. Bayet[6], mais qui, chez nous, — bien qu'on laissât encore le champ assez libre aux artistes, — donna le jour à de vastes compositions, froides, délayées, sans action; mit à la mode ces longues théories de saints personnages désignés par des inscriptions, où les figures juxtaposées n'ont garde de ne se mêler ni de se confondre, où tous les détails se détachent clairement parce qu'il n'en est aucun qui n'ait son importance et sa signification, et parce que le sujet, avant tout, doit être facilement lisible. C'est à eux qu'il faut encore attribuer, dans les ouvrages de grande décoration, la subordination caractéristique des fonds rechampis en or ou en bleu, sur lesquels les figures se détachent avec une vigueur singulière; la longueur démesurée et l'ascétique maigreur des saintes figures, — falsification préméditée, qui enlève à ces interminables personnages toute liberté d'allure, toute apparence de vie, mais auxquels cette destitution d'animation et de réalité imprime, avec un caractère surnaturel, un aspect décoratif très spécial.

Enfin, ce qui acheva de rendre, en Occident, l'inter-

---

1. Barbier de Montault (*Histoire de la Mosaïque*, dans *Annales archéologiques*, t. XXVI, p. 312) affirme, et cela semble résulter de recherches très précises, que les mosaïques d'émail n'ont vraiment été mises en honneur que par le Christianisme. A l'appui de cette opinion, on peut invoquer l'autorité de Girault de Prangey et celle de Renaud, établissant que les Arabes emploient un mot dérivé du grec pour signifier ce genre d'ouvrages et « s'accordent à dire que cette branche de l'ornementation est d'origine chrétienne ». Enfin, nous avons la confession du moine Denys (Didron, *Manuel d'Iconographie chrétienne grecque et latine*, p. 4), qui attribue à saint Luc, pour représenter dignement la Vierge, l'invention des mosaïques dorées. Cependant, il ne faut pas oublier qu'à Ravenne aussi bien qu'à Byzance la mosaïque fut employée à décorer des édifices civils. Le palais de Théodoric, comme celui de Justinien, resplendissait de ces brillantes décorations. Dans ce dernier, notamment, on voyait représentées de la sorte « les guerres et les combats du règne, les villes prises en Afrique », ainsi que les hauts faits de Bélisaire offrant à l'empereur comme butin « les rois, leurs royaumes, leurs trésors ». Celles du palais de Théodoric furent transportées à Aix-la-Chapelle. (Voir Procope, *De Ædificiis*, lib. I, cap. x. — Richter, *Die Mosaïken von Ravenna*. — Texier, *Architecture byzantine*. — Salzenberg, *Alte christliche Baudenkmale von Constantinopel*. — Labarte, *le Palais de Constantinople*. — Etc.)

2. Kondakoff, *l'Art byzantin*, t. II, p. 11.

3. Voir *Lettres de Saint Nil*, lettre IV, n° 61, dans *Biblioth. maxima Patrum*, t. XXVII.

4. Pitra, *Spicilegium Solesmense*, t. I, p. 463.

5. Nous avons vu plus haut (col. 39) la femme du vertueux Namatius diriger à Clermont la décoration d'une église, ayant un de ces livres « en son giron ».

6. Bayet, *l'Art byzantin*, p. 105.

vention de ces livres absolument funeste, c'est qu'il s'en fallait de beaucoup que les exemplaires importés de Constantinople fussent tous d'une exécution supérieure. Seuls, les plus magnifiques de ces ouvrages nous ont été conservés, à cause de leur supériorité et de leur grand prix. Mais les autres, qui pourrait dire ce qu'ils étaient? Et pourtant, ils durent être innombrables. A partir de la reconnaissance du Christianisme comme religion d'État, et par suite de l'accession de tous les citoyens au culte nouveau, les livres, concentrés jusque-là chez les érudits, se répandirent dans toutes les mains; et l'on apporta à les posséder une ardeur de néophytes. Pour répondre à ces demandes sans cesse plus nombreuses, des ateliers se formèrent, les uns à l'intérieur des couvents, chargés de satisfaire aux besoins du clergé, les autres dans les villes, pour répondre aux désirs des laïques[1]. Ces groupes d'enlumineurs rivalisèrent forcément à qui produirait le plus vite et au meilleur marché. Et comme il s'en fallait que tous ces braves miniaturistes fussent des artistes consommés, pour rendre plus rapide l'exécution des commandes ils copiaient et recopiaient des modèles plus anciens, qui, progressivement dénaturés, finirent par ne plus présenter aucune des qualités de l'œuvre originale. Cet abaissement régulier de la valeur esthétique du travail, s'il est encore supportable dans les petits ouvrages, tourne à la caricature quand il subit des grandissements inattendus. C'est à des transpositions de ce genre que nous devons, sans doute, nombre de figures monstrueuses ou extravagantes, comme le *Gamaliel* du cloître de Saint-Trophime (à Arles) ou l'*Archange saint Michel* de Notre-Dame du Puy. C'est là seulement qu'on peut trouver l'explication des attitudes raides et compassées, du vestiaire exotique et surtout de l'allongement exagéré de ces fantômes asiatiques, qui meublent les tympans de Vézelay, de Moissac, d'Autun, de la Charité-sur-Loire, etc., comme aussi le secret des proportions invraisemblables de ces interminables figures de Chartres et de Corbeil, qui mesurent neuf têtes de longueur.

Ces déformations extravagantes ne résultent pas, en effet, comme Waagen[2] a paru le croire, des nécessités de l'architecture, mais du respect exagéré que le clergé professait pour les manuels dégénérés de l'iconographie byzantine. Ni la tradition romaine, ni l'observation de la nature, ne pouvaient, en effet, fournir à nos artistes des indications pareilles. Leur culture peu développée les incitait, au contraire, à créer des êtres raccourcis et trapus[3]. Ils avaient, comme tous les débutants, une tendance à exagérer l'expression jusqu'à la grimace, et c'est précisément par l'absence d'expression que se distinguent tous ces fantoches de pierre. Chez nous, toutefois, le dommage ne fut pas très durable, parce que, même au Moyen Âge, une liberté relative d'interprétation fut, presque toujours, laissée aux artistes, *Diversæ historiæ tam Novi quam Veteris Testamenti pro voluntate pictorum depinguntur*, écrivait au XIII⁰ siècle l'évêque de Mende, dans son *Rational des offices divins*[4]. En Orient, il n'en allait pas de même. Les prescriptions formelles du Concile de Nicée[5] y eurent toujours force de loi. La différence essentielle des deux arts se trouve résumée dans ces deux textes.

C'est ce qui explique comment, en Occident, l'artiste, guidé par le théologien, — car il importe qu'il ne commette aucune hérésie, et qu'il respecte l'ordre des préséances célestes, — traduit suivant son génie, celui de sa province et celui de son temps, les anecdotes sacrées, plaçant entre les mains d'Ève, la grande tentatrice, un raisin s'il est Bourguignon, une figue s'il est Provençal, une pomme s'il est de Normandie; alors qu'en Grèce et dans l'Orient, esclave de la tradition, l'artiste copie ses prédécesseurs, et, quoique maître de son exécution, cherche à se rapprocher de l'expression admise, parce qu'elle a satisfait les exigences des Pères, à qui l'invention en appartient.

« Voici pourquoi, à Athènes comme à Mistra, dans la Béotie comme dans le Péloponèse, toutes les images sacrées sont des copies prises l'une sur l'autre et comme des contre-épreuves », écrit avec une pointe d'exagération Didron aîné[6]. Sans aller aussi loin, constatons que cette façon de procéder explique les analogies singulières et les ressemblances de certaines œuvres fort éloignées. Elle nous fait comprendre comment M. Paul Durand retrouvait à l'*Hecatompyli* de Mistra et à la *Panagia* de Saint-Luc une figure de saint Jean Chrysostome dessinée par lui dans le baptistère de Saint-Marc.

---

1. Peut-être même rencontrait-on dans les grandes villes de la Grèce des associations aimables et laborieuses, comme celles dont parle l'*Anthologie palatine*, et qui, au beau temps de l'histoire hellénique, s'occupaient dans l'Attique de la confection des tapisseries historiées, des broderies, et exécutaient ensemble de véritables œuvres d'art. (V. DE RONCHAUD, *la Tapisserie dans l'antiquité : le Peplos d'Athéné*, Paris, 1884, p. 51.)

2. WAAGEN, *Kunstler und Kunstwerke in Paris*, t. I, p. 200, 231.

3. Voir notre *Art à travers les mœurs*, p. 104.

4. G. DURAND, *Rationale divinorum officiorum*, lib. 1, cap. III.

5. « La composition et la disposition des peintures à exécuter ne doivent pas être abandonnées à l'imagination des artistes. La loi et la tradition en sont réglées par l'Église catholique, car ce qui se recommande par son ancienneté, comme dit saint Basile, excite particulièrement la vénération.» (PH. LABBÉ, *S. S. Concilia Sinodus Nicæna*, II, art. VI, col. 831.)

6. DIDRON, *Manuel d'Iconographie chrétienne grecque et latine* (Introduction, p. VI et suivantes).

VIII

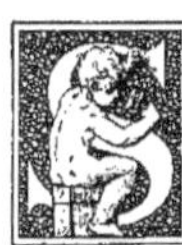

t les livres byzantins enrichis de miniatures exercèrent une indiscutable influence sur la décoration intérieure et extérieure de nos monuments, les orfèvreries, les ivoires, les tissus, n'eurent pas une action moins directe et moins décisive sur la marche de l'art décoratif en Occident. Importées par quantités considérables, regardées malgré cela comme d'un prix inestimable, les belles étoffes surtout jouèrent un rôle très important dans notre ameublement religieux et civil. Nous avons déjà noté, dans notre visite hâtive aux monuments de Ravenne, que ces admirables mosaïques, auxquelles nous trouvions des « douceurs de cachemire », qui nous donnaient la sensation des « riches broderies d'or exécutées sur un tissu brillant et satiné », pouvaient bien n'être que des copies de tissus magnifiques, et que cette similitude semblait résulter de l'intention arrêtée de reproduire, d'une façon définitive et avec des matériaux incorruptibles, les tentures superbes dont on ornait alors les édifices civils et religieux. Cette intention, au surplus, nous est signalée par un contemporain de ces beaux travaux[1]; et la ressemblance qui devait en résulter a frappé également nombre d'écrivains d'art[2].

Ces mêmes analogies se retrouvent dans les décorations picturales dont des traces nombreuses se rencontrent encore dans nos églises, et qui simulent souvent des tissus exotiques, en indiquant même les plis que formaient les draperies. Nous avons relevé de ces tentures simulées en peinture dans les églises de Saint-Savin (Vienne), de Saint-Jacques-des-Guérets (Loir-et-Cher), à la chapelle du Liget (Indre-et-Loire), dans la crypte de la cathédrale de Chartres, dans la chapelle de Saint-Chef (Isère), dans l'église des Jacobins d'Agen, à Notre-Dame-la-Grande de Poitiers, etc. Ces simulations durèrent jusqu'au XVe siècle. Les draperies de la cathédrale de Reims, sculptées dans la pierre, sont justement célèbres. Leur présence, du reste, s'explique par ce fait que, dès le Ve et le VIe siècle, l'usage des rideaux, des tentures et des portières était très répandu. Il avait même donné naissance, dans le langage courant, ainsi que le remarque Séroux d'Agincourt, à un nombre considérable d'expressions particulières et caractéristiques[3]. Leur rôle de parure, de « vêtements de murailles », nous est confirmé, en outre, par

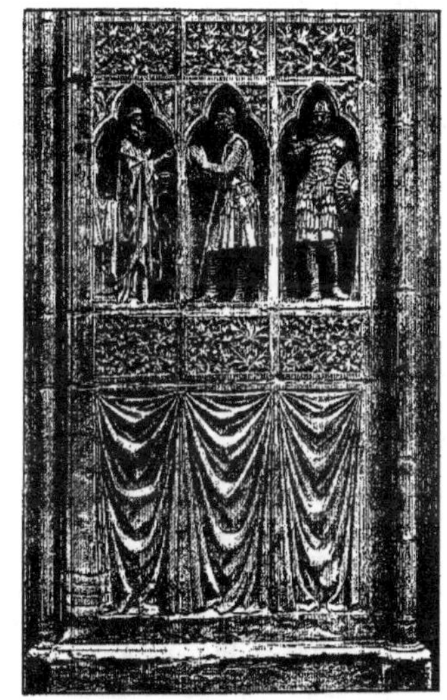

EXEMPLE DE DRAPERIES SIMULÉES EN SCULPTURE.
(Cathédrale de Reims.)

le nom de *vestis* attribué d'une façon générale aux draperies, et par celui de *vestiarius* sous lequel on désignait les tapissiers chargés de les mettre en place[4]. Enfin, Anastase le Bibliothécaire n'énumère pas moins de soixante-neuf espèces ou variétés de ces *vela*. Ce chiffre nous dit assez la fréquence de leur emploi et la multiplicité des services qu'ils étaient appelés à rendre[5].

Ce rôle considérable des tissus se légitime, en

---

1. Décrivant la basilique nouvelle récemment élevée par Basile le Macédonien, PHOTIUS dit expressément : « Le sol et les murs semblent recouverts de brocarts de soie et de tapis de pourpre, tellement ils sont embellis par les fragments de marbre dont ils sont formés, par la variété des bandes de mosaïque, par l'agencement des compartiments, etc. ». (PHOTIUS, *Ecclesiæ novæ descriptio*, cité par LABARTE, *le Palais impérial de Constantinople*, p. 88-90.)

2. M. GERSPACH (*Tapisseries coptes*, p. 4) signale certaines analogies de disposition et d'aspect existant entre les mosaïques antiques et ces tapisseries. (Voir aussi SALZENBERG, *Alte Christliche Baudenkmale von Constantinopel*, pl. XXXVI.)

3. On les trouve distinguées sous les noms de *vela majora*, *vela minora*, de *vela pendentia inter columnas*. Ainsi disposés, ces *vela* marquaient les divisions de l'édifice, d'où les termes *venire ad primum*, *venire ad secundum velum* (SÉROUX D'AGINCOURT, *Histoire de l'Art par les monuments*, t. III. Peinture, p. 17).

4. ROBERT ESTIENNE, *Thesaurus linguæ latinæ*, IV, 537.

5. ANASTASE, *Liber pontificalis*, t. II, p. 401; t. III, p. 333 et suiv.

outre, par une prise de possession très ancienne. « L'étoffe, écrivait avec infiniment de raison notre savant ami de Ronchaud[1], est le luxe naturel des civilisations primitives. L'homme commence par orner son vêtement..., du vêtement la décoration passe à la demeure, d'abord à la tente, cet abri du nomade, sorte de second vêtement, de large manteau dont il enveloppe avec lui sa famille et ses biens...; mais quand les tribus errantes se sont assises, quand l'abri portatif est remplacé par une habitation fixée au sol, le système de décoration auquel la tente a donné lieu persiste encore dans la maison. Il en règle la tenture et le mobilier.... La ressemblance est toute superficielle entre l'emploi que nous faisons aujourd'hui de la draperie dans la décoration de nos salons, de nos chambres à coucher, et celui qu'en faisaient les Anciens dans les diverses pièces de leurs habitations. C'est chez nous, la plupart du temps, une simple décoration, une pure fantaisie. Au contraire, dans l'antiquité, cet emploi de l'étoffe était, on peut le dire, organique. Il ne servait pas seulement à revêtir les murailles, à cacher les portes, à accroître ou à diminuer la lumière. Il formait réellement des divisions et des abris, et son importance était si grande, son rôle si essentiel, qu'on ne peut guère concevoir la maison antique sans le système des draperies, qui s'y adapte naturellement[2]. »

C'est en Orient surtout, chez les peuples pasteurs d'abord, que la tente fut en usage. Par suite, le rôle du tissu, de l'étoffe, y prit une importance considérable ; et, conséquence naturelle, les Orientaux, les premiers, excellèrent dans la fabrication des tissus de toutes sortes. Les auteurs les plus anciens s'accordent pour reconnaître cette supériorité. Ézéchiel, déjà, mentionne les étoffes de prix, dont Tyr approvisionnait, de son temps, le bassin de la Méditerranée. Il signale l'art de la broderie comme une invention égyptienne[3]. De là cet art passa en Phrygie et ensuite en Occident. Pline nous apprend qu'à Rome on désignait d'une façon générale les brodeurs sous le nom de *Phrygiones*, à cause de leur lieu d'origine[4]. Il qualifie pour la même raison les plus beaux tapis de *babylonica texta*, parce que les teinturiers et les tapissiers de Babylone dépassaient leurs confrères du vieux monde par l'éclat harmonieux qu'ils savaient donner à leurs laines[5]. Plaute, dans une de ses comédies, parle des tapis d'Alexandrie (*alexandrina tapetia*[6]), recherchés de son temps à Rome, comme les tapis de Smyrne le sont de nos jours à Paris. Théocrite vante les tapis de Millet, « plus moelleux que le sommeil »[7]. D'autres tapisseries brodées d'or étaient désignées sous les noms d'*aulæa* et d'*attalica*, parce qu'elles avaient fait leur première apparition à la cour du roi Attale[8]. Enfin, parmi les tentures employées à la décoration du sanctuaire, Anastase le Bibliothécaire mentionne les *vela* d'Alexandrie, de Tyr, de Rhodes, de Byzance[9], et c'est à ces mêmes lieux de provenance que nous verrons attribuer les tissus de prix pendant tout le Moyen Age[10].

On peut donc affirmer que l'Orient fut, à toutes les époques, non seulement le fournisseur de l'Occident, mais encore son éducateur comme fabrication et comme goût.

Cette prééminence, l'Orient et la Grèce y avaient un droit légitime, car, dès l'époque iliaque, si l'on en croit Homère, les princesses et les femmes de leur entourage direct excellaient à peindre à l'aiguille, sur de luxueux tissus, les compositions les plus compliquées. Les noms d'Andromaque, d'Hélène et de Pénélope sont demeurés unis au souvenir de travaux de ce

---

1. Louis de Ronchaud, *la Tapisserie dans l'Antiquité*, p. 4 et 5.

2. Remarque curieuse : cette forme de la tente a persisté pendant bien des siècles pour les tombeaux. A Rome, le mausolée d'Auguste et celui d'Hadrien avaient, dans le principe, l'aspect de tentes énormes. L'analogie est encore plus frappante avec le Med'rassen et le tombeau de la Chrétienne, qu'on voit en Algérie.

3. Ézéchiel, chap. xxvii, v. 7.

4. Les *orfrois*, dont parlent si souvent de textes du Moyen Age, et dont on fit un si copieux emploi dans la décoration des vêtements sacerdotaux, n'ont pas, étymologiquement, une autre origine. *Orfroi* est une contraction de *aurum phrygium*, et l'art du brodeur fut désigné pendant quinze cents ans sous le nom d'*opus phrygium*. (Voir Du Cange, *Glossarium ad scriptores mediæ et infimæ latinitatis*, sous *Phrygiare*. — D. Carpentier, *Glossarium novum*, sous *Aurifrigia*.... — Ménage, *Dictionnaire étymologique de la langue française* (1750), t. II, p. 260.)

5. Pline, *Hist. nat.*, VIII, 48.

6. Dans sa comédie de *Pseudolus*, acte Ier.

7. Théocrite, *Idylles*, XV, v. 5.

8. Pline, *Hist. nat.*, liv. VIII, 74 ; ailleurs, liv. XXIII, il indique ces beaux tissus comme une invention des rois d'Asie (*Invento regum Asiæ*). Servius (*Commentaire* sur le vers 25 des *Géorgiques*) dit à peu près la même chose : « Quod primum in aula Attali regis inventa sunt ». et A. Justus (*De Pictura veterum*, lib. II, cap. viii) : « Aulæa sunt vela picta, quæ ideo dicta, quod primum in aula Attali regis Asiæ inventa sunt ».

9. *Liber pontificalis*, t. II, p. 401, et III, p. 333.

10. Les anciens textes mentionnent d'une façon courante le velours alexandrin, de Perse, de Turquie, les samits d'Égypte et de Perse, le cendal d'outremer, le drap d'or de Chypre. (Voir Douet d'Arcq, *Comptes de l'Argenterie des rois de France*, et *Nouveaux Comptes*, etc. De Laborde, *Glossaire du Moyen Age*. Lacurne de Sainte-Palaye, *Dictionnaire historique de l'ancien langage françois*, etc.) Les étymologistes nous apprennent en outre que le *tartaire* tirait son nom de la Tartarie, le *bougran* de la ville de Boukhara, le *satanin* de Satallie (Asie Mineure), le *tabis* ou *atabis* d'Otabiah, quartier de Bagdad, l'*armoisin* de l'île d'Ormus (Francisque Michel, *Recherches sur le Commerce des étoffes de soie*). Enfin, nous avons expliqué autre part que, dans nombre d'inventaires anciens, les tapis d'Égypte étaient nommés *cairius* (*Inventaire de Catherine de Médicis, de Gabrielle d'Estrées* ; voir aussi *l'Isle des Hermaphrodites*). On trouvera, au surplus, dans notre *Dictionnaire de l'Ameublement et de la Décoration* des détails, aussi complets que possible, sur le damas, l'arramas, le baudequin, le zatanin, et autres étoffes, dont les noms sont également empruntés aux langues orientales.

genre[1]. Cette fabrication d'étoffes richement décorées s'acclimata, du reste, dans l'Attique et le Péloponèse. Une réponse de Thémistocle à Xerxès[2] prouve que les tentures représentant des scènes à nombreux personnages étaient d'un usage courant à son époque; et par Aristote nous avons la description d'un péplos brodé à Athènes, pour Alcisthènes de Sybaris, lequel fut jugé digne d'être exposé dans le temple de Junon Lacinia, où il fut admiré, nous dit-on, plus que toute autre chose. Sur la partie haute de ce péplos étaient figurés les animaux sacrés des Susiens; sur la partie inférieure, ceux qu'honoraient les Perses. Au centre, on voyait Jupiter, Héra, Thémis, Athéné, Apollon, Aphrodite; aux deux extrémités, un double portrait d'Alcisthènes lui-même[3]. Non moins splendide, assurément, était « le manteau très superbe auquel Démétrius Polyorcète fit travailler durant de longues années, et sur lequel étaient représentés, en broderie d'or, le monde entier et tous les astres qui paraissent dans le ciel[4] ».

Dès les premiers siècles de notre ère, la renommée de ces broderies grecques s'était répandue jusque dans notre Occident. Nous en avons la preuve dans la description, consignée par Sidoine Apollinaire en un de ses épithalames, d'un manteau brodé par la jeune Aranéola, « remarquée au milieu de toutes les filles d'Athènes et de Corinthe », et sur lequel étaient figurées des scènes de l'*Odyssée* : « Alceste faisant à son époux le sacrifice de sa vie », « les filles de Danaüs », « les métamorphoses amoureuses de Jupiter », etc.[5].

De Grèce, en effet, ce luxe un peu désordonné des tissus de prix était passé à Rome. Catulle décrit un de ces *vela*, où était représentée l'histoire de Thésée et d'Ariane[6]. Pline cite une tapisserie, qui décorait le triclinium de Métellus Scipion, et qui avait coûté 800 000 sesterces (168 000 francs). Nous savons, également par

lui, que Néron dépensa pour une décoration du même genre 4 millions de sesterces (840 000 francs)[7]. Ces dépenses prirent un caractère d'exagération encore plus marqué, lorsque les tissus de soie commencèrent d'être à la mode. Les fastueux Romains, qui s'étaient si longtemps contentés des fins tissus de laine teints en pourpre sombre, se passionnèrent pour ces nouveaux produits de l'Orient. Ce fut, croit-on, au temps de César, que ces étoffes chatoyantes, fraîches et légères, firent leur apparition dans la capitale du monde[8]. Virgile, en tout cas, est le premier des écrivains anciens qui fasse mention de la soie[9]; et Pline se plaint qu'on aille chercher aux limites de la terre, avec de grandes peines et d'énormes dangers, ces soieries délicates, qui laissent transparaître, dit-il, les secrètes beautés des matrones romaines[10].

La ruine de l'Empire et la décadence progressive de la civilisation antique n'atténuèrent en rien ce goût, cette passion du vieux monde pour les étoffes de prix et les tapisseries de grand luxe. Nous avons vu, dans un précédent chapitre, quel soin les rois mérovingiens apportèrent à en décorer les sanctuaires, pour se concilier la bienveillance des Saints qu'on y adorait, et la clémence céleste. Les Carolingiens ne se montrèrent pas moins généreux. En 757, Pépin abandonnait à ses églises préférées les précieuses tentures qu'il venait de recevoir du pape Paul[11]. Charlemagne fit également don à sa chapelle d'Aix des magnifiques tissus qui lui avaient été rapportés, en 807, par ses ambassadeurs envoyés auprès du calife Haroun-al-Raschid[12]. Louis le Débonnaire en usa de même pour les étoffes qu'il reçut de Michel le Bègue et de son fils Théophile, tous deux empereurs d'Orient[13]. Même chez les peuples les plus barbares, ce luxe dispendieux n'était pas inconnu. L'ambassadeur que l'empereur Théodose envoya,

---

1. On a même prétendu qu'Homère se serait inspiré de la broderie d'Hélène pour retracer les principaux épisodes de la prise de Troie. (Voir J.-P. Rossignol, *les Artistes homériques*, p. 308 et 309.)

2. « La parole de l'homme ressemble, proprement, à une tapisserie historiée et figurée, pour ce que, en l'une et en l'autre, les belles images qui y sont se voyent quand on les estend, et au contraire n'apparoissent pas quand on les roule. » (Plutarque, Traduction d'Amyot, *Thémistocle*, LII.)

3 De Ronchaud, *la Tapisserie dans l'Antiquité*, p. 38. — Cet usage de tissus brodés de portraits se perpétua pendant plusieurs siècles. Une lettre de Gratien au poète Ausone, citée par Francisque Michel (*Recherches sur le Commerce*, etc., t. I, p. 21. note), annonce l'envoi d'une étoffe dans laquelle était tissé le portrait du « divin Constantin », « in qua divus Constantinus parens noster intextus est ». Anastase le Bibliothécaire cite de même un certain nombre de portraits du pape Léon IV, reproduits sur des tentures données à différentes églises de Rome (Anastase. *De l'été Pontif. Rom.* apud Muratori. *Rerum italic. scriptores*, t. III, p. 232 à 244).

4. Plutarque, *les Vies des hommes illustres* (traduction de Dacier, Paris, 1762). t. XI, p. 226.

5. *Carmina XV*, Épithalame de Polemius et d'Araneola. dans un autre de ses ouvrages (Lettre à Tonantius, *Epistolæ*, liv. IX, epist. 13). Sidoine décrit une tapisserie très curieuse, également d'origine orientale, représentant des Parthes chassant les bêtes fauves.

6. Cité par A Junius, *De Pictura veterum*, liv. II, c. VIII, p. 87.

7. Pline, *Hist. nat.*, VIII. 48.

8. « Serica quando venerunt in usum planissime non scio : suspicior tamen in Julii Cæsaris ævo; nam ante non invenio. » (Juste Lipse, *Excursus* 1 ad *Taciti Annal.*, II. 32.)

9. Virgile, *Géorgiques*, II. v. 121.

10. « Tam multiplici opere. tam longinquo orbe petitur, ut in publico matrona transluceat. » (Pline. *Hist. nat.*, VI. 17.) Un chiffre fera juger du prix de ces coûteux tissus. Au temps d'Aurélien, une livre de soie valait douze onces d'or (Gibbon. *Histoire de la Décadence de l'Empire romain*, chap. XI. t. II, p. 57).

11. Anastase, *De Vita roman. pontif.*, n° LXXXV.

12. *Grandes Chroniques. Second livre des Fais et Gestes [de] l'empereur Charlemaines*, chap. III.

13. Baronius. *Annal. ecclésiast.*, apud *Rerum gallic. et franc. Scriptores*. t. VI. p. 337.

en 449, auprès d'Attila, rapporte qu'il trouva la reine des Huns « couchée sur de molles tapisseries » ; et il ajoute : « Le pavé était garni d'épais tapis, sur lesquels on marchait[1] ».

Quelques documents graphiques, la figuration sur les mosaïques de *Sant' Apollinare* de Ravenne du palatium de Théodoric, des ivoires byzantins, la reliure d'un évangéliaire de Metz, un coffret sculpté appartenant au Louvre[2], une curieuse figure de l'Église tirée des Évangiles conservés autrefois à l'abbaye de Saint-Médard de Soissons, et possédés aujourd'hui par la Bibliothèque Nationale, nous révèlent comment on disposait ces *vela* et attestent leur constant usage. Faut-il ajouter que la substitution du nouveau culte à l'ancien n'atténua en rien la magnificence de ces belles tentures et la compli-

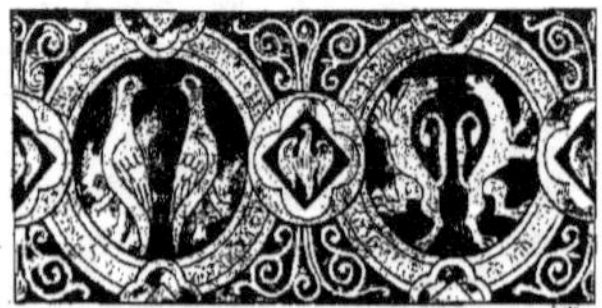

(Porte de la cathédrale de Dijon.)

cation de leur décor? On se borna à changer de sujets. Alimentant leur verve à la lecture des Livres Sacrés, tapissiers et brodeurs substituèrent aux héros et aux allégories du paganisme de saintes représentations tirées de la Nouvelle Loi[3]. Manteaux de cour et vêtements sacerdotaux rivalisèrent bientôt d'orthodoxie. Dans sa *Description de Sainte-Sophie*, Paul le Silentiaire[4] s'est plu à nous peindre la nappe qui recouvrait l'autel principal de la fameuse église. On y voyait Jésus habillé d'une tunique de pourpre, recouverte en partie d'un riche manteau de drap d'or. Près de lui se tenaient respectueusement saint Pierre et saint Paul, presque aussi somptueusement vêtus. Cette magnificence des « ornements » d'autel était encore surpassée par celle des vêtements. « La toge d'un sénateur chrétien, écrit Francisque Michel, renfermait quelquefois jusqu'à six cents figures. L'adroit artisan y représentait la vie entière de Jésus-Christ, les noces de Cana, la résurrection de Lazare et tous les miracles[5]. » C'est cette prodigalité de broderies qui, au IVe siècle, incitait Asterius, évêque d'Amasieh, à reprocher amèrement à ses concitoyens d'étaler sur leurs vêtements non seulement des lions brodés, des ours, des tigres, mais des scènes tirées du Nouveau Testament. Il s'indignait contre ces chrétiens fastueux et inconséquents « qui portaient, disait-il, l'Évangile sur leur manteau, au lieu de le porter dans leur cœur[6] ». Il ne paraît pas, toutefois, que cette admonestation ait produit grand effet, car, deux siècles plus tard, nous retrouvons, dans l'admirable mosaïque de *San Vitale*, *l'Adoration des mages*, figurée en broderie sur la bordure du manteau de Justinien. Bien mieux, le goût de ces représentations compliquées se perpétua pendant tout le Moyen Age. Anastase le Bibliothécaire nous apprend que, sous le pontificat de Léon III, on broda pour diverses églises de Rome des parements d'autel rehaussés d'or et de pierres précieuses, représentant la *Nativité*, la *Passion*, le *Crucifiement*, la *Résurrection*, l'*Entrée à Jérusalem*, le *Christ remettant à Saint-Pierre les clefs symboliques*, le *Martyre de saint Pierre* et celui de *saint Paul*, etc. Par lui, nous savons également que, sous le pontificat de Nicolas Ier, quarante tentures (*vela*) furent tissées, qui devaient avoir la même destination. Elles représentaient des sujets religieux, et aussi de ces animaux *passants*, signalés par Asterius, et qui jouèrent de tout temps un rôle si important dans la décoration des tissus orientaux[7]. Enfin, pour ne pas multiplier ces citations, rappelons qu'entre autres objets précieux donnés par la reine Adélaïde, mère du roi Robert, aux églises de Saint-Martin de Tours et de Saint-Denis en France, figurait une chasuble « travaillée en or très pur », et sur laquelle « on voyait : entre les épaules, la Majesté du pontife éternel, les chérubins et les séraphins s'humiliant devant le Dominateur de toutes choses ; sur la poitrine, l'*Agnus Dei*, victime de notre rédemption, entouré de quatre bêtes de divers pays, qui adoraient le Seigneur de gloire[8] ».

Tous ces ouvrages étaient-ils de fabrication orientale? Il y aurait témérité à le prétendre. Helgaud dit positivement que la reine Adélaïde fit faire une partie

---

1. GUIZOT, *Histoire de la Civilisation en France*, t. III, p. 52. — Voir aussi SÉROUX D'AGINCOURT, *op. cit.*, *Tableau histor.*, t. I, p. 21.

2. Ces deux ivoires ont été reproduits par LABARTE, dans le tome Ier de son *Histoire des Arts industriels*.

3. SÉROUX D'AGINCOURT, *Histoire de l'Art par les monuments. Tableau historique*, t. I, p. 101 et 102.

4. Vers 755 et suiv. dans DU CANGE (*Histoire byzantine*. Paris, 1676).

5. *Recherches sur le Commerce et la Fabrication des Étoffes de soie, d'or et d'argent*. etc., t. I, p. 10.

6. BAYET, *Art byzantin*, p. 101.

7. ANASTASE, *Liber pontificalis*, cité par SÉROUX D'AGINCOURT. *Histoire de l'Art*, etc. *Tabl. hist.*, t. I, p. 101-102.

8. HELGAUD, *Vie du roi Robert*, dans GUIZOT, *Collection des Mémoires*, etc., t. VI, p. 380.

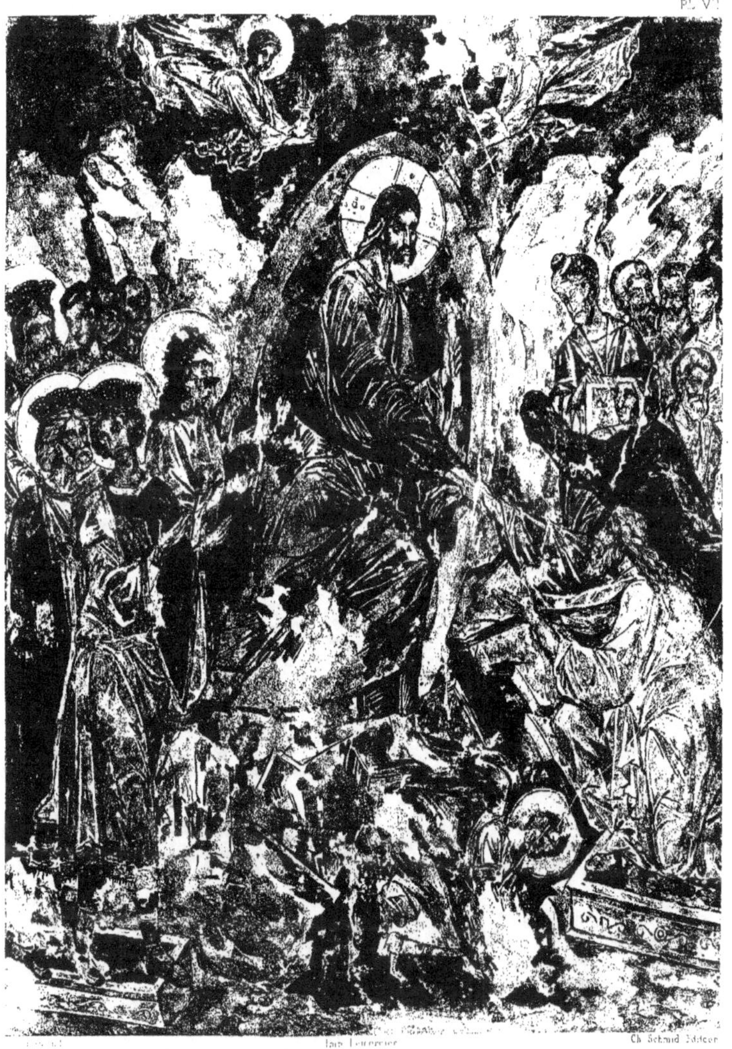

LE CHRIST MISÉRICORDIEUX

Peinture byzantine Église de Mistra (Laconie)

des vêtements dont nous venons de parler; et ces mots peuvent s'entendre aussi bien du tissu que de la façon du costume. Nous savons, en effet, qu'à cette époque. les princesses du plus haut rang se faisaient une sorte de gloire d'exécuter des tapisseries de dimensions souvent considérables. La femme et les filles d'Attila brodaient[1]. Il en était de même à la cour de Charlemagne. « Ses filles faisoit introduire en toutes manières d'onnesteté, dit le chroniqueur, et commandoit qu'elles entendissent à la fois à filer et à ouvrer de soie, pour ce qu'elles ne s'abandonnassent trop à [être] oyseuses[2]. » Cette habileté était un titre de gloire pour celles qui savaient s'y distinguer. L'auteur du *Roman de Berthe aus grans piés* ne manque pas, en nous vantant les qualités de son héroïne, de nous apprendre que

N'avoit meilleur ouvrière de Tours jusk'à Cambrai[3].

Mais si les riches étoffes qui décoraient temples et palais n'étaient pas toutes tissées en Orient, les plus magnifiques, cependant, étaient importées d'Asie en passant par Byzance et Venise. Jusqu'au XIIᵉ siècle, époque à laquelle on rapporte communément l'introduction de l'industrie de la soie dans l'Europe occidentale, c'est de Byzance que nous vinrent ces précieux tissus[4]. En Gaule, les Juifs furent longtemps les importateurs des étoffes orientales. Chilpéric avait à sa cour un Israélite nommé Priscus, chargé de cette mission; et la vision historique décrite par les chroniqueurs, où le vieux roi crut distinguer, sur les murs de sa grande salle, des animaux *passants* de races diverses et de caractères différents, pourrait bien s'expliquer par la contemplation d'une de ces tapisseries d'Orient à zones d'animaux, qui, dans le trouble d'un demi-sommeil aviné, revêtit aux yeux surpris du roi l'apparence d'un avertissement céleste[5]. Durant tout le Moyen Age, au surplus, les peintures murales, en reproduisant des animaux *passants*, *adossés* ou *affrontés*, attestent l'importation de ces tissus orientaux et leur emploi comme tentures. Sous la dynastie mérovingienne, les Juifs et les Levantins abondèrent, du reste, dans toutes les grandes villes des bassins de la Seine et de la Loire. Au VIᵉ siècle, le célèbre Réoval, médecin du monastère de Sainte-Radegonde, à Poitiers, déclarait avoir appris

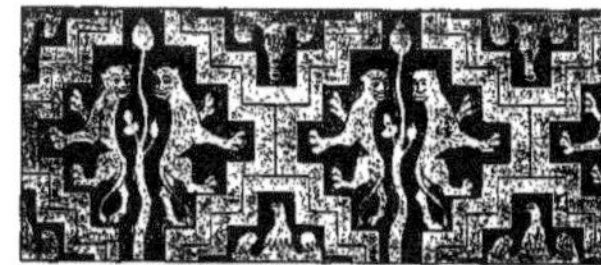

PEINTURE IMITÉE D'UNE ÉTOFFE ORIENTALE.
(Porte de la cathédrale de Dijon.)

son art à Constantinople[6]. En 585, quand Gontran fit son entrée à Orléans, le jour de la saint-Martin, le peuple sortit en foule au-devant de lui, chantant ses louanges, non seulement en latin, mais « en langue syriaque et en langue hébraïque[7] ». Marseille n'était donc pas la seule cité qui pût s'enorgueillir d'être « trilingue ». Enfin, quand, à la mort de Raguenode, le siège épiscopal de Paris devint vacant, en dépit des promesses faites à son frère le prêtre Pharamode, « un certain marchand levantin (*Syrus*), appelé Eusèbe[8], » obtint d'être nommé à cette dignité.

Ces relations avec l'Orient ne firent que s'accentuer sous le règne de Charlemagne[9]. Ce prince, à différentes reprises, envoya en Asie Mineure et à Byzance un Juif

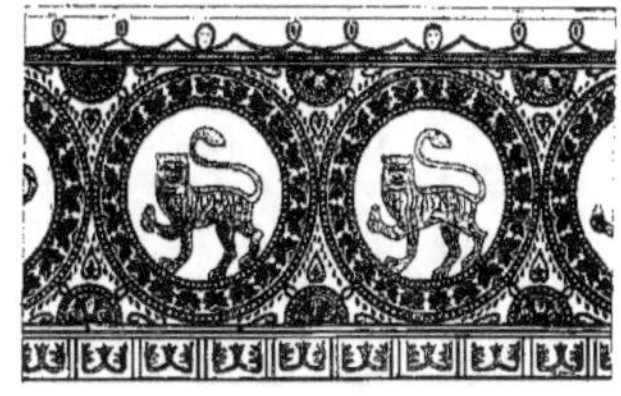

PEINTURE IMITÉE D'UNE ÉTOFFE ORIENTALE.
(Cathédrale de Chartres.)

nommé Ysaac, qu'il employa même comme agent diplomatique[10]. Les transactions étaient, alors, si courantes

---

1. GUIZOT, *Histoire de la Civilisation en France*. t. III. — SÉROUX D'AGINCOURT, *op. cit.*, *Tableau histor.*, t. I, p. 21.

2. *Grandes chroniques*, *Premier Livre des Fais et Gestes [de] l'empereur Charlemaines*, chap. 1.

3. AUWÈS LI ROIS, *li Rouman de Berthe ans grans piés*. Bruxelles, 1874. I. VI, v. 378.

4. FRANCISQUE MICHEL, *Recherches sur le Commerce des étoffes de soie, etc.*, t. I, p. 5. — Des caravanes qui en 243 jours traversaient toute l'Asie, des mers de la Chine aux côtes de la Syrie. amenaient les précieuses matières aux foires alors très célèbres d'Arménie, de Nisibis et de Jérusalem. Cette dernière ville conserva cette foire importante jusqu'au jour où Constantinople centralisa le marché. (Voir GUIZOT, *Histoire de*

la *Décadence de l'Empire romain*, édition du *Panthéon littéraire*, t. II, p. 38.)

5. GRÉGOIRE DE TOURS, *Histoire ecclésiastique des Francs*, liv. X.

6. ID., *ibid.*, liv. X.

7. ID., *ibid.*, liv. VIII : « et hinc lingua Syrorum, hinc Latinorum, hinc etiam ipsorum Judæorum in diversis laudibus varie concrepabat. »

8. ID., *ibid.*, liv. X.

9. Voir LEBER, *Collection des Meilleures Dissertations relatives à l'Histoire de France : Notice sur l'état des Juifs en France*, t. III, p. 392, et *Notice sur l'état du commerce des Français en Orient avant les Croisades*, t. XVI, p. 145.

10. Ce fut cet Ysaac qu'il envoya au calife Aronu-al-Raschid en 801 (*Grandes Chroniques, Second Livre des Fais et Gestes de Charlemaines*, chap. 1).

avec ces lointains pays, que les prélats eux-mêmes se laissaient exploiter par ces marchands juifs qui se rendaient en Terre Sainte[1]. Bien mieux, Charlemagne, indépendamment du latin et du grec, passe pour avoir appris « le sarrazinois », c'est-à-dire l'arabe[2].

Plus tard, les Vénitiens succédèrent aux Juifs, et nous les avons vus débarquer à Pise avec des cargaisons de tissus recherchés. Plus tard encore, ils établirent des fabriques en Arménie[3]. Ce fut seulement au XVe siècle

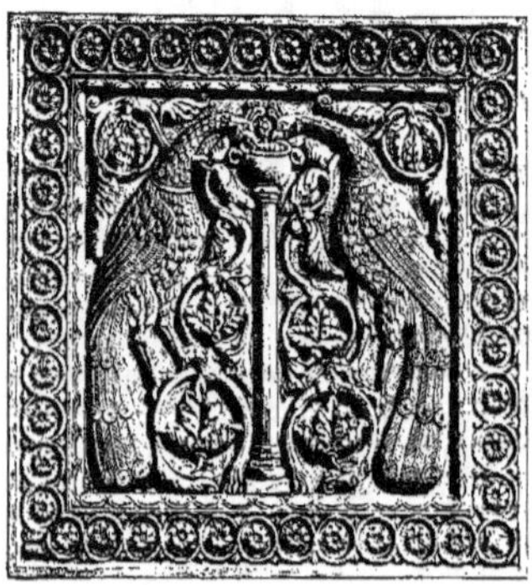

PAONS SCULPTÉS EN PIERRE.
Imitation d'une étoffe byzantine (Torcello).

qu'en France on essaya de lutter avec eux sur ce double terrain, et l'on n'y réussit pas, quoique celui qui se posait comme leur concurrent direct se nommât Jacques Cœur[4].

La plupart de ces magnifiques tissus étaient décorés de rinceaux, de médaillons, d'animaux exotiques passants ou *affrontés*, qui, nous venons de le dire, allaient se retrouver reproduits non seulement sur nos étoffes nationales, mais jusque sur nos murailles peintes et sur nos objets d'art. Où nos modestes dessinateurs auraient-ils pu trouver les modèles de ces basilics, licornes, tigres, léopards, et de tous ces oiseaux exotiques, de ces paons si abondants dans leurs décorations, si rares dans nos basses-cours, et qui avaient à Byzance une importance symbolique[5]? Ces animaux, on les reconnait, cependant, sur les quelques fragments d'étoffe qui ont pu nous être conservés; sur un lambeau de soie exhumé d'un tombeau de Saint-Germain-des-Prés en l'an VII, et qui reproduit un volatile au milieu de compartiments hexagones, entouré de lièvres et d'inscriptions asiatiques[6]; sur un coussin de soie jaune conservé au trésor de Saint-Pierre de Troyes, où des caractères arabes alternent avec un paon qui fait la roue[7]; ou encore sur l'étoffe de soie à paons roses, armés et casqués d'or, que possède le Dôme d'Aix-la-Chapelle[8]. Dans ce même sanctuaire, on voit un tissu à fond vert orné de griffons à têtes et pattes dorées et une étoffe à fond rouge, dont le dessin figure des éléphants dans des ovales à palmettes jaunes[9]. Cahier et Martin[10], qui reproduisent ces trois tissus, nous en font connaître un autre du même genre donné par saint Henri à l'église de Ratisbonne, où l'on découvre des basilics et des perroquets. Toutes ces étoffes, et d'autres encore qu'il serait trop long d'énumérer ici[11], étaient vraisemblablement d'origine orientale, comme les « dorserets » dont parle Mabillon, et qui avaient été tissés à Constantinople par des artistes sidoniens[12]. Ainsi, quinze siècles après Homère[13], c'étaient les tisserands de Sidon qui continuaient d'approvisionner le monde. Ils faisaient mieux encore, ils le fournissaient de

---

1. LE MOINE DE SAINT-GALL, *op. cit.*, liv. I, dans GUIZOT, *Collection des Mémoires*, etc., t. III, p. 192.

2. « Il avoit apris sarrazinois en la cité de Tholette. » (*Grandes Chroniques, loc. cit.*)

3. Au XIIIe siècle, Pietro Bagradino, consul en ces régions, se plaint de ce que les fabricants ses compatriotes établis en Asie sont accablés de taxes (C. A. MARIN, *Storia civile et politica del Commercio dei Veneziani*, t. IV, liv. II, chap. v.).

4. « Sur la mer, il avoit à ses dépends plusieurs grands vaisseaux, qui alloient en Barbarie et jusques en Babylone quérir toutes marchandises par la licence du Souldan et des Turcs infidelles.... Il faisoit venir desdits pays des draps d'or et de soye de toutes façons et couleurs. » (*Chronique de Mathieu de Coucy*, édition du *Panthéon littéraire*, p. 187, c. 2.)

5. Le cérémonial édicté par Constantin Porphyrogénète obligeait, à la fête de Noël, les grands officiers de l'Empire à revêtir des robes ornées de l'image de cet oiseau, image qu'on trouve reproduite sur toutes les mosaïques byzantines et jusque sur des vêtements sacerdotaux. (Voir CONSTANTIN, *De Ceremoniis aulæ byzantinæ*, liv. I. c. XXIII. — Voir également ANASTASE, *De Vita roman. pontif.*, apud MURATORI, *Rerum ital. script.*, t. III, p. 202, 226.)

6. ALEXANDRE LENOIR, *Musée des Monuments français*, t. I, p. 165.

7. F. ARNAUD, *Voyage archéologique et pittoresque dans le département de l'Aube*, p. 187, col. 2.

8. CAHIER ET MARTIN, *Mélanges d'Archéologie*, t. II, pl. IX et XII.

9. On sait qu'un éléphant, présent du calife Aroun-al-Raschid, fut amené en 801 à Charlemagne par le juif Ysaac. Cet animal, qui suivait partout l'empereur, mourut en 810.

10. CAHIER ET MARTIN, *op. cit.*, t. II, pl. XVI.

11. Nous pourrions citer encore le suaire de saint Colombe, datant du VIIe siècle et portant des lions affrontés; un morceau d'étoffe provenant d'un reliquaire du Mans; la chape de sainte Mesne, à Chinon. (Voir LASTEYRIE, *Notes provisoires sur quelques tissus du Moyen Age: Bulletin monumental*, t. XIV, p. 420-427.) Enfin, pièce plus curieuse encore, l'église Saint-Arnoul de Crécy a possédé longtemps un voile « de soye cramoisie décorée de léopards passans » avec une inscription constatant que ce voile avait été exécuté sous les règnes de Basile II et Constantin VI. (*Histoire du duché de Valois*, t. I, p. 268.)

12. « Dedit autem XI serica dorsalia, diversibus floribus et figuris intertexta, quorum operi Constantinopolis Sidoniis coloribus invident. » (MABILLON, *Analect. vet. mon.*, t. III, p. 354, cité par E. DAVID, *Histoire de la Peinture au Moyen Age*, p. 130, note 3.)

13. HOMÈRE, *Iliade*, VI, chant 280.

modèles, car leurs dessins étaient copiés et recopiés en Occident. Nous savons, en effet, que les portes du tombeau de saint Remi, détruites en 1793, reproduisaient, à l'aide de pierres orientales, des lions, des aigles, des éléphants, inspirés par une portière byzantine[1]. Un autre monument d'orfèvrerie, qui heureusement nous

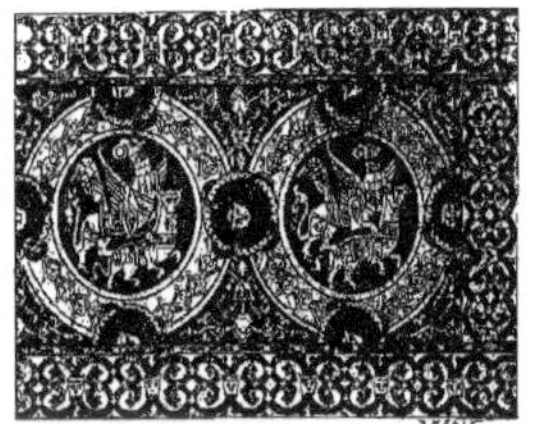

TISSU BYZANTIN

provenant de l'église de Saint-Géréon de Cologne (xie siècle).

a été conservé, la châsse de saint Taurin d'Évreux, nous montre, sur la petite estrade qui porte la figure de Jésus, une broderie à palmettes enveloppée d'un double cercle, manifestement inspirée d'une étoffe orientale[2]. Un émail du xiiie siècle, reproduit par Willemin[3], atteste, par ses dispositions essentielles et par la

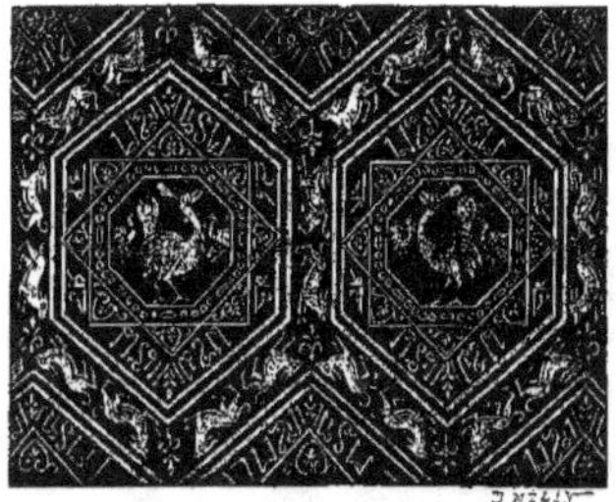

TISSU BYZANTIN

provenant de Saint-Germain-des-Prés (xie siècle).

présence de lions, de griffons, de perroquets, une imitation assez précise, sinon même la copie littérale de quelque soierie levantine. Enfin, il suffit de contempler, dans nombre d'armoiries anciennes, les animaux héraldiques, pour leur trouver plus qu'un air de famille avec leurs congénères des tissus byzantins.

IX

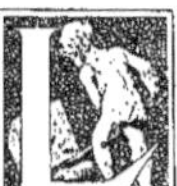

LES quelques faits que nous venons de mettre en lumière suffisent à bien établir l'influence que Byzance exerça sur la production occidentale. Ils sont loin, cependant, de nous révéler l'irrésistible prestige de ce foyer lumineux, planant au-dessus de la marée montante de la barbarie. Unique refuge de la civilisation et des arts au milieu de ce monde en décomposition, Constantinople, en effet, conserve seule le don prestigieux de produire sinon des œuvres parfaites, du moins de riches et magnifiques ouvrages et de brillantes subtilités. Aujourd'hui, on se montre sévère, injuste même, pour ces productions, sans se souvenir du danger qu'il y a de raisonner d'une façon dogmatique sur un art dont nous ne possédons plus que quelques misérables débris. Mais, en admettant même que l'art byzantin demeure fort au-dessous de l'art grec de la belle époque, même en reconnaissant qu'à partir du iiie siècle, une forte et rapide décadence s'est fait sentir aussi bien sur les rives du Bosphore qu'en Italie et en Gaule, encore faut-il remarquer qu'en ces derniers pays cette décadence fut le résultat douloureux de l'appauvrissement général, du dénuement provoqué par l'invasion, de l'avilissement de la race assujettie par les Barbares; alors qu'à Byzance elle fut activée justement par l'excès opposé. Ce fut la pénétration d'un luxe exagéré, presque sans bornes, importé de l'Asie soumise, qui lui devint funeste[4].

Cette pénétration, toutefois, fut retardée, transformée, canalisée, si l'on peut dire ainsi, par le génie hellénique, qui, suivant l'heureuse remarque de Vitet, après avoir porté à Rome une première fois le culte de l'art et de la beauté, « avait encore conservé assez de souffle pour faire une seconde fois l'éducation du vieux monde ». C'est grâce à la souplesse, à l'élasticité, à la ténacité de ce génie hellénique, c'est grâce à sa civilisation si raffinée, à la puissance de sa littérature, que la philosophie put pénétrer le Christianisme à ses débuts, et atténuer son hostilité contre l'Art, en opposant la

---

1. FRANCISQUE MICHEL, *Recherches sur le Commerce des étoffes de soie*, etc., t. II, p. 123.

2. *Mémoire sur la Châsse de saint Taurin d'Évreux*, dans *Mémoires de la Société des Antiquaires de Normandie* (1827-28, p. 327). Détail curieux, ce même motif se retrouve exactement dans l'ornement circulaire extérieur de deux fenêtres de l'église Saint-Georges de Bocherville.

3. WILLEMIN, *Monuments inédits*, t. I, p. 63, pl. 108.

4. SÉROUX D'AGINCOURT, *Histoire de l'Art par les monuments*, t. I, p. 64.

tolérance de Clément d'Alexandrie aux attaques si vives de Tertullien[1]. Plus tard, lorsque l'Art eut commencé à refleurir, et surtout quand, sous Théodose, l'Église chrétienne se fut identifiée avec la nation grecque, l'Orient devint le berceau d'une nouvelle vie artistique qui rayonna sur le monde avec d'autant plus d'intensité, qu'ayant abdiqué la sereine perfection de son prédécesseur, l'art byzantin pouvait, mieux que

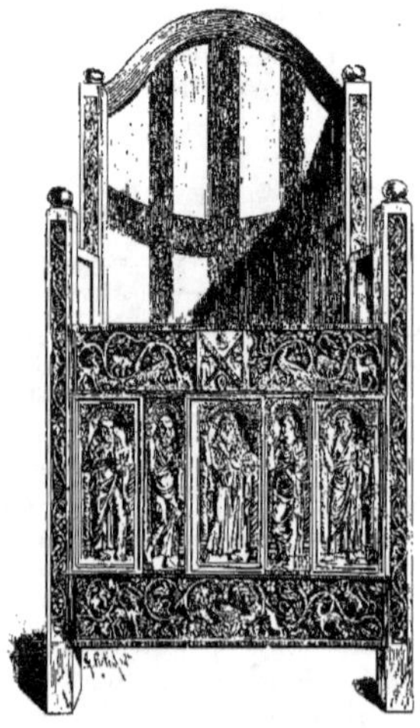

SIÈGE EN IVOIRE DE SAINT MAXIMIEN
conservé à la cathédrale de Ravenne.

l'art grec, être apprécié et compris de peuples encore incultes.

C'est ce qui explique comment l'influence byzantine exerça une action, non seulement intense, mais durable. Entre les églises de Ravenne et de Salonique d'une part, et d'autre part celles de Venise et de la Sicile, il y a un intervalle de cinq siècles. Et, durant cette longue période, la fascination fut entretenue par la dispersion dans tout l'univers connu d'une multitude d'objets du plus grand prix, d'une inestimable valeur; car toutes les industries d'art florissaient alors sur les rives du Bosphore. L'orfèvrerie y tenait le premier rang. Les métaux précieux, qui affluaient de tous

côtés, se transformaient en vases sacrés ou profanes, en coffrets, en châsses magnifiques où les pèlerins serraient précieusement les reliques qu'ils rapportaient des Lieux Saints. L'émaillerie, compagne de l'orfèvrerie, prodiguait elle aussi ses chefs-d'œuvre. En Italie, les croix reliquaires de Nonantola (près Modène), les émaux de Monza, ceux de Velletri, de Saint-Pierre du Vatican, la fameuse *Pala d'oro* de Venise, et les vases ouvragés, les reliures du trésor de Saint-Marc, en fournissent la preuve. En Allemagne, le *Crucifiement*, de Munich, ainsi que les seize médaillons qui ornent la couverture d'un manuscrit; en Autriche, la couronne de Hongrie; et, dans la cathédrale de Gran, le reliquaire de la vraie croix; à Namur, en Belgique, le magnifique reliquaire du Limbourg; en Russie, les émaux byzantins du Kremlin; plusieurs reliures de la Bibliothèque Nationale, les bas-reliefs d'or que possède le Louvre[2], attestent que la diffusion avait été générale, et que l'orfèvrerie byzantine avait pénétré dans tout l'Occident.

Au travail de l'argent et de l'or, il faut joindre la sculpture sur ivoire, portée à sa perfection, et dont des spécimens si précieux nous ont été conservés. Les diptyques célèbres de Rufius Probianus à la Bibliothèque royale de Berlin; ceux des consuls Anastasius et Magnus, de Flavius Félix, de l'empereur Romanos et de l'impératrice Eudoxie, au Cabinet des Médailles de Paris; le diptyque fameux de Monza, offert par Grégoire le Grand à la reine Théodelinde, ceux de Taurus Clementius, de Theodorus Philoxenus; les couvertures des *Évangéliaires* de Metz et de la cathédrale de Milan; les deux *plats* qui ornent le livre de prières de Charles le Chauve; le coffret rectangulaire du Louvre, celui à douze pans de la cathédrale de Sens; le coffret de la cathédrale de Troyes[3], etc..., prouvent combien les ivoiriers byzantins étaient nombreux et habiles, alors que la chaire épiscopale de Saint-Maximien, conservée au trésor de la cathédrale de Ravenne, nous apprend que ces fines et délicates sculptures ne servaient pas qu'à parer de minuscules objets, mais pouvaient embellir des meubles considérables, et nous laisse deviner de quelle magnificence devaient être les trônes des pontifes et des empereurs.

Pour ces derniers, les mosaïques de Ravenne fournissent encore de précieuses indications[4]. Aussi bien, la double frise de *Sant' Apollinare in Città*, qui nous

---

1. MIGNE, *Patrologie grecque*, t. VIII.

2. Voir LABARTE, *Histoire des Arts industriels au Moyen Age*. — JULIEN DURAND. *Trésor de l'église de Saint-Marc*. — CICOGNARA, *Fabbriche e monumenti cospicui di Venezia*. — LAVEAU, *Guide du voyageur à Moscou*. — BECKER. *Kunstwerke und Gerathschaften des Mittelalter und der Renaissance*, — DARCEL. *Notice des Émaux et de l'Orfèvrerie au Musée du Louvre*, etc.

3. Voir GORI, *Thesaurus veter. diptychorum*. — SÉROUX D'AGINCOURT. *Histoire de l'Art par les monuments*. — LABARTE. *Histoire des Arts industriels*. — *Annales archéologiques*. t. XVIII, p. 197.

4. Voir plus haut, col. 51 et 123.

montre le Christ et sa Mère assis chacun sur un trône resplendissant de pierreries; que les médaillons du baptistère de *San Giovanni in Fonte*, où nous voyons figurer toutes sortes de sièges et de tables : chaises légères aux pieds tordus en pieds-de-biche[1]; trônes splendides à dossiers cintrés, richement décorés de torsades et d'imbrications, recouverts de splendides coussins de soie brochée et brodée; tables élégantes dont le piétement est formé de colonnes et rehaussé d'incrustations! On comprend quels éblouissements un mobilier pareil devait causer à des princes barbares.

La production de ces merveilles était tellement intensive, qu'en dépit d'une exportation considérable, à Constantinople, la cour et la ville regorgèrent jusqu'à la fin de ces beaux objets; et tout ce qui était expédié au dehors semblait n'être rien à côté de ce que l'orgueilleuse Byzance étalait aux regards surpris de ses nombreux visiteurs. À la fin du XIᵉ siècle, quand Bohémond vint rendre visite à Alexis dans son palais de Constantinople, celui-ci ordonna qu'après lui avoir montré ses principaux appartements, « on remplît une pièce de meubles précieux, d'ouvrages d'or et d'argent, et qu'on en laissât la porte ouverte. Bohémond vit en passant ces trésors auxquels ses conducteurs affectaient de ne faire aucune attention. « Est-il possible, s'écria-t-il, « qu'on néglige de si belles choses? Si je les avais, je me « croirais le plus puissant des princes! » Le soir même, l'empereur lui envoya tout ce que contenait le cabinet[1]. » Les compagnons de Bohémond, sans être tous aussi richement favorisés, partageaient son admiration enthousiaste : « Oh! belle et noble cité! s'écrie Foulques de Chartres, combien ne contiens-tu pas de palais et de monastères construits avec un art prodigieux! Combien d'admirables monuments se dressent sur tes places! Quelle quantité d'or et d'argent, d'étoffes et de vêtements de toute sorte, de trésors de toute espèce[3]! » Villehardouin n'est pas moins émerveillé; il vante, lui aussi : « et les riches palais, et les yglises dont il avoit tant, et les grandes richesses que onques nulle ville tant n'en oit[4] ». On ne saurait dépeindre la crainte, la surprise, la stupéfaction des Croisés à l'aspect de cette ville unique « quand ils se prirent à contempler cette cité magnifique, dont ils ne pensaient pas qu'en tout le monde y en dût encore avoir une telle[5] ».

Cependant, à cette époque, le trésor des empereurs grecs était déjà fortement entamé, et l'aspect de l'impériale cité avait eu grandement à souffrir. « Pour subvenir aux dépenses énormes des guerres, sans cesse renouvelées, écrit Séroux d'Agincourt[6], on avait été obligé de fondre beaucoup d'ouvrages de sculpture et de ciselure, en or et en argent, qui ornaient les palais

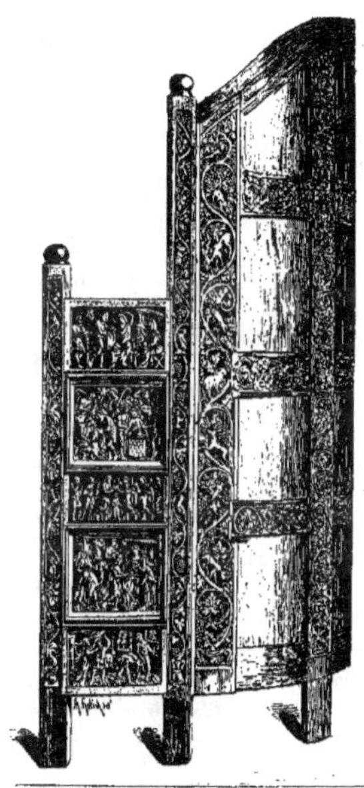

SIÈGE EN IVOIRE DE SAINT MAXIMIEN,
vu de dos, de trois quarts.

et les églises. » Bientôt, tout ce qui avait été épargné allait disparaître dans le pillage et l'incendie. La prise de Constantinople par les Croisés peut compter parmi les plus grands désastres qu'aient eus à enregistrer l'histoire de l'art et celle de la civilisation. L'esprit reste consterné d'un malheur aussi irrémédiable et de la folie dévastatrice de ceux qui anéantirent tant de chefs-d'œuvre en quelques jours[7].

---

1. Fait à noter, la chaise curule sur laquelle est assis le consul Anastasius (diptyque de la Bibliothèque Nationale) est à pieds contournés, dits pieds-de-biche. Ainsi cette forme, que l'on croit moderne, paraît avoir été très goûtée à Byzance.

2. VOLTAIRE, *Essai sur l'Esprit et les Mœurs*, t. I (VIII des Œuvres complètes), p. 481.

3. FOULQUES DE CHARTRES, *Historia Hierosolymæ*, lib. I, cap. IV, apud DUCHESNES, *Hist. Franç. script.*, t. IV, p. 821.

4. VILLEHARDOUIN, *De la Conquête de Constantinople*, cap. c.

5. MICHAUD, *Histoire des Croisades*, t. III, p. 162.

6. SÉROUX D'AGINCOURT, *op. cit.*, *Tableau historique*, t. I, p. 75.

7. Un historien grec contemporain, Nicétas Choniates, nous a laissé

Nous croyons en avoir assez dit pour montrer que Charlemagne — auquel il nous faut revenir après ce long détour — fut très excusable de s'être laissé éblouir par le faste byzantin, et d'avoir essayé de prendre modèle sur ses brillantes productions, dont il ne nous reste qu'un faible résidu, rarissimes épaves d'un naufrage gigantesque. En cela, il ne fit qu'obéir à un courant général, on pourrait ajouter universel, car cette influence byzantine, ne craignons pas de le redire, pénétra partout. La chrétienté en fut comme saturée; et l'on en trouve des traces jusque dans les pays qui paraissaient devoir le mieux rester en dehors d'une action de ce genre[1]. Aussi y a-t-il quelque imprudence à reprocher à Charlemagne de n'avoir pas eu en architecture un génie créateur, de n'avoir pas inventé des formes nouvelles et d'avoir imité de très près cette délicieuse église de *San Vitale*[2]. Il était de son temps, et il agit en homme de son temps. On l'a dit avec raison : « On ne fait pas du neuf parce que l'on veut et comme on veut[3] ».

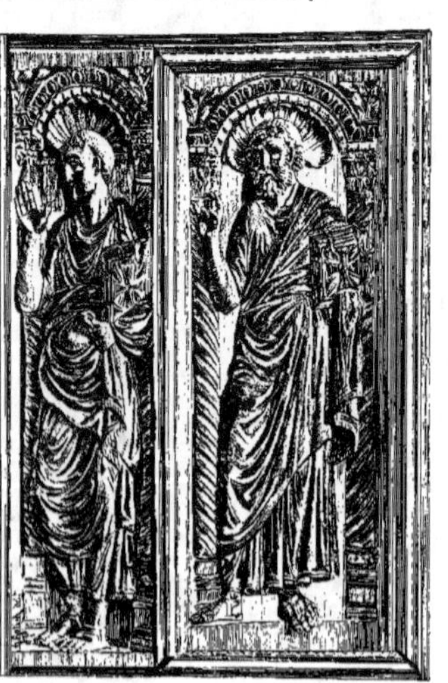

APÔTRES SCULPTÉS EN IVOIRE,
décorant le siège de Saint-Maximien.

Quel but se proposait Charlemagne? Il nous le dit lui-même : Élever à Aix un oratoire le plus magnifique qu'il lui fût possible[4]. Pour cela, il s'inspira du monument, sinon le plus beau, au sens sévère du mot, du moins le plus « artificieux », le plus captivant qui eût frappé ses regards. « Il copia presque servilement, en plan, coupe et élévation, l'église *San Vitale* de Ravenne, qui, par ses proportions modestes, convenait mieux qu'une basilique pour servir de modèle à la chapelle de son palais », écrit M. Barbier de Montault[5]. Faut-il lui en faire un reproche? L'imitation, du reste, est flagrante[6]. En outre, elle eut lieu ouvertement, sans l'ombre de supercherie; le double schéma que nous en donnons (col. 151 et col. 152) en fournit la preuve très évidente. La correspondance échangée entre Charlemagne et le pape Adrien Ier est là, de plus, qui l'atteste. On y voit le souverain pontife autoriser l'Empereur à dépouiller le palais de Théodoric, à Ravenne, de ses revêtements de marbre et de mosaïque[7]. Ajoutez à

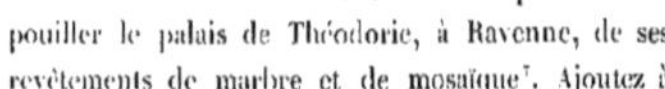

---

le récit désolé de ces destructions douloureuses. Il nous révèle que les tombeaux mêmes ne furent pas respectés; que les plus belles statues furent fondues : entre autres, l'*Hercule* colossal de l'Hippodrome, œuvre de Lysippe, celles de *Junon*, d'*Hélène*, le groupe de *Vénus à qui Pâris remettait la pomme* et « dont la beauté ne put émouvoir ces hommes de fer » (*hoc amorum opus non potuit has homines mollire*). Un savant professeur d'archéologie, M. Heyne, a établi avec une rare érudition un relevé approximatif des monuments d'art qui existaient encore à Byzance à l'époque des Croisades, et qui furent alors anéantis. Ce travail, fort remarquable et qui ne comprend pas moins de six dissertations, a été publié dans les *Mémoires de l'Académie de Gœttingue*, t. X à XIII, de cette publication : « le nombre et la valeur des statues, des vases et des meubles d'argent qui s'y trouvèrent ne saurait s'exprimer », écrit-il. « On peut encore moins évaluer la quantité de chefs-d'œuvre qui devinrent la proie de l'ignorance et de la cupidité. » (SÉROUX D'AGINCOURT, *op. cit.*, *Tabl. hist.*, t. I, p. 75.)

1. Cette influence, en effet, se répandit jusqu'en Nubie, jusqu'en Abyssinie. Nous savons par Procope qu'à Carthage deux églises furent élevées par ordre de Justinien, l'une consacrée à la Vierge, l'autre à saint Prime, qui servirent de types aux nouveaux sanctuaires de la région. Un des généraux de cet empereur, Salomon, construisit près de cette ville une troisième église, qui fut transformée plus tard en citadelle, et releva de ses ruines la ville de Tebessa. Si nous tournons les yeux vers l'est et vers le nord, nous constaterons avec Albert Lenoir que « depuis les bords de la mer Noire jusqu'au fond de la Russie, l'art byzantin pénétra en même temps que le Christianisme, et s'y maintint jusqu'à une époque très voisine. (Voir GAU, *Voyage en Nubie*. — PROCOPE, *De Bello Vand.*, liv. II. c. XIV et XXVI. — Le même, *De Ædificiis*, liv. IV, c. v. — ALBERT LENOIR, *Influence de l'Architecture byzantine*, etc.)

2. « Charlemagne n'eut pas le génie créateur en architecture; il n'inventa pas de formules nouvelles : son instinct fut de piller et d'imiter. » (BARBIER DE MONTAULT, *Annales archéologiques*, t. XXVI. p. 280 et 328.)

3. F. BRUNETIÈRE, *Manuel de l'Histoire de la Littérature française*, Avertissement.

4. « Ibidem monasterium Sanctæ Mariæ, matri Domini nostri Jesu Cristi labore et sampta quo potui ædificari, lapidibus ex marmore preciosis adornavi, quod, Deo adjuvante et cooperante, sic formam suscepit ut nullum sibi queat æquiparari. » (*Ann. archéol.*, t. XXVI, p. 322.)

5. BARBIER DE MONTAULT, *Annales archéologiques*, loc. cit.

6. CIAMPINI, *Vetera Monimenta*. — SÉROUX D'AGINCOURT, *Histoire de l'Art par les monuments*.

7. « Musiva et marmora urbis Ravennæ tam in templis, quam in parietibus et stratis, tam marmora quamque musivum cæteraque exempla de eodem palatio vobis concedimus auferenda. » (Ep. 36, apud D. BOUQUET, *Recueil des Historiens des Gaules*, t. V, p. 582-583.) EGINHARD complète ce texte et précise la nature du tribut prélevé : « Quum columnas et marmora aliunde habere non posset, Roma atque Ravenna devehenda curavit. »

cela des colonnes monolithes dont Rome s'était faite la pourvoyeuse du monde entier, et qu'elle expédiait même à Constantinople et en Judée[1]; enfin, l'enrôlement d'un architecte et d'un personnel de mosaïstes, pour mettre ces matériaux en œuvre. Hâtons-nous de constater, toutefois, que la copie n'était pas littérale, absolue. *San Vitale* de Ravenne est de forme octogone. Le Dôme d'Aix-la-Chapelle comporte dans son mur extérieur un nombre double de côtés; comme si l'architecte, doutant de l'habileté de ses constructeurs, avait voulu rendre la solution du problème plus facile. De même, on croit être d'accord sur ce point, qu'en dépouillant le palais de Théodoric des mosaïques qui recouvraient ses murailles, les ouvriers à la solde de l'Empereur détachèrent les cubes d'émail pour

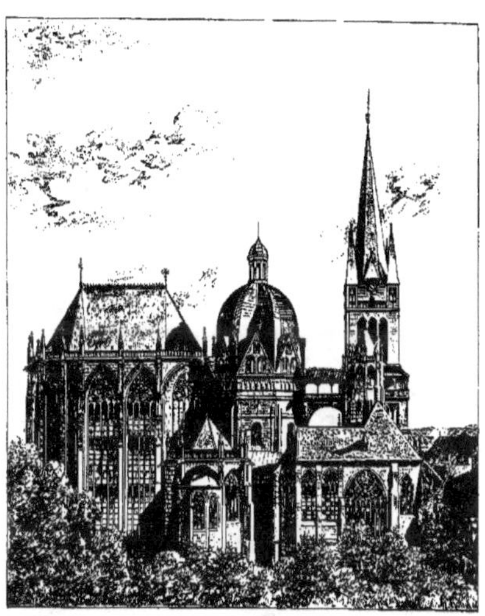

LE DÔME D'AIX-LA-CHAPELLE.
Aspect actuel.

reconstituer de nouveaux sujets, et ne prirent pas la peine de scier la maçonnerie, comme on ferait de nos jours, pour éviter de détruire les figures ou ornements représentés par la mosaïque[3].

Le seul fragment de cette décoration dont le dessin nous ait été conservé[3] montre une de ces grandes figures du Christ, semblable à celles qu'on voit au chevet des basiliques romaines; mais, au-dessous de cette colossale icone, on retrouve, comme à *Sant' Apollinare in Città*, les vingt-quatre vieillards de l'*Apocalypse* offrant au Christ leurs couronnes, quittant pour cela leurs sièges (*sedilla*)[4]; et, par une coïncidence que je n'ai vu relever nulle part, ces sièges ont justement la forme du trône épiscopal de Saint-Maximien, conservé, nous l'avons dit, à Ravenne. C'est là le seul document graphique parvenu jusqu'à nous. Pour le reste, il faut nous contenter des détails consignés par Eginhard ou par le moine de Saint-Gall[5] et d'une description enthousiaste de Philippe Mouskes, qui put visiter le sanctuaire à une époque où il n'avait pas encore été trop remanié[6].

Si c'est à Ravenne que Charlemagne emprunta ses matériaux, son architecte et ses modèles, c'est avec l'argent des Huns que ce beau travail fut mené à sa perfection; et les énormes richesses[7] que l'Empereur conquit ne lui servirent pas seulement à édifier cette chapelle proclamée par ses contemporains « beaucoup plus belle que

---

1. F. DE VERNEILH, *les Églises de Terre Sainte*, dans les *Annales archéologiques*, t. XX, p. 23.

2. BARBIER DE MONTAULT, *Annales archéologiques*, t. XXVI, p. 312.

3. Voir CIAMPINI, *Vetera Monimenta*. Cette assez mauvaise gravure, le seul document qui nous reste, a été reproduite par SÉROUX D'AGINCOURT et par les *Annales archéologiques*.

4. « Et ecce sedes posita erat in cælo et supra sedem sedens... et in circuitu sedis sedilia viginti quatuor; et super thronos viginti quatuor seniores sedentes... et in capitibus eorum coronæ auri. Procidebant viginti quatuor seniores ante sedentem in throno et adorabant viventem in sæcula sæculorum, et mittebant coronas suas ante thronum dicentes : Dignus es, Domine, etc.... »

5. « Poussé par sa dévotion, il bâtit à Aix-la-Chapelle une basilique d'une grande beauté, l'enrichit d'or, d'argent, de magnifiques candélabres, l'orna de portes et de grilles de bronze massif, et fit venir pour sa construction de Ravenne et de Rome les colonnes et les marbres qu'il ne pouvait tirer d'aucun autre endroit.... Les vases d'or et d'argent et les ornements sacerdotaux dont il gratifia cette église étaient en grande abondance. » (EGINHARD, *Vie de Charlemagne*, dans GUIZOT, *Collection des Mémoires*, etc., t. III, p. 151.) Eginhard nous apprend encore qu'une inscription, KAROLUS PRINCEPS, tracée sur la frise de l'édifice, désignait son auteur, et que le faîte de l'édifice était surmonté d'un globe doré (ID., *ibid.*, 157-158.) Nous savons aussi que la toiture était recouverte en plomb (L'ASTRONOME, *Vie de Louis le Débonnaire*, ID., *ibid.*, p. 380).

6. Les principales transformations du Dôme d'Aix-la-Chapelle datent du XIVe siècle. Philippe Mouskes, après avoir vanté la beauté et la richesse du sanctuaire, donne le texte de l'inscription qui accompagnait les mosaïques :

     Droit en la vote del kanciel (chœur)
     Fist li rois asir à pinciel
     Laitres de fin or ki son nom
     Sans plus, devisoient Karlon
     Roi de France et Empéréour
     De Romme la cité grignour
         (*Chronique rimée*, v. 6560 et suiv.)

7. « Toute la gloire et noblée des Huns péri en la bataille. Tous les

les ouvrages des anciens Romains[1] », mais encore une capitale digne de son rang et de sa gloire. Cette

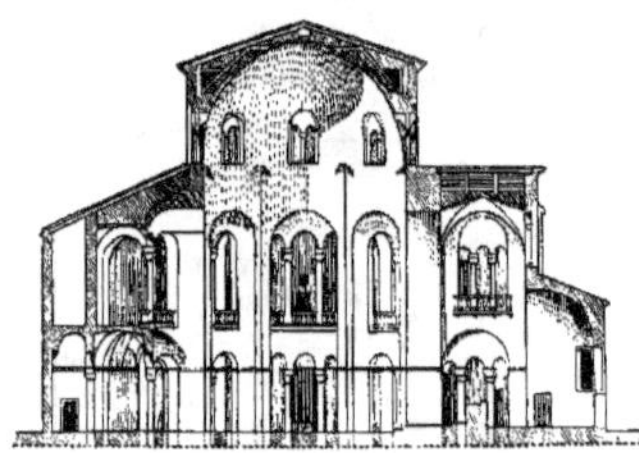

COUPE DE L'ÉGLISE « SAN VITALE » DE RAVENNE.
D'après Séroux d'Agincourt.

fois, ce ne fut plus à Ravenne, ce fut à Constantinople qu'il prétendit faire ressembler la ville nouvelle. Comme Constantin l'avait fait sur les rives du Bosphore, il éleva sur les bords du Rhin un palais impérial, ou plutôt une série de palais destinés à abriter sa famille et les grands dignitaires de l'Empire. A la basilique était joint le palais épiscopal, qui communiquait au palais impérial par un long portique[2]. Les demeures des dignitaires de la cour, qui formaient une sorte d'enceinte autour de ces logis principaux, avaient été édifiées d'après un plan d'ensemble donné par le prince lui-même et conçu de telle manière, que des fenêtres de sa demeure ordinaire l'empereur pouvait surveiller les avenues de son palais[3]. Toutes ces habitations étaient, suivant l'expression pittoresque du moine de Saint-Gall[4], « pour ainsi dire suspendues au-dessus de la terre », c'est-à-dire bâties sur des arcades, et sous ces portiques les officiers et les serviteurs se tenaient à couvert, abrités contre la neige et la pluie. Enfin, pour que la ressemblance avec Constantin fût complète, les chroniqueurs, à l'instar de ce qui s'était passé pour la fondation de Constantinople, attribuèrent à l'intervention divine le choix de l'emplacement d'Aix-la-Chapelle[5]. Philippe Mouskes, qui s'est fait l'éditeur de cette pieuse légende, va plus loin. Il prétend (et l'affirmation est curieuse sous la plume d'un évêque) que le diable se chargea, sur l'injonction d'un enchanteur, du transport des matériaux et de leur mise en place :

> Un mestre ki bien sot canter
> Les fist venir par encanter ;
> Li déables les aporta
> Pour le mestre ki l'enorta[6].

Le moine de Saint-Gall, plus prosaïque et mieux renseigné, affirme, au contraire, que les choses se passèrent d'une façon beaucoup plus humaine, et qu'en l'absence de l'Empereur, retenu au loin par ses grandes guerres, les travaux avancèrent lentement, par suite des malversations de l'architecte et des entrepreneurs. L'aveu, dans la bouche d'un religieux, est d'autant plus à retenir, que le directeur de l'œuvre, nommé Luitfried, était prêtre[7].

Il faut croire, cependant, qu'en d'autres circon-

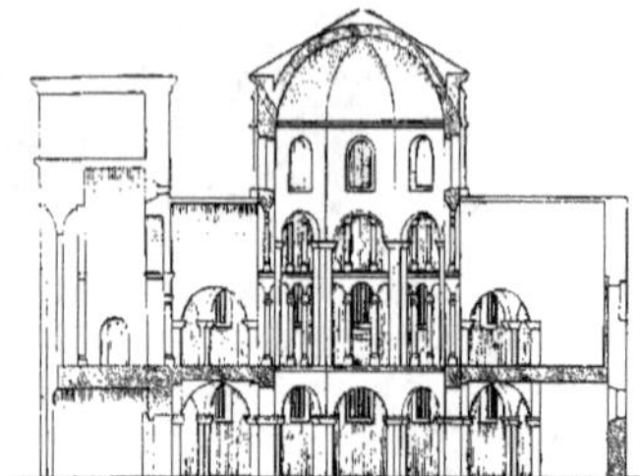

COUPE DU DÔME D'AIX-LA-CHAPELLE.
D'après l'*Encyclopédie d'Architecture*.

stances, le Grand Empereur fut plus fidèlement servi, car son admiration pour l'architecture byzantine se

---

trésors que les rois et les anciens princes avoient amassés furent ravis. Si ne recorde pas mémoire d'omme vivant que François eussent oncques en victoire où ils gagnassent tant... car il semble que ils eussent devant esté povres pour la très grant plenté de richesses qu'ils conquistrent en ceste bataille. » (*Grandes Chroniques*, premier livre des *Fais et Gestes de Charlemaines*, chap. III.)

1. Le Moine de Saint-Gall, *Des Faits et Gestes de Charles le Grand*, liv. I.

2. La toiture de ce portique s'effondra en 817 par suite de la pourriture de la charpente. (Voir L'Astronome, *Vie de Louis le Débonnaire*, ID., *ibid.*, p. 354.)

3. Le Moine de Saint-Gall, *op. cit.*, liv. II.

4. ID., *ibid.*, liv. II.

5. Bien que les eaux thermales d'Aix-la-Chapelle aient été connues et exploitées par les Romains, et que même Pépin y ait fait une cure, Ph. Mouskes suppose que Charlemagne, entraîné par la chasse, s'égara dans un endroit marécageux, et que son cheval fit jaillir du sol par un coup de sabot une source qui, par suite de la forme du sabot, avait un orifice circulaire

> et s'iert réonde par compas.

La nuit suivante, la Vierge ordonna à l'empereur, dans un songe, d'édifier une chapelle à ce même endroit.

> Et si fist la kapièle faire
> Ausi bièle com nule el monde,
> Et si le fist faire réonde,
> Apriès l'ongle de son ceval.

L'explication de la forme du sanctuaire est curieuse, et il est extraordinaire que la tradition de la copie de *San Vitale* se soit si vite perdue.

6. *Chronique rimée* vers 6556 et suiv.

7. Après avoir décrit les misères que cet ecclésiastique infligeait aux malheureux ouvriers : « Il retira des souffrances de ces infortunés, écrit le moine de Saint-Gall, de si énormes sommes d'argent, que Pluton ou Plutus n'aurait pu transporter en enfer tant de richesses sans le secours d'un chameau. » (*Faits et Gestes de Charles le Grand*, liv. I.)

traduisit en un certain nombre d'autres monuments fastueux. Il édifia à Francfort et à Ratisbonne des oratoires « d'un admirable travail », dont les matériaux ne furent pas, cette fois, empruntés à l'Italie, mais aux monuments romains du voisinage, surtout à ceux de Trèves[1]. Puis, il construisit deux autres églises et deux autres palais, l'un « près la cité Maïence, delès une cité qui a nom Geleham[2]; un autre en la cité sur le fleuve Wahalam[3] ». De ce dernier palais, il reste encore quelques débris : une abside avec sa voûte en quart de sphère, précédée de colonnes de marbre à chapiteau corinthien, dont l'origine n'est pas douteuse, et une chapelle octogone qui a dû servir de baptistère. Ce dernier édicule, qui a préoccupé à maintes reprises les archéologues[4], est d'une relative simplicité. A l'intérieur, il est, comme tous les monuments de ce genre et d'inspiration byzantine, enveloppé par une double galerie soutenue pour le premier étage par des arcades en plein cintre et par des arcades géminées pour le second. Ces deux galeries sont voûtées, mais la plus grande partie de ces voûtes et les ouvertures extérieures, amorties en arc-brisé, sont d'époque plus récente. C'est tout ce qui reste de ce palais impérial si célèbre jadis, si vanté[5], dont le nom actuel, *Valkhof*, dérive, dit-on, de *Falckenhof* (palais des faucons), qui lui aurait été donné à cause de ceux que Louis le Débonnaire y faisait élever pour sa chasse.

Les vestiges du palais d'Ingelheim sont moins importants encore, et pourtant Ingelheim avait constitué, lui aussi, une brillante résidence impériale. « C'est dans ce palais, écrit Ermold le Noir, que le pieux César donne ses lois aux peuples soumis à son sceptre, et dirige avec sa sagesse habituelle le mécanisme immense de son empire[6]. » Mais Ermold a mieux fait que de louer ce palais et l'église qui l'avoisinait, et dans laquelle fut baptisé Harold, roi des Danois. Il nous en a laissé une description, trop précieuse pour n'être pas résumée en ce livre. Après nous avoir appris que l'église était surmontée d'une coupole, dont on admirait l'immensité, que les portes étaient de bronze, et les murs revêtus de marbres rares, « de magnifiques peintures, continue Ermold, y retracent aux yeux les œuvres de la toute-puissance de Dieu et les actions mémorables des humains. A la *gauche*, sont représentés d'abord l'homme et la femme nouvellement créés, et habitant le Paradis terrestre. Plus loin, le serpent séduit Ève, dont le cœur a jusqu'alors ignoré le mal. Elle-même tente à son tour son mari, qui goûte le fruit défendu; et tous deux, à l'arrivée du Seigneur, cachent leur nudité sous des feuilles de figuier. On voit ensuite nos premiers pères travailler péniblement la terre…. Une suite innombrable de tableaux retrace dans leur ordre tous les faits de l'Ancien Testament…. Dans ces tableaux revit la troupe nombreuse des prophètes et des rois juifs, et brillent dans tout leur éclat leurs actions les plus célèbres : les exploits de David, les œuvres du puissant Salomon, et son temple ouvragé, d'un travail vraiment divin. *Le côté opposé* (la droite) représente tous les détails de la vie mortelle qu'a menée le Christ sur la terre, quand il y fut envoyé par son père….

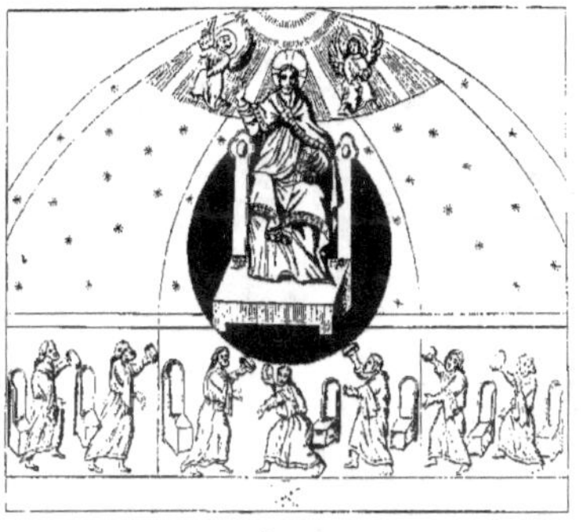

MOSAÏQUE D'AIX-LA-CHAPELLE.
D'après les *Vetera Monimenta* de Ciampini.

---

[1]. Le Moine de Saint-Gall, *Faits et Gestes de Charles le Grand*, liv. II. — Voir aussi Baron de Roisin, *la Cathédrale de Trèves*, dans *Annales archéologiques*, t. XIII, p. 146.

[2]. Nieder Ingelheim, à 13 kilomètres de Mayence.

[3]. Noviomagum : Nimègue. (*Grandes Chroniques*, liv. III des *Fais et Gestes [de] l'Empereur Charlemaines*, chap. 1er. — Eginhard, *Vie de Charlemagne*, dans Guizot, *Collection des Mémoires*, etc., III, p. 141.)

[4]. En 1847, M. Alexandre Oltmans a donné, à Amsterdam, une *Description de la Chapelle Carloringienne et de la Chapelle Romaine de Nimègue*. A cette époque, on considérait encore cette petite construction comme un temple antique dédié, soit à Janus, soit aux Mânes de Julius Prudens, vétéran de la dixième légion. — Sept ans auparavant (1840),

M. Mertens avait publié, dans l'*Allgemeine Bauzeitung* de Vienne, une restitution de ce prétendu temple romain. Nous en avons donné également une description dans notre volume des *Frontières menacées* (la Hollande pittoresque, t. II, p. 345 et suiv.).

[5]. Eginhard déclare ce palais d'un superbe travail (*operis egregii*). Le moine Lambertus le qualifie « demeure royale, ouvrage admirable et incomparable » (*regium domum miri et incomparabilis operis*). Le vénérable Radovicus, chanoine de Freisingen, l'estime, *nobile palatium et fortissimum*. Son importance s'explique par ce fait que Nimègue, appelée le « pied de l'empire », était la deuxième cité impériale, n'ayant au-dessus d'elle qu'Aix-la-Chapelle.

[6]. Ermold le Noir, *les Faits et Gestes de Louis le Pieux*, chant IV.

Telles sont les peintures, dont les mains exercées d'artistes habiles ont orné toute l'enceinte du temple de Dieu. » Ce qui ajoute à l'intérêt de cette description, que nous sommes obligé d'écourter, c'est la disposition même qu'elle nous revèle, l'ordre dans lequel les scènes se succèdent, et surtout l'importance accordée dans cette répartition à l'Ancien Testament. Tout cela montre clairement l'intervention, dans cette noble et belle décoration, de l'iconographie byzantine.

La description du palais, non moins curieuse, est plus intéressante encore. « Là, écrit Ermold le Noir, s'élève, sur cent colonnes, un palais superbe; on y admire un nombre considérable d'appartements, des toitures de formes variées, des milliers de fenêtres et de portes; c'est l'ouvrage de maîtres très habiles dans leur art.... Ce palais a été enrichi de peintures et de sculptures qui relèvent encore son éclat. Les artistes y ont retracé les plus célèbres actions des grands hommes. On y voit les combats divers livrés dans le temps de Ninus et des actes d'une révoltante cruauté; puis viennent les conquêtes de Cyrus, ce roi exerçant sa fureur contre un fleuve pour venger la mort de son coursier préféré.... Plus loin sont figurés les crimes détestables de l'impie Phalaris.... Sur une autre paroi, Romulus et Rémus posent les fondements de Rome; et le premier immole son frère à son ambition. Annibal, quoique borgne, n'en poursuit pas moins le cours de ses funestes guerres. Alexandre soumet par la force l'univers à son empire.... Dans une autre partie du palais, on admire les hauts faits de nos pères et les grandes actions accomplies en des temps plus voisins de nous. On y voit Constantin, dé-

pouillant toute affection pour Rome, bâtir lui-même et pour lui Constantinople. On y a représenté également l'heureux Théodose et sa vie illustrée par tant d'actes généreux. Puis apparaît le premier Charles, qui sut dompter les Frisons. Plus loin, tu brilles, Pépin, remettant les Aquitains sous tes lois et les réunissant à ton empire. Là, enfin, c'est le sage empereur Charles qui montre ses traits majestueux et son auguste front ceint du diadème. Provoqué par les bandes saxonnes, il les anéantit et force leur nation à recevoir le joug.... Ces histoires mémorables et d'autres encore décorent ce palais et charment les yeux de ceux qui ont le très grand plaisir de les pouvoir contempler[1]. »

Il est dans ces deux belles décorations une particularité qui ne doit pas passer inaperçue. Ainsi que le remarque Didron aîné[2], si à Ingelheim la religion a pris possession de l'église, l'homme, par contre, et l'homme seul, s'est emparé de l'habitation du souverain. On ne constate plus ici ce mélange du sacré et du profane qui donne aux manifestations byzantines un caractère si troublant. Bien que Charlemagne fût un peu pape, ou qu'il en jouât parfois le rôle, puisqu'il réunissait et présidait des conciles, il ne lui vint pas à l'esprit d'assumer un caractère religieux.

La division des pouvoirs, qui distinguera toujours la civilisation occidentale, éclate dans cette sélection; et la postérité l'a si bien compris, qu'elle serait presque choquée qu'on lui représentât le grand Charles et ses successeurs nimbés, alors qu'elle ne songe point à s'étonner de voir le nimbe encadrer les visages de Justinien, de Théodose, d'Arca-

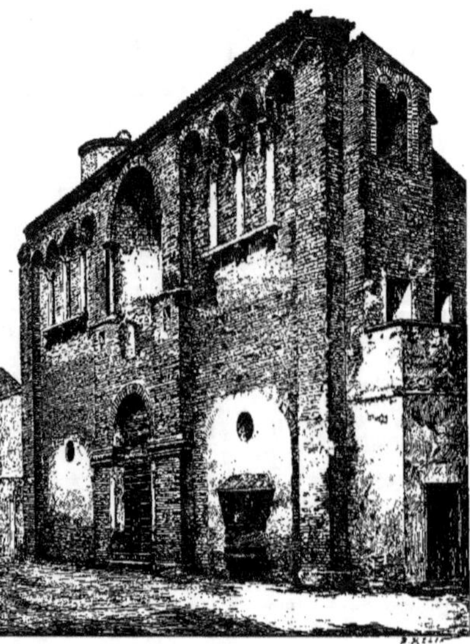
RUINES DU PALAIS DE THÉODORIC (RAVENNE)
dont les matériaux servirent à décorer Aix-la-Chapelle.

---

1. Ermold le Noir, les Faits et Gestes de Louis le Pieux, chant IV.

2. Annales archéologiques, t. XVII, p. 11.

dius, de Romanos et même de Théodora et d'Eudoxie[1].

Le choix des scènes représentées n'est pas moins curieux, ni moins instructif. On remarquera, en effet, qu'aux événements de l'histoire orientale, grecque et romaine, se trouvent mêlées des actions tout occidentales et presque contemporaines. Ce n'était point là, au surplus, une innovation. Ce mélange de l'Antiquité au temps actuel était alors assez fréquent. Théodelinde n'avait-elle pas fait représenter les exploits des armées lombardes sur les murs de son palais de Monza; et le farouche Luitprand n'avait-il pas ajouté, à Ravenne, son portrait à d'autres images moins rébarbatives[2]? Toutes ces compositions décoratives procédaient, au surplus, du modèle sur lequel le monde entier avait alors les yeux fixés, de ce palais de Constantinople où se trouvaient figurées, sur les murs du vestibule, les victoires de Bélisaire[3]. Ces observations n'étaient pas inutiles. Elles nous montrent combien il faut que certains auteurs aient été insuffisamment renseignés, pour prétendre que Charlemagne ne posséda « ni palais, ni châteaux, dans le sens ordinaire de ces mots », et que les maisons de cet empereur « devaient ressembler beaucoup aux métairies mérovingiennes[4] ». On ne décore pas une métairie de fresques et de mosaïques. Il est à supposer, en outre, que les résidences que l'Empereur fit construire pour son fils Louis, à Doué, sur les confins de l'Anjou et du Poitou; à Chasseneuil, dans l'Agénois; à Audiac, en Saintonge; à Ébreuil, en Auvergne[5]; et le château royal de Thionville dont Thégan parle à diverses reprises[6]... s'ils étaient moins magnifiques qu'Ingelheim, Nimègue ou Aix-la-Chapelle, méritaient cependant les noms sous lesquels nos vieux chroniqueurs les ont désignés.

Indépendamment de ces palais ou châteaux, Charlemagne, grand bâtisseur devant l'Éternel, édifia une quantité d'églises et de monastères. Philippe Mouskes nous apprend qu'il releva presque tous les sanctuaires du Poitou, qui avaient été ravagés par Charles Martel ou détruits par lui-même.

> Et mainte autre fist il non pou
> Ki le roiaume de Poitou
> Enbielirent et avanciérent;
> Quar les glises moult biéles iérent,
> Et de trestous aornemens
> Les aorna, de viestemens
> Et de rentes et de biaus dons,
> Pour avoir à Dieu gueredons;
> Et saintes reliques i mist
> Que partout pourkaça et quist :
> Et tout si fist-il, par son gré,
> Sour les laitres de l'A, Bé Cé,
> Si qu'el front de cascune glise
> A une laitre par devise.
> Et qui l'estoire en meskeroit,
> Il i alast, s'es i veroit[7].

Grâce à Philippe Mouskes, nous avons les noms de ces vingt-quatre « moustiers », sans qu'on ait pu découvrir, si ce n'est pour trois ou quatre, quelle lettre ils portaient à « leur front[8] ».

C'est peut-être dans cette prodigalité du Grand Empereur, dans le soin qu'il prit de couvrir la Gaule de pieux édifices, de les pourvoir de riches ornements et de solides prébendes, qu'il faut chercher le titre principal de Charlemagne à la canonisation. Dans cette furie de constructions, l'imitateur de Constantin s'appliqua-t-il à généraliser chez nous les formes byzantines? Il serait dangereux de l'affirmer. Quelques rares monuments remontant à cette époque portent la trace de cette influence. Tels sont l'admirable cathédrale du Puy, qui dans son plan primitif affectait la forme d'une croix grecque; l'église de Germigny-les-Prés, qui non seulement par son plan, mais par sa décoration de mosaïques, se rattache à l'art de Byzance; et le petit

---

1. Charlemagne, cependant, a été représenté porteur d'un nimbe de forme carrée dans la belle mosaïque de Saint-Jean-de-Latran, exécutée de son temps, et restaurée avec fidélité. Voir la reproduction que nous donnons plus haut, col. 74.

2. SÉROUX D'AGINCOURT, *op. cit.*, *Tableau historique*, t. I, p. 35.

3. LABARTE, *le Palais impérial de Constantinople*.

4. ALPHONSE VÉTAULT, *Charlemagne*, p. 375.

5. L'ASTRONOME, *Vie de Louis le Pieux*, dans GUIZOT (*Collection des Mémoires*, etc.), t. III, p. 327.

6. THÉGAN, *De la Vie et des Actions de l'Empereur Louis le Pieux*, ID., ibid., p. 297 et 307.

7. PHILIPPE MOUSKES, *Chronique rimée*, vers 3676 à 3692.

8. C'étaient : 1° « Le moustier de Saint-Fillebiert » (Saint-Filibert), dans l'île d'Hero, en Poitou, Hermoutier. 2° Le moustier de Saint-Florent » (Saint-Florent-le-Vieil). 3° Celui de Saumur. 4° « Saint-Sauveur, à Cartou » (Charroux, en Poitou). 5° « Le moustier de Conces » (Conques). 6° « Le moustier de Saint-Maissant » (Saint-Maixent, en Poitou). 7° « L'église de Ménate » (Ménat, en Auvergne). 8° « L'église de Grant-Liu » (Manlieu, en Auvergne). 9° « Celle de Moussat » (Moisac). 10° « Le moustier de Saint-Fanin » (Saint-Savin, en Poitou). 11° « Le moustier de Noellin » (de Noailles, en Poitou). 12° « Le moustier de Saint-Neffroit » (Saint-Chafre). 13° « Le moustier de Saint-Passent » (?). 14° « Le moustier à Dorouze » (Donzère, diocèse d'Orange). 15° « Et après l'autre à Toulouse » (?). 16° « Le moustier de Solegni » (Solignac, dans le Limousin). 17° « Celui de Puellier » (*monast. puellare sanctæ Mariæ de Regula*, en Limousin). 18° « Sainte-Raagan » (Sainte-Radegonde, à Poitiers; il avait été pillé et détruit par les troupes de Dagobert et ensuite par Charles Martel). 19° « Le moustier de Véré » (?). 20° « L'église de Saint-Aguien en fort Septimane », *Sancti Aniani in Septimania* (Saint-Chignan). 21° « Le moustier de Galonne » (*monasterium Gillonense*, Saint-Gillem-du-Désert). 22° « Le moustier de Saint-Lorens » (*Sancti Laurentii in Septimania*). 23° « Sainte-Marie-en-Relune » (à Arles). 24° Et enfin le monastère de Caunes (dans le diocèse de Narbonne). Voir, au sujet de ces abbayes à lettres : PHILIPPE MOUSKES, *Chronique rimée*, vers 3625 et suiv. — D. M. FÉLIBIEN, *Histoire de l'Abbaye royale de Saint-Denis*, p. 541, pl. IV. — DE LASTEYRIE, *Histoire de l'Orfèvrerie*, p. 94. — MÉRIMÉE, *l'Abbaye de Saint-Savin*, p. 103. — DARCEL, *le Trésor de Conques*, p. 29. — Et notre *Histoire de l'Orfèvrerie française*, p. 29.

oratoire de forme octogonale de la commune d'Aiguilhe, connu dans le pays sous le nom de Temple de Diane. Mais combien d'autres monuments ont disparu

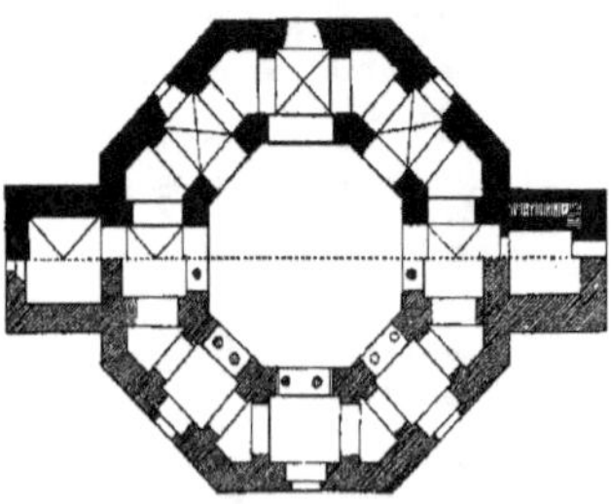

PLAN DE L'ÉGLISE D'OTTMARSHEIM.

qui étaient certainement des types plus complets et mieux compris encore de ce genre d'architecture! Adalberon, dans son *Dialogue avec le roi Robert*[1], parle de « la magnifique basilique de Reims maintenant en ruines, que surmontaient des coupoles dorées ». Le moine Abbon nous apprend, dans son curieux poème[2], que l'église Saint-Germain-l'Auxerrois, détruite au IXe siècle par les Normands, était de forme circulaire, et portait, à cause de cela, le nom de Saint-Germain-le-Rond. Les églises à coupole, au surplus, durent être assez nombreuses, car on en trouve des représentations graphiques relativement fréquentes. Un curieux chapiteau, découvert à Nevers par Mérimée et Viollet-le-Duc, et qui, après avoir appartenu à l'église Saint-Sauveur, démolie en 1839, est conservé aujourd'hui au musée de cette ville, représente une petite église byzantine, complète et naïve, avec sa coupole sur pendentifs, ses fenêtres cintrées, son transept terminé par des absides semi-circulaires et son clocher cylindrique indépendant de la nef comme ceux qu'on voit à Ravenne. Faut-il supposer, avec Viollet-le-Duc, que le sculpteur de ce chapiteau avait été en Grèce ou en Syrie, ou n'est-il pas plus probable qu'il avait eu, en notre pays même, quelque modèle de ce genre sous les yeux? Pareille observation peut s'appliquer à cet autre artiste, infiniment plus habile, qui, ayant à représenter, sur le portail de l'église de Saint-Gilles, l'entrée de Jésus à Jérusalem, fait apparaître, au-dessus des

murailles de la ville, les coupoles du temple de Salomon. A Notre-Dame de Paris, sur le tympan de la porte de Sainte-Anne, la Vierge glorieuse et l'Enfant Jésus sont abrités sous un édicule à coupole. On retrouve, du reste, de ces figurations de coupoles sur maints objets fort divers. Elles fournissent un motif de décoration aux vitraux de Chartres; et sur un bas-relief français en ivoire, qu'on prétend antérieur au XIe siècle[4], nous reconnaissons, — dans une représentation de la *Jérusalem céleste*, figurée suivant l'usage du temps par une ville fortifiée, — au milieu des clochers et des maisons, des portiques, des tours et des dômes d'une inspiration tout orientale.

En tout cas, l'impulsion byzantine donnée par Charlemagne aux arts de son empire se continua après sa mort. L'église d'Othmarsheim, construite au XIIe siècle, fut bâtie sur le plan du Dôme d'Aix-la-Chapelle. Mais nous avons un témoignage plus curieux encore de cette persistance de copie. Nous savons par Photius et Constantin Porphyrogénète[5] que, devant la nouvelle église érigée à Constantinople par Basile le Macédonien, se dressait une fontaine formée par une pomme de pin et entourée d'animaux divers. Or, à Aix-la-Chapelle, sur

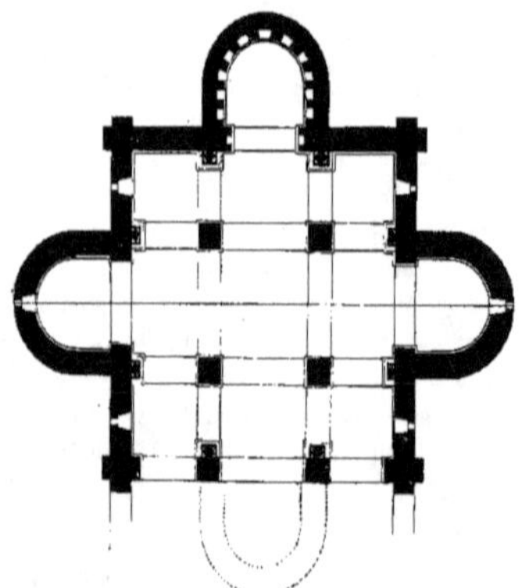

PLAN DE L'ÉGLISE CAROLINGIENNE DE GERMIGNY-LES-PRÉS.

la place qui précède le Dôme, il exista aussi une fontaine entourée d'animaux, dont il ne reste plus qu'une louve et la pomme de pin terminale; laquelle, à l'instar

---

1. *Poëme d'Adalberon, évêque de Laon, adressé à Robert, roi des Français*, dans GUIZOT, *Collection des Mémoires relatifs à l'Histoire de France*, t. VI, p. 433.

2. ABBON, *Siége de Paris par les Normands*, chant Ier. Voir également ALBERT LENOIR, *Influence de l'Architecture byzantine* (dans les *Annales archéologiques*, t. XII, p. 182).

3. VIOLLET-LE-DUC, *Dictionnaire d'Architecture*. t. I, p. 218.

4. Cet ivoire, conservé au musée d'Orléans, a été gravé par GAUCHEREL. (*Annales archéologiques*, t. XX, p. 288).

5. PHOTIUS, *Novæ ecclesiæ descriptio*. — CONSTANTINUS PORPHYROGENETE, *Historia de vita et rebus gestis Basilii imperatoris*. — JULES LABARTE, *Palais impérial de Constantinople*.

de celle de Constantinople, est percée de trous par lesquels s'échappaient les filets d'eau qui tombaient dans
le bassin. Faut-il supposer, avec Didron aîné, qu'on doit
faire honneur à Charlemagne de cette décoration, qui
aurait, dans ce cas, été imitée par Basile le Macédonien[1], ou croire, avec M. Barbier de Montault, que
le Grand Empereur ayant, avec quantité d'autres objets
antiques, importé de Rome certains animaux de métal,

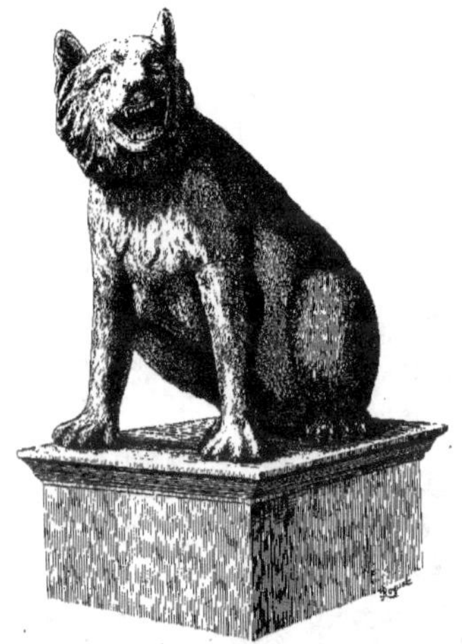

LOUVE EN BRONZE, A AIX-LA-CHAPELLE.

dont la Louve forme aujourd'hui l'unique et dernier
spécimen, utilisa ces animaux dans la décoration d'un
monument aujourd'hui disparu[2]? N'est-il pas plus
probable que les successeurs du grand Charles, respectueux de sa pensée, s'efforcèrent de continuer son
œuvre en copiant la fontaine élevée par Basile le Macédonien? Toutes les hypothèses sont permises. Cette dernière supposition, toutefois, semble d'autant plus plausible, que, jusqu'au xiiᵉ siècle, nous l'avons prouvé, le
prestige de Byzance demeura considérable dans toute
l'Europe occidentale.

X

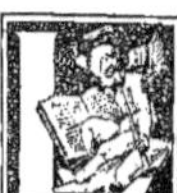

'INFLUENCE byzantine, nous venons de
le constater, s'étendit très loin, se
manifestant à la fois par les exemples
de faste que Constantinople prodiguait au monde ébloui, et par les
ouvrages d'art qu'elle exportait. On la voit apparaître
sur les points les plus éloignés, en Égypte, en Allemagne, en Sicile, suivant les chemins les plus divers,
car ce n'est pas seulement par Ravenne qu'elle pénètre
en Italie, et par Aix-la-Chapelle qu'elle prend pied
en Gaule. Au xᵉ et au xiᵉ siècle, l'église Saint-Marc
de Venise, les églises circulaires de Pérouse, de Ber-
game et de Bologne, les baptistères de Novare et
de Crémone, l'église Saint-Laurent, à Milan, reconstruite en 1573 sur le plan de celle qui avait été
édifiée en 1071, aussi bien que les églises à coupole
de *Santa Giustina* et de *Sant' Antonio*, à Padoue, et
l'église octogone de *San Giovanni*, à Parme, attestent
la persistance de cette influence dans la construction
des sanctuaires de la Péninsule[3], — et cela en dépit de la
séparation violente qui s'était produite entre le culte
grec et la religion catholique. En France, vers le même
temps, elle entre de nouveau en scène, dans une
région qui l'avait ignorée jusque-là, dans le Centre et le
Sud-Ouest de la France, dans le Périgord, l'Angoumois,
le Limousin. Et cette fois c'est par « la très opulente
cité », comme l'appelle déjà Pierre de Vaulx-Cernay[4],
qu'elle pénètre chez nous ; par Venise, qui avait mis la
haute main sur le commerce levantin et établi des
comptoirs dans nos principales cités, où les marchands
de Lucques, de Milan, de Florence et de Pise, ces
fameux Lombards dont il devait être tant parlé durant
tout le Moyen Age, n'osaient pas encore se poser en
rivaux des hardis importateurs vénitiens[5].

A ces relations, en leur principe exclusivement com-
merciales, Venise allait bientôt, à l'exemple de Byzance,
ajouter le prestige d'avoir édifié, sur son sol instable,
un monument merveilleux et dont l'invraisemblable

---

1. Didron, *Palais impérial de Constantinople* (*Annales archéologiques*, t. XXI, p. 317).

2. Barbier de Montault, *la Mosaïque du Dôme, à Aix-la-Chapelle* (*Annales archéologiques*, t. XXVI, p. 329).

3. Dartein, *Études sur l'Architecture lombarde et sur les origines du style romano-byzantin*, IIᵉ partie. — Clericetti, *Ricerche sull' Architettura religiosa in Lombardia, dal secolo V all' XI.*

4. Pierre de Vaulx-Cernay, *Histoire de l'Hérésie des Albigeois*, chap. xx.

5. L'abbé Texier (*Essai sur les Argentiers et les Émailleurs de Limoges*) a établi qu'il y avait eu dans cette ville, durant tout le Moyen Age, une colonie vénitienne importante. Limoges, du reste, possède encore une *rue des Vénitiens*, comme Paris possède une *rue de Venise*. On remarquera que cette dernière est située dans le voisinage de la fameuse *rue des Lombards.*

richesse pouvait lutter avec la fastueuse réputation du temple de Justinien. A contempler encore aujourd'hui le célèbre sanctuaire de Saint-Marc et sa façade peu cohérente, cet entassement de colonnes de porphyre, de vert antique, de serpentine, couronnées de chapiteaux dorés, ces étages entassant leurs arcades dans un pêle-mêle magnifique de mosaïque à fond d'or et de marbres polychromes, on ne peut se défendre d'un éblouissement, et l'on comprend que ce luxe débordant et barbare, cette profusion de matériaux précieux, pillés, volés, rapinés, dans le monde entier, ait produit sur des cervaux peu délicats une inéluctable fascination. Si de cette façade, fête des yeux plus que de l'esprit, et ressemblant plus à une vision qu'à la réalisation d'une conception humaine, « fouillis architectonique », comme l'appelle Lance[1], chaos de lignes et d'ornements où les disparates s'accordent, où les incorrections disparaissent dans un chatoiement délicieux de vert, de pourpre et d'or, on passe à l'intérieur, « caverne d'or incrustée de pierreries, splendide et sombre à la fois, étincelante et mystérieuse[2] » ; sans être moins magnifique, le spectacle est encore plus surprenant.

Là aussi la magie des couleurs vives et chaudes, des ors profonds, la marqueterie des marbres polychromes et des mosaïques vibrantes, communique à toutes ces murailles l'aspect d'un immense, d'un gigantesque écrin cloisonné d'émaux précieux. Partout, l'or, l'argent, le bronze, sont prodigués, et les mosaïques, à longs personnages, habillent les parois depuis la base des piliers jusqu'au sommet des coupoles, s'étalant même sur le sol, qui semble recouvert d'un riche et merveilleux tapis. Quelle impression devait produire ce sanctuaire sur une foule encore grossière, tentée de considérer la prodigalité dans la richesse comme le point culminant de l'art ! Dépourvu de toutes les adjonctions parasites dont on l'a gratifié depuis, de ces décorations pseudo-gothiques, de ces ogives en accolade chargées de statuettes et de choux frisés, dont on a malencontreusement orné sa façade, ce monument, unique dans sa splendeur, devait présenter, avec une unité plus grande, un aspect plus impressionnant encore. Et comme on se gardait alors de le soumettre aux critiques, ingénieuses assurément, mais souvent déplacées, qu'on lui a prodiguées depuis !

Qui se serait avisé alors de voir dans ce sanctuaire resplendissant « une église à la grecque, basse, impénétrable à la lumière, d'un goût misérable, couverte de sept dômes[4] revêtus au dedans de mosaïques, qui les font ressembler bien mieux à des chaudières qu'à des coupoles ? » Qui aurait eu l'audace de vouloir dépouiller ces murailles de leur éclatante parure de mosaïque, comme Viollet-le-Duc, sous prétexte de rendre l'ossature de l'édifice mieux visible[5] ? Qui aurait eu, comme F. de Verneilh, l'imprudence d'en critiquer le plan, et de prétendre

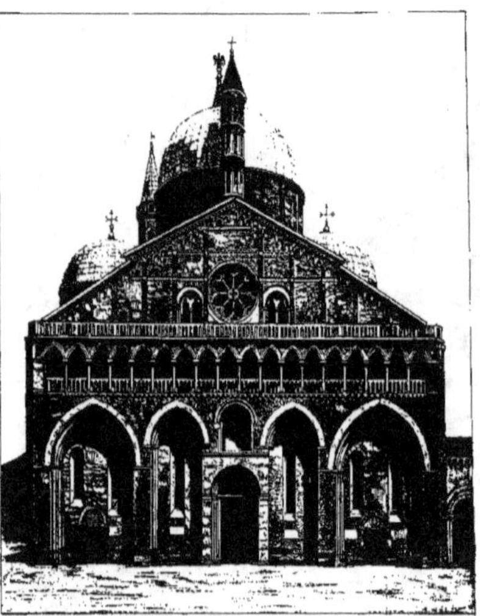

ÉGLISE SAINT-ANTOINE DE PADOUE.

---

1. An. Lance, *Excursion en Italie*, p. 131.

2. Th. Gautier, *Italia*.

3. Comines, qui visita Saint-Marc au xv⁰ siècle, proclame cette église « la plus riche chapelle du monde ». (*Mémoires*, liv. VII, ch. xv.)

4. Le Président de Brosses, aux *Lettres familières d'Italie*, duquel nous empruntons ce beau jugement, se trompe sur le nombre des coupoles. C'est cinq et non pas sept dômes que possède Saint-Marc.

5. Viollet-le-Duc, *Dictionnaire d'Architecture*. Cette prétention étrange a été relevée avec beaucoup de vigueur par Lance (*Excursion en Italie*, p. 139) : « C'est dans cette curieuse église, écrit-il, qu'il faut envoyer les ennemis de l'architecture polychrome, pour leur faire comprendre une bonne fois quel précieux auxiliaire peut devenir, pour l'art ornemental, la couleur judicieusement employée. » Saint-Marc, en effet, peut passer pour le chef-d'œuvre de la polychromie.

que « les architectes de Saint-Marc voulant construire un édifice vaste comme Sainte-Sophie de Constantinople, et, ne pouvant reproduire sa coupole immense, en donnèrent la monnaie[1] » ?

Le mot peut être joli, quoique pas très neuf. Malheureusement, le raisonnement de F. de Verneilh repose sur une pétition de principes. Où l'éminent archéologue a-t-il vu que le doge Orseolo eût l'intention de reproduire Sainte-Sophie? Qui l'a initié aux termes mêmes du programme que les architectes de Saint-Marc furent chargé de réaliser? Et puisque la Seigneurie de Venise, se souvenant des liens de vassalité qui l'attachaient à l'Empire[2], faisait venir de Byzance des constructeurs, ceux-ci n'avaient-ils donc eu sous les yeux qu'un unique modèle, digne d'être admiré et qui pût convenir aux nouveaux maîtres qu'ils étaient appelés à servir?

Or, précisément, Sainte-Sophie n'était pas alors la seule église à coupoles que possédât Constantinople, et dont la réputation fût grande au dedans comme au dehors. La capitale de l'Empire s'enorgueillissait aussi de l'église des Saints-Apôtres, construite sous Justinien par les mêmes architectes qui avaient édifié Sainte-Sophie. Ce sanctuaire, il est vrai, n'existe plus, mais

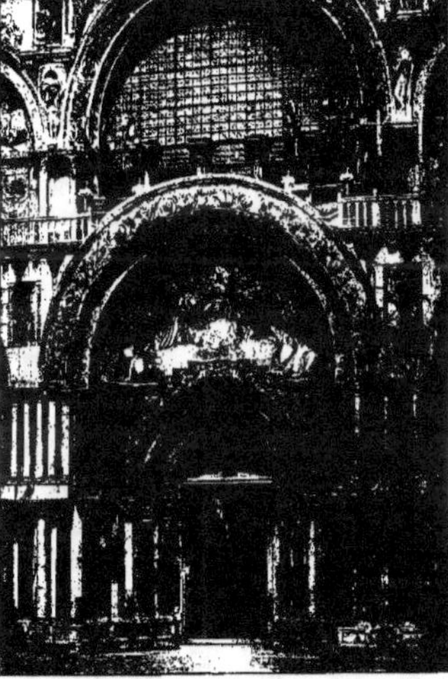

ÉGLISE SAINT-MARC DE VENISE.
Grand portail.

Procope nous en a laissé une description détaillée et, — fait très rare, comme le remarque Vitet[3], — suffisamment claire et précise, pour que nous puissions nous convaincre que les architectes de Saint-Marc, s'ils n'ont rien inventé, s'ils ont emprunté le plan, l'élévation et la coupe de leur église à un monument fort antérieur, ne peuvent être accusés d'être restés très au-dessous de la tâche qu'ils ambitionnaient d'accomplir. Il suffit, en effet, de lire attentivement le texte de l'historien grec[4] pour être frappé par la surprenante concordance des plans et des dispositions essentielles des deux édifices. Et cette concordance prend un redoublement d'importance et d'intérêt, quand on se souvient que si Saint-Marc a été imité des Saints-Apôtres, Saint-Antoine de Padoue et Saint-Front de Périgueux paraissent imités de Saint-Marc.

Quoiqu'on ait produit, pour ce qui concerne cette dernière église, — nous parlons de Saint-Front, — des dates qui semblent contredire cette descendance, ou mieux cette filiation[5], cependant certains archéologues, au premier rang desquels il faut placer F. de Verneilh, qui s'est livré à une étude

approfondie de la question, ont relevé entre Saint-Marc et Saint-Front des similitudes au moins singulières.

---

1. F. DE VERNEILH, *Saint-Front de Périgueux et Saint-Marc de Venise* (*Annales archéologiques*, t. XI, p. 88).

2. « Conquise par Pépin, fils de Charlemagne, Venise fut restituée à l'empereur grec Nicéphore, et tout porte à croire, dit Hallam, que les Vénitiens s'étaient toujours regardés comme sujets de l'Empire d'Orient, mais dans un sens général et qui n'excluait pas le droit de se gouverner par leurs propres magistrats. » (HENRY HALLAM, *l'Europe au Moyen Age*, traduction de Borghers et Dudouit, t. II, p. 136.)

3. VITET, *Étude sur l'Histoire de l'Art.* t. I, 317.

4. « On a donné à l'église des Saints-Apôtres deux nefs, qui, se coupant par le milieu, forment une croix, écrit Procope. L'une se dirige de l'occident à l'orient, l'autre du midi au nord. Outre l'enceinte extérieure des murs, elles sont circonscrites intérieurement par un double étage de colonnes. A l'endroit où les deux nefs se coupent est le sanctuaire, ou le lieu interdit à tous ceux qui n'appartiennent pas au clergé. Les branches transversales de la croix sont égales; mais celle qui se dirige vers l'occident dépasse en dimensions son opposée, autant qu'il le faut pour que la croix soit formée. Quant à la partie qui couvre le

sanctuaire, elle ne diffère que par ses moindres dimensions du centre de Sainte-Sophie. En effet, au-dessus de quatre grands arcs disposés et réunis de la même manière, s'élève de même un édifice circulaire et percé que surmonte une coupole sphérique; et la construction est suspendue de telle sorte qu'elle paraît manquer de solidité, malgré qu'elle en ait beaucoup. Sur les côtés sont quatre autres couvertures de même forme et de même grandeur, dont les coupoles arrondies manquent seulement de fenêtres. » (PROCOPE, *De Ædificiis Justiniani*, II, 13.)

5. Les auteurs les plus dignes de foi (*Gallia christiana*, t. II, p. 1450) nous apprennent que les travaux de Saint-Front furent commencés sous l'épiscopat de Frotaire, mort en 991, et nous donnent l'année 994 comme date probable de la fondation. Or, nous savons que l'église élevée en 829 pour recevoir les reliques de saint Marc fut détruite en 976, et un édit du 13 mars 1355 (MURATORI, *Rerum ital. script.*, t. XII, p. 9) nous apprend que le doge Orseolo la fit reconstruire. Cette construction ne put donc commencer qu'en 997, ou même l'année suivante, car il fallut faire venir de Constantinople les plus habiles architectes qu'on connût alors : *Da Pietro Orseolo per la reedificatione, da Con-*

Comme nous l'avons fait plus haut pour Aix-la-Chapelle et *San Vitale*, on a mis en regard, sur une même planche[1], la coupe transversale des deux édifices, et

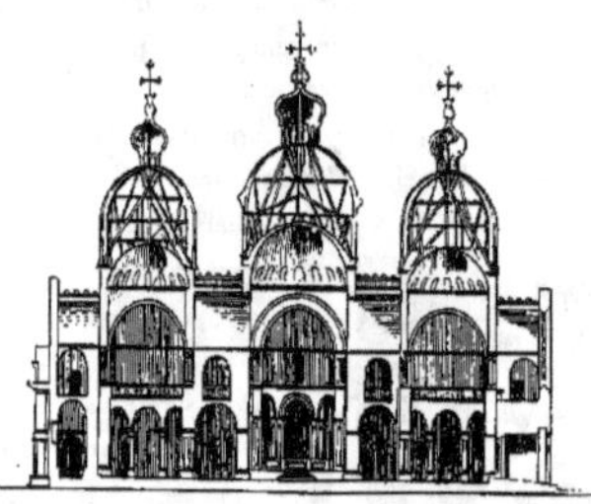

COUPE DE SAINT-MARC DE VENISE.

il est impossible de ne pas être frappé par la concordance des lignes générales, par le rapport intime des principaux membres des deux constructions, par la façon dont leur rôle a été conçu et leur effet combiné.

Si, après cela, de l'élévation nous passons au plan, nous trouvons qu'il est presque identique, comportant dans les deux cas cinq coupoles d'un diamètre à peu près le même, disposées dans un ordre pareil, reposant sur des arcs de hauteur et d'épaisseur presque égales.

Ce qui achève, en outre, de rendre la similitude plus évidente, c'est que les piliers supportant les arcs sont, dans nos deux monuments, ajourés à leur base, évidés à l'intérieur et formés par la réunion de quatre jambages[2]. Cette disposition, dont, actuellement, on chercherait vainement un exemple autre part, existait-elle aux Saints-Apôtres? C'est ce que Procope a omis de nous dire.

Enfin, dernière coïncidence : par un hasard étrange, que signale F. de Verneilh, et ceci paraît achever la démonstration, ces deux édifices (Saint-Marc et Saint-Front) sont inégaux entre eux comme le pied français et le pied italien ; de telle sorte que si les dimensions de Saint-Marc sont évaluées en pieds italiens et celles de Saint-Front en pieds français, elles seront exprimées à peu près par les mêmes chiffres. « Comment, dit à ce propos M. Vitet[3], ne pas conclure de là que les plans seront partis de Venise cotés à l'italienne, et que,

arrivés à Périgueux, ils auront été compris à la française? » Rien de plus juste et de plus naturel que cette explication, à moins que le plan ne soit parti directement de Constantinople, n'ait été adressé en double expédition en deux lieux différents, et traduit en chacun de ces lieux en mesures propres à la contrée. Ce qui semble justifier cette dernière hypothèse, c'est la profonde différence qui existe dans le mode et les procédés de construction des deux sanctuaires. Comme tous les temples-types de l'architecture byzantine, Saint-Marc est édifié en blocages de briques et de moellons non équarris, reliés par des couches épaisses de mortier. En outre, avant qu'on l'eût gratifiée — à une époque relativement récente — de revêtements somptueux, Saint-Marc n'affectait extérieurement aucune prétention architecturale, comme tous les édifices religieux de l'Orient, où l'extérieur est sacrifié à l'intérieur, comme

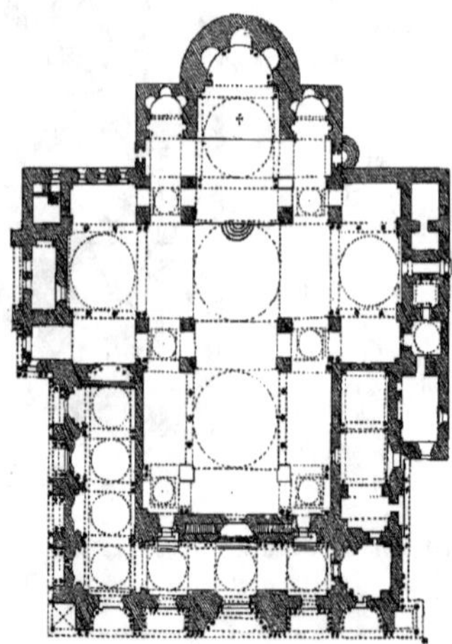

PLAN DE SAINT-MARC DE VENISE.

Sainte-Sophie elle-même, elle ne présentait qu'une masse de maçonnerie assez grossière.

À Saint-Front, au contraire, ce sont d'autres préoccupations et d'autres procédés qui ont prévalu. Les

---

stantinopli furono chiamati architetti piu eccelenti che vi fossero (PAOLO MOROSINI, *Della Città di Venezia*, lib. IV, p. 92). Est-il possible que les travaux aient été poussés avec une activité assez grande, pour que, sept ans après leur commencement, Saint-Marc fût non seulement achevée, mais assez célèbre pour exalter l'admiration des pauvres Périgourdins, au point de leur inspirer le désir de posséder une copie de ce fameux édifice? Enfin, ajoutons encore que la dédicace de Saint-Marc

n'eut lieu qu'un siècle après la fondation de Saint-Front, en 1085 suivant Zanetti, selon Carli en 1094. (Voir *les Églises principales de l'Europe : Saint-Marc*, p. 5.) Il est vrai que les dédicaces sont souvent très postérieures à l'achèvement des églises.

1. Voir *Annales archéologiques*, t. XI, p. 100.
2. F. DE VERNEILH, *l'Architecture byzantine en France*, p. 44 et suiv.
3. VITET, *Études sur l'histoire de l'Art*, t. I, p. 331.

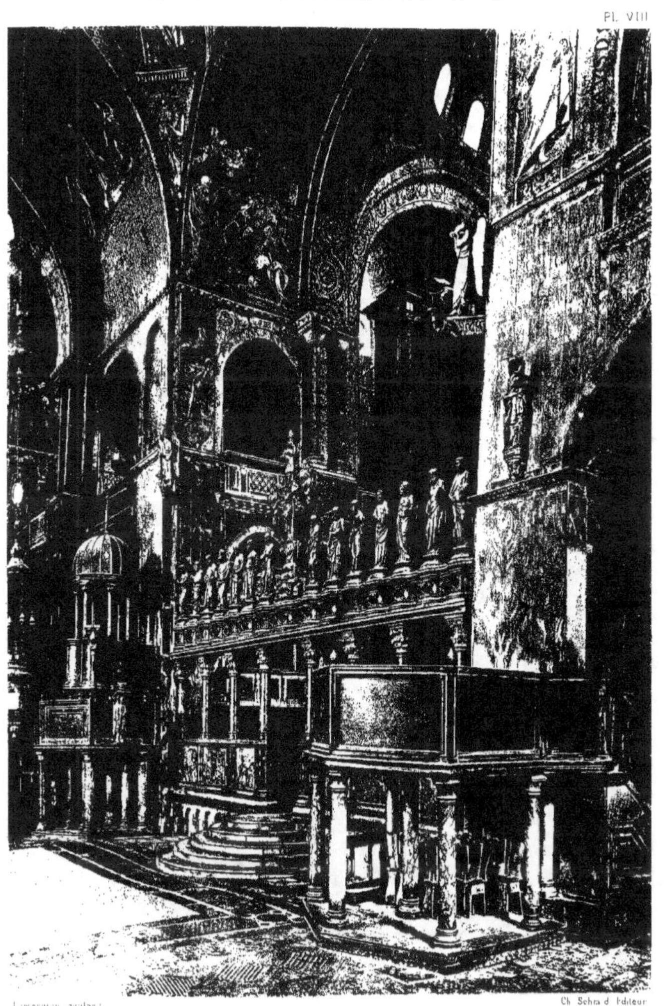

INTÉRIEUR DE L'ÉGLISE DE SAINT MARC
(À VENISE)

piles, les arcs, et jusqu'aux coupoles sont édifiés en belles pierres de moyen appareil, taillées à la romaine, et dont la coupe est si soignée, l'échantillon si régulier, les faces si bien dressées et les assises tellement égales, qu'on est d'abord porté à se demander si ces pierres n'ont pas été empruntées à l'amphithéâtre antique ou, comme certains murs voisins du château Barrière, à quelque grande construction romaine, aujourd'hui disparue. Mais, comme cette même régularité, cette même perfection d'appareil, se retrouvent dans la belle cathédrale d'Angoulême, dans les églises de Brassac, de Solignac, etc., où cette supposition serait quelque peu déplacée, il en faut simplement conclure que l'art de bâtir, à cette époque, n'avait pas abdiqué chez nous les grandes et nobles traditions romaines, qu'il était resté très supérieur en nos régions à ce qu'il était devenu en Orient; et, enfin, il faut se souvenir que le Limousin, le Périgord, l'Angoumois, ont constitué, durant tout le Moyen Age, une sorte de conservatoire de la bonne maçonnerie, et que la réputation des Limousins surtout est demeurée, pour ces travaux, au moins égale à celle qu'on accordait aux *Comacci* dans l'Italie du Moyen Age et de la Renaissance.

Mais Saint-Front, s'il atteste, au point de vue de la construction proprement dite, l'incomparable maîtrise de nos appareilleurs « limousins », combien pour sa décoration intérieure, « vêtu de bure au lieu de drap d'or », suivant le mot si juste de Vitet[1], n'est-il pas inférieur à Saint-Marc?

Quoi qu'en aient dit certains écrivains, rien ne démontre mieux, en effet, la parfaite convenance de la décoration de Saint-Marc avec ses formes architectoniques, que la nudité de Saint-Front. On a reproché amèrement à la première de ces églises de déguiser, de dissimuler son ossature sous un revêtement éclatant de mosaïques à l'aspect de métal. Dans la seconde, rien ne voile cette architecture, rien ne masque cette ossature : en vain les murailles appellent un vêtement qui dissimule leurs énormes parois blanches, froides, tristes; et de la comparaison de ces deux monuments on rapporte la conviction que l'architecture byzantine, dépouillée de sa resplendissante parure, perd le plus clair de sa beauté, faite avant tout de luxe et de splendeur.

Ces observations étaient d'autant plus indispensables, que le nombre des églises françaises où la coupole

sur pendentifs forme la base de la combinaison architecturale est relativement élevé[1], et qu'on prétend, sans le prouver toutefois, que toutes procèdent de Saint-Front de Périgueux. Mais, en tenant le fait pour démontré, en acceptant l'hypothèse que cette église ait révélé à nos architectes les avantages et les beautés de la coupole, que son édification ait permis à nos constructeurs de se familiariser avec les difficul-

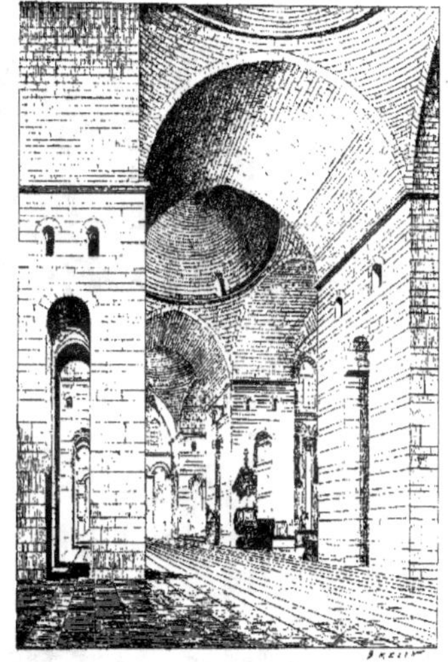

INTÉRIEUR DE SAINT-FRONT DE PÉRIGUEUX.

tés techniques présentées par sa construction, encore faut-il remarquer qu'ils ne cherchèrent à emprunter que cela à notre Saint-Front. Délaissant le plan, — lequel pourtant, dans une pareille conception, a bien son importance, — ils retournèrent à la forme basilicale, devenue nationale en quelque sorte, héritée des premiers chrétiens, et qui, il faut le croire, leur tenait singulièrement au cœur. C'est du moins la seule façon plausible d'expliquer comment l'église Saint-Étienne, construite en la Cité de Périgueux, bien voisine par conséquent de Saint-Front, qu'on dit en outre être sa contemporaine[3], la cathédrale de Cahors, elle aussi fort ancienne, Saint-Hilaire de Poitiers, réédifiée depuis

---

1. Cité dans les *Annales archéologiques*, t. XIV, p. 101.

2. Rien qu'en Aquitaine, F. de Verneilh en a compté une quarantaine. (Voir *l'Architecture byzantine en France*, p. 178.)

3. Des auteurs dignes de foi nous apprennent, en effet, que Saint-Étienne-en-la-Cité et Saint-Front ont été consacrées le même jour. (Voir Dupuy, *État de l'Église en Périgord*, p. 12.)

peu[1], l'admirable Saint-Pierre d'Angoulême, la nef de la grande et splendide abbaye de Fontevrault, semblent combiner ces deux idéalités en quelque sorte contradictoires, et amalgamer la coupole byzantine aux exigences de la forme basilicale. Ajoutons que, à l'exception de Saint-Front, toutes nos églises à coupoles sur pendentifs présentent cette même disposition. Les abbayes de Saint-Astier, de Brantôme, de Saint-Jean de Cole, de Saint-Avit, de Trémollac, de Boschand, de Souillac, les églises de Brassac-le-Grand, de Verteillac, de Saintes, sont à séries de coupoles rangées à la suite les unes des autres ; formant,

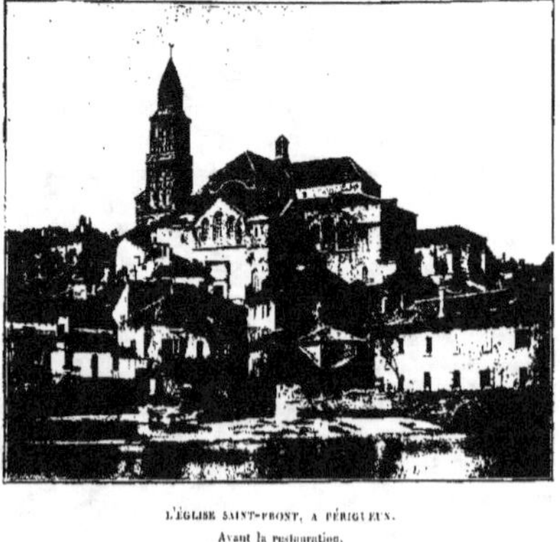

L'ÉGLISE SAINT-FRONT, A PÉRIGUEUX.
Avant la restauration.

en plan, la grande branche d'une croix latine, avec les bras du transept ordinairement fort courts, parfois même supprimés, et une abside tantôt rectangulaire, plus souvent hémisphérique et voûtée en cul-de-four, comme la tribune de la basilique primitive. Il en est de même pour les prieurés et paroisses d'Agonac, de Bourdeilles, de Saint-Liguaire à Cognac, du Roulet, de Perevil, de Fléac, de Beaulieu, de Gensac, de Bourg-Charente, de Mesnac, de Mareuil et du Vieux-Mareuil,

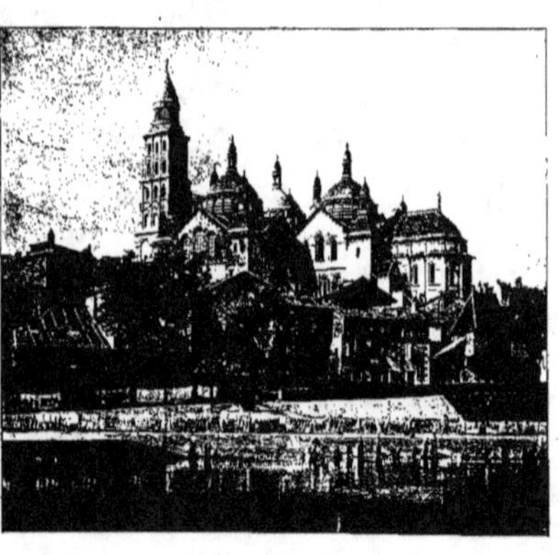

L'ÉGLISE SAINT-FRONT, A PÉRIGUEUX.
Restaurée.

de Peaussac, de Thiviers, de Saint-Martial de Viverols, et autres édifices d'importance moindre ou moins heureusement conservés.

Si bien que, en présence de cette fidélité au type latin de la basilique, — ou tout au moins à l'essentiel de son plan, — on est amené à se demander si les architectes français ne se sont pas servis de la coupole, simplement comme d'un procédé de construction, d'une application difficile il est vrai, ne dépassant pas toutefois leur surprenante habileté, mais aussi d'une grande sécurité pour couvrir les nefs de leurs églises.

En ce cas, l'adoption des séries de coupoles procéderait, non pas d'une influence esthétique directe ou indirecte, mais de cet avantage qu'elles ont sur la voûte en berceau, et même sur la voûte d'arêtes, de charger directement leurs supports, et de couvrir de grands espaces sans pousser dans le vide et sans exiger de contreforts. « Avec elles, remarque Vitet[2], les contreforts sont en dedans. » Or, il est incontestable que l'application des voûtes en berceau, quand ce genre de couverture vint à la mode, entraîna de graves mécomptes. Nombre d'édifices, non construits en vue de cette adjonction, ou dont le plan avait été mal conçu, durent, par leur peu de solidité et les accidents qui se produisirent, éveiller les craintes des constructeurs. Il ne serait donc pas surprenant que, au moins dans une certaine région, l'usage de la coupole se soit propagé simplement, parce qu'elle constituait un procédé pratique de bâtir,

---

1. A Saint-Hilaire de Poitiers, les coupoles sont octogonales.

2. VITET, *Études sur l'Histoire de l'Art*, t. I, p. 337.

et s'adaptait, comme une modification ingénieuse de couverture, à des plans devenus usuels dans tout notre Occident.

Ainsi, en dehors d'un petit nombre d'édifices comme Saint-Front ou Aix-la-Chapelle, où l'imitation est trop flagrante pour être discutée, l'apport principal de l'art byzantin se réduirait, surtout en architecture, à un procédé de construction ingénieux et hardi. Cette constatation nous amène à rééditer les questions que Vitet posait jadis au début d'un débat célèbre, et les réponses qu'il s'adressait à lui-même :

« A-t-il existé en France une architecture byzantine ? » se demandait-il, et à cette première question il n'hésitait pas à répondre : « Non. Notre sol compte, il est vrai, un certain nombre de monuments qu'on peut qualifier de byzantins, mais il n'a pas existé en France une architecture byzantine. » — « Le goût, le style, les usages de la Rome orientale se sont-ils introduits à certaines époques dans notre art d'édifier et de décorer nos monuments ? » — « Assurément oui, et sur ce point toute contestation serait téméraire. » « Quelle part faut-il faire à ces usages, à ce style, à ce goût, dans la construction et la décoration de nos monuments et plus spécialement dans celle de nos édifices religieux ? » Question bien délicate, car presque toujours l'exécution, nous l'avons démontré, demeure franchement nationale. Reste la conception. Celle-ci se manifeste tout d'abord par le plan, qui, dans bien des cas, peut fournir des indications précieuses sur les influences qui ont présidé à son élaboration. Mais ces indications sont-elles assez claires pour permettre une classification systématique ? Nous ne le croyons pas.

Quelques libres esprits, cependant, ont estimé que, d'une façon générale, il était possible d'opérer une équitable répartition en tenant compte de certaines dispositions fondamentales du plan, et qu'à la rigueur on pourrait partager nos édifices religieux des premiers siècles du Moyen Age en deux grandes catégories : 1° ceux à côtés inégaux, et formant des parallélogrammes allongés ; 2° ceux à côtés égaux et symétriques, — étant admis que la forme circulaire faite d'un seul côté, unique et continu, est le triomphe de l'égalité.

Cette classification, si elle était admise, permettrait de faire assez facilement la répartition souhaitée. Il faut bien reconnaître, en effet, que les monuments qui procèdent de la basilique, — type d'origine absolument occidentale, — rentrent dans la première catégorie, et que, indépendamment des adjonctions dont on les a gratifiés de fort bonne heure, — bras du transept et couronne de l'abside, — les murs qui les circonscri-

vent, comme les côtés qui en arrêtent le plan, sont inégaux et parallèles : alors qu'en Orient c'est ordinairement le contraire qui se produit, et que la plupart des édifices religieux rentrent dans le second type. Ainsi, en poussant les choses à l'extrême, on serait amené à décider que toutes les églises où le plan basilical n'a pas été franchement adopté, où le parallélisme de côtés et leur inégalité n'apparaissent pas d'une façon fondamentale, appartiennent, dans une certaine mesure, non pas

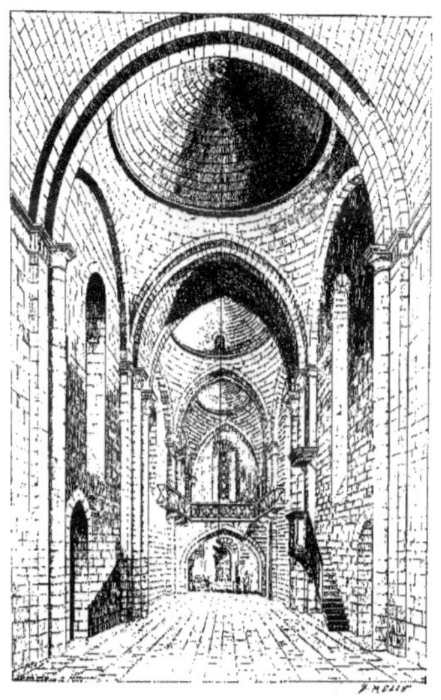

INTÉRIEUR DE L'ÉGLISE À COUPOLES DE BRASSAC.

à l'architecture byzantine, la prétention serait exorbitante, mais au style byzantin. Il n'en est rien pourtant.

Il faut bien constater, en effet, que le génie latin, s'exerçant sur un thème nouveau, a créé un certain nombre de dispositions inédites, on pourrait dire de types, que Byzance et l'Orient n'ont certes pas connus. Si l'on peut ranger au nombre des imitations certaines le Dôme d'Aix-la-Chapelle, celui d'Ottmarsheim, Saint-Géréon de Cologne et Notre-Dame de Trèves, dont le plan polygonal ressemble, a-t-on dit, à un « cercle à pans », l'église de Rieux-Mérinville (Aude), dont la clôture est formée par un polygone de quatorze côtés, aux angles émoussés à l'extérieur, et présentant l'aspect d'une rotonde de 54 pieds de diamètre ; si l'on peut classer au nombre des imitations probables les églises de Chambon et de

Lanleff en Bretagne, qui, toutes deux sont de forme circulaire ; la petite église polygonale de Saint-Michel d'Entraigues, près Angoulème ; Saint-Michel de l'Ai-

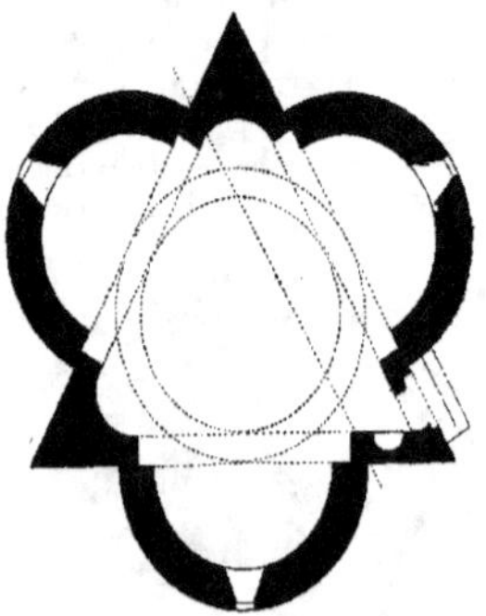

PLAN DE L'ÉGLISE DE PLANÈS.

guilhe, dont le plan décousu n'a rien d'occidental ; l'église de Saint-Tiburce, en croix grecque ; la cathédrale du Puy, qui dans son principe affectait cette même disposition, et tous ces petits temples ou chapelles de templiers, copies du Saint-Sépulcre, dont nous aurons à nous occuper plus loin, comme les octogones de Montmorillon, de l'Aiguilhe, de Laon, etc., etc. : par contre, où rencontre-t-on en Orient l'équivalent de l'église de Planès, qui est en forme de triangle équilatéral et lobé ; de l'église de Montmajour, dont le plan représente un quatre-feuilles ; de Sainte-Croix de Quimperlé, ronde extérieurement et qui à l'intérieur offre les quatre branches égales d'une croix grecque[1] ? Enfin, il convient de ne pas oublier les monuments religieux qui offrent un compromis entre ces deux grandes familles trop rigoureusement systématisées, et qui montrent des rotondes ou des polygones réguliers associés à une nef allongée, comme l'église abbatiale de Charroux, par exemple, ou *San Michele* de Còme. Et même, pour celles dont le plan peut paraître franchement oriental, si l'on voulait se montrer trop affirmatif, on pourrait s'exposer à de graves déconvenues. Voici, par exemple, Notre-Dame de Trèves, qui rentre pour une de ses parties essentielles dans la catégorie des églises à côtés égaux et symétriques, mais qui n'en est pas moins, cependant, de construction

franchement gothique et du plus beau type ogival !

Ainsi, tout en reconnaissant, en proclamant la féconde influence de l'architecture byzantine en Occident, tout en admettant que le plan quand il présente des côtés égaux et symétriques, la coupole sur pendentifs quand elle constitue, comme le demande F. de Verneilh, la base de la combinaison architecturale[2] et non pas une simple modification de la voûte, — sans quoi la plupart de nos églises romanes et ogivales pourraient être revendiquées par l'architecture byzantine, — tout en constatant que ces particularités dénoncent l'application chez nous de formules orientales, encore le nombre des monuments où l'imitation est flagrante, où les principes règnent en maîtres, sont-ils trop peu nombreux pour qu'on puisse dire que nous avons eu en France une architecture byzantine. Cette réserve est d'autant plus indiquée, que, lorsqu'on parle de ces temps obscurs et mal connus où les liens d'autorité générale étaient singulièrement relâchés, où chaque province se développait suivant ses penchants, son esprit, ses traditions, ses ressources, empruntant à l'extérieur ce que le hasard lui en faisait

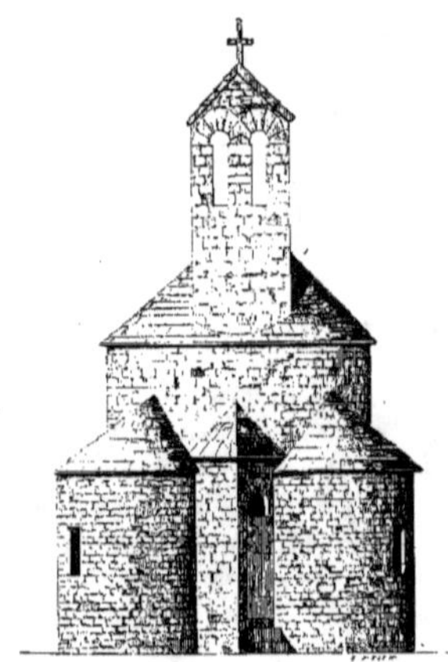

ÉLÉVATION DE L'ÉGLISE DE PLANÈS.

connaître, ou ce qui convenait à son tempérament, à ses goûts, il faut se garder de toute affirmation trop précise, de toute classification trop absolue.

---

1. On est quelque peu surpris, en présence de ces plans si variés, si savants. et compliqués à plaisir. de lire qu'après la destruction de l'Empire romain la science géométrique « fut tout à fait négligée ». « Il y eut bien encore quelques calculateurs, écrit M. Jaubert de Passa (*Annales* archéologiques. t. XIV. p. 303), un ou deux astronomes chargés de rédiger le calendrier. mais il n'y eut plus de géomètre. » Autant dire que ces monuments ont jailli spontanément du sol.

2. F. DE VERNEILH, *l'Architecture byzantine en France*, Introduction, p. XI.

XI

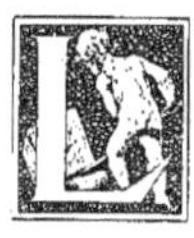

À part une fois faite aux influences byzantines dans l'édification de nos sanctuaires, il convient d'étudier celle qui lui revient dans leur décoration. Celle-ci, dès l'abord, se trouve assez réduite, car il nous faut passer sous silence le mode principal d'ornementation cher à Byzance, les revêtements de marbres exotiques, qui, sous nos climats moins favorisés et dans nos provinces si souvent ravagées par les guerres intestines et les invasions, ne pouvaient constituer que des exceptions aussi rares que précaires. C'est à peine si nous pouvons, dans ce genre, citer un très petit nombre de monuments : Aix-la-Chapelle, par exemple, et Ingelheim, qu'une volonté impériale et toute-puissante orna de ces parures coûteuses, enlevées à grands frais à Ravenne et à Rome. Nous négligerons également les mosaïques murales, bien rarement employées faute des matériaux nécessaires et des artistes capables de les mettre en œuvre, et dont un très précieux exemple, cependant, nous a été conservé dans l'église carolingienne si modeste de Germigny-les-Prés. Quant aux peintures, qui durent être singulièrement abondantes et variées, car, nous l'avons expliqué à propos de Saint-Front, les intérieurs d'églises byzantines réclament d'une façon impérieuse ce brillant manteau pour voiler leur lamentable nudité, elles ont presque toutes disparu, victimes du temps et plus souvent des hommes ; et c'est à peine si un petit nombre de figures isolées, comme le *Saint Michel Archange* du Puy, sont demeurées en place, pour attester, par leur excessive longueur, la pénétration de ces influences.

Néanmoins, si les spécimens carolingiens nous font défaut, on peut trouver dans des ouvrages sensiblement plus modernes la trace de la persistance de ces traditions.

Dans la description qu'Ermold le Noir nous a laissée de l'église d'Ingelheim, on aura remarqué l'ordre systématique qui a présidé à l'ornementation picturale. Cet ordre est à la fois curieux et spécial. Il

établit, en effet, une répartition égale entre les deux Lois, l'Ancienne et la Nouvelle[1], localisant celle-ci à droite, celle-là à gauche ; or, cette localisation et cette répartition égale sont essentiellement caractéristiques de l'iconologie byzantine ou grecque. L'Orient, en effet, où Abraham, Moïse et David avaient vécu, et que l'Ancienne Loi, par conséquent, avait gouverné pendant un nombre considérable de siècles, était demeuré fidèle au judaïsme et plein de vénération pour les personnages de la Bible. De là son habitude d'admettre cette dernière, dans la décoration des églises, sur un pied d'égalité avec l'Évangile. En France et en Italie, il n'en allait pas de même ; et l'auteur de la *Légende dorée*[2], Jacques de Voragine, en donne la raison suivante : « L'Église d'Occident, écrit-il, ne célèbre pas les fêtes des Saints de l'Ancien Testament, parce qu'ils descendirent aux Enfers. Elle ne fait d'exception que pour les Saints Innocents, parce qu'en eux c'est le Christ qu'on frappait, et pour les Macchabées.... » Pour ces derniers, notre hagiographe donne quatre raisons que l'on

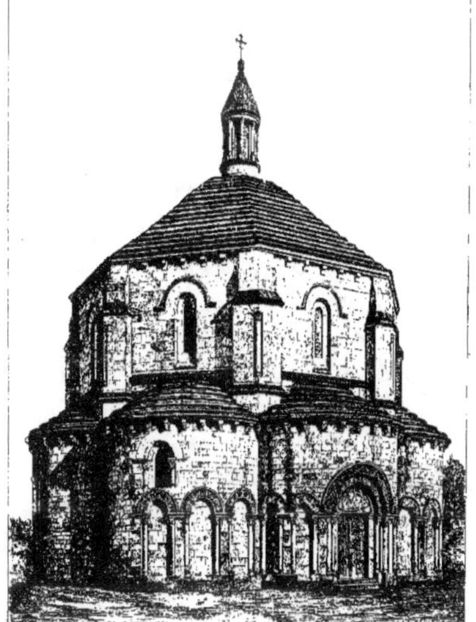

ÉGLISE DE SAINT-MICHEL D'ESPRAYGUES.

trouvera dans son livre. Or, fait très digne de remarque l'ornementation de la cathédrale de Chartres com-

---

1. Voir plus haut, col. 154.

2. Jacques de Voragine, *Legenda aurea* (De Sanctis Machabeis).

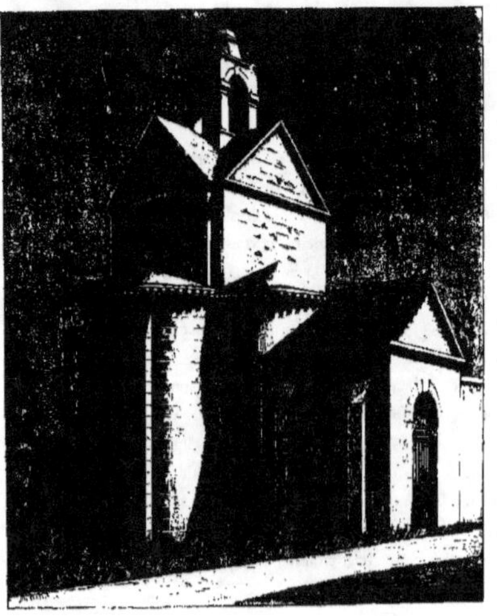

CHAPELLE DE MONTMAJOUR.

porte le même dispositif que celui de l'église d'Ingelheim. Elle accorde cette même parité aux deux Testaments; ce qui montrerait une persistance curieuse de l'influence byzantine[1]. En outre, l'auteur de l'*Iconographie chrétienne* relève des analogies aussi remarquables et non moins surprenantes entre la décoration de la cathédrale de Reims et celle des églises de Saint-Luc, en Livadie, de Sainte-Sophie, à Salonique, et de Sainte-Laure, au mont Athos[2].

Ces représentations, magnifiques et considérables à tous égards, nous amènent à parler de la sculpture, car, aussi bien à Chartres qu'à Reims, ces foisonnantes et si remarquables décorations sont exécutées, soit en ronde bosse, soit en haut ou en bas relief.

Peut-être s'étonnera-t-on de voir des sculptures présenter tant de points communs avec des peintures murales. Assurément, la distance entre les deux arts est grande, mais il convient de se souvenir qu'au Moyen Âge, toute cette admirable Statuaire était habillée d'or et richement polychromée, et cela diminuait beaucoup la dissemblance d'aspect. Ce qu'il faut noter surtout, c'est que certains ouvrages de nos vieux « tailleurs d'ymaiges » du XIe et du XIIe siècle se ressentent de l'influence orientale, non seulement au point de vue dogmatique, mais encore au point de vue de l'exécution et du caractère des figures[3].

Cet exotisme, du reste, est facilement reconnaissable; il est attesté par certains gestes hiératiques, par la bénédiction notamment, qui en Orient et en Occident n'est pas donnée d'une façon identique, — voir notamment au portail de Saint-Michel d'Aiguilhe, — par le costume, qui diffère essentiellement, surtout par la longueur exagérée des personnages, par leur maigreur ascétique; car ils sont conçus et exécutés suivant un « canon » spécial, qui n'a aucun rapport avec le « canon » de Polyclète, généralement admis dans l'Antiquité, ni surtout avec les proportions trapues que les statuaires d'Occident,

---

1. Didron, aîné, *Manuel d'Iconographie chrétienne grecque et latine.* Introduction, p. xxxvi et suiv.

2. « En Grèce, on voit un sujet magnifique, et qui remplit le tambour des grandes coupoles; on l'appelle la Mystagogie ou la divine liturgie. À l'orient de cette coupole, le Christ se montre de face et tournant le dos à un grand autel figuré en peinture. Le Christ est là en grand archevêque, comme disent les Grecs; il se prépare à célébrer lui-même le sacrifice de la messe. Cependant, tout autour de la coupole, défilent une grande quantité d'anges portant les ornements, les vases sacrés et les autres objets qui vont servir pour la messe. L'un tient un encensoir, un autre une navette, le troisième un missel, le quatrième l'aube, le cinquième la chasuble, d'autres les différents ornements pontificaux. Puis se succèdent d'autres anges qui portent des candélabres, des croix, des bannières. Puis d'autres qui tiennent des calices, la petite lance et le plat destinés, l'une à percer, l'autre à contenir l'hostie. Enfin s'avance, portée par six anges, la représentation du Christ dans son tombeau; du Christ qui va mourir de nouveau et se livrer en nourriture à ses fidèles. C'est là un remarquable, un admirable sujet; il est peint constamment à fresque ou en mosaïque dans les coupoles, il les remplit tout entières. Eh bien, ce sujet est sculpté à la cathédrale de Reims d'une manière fort analogue. À l'extrémité de chaque contrefort qui butte les murailles de la nef, du chœur et du sanctuaire, s'élève un clocheton à jour formant une niche surmontée d'une flèche. Dans chaque clocheton se tient debout un ange de douze pieds de haut, ailes déployées, portant, ou un calice, ou des burettes, ou un missel, ou un encensoir, ou un candélabre, comme chez les Grecs. Ces anges s'avancent de la nef au chœur, du chœur au sanctuaire, et de là à la partie extrême de l'abside, au rond-point proprement dit. À ce rond-point, on voit le Christ, celui qui se prépare à célébrer le sacrifice, et entre les mains de qui les anges semblent venir déposer les divers objets qu'ils tiennent à la main, et qui vont servir à la célébration de la messe. » (Didron Aîné, *Manuel d'Iconographie chrétienne, grecque et latine*, Introduction.)

3. Ce qui achève de donner à cette imitation un caractère étrange, c'est qu'une des principales règles de l'art byzantin est de repousser toute représentation *sculptée* de l'homme et des animaux. En cela, il prétendait se conformer au chapitre IV du *Deutéronome*, ainsi conçu : « § 15. Vous prendrez garde à vos âmes. — § 16. De peur que vous ne vous corrompiez et ne fassiez quelque *image taillée* représentant l'effigie d'un être humain mâle ou femelle. — § 17. Ou l'effigie d'aucun animal qui soit sur la terre, ou celle d'aucun oiseau qui ait des ailes et vole dans les cieux. — § 18. Ou l'effigie d'aucun reptile rampant sur la terre, ou celle d'aucun poisson nageant dans les eaux. » Et l'art byzantin, prenant au pied de la lettre les mots *images taillées*, s'est abstenu de statues alors qu'il prodiguait les peintures. Cette règle a été observée strictement à Sainte-Sophie, à Saint-Marc dans toutes les parties primitives de l'église, et à Saint-Front, où l'on ne trouve, en fait de sculpture, que l'agneau mystique (voir col. 191), et encore peut-il être tenu pour un symbole.

à partir de la décadence romaine, et jusqu'au XIIIe siècle, infligèrent à leurs personnages.

Le plus remarquable, le plus curieux peut-être des ouvrages de sculpture française où ce double caractère se révèle, est le tympan du narthex de la Madeleine de Vézelay. Les figures qui garnissent ce tympan se divisent de la façon suivante : au centre, un grand bas-relief hémisphérique représentant Jésus et les Apôtres ; au-dessous, une longue frise de petits personnages dont le rôle et l'état civil n'ont pas été déterminés ; à droite et à gauche du Christ, quatre compartiments contenant de petites figures formant des groupes et des scènes variés ; et, enveloppant le tout, vingt-neuf médaillons représentant les douze mois de l'année, les travaux afférents à ces mois, et quelques animaux extraordinaires.

Si l'on examine séparément les diverses parties de ce vaste bas-relief, on remarque que les grandes figures hiératiques dont le centre de la composition est meublé présentent une physionomie absolument spéciale. En premier lieu, leurs corps sont d'une longueur excessive. Le Christ assis mesure sept têtes ; il en mesurerait neuf au moins s'il venait à se lever. L'intention de bien souligner cette longueur exagérée est indiquée, en outre, par la dimension des mains, qui sont juste aussi longues que le visage. La plupart des Apôtres logés dans l'entourage direct du Christ sont également taillés sur cet extravagant modèle. Les visages et les attitudes des personnages ont une dignité tout orientale. Les traits sont réguliers ; les cheveux, partagés au sommet du front, retombent sur le cou en longues boucles ; une sorte de sérénité, à la fois grave et un peu féminine, se dégage des gestes de ces saints réunis. Ajoutez que tous sont habillés de longues robes flottantes qu'une brise imaginaire semble soulever, et qui, plissées à tout petits plis parallèles, paraissent calamistrées, suivant un usage répandu de toute ancienneté en Orient, lequel s'y est transmis jusqu'à nos jours. La façon dont l'étoffe suit les formes du corps, la précision avec laquelle elle colle sur la poitrine, sur les membres, et en souligne les contours, prouvent qu'il s'agit, en l'espèce, de tissus légers très convenables pour un pays chaud, insuffisants toutefois pour un climat comme le nôtre. Par-dessus cette robe, la plupart de nos personnages portent une sorte de *pallium*, que retient un fermail attaché, non pas sur la clavicule droite, mais au milieu de la poitrine. D'autres fois, ce pallium est simplement posé sur les épaules ; et, dans l'un comme dans l'autre cas, il ne rappelle en rien l'ancien manteau des Romains et des Franks.

Enfin, le Christ renchérit encore sur cette mise exotique. Le cou est découvert. Les manches de la tunique sont larges, un peu fendues à leur extrémité et très ouvertes. La draperie plissée qui couvre le torse rappelle le *peplum* attique.

Ainsi, la partie centrale de ce tympan appartient bien, comme inspiration, à l'art oriental. Est-ce à dire que l'influence byzantine ait régné en maîtresse alors dans l'ordre de Cluny, et qu'elle ait inspiré toutes les œuvres exécutées à Vézelay ? — En aucune manière, et les divers motifs figurés dans les deux archivoltes vont nous montrer le contraire.

Dans la première de ces archivoltes, nous nous retrouvons déjà en plein Occident. Les corps se font beaucoup moins longs ; les têtes sont sensiblement plus grosses. Point d'unité dans la coiffure ni dans le port de la barbe, et le costume est tout aussi varié. Parfois, il se rapproche du vestiaire du temps ; parfois, il s'inspire des modèles gallo-romains que l'artiste a pu avoir sous les yeux. Le plus souvent, il mélange hardiment les époques, et, à côté de personnages drapés à l'antique, il nous en montre d'autres costumés à la mode du jour. Si maintenant nous abordons la seconde archi-

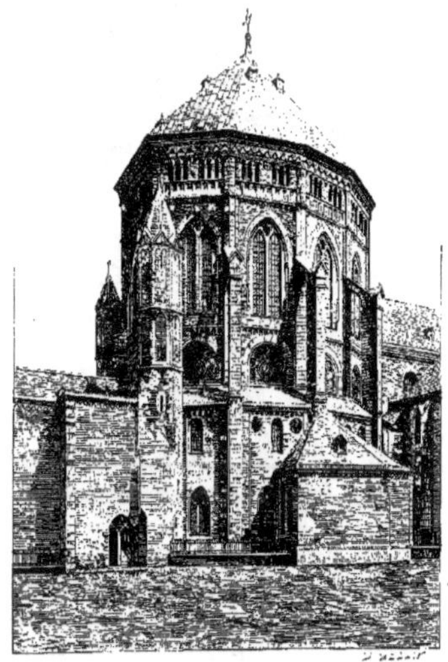

ÉGLISE DE SAINT-GÉRÉON, A COLOGNE.

volte, celle consacrée aux signes du zodiaque alternant avec les travaux des champs, l'observation nous paraîtra encore plus serrée. L'art, faisant un complet retour à l'Occident, se montre ici d'une naïveté et d'une sincérité, que les grands personnages du sujet central ne laissaient guère prévoir. La taille des figures diminue encore. Certaines d'entre elles, comme le brave vigneron qui taille sa vigne, ont à peine cinq têtes de long. D'autres, comme le paysan occupé à égorger son porc, ou les deux hommes qui avoisinent le verseau, n'en

jeunesse, se conforme aux exemples que lui donne l'enfant dans ses premiers essais graphiques. Il exagère toujours l'importance du siège de la pensée. Tout art, au contraire, qui arrive à une maturité voisine de la vieillesse, marque une indiscutable préférence pour les figures allongées et les corps fluets, qu'il surmonte de têtes sensiblement trop petites. C'est le moyen qui

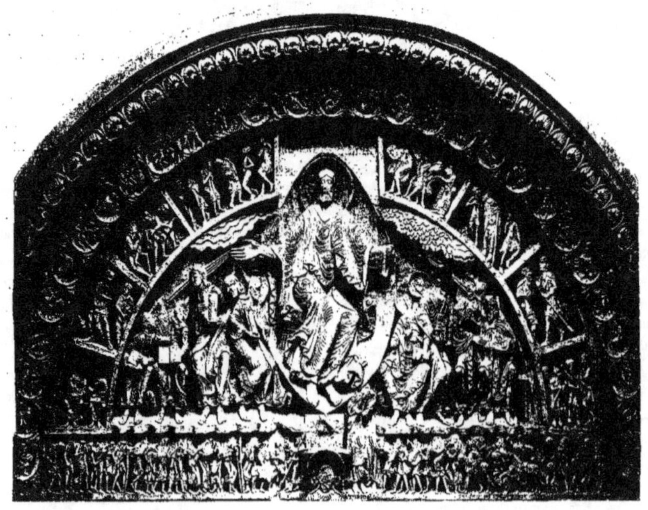

TYMPAN DE L'ÉGLISE DE LA MADELEINE, À VÉZELAY.

ont plus que quatre. Enfin, il n'est pas jusqu'aux costumes et aux accessoires, outils et instruments dont se sert ce petit monde, qui ne viennent attester la préoccupation de l'observation directe[1].

Ainsi, ce bas-relief, si considérable à tous les points de vue de l'art, nous fait assister au mélange de deux esthétiques, on pourrait dire à la pénétration de deux civilisations différentes. Et, en effet, tout art en ses débuts, — nous l'avons démontré en un autre livre[2], — a une invincible tendance à gratifier les personnages qu'il représente de têtes trop fortes, de corps trop ramassés, trop courts. En cela, la collectivité se rapproche de l'unité humaine. L'Art, dans sa première

s'offre à lui pour exprimer la distinction, alors que, dans le principe, il recherchait de préférence la vigueur et la force.

Cette si particulière promiscuité de l'art occidental naissant, et de l'art oriental s'avançant vers son déclin au milieu d'un éclatant crépuscule, ne se manifeste pas seulement à Vézelay, à Autun, à Moissac et dans nos grandes églises clunisiennes, où l'on pourrait prétendre qu'une tradition s'est ainsi créée. On la constate à Ravenne déjà, dans les belles mosaïques qui ornent *Sant' Appolinare in Città*. Les deux longues théories des vieillards de l'Apocalypse et des saintes femmes qui vont saluer d'un côté la Vierge et de l'autre Jésus, non

---

1. Nous retrouvons, en effet, dans ces petits sujets tout l'attirail de la vie agreste : la faux, le sac, la serpe, le panier, la huche, la faucille, et avec cela une collection de chaussures d'une rare variété : sandales, souliers, pantoufles, bottines, socques, bas de cuir, chausses à semelles,

tous les genres, en un mot, depuis la *caliga* antique jusqu'à ces hauts patins qui font penser aux Vénitiennes du temps de Titien et de Véronèse.

2. Voir notre livre, *l'Art à travers les Mœurs*, p. 104.

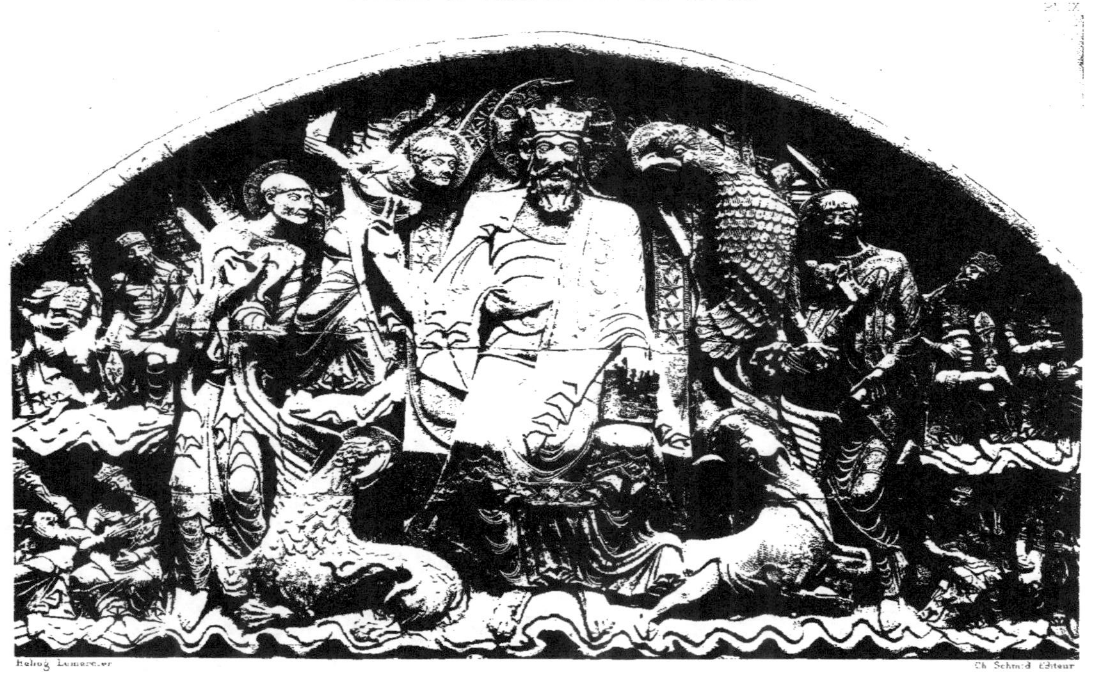

LE CHRIST DANS SA GLOIRE
Église de Moissac (Tarn et Garonne)

seulement sont vêtues à l'orientale, mais encore mesurent au moins huit têtes et demie de longueur, alors que d'autres personnages de l'Évangile, représentant

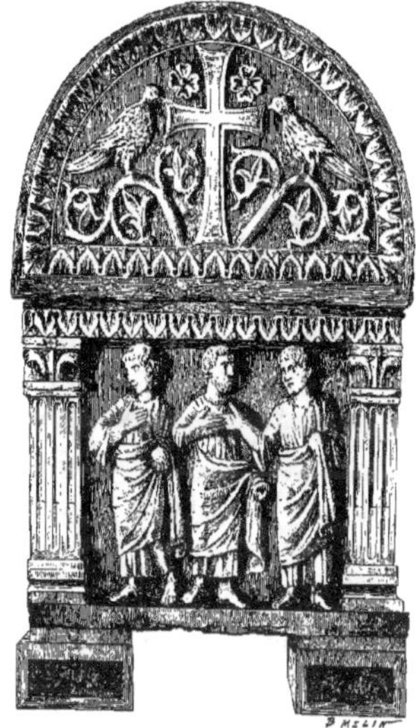

SARCOPHAGE CHRÉTIEN, A RAVENNE.

les diverses scènes de la vie de Jésus, sont drapés et costumés à la romaine, et mesurent à peine sept têtes et demie. Ainsi, à Ravenne comme à Vézelay, par des différences très caractéristiques, deux inspirations différentes se révèlent dans l'interprétation de sujets analogues. Notez que le mosaïste italien, dans ces seconds ouvrages, reste fidèle à la tradition antique. S'il eût cherché, en effet, à s'inspirer de la Statuaire de son temps, il aurait encore réduit les proportions de ses figures, car certains sarcophages du vi⁰ siècle que l'on voit à Ravenne n'accordent guère plus de cinq têtes aux personnages qui les décorent.

À Saint-Marc de Venise, mêmes dissemblances entre les deux arts, mêmes dissonances, mêmes contrastes, même confusion. Les Saintes Images qui peuplent les voûtes et les tympans arrêtent les regards par leurs formes allongées, émaciées, immatérielles. « Une Vierge au-dessus de la porte n'a pas de corps, écrit un critique qui pousse parfois l'exagération de l'observation jus-

qu'au paradoxe. C'est un squelette sous un manteau. Un Christ, dans la chapelle des fonts baptismaux, n'a plus forme humaine ; on dirait qu'on l'a éventré, vidé.... Une Hérodiade en robe rouge étoilée d'or laisse voir au bout de ses manches d'hermine les phalanges desséchées d'une poitrinaire étique. » Et tout auprès, sur les quatre colonnes de marbre onyx qui portent le baldaquin du *ciborium*, apparaissent une multitude de figures courtaudes, maladroites, qui habillent ces colonnes de la base au chapiteau. « Les mains sont disproportionnées, les têtes parfois sont grandes comme le tiers ou le quart du corps ; presque toutes sont vulgaires, parfois grossières, stupides. Le sculpteur est un moine pataud qui copie les patauds du peuple ; sa main dévie et aboutit sans le savoir à la caricature.... Et pourtant, à six pas de là, l'effet total est admirable[1]. » On est touché, en effet, par cette agglomération, par cette foule indistincte de figures un peu ridicules ; on est ému même à côté de cette *Pala d'oro*, chef-d'œuvre sans rival de

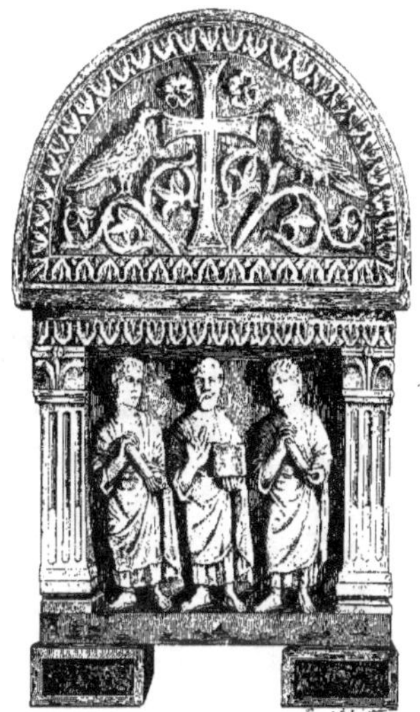

SARCOPHAGE CHRÉTIEN, A RAVENNE.

l'orfèvrerie byzantine, icone en or et vermeil, dont les émaux cloisonnés montrent ces personnages allongés à l'excès, un peu étriqués et chers à Byzance[2].

---

1. TAINE, *Voyage en Italie : Venise*, t. II, p. 353-354.

2. Voir *Annales archéologiques*, t. XX, p. 184.

Si nous rentrons en France, nous retrouverons à Moissac, à Saint-Gilles, à Arles, ces mêmes accouplements singuliers. A Saint-Gilles, notamment, sur un des piédestaux de la façade, — si recommandable par ses belles statues de saints aux proportions élégantes, quoique un peu courtes, et telles que la tradition romaine en perpétua l'exécution dans cet heureux pays, — nous découvrirons un bas-relief qui de suite nous fera penser aux mosaïques de *Sant' Apollinare*. Ce sont de longues figures contorsionnées, vêtues de robes orientales aux ceintures lâches et tombantes, qui offrent, en dansant, les prémices de la terre (une gerbe et un agneau) au Dieu redouté dont la main seule apparaît

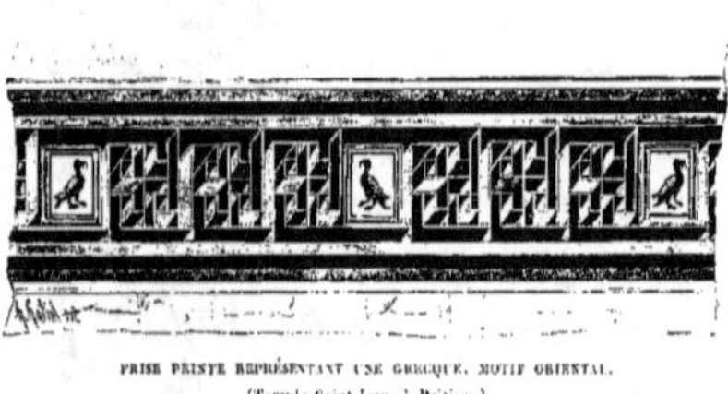

ARCHIVOLTES FORMÉES DE VOUSSURES REPRÉSENTANT DES ANIMAUX EXOTIQUES.
(Notre-Dame-la-Grande de Poitiers.)

émergeant d'un nuage. Cet Abel et ce Caïn ont plus qu'un air de famille, en effet, avec les rois mages de Ravenne, venant présenter au divin Jésus et l'encens et la myrrhe.

Le cloître de Saint-Trophime est plus célèbre encore que Saint-Gilles par les admirables statues qui ornent ses piliers. Par cette figure de saint Pierre d'un sentiment et d'une exécution si supérieurs, d'une aisance de mouvements, d'une dignité si exceptionnelles, il montre ce dont étaient capables les artistes français à

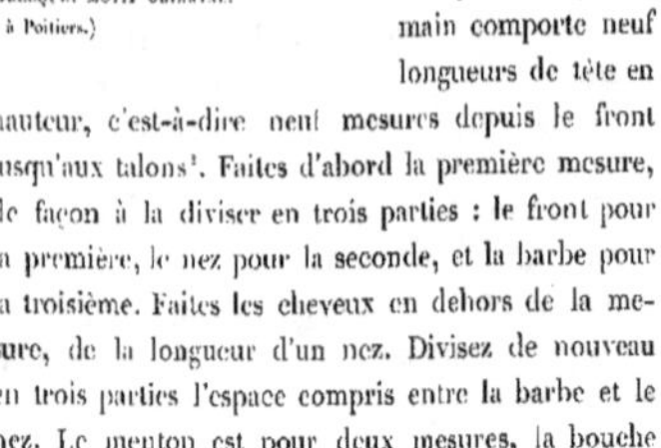

FRISE PEINTE REPRÉSENTANT UNE GRECQUE. MOTIF ORIENTAL.
(Temple Saint-Jean, à Poitiers.)

une époque où l'Italie ne comptait pour ainsi dire pas un seul sculpteur de mérite. Eh bien, ce cloître fameux présente aussi un exemple curieux de ce singulier amalgame. Le saint Pierre, un saint Jacques son voisin, les deux pèlerins qui accompagnent ce dernier : l'Espagnol avec sa sacoche, son pain et son bâton, le Frank coiffé d'un casque en forme de tiare, et porteur d'une gourde et d'une béquille, — toutes ces statues, d'une indiscutable beauté, mesurent environ sept têtes de longueur. Puis, à l'angle de la galerie orientale, voici le rabbin Gamaliel, le maître de saint Paul, qui en compte huit et demie, et présente cette maigreur caractéristique, ces vêtements à plis parallèles, ces manches calamistrées, que nous avons signalés plus haut.

Comment expliquer cette anomalie? D'une façon peut-être assez simple. Les statuaires de Saint-Trophime avaient sans doute, dans les monuments existant de leur temps, des renseignements suffisants pour établir, quant à l'aspect et aux attributs, l'iconographie des principaux saints du Nouveau Testament, aussi bien que de l'Ancien; mais ils manquaient de documentation relativement à Gamaliel, personnage rarement représenté. Pour combler cette regrettable lacune, ils ont dû recourir à une image byzantine. Car ces proportions démesurées n'étaient pas accidentelles dans l'art byzantin. Elles étaient voulues, fondamentales en quelque sorte, et même obligatoires.

« Apprenez, ô mon élève », écrit le vertueux Denys, moine de Fourna et d'Agrapha, et « le plus indigne des peintres[1] » (c'est ainsi que, plein de modestie, il se qualifie dans son livre doublement précieux), « apprenez que le corps humain comporte neuf longueurs de tête en hauteur, c'est-à-dire neuf mesures depuis le front jusqu'aux talons[2]. Faites d'abord la première mesure, de façon à la diviser en trois parties : le front pour la première, le nez pour la seconde, et la barbe pour la troisième. Faites les cheveux en dehors de la mesure, de la longueur d'un nez. Divisez de nouveau en trois parties l'espace compris entre la barbe et le nez. Le menton est pour deux mesures, la bouche pour une, et la gorge vaut un nez. Ensuite, jusqu'au

---

1. Voir *Guide de la Peinture* dans *l'Iconographie chrétienne grecque et latine* publiée par Didron aîné.

2. Il est instructif de comparer ces proportions aux « canons » adoptés par la Grèce antique et les peuples modernes.

milieu du corps il y a trois mesures ; jusqu'aux genoux, deux autres mesures. Il y a une mesure de nez pour le genou ; depuis les genoux jusqu'à l'astragale, deux autres mesures ; puis, de l'astragale jusqu'aux talons, une mesure de nez. » Enfin, après nous avoir livré, par la répartition de cet étrange « canon », le secret de la longueur exagérée des figures byzantines, le bon moine nous révèle les raisons de leur ascétique maigreur : « Quand l'homme est nu, écrit-il, il faut quatre nez pour la moitié de sa largeur ; lorsqu'il est habillé, la largeur de sa poitrine est d'une tête et demie[1] ».

Ainsi s'établit la preuve que l'art byzantin, quoique observateur scrupuleux du précepte biblique : *non facies sculptile*, a précisément exercé son influence sur la Statuaire occidentale, — qui, elle, méprisa la prescription biblique, au point de surpasser en cela les Romains eux-mêmes, et de couvrir intérieurement et extérieurement la plupart de ses édifices religieux de milliers de statues.

Il eût été extraordinaire que, après avoir influé d'une façon si flagrante sur les représentations humaines, l'esthétique byzantine n'ait pas exercé également son action sur la sculpture ornementale. C'est beaucoup à cette action que nos artistes du Nord doivent de s'être affranchis de cette discipline classique qui, même après la chute de l'Empire romain, persista si longtemps dans nos provinces méridionales. Il est peu d'églises au-dessus et au-dessous de la Loire, à Chartres et à Dijon notamment, où l'on ne trouve des frises formées de médaillons reliés par des rinceaux, et renfermant de ces animaux passants adossés ou affrontés, qui sont caractéristiques des étoffes orientales. Dans le Poitou, indépendamment de grecques peintes dont l'origine n'est pas discutable, ces mêmes motifs de décoration trouvent place, d'une façon très particulière, dans les archivoltes des arcs, par la juxtaposition de voussoirs minuscules, porteurs chacun d'un de ces mêmes animaux. Dans le Centre, ils furent répandus par l'enseignement des Clunisiens, qui bientôt étendirent leur autorité sur l'Italie, l'Espagne, l'Allemagne, l'Angleterre, la Hongrie, où l'Ordre compta des maisons célèbres. « Les religieux réguliers, en voyageant de couvent en couvent, exerçaient les uns sur les autres une influence réciproque, écrit Batissier[2]. On conçoit que les couvents d'un même Ordre ont mis presque toujours en vogue le même style. » Cette imitation, toutefois, ne pouvait guère élever l'inspiration des artistes ; et la main-d'œuvre, à un pareil métier, ne pouvait progresser. Le tympan de la cathédrale d'Autun, sculpté presque trente ans après celui de Vézelay, et inspiré par celui-ci, marque dans l'exécution une notable décadence. « Il est certain que les artistes qui taillaient ces

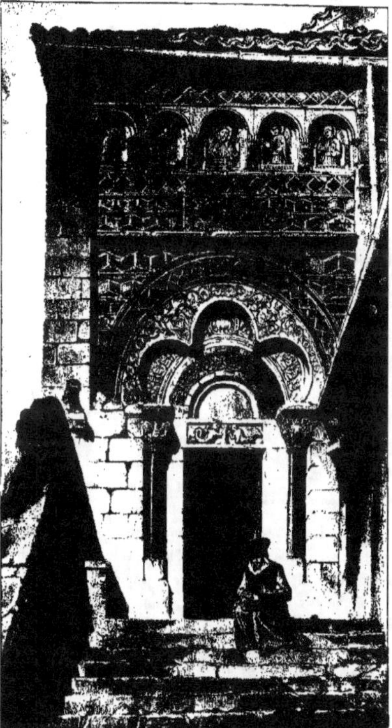
PORTE DE LA CHAPELLE DE SAINT-MICHEL D'AIGUILHE
telle qu'elle était avant la restauration.

1. Voir DIDRON AÎNÉ, *Guide de la Peinture*, op. cit., p. 52.

2. L. BATISSIER, *Éléments d'Archéologie nationale*, p. 412.

images, écrit Viollet-le-Duc[1], ne regardaient ni la nature ni les nombreux fragments de l'antiquité romaine qui abondaient dans la contrée. » Ils se bornaient à étudier les *manuels* byzantins : c'est ce qui explique comment, au-dessus de la porte d'entrée de la chapelle de Saint-Michel d'Aiguilhe, le sculpteur a représenté un Jésus bénissant à la façon grecque, en réunissant dans le

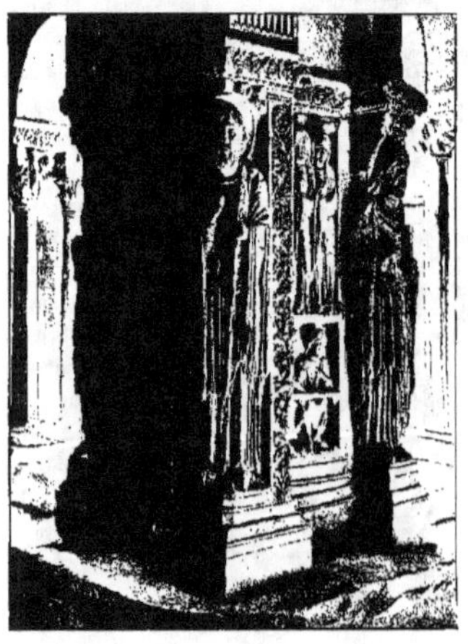

SCULPTURES DU CLOITRE DE SAINT-TROPHIME, A ARLES.

creux de la main le pouce au dernier de ses doigts, — geste hétérodoxe, bénédiction schismatique, qu'on ne s'attendait pas à découvrir au seuil même d'un sanctuaire catholique. On voit qu'il y a beaucoup d'exagération à dire, comme M. Springer[2], que « le seul domaine où l'influence byzantine a pu se faire sentir, c'est la peinture, et notamment la miniature ». Cette affirmation erronée nous amène à considérer les effets de l'art byzantin de plus haut et dans leur ensemble.

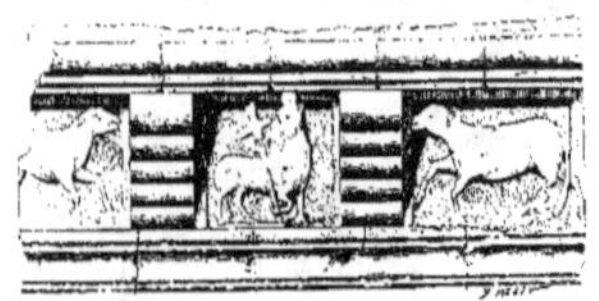

FRISE SCULPTÉE, A SAINT-FRONT DE PÉRIGUEUX.

XII

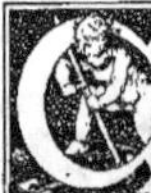

E coup d'œil général, cette vue d'ensemble, s'impose d'autant plus que le rôle des influences byzantines en Occident a donné lieu à des controverses nombreuses, ardentes, et que, pendant longtemps, ce qu'on devait entendre par style byzantin était loin d'être clairement défini. « Il y a peu d'années, — écrivait en 1845 Didron aîné[3], dont on connaît la verve railleuse, — tous les antiquaires appelaient byzantins les monuments antérieurs à la période gothique.... A les en croire, tous nos édifices romans auraient été construits par des artistes mystérieux venus, on ne sait pourquoi, de l'Orient, de Constantinople.... Plus tard vinrent les antiquaires sceptiques, ne croyant pas facilement à la parole d'autrui. Ils demandèrent qu'on leur précisât les caractères auxquels un monument byzantin se distingue d'un monument français. Mais on ne put leur répondre, et ils s'obstinèrent à nommer roman ce qu'on appelait byzantin avant eux. En archéologie, comme en n'importe quoi, il y a des yeux qui, craignant le jour vif et les profondes ténèbres, préfèrent le crépuscule. Ces honnêtes natures imprimèrent, par peur de se compromettre, que les édifices déclarés byzantins tout à l'heure et reconnus romans depuis étaient tout simplement romano-byzantins[4]. » Depuis Didron aîné, la question, heureusement, s'est un peu éclaircie, et si l'érudition n'a pu créer un courant d'opinion unique, si les savants n'ont pu se mettre d'accord sur l'importance du rôle joué par l'art byzantin dans l'histoire générale des civilisations modernes et des arts d'Occident, du moins, remontant aux sources mêmes de ce grand mouvement, en a-t-on déterminé le caractère. Ajoutons que c'est un honneur pour l'érudition et la critique françaises, qu'au premier rang des écrivains qui ont tenté cette étude apparaisse un de nos compatriotes : Séroux d'Agincourt, avec un livre considérable à tous égards, rempli de faits, accumulation d'observations sérieuses et d'ingénieuses recherches, résultat de quarante années de travail et d'efforts[5].

---

1. VIOLLET-LE-DUC, *Dictionnaire d'Architecture*, t. VII, p. 111 et 115.
2. A. SPRINGER, dans son Introduction à *l'Histoire de l'Art byzantin* de KONDAKOFF, p. 21.
3. DIDRON AINÉ. *Annales archéologiques*, t. II, p. 114.
4. Allusion à BATISSIER, qui, dans ses *Éléments d'Architecture nationale* (p. 411), déclare que « la majeure partie des églises de France entre la Loire et la Méditerranée appartient au style romano-byzantin ».
5. SÉROUX D'AGINCOURT, *Histoire de l'Art par les Monuments, depuis la décadence du Ve siècle jusqu'à son renouvellement au XVe*. Paris, 1809-1823. 6 vol. in-folio, avec 325 pl.

Mais Séroux d'Agincourt, s'il projeta le premier la lumière sur ce foyer d'art si peu connu, ne parvint pas à convaincre tout le monde.

Dès le principe, deux courants différents entraînèrent érudits et critiques à formuler des conclusions diamétralement opposées. Ainsi que le remarque un des écrivains qui, le plus récemment, ont consacré leur talent à l'examen de ces question assez obscures[1], non seulement Séroux d'Agincourt n'hésita pas à constater les effets de l'influence byzantine sur l'art occidental, mais encore il plaça à Byzance la source du grand mouvement qui renouvela l'art aussi bien en Asie qu'en Europe[2]. Cette façon de voir trouva un écho bienveillant dans les écrits des archéologues français. Elle fut partagée, au moins en partie, par Didron[3], Louandre[4] et Labarte[5]. Elle fut, au contraire, combattue par l'érudition allemande.

A la tête des savants allemands, Rumohr[6] se fit remarquer par l'ingéniosité avec laquelle il s'efforça d'établir que la période primitive, qu'on est en droit d'appeler l'*Art chrétien*, est commune à l'Italie et à la Grèce régénérée; que l'art byzantin n'a fait que reprendre, sous une forme modifiée par le temps et les localités, les idées de cet art chrétien primitif et sa façon de les exprimer; que, transplanté sur les rives du Bosphore, cet art fut, il est vrai, encouragé, développé, porté à son apogée par la magnificence d'une cour éprise à l'excès du luxe et de ses splendeurs; que les emprunts faits par l'Occident à l'art byzantin sont, par conséquent, une manière de restitution; que c'était une façon de revenir à des traditions préexistantes, de remonter à des sources antérieures; que l'art byzantin n'a donc, à proprement parler, rien inventé d'absolument nouveau, et que le point de départ de tout l'art chrétien doit être placé dans la période comprise entre le ive et le ve siècle, période obscure s'il en fut, où il n'est guère facile de découvrir les preuves d'une affirmation aussi dogmatique. A l'exemple des savants français qui s'étaient laissé impressionner par les travaux de Séroux d'Agincourt, les érudits allemands se rangèrent à la suite de Rumohr; et nous avons vu, à la fin du précédent chapitre, à quelle portion congrue M. Springer, un des derniers écrivains qui de l'autre

côté du Rhin ont étudié cette question si intéressante, réduisait l'apport des influences byzantines dans les arts d'Occident.

Seul peut-être de tous les critiques allemands, M. Schnaase[7] a déserté le point de vue un peu paradoxal du chef de file de l'école germanique. Faut-il encore noter quelques défaillances de Waagen[8], qui, s'il s'en rapporte sur le fond à l'opinion de Rumohr, avoue noblement qu'il a mis à large contribution les travaux de Séroux d'Agincourt, « à qui revient, dit-il, le mérite d'avoir le premier frayé la route ». En outre, Waagen, avec beaucoup de franchise, reconnaît à un grand nombre de manuscrits allemands, étudiés par lui dans les bibliothèques de Paris, de Munich, de Bamberg, de Trèves et dans celle du prince de Wallenstein, une « forte saveur byzantine ». Or, c'est presque uniquement sur l'étude des miniatures que Waagen et la plupart des écrivains considérables dont nous venons de tracer les noms se sont appuyés pour étayer leur conviction. Peut-être celle-ci se serait-elle modifiée s'ils étaient allés chercher, dans l'observation d'œuvres connexes, une confirmation ou une infirmation à leurs théories trop absolues.

On voit que le débat est loin d'être tranché. De quel côté doit-on se ranger? Faut-il, avec Séroux d'Agincourt, estimer que l'art byzantin, — bien que latin d'origine, — en se mélangeant à l'art grec dégénéré, changé, transformé par le temps et les circonstances, se refit une virginité, et qu'il reconstitua une source nouvelle et vivifiante, d'où découla tout l'art du Moyen Age? Devons-nous, au contraire, avec Rumohr et Waagen, voir en lui un simple succédané de l'art chrétien primitif, une modification de l'art occidental, et décider que ce dernier ne lui doit rien? La vérité, croyons-nous, tient entre ces opinions extrêmes; et, à notre avis, il a bien pu se passer, dans le domaine de l'Art, quelque chose d'analogue à ce qui s'est produit pour le langage.

Les langues italienne, française, espagnole, ont, cela est indiscuté, une origine commune. Elles sortent assurément du latin. Mais chacune, modifiée dans son développement par le caractère, les aptitudes, les aspirations de ceux qui la parlaient, a subi des transfor-

---

1. Kondakoff, *Histoire de l'Art byzantin*, t. I, p. 47.

2. « Ainsi, le destin de l'Asie, comme de l'Europe, fut de devoir aux Grecs ou les premières institutions, ou le renouvellement des Lettres, des Sciences et des Arts; soit que la transmission en ait été immédiate, soit qu'elle ait eu pour intermédiaires les Romains, les Arabes ou les Italiens. » (Séroux d'Agincourt, *Tableau historique*, t. I, p. 65.)

3. Didron, *Iconographie chrétienne grecque et latine*, loc. cit.

4. Louandre, *les Arts somptuaires*, Paris, 1857.

5. Labarte, *Histoire des Arts industriels au Moyen Age et à l'époque de la Renaissance*, déjà cité.

6. Rumohr, *Italienische Forschungen*, 1827-1831, 2 vol.

7. Schnaase, *Geschichte der bildend. Kunst*, t. III.

8. Waagen, *Kunstwerke und Künstler, in Paris*, p. 266; et *Manuel de l'Histoire de la Peinture*, t. I. p. 3, 5, 8, 23, 35, etc.

mations particulières, personnelles, si l'on peut dire ainsi ; et ces transformations les ont différenciées, au point d'en faire trois langues parfaitement distinctes. Bien mieux, ces langues ont donné naissance, chacune, à une littérature profondément originale, et ces littératures, à certaines époques, ont influé les unes sur les autres, au point que cette réciproque influence est très facilement reconnaissable. Pourquoi n'en aurait-il pas été à peu près de même pour l'Art ?

Il est certain, en effet, que le Christianisme, né en Orient, se propagea dans le monde sous des formes helléniques[1]. Puis, lorsqu'il eut trouvé une seconde et décisive patrie dans la Ville éternelle (déjà conquise par la Grèce qu'elle avait vaincue), on le vit retourner sur les

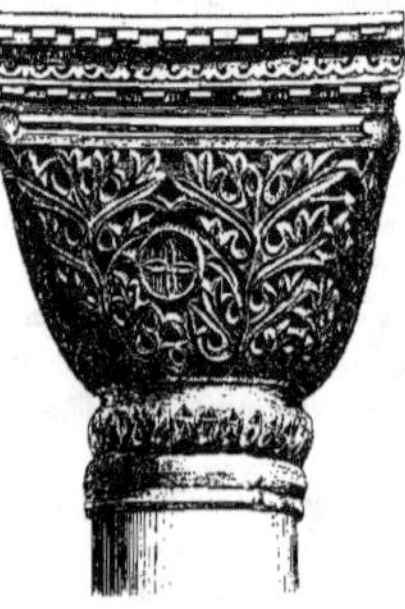

CHAPITEAU BYZANTIN DE SAINT-MARC, A VENISE.

rives du Bosphore, — revanche de l'Orient sur l'Occident et, suivant l'expression même de M. Springer, « preuve éclatante de la victoire de l'Orientalisme[2] ». Mais le nouvel empire chrétien n'emprunta pas seulement à l'Orient son sol et sa langue, il lui demanda aussi ses ressources essentielles, ses procédés d'expression. En sorte que, s'il y a imprudence à nier que l'antiquité classique ait longtemps survécu à travers les formes byzantines, il serait puéril de prétendre que l'art byzantin n'a pas exercé une indiscutable action sur les productions occidentales ; — action qui se traduisit dans la pratique, non seulement par l'apport de formes particulières ; par certains arrangements spéciaux ; par la façon d'interpréter certains ornements et de les combiner ; par une transformation curieuse dans certains membres d'architecture, dans les chapiteaux notamment, qui revêtirent un aspect

simplifié et nouveau... mais encore par cette faculté, héritée des Grecs, de *concréter* les conceptions les plus abstraites, c'est-à-dire de les traduire au moyen de personnifications ; — et, nous ajouterons, pour revenir à Charlemagne, — action souhaitée, désirée, voulue, imposée même par une autorité qui put se croire toute-puissante.

Malheureusement, cette importation sur les limites de la Germanie et de ses noires forêts, — qui paraissent, suivant l'observation d'Hallam[3], avoir eu pour le grand Charles bien plus d'attraits que l'Italie et ses plaines ensoleillées, — cette introduction, de toutes pièces, d'un art qui s'affirma par des créations grandioses et qu'on s'imaginait éternellement durables, n'eut pas les suites

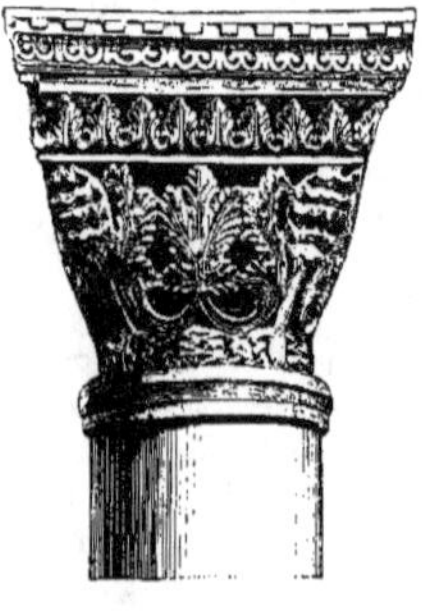

CHAPITEAU BYZANTIN DE SAINT-MARC, A VENISE.

qu'on en attendait. « Les talents, a dit un philosophe, tiennent plus aux circonstances qu'on ne croit, parce qu'elles déterminent leur effet[4]. » Or, ici, les circonstances furent éphémères. La tentative de Charlemagne, la Renaissance artistique qu'il essaya, aussi bien que la restauration politique à laquelle il consacra son existence entière, ne devaient pas avoir de lendemain. Suivant l'expression pittoresque de Guizot, elles constituent simplement « un pont entre la Barbarie et la Féodalité[5] ».

A peine l'Empereur est-il mort, que l'édifice si glorieusement et si laborieusement élevé par lui craque de toutes parts. Les hommes instruits, les esprits distingués témoins de cet écroulement, en déplorent les conséquences. Nithard[6], en termes éloquents, gémit sur cette désagrégation de l'Empire d'Occident, et Florus, diacre de l'Église de Lyon, avec une égale désolation,

---

1. « A Rome même, comme le constate M. Bayet, le grec était la langue officielle de l'Église, la langue des évangiles, des liturgies, des inscriptions funéraires. » (*L'Art byzantin*, liv. I, chap. I.)

2. Introduction à l'*Histoire de l'Art byzantin*, p. 3.

3. HENRY HALLAM, *l'Europe au Moyen Age*, t. I, p. 26.

4. SÉNAC DE MEILHAN, *Considérations sur l'Esprit et les Mœurs*, p. 23.

5. GUIZOT, *Histoire de la Civilisation en France*, t. II, p. 112.

6. « Dans le temps du Grand Charles d'heureuse mémoire, qui mourut il y a près de trente ans, le peuple marchait d'un commun accord dans la droite voie du Seigneur. Aussi la paix et l'harmonie régnaient partout. Mais, à présent, comme chacun marche dans le sentier qui lui plaît, partout éclatent discussions et querelles. Autrefois régnaient l'abondance et la joie, aujourd'hui on ne voit partout que disette et tristesse. Les éléments eux-mêmes paraissaient jadis favoriser les rois, et maintenant ils leur sont contraires, etc.... » (NITHARD, *Histoire des Dissensions des fils de Louis le Débonnaire*, liv. IV.)

nous trace le lamentable tableau de cette civilisation sortie brusquement du néant, et qui s'y trouve replongée d'un coup par la mort d'un seul homme[1]. Il nous révèle même l'indifférence générale, la désaffection, au milieu desquelles cette désagrégation s'opère. « A peine découvre-t-on quelqu'un, nous dit-il, qui songe avec effroi à tous ces maux, qui médite sur ce qui se passe et s'en afflige. On se réjouit plutôt du déclin de l'Empire, et l'on appelle paix un ordre de choses qui n'offre aucun des biens de la paix. »

L'opinion générale, en effet, était toute différente de celle de Nithard et de Florus. Cet écroulement fut accueilli par la satisfaction populaire. Les romans nombreux qui parlent de cette époque, et qui nous montrent les seigneurs et le peuple en guerre continuelle avec Charlemagne et ses successeurs, en sont la preuve[2]. Le lien qui réunissait sous un même souverain et sous une même loi tant de peuples divers et de territoires éloignés, était trop factice pour créer une unité de patrie et de pouvoir. L'Empire disparaissant, les peuples se trouvèrent rendus à eux-mêmes et débarrassés d'une autorité dont ils avaient senti le poids, sans en comprendre les avantages. Les historiens se sont demandé pourquoi cet « ordre » établi par Charlemagne avait été si peu durable. « C'est, écrit Michelet[3], qu'il était tout matériel, tout extérieur; c'est qu'il cachait le désordre profond, la discorde obstinée d'éléments hétérogènes qui se trouvaient unis par la force. Diversité de races, de langues et d'esprits, défaut de communications, ignorance mutuelle, antipathie instinctive : voilà ce que cachait cette magnifique et trompeuse unité de l'administration. *Mortua quin etiam jungebat corpora vivis, tormenti genus.* »

Guizot[4], en des termes moins magnifiques, essaye d'opposer le prodigieux essor des hommes absolument supérieurs, dépassant les besoins de leur temps et l'idéal de leurs contemporains, à cet idéal et à ces besoins. « La pensée et la volonté du grand homme, écrit-il, vont plus loin. Il se lance hors des faits actuels; il se livre à des vues qui lui sont personnelles.... Tout à l'heure, il avait mis sa haute intelligence, sa puissante volonté, au service de la pensée générale; maintenant, il veut employer la force publique au service de sa propre pensée, de son propre désir : lui seul sait et veut ce qu'il fait. On s'inquiète, on se lasse, on le suit mollement, puis enfin on se sépare. Le grand homme reste seul, et, quand il disparaît, toute la partie purement personnelle de son œuvre disparaît avec lui.... » Par un rapprochement artificieux, Guizot compare ainsi Charlemagne à Napoléon. Si le besoin d'une comparaison avec un empereur moderne se faisait sentir, Guizot, semble-il, eût mieux fait de le comparer, comme Voltaire[5], à Charles-Quint. Les ressemblances, ici, sont bien plus frappantes.

« L'éclat qui entourait sa personne, a fort bien dit Hallam[6], était celui d'un feu qui dévore. » Ce furent, en effet, l'ordre qu'il mit dans l'État, l'unité relative introduite par lui dans le gouvernement, l'autorité rétablie dans les provinces et surtout l'arrêt de l'invasion, qui permirent aux propriétés jusque-là instables et sans durée de se consolider, aux influences locales de prendre racine, à l'hérédité de se constituer, en un mot, à la Féodalité de s'établir; bien que rien n'offre moins de ressemblance avec cette Féodalité, que l'unité nationale qu'il avait essayé de fonder.

C'est ainsi que son règne marque la limite entre la dissolution de l'ancien monde et la formation de l'Europe moderne. Ses successeurs médiats et immédiats renchérirent sur la faute qu'il avait faite de partager ses États. Son fils, « le Saint Louis du ixe siècle »[7], comme on l'a appelé, ne put maintenir par la justice ce qui tenait debout uniquement par la violence et la force. Avec Charles le Chauve, la dissolution fut officiellement consacrée. Signer l'hérédité des comtés, « c'était, a dit

---

1. « Un bel empire florissait sous un brillant diadème. Il n'y avait qu'un prince et qu'un peuple. Toutes les villes avaient des juges et des lois.... L'amour d'un côté et de l'autre la crainte maintenaient partout le bon accord. Aussi la nation franque brillait-elle aux yeux du monde entier. Les royaumes étrangers, les Grecs, les Barbares, le Sénat du Latium lui adressaient des ambassades. La race de Romulus, Rome elle-même, la mère des royaumes, s'était soumise à cette nation!... Déchue maintenant, cette grande puissance a perdu à la fois son éclat et le nom d'empire.... Il n'y a plus personne qu'on puisse regarder comme empereur. Au lieu de roi, on voit un roitelet, et, au lieu de royaume, un morceau de royaume.... Il n'y a plus d'assemblées des peuples, plus de lois. C'est en vain qu'une ambassade arriverait là où il n'y a plus de cour. » (*Recueil des Historiens des Gaules et de la France,* t. VII, p. 302.)

2. « Le caractère des poëmes composés dans les châteaux pour l'amusement des barons, tels que *les Quatre Fils Aymon,* est la haine de la Royauté et du gouvernement central. Ils portent tout l'intérêt sur le vassal révolté. Charlemagne y est un sot; il est le jouet d'un sorcier. » (MICHELET, *Histoire de France,* t. IX.)

3. MICHELET, *Histoire de France,* t. II, p. 63.

4. GUIZOT, *Cours d'Histoire moderne : Histoire de la Civilisation en France,* t. II, p. 115.

5. Ainsi que le remarque VOLTAIRE (*Essai sur l'Esprit et les Mœurs,* t. I, p. 28). Charlemagne, comme Charles-Quint, n'eut pas de capitale. Aix-la-Chapelle fut seulement un lieu de séjour, celui où il se plaisait le plus. Ce fut là qu'il donna des audiences avec un faste imposant aux ambassadeurs des califes et des empereurs d'Orient. Pour le reste de sa vie, il fut toujours en guerre et en voyage, comme Charles-Quint longtemps après lui; et comme lui, de son vivant, il partagea ses États, portant lui-même la main sur l'édifice qu'il avait eu tant de peine à construire.

6. HENRY HALLAM, *l'Europe au Moyen Age,* t. I, p. 37.

7. Voir dans MICHELET, *Histoire de France,* t. II, p. 3 et 379, un curieux parallèle entre Louis le Débonnaire et Saint Louis.

un historien, résigner la souveraineté ». La décomposition se mit, avec une rapidité singulière, dans cet immense corps. « Avant même la révolution qui amena Hugues Capet au trône, la postérité de Charlemagne était tombée dans la nullité absolue et ne conservait plus guère en France que la ville de Laon[1]. »

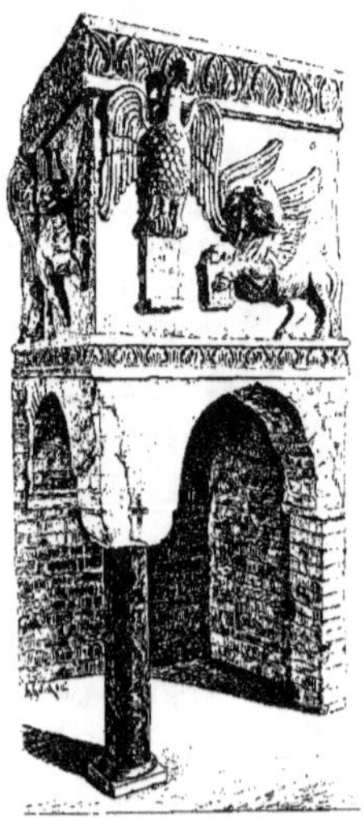

AIGLE DÉCORANT L'AMBON DE L'ÉGLISE DU SAINT-SÉPULCRE, A BOLOGNE.

On comprend qu'au milieu de ces transformations, aussi violentes que radicales, la grande pensée de reconstitution artistique de Charlemagne n'ait guère été suivie. Mais si l'art byzantin, qu'il avait voulu implanter chez nous, ne put prendre officiellement racine, il s'infiltra, cependant, par mille moyens, et exerça, nous venons de le voir, une indiscutable action sur nos productions nationales. Cette infiltration, cette action, se manifestèrent sous trois formes distinctes : 1° influence des œuvres sur les œuvres ; importation des tissus, ivoires, orfèvreries, miniatures ; 2° introduction de livres didactiques, comme le *manuel du moine Denys*, c'est-à-dire action par l'enseignement ; 3° collaboration directe : envoi de plans, d'architectes, d'artistes[2]. — Cette pénétration, du reste, s'étendit à tout le bassin de la Méditerranée et persista jusqu'à la prise de Constantinople. En 1174, si nous en croyons Muratori, il y avait encore à Ancône un ministre de l'empereur Emmanuel Comnène, et l'empereur Frédéric se plaignait de voir un « nid de Grecs installé au cœur de l'Empire d'Occident[3] ». Vers le même temps, un poète reprochait à Pise d'avoir ses rues pleines de juifs, d'arabes, de païens et « autres monstres de la mer[4] ». Comment la France, même morcelée, eût-elle échappé à cette invasion persistante ? Elle résista d'autant moins au courant, que cet art byzantin, dont le nom, dans certains milieux, est pris en mauvaise part, — comme le mot « gothique » le devait être au XVII° et au XVIII° siècle par les écrivains soucieux de la correction classique, — n'est pas un art étroit, mesquin, s'égarant aux détails secondaires, aux interprétations littérales, aux minuties. C'est lui, au contraire, qui a découvert la forme architectonique la plus souple, se pliant à toutes les combinaisons, et qui offre le plus de solutions variées pour résoudre la plupart des problèmes. Introduit dans les monastères, dans ces couvents gigantesques, comme Saint-Gall, Saint-Riquier, Saint-Denis, où toutes les professions étaient pratiquées, — sortes de conservatoires de ces arts mineurs qui concouraient à la décoration des sanctuaires, où, pour les besoins et la splendeur du culte, on formait, en de vastes ateliers, une armée d'artisans habiles et d'artistes éprouvés[5], — il s'y perpétua longtemps encore, dirigeant, au XI° et au XII° siècle, le ciseau des « tailleurs d'images ». Et voilà comment

---

1. HENRY HALLAM, *op. cit.*, t. I, p. 37.

2. Cette importation de plans et ces envois d'architectes qui, dès le commencement de ce siècle, avaient frappé SÉROUX D'AGINCOURT (*Histoire de l'Art par les Monuments : Architecture*, t. I, p. 42) et lui avaient fait écrire : « Les églises construites au X° et au XI° siècle dans les États de Venise, dans la Toscane, à Pise, dans la marche d'Ancône, présentent dans leur forme des rapports très frappants avec le style oriental », cette importation, ces envois dont les traces sont encore si évidentes dans Saint-Marc, — le seul monument de style byzantin qu'on trouve à Venise, ce qui prouve bien son origine exotique, — à Ancône, à Torcello, à San Miniato, et chez nous à Saint-Front de Périgueux, ont été contestés par VITET, prétendant que l'architecture n'est pas un art d'exportation, et par F. de Verneilh, alors que ce dernier ne se fait pas scrupule de reconnaître qu'en 1422 l'évêque de Burgos ramena d'Allemagne des constructeurs, qui reproduisirent, dans sa ville épiscopale, certaines parties de la cathédrale de Cologne, à laquelle ils avaient travaillé. Bien mieux, un érudit allemand a démontré, par la concordance des plans, que cette dernière église était imitée de la cathédrale d'Amiens, etc., etc. (Voir la CATHÉDRALE DE COLOGNE : *Annales archéologiques*, t. VII, p. 69.) Nous verrons, du reste, plus loin, que nombre de grands sanctuaires en Europe ont été édifiés, durant la période ogivale, par des architectes venus de France. Nous verrons également que la cathédrale de Pise, comme Saint-Marc de Venise, est l'œuvre de constructeurs byzantins.

3. « Non piacca questo nido dei Greci, nel cuore del impero occidentale. »

4. Voir DONIZO. *Vita Comitissæ Mathildis*. apud MURATORI, *Dissert.* 31.

Qui pergit Pisas, videt illic monstra marina ;
Hæc urbs Paganis, Turchis, Libyeis quoque, Parthis,
Sordida ; Chaldæi sua lustrant mœnia tetro.

5. Voir, dans notre *Histoire de l'Orfèvrerie française*, le chapitre consacré à la main-d'œuvre monastique.

l'art byzantin, après n'avoir que médiocrement réussi dans cette importation autoritaire, entreprise de toutes pièces par Charlemagne, exerça, cependant, une influence indirecte et apporta son appoint à un art très vaillant, très robuste, qui allait bientôt couvrir tout l'Occident de monuments considérables et donner le jour à notre première architecture vraiment nationale.

Ajoutons que les Carolingiens rendirent encore un autre service éminent à la grande cause de l'Art. De toutes les industries artistiques pratiquées par les religieux, l'orfèvrerie est certainement, après l'architecture, celle qui tenait le rang le plus élevé. Cette orfèvrerie, qui, ressource précieuse aux heures de crise, ajoutait un si vif éclat aux cérémonies du culte, était demeurée sous les Mérovingiens un art de pure ostentation. L'élégance, la beauté de la forme, comptaient à peine. Cette dernière était subordonnée à la structure de l'âme de bois qui formait l'ossature des croix, châsses, reliquaires, tombeaux, tabernacles, qu'on revêtait de feuilles d'argent ou d'or façonnées, embouties, repoussées au marteau.

On ne visait qu'à éblouir, et l'on s'efforçait d'y parvenir par la multiplicité des pierres enchâssées ou serties dans d'ingénieux filigranes. De pieux écrivains se sont donné beaucoup de peine, nous l'avons dit, pour dresser une liste forcément incomplète des œuvres indiquées comme étant sorties des divers ateliers de saint Éloi[1]. C'est à peine si l'on en peut citer une qui reproduise, non pas la forme humaine, mais un animal. Il est dit dans les *Grandes Chroniques*[2] que Dagobert enleva de l'église Saint-Hilaire de Poitiers « une aigle de cuivre de l'œuve Saint-Éloi ». Quelle était la physionomie de « cette aigle »? Ressemblait-elle à celle qu'on voit encore à *Sant' Ambrogio* de Milan ou à celle qui décore l'ambon du Saint-Sépulcre de Bologne, et qu'on dit être à peu près du même temps? C'est ce que vraisemblablement nous ne saurons jamais.

Mais, sous les Carolingiens, fait capital, que l'architecture commença à exercer son influence sur l'art de l'orfèvre, influence dont nous aurons prochainement à constater les importants effets, et la figure humaine reparut de nouveau, et intervint dans la

constitution de ces œuvres précieuses. D'abord timidement, car il est à remarquer qu'un certain nombre de joyaux ayant appartenu à Charlemagne sont dépourvus de toutes représentations figuratives. La couronne de ce prince, que l'on conserva jusqu'à la Révolution au trésor de Saint-Denis; son oratoire, dont Félibien[3] nous a transmis l'image; son reliquaire, exhumé en

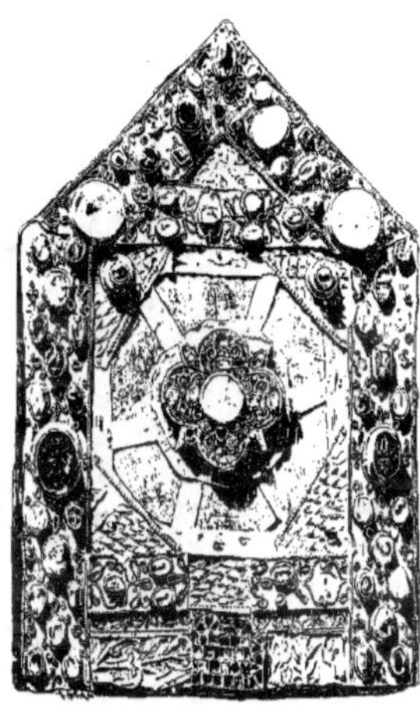

CHÂSSE AVEC ÂME EN BOIS RECOUVERTE DE PLAQUES DE MÉTAL.
(Trésor de Conques.)

1169 et remis en 1804 à Napoléon par le clergé d'Aix-la-Chapelle[4]; le curieux joyau connu sous le nom d'*A de Charlemagne*, conservé à Conques[5], sont dans ce cas, et il ne faut pas nous en montrer trop surpris, car Charlemagne faisait profession d'iconoclasme[6]. Néanmoins, dans l'inventaire que ce prince fit dresser de ses joyaux quelque temps avant sa mort, nous voyons figurer trois tables ou tableaux, dont deux d'argent et un autre d'or, « fort grands et d'un poids considérable ». Sur la première de ces tables, de forme carrée, était représentée la ville de Constantinople. Elle fut attribuée par le testament à l'église Saint-Pierre de Rome. La seconde, de forme ronde, où était figurée la ville de Rome, fut remise à l'évêque de Ravenne. La

---

1. Voir notre *Histoire de l'Orfèvrerie française*, époque mérovingienne.

2. *Grandes Chroniques*, liv. V, chap. XI.

3. Dom Michel Félibien, *Histoire de l'Abbaye royale de Saint-Denis*, pl. IV, p. 542.

4. E. Fontenay, *les Bijoux anciens et modernes*, p. 185.

5. Cette curieuse orfèvrerie, bien souvent reproduite, notamment

par Darcel (*Trésor de Conques*), doit être dépouillée des deux anges qui l'ornent aujourd'hui et qui sont d'exécution plus moderne.

6. Les images, réhabilitées à Constantinople par le second concile de Nicée (787), avaient été proscrites en 774 par le concile de Francfort présidé par Charlemagne. (Voir Eginhard, *Annales*, dans Guizot, *Collection des Mémoires*, t. III, p. 40.)

troisième, la plus belle de toutes et la plus lourde, où se trouvait décrite la cosmographie céleste, fut, ainsi que la table d'or, réservée pour les héritiers du prince[1].

« Quant aux ouvrages de sculpture attribués à Charlemagne, écrit Séroux d'Agincourt[2], on ne cite guère que deux bas-reliefs placés, de son temps, l'un dans l'église de Saint-Remi, à Reims, sur le tombeau présumé de Carloman, l'autre à Aix-la-Chapelle, sur l'urne sépulcrale de Charlemagne lui-même. Mais les sujets profanes de ces bas-reliefs prouvent qu'ils ne sont que des copies grossières, faites d'après des urnes antiques de meilleur style. » Néanmoins, et malgré la timidité de ces essais, l'élan était donné. Sur l'Évangéliaire de Charles le Chauve, que possède notre Bibliothèque nationale, on remarque, sous forme d'ivoires, des représentations antiques pleines de promesses. Nous savons, en outre, que ce dernier prince « en-

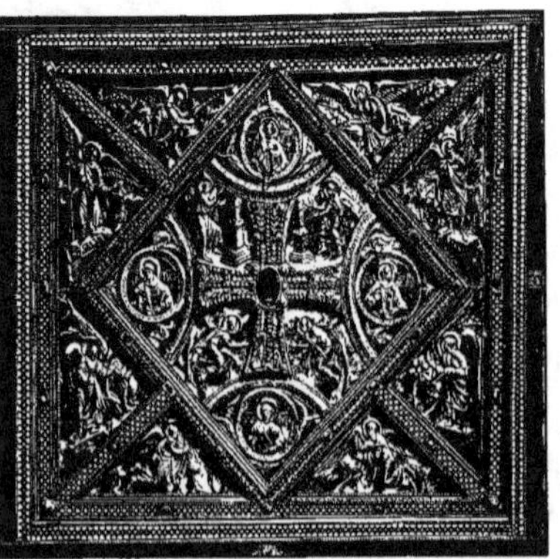

FAÇADE LATÉRALE DE L'AUTEL D'OR A « SANT' AMBROGIO » DE MILAN.

voya à l'apôtre saint Pierre l'image du Sauveur attaché à la croix, faite en or, d'un grand poids, ornée de pierres précieuses[3] ». Cette fois, le précepte du Deutéronome est franchement répudié, et la dynastie carolingienne n'aura pas fait place aux Capétiens, que cette phase nouvelle de l'Art se sera affirmée d'une façon magistrale par plusieurs œuvres, dont une au moins d'un mérite rare, d'une importance capitale. Nous voulons parler de la statue fameuse de sainte Foy, appartenant au trésor de Conques.

On connaît assez exactement l'histoire de cette curieuse statue, dont, grâce à la magnifique aquarelle de M. Formigé, aimablement mise à notre disposition par le service des Monuments historiques, nous don-

nons ici une saisissante reproduction. Cette histoire a été reconstituée sur les lieux mêmes, par notre consciencieux et savant ami Alfred Darcel[4].

Avec son visage modelé à grands plans, ses cheveux enroulés en bourrelets, avec ses yeux blancs à la prunelle bleue, avec sa rigidité hiératique et sa symétrique gravité, cette figure, d'une sauvagerie impressionnante, est très supérieure aux autres statues d'orfèvrerie qu'à tort ou à raison on attribue à la même époque, et notamment à la Vierge de Beaulieu (Corrèze), à laquelle le trône sur lequel elle est assise, sa couronne et son costume semblent assigner également une origine, sinon carolingienne, du moins bien rapprochée des Carolingiens[5].

A partir de ce magistral ouvrage, — point de départ d'un art renouvelé, — sous l'influence de ces abbés épris de sculptures au point d'en surcharger la façade de leurs églises, sous l'impulsion directe de ces religieux, jaloux de donner aux instruments du culte une forme émouvante, saisissante, les représentations de ce genre vont se multiplier. L'art du statuaire jouera désormais un rôle considérable dans la parure des lieux sacrés, soit qu'il embellisse l'autel de resplendissants bas-reliefs comme la *Pala d'oro* de *Sant' Ambrogio* de Milan ou comme le retable d'or de l'empereur Henri, que possède notre musée de Cluny, soit qu'il peuple le sanctuaire de saintes représentations.

C'est à ce titre surtout que Charlemagne peut justifier le bel éloge que Ciampini lui adresse, quand il dit que sous son règne les beaux-arts commencèrent à revivre. *Bonæque artes aliqualiter cœperunt reviviscere.*

---

1. EGINHARD, *Vie de Charlemagne* (op. cit., t. III, p. 160). Ce tableau fut détruit par Lothaire, fils de Louis le Débonnaire. Voir *Histoire de l'Orfèvrerie française.*

2. SÉROUX D'AGINCOURT, *op. cit.*, tableau historique, t. I, p. 54.

3. *Annales de Saint-Bertin*, dans GUIZOT, *Collection des Mémoires relatifs à l'Histoire de France*, t. IV, p. 289.

4. DARCEL, *le Trésor de Conques*, op. cit., p. 48 et suiv.

5. CIAMPINI, *Vetera Monumenta*, lib. I, chap. VIII.

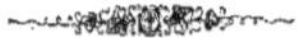

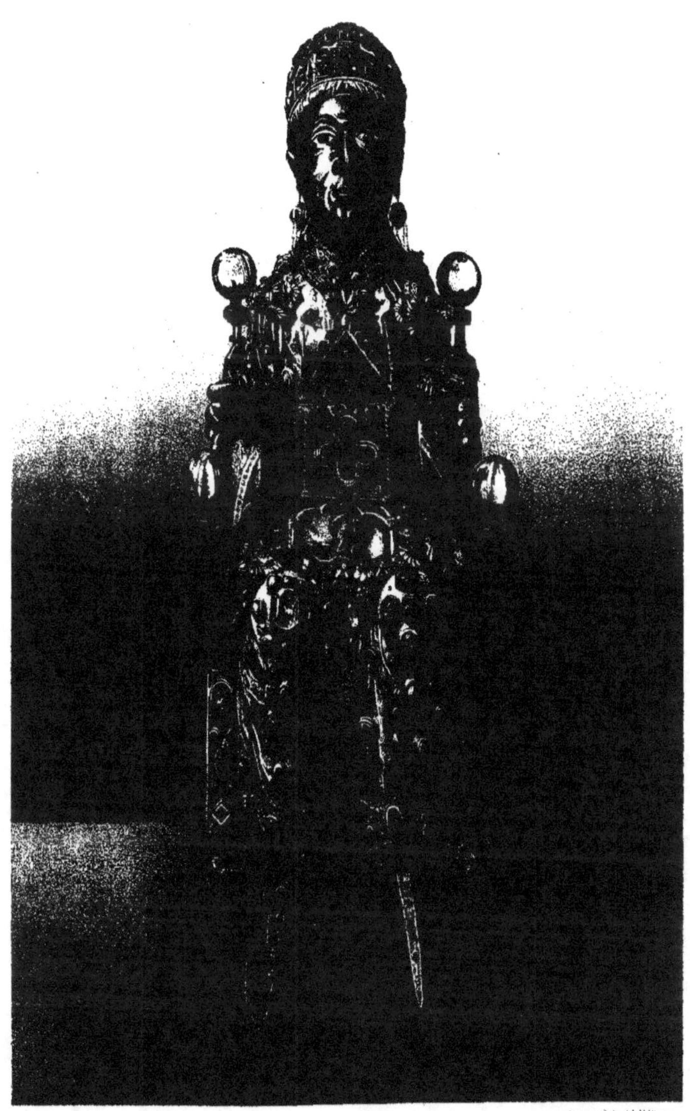

STATUE EN OR DE SAINTE FOY
TRÉSOR DE L'ABBAYE DE CONQUES

LIVRE QUATRIÈME

Le Style Roman.

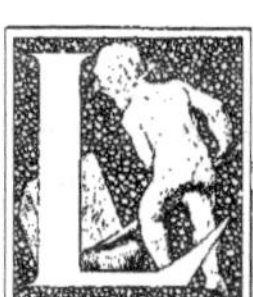

L style qui succède à la période carolingienne porte le nom de *Style roman*. Ce nom, aujourd'hui couramment accepté par la généralité des archéologues, a été discuté, contesté, désapprouvé même, pendant longtemps et par un grand nombre d'entre eux; et les dernières contestations auxquelles il a donné lieu sont relativement récentes. Cette désignation ne remonte pas, du reste, à plus de soixante-quinze ans.

C'est en 1825 que M. de Caumont la fit prévaloir. Il n'en était pas l'inventeur, toutefois, et M. de Gerville, avant lui, avait proposé à la Société des Antiquaires de Normandie de désigner sous le nom d'*Architecture romane* l'architecture postérieure à la domination romaine et antérieure au xiie siècle. Tout d'abord, la motion reçut un froid accueil. Quatremère de Quincy affecta de l'ignorer[1]. Mérimée, toujours sceptique et « amateur de crépuscule », suivant le joli mot de Didron aîné, qualifie « ce premier style de l'architecture moderne » de « style roman, byzantin, saxon[2], » sans donner de préférence à aucun de ces noms. — On n'est pas d'une prudence plus raffinée. — Viollet-le-Duc, lui, n'hésite pas à déclarer que « la dénomination d'architecture romane est très vague, sinon fausse[3] ». Tout récemment encore, M. Bosc, impressionné sans doute par l'opinion de Viollet-le-Duc, déclarait que ce terme « ne présente à l'esprit rien de fixe, de positif, de bien circonscrit, que c'est un terme fort vague[4] ». Mais personne, parmi les écrivains considérables de notre génération ou de la génération précédente, ne s'acharna avec plus de ténacité que Vitet contre cette expression au surplus assez inoffensive.

« Qu'est-ce que le *roman*? » se demande l'éminent académicien, et de peur de trop se compromettre il se hâte de prendre une tangente : « Pour qu'il y eût précision dans la réponse, écrit-il[5], il faudrait que le mot *roman*, appliqué à l'architecture, eût un sens précis, scientifique, incontestable; qu'il fût d'une exactitude, non pas seulement approximative, mais rigoureuse. Allons droit à la difficulté. Quand on parle de la langue *romane*, tout le monde sait ce que le mot *roman* veut dire. Ce mot est admis, il a cours légal pour ainsi dire, non seulement en France, mais dans toute l'Europe savante, en Allemagne, en Angleterre, en Italie. Nos voisins n'ont point d'autre manière de qualifier l'idiome que ce mot désigne. Et pourquoi? Parce que cet idiome n'a jamais existé chez eux; parce qu'il n'a régné, sous deux formes différentes, il est vrai, mais avec une communauté d'origine, que dans une portion circonscrite de l'Occident, sur un sol dont on connaît les limites en deçà et au delà de la Loire. En peut-on dire autant de l'architecture que nous appelons *romane*? Où commence, où finit son domaine? N'a-t-elle régné que dans les lieux où naquirent les deux dialectes de notre langue maternelle? Assurément non. Cette même architecture apparaît au delà du Rhin, au delà de la Meuse, au delà des Alpes, on pourrait dire dans l'Occident tout entier. Elle revêt sans doute, selon les pays qu'elle habite, certains caractères particuliers, de même qu'elle se diversifie chez nous de province à

<hr>

1. QUATREMÈRE DE QUINCY, *Dictionnaire historique d'Architecture, comprenant dans son plan les notions historiques, descriptives, archéologiques, biographiques. etc., de cet art.* Paris, 1832.

2. MÉRIMÉE, *Études sur l'Art au Moyen Age*, p. 9.

3. VIOLLET-LE-DUC, *Dictionnaire raisonné de l'Architecture française*, t. I, p. 139.

4. E. Bosc, *Dictionnaire raisonné d'Architecture*, t. IV, p. 157.

5. VITET, *Études sur l'Histoire de l'Art*, t. I, p. 350 et suiv.

province; mais, malgré ces variétés, c'est la même architecture. Est-il donc étonnant que nos voisins ne l'appellent pas *romane*? Ils n'ont point de motifs pour s'approprier un terme qui n'a pour eux aucun sens national. Ils se servent de mots qui leur sont propres. Chaque pays désigne à sa manière cette sorte d'architecture. Les Italiens la qualifient *lombarde*, les Anglais l'appellent *saxonne*[1], les Allemands *byzantine*. Ces dénominations, à coup sûr, sont toutes plus ou moins inexactes. On ne peut pas dire qu'en Allemagne l'architecture des xie et xiie siècles soit, à proprement parler, byzantine; encore moins peut-elle passer pour lombarde en Italie et saxonne en Angleterre. La moindre critique suffit pour démontrer que jamais ni Saxons ni Lombards n'ont inventé un genre d'architecture qui pût légitimement porter leur nom. Mais s'ensuit-il que nous soyons en droit de dire à nos voisins : « Prenez le mot que nous avons choisi? »

L'argumentation de Vitet est assurément fort brillante, pressante même, si l'on veut s'en tenir à la forme, mais il faut bien reconnaître qu'elle a plus d'éclat que de solidité. Et d'abord, qui parle d'imposer la désignation qui nous occupe aux Allemands, aux Italiens et aux Anglais? Un mot ne peut-il avoir de signification et de valeur en notre langue qu'à condition d'être accepté par « l'Europe savante »? Il nous plaît de choisir un terme, de lui attribuer une signification, de l'employer dans un sens plus ou moins précis; c'est affaire de convention entre nous, et je ne sache pas que l'étranger doive être appelé à plébisciter sur la matière. En outre, quel autre style a reçu de tous les peuples occidentaux une désignation identique? Est-ce le style byzantin, dont, nous l'avons vu, on est allé jusqu'à nier l'existence, et qu'on a désigné tour à tour sous les noms de *grec* et de *néo-grec*? Est-ce le style gothique, auquel, nous le verrons bientôt, on a prêté, suivant les pays, cinq ou six noms différents? La querelle des mots est donc bien subtile. Le terme est-il juste? — Ceci est une autre affaire, que nous allons examiner. Mais, pour que le jugement soit équitable, encore faut-il ne pas se montrer trop intolérant. On peut dire, en effet, de l'archéologie ce que Voltaire disait de l'histoire : « Toute certitude qui n'est pas une démonstra-

tion mathématique n'est qu'une extrême probabilité[2] »; et s'il est vrai, comme l'ajoutait l'auteur de *Candide*, qu'il n'y ait point d'autre certitude historique, pourquoi se montrer plus exigeant pour l'archéologie?

Bien mieux, où Vitet a-t-il vu qu'un style, pour être gratifié d'un nom précis, devait avoir régné exclusivement sur une portion de territoire, renfermée dans d'exactes limites? « Où commence, où finit son domaine? » écrit-il. Mais où commence et où finit le domaine de l'art grec, celui de l'art romain et même celui de l'art de Byzance? « L'architecture que nous appelons *romane*, demande-t-il encore, n'a-t-elle régné que dans les lieux où naquirent les deux dialectes de notre langue maternelle? » Non pas assurément. Mais ici apparaît l'étrange confusion où s'est égaré l'illustre critique. Le dialecte d'un peuple et son architecture sont deux choses tout à fait différentes. Souvent son langage et ses façons de bâtir pénètrent, en même temps, dans les pays où se fait sentir son influence. Au moindre revirement politique, le langage disparaît, alors que les monuments restent et continuent d'être imités par la population autochtone. Faudra-t-il nier l'existence du style ogival parce que des monuments appartenant à cette manière très spéciale d'édifier s'élevèrent dès le xiie siècle dans toute l'Europe et se rencontrent aujourd'hui dans l'univers entier? Et Vitet lui-même n'a-t-il pas proclamé l'inanité de cette doctrine singulièrement étroite, en écrivant son ingénieuse monographie sur l'*Architecture byzantine en France*[3], où il s'efforce de démontrer l'influence exercée sur nos monuments du xie et du xiie siècle par les préceptes et les exemples de l'art oriental? Pourquoi, du reste, cet excès de sévérité? Un style est-il donc chose si facile à définir, qu'on trouve aisément des termes irréprochables pour le désigner? Quel est celui de nos styles dont on ne puisse critiquer la désignation? Est-ce le style gothique, par exemple, ou celui dit de la Renaissance?

Continuant sa comparaison ou, mieux, son parallèle, entre l'architecture et le langage, Vitet ajoute : « Décomposez la langue romane[4] : sur cent mots, vous en trouverez quatre-vingt-cinq ou quatre-vingt-dix dont la racine est évidemment latine; quant aux dix ou

---

1. *Saxonne* pour l'époque antérieure à la conquête, *normande* après 1066. Cette dernière dénomination est historiquement vraie. C'est, sans contestation aucune, aux Normands que l'Angleterre est redevable de ses monuments à plein cintre postérieurs à la conquête. Mais si les Normands en ont été les constructeurs, mais s'ils les ont élevés dans le même style, et quelquefois avec les mêmes matériaux que ceux de leur patrie, ils ne peuvent être considérés, cependant, comme les créateurs de ce genre d'architecture.

2. VOLTAIRE, *Questions sur l'Encyclopédie*, dans Œuvres complètes, t. XXIII, p. 402.

3. Dans Œuvres complètes, édition Michel Lévy, t. I, p. 301.

4. M. A. de Chevallet s'est chargé de ce soin. Il a évalué d'une façon remarquable la proportion pour laquelle entraient dans notre langue l'élément celtique et l'élément germain, c'est-à-dire les langues des Gaulois et des Franks. Voir *Origine et Formation de la Langue française*. Cet ouvrage a obtenu, en 1850, le prix de linguistique.

quinze autres, ils sont en partie celtiques ou germains. Ces mots étrangers au latin, les celtiques surtout, bien qu'en minorité dans le nouveau langage, y jouent un rôle capital. C'est en imitation de leurs désinences que toutes les désinences latines sont altérées. C'est par cet élément nouveau, par son influence indigène et populaire, que l'économie grammaticale et le système inversif du langage romain sont bouleversés; en un mot, la langue romane est comme un tissu dont la chaîne est latine et la trame indigène. » Mais ne se passa-t-il pas quelque chose d'analogue pour l'architecture? On n'a jamais songé à nier, croyons-nous, que la construction elle-même, la manière de bâtir, soit d'origine romaine (*more romano*, disait-on au xe siècle[1]), dégénérée sans doute, modifiée, transformée par les besoins nouveaux, par la nature des matériaux, mais obéissant encore à des traditions puissantes. Par contre, toute cette ornementation qui faisait le fond de l'art romain, corniches, archivoltes, chambranles, pilastres, chapiteaux, bases de colonnes, tout cela est devenu presque méconnaissable. Ces types si fermement établis se sont énervés, écourtés et finalement décomposés. Les ordres proprement dits, les entablements complets à plus forte raison, ont disparu. On voit encore, il est vrai, persister pendant longtemps des réminiscences romaines, pilastres avec chapiteaux et cannelures, arcades feintes composées de trois fasces et d'un bandeau, mais ces réminiscences sont corrompues au point de paraître incertaines. Les pilastres sont trop courts, les cannelures trop grosses; l'acanthe des chapiteaux corinthiens est naïve et rudimentaire à l'excès. Quant aux ornements de moindre importance, la transformation est plus radicale encore : Rinceaux inspirés par le règne végétal, rais de cœur, oves, perles, denticules, etc., tout cela a été remplacé par une ornementation absolument nouvelle, procédant directement de la géométrie, par les zigzags, les chevrons, les bâtons rompus, les dents de scie, les damiers, les têtes de clous, les cordes tressées, les méandres, les entrelacs, etc. Mais d'où provenait ce bagage nouveau, puisqu'il n'était pas romain? Et ces denticules espacés, se terminant tous par une tête grossièrement ébauchée, ornement distinctif de nos absides romanes ; et ces imbrications, et ces billettes, et

ces pointes de diamants; et cette multitude d'ornements barbares... appartiennent-ils donc à une sorte de génération spontanée?

Vitet, assurément, est excusable de n'avoir pas déterminé leur origine, car de son temps l'art mérovingien n'avait point encore été exhumé. Les cimetières de Charnay, de Brochon, de Sainte-Sabine, de Caranda, d'Herpes, n'avaient pas révélé leurs secrets[1]. C'était l'époque où, faute de points de comparaison, Labarte attribuait à la fabrication byzantine les armes du vieux roi Childéric[2]. Si Vitet eût connu cette bijouterie mérovingienne qui remplit aujourd'hui nos vitrines, il n'eût pu s'empêcher de rapprocher les entrelacs qui ornent boucles, agrafes et fibules des bas-reliefs qui formaient la clôture du chœur de la première Notre-Dame du Puy[4], des chapiteaux de Saint-Martin d'Angers et de Marmoutiers, etc. Quel trait de lumière, et comme il eût reconnu dans ces « nouveautés » la « trame » barbare — pour nous servir de son expression même — qui venait s'associer à une « chaîne » infiniment plus perfectionnée. Peut-être n'eût-il pas déclaré que ce nom : *style roman* repose sur une pétition de principes, qu'il est un « terme de convention et non pas de définition ». Il semble, au reste, que plus tard il ait été pris de scrupule, car il reconnaît ailleurs qu'il existe une certaine analogie entre la décomposition du latin d'où est sorti notre idiome vulgaire, depuis le ixe jusqu'au xiie siècle, et la transformation qu'a subie dans nos contrées et pendant la même période l'architecture antique[5].

Si nous avons aussi longuement insisté sur l'argumentation de Vitet, c'est qu'elle nous a permis de mettre en lumière un certain nombre d'objections et de répondre à un système de critique d'autant plus dangereux, qu'il semble moins partial. Pour comprendre l'opportunité de ce nom nouveau, il suffit, en effet, de constater le désarroi dans lequel étaient plongés les archéologues du commencement du siècle, obligés d'employer une foule de qualificatifs encore plus inexacts pour désigner le style des monuments les plus connus. Rien de curieux, par exemple, comme le chaos au milieu duquel Alexandre Lenoir se débat[6]. Ajoutons que le terme même admis ne rencontra pas partout et

---

1. BATISSIER, *Éléments d'Archéologie nationale*, p. 408.
2. Voir notre *Histoire de l'Orfèvrerie française*, p. 61 et suiv.
3. LABARTE. *Histoire des Arts industriels*, t. I, p. 261 et suiv.
4. Cette clôture, reconstituée en partie, est pieusement conservée au musée Crozatier, avec nombre d'autres monuments d'architecture du plus haut intérêt.
5. VITET, *De l'Architecture byzantine en France*, dans *Études sur l'Histoire de l'Art*, t. I, p. 303.

6. Voir A. LENOIR, *Musée des Monuments français*, t. I, p. 34, t. II, p. 11, t. VII, p. 41. on y trouve des phrases comme celle-ci : « Théodoric, beau-frère de Clovis, fit construire à Rome plusieurs églises d'un goût gothique, qui fut imité dans toute l'Europe.... Les églises construites par Clovis et Dagobert sont absolument gothiques-lombardes, ainsi que Saint-Denis et les autres basiliques.... La masse de l'architecture dont se compose l'église de Cluny est entièrement dans le style lombard, etc.... »

chez tous un accueil également favorable. Aux yeux de certains maîtres, comme Quicherat, l'art roman est un art purement de transition; « l'architecture romane, écrit-il, est celle qui a cessé d'être romaine, quoiqu'elle tienne encore beaucoup du romain, et qui n'est pas encore gothique, quoiqu'elle ait déjà quelque chose du gothique ». Définition élastique s'il en fut, et qu'on pourrait appliquer à presque tous les styles. Pour d'autres, comme M. Anthyme Saint-Paul, par qui nous finirons, car il faut savoir se borner, l'art roman, au contraire, s'est tracé des principes, créé des méthodes, composé un système d'ornementation, « et dès lors il s'est acquis une individualité assez puissante, une autonomie assez incontestable, pour mériter d'être apprécié indépendamment de ses attaches et de ses origines[1] ». C'est cette dernière façon de juger qui a prévalu ; mais, même en l'adoptant, il s'en faut de beaucoup que toutes les difficultés soient résolues du coup.

En premier lieu, il s'agirait, s'il était possible, de dater l'origine de l'architecture romane et du style roman. Pendant longtemps, les archéologues ont eu une tendance à reporter avant le xe siècle la construction d'un grand nombre d'églises romanes encore existantes. Aujourd'hui, il est de bon ton, de bonne érudition, d'admettre que ces mêmes églises ne sauraient être antérieures au xie siècle. En sorte qu'on se trouve, avant cette date, en présence d'une lacune assez inexplicable. Cette façon d'aller d'un extrême à l'autre n'est assurément pas des plus raisonnables; car s'il est toujours dangereux d'assigner aux monuments une origine trop lointaine, encore est-il plus imprudent de prétendre que l'art monumental se soit trouvé, pendant plusieurs siècles, comme paralysé et incapable de rien produire.

Nous ne faisons aucune difficulté pour reconnaître que peu de périodes historiques entassèrent plus de ruines sur notre territoire que celle comprise entre le règne de Charles le Chauve et celui de Robert Ier. Les incursions des Normands furent plus dévastatrices que ne l'avaient été aucunes des invasions précédentes.

Dans les quatre-vingts ans qui précédèrent l'An Mille, un nombre considérable d'églises furent mises à sac, pillées, ravagées et incendiées. Frodoard[2] ap-porte une inexorable conscience à nous faire assister à ces destructions implacables, qui, hélas! ne s'arrêtaient pas aux sanctuaires. Il nous montre Cambrai réduite en cendres; les quarante-trois églises de Pavie disparaissant dans la conflagration qui anéantit cette ville, et les rares habitants qui avaient survécu au désastre, ramassant, dans les cendres de leur chère cité, huit boisseaux de monnaies d'argent, appelées à leur servir de rançon. En quelques années, Amiens, Beauvais, Châlons, Montigni, Compiègne, Soissons, etc., deviennent la proie des flammes. « Partout, écrit Frodoard, on voyait le ciel en feu; l'ennemi ravageait les fermes, pillait les maisons isolées et brûlait les basiliques. C'est à peine si un petit nombre d'églises purent échapper à l'incendie.... Ils approchèrent des murailles de Sainte-Macre deux meules de grain, qui les touchaient presque, mirent le feu à la paille, mais ne purent entamer les murs. » « En 989, ajoute Raoul Glaber, toutes les habitations et les églises d'Orléans devinrent la proie des flammes[3]. » Aux angoisses causées par cette fureur destructive, vint s'ajouter la plus effroyable misère qu'on eût jamais vue. La famine désola l'Europe avec une persistance telle, que la race humaine parut être à la veille de disparaître pour toujours[4]. Puis la peste vint brocher sur le tout. « Sur soixante-treize ans, écrit Michelet, il y en eut quarante-huit de famine et d'épidémie[5]. » « La mémoire, dit un contemporain, se refuse à rappeler toutes les horreurs de cette déplorable époque.... Les fureurs de la faim renouvelèrent ces exemples d'atrocité si rares dans l'histoire, et les hommes dévorèrent la chair des hommes[6]. » On assassinait, sur les grands chemins, les voyageurs pour les dévorer. Des enfants furent attirés dans des endroits écartés, et égorgés dans le même but. Le passant n'était plus en sûreté chez l'hôte auquel il demandait l'hospitalité. A trois milles de Mâcon, dans la forêt de Châtenay, on découvrit dans la retraite d'une sorte d'ermite quarante-huit crânes d'hommes qu'il avait massacrés et mangés. Un paysan osa même, sur le marché de Tournus, mettre en vente de la chair humaine. « Les ornements des églises, continue notre narrateur, furent sacrifiés aux besoins des pauvres. Mais la juste vengeance du ciel n'était point satisfaite encore, et dans

---

1. Anthyme Saint-Paul, *Encyclopédie de l'Architecture*, t. IV, p. 435.
2. Frodoard, *Chroniques*, dans Guizot, *Collection des Mémoires relatifs à l'Histoire de France*, t. VI, p. 79, 81, 85, 93, 105, 119, 123, 136.
3. Raoul Glaber, *Chroniques*, liv. I, ch. v.
4. « Durant trois années, la terre fut inondée par des pluies incessantes et torrentielles, au point qu'on ne trouva bientôt plus un sillon à ensemencer. Le boisseau de grains, dans les terres où il avait le mieux profité, ne rendait qu'un sixième de la mesure au moment de la moisson, et ce sixième en rapportait à peine une poignée.... Chez presque tous les peuples, le boisseau de grains se vendait soixante sous d'or; quelquefois même, le sixième du boisseau en coûtait quinze. » (Raoul Glaber, *Chroniques*, liv. IV, chap. iv.)
5. Michelet, *Histoire de France*, t. II, p. 445 note.
6. Raoul Glaber, *op. cit.*, liv. IV, ch. iv.

beaucoup d'endroits les trésors ne purent suffire aux nécessités du moment. »

Assurément, tant d'événements lamentables amenèrent la disparition de monuments nombreux. Les Normands, surtout, dont Ermold le Noir nous trace un si impressionnant portrait[1], ne laissèrent presque rien debout dans les provinces qu'ils parcoururent. Les récits des chroniqueurs, d'Orderic Vital, de Guillaume de Jumièges[2], ne permettent aucun doute sur les dévastations que ces envahisseurs avaient érigées en système; et c'est à eux que nos archéologues attribuent la ruine de notre architecture[3]. Mais, dans les autres provinces, dans celles que les Normands ne ravagèrent pas, il devrait demeurer quelques spéci-

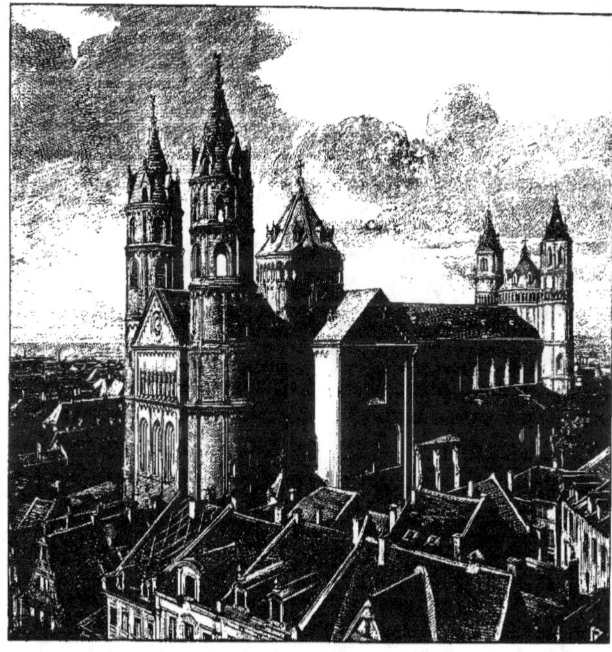

LA CATHÉDRALE DE WORMS.
(Vue générale.)

mens des édifices de cette sombre époque. Viollet-le-Duc, qui a cru pouvoir écrire « que le génie particulier à chaque contrée se peint dans les monuments des IXe et Xe siècles[4] », se garde de nous dire où sont les

---

1.
 Norr quoque francisco dicuntur nomine MARRI,
 Veloces, agiles, armigerique nimis :
 Ipse quidem populus late pernotus habetur,
 Lintre dapes quærit, inenlitatque mare
 Pulcher adest facie, voltuque, statuque decorus.
      (ERMOLD LE NOIR, liv. IV.)

2. Voir, dans GUILLAUME DE JUMIÈGES, *Chroniques*, liv. I, chap. VII et VIII, « comment furent détruites les villes de Paris, Beauvais, Poitiers et d'autres villes voisines à partir du rivage de l'Océan en se dirigeant vers l'ouest jusqu'à Clermont-Ferrand ». — ORDERIC VITAL, *Histoire ecclésiastique de Normandie*, liv. VII, nous montre le duc Robert « recourant à l'incendie avec une impétuosité toute normande, et brûlant

Orléans ». et Guillaume détruisant de même la ville de Mantes, etc.

3. « Les ravages des Normands et les malheurs sans nombre qui en furent la suite vinrent bientôt arrêter l'impulsion donnée aux arts par le génie de Charlemagne.... La ruine et l'incendie désolèrent plusieurs provinces, et firent sur quelques points disparaître les plus riches monuments.... L'ordre se rétablit au Xe siècle; on vit renaître la sécurité, sans laquelle les arts ne peuvent exister; mais, après de si grands malheurs, il fallut s'occuper de relever les édifices les plus nécessaires. Les constructions ne durent être ni belles ni considérables : d'où il résulte que le Xe siècle est un des plus pauvres en productions architectoniques. »

4. VIOLLET-LE-DUC, *Dictionnaire raisonné de l'Architecture*, t. I, p. 121.

témoins qu'il invoque. Mérimée va plus loin[1]. Il croit que tout ou à peu près a disparu. Fatalité singulière et d'autant plus surprenante que ces malheurs ne furent

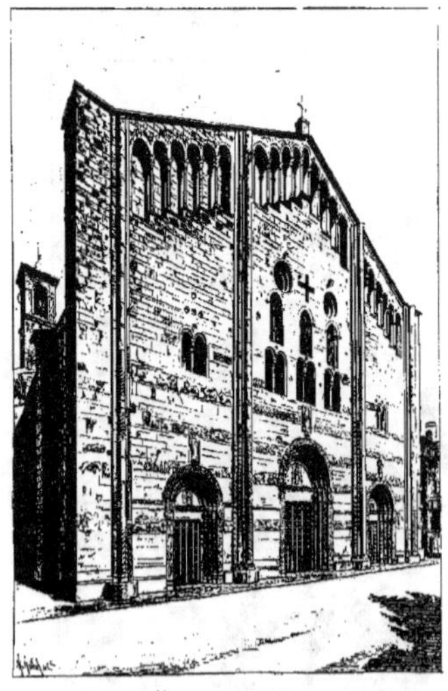

FAÇADE DE L'ÉGLISE « SAN MICHELE D. » A PAVIE.

pas spéciaux à notre pays, que la famine et la peste furent générales, et que si les Danois et les Normands ravagèrent certaines de nos régions, les Hongrois, en Allemagne et en Italie, montrèrent une fureur tout aussi destructive. Est-il donc admissible que nous n'ayons rien produit de durable pendant une période de deux siècles et demi, quand sous le règne d'Othon le Grand (936-973) s'élevaient au bord du Rhin tant d'églises si remarquables; quand les cathédrales de Spire, de Worms, de Mayence, dressaient leurs nefs authentiquement bâties à cette époque; quand dans la Gaule cisalpine *San Michele* de Pavie, *San Zeno* à Vérone, *Sant' Ambrogio* à Milan, le *Duomo vecchio* de Brescia, abritaient des légions de fidèles, et attestaient que l'art de bâtir n'était pas absolument perdu dans l'Europe occidentale; quand on voyait un petit duc de Spolète se faire élever un palais dont se contenterait encore aujourd'hui un souverain à forte liste civile[2]. Est-il possible que nous ayons été tellement devancés par ces Germains à demi barbares, et par ces Lombards moins civilisés encore?

L'Italie, au x° siècle, était-elle donc, au point de vue politique et artistique, plus florissante que notre malheureux pays? Cela n'apparaît pas d'une façon bien claire. Tous les historiens qui se sont occupés d'elle déplorent la misère de ces temps et traitent avec une dureté singulière ce siècle déshérité. Pour Baronius, il est de fer et de plomb[3]. Muratori le qualifie « siècle de fer et d'iniquités[4] ». Séroux d'Agincourt signale la dépravation de la cour pontificale et partout la dégradation des caractères[5]. Enfin Guillaume Cave peint cette même époque, dans ces mêmes contrées, sous des traits identiques[6]. Jamais accord ne fut plus complet pour attester un degré rare d'abjection et un écrasement politique absolu. Nous ne pouvions certes pas être descendus plus bas. D'où vient donc qu'on nous refuse ce qu'on accorde à l'Italie? Cela résulte d'un alinéa de la chronique de Raoul Glaber, moine indiscret, de son aveu même[7] orgueilleux et peu docile, qui date la réfection de tous nos monuments religieux du milieu du xi° siècle; et l'archéologie, acceptant ce passage comme parole d'évangile, n'admet guère que notre sol puisse porter d'édifices un peu importants qui soient antérieurs à cette date fatidique de l'an 1033[8].

Voici, du reste, en quels termes s'exprime notre religieux : « Près de trois ans après l'An Mille, les

---

1. MÉRIMÉE, *Études sur le Moyen Age : Essai sur l'Architecture*, p. 8. « Tel fut l'état de l'architecture depuis la destruction de l'Empire romain, écrit-il, jusqu'à la fin du x° siècle, que, des édifices bâtis pendant cette longue période de barbarie, il reste moins de souvenirs que des constructions romaines, exposées à tant de ravages, minées depuis tant de siècles par la main du temps (?) et celle des hommes. »

2. Ce palais, décrit par Mabillon, comportait 11 localités principales : 1° le *proaulium* ou avant-cour; 2° le *salutatorium* ou vestibule, dans lequel le prince saluait les visiteurs; 3° le *consistorium* ou salle d'audience et de réception; 4° le *trichorium* ou salle de banquet; 5° et 6° les *zetæ hyemales* et les *zetæ æstivales*, c'est-à-dire les appartements d'été et les appartements d'hiver; 7° les *thermæ* ou bains chauds; 8° le *gymnasium* ou salle d'exercice; 9° la *coquina* ou cuisine; 10° l'*hippodromum* ou manège; et 11°, raffinement singulier, un local appelé *epicaustorium* et *triclinia ambitoria*, « pièce entourée de sièges placés sur trois rangs, dans laquelle les personnages de marque venaient respirer les parfums qu'on faisait brûler. » (MABILLON, *Annales bénédictines*, t. II, liv. 48, p. 410, et SÉROUX D'AGINCOURT, *Tableau historique*, t. I, p. 55.)

3. BARONIUS, *Annales ecclésiastiques* : « Fœdissima urbs... novum inchoatur sæculum ferreum, plumbeum, etc. »

4. MURATORI, *Annales d'Italia dall' era volgare sino all' anno* 1749 : « Secolo di ferro pieno d'iniquità in Italia ».

5. SÉROUX D'AGINCOURT, *Histoire de l'Art par les monuments : Tableau historique*, t. I, p. 61.

6. GUILLAUME CAVE, *Historia litteraria scriptorum ecclesiasticorum*, Oxford, 1740-43.

7. Raoul Glaber avoue lui-même « qu'un orgueil farouche enflait son cœur », qu'il était « indocile avec les anciens, importun aux moines de son âge, à charge aux jeunes frères, et que son absence était pour eux une fête, sa présence un ennui ». (*Chroniques*, liv. V, ch. 1.)

8. Quand on parle du fameux An Mille, c'est généralement de l'an mille après la mort du Christ, soit exactement de l'année 1033.

basiliques des églises furent renouvelées dans presque tout l'univers, surtout en Italie et dans les Gaules, *quoique la plupart fussent encore assez belles pour ne pas exiger de réparations.* Mais les peuples chrétiens semblaient rivaliser entre eux de magnificence pour élever des églises plus élégantes les unes que les autres. On eût dit que le monde entier, d'un même accord, avait secoué les haillons de son antiquité pour revêtir la robe blanche des églises. Les fidèles, en effet, ne se contentèrent pas de reconstruire toutes les églises épiscopales, ils embellirent aussi les monastères dédiés à différents saints et jusqu'aux chapelles de village[1]. »

Il faut reconnaître que, malgré la confiance limitée inspirée par les récits de ce moine insoumis, les témoignages des contemporains attestent, en leurs parties essentielles, la vérité de cette floraison subite d'églises. Hugues de Fleury et Helgaud le biographe du roi Robert, nous fournissent une énumération forcément très incomplète, mais très édifiante cependant, des établissements religieux qui sortirent de terre en quelques années. Ils nous apprennent que la mère de Robert fonda le monastère de Saint-Frambault, près de Senlis, le couvent d'Argenteuil, celui de Saint-Aignan, à Orléans, et qu'elle éleva deux églises à ce même saint, l'une à Rouen, l'autre à Gentilly, près Paris. Ils nous montrent le roi, son fils, également dévot à saint Aignan, lui consacrant deux monastères, l'un à Poissy, l'autre à Goméde, puis dotant la ville d'Orléans, qui lui fut toujours chère, de couvents dédiés à saint Hilaire, à saint Vincent, à saint Paul apôtre et à la Vierge, à laquelle il consacra trois autres monastères, situés à Poissy, à Melun et à Étampes. Ajoutons encore les monastères de Saint-Médard, à Vitry; de Saint-Léger, dans la forêt d'Iveline; de Saint-Pierre et Saint-Régule, à Senlis; de Saint-Germain, à Paris; et enfin les églises de Saint-Cassien, à Autun; de Saint-Nicolas, à Paris; d'autres à Étampes, Saint-Germain-en-Laye, Saint-Michel, dans la forêt de Bièvre, etc. Ce royal exemple fut largement suivi, et nous voyons Gosselin, évêque de Bourges, reconstruire le monastère de Saint-Benoît de Fleury; Foulques, comte d'Anjou, fonder sur ses domaines un monastère en l'honneur du Saint-Sépulcre; son fils Geoffroi Martel édifier près de Vendôme le monastère de la Sainte-Trinité; Richard, duc de Normandie, bâtir l'abbaye de Fécamp; Hérivée réédifier Saint-Martin de Tours; et le vertueux Bernon fonder le couvent si fameux de Cluny[1]. Enfin, souvenons-nous que l'abbaye de Jumièges, la merveille du siècle, date de 1040, l'église de la Trinité de Caen (Abbaye-aux-Dames) de 1046, Fontevrault de 1101. C'est bien là, semble-t-il, cette « robe blanche des églises » dont parle Raoul Glaber.

L'érection de cette multiplicité de sanctuaires fut singulièrement facilitée d'un côté, par les offrandes extraordinairement généreuses que, à l'approche de l'An Mille si redouté, nombre de grands personnages avaient prodiguées au clergé (au moment de tout perdre, on croyait faire un avantageux placement en sacrifiant les biens « du siècle » pour sauver son âme), — d'un autre côté par la prodigieuse abondance « de vin, de froment, de productions de toute espèce, » des cinq années qui succédèrent à cette date funeste. C'était, dit un contemporain, « le retour du grand jubilé de Moïse[2] ». Mais, malgré cette furie de construction et de rénovation, tout ne fut pas détruit et refait. Nous possédons encore, sinon dans leur intégralité, du moins sous forme de fragments importants, avec la si curieuse église de Germigny, que, suivant Letalde, écrivain du xe siècle, Théodulfe, abbé de

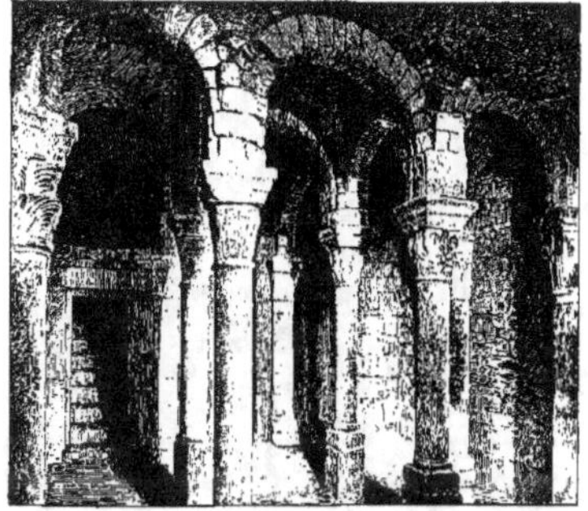

CRYPTE CAROLINGIENNE DE L'ÉGLISE DE CHAMPDENIERS
(Deux-Sèvres).

Saint-Benoit-sur-Loire, fit bâtir à l'imitation d'Aix-la-Chapelle[4], un certain nombre de cryptes fameuses : celle

<hr>

1. Raoul Glaber, *Chroniques,* liv. III, chap. iv.

2. Helgaud, *Vie du roi Robert le Pieux,* dans Guizot, *Collection des Mémoires relatifs à l'Histoire de France,* t. VI, p. 368, 372, 379, 408, 409, etc. — Hugues de Fleury, *Chronique,* in ibid., t. VII, p. 72 et suiv.

3. « Tout ce qui peut servir à la nourriture de l'homme était au plus vil prix. C'était le retour du grand jubilé de Moïse. Cependant, l'année suivante, la troisième, la quatrième, ne furent pas moins heureuses.... C'eût été folie d'espérer une pareille abondance pendant cinq années consécutives. » (Raoul Glaber, *loc. cit.,* liv. IV, chap. vi.)

4. Mérimée, *Revue d'Architecture,* t. VIII, p. 113 : « il faut avouer

de Jouarre notamment, que les tombeaux mérovingiens de Sainte-Aguilberte et de Sainte-Techilde datent d'une façon si positive ; celles de Saint-Avit à Orléans, de Saint-Germain à Auxerre, de Saint-Laurent à Grenoble, de Sainte-Reine sous l'ancienne église de l'abbaye de Flavigny (Côte-d'Or)[1] ; la chapelle de Sainte-Agathe à Langon (Ille-et-Vilaine) ; les églises de Saint-Philibert de Grandlieu (Loire-Inférieure), de Saint-Généroux (Deux-Sèvres), de Vieux-Pont d'Auge (Calvados), dont le mode de construction, — assises alternées de briques et de pierres, *opus spicatum* ou *opus reticulatum*, — date l'édification du IXe siècle ou d'une époque antérieure ; la crypte de Champdeniers (Deux-Sèvres), franchement carolingienne, et, parmi les monuments moins anciens : l'église Saint-Étienne de Beaugency, les églises de Chamalières, de Notre-Dame-du-Port à Clermont, d'Ainay à Lyon, de Saint-Front à Périgueux, la collégiale de Poissy, Saint-Hilaire de Poitiers, la crypte de Saint-Benoît-sur-Loire, Saint-Just de Valcabrerie (Haute-Garonne), Saint-Menoux (Allier), Saint-Pierre à Saintes, Saint-Remi à Reims, la cathédrale du Puy, les « abbayes à lettres[2] » de Charlemagne, Conques et Saint-Savin ; les églises de Vénasque (Vaucluse), de Vignory (Haute-Marne), etc., qui, au moins dans quelques-unes de leurs parties les plus anciennes, attestent que l'art de bâtir n'avait pas été complètement abandonné chez nous au Xe siècle.

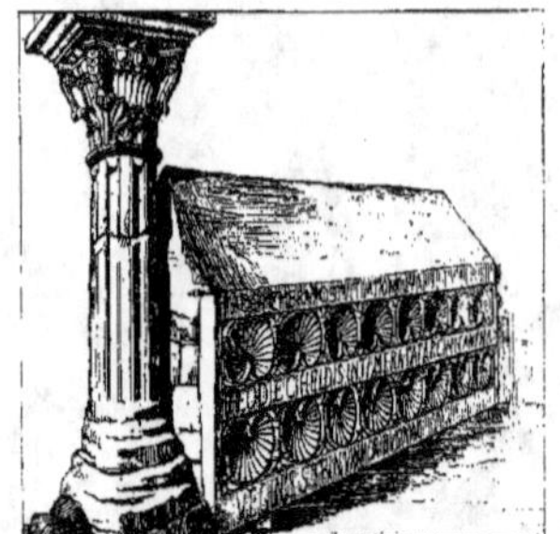

CRYPTE DE JOUARRE
Colonne et tombeau de Sainte Téchilde.

II

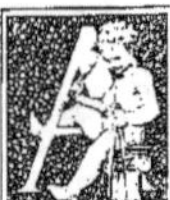

UTRE preuve, et non moins convaincante, que cet art de bâtir, et de bien bâtir ne fut pas perdu dans notre pays pendant tout un long siècle, c'est la remarquable ordonnance et la bonne entente de la construction, que l'on remarque dès le début dans les édifices de la période romane. Les monuments qui appartiennent à ce style se recommandent, en effet, presque tous par des formes simples, rationnelles, logiques ; par l'emploi judicieux de matériaux appareillés avec une régularité inconnue ailleurs : toutes qualités qui leur vaudront les éloges des juges les plus compétents[3]. Dès les premières productions, on sent, en outre, dans les ouvrages de notre architecture religieuse, qu'ils sont l'œuvre d'esprits disciplinés par la scolastique, épris de ce besoin de clarté et de précision qui imprimera plus tard à notre langue un de ses caractères les plus frappants. On sent que les directeurs de ces grandes œuvres, malgré leurs allures un peu rudes, barbares même, ont une notion exacte de la juste proportion des parties, de la subordination si difficile du détail à l'ensemble, en un mot qu'ils ont appris à *composer*. Or, ce ne sont point là des facultés qui s'improvisent.

Avec le XIe siècle, ces dispositions magistrales vont achever de prendre corps et de se développer. Jusque-là, on avait été en pleine fermentation. Désormais, l'alliage des trois grands éléments qui constitueront notre État moderne est à peu près opéré. Notre « être social », suivant le mot de Guizot, est formé[4]. De même que dans le domaine politique il ne sera plus parlé de Gaulois, de Romains ni de Franks, mais bien de Français, de même dans celui de l'Art les noms de gallo-romain, de byzantin, de latin, ne seront plus de mise. Nous allons enfin être nous-mêmes. — C'est beaucoup. Voyons donc par quelles qualités, dès le début, l'art français se distingue.

---

que l'imitation est fort libre », écrit VIOLLET-LE-DUC (*Dictionnaire*, t. III, p. 314). Ce qui reste de l'église édifiée par Théodulfe, dont nous donnons le plan plus haut (voir col. 160), ne ressemble guère, en effet, au Dôme d'Aix-la-Chapelle.

1. Reproduite dans *l'Art en Bourgogne*, de M. PERRAULT DABOT.

2. Voir *supra*, col. 157, 158.

3. « Tel qu'il se montre encore dans maints édifices de l'Auvergne et de la Bourgogne, de la Saintonge, du Poitou, de la Normandie, le roman français du XIe siècle et du commencement du XIIe est un art admirable ; il est naturellement propre à exprimer le calme, la noblesse, la grandeur. » (GOSSE, *Art gothique*, p. 33.)

4. « A partir de la fin du Xe siècle, l'être social qui portera le nom de France est formé, il existe ; on peut assister à son développement propre et extérieur. Ce développement méritera pour la première fois le nom de civilisation française. » (GUIZOT, *Histoire de la Civilisation en France*, t. II, p. 421.)

La première qui apparaisse dans nos monuments religieux, c'est la fidélité aux formes traditionnelles. Durant plus de huit siècles, en effet, en dépit de toutes sollicitations extérieures, les architectes français demeureront, dans la construction de nos églises les plus humbles, comme de nos plus orgueilleuses cathédrales, presque exclusivement fidèles à la forme basilicale, que nos ancêtres avaient adoptée dès l'origine. Cette forme sera accommodée, il est vrai, aux nécessités locales, aux besoins d'un culte grandissant en autorité et en apparat, mais l'architecte respectera le dispositif essentiel du plan primitif; à ce point que ce dispositif se perpétuera non seulement dans les cathédrales romanes et gothiques, dans les églises élevées au temps de la Renaissance et durant le xviie et le xviiie siècle, mais jusque dans celles édifiées de nos jours.

Cette fidélité, il faut bien le reconnaître, a quelque chose de touchant, d'autant plus qu'elle n'est pas sans entraîner, par sa répétition constante, une sorte de monotonie qu'on dit être antipathique au caractère de notre race. Sous ce rapport, il semble que la singulière élasticité des formules byzantines aurait dû nous séduire. L'ingéniosité infinie que l'art oriental apporte à nuancer les variations qu'il exécute sur un thème choisi était bien faite pour tenter des constructeurs aussi habiles, aussi hardis que le furent les architectes français à partir du xie siècle. Néanmoins, rien ne put altérer cette sereine constance. En cela, nos ancêtres firent preuve de grande sagesse, car nul plan n'était plus logique et plus simple que celui de la basilique.

Précédée d'une sorte d'atrium, elle se divisait à l'intérieur en trois parties[1], ayant chacune sa porte, et dont la centrale, plus large et plus haute, était bordée de chaque côté par un rang de colonnes, alors que les deux avenues latérales étaient encloses, à l'extérieur, par des murs percés de baies plus ou moins larges. Ces trois avenues, à leur extrémité supérieure, aboutissaient à une sorte de salle transversale, surélevée de quelques marches, close par une barrière (*septum*[2]), — nommée à cause de cela *transseptum* (au delà de la barrière) — et qui était réservée aux avocats, greffiers et jurisconsultes. Au milieu de cette salle, s'arrondissait un hémicycle, sorte de niche couronnée par une voûte en quart de sphère, qui abritait le juge et se nommait *tribuna*[3]. Ces constructions étaient toujours vastes; quelques-unes devaient être considérables, puisque Pline nous apprend que, dans une seule de ces basiliques, cent trente juges siégeaient à la fois : « Un cercle immense d'avocats et d'assistants entourait les ma-

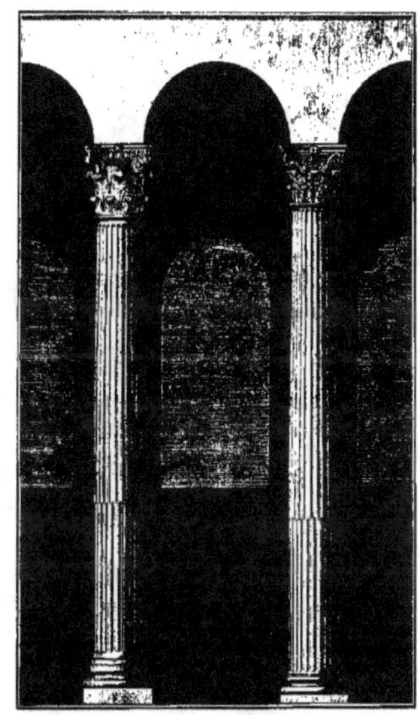

ARC DE SAINT-PAUL-HORS-DES-MURS
Soutenu par des colonnes différentes d'époque et de dimensions.
(D'après Séroux d'Agincourt.)

gistrats. Les femmes avaient leur place dans les tribunes[1] ».

On découvre sans peine le parti que les chrétiens pouvaient tirer de ces dispositions pour la célébration de leurs saints mystères. La tradition voulait que Salomon eût fait élever à Jérusalem une construction de ce même genre. Les synagogues des Juifs, dans lesquelles les chrétiens se réunirent tout d'abord, avaient, à l'image du temple de Salomon, adopté cette forme de

---

1. Certaines basiliques antiques sont à cinq avenues au lieu de trois; la basilique Ulpienne, notamment, la basilique primitive du Vatican, ainsi que celle de Saint-Paul, présentaient cette même disposition, qu'on retrouve au surplus dans un certain nombre d'églises gothiques.

2. *Septum, septum* : balustrade, clôture, barrière. Dans les basiliques antiques, le *septum* consistait souvent en un mur d'appui.

3. C'est de là qu'est venu le nom de *tribunal* donné à nos cours de justice. Longtemps ce mot eut en français une acception plus étendue que celle qu'il comporte de nos jours. Au Moyen Age et au xvie siècle, il s'appliquait à toutes sortes d'estrades élevées, sur lesquelles musiciens et spectateurs prenaient place. (Voir notre *Dictionnaire de l'Ameublement et de la Décoration*, t. IV, col. 1535.)

4. PLINE, liv. VI, ch. XXXIII, cité par L. BATISSIER, *Éléments d'Archéologie nationale*, p. 341.

parallélogramme allongé. On savait, en outre, que saint Paul, en Grèce et en Asie, avait souvent prêché dans des édifices de cette sorte. Enfin, les *Constitutions apostoliques* voulaient que l'église représentât la barque de saint Pierre. Or, l'avenue centrale figurait assez bien une embarcation renversée, d'où le nom qu'on lui donna de *navis* ou nef. Ajoutons qu'il n'était pas jusqu'à ce terme de basilique qui ne fût merveilleusement applicable à la nouvelle destination. « Les basiliques, écrit saint Isidore de Séville, furent ainsi nommées, jadis, parce qu'elles étaient dans le principe l'habitation des rois. Maintenant, on nomme les églises basiliques, parce qu'elles sont consacrées au culte du roi de l'univers[1]. »

Ceci bien posé, admettons que les fidèles soient répartis dans les nefs latérales ou bas-côtés et dans la partie de la nef centrale la plus rapprochée de la porte ; que l'autre partie de la grande nef soit réservée aux chantres et au bas clergé ; qu'on élève à l'entrée du transept des *ambons* ou pupitres, à l'usage des diacres chargés de lire l'Évangile ou des ecclésiastiques chargés de la prédication ; que l'autel soit placé à l'extrémité de l'allée centrale et au centre du transept ; et qu'au milieu du « tribunal » soit disposé le siège de l'évêque, chargé, comme son nom l'indique[2], de regarder, de surveiller, d'avoir l'œil à tout ce qui se passe : nous aurons les dispositions essentielles à la célébration des Saints Mystères.

La simplicité du plan se retrouvait dans l'élévation. En dehors des colonnes, qui le plus souvent, empruntées à un monument antérieur, pouvaient être de marbre précieux, rien n'était plus modeste que le reste de la construction. Sur les chapiteaux des co-

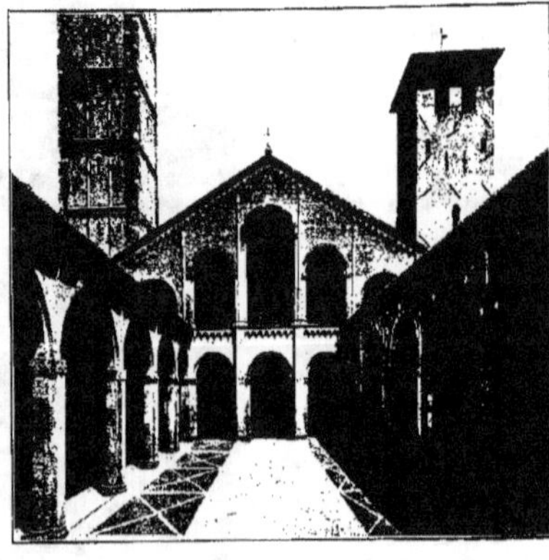

ATRIUM DE « SANT' AMBROGIO », A MILAN.

lonnes s'appuyaient dans le principe des plates-bandes classiques ; mais celles-ci, à cause de leur peu de portée, exigeaient des supports trop rapprochés, qui gênaient la vue et obstruaient la circulation ; aussi furent-elles remplacées assez promptement par des arcades, permettant d'espacer davantage les colonnes, de donner ainsi de l'air et de faciliter la circulation. Un certain nombre de basiliques anciennes et même du Moyen Age, — Saint-Paul-hors-des-Murs, Saint-Clément, Sainte-Agnès, la cathédrale de Pise notamment, — offrent des exemples d'autant plus remarquables de cette association de l'arcade et de la colonne, que ces dernières, provenant d'édifices différents, sont de dimensions et de galbes inégaux ; ce qui a obligé l'architecte à recourir à d'ingénieux artifices pour masquer la diversité de taille de ses supports.

La suppression des plates-bandes entraîna nécessairement celle de l'entablement. Dès lors, plus d'architrave, de frise ni de corniche, et par conséquent des surfaces nues qui, par leur absence de divisions horizontales, laissent prévoir le développement en hauteur des nefs centrales dans nos monuments romans ou gothiques[3]. Somme toute, comme on l'a remarqué, ces basiliques primitives ressemblaient quelque peu à de « vastes granges[4] », mais l'harmonie des proportions leur communiquait un air de grandeur, qu'on chercherait en vain dans l'architecture plus compliquée de certaines églises modernes.

Telles sont, du moins, les dispositions distinctives des basiliques romaines les mieux conservées, de celles notamment de Saint-Paul-hors-des-Murs, de Saint-Laurent, de Saint-Georges *in velabro*, de Sainte-Marie-Transteverine, de Sainte-Marie-Majeure, de Saint-

---

[1] « Basilicæ prius vocantur regum habitacula ; unde nomen habeat. Nunc autem ideo divina templa basilicæ nominantur, quia ibi regi omnium, Deo cultus et sacrificia, appellantur. » (*Origin.* liv. V, cap. 4.) Pour les dispositions adaptées aux basiliques antiques, dans le but de satisfaire les nouveaux besoins du culte, consulter l'abbé FLEURY (*Mœurs des Chrétiens*, XXXV).

[2] *Episcopus*, du grec ἐπι σκοπέω, regarder sur.

[3] « Les Basiliques, écrit Batissier, n'offraient, si l'on en excepte leurs colonnes antiques, aucune moulure, aucune partie qui ressortît et se détachât de leur surface plane et perpendiculaire. » (BATISSIER, *Éléments d'Archéologie nationale*, p. 344.)

[4] HOPE, *Histoire de l'Architecture*, p. 84.

Clément, de Saint-Jean-de-Latran, etc. En dehors de Rome, l'église de *Sant' Apollinare in Città*, de Ravenne, le Dôme de Torcello, près de Venise, l'église de *San Zeno*, à Vérone, celles de *San Michele*, à Pavie, de *Sant' Ambrogio*, à Milan, etc., montrent, à travers les restaurations considérables qui ont modifié leur primitif aspect, que ce plan basilical, en même temps qu'il franchissait les Alpes pour venir s'implanter chez nous, prenait possession de toute l'Italie septentrionale.

Une particularité qui se retrouve dans quelques-uns de ces sanctuaires mérite de n'être pas oubliée. Nous avons dit que la basilique latine était précédée d'une sorte d'*atrium*. Cette cour close, qui, suivant les temps et les pays, reçut des noms différents[1], a été conservée à certaines églises, comme *Sant' Ambrogio* de Milan et *San Giovanni Evangelista* de Ravenne. C'est dans cet atrium ou parvis, planté d'arbres, que les fidèles attendaient l'heure des offices; les pauvres venaient y implorer la charité publique, et c'est là que s'arrêtaient les *énergumènes*, les *démoniaques*, les lépreux, les excommuniés, les *pleurants*, qui, n'ayant pas satisfait aux pénitences publiques, étaient exclus de l'église et ne pouvaient pénétrer dans la nef : d'où le nom de *statio lugentium* donné à la partie de l'atrium la plus éloignée du portail[2]. Quand on renonça à inhumer les chrétiens dans les catacombes, on enterra les personnages de marque dans ce parvis des basiliques[3]. Au milieu de l'enclos, on établit une fontaine, où les fidèles venaient se laver les mains avant d'entrer dans le lieu saint[4] : origine, dit-on, des bénitiers placés aux portes de nos églises[5].

Nul, en effet, ne devait toucher à la porte du sanctuaire qu'avec des mains purifiées; car les portes de la nef étaient pour les premiers chrétiens un objet de vénération. Les fidèles s'arrêtaient à ces portes pour prier[6]. Les prélats, pour éveiller la piété de ceux qui se présentaient, y faisaient suspendre les reliques des saints. Plus tard, ces reliques furent remplacées par les images des bienheureux. De là cette profusion de statues qui se trouvent au seuil de nos églises, — sorte de prolongement du culte, comme les processions, et

manière d'intéresser les yeux et l'âme populaire à la pratique des Saints Mystères. Ces portes elles-mêmes étaient rendues plus belles par des décorations coûteuses. Nous avons vu que Dagobert dépouilla, au profit de l'abbaye de Saint-Denis, l'église Saint-Hilaire de Poitiers de ses portes de bronze. *San Zeno* de Vérone possède des portes de deux époques, qui pour être moins anciennes n'en sont pas moins d'une étude singulière-

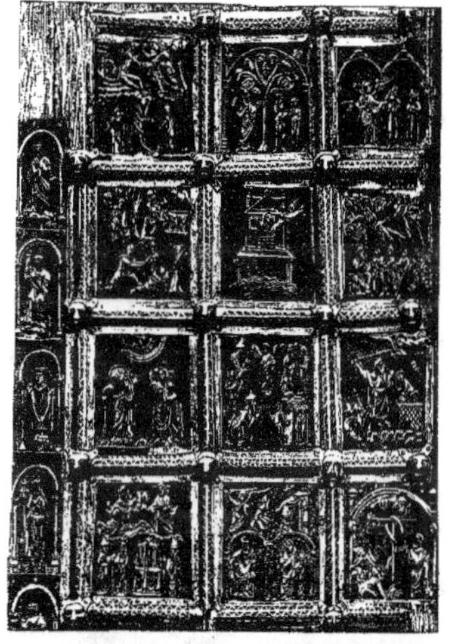

PORTE DE BRONZE DE L'ÉGLISE « SAN ZENO ».
(XIe siècle.)

ment instructive et attachante. Par la suite, et surtout dans les pays incléments du nord, l'atrium fut couvert, et transformé en *narthex*[9], puis en porche. Entre temps, le nombre des fidèles ayant augmenté, on dut leur concéder toute la nef. Le clergé, refoulé dans le transept, s'y trouva à l'étroit; il fallut le développer. Bientôt, de chaque côté, il excéda la clôture des bas-côtés, imposant au plan la forme du *tau*[10], point de départ de cette croix symbolique, que nos belles cathédrales figurent sur le sol. Idée à la fois ingénieuse et tou-

---

1. On l'appela tour à tour : *atrium, ambulaculum, area Dei* et *paradisius*, d'où nous avons fait *parvis*.

2. Saint Grégoire le Thaumaturge nous apprend que les pénitents du premier degré restaient là exposés aux intempéries pendant des journées entières (*Epistolæ canonic.*, ap. Galland, *Biblioth. græco-latina veter. patrum*, t. III, cap. 11).

3. Pépin voulut être enterré dans le parvis de Saint-Denis.

4. On nommait ces fontaines φιάλη, *cantharus, labrum*. Nous avons vu que Charlemagne en avait fait élever une à Aix, devant sa fameuse

chapelle, et que Basile le Macédonien avait agi de même à Byzance.

5. Ferrari, *De Ritu sacrar. Ecclesiæ veter. concionum*, liv. II, cap. 22.

6. « Moris erat adeuntibus basilicam ante ejus ingressum ad limina procumbere, portas deosculari ac preces fundere. » (Baronius. *Martyrol. roman.* au 18 novembre.)

7. Bergier, *Dictionnaire de Théologie*, à l'article *Porche*.

8. Voir, col. 80, la plus ancienne de ces deux portes.

9. Le *narthex* de Vézelay est célèbre par ses belles proportions.

10. Voir le plan de Sainte-Marie-Majeure.

chante, que de donner à un énorme édifice de pierre la forme générale d'un instrument de supplice devenu l'emblème sacré du salut[1].

Cette disposition en forme de croix, nous l'avons constaté[1], fut adoptée de fort bonne heure dans notre pays; et comme l'*altarium* se trouvait placé au centre du transept, dans l'axe de la nef principale, dès que les deux bras de la croix eurent pris une certaine im-

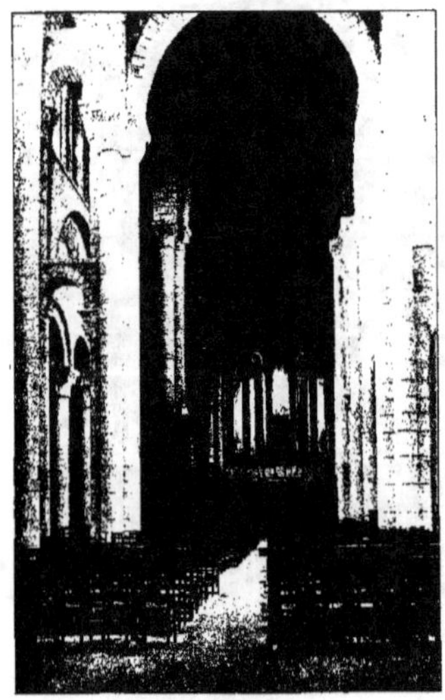

INTÉRIEUR DE L'ÉGLISE SAINT-HILAIRE DE POITIERS.

portance, on fut naturellement amené à enclore cet autel ordinairement exhaussé[3], — souvent placé sur une crypte abritant les reliques du saint patron, — par quatre grands arcs, qu'on surmonta d'une toiture élevée. Cette surélévation de la couverture permit, non seulement d'ouvrir des baies, d'où la lumière descendait sur l'officiant et sur l'autel, mais encore de désigner extérieurement l'emplacement occupé par le Saint des Saints. Elle fut dès lors appelée *domus aræ* (maison de l'autel),

et par abréviation *dôme*, nom qui passa par la suite à l'édifice entier.

De toiture simplement élevée, ce dôme se transforma successivement en tour, en coupole, en aiguille, en flèche. Sous sa première forme, il est, lui aussi, fort ancien et remonte au moins à Dagobert[4].

« Ainsi fut créé un local parfaitement simple et pourtant approprié à tous les besoins du rite, écrit Lubke, un local qui exprime de lui-même sa raison d'être clairement et à grands traits[5]. » Pour bien sentir, en effet, l'excellence de ces dispositions, il suffit de comparer une des innombrables églises édifiées chez nous sur ce plan, avec Saint-Front de Périgueux, qui, en Occident, est la représentation la plus exacte, la plus parfaite, du type grec. On s'apercevra bien vite que ce dernier monument, malgré ses proportions magistrales, ne provoque pas cette émotion, ce recueillement, ce sentiment de l'infini, que l'on éprouve jusque dans certaines de nos églises de village.

Dès l'entrée de ces sanctuaires, même les plus humbles, le regard, en effet, est sollicité vers le fond par la longue perspective des arcades. Rien ne l'arrête jusqu'à l'autel, centre idéal du temple, tandis que les parois lumineuses de l'arc de triomphe et celles plus éloignées de l'abside plongée dans le clair-obscur l'invitent à se perdre dans l'infini. A Saint-Front, rien de pareil, aucune sensation de ce genre ne saisit le visiteur. A quoi faut-il attribuer cette infériorité? A la trop régulière égalité des parties, dont les proportions identiques se neutralisent? à l'absence de subordination des membres accessoires à la localité essentielle, c'est-à-dire à l'autel, ou sanctuaire par excellence? au trop grand développement des bras de la croix, qui en plaçant face à face les occupants de ces bras distrait leur attention et leur dérobe la vue de l'officiant? Peut-être à toutes ces causes réunies. Enfin, dernier inconvénient, dans les églises du type de Saint-Front, la parité des quatre bras interdit l'allongement facultatif de la nef, qu'on peut toujours, avec le système basilical, proportionner aux exigences du culte et aux besoins de la population.

Ces raisons — indépendamment de celles que nous

---

1. MÉRIMÉE, *Étude sur les Arts au Moyen Age*, p. 116. Coïncidence singulière, l'addition de chapelles à l'abside des églises romanes fait ressembler parfois le plan de celles-ci à certaines fibules mérovingiennes. Mais, si cette ressemblance est tout accidentelle, il n'en est pas de même de l'identification de l'église avec la croix et même avec le divin crucifié. Celle-ci est si voulue, que, dans nombre d'églises, et non des moindres, l'architecte a cru pouvoir faire dévier l'axe de la nef et incliner légèrement le chœur à droite, pour rappeler que la tête de Jésus mourant reposa sur son épaule gauche.

2. Voir GRÉGOIRE DE TOURS, *Histoire ecclésiastique des Francs*, livre II, dans GUIZOT, *Collection des Mémoires*, t. I. p. 75, et *supra*, col. 37.

3. D'où son nom d'*altarium*, dérivé d'*altus*.

4. Nous avons vu plus haut (col. 34) par les *Grandes Chroniques*, qu'à Saint-Denis, Dagobert fit recouvrir la toiture qui était au-dessus des *fiertes* ou châsses « de lames de très fin argent » qui furent fondues sous Clovis II pour être distribuées aux pauvres (*Gesta Dagoberti*, cap. 2, *Grandes Chroniques*, t. II, p. 4).

5. LUBKE, *Essai sur l'Histoire de l'Art*, t. I. p. 254.

avons déjà données — suffiraient à expliquer pour quoi, à Saint-Pierre d'Angoulême, à Brassac, à Saint-Hilaire de Poitiers, à Notre-Dame du Puy et dans le voisinage même de Saint-Front, à Saint-Étienne de Périgueux, les architectes français, en utilisant la coupole sur pendentifs, dont ils avaient pu constater la beauté et reconnaître la surprenante résistance, revinrent pour la disposition de leur plan au système basilical. C'est ce qui faisait dire à un de nos architectes les plus éminents, que nos basiliques romanes et ogivales sont les seules églises « vraiment chrétiennes[1] », quoique la capitale de la Chrétienté, si elle contient beaucoup de basiliques, ne renferme aucune de ces églises.

En outre, il faut nous montrer reconnaissants envers les constructeurs de notre Moyen Âge, pour s'être si fidèlement attachés à ce type relativement parfait, et qui entre leurs mains et dans ses successives transformations allait donner naissance à tant de monuments admirables, — fidélité touchante, et qui inspirait à un archéologue allemand justement apprécié[2] cette réflexion si juste : « Assurément la basilique chrétienne a subi des changements de détail dans ses pérégrinations à travers les différentes provinces de l'Empire romain, mais on y chercherait vainement une modification fondamentale ».

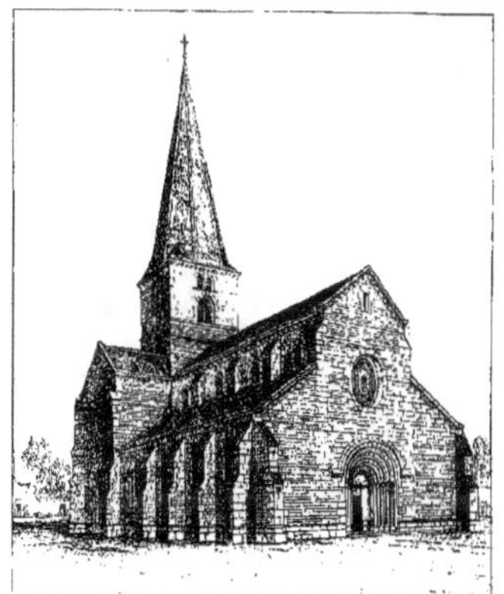

ÉGLISE ROMANE DE SAINT-MAURICE DE VINGEANNE.
(Côte-d'Or.)

III

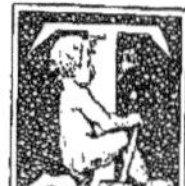

Tout en conservant la forme désormais consacrée de la basilique, les églises romanes devaient recevoir d'une adjonction que les Romains n'avaient certes pas prévue une transformation de caractère et d'aspect absolument radicale. Nous voulons parler de la substitution de la voûte en berceau à la couverture en charpente. Nous avons vu, dans un précédent chapitre, que le IXe et le Xe siècle furent témoins, chez nous, d'une destruction en quelque sorte méthodique des édifices civils et religieux. On en a conclu et l'on a écrit que la crainte des Normands et de leurs procédés dévastateurs avait décidé les constructeurs du XIe siècle à remplacer les toitures en bois par des voûtes en moellons. Cette préoccupation a pu hanter les architectes de ce temps. Elle n'a pas eu certainement l'effet décisif qu'on lui suppose.

Et d'abord, il convient de constater que c'est longtemps après que les invasions normandes eurent pris fin, que l'on contracta l'habitude de voûter les églises. Presque aucune des nefs principales des sanctuaires édifiés ou reconstruits immédiatement après ces invasions ne fut voûtée. Ni Saint-Germain-des-Prés, ni Saint-Remy de Reims, ni l'église du Mans, ni celle de Saint-Généroux, ni Saint-Philibert de Grandlieu, ni la cathédrale de Chartres, ni la Commanderie du Temple, à Metz, ni l'abbatiale de Bernay ne reçurent tout d'abord de voûtes sur leur nef principale. Vignory (Haute-Marne) montre encore sa robuste charpente. L'église de Gallardon a conservé sa voûte lambrissée décorée de peintures[3], et Saint-Jean de Châlons ses combles masqués depuis cinquante ans à peine par un berceau de menuiserie. Les seules parties voûtées dans certains de ces édifices, ce furent les bas-côtés. Au XIIe siècle, on se contentait encore de toitures en bois à Tournai, à Ely et à Peterborough[4].

En second lieu, on ne peut se dispenser de remarquer qu'en Italie, où les invasions ne furent pas moins nombreuses, où la fureur des envahisseurs se manifesta d'une façon à peu près identique, un nombre

---

1. Viollet-le-Duc, *Dictionnaire de l'Architecture*, t. II, p. 185.
2. Springer, dans *Histoire de l'Art byzantin* de Kondakoff (*op. cit.*). Préface, p. 3.
3. Cette voûte lambrissée a été restaurée en 1708 et 1710.

4. Viollet-le-Duc, *Dictionnaire d'Architecture*, t. VII, p. 95. — Gélis Didot et Laffillée, *la Peinture décorative du XIe au XVIe siècle*. — Lambert et Stahl, *Encyclopédie d'Architecture*, t. I, p. 93. — De Verneilh, *Annales archéologiques*, t. XXIII, p. 130.

considérable de basiliques et d'églises ont conservé leur toiture en bois. Certes, Rome et Ravenne furent aussi maltraitées qu'aucune de nos villes françaises. La cité impériale et la ville éternelle furent à diverses reprises mises à sac. Eh bien, à Rome, les basiliques de Sainte-Agnès, de Sainte-Marie en Cosmedin, de Saint-Paul, de Saint-Clément, etc., ont conservé leur couronnement de poutres, solives et chevrons. A Ravenne, il en est de même pour les églises de *Sant' Apollinare in Città*, de *San Spirito*, de *Sant' Agata*, etc. A Vérone, *San Fermo Maggiore* et *San Zeno*; les *Eremitani*, à Padoue; *Santa Croce*, à Florence; le Dôme, à Mantoue; *San Paolo* et la Cathédrale, à Pise; les églises de Fiesole et de San Miniato, Sainte-Marie de Toscanella, le Dôme d'Orvieto, *San Domenico* de Sienne, *San Giovanni*, à Lucques, d'autres encore, ont traversé des épreuves non moins cruelles, et n'ont pas pour cela remplacé par des voûtes leur couverture en bois.

Est-ce le cas de répéter avec Pascal : « On ne voit presque rien qui ne change de qualité en changeant de climat…. Vérité en deçà des *Alpes*, erreur au delà » ? En aucune façon. — Dans le Nord, les monuments à toiture de bois se rencontrent fréquemment. Nous venons de parler d'Ely et de Peterborough, la cathédrale la plus grande d'Angleterre. Saint-Nicolas de Kampen, la *Nieuwekerk* d'Amsterdam, l'église d'Edam, et nombre de sanctuaires hollandais; le Dôme de Trèves et vingt cathédrales n'ont jamais eu d'autre cou-

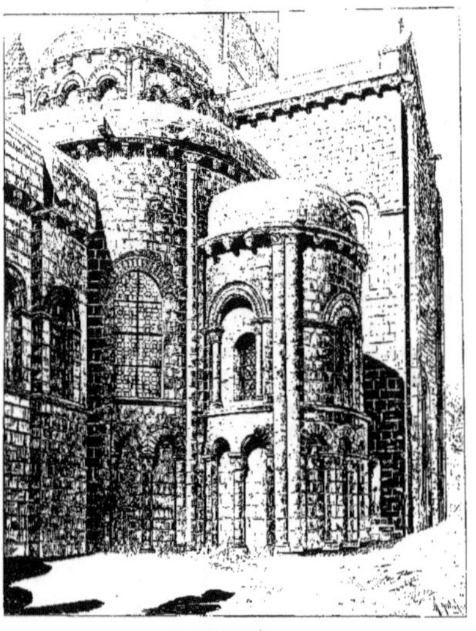

ABSIDE VOUTÉE
De l'église de Saint-Pierre de Chauvigny.

verture. Enfin, il est à noter que les édifices civils, bien plus exposés encore que les monuments religieux aux incendies volontaires, sont dans le même cas. La plupart de ceux qui jouissent en Europe d'une respectable ancienneté, la *Ragione* de Padoue, les Halles d'Ypres, la *Diana* de Montbrison, la Grange de Perrières, l'Hospice de Beaune, le Palais de Westminster, la grande salle du Palais de Justice de Poitiers, la salle des États de Blois, etc., sont célèbres par leurs couvertures en bois demeurées intactes ou renouvelées.

Ajoutons que les voûtes dont, par la suite, les églises, monastères, couvents, cloîtres, etc., furent gratifiés, ne les préservèrent nullement des sinistres accidentels ou prémédités. Le monastère de Saint-Benoît de Fleury, reconstruit dans les premières années du xie siècle par Gosselin, archevêque de Bourges, devint ainsi la proie des flammes[1]. Il en fut de même de l'abbaye de Vézelay[2] et de la cathédrale de Laon, où l'incendie se communiqua des maisons du voisinage[3]. Et ces conflagrations s'expliquent : les constructeurs n'ayant rien eu de plus pressé que de surmonter leurs voûtes de charpentes en bois essentiellement inflammables[4]. Même lorsque ces combles n'étaient nullement nécessaires, par excès de précaution on ne manqua pas d'en gratifier les monuments récemment achevés. Albert Lenoir remarque que « la plupart des temples circulaires ou polygones que l'art néo-grec produisit en Occident furent couverts de toits coniques ou en pyramide, » naturelle-

---

1. Hugues de Fleury, *Chroniques*, dans Guizot, *Collection des Mémoires relatifs à l'Histoire de France*, t. VIII, p. 72.

2. Hugues de Poitiers, *Histoire du monastère de Vézelay*, liv. IV.

3. Guibert de Nogent, *Vie*, liv. III, chap. x : A la suite d'une émeute, le feu fut mis par vengeance à la maison du trésorier et gagna l'église Saint-Jean, « connue sous le nom de Profonde », et celle de Saint-Pierre.

4. Parlant de l'église de la Madeleine, l'historien de l'abbaye de Vézelay, Hugues de Poitiers, déjà cité, écrit : « Le feu prit par accident, et ce feu fut tellement violent, que les supports de la toiture, nommés *poutres* en français et qui étaient placés dans la partie supérieure du toit. — par conséquent au-dessus des voûtes. — furent entièrement consumés ».

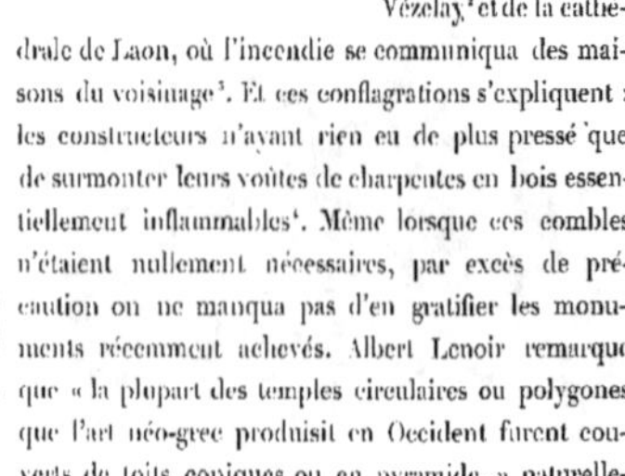

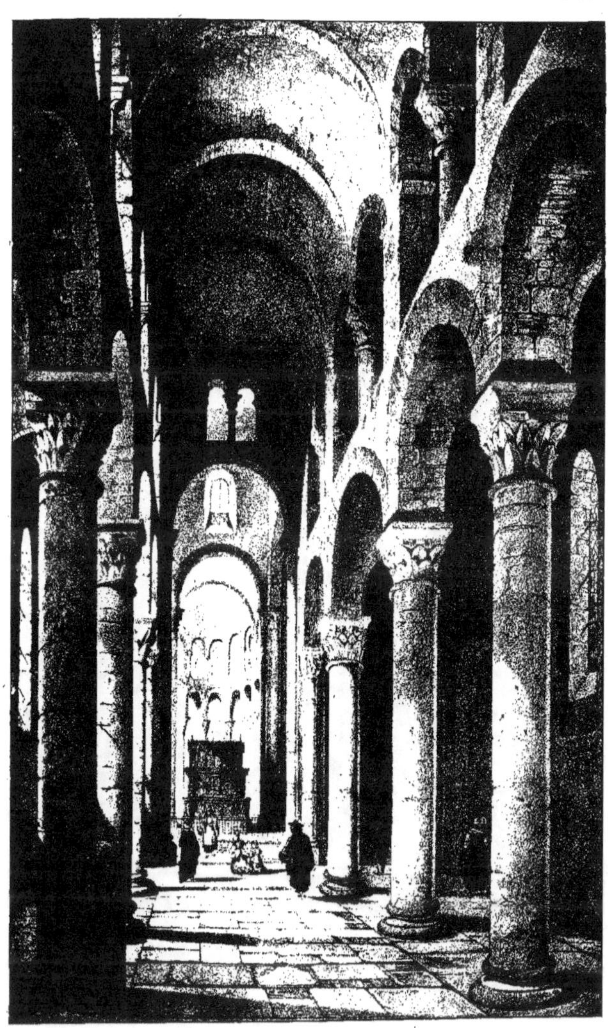

Ducourtioux et Huillard, sc

Ch. Schmid, éd.

ÉGLISE DE SAINT-NECTAIRE
(Vue de la nef principale)

ment portés par une charpente[1]. A Saint-Front, des combles chargés de tuiles ou d'ardoises, s'étayant sur des murs inutiles et qui pesaient gauchement sur les voûtes des coupoles, avaient été ajoutés dès la plus lointaine époque et ne répondaient à aucun besoin réel, puisque les dalles, disposées en escaliers, couvraient l'extrados des voûtes et offraient toute sécurité pour l'écoulement de la pluie[2]. De même, à l'abside de Saint-Pierre de Chauvigny, pareillement voûtée et débarrassée depuis trente années seulement de ses combles surajoutés. Enfin, ce qui achève de démontrer que la crainte du feu ne préoccupait nos ancêtres que d'une façon secondaire, c'est la tolérance de ces habitations parasites, qu'ils laissaient se greffer aux murs des églises et qui amenaient parfois — témoin Laon — de terribles incendies.

La vérité, c'est que les voûtes furent considérées, à partir du Xe siècle, comme un grand luxe, et que non seulement dans les édifices religieux, mais encore dans les palais, toute pièce voûtée fut regardée comme une salle d'honneur[3]. Leur construction, cependant, n'était pas chose aisée; non pas qu'elle fût un secret pour nos architectes du XIe siècle. Bien longtemps avant eux, les Romains, leurs maîtres en l'art de bâtir, l'avaient connue et pratiquée. Eux-mêmes l'avaient

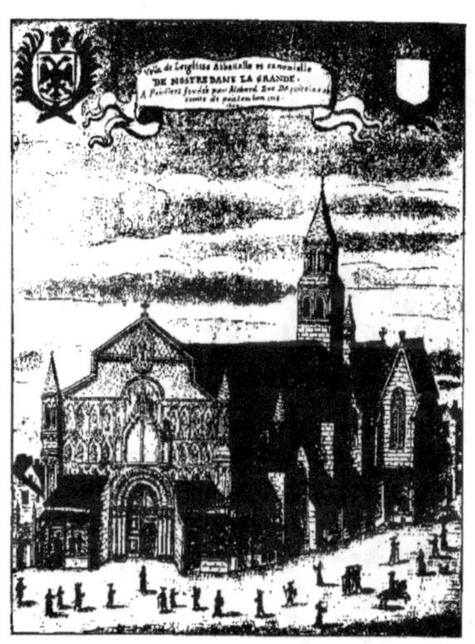

NOTRE-DAME-LA-GRANDE A POITIERS
Avec sa ceinture de maisons.
(D'après un dessin ancien de la collection Gaignières.)

héritée des Étrusques; mais, alors que ceux-ci s'étaient bornés à employer la voûte pour un petit nombre de travaux d'utilité, dans la construction de citernes, de ponts, d'égouts, de galeries, les Romains lui avaient réservé dans de grands monuments un rôle principal. « Ils surent en multiplier les combinaisons, en amplifier les courbes, en varier les effets. Ils tournèrent au profit de l'art ce qui n'avait été jusque-là qu'un procédé commode et un heureux expédient d'ingénieur[4]. »

Les diverses sortes de voûtes que les Romains avaient surtout utilisées, après les avoir perfectionnées, étaient 1° la *voûte en berceau*, 2° la *voûte annulaire* et 3° la *voûte d'arête*. En Gaule, ces infatigables, ces admirables bâtisseurs ne s'étaient pas privés d'élever des ouvrages considérables, où tous les problèmes posés par ce genre de constructions étaient abordés avec un rare bonheur et résolus avec une incomparable maîtrise. Les arènes de Nîmes, d'Arles, de Périgueux, le palais Gallien, à Bordeaux, les Thermes de l'hôtel de Cluny, à Paris, et surtout le temple de Diane, à Nîmes, sont dignes de toute notre admiration. Nos architectes du XIe siècle n'avaient donc qu'à s'inspirer de ces précieux modèles. Mais, si la voûte n'était pas ignorée, la juxtaposition de la voûte à la basilique était une grosse nouveauté[5], qui

---

1. Albert Lenoir, *Influence de l'Architecture byzantine : Annales archéologiques*, t. XII, p. 211.

2. F. de Verneilh, *Restauration de Saint-Front*, in., *ibid.*, p. 67. Didron raconte, à propos de cette restauration, qu'en 1840 il soumit au Comité historique des Arts et Monuments un dessin de F. de Verneilh, représentant Saint-Front dépouillé de ses toitures inutiles. Là-dessus, tous les « byzantins » du Comité, Victor Hugo en tête, demandèrent en quelle partie de la Grèce ou en quelle ville d'Asie se trouvait ce monument, se refusant à croire qu'il existât en France un édifice de ce genre aussi complet et de pareille importance.

3. Dans plusieurs de nos romans du Moyen Age, il est question de salles ou chambres voûtées, considérées comme chambres ou salles de cérémonie. On lit, notamment, dans *li Rouman de Berte aus grans piés* (vers 36) :

Entour la Saint-Jehan que la rose est florie,

Fu rois Charles Martiaus en sa sale voutie,
A Paris la cité....

Et ailleurs (v. 3158) :

... Li Rois Pépin qui faisoit chère lie
Ensemble sont assis en la chambre voûti.

Cette condition était si bien regardée comme un luxe superbe, que Guillaume le Breton (*Philippide*, chant IV) prétend que la Vierge Marie, voulant rétablir dans un appareil plus éclatant l'église que la ville de Chartres lui avait consacrée, « permit, par une merveilleuse dispensation, que les feux de Vulcain (*sic*) se déchaînassent » contre cet édifice, afin qu'on pût le reconstruire avec plus de magnificence, et en le complétant avec une voûte.

4. Jules Martha, *Manuel d'Archéologie étrusque et romaine*, p. 124.

5. L'introduction de ce mode de couverture dans l'apppropriation de

réclamait des modifications essentielles dans l'économie de la bâtisse.

Avec la couverture en plates-bandes, comme l'ont pratiquée les Égyptiens et les Grecs, la pesanteur exerce son action verticalement, de haut en bas. Elle peut donc écraser le pilier ou la colonne qui la supporte. Elle ne peut compromettre leur équilibre et les renverser. Avec la couverture voûtée, il n'en va plus

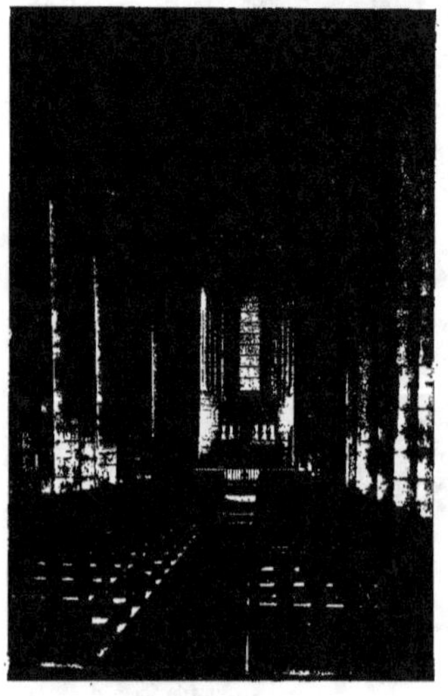

NEF VOUTÉE EN BERCEAU.
(Église de Saint-Nicul-sur-Antise.)

de même. « Une voûte, dit fort justement M. Martha, ne subsiste que parce que les pierres qui la composent sont resserrées dans un cercle trop étroit pour pouvoir céder toutes en même temps à l'action de la pesanteur, qui s'exerce sur toutes à la fois. Elles se contrarient dans leur chute faute d'espace[1]. » Mais, à ce poids considérable il faut une issue. Pour la trouver, la maçonnerie tend à écarter les masses qui limitent l'ouverture de la voûte ; et, pour que ces masses (murs ou piliers) ne soient pas renversées, il est indispensable qu'elles opposent une force de résistance supérieure à la poussée qu'elles subissent. De là une modification essentielle et radicale dans la manière de bâtir qui devait avoir pour conséquence la création d'une architecture absolument nouvelle.

L'art gréco-romain avait adopté, en effet, comme base fondamentale de son architecture civile et religieuse, la colonne et ce qu'on pourrait appeler ses « dépendances » : c'est-à-dire l'entablement, composé de trois membres principaux et traditionnels, l'architrave, la frise et la corniche. Les combinaisons et les proportions de ces « dépendances », dans leurs rapports avec la colonne, étant surtout une affaire d'appréciation et de mesure, se trouvèrent assez rapidement réglées par le calcul et par le goût. La hauteur de la colonne relativement à son diamètre fut également fixée d'une façon à peu près immuable. En sorte que le constructeur grec ou romain était tenu de se mouvoir dans les limites strictement établies et consacrées par l'usage.

Les architectes du Moyen Age ayant, au contraire, adopté la voûte comme complément essentiel de leurs édifices religieux, se virent obligés de renoncer à la colonne classique et à son module inflexible, et, comme avaient fait les grands innovateurs byzantins, de lui substituer, à défaut de murs pleins, soit des piliers, soit d'autres soutiens en forme de colonnes cylindriques et trapues, n'ayant rien à démêler avec les immuables proportions fixées par la norme antique soit encore des faisceaux de colonnes, enfin une masse capable non seulement de supporter le poids de la voûte, mais aussi de résister aux poussées qui devaient se produire et pouvaient mettre l'édifice en péril.

Ces poids, ces poussées, dépendant de l'écartement des nefs et des matériaux mis en œuvre, variaient, par conséquent, d'une construction à l'autre, et les architectes se trouvèrent, de ce fait, assujettis à une suite de complications découlant de causes locales, et aux prises avec une série de difficultés techniques résultant des exigences du plan adopté. De la sorte, une véritable révolution suivit cette répudiation des modules anciens, dépourvus désormais de toute application. On dut adopter des règles plus larges, élastiques en quelque sorte, se modifiant suivant les convenances, et relevant uniquement de la destination. Comme le remarque fort justement Viollet-le-Duc[2], le

---

la basilique se trouve déjà indiquée — comme en un pressentiment — dans certaines églises italiennes. Dans celle de Sainte-Praxède, à Rome, par exemple, où des piliers placés perpendiculairement à la nef sont rejoints l'un à l'autre par des arcs transversaux, qui supportent les fermes de la toiture. A *San Zeno* de Vérone, on remarque une disposition analogue. Mais c'est à nos architectes qu'appartient l'honneur d'avoir appliqué, d'une façon courante et normale, la voûte en berceau à un édifice qui dans son principe n'était nullement disposé pour la recevoir.

1. Jules Martha, *op. cit.*, p. 116.

2. Viollet-le-Duc, *De la Construction des édifices religieux* (*Annales archéologiques*, t. II, p. 79).

principe de la construction en bois fut de suite oublié. Ce fut le système de la voûte qui gouverna tout le reste. La « proportion » ne dicta plus ses lois; ce fut la dimension; et même quand on continua de faire intervenir la colonne, pour bien marquer que son rôle officiel et primordial était terminé, on la dépouilla de son galbe caractéristique. Elle devint épaisse et courte, massive et trapue, sans renflement, sans même de diminution, élevant son fût égal et lisse comme un gros cylindre, jusque sous son chapiteau. On la gratifia, en outre, d'une base lourde et courte, et l'on souligna son adhérence à la plinthe par un empattement formé de quatre griffes descendant du tore inférieur, pour combler les vides des angles.

Mais si les colonnes abdiquent leur qualité architectonique, les colonnettes, sous toutes les formes et dans tous les formats, prennent une importance décorative que les Anciens, leurs créateurs, n'avaient certes pas prévue. « On en flanque les portes, les fenêtres; on en fait des rayons de roses, écrit plaisamment Mérimée. Souvent même elles servent à décorer une surface lisse, en soutenant des arcades figurées[1]. » Ces arcatures feintes ou praticables, dont on trouve le premier exemple dans le palais de Théodoric, à Ravenne, deviennent même un des éléments de décoration caractéristique du style roman, et des plus fréquemment employés dans tous les pays de l'Europe occidentale. En France, on constate leur présence à Vézelay, à Issoire (abside de Saint-Paul), à Clermont-Ferrand (Notre-Dame-du-Port), à Poitiers (Notre-Dame-la-Grande), dans les églises de Saint-Saturnin (Puy-de-Dôme), de Petit-Palais (Gironde), de Retaux, de Rioux et de Schillais (Charente-Inférieure), à Notre-Dame-du-Puy, à Saint-Pierre d'Angoulème, à Sacqueville (Calvados), etc., c'est-à-dire sur tous les points du territoire. En Italie, on les remarque à la cathédrale de Ferrare, au Dôme de Modène, au Baptistère de Parme, à *Santa Maria foris Portam* de Lucques, à *San Fedele* de Côme, à *Sant'Ambrogio* de Milan, à Saint-Antoine de Padoue, à Saint-Michel de Pavie, etc., et dans toutes les façades des églises de Pise, à sa Tour penchée aussi bien qu'au Baptistère. Enfin, en Allemagne, elles jouent leur rôle dans les anciennes églises de Cologne, à Sainte-Marie du Capitole, Saint-Martin, Saint-Géréon, les Saints-Apôtres, à l'abbaye de Zulpch, à Worms, au Dôme de Mayence, au Münster de Bonn, aux Abbatiales de Murbach

et d'Andernach, etc., etc. On peut donc prétendre que jamais mode de décoration ne fut plus universellement adopté.

À l'intérieur des édifices religieux, quoique moins nombreuses, les colonnettes conservent ce même caractère de superfétation, d'ornement ingénieux, mais qui n'intéresse en rien la solidité de l'édifice. Ce n'est plus qu'une sorte de tore vertical, qui souligne la struc-

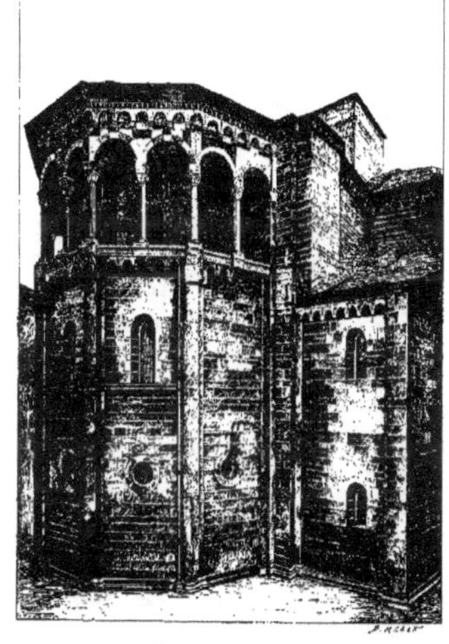

ture. Là encore cette modification apparaît de très bonne heure. Séroux d'Agincourt, en appréciateur classique, ne se fait pas faute de critiquer amèrement ces « colonnes filées (*sic*) depuis le sol jusqu'au faîte de l'édifice, et qui passent d'un étage à l'autre sans architrave ni corniche[2] ». Il s'élève contre « ces particularités bizarres et monstrueuses » qui, dit-il, constituent « le caractère d'une sorte d'architecture dont l'usage commence à s'établir à la fin du vi[e] siècle et devient général au viie et au viiie ». Séroux d'Agincourt aurait pu étendre le champ de ses objurgations. Il aurait pu constater que ces particularités, sévèrement condamnées par lui, demeurèrent en honneur jusqu'au milieu du xvie siècle, et faire remonter beaucoup plus haut leurs origines[3]; car peu de fantaisies

---

1. Mérimée, *Étude sur les Arts au Moyen Age*, p. 18.
2. Séroux d'Agincourt, *Histoire de l'Art par les monuments*, t. I, p. 39.

3. Longtemps avant Séroux d'Agincourt, Cochin et Bellicard, dans leurs *Observations sur les Antiquités d'Herculanum* (p. 54), parlant de

architecturales eurent une plus considérable longévité.

Mais c'est quand ils les appliquent à l'encadrement des baies — surtout des portes principales — que les architectes du Moyen Age soulignent le rôle purement décoratif de leurs colonnes et colonnettes, en les habillant du plus invraisemblable décor; et c'est bien là une innovation qui leur est propre. Les Byzantins les avaient, il est vrai, cannelées en spirale, et même avaient trouvé une défaite ingénieuse pour excuser cette dérogation à des règles presque augustes. Il ne leur était jamais venu à l'esprit de les incruster de losanges, de damiers, de zigzags, de les gaufrer, de les chevronner et contre-chevronner, de les godronner, natter ou rubaner, de les couvrir d'imbrications, de leur donner l'aspect extravagant de chaînes de fer posées debout et tordues par leur poids, comme à Saint-Lazare-d'Avallon, et enfin de leur faire porter soit des suites d'animaux, soit une infinité de minuscules personnages abrités sous de légères arcades ou enveloppés dans de souples rinceaux, — comme on peut voir aux quatre colonnes qui soutiennent le *ciborium* de Saint-Marc, à Venise, et dont nous avons déjà parlé[1], ou encore sur celles du *cortile* du palais épiscopal de

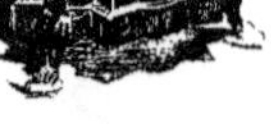

CHANDELIER EN BRONZE
à colonnettes nouées.

Vérone, brodées de six rangs d'arcatures trilobées abritant de picuses représentations; ou sur celle de l'église de Souvigny, portant des scènes concernant les travaux des champs; ou enfin comme au cloître de Saint-Aubin d'Angers, où des rinceaux habillant les fûts enveloppent six zones d'animaux passants[1]. Tous ces « embellissements », qui ont pu séduire certains archéologues[2], manquent, cependant, il faut bien le reconnaître, de toute logique au point de vue de la construction. Mais, quelle que soit leur singularité, elle n'égale pas, toute-

fois, l'étrangeté d'autres innovations plus troublantes encore. Nous voulons parler de ces colonnes torses ou brisées, croisées, entrelacées, nouées, qu'on dirait par là même exécutées dans une matière molle et flexible, c'est-à-dire incapable de supporter un fardeau, si léger qu'il puisse être.

Tant que ces colonnes ou colonnettes demeurent plaquées aux côtés d'un portail et reçoivent la retombée d'archivoltes qui, faisant elles-mêmes corps avec la maçonnerie, ne sauraient peser bien lourdement sur leurs supports, leur forme illogique, pour singulière qu'elle puisse paraître, ne saurait alarmer l'œil ni l'esprit; mais, où l'aberration éclate dans toute sa magistrale inconséquence, c'est quand on trouve, comme à la cathédrale d'Aix, à Saint-Trophime d'Arles, à Notre-Dame du Puy, au Mont-Saint-Michel, ces mêmes colonnettes nouées, croisées, brisées, entrelacées, supportant les voûtes d'un cloître ou utilisées comme supports dans des meubles de métal ou de bois.

Une autre étrangeté non moins piquante est celle qui consiste à faire reposer les colonnes principales d'un porche sur des lions ou des griffons accroupis, et parfois même ajourés en dessous, comme si l'on avait tenu à bien souligner le porte-à-faux. Cette singularité est fréquente surtout dans l'Italie du Nord. On peut voir, en effet, de ces lions porteurs de colonnes à *San Zeno* et à *Santa Maria Matricolare* de Vérone, à la cathédrale de Plaisance, au Dôme de Modène, aux Dômes de Parme, de Crémone, etc. A *Santa Giustina* de Padoue, deux de ces animaux sont même tout ce qui reste de la primitive façade. Il est à croire, en outre, qu'au XIIIe et au XIVe siècle, il s'en trouvait presque partout, puisque de là serait venue l'expression *inter leones*, pour désigner la lecture publique faite chaque dimanche au porche des églises. Enfin, la fascination qu'ils exerçaient dut être bien grande et bien durable, puisque d'une part nous trouvons dans un manuscrit carolingien de la Bibliothèque de l'Arsenal un premier exemple de ces lions portant des colonnettes sur leur dos[3], et que, d'autre part, Nicolas de Pise fit porter la chaire fameuse du Baptistère de sa ville natale par des colonnes reposant elles-mêmes sur ces lions fatidiques.

---

tableaux d'architecture relevés par eux dans cette ville morte, écrivaient : « Ces compositions sont tout à fait hors des proportions de l'architecture grecque. Les colonnes y sont, en général, d'une longueur double ou triple de leur longueur naturelle. Les moulures des chapiteaux, des corniches et des bases, très mal profilées, tiennent du goût des mauvais gothiques. »

1. Voir plus haut col. 185.

---

2. Les Romains avaient bien donné l'exemple de ces représentations déplacées sur un fût de colonne, dans la colonne Trajane, mais celle-ci est un monument isolé, indépendant, qui n'a pas de devoir architectonique à remplir.

3. LÜBKE (*Essai d'Histoire de l'Art*, t. I, p. 327) déclare ces ornements « d'un effet charmant à l'œil » : c'est peut-être aller un peu loin !

4. Voir, au département des Manuscrits, l'*Evangéliaire*, n° 592.

En France, ces fantaisies eurent, il faut le croire, moins de succès, car on peut compter, même dans le Midi, les sanctuaires où ces animaux *stylophores* apparaissent. A Saint-Trophime d'Arles, à l'église de Saint-Gilles du Gard, au portail de Notre-Dame des Miracles de Mauriac, on en voit, il est vrai. A la petite et si curieuse église des Saintes-Maries, une baie, aujourd'hui condamnée, montre également deux de ces lions en marbre engagés dans la maçonnerie. En Bre-

neur, et se trouve même interprété parfois avec souplesse et avec une certaine grâce. Mais, à mesure qu'on s'éloigne de ces pays privilégiés, l'aspect et le galbe se simplifient. Ils retournent à la forme rudimentaire; et les modèles les plus généralement adoptés rompent avec le passé sans esprit de retour. La corbeille, réduite à sa plus simple expression, présente une pyramide tronquée et renversée dont les arêtes, arrondies à la partie inférieure, viennent s'accorder

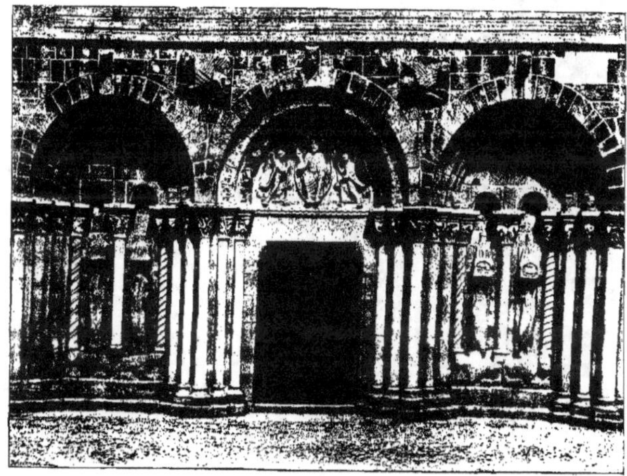

GRAND PORTAIL DE L'ÉGLISE SAINT-SAUVEUR, A DINAN.
(Côtes-du-Nord.)

tagne, où l'on ne s'attendait guère à les rencontrer, on peut citer ceux de Saint-Sauveur de Dinan; mais ce sont là des exceptions, et, en tout cas, ces monstres n'offrent presque jamais ce raffinement d'être ajourés à leur base.

Seul peut-être en France, le porche de Notre-Dame d'Embrun, — qui nous montre non seulement des colonnes extérieures portant sur des animaux accroupis, mais encore le fameux *gobbo* véronais transformé en simili-cariatide, — offre une ressemblance trop frappante avec celui de *Santa Maria Matricolare* pour que la communauté d'origine puisse être contestée.

La déroute des colonnes classiques devait exercer son contre-coup sur la forme des chapiteaux. Ceux-ci, durant la période romane, sont d'une infinie variété. Dans toutes les contrées où la tradition antique demeure vivace, le modèle corinthien reste en hon-

avec le fût. Parfois, le chapiteau simplement cubique se couvre de méandres, d'entrelacs, de palmettes, de feuilles d'eau. D'autres fois, il est *historié*, c'est-à-dire décoré en plus ou moins bas-relief de personnages, de monstres, de scènes religieuses, ou d'allégories emblématiques. Dès lors, l'artiste, émancipé de toute tradition, libre de toute contrainte, s'abandonne aux fantaisies d'une imagination plutôt prolixe. Empruntant ses motifs de décoration au monde réel aussi bien qu'au monde imaginaire, mettant à contribution non seulement les Saints Livres, mais les bestiaires et les légendes locales, puisant dans tous les règnes de la nature, il enfante des œuvres étrangement compliquées, et dont l'exécution naïve et sommaire n'est guère compensée que par une variété infinie.

On s'est souvent demandé si cette forme cubique, d'abord appliquée en Orient, était une importation byzantine ou bien un retour spontané au module simplement appareillé et jugé plus commode, parce qu'il assure d'une façon plus nette l'assiette des sommiers des arcs. Les deux hypothèses peuvent ne pas se contredire, à condition, toutefois, d'accorder un droit de priorité à Byzance. Vraisemblablement, c'est sur les rives du Bosphore que l'on reconnut tout d'abord les avantages pratiques de la forme

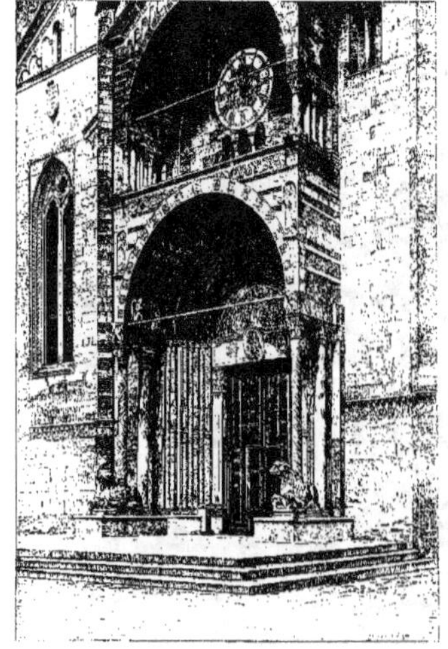

« INTER LEONES ».
Porche de *Santa Maria Matricolare*, à Vérone.

cubique; et on les apprécia si bien, que non seulement on gratifia de cette forme le chapiteau proprement dit, mais encore le fragment d'architrave dont certains architectes avaient surmonté le chapiteau pour recevoir la retombée de l'arc. — Pléonasme singulier, qui offre l'étrange spectacle de deux chapiteaux superposés, et qui plut cependant en Occident; car, en Italie, à Ravenne et à Venise; chez nous, à Champdeniers; en Allemagne, aux églises de Sainte-Marie-du-Capitole et des Saints-Apôtres à Cologne... on en rencontre de curieux spécimens; et d'autres à l'abbaye de Rommersdorf, mais d'une forme atténuée.

IV

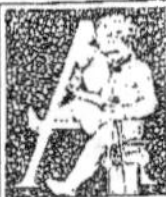

Ainsi que nous venons de le constater, l'adjonction des voûtes à grand diamètre au dispositif de la basilique antique est le fait capital, le caractère essentiel de l'art roman. C'est en lui que réside la grande et féconde nouveauté qui distingue l'architecture du XIe et du XIIe siècle dans tout l'Ouest de l'Europe, et non pas, comme le disent et le répètent des manuels trop sommairement documentés, dans l'arc plein cintre[1], qui ne doit figurer dans ce bilan qu'à l'état de conséquence.

Pour que l'arc plein cintre eût les qualités déterminatives qu'on lui prête, il faudrait, en effet, qu'à l'époque dont nous nous occupons il eût été seul en usage. Or, il n'en est rien. Sans même mentionner un de ses dérivés, l'arc surhaussé, qu'on rencontre dans un assez grand nombre de constructions monastiques, les architectes de la période romane ne se sont pas privés d'employer, pour leurs cryptes, l'arc elliptique; ils ont, en outre, construit des arcades à frontons et en mitres[2], et enfin les premiers ils ont utilisé l'arc brisé, non seulement comme amortissement de baies, mais dans l'édification même de leurs voûtes en berceau. On peut le voir dans l'ancienne maîtresse-nef de la cathédrale d'Aix, à l'abbaye Saint-Victor de Marseille, à l'église Saint-André d'Angoulême, aux Saintes-Maries-de-la-Mer, à l'église de la Maison-Dieu et à Notre-Dame de Montmorillon, dans le chœur de l'église de Chamaillère, aux églises d'Aulnay de Saintonge, de Blesle et de Compains, à la Chambre des États de la cathédrale du Puy et à Saint-Trophime d'Arles, où ce genre de voûte adopté pour la nef reparaît dans l'ancienne sacristie avec une brisure très accentuée. L'occasion, au surplus, ne nous manquera pas, au cours de cette étude, d'énumérer un grand nombre de monuments de très pur style roman, où l'arc brisé, improprement appelé *ogive*, joue un rôle important, soit comme élément décoratif, soit même comme organe de la construction.

---

1. Il ne saurait être question de l'ARC ROMAN, dont il est parlé cependant, un peu imprudemment, dans des ouvrages récents. Un arc peut, en effet, donner son nom à un style, mais non un style à un arc. Celui-ci, en effet, tire exclusivement sa dénomination de sa forme.

2. Comme on rencontre ces arcades à frontons en Angleterre, dans un certain nombre d'édifices très anciens, plusieurs archéologues anglais, Britton, Godwin, Rickman notamment, qui n'en connaissaient vraisemblablement pas d'autres exemples, ont cru devoir attribuer aux Saxons cette arcade aiguë, à côtés droits. Aujourd'hui, on sait qu'elle se rencontre à peu près dans tous les pays et à des époques fort différentes, et que ces arcs ont été usités non seulement au Moyen Age en Auvergne et dans le Bourbonnais, mais encore en Italie dans de vieux édifices, notamment à Rome, à Côme, à Ancône, et aussi par les Byzantins, les anciens Grecs et jusque par les Pélasges.

Donc, — ne craignons pas d'insister, — ce n'est pas dans l'arc plein cintre qu'il faut chercher la caractéristique de l'art roman, mais bien dans la voûte à grand diamètre et dans les obligations qu'elle imposa au constructeur. C'est cette dernière, nous l'avons vu, qui entraîna la transformation radicale des supports. C'est à elle qu'on est également redevable de ces combinaisons ingénieuses qui permirent, en contrebutant la nef principale, de neutraliser sa poussée. Sans cette nécessité, les architectes n'auraient point eu l'heureuse idée de voûter les bas côtés perpendiculairement à la nef centrale, de surélever les collatéraux de façon qu'ils vinssent épauler pour ainsi dire celle-ci, ou encore, comme à Saint-Trophime et à Notre-Dame-du-Port, de couvrir les bas côtés de voûtes en quart de cercle, origine évidente des arcs-boutants, appelés à devenir un des organes importants de l'architecture ogivale. Enfin, cette même particularité de construction exerça une influence capitale sur la décoration intérieure et extérieure des édifices religieux. La poussée du « berceau » exigeant des murs très résistants et, par conséquent, fort épais, on eut soin de ne percer dans les murailles que le nombre indispensable d'ouvertures et de réduire les baies à leur minimum d'étendue. De là, au dedans aussi bien qu'au dehors, de vastes espaces appelant une ornementation capable d'atténuer leur monotonie.

Extérieurement, ce sont surtout la façade principale et l'abside qui, dans ces beaux et graves monuments religieux du XIe et du XIIe siècle, reçurent une décoration d'une richesse poussée souvent jusqu'à la prodigalité. Cette décoration varie, naturellement, suivant la nature des matériaux dont dispose le constructeur. Au pays de la pierre calcaire, le sculpteur s'en donne à cœur-joie. Dans ceux où le granit abonde, tout se simplifie, au contraire. Dans le Midi de la France, en Auvergne, dans le Velay, au Nord de l'Italie, il n'est pas rare de rencontrer des monuments dont les assises, de couleurs différentes et alternant entre elles, forment une base de décoration curieuse et animée. La cathédrale du Puy, l'église de Chauriat, chez nous; de l'autre côté des Alpes, l'abside de l'église *San Fedele*, à Côme, et l'ancien Hôtel de ville de cette même cité... fournissent des exemples bien connus de cette disposition, assurément très décorative. Dans les régions où l'emploi des pierres de petit appareil s'imposait, on s'inspira de l'*opus reticulatum* des Romains, et l'on eut recours à une sorte de mosaïque assez simple comme dessin, disposée tantôt en forme de damier, d'étoiles, de pierres hexagones emboîtées les unes dans les autres, d'imbrications, de pierres triangulaires ou taillées en losanges et aux couleurs alternantes. Les églises de Saint-Paul, à Issoire; de

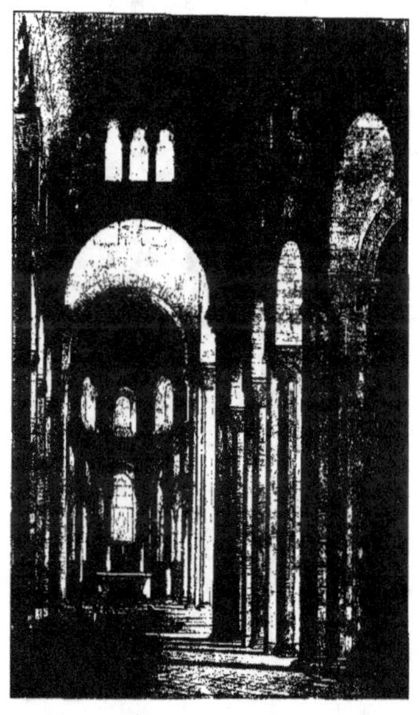

GRANDE NEF DE NOTRE-DAME DU PORT, A CLERMONT-FERRAND.

Notre-Dame-la-Grande, à Poitiers; de Saint-Julien, à Brioude; de Notre-Dame-du-Port, à Clermont; de Saint-Geniez, à Thiers, de Rioux (Charente-Inférieure)... montrent l'heureux parti qu'on peut tirer de ce genre d'ornementation. Enfin, les architectes de ce temps se servirent aussi, pour animer le champ des façades, de l'« appareil oblique » (*opus spicatum*), fort employé des Romains, et surtout des décorations sculptées en bas-relief : entrelacs, nattes, compartiments garnissant les surfaces planes, masques et figurines occupant les modillons et ornements auxquels il faut ajouter des moulures nouvelles, extraordinairement variées comme ornementation, et recouvrant les lignes saillantes[1].

1. Ces moulures, pour ne citer que les plus généralement usitées, sont le *tore* et ses dérivés : le *tore tordu* ou câble; le *tore brisé* ou zigzag;

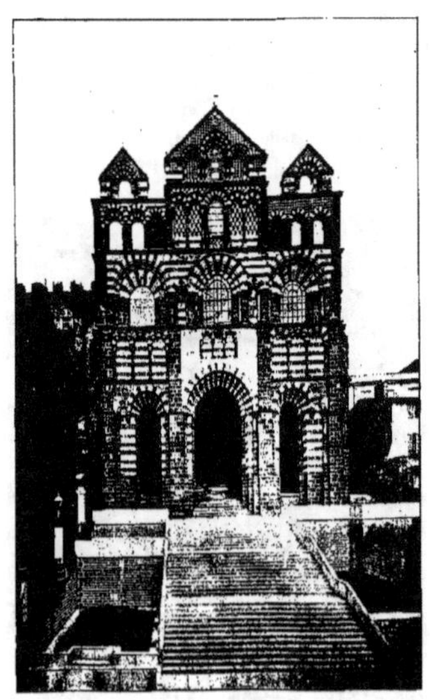

ÉGLISE NOTRE-DAME DU PUY.
Façade méridionale, décorée d'assises de couleurs différentes.

Tous ces ornements, multipliés à profusion, entassés à plaisir, serrés, pressés, lorsque la pierre surtout rend le travail du ciseau facile, sont mélangés, ainsi que le remarque Mérimée[1], d'un assortiment d'animaux qui en font comme un commentaire, ou, si l'on aime mieux, une illustration lapidaire du *Speculum majus* de Vincent de Beauvais, ce bestiaire accueillant qui réunit aux animaux réels les créations fantastiques de l'Orient et du Nord. C'est ainsi qu'à Chauvigny nous voyons des chimères; à Vézelay, des chameaux et des lions; à Saint-Sauveur de Nevers, des éléphants et des dromadaires; à Arles, des lions et des tigres; à Souvigny, un éléphant, des sirènes, des hippocampes; à Saint-Gilles, des cerfs, des aurochs et des chiens; et un peu partout le griffon, le dragon, la *simorgue*, célèbre dans les contes orientaux, — ensemble foisonnant, complété par une représentation de personnages d'une variété prodigieuse et touffue, qui grouille, si l'on

peut ainsi dire, autour des chapiteaux, et parfois même s'entasse le long des façades.

« L'artiste du Moyen Age, a dit Taine avec une certaine éloquence, est incapable d'exprimer l'individu, mais il sent les masses et les ensembles. Il ne comprend pas, comme l'ancien Grec, la perfection de la personne isolée, du dieu, du héros, qui se suffit à lui-même. Il sort de cette belle enceinte limitée. Ce qu'il aperçoit, c'est le peuple, la multitude humaine, la pauvre espèce tout entière humiliée comme une fourmilière devant le Dominateur suprême. Il lui laisse sa laideur, ses déformations, sa mesquinerie; souvent même il les exagère; mais, le rêve sublime et intense, la joie mêlée d'angoisses, tout ce qui est la palpitation et l'aspiration des âmes, il l'entend, il l'exprime, et si nous ne voyons point, dans son œuvre, le corps viril et sain de l'homme indépendant et complet, nous y démêlons l'émotion intime des foules et la religion passionnée du cœur[1]. »

C'est, en effet, ce sentiment de la foule qui se dégage de la contemplation de nos frontispices de cathédrales, donnant asile à tout un monde et qui contrastent avec l'exagérée sobriété des murs latéraux, trop souvent destitués de toute ornementation, où le sculpteur ne signale son intervention que par ces *têtes saillantes*, qui terminent les modillons, et par le *tore chevroné* ou *fretté* qui entoure et amortit la courbe de l'étroite fenêtre cintrée. Par contre, à l'intérieur, sauf sur les chapiteaux, aux motifs étonnamment variés, et sur les moulures soulignant l'ossature de l'édifice, le ciseau du statuaire intervient rarement. Mais, comme compensation, sur la plupart de ces reliefs et sur toutes les surfaces lisses qu'ils accompagnent ou encadrent, le peintre jadis étendit son empire; et aujourd'hui, en contemplant ces longs murs le plus souvent nus et froids, où la pierre grise rappelle ce « vêtement de bure » dont parle Vitet, nous ne pouvons guère nous faire une exacte idée de ce qu'étaient ces sanctuaires quand, resplendissant d'or et de couleurs éclatantes, ils semblaient comme drapés dans un manteau royal.

On a essayé, en ce siècle, de restituer à quelques-unes de nos vieilles basiliques ce décor somptueux. Saint-Germain-des-Prés témoigne d'efforts louables tentés dans ce sens; à Chauriat et à la Maison-Dieu de

---

le *tore guivré*, assemblage de zigzags, dont les angles saillants ou rentrants correspondent; le *tore chevroné* ou *contre-guivré*, dont les zigzags sont opposés aux angles; les *tores rompus* ou *billettes*, comprenant les *billettes carrées, prismatiques, à facettes*; la *torsade*, qui consiste en un tore orné d'un ruban ou d'un fil de perles. Puis viennent les *cintres entrelacés et perlés*, les *méandres*, les *entrelacs*, les *frettes crénelées, rectangulaires*, ou tra-

pézoïdes, et une foule d'autres ornements, comme les *têtes plates*, les *têtes saillantes*, et enfin les *grecques*, les *oves*, les *perles* et les *orles*, seuls ornements conservés de ceux qu'avait employés l'architecture grecque ou romaine, et encore très modifiés.

1. MÉRIMÉE, *Études sur les Arts au Moyen Age*, p. 28.
2. TAINE, *Voyage en Italie*, t. II, p. 353.

Montmorillon, des tentatives curieuses ont été faites ; on en pourrait citer d'autres moins heureuses. Malheureusement, le disparate qui règne forcément entre ces murs naïvement vénérables et les peintures récentes, fort remarquables assurément, mais inspirées par d'autres préoccupations, est trop évident. Il résulte forcément de la différence d'éducation, de sentiments, de croyances surtout, qu'une distance de cinq siècles suffit à expliquer. Pour avoir une idée plus précise du rôle qui revenait à la peinture dans ces vieilles églises du Moyen Age, et de l'impression que cette polychromie brillante produisait sur les âmes naïves de ces temps lointains, il faut nous représenter par la pensée le but poursuivi par l'artiste, et chercher dans des témoignages plus sincères des renseignements moins falsifiés. Ces témoignages sont de deux sortes : d'abord, les monuments religieux qui ont gardé des vestiges de leur ancienne parure ; en second lieu, quelques vieux textes nous permettant d'entrevoir assez clairement ce que l'artiste se proposait de réaliser.

Le plus important de ces vieux textes est l'*Essai sur divers arts*, du prêtre et moine Théophile[1]. Nous avons déjà parlé de ce livre doublement précieux. Nous nous bornerons à rappeler que, dans le Prologue de son troisième livre, le consciencieux Théophile trace un très complet tableau de ce qu'était, à son époque, la décoration de ces sanctuaires superbement parés, dont aujourd'hui nous ne voyons, le plus souvent, hélas! que l'énorme masse monochrome.

« Animé par l'espérance, ô mon cher fils, écrit-il, en s'adressant à son disciple d'élection, tu t'es approché avec foi de la maison de Dieu. Tu l'as décorée avec magnificence : parsemant les plafonds ou les murs de travaux différents et de diverses couleurs, tu as exposé aux regards une image du paradis; tu as montré son éternel printemps diapré de fleurs, verdoyant de feuillages, ses légions immortelles de saints et les couronnes qui attestent leurs mérites; et ce faisant, tu as amené la créature à louer Dieu son créateur, et à le proclamer admirable dans ses œuvres.... L'œil du visiteur, en effet, ne sait d'abord où se fixer. S'il s'élève vers les voûtes, il les voit briller comme des draperies de soie; s'il s'arrête sur les murailles, c'est une représentation du paradis. Contemple-t-il les flots de lumière que déversent les fenêtres, son regard est charmé par l'inestimable éclat du verre et par la variété du travail le plus précieux. Qu'une âme fidèle examine la Pas-

sion du Seigneur représentée en ces tableaux : elle est pénétrée de componction. Si elle considère quels supplices les saints ont supportés en leurs corps, et quelles récompenses ils ont reçues dans la vie éternelle, elle reviendra à la pratique d'une vie meilleure. Si les joies sont si grandes au ciel, et si elle voit combien le supplice des flammes du Tartare est cruel, remplie d'espoir au souvenir de ses bonnes actions, elle sera, à la récapitulation de ses péchés, accablée de terreurs[1] ! »

Ainsi, dans la religion catholique et occidentale, comme dans la religion grecque, la décoration des églises avait une portée éducatrice, elle remplissait un devoir d'édification. Le synode d'Arras n'avait-il pas, du reste, proclamé, en 1025, cette idée, chère à Grégoire le Grand, « qu'il est bon de songer aux illettrés, et

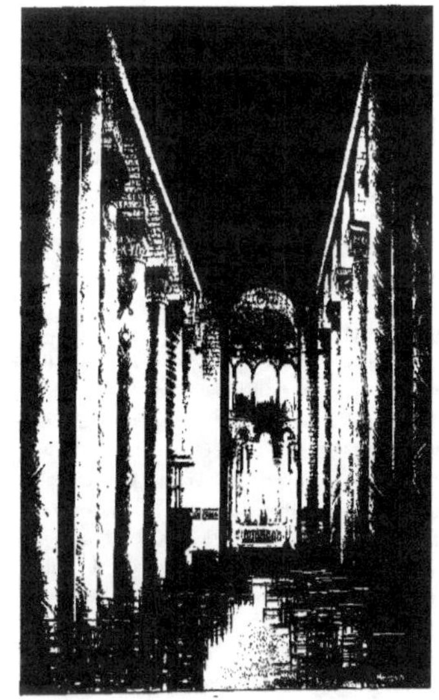

NEF DE L'ÉGLISE SAINT-SAVIN.
Avec sa voûte décorée de peintures.

qu'il est légitime d'offrir à ceux qui ne peuvent lire l'écriture le moyen de s'édifier en contemplant des représentations peintes[2]? » Voilà pourquoi Théophile, comme Denys, recommande à l'artiste qu'il instruit et

---

1. *Theophili presbyteri et monachi libri III, seu diversarum artium schedula.* Traduction du comte Ch. de Lescalopier, Paris, 1843.

2. *Diversar. art. schedula, op. cit.,* p. 122.
3. Paul Mantz, *la Peinture française,* p. 65.

conseille, de commencer, avant de peindre, par élever son âme à Dieu; de lui faire hommage de son œuvre et de solliciter l'inspiration qui doit guider son esprit et conduire sa main[1].

Tel était le but poursuivi. Était-il atteint? Les vestiges qui nous restent aujourd'hui de ces décorations compliquées et brillantes dont pendant quatre siècles les disciples de Théophile et de ses émules couvrirent les murs de nos sanctuaires sont pour la plupart dans un état trop insuffisant de conservation pour que nous puissions porter sur elles et leurs effets un jugement sans appel. En outre, nous l'avons dit, la différence d'éducation, la distance qui nous sépare de ces temps pénétrés de dévotion, une autre tournure d'esprit, plus philosophique, qui ne nous permet pas d'accorder à des simulacres une valeur morale que les âmes naïves du xi° et du xii° siècle ne leur marchandaient pas, tout cela, sans doute, nous empêcherait, alors même que ces décorations seraient demeurées intactes, d'y trouver tous les sujets d'édification que les disciples du moine Théophile se flattaient de pouvoir y enfermer. Et cependant il est impossible de ne pas être impressionné par la majestueuse grandeur du beau *Christ* de Saint-Savin; touché par le pittoresque tableau de *la Fuite en Égypte* du Petit-Quevilly; ému, presque attendri par la maternelle passion avec laquelle la Vierge de la crypte de Notre-Dame de Montmorillon porte à ses lèvres la main de son divin fils.

Ces peintures furent, durant tout le Moyen Age, d'une pratique générale; et MM. Gélis-Didot et Lafillée, qui, dans un beau livre[2], se sont faits leurs portraitistes et leurs historiens, déclarent en avoir relevé des traces dans plus de huit cents monuments. Elles étaient, en outre, d'une exécution si courante, que Suger, n'ayant pas encore réuni les sommes indispensables à la reconstruction de la basilique de Saint-Denis, fit venir les meilleurs peintres de son temps et les employa à dissimuler sous de vastes compositions relevées d'or la vétusté de son église[3].

Beaucoup de ces belles « histoires », comme on disait alors, ont disparu sans laisser de traces. Le temps et la main des hommes ont anéanti la *Conquête de la Terre Sainte*, qui décorait à Laon la chapelle des Trois-Chevaliers; l'*Histoire de saint Bruno*, qui ornait le cloître des Chartreux de Paris, a été détruite avec cet édifice; il en est de même, je crois, pour la *Vie de saint Antoine* racontée tout au long dans la chapelle des Dominicains de Pamiers[4]. En 1633, l'ancienne cathédrale de Noyon était couverte de fresques vénérables qui ont été effacées depuis[5]. A Valence, en 1739, la voûte de l'église Saint-Maurice possédait encore ses décorations à fond d'azur rehaussé d'or[6]. Alexandre Lenoir[7] nous signale la disparition, avec l'abbaye de Cluny, de l'admirable composition, représentant *le Christ dans sa gloire*, qui ornait la voûte du chœur de cette abbatiale célèbre. Cette peinture, d'allure superbe, était, quand il la dessina, « tellement fraîche, qu'elle semblait sortir du pinceau de l'artiste ». C'est Lenoir également qui nous signale la destruction des fresques de la chapelle d'Orléans, aux Célestins de Paris, qui pour être d'un autre temps n'en étaient pas moins précieuses; et, aux Carmes de la place Maubert, celle des peintures du cloître décoré par ordre de Philippe le Long, et qui représentaient les rois de France et surtout Louis IX entouré de sa famille. « Si, à l'époque de ces destructions, mes pouvoirs n'avaient pas été restreints, écrit Alexandre Lenoir, j'aurais eu la satisfaction de conserver aux arts beaucoup d'œuvres précieuses pour l'art français »[8].

Ce qui prouve, au surplus, que ces belles et artistiques décorations foisonnaient partout, c'est que, dans notre vieux Velay, pays de montagnards plus robustes que raffinés et de culture un peu fruste, les peintures murales furent nombreuses et demeurèrent en honneur pendant tout le Moyen Age. Les vestiges, hélas! mutilés, des fresques qui habillaient le petit sanctuaire de Saint-Michel d'Aiguilhe, les voûtes du triple porche de Notre-Dame du Puy, les portes de l'ancien baptistère de Langeac, ainsi que les intéressantes figures du xii° siècle qu'on peut encore étudier à

---

1. « Per spiritum timoris Domini te nihil ex te posse consideras; nihil inconcessum a Deo te habere seu velle cogitas, sed credendo, confitendo et gratias agendo, quidquid nosti, vel es, aut esse potes, divinæ misericordiæ reputas. » (THÉOPHILE, *op. cit.*, p. 122.)

2. GÉLIS-DIDOT ET LAFILLÉE, *la Peinture décorative en France du xi° au xvi° siècle*. « Par leur état de délabrement, écrivent MM. Didot et Lafillée, ces témoignages nous renseignent doublement, en nous faisant comprendre comment beaucoup d'autres décorations ont pu totalement disparaître. »

3. D. FÉLIBIEN, *Histoire de l'Abbaye de Saint-Denis*, p. 181. SUGER, *De rebus in Administratione sua gestis*, dans Œuvres complètes publiées, pour la Société de l'Histoire de France, ch. XXIV, p. 186.

4. Les édifices civils resplendissaient aussi de ces curieuses peintures. L'hôtel Saint-Paul, à Paris, le château de Bicêtre, au duc de Berry, l'hôtel de Chavoisy, en étaient décorés, et à cause de cela célèbres.

5. On y voyait, notamment, « des pourtraits arrangez par dedans au-dessous de la clef de voûte du chœur », représentant « des personnages de l'Ancien Testament, jointe l'image de la Très Sainte Vierge Marie et l'histoire des trois roys ». (J. LEVASSEUR, *Annales de l'Église cathédrale de Noyon*, 1633.)

6. PRÉSIDENT DE BROSSES, *Lettres familières écrites d'Italie*, t. I, p. 5.

7. ALEXANDRE LENOIR, *Musée des Monuments français*, t. II, p. 13 et 14.

8. ID., *ibid.*, t. II, p. 15.

Saint-Julien de Brioude, attestent l'activité des ateliers monastiques, signalée par Montalembert[1], alors que *la Danse des Morts* de la Chaise-Dieu et *les Arts libéraux* de la Salle capitulaire du Puy prouvent qu'au XVe et même au XVIe siècle les peintures murales étaient toujours en honneur dans ce pays un peu délaissé.

Soucieux de conserver le souvenir d'un art dont il ne reste plus que des vestiges bien compromis, le Comité des Monuments historiques, — avec un soin pieux et qu'on ne saurait trop louer, — a fait relever

Soissons, de Notre-Dame de Montmorillon, sont devenues pour les archéologues des lieux de pèlerinage. C'est de cette réunion de documents, aidée de nos impressions et de nos souvenirs, que nous allons essayer de faire jaillir une relative lumière, qui nous permettra de fixer quelques-uns des traits caractéristiques de la peinture romane, telle, du moins, que nous pouvons aujourd'hui la comprendre et la juger. Commençons par les plus anciennes.

A Saint-Julien de Tours, nous nous trouvons en face

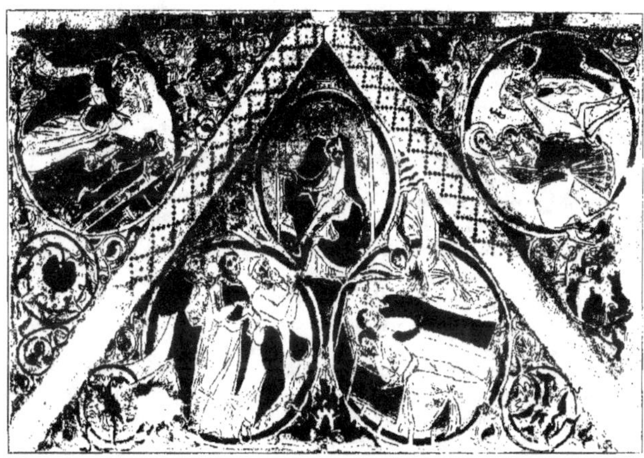

ÉGLISE DU PETIT-QUEVILLY.
Peintures de la voûte.

un certain nombre de ces peintures[1]. Des monographies curieuses ont été écrites sur certains de ces ensembles[2]. Grâce à ce précieux et double concours, Saint-Savin, Saint-Philibert de Tournus, Notre-Dame-la-Grande de Poitiers, Saint-Gilles de Montoire, Saint-Quiriace de Provins, Saint-Martin de Laval, Saint-Jacques des Guérets (Loir-et-Cher), les églises de Charroux (Indre), de Vic (Indre-et-Loire), du Petit-Quevilly (Seine-Inférieure) de Bagneux (Allier), de Saint-Chef (Isère), de Poncé (Sarthe), la chapelle du Liget (Indre-et-Loire), les cryptes de la cathédrale de Chartres, de celle d'Auxerre, de Saint-Léger, à

de peintures s'étendant sur deux zones parallèles et qui, difficilement visibles, ont pu cependant être étudiées par M. Grand'maison[4]. Ces peintures représentent *le Passage de la mer Rouge, Moïse sur le Sinaï, l'Adoration du Veau d'or*, en un mot des scènes de l'Ancien Testament. « Les proportions des corps varient sans motif apparent, l'aspect général se rapproche bien plus du squelette de l'homme que de sa forme vivante.... Les personnages, posés sur l'extrémité des orteils, paraissent s'avancer en dansant plutôt que marcher. L'agencement des plis révèle exactement la forme des corps. » Au temple de Saint-Jean de

1. Montalembert, *l'Art et les Moines : Annales Archéologiques*, t. VI, p. 131.

2. Citons, parmi les plus intéressants de ces relevés, ceux de Notre-Dame-des-Doms, à Avignon, de la cathédrale de Bayeux, des églises de Saint-Désiré et d'Ébreuil (Allier), de Saint-Chef, de Tournus, de Poncé (Sarthe), de Saint-Jacques-les-Guérets (Loir-et-Cher), de Saint-Savin (Haute-Vienne), de Saint-Sauveur, au Petit-Andely, de Villeneuve-les-Avignon, de Notre-Dame de Dijon, de Notre-Dame de Paris, de la cathédrale du Puy, du Petit-Quevilly, de la Chaise-Dieu, de Kernaria, etc.

3. Notamment H. Lorillée, *les Peintures murales de l'église de Poncé* (Mamers, 1894). Prosper Mérimée et Gérard Séguin, *Notice sur la Peinture à fresque de l'église Saint-Savin* (Paris, 1845). — Lenoir, *De la Peinture murale dans les monuments religieux du Moyen Age* (Bourges, 1868). Anatole d'Auvergne, *Peintures de la chapelle Saint-Michel d'Aiguilhe*. Etc.

4. Ch. de Grand'maison, *Tours archéologique*, p. 60.

Poitiers, dans celles des peintures qui remontent au xie siècle, même longueur exagérée chez certains personnages, mêmes extrémités trop fortes, même vestiaire, avec un caractère différent toutefois. Les intentions sont identiques, mais l'interprétation des modèles est autre. A Saint-Savin (xiie siècle), nous trouvons de grands progrès réalisés, et un ensemble si considérable, que, grâce à lui, nous pouvons nous faire une idée de l'opulente parure dont étaient revêtues les églises romanes. Ici, les compositions sont traitées avec une ingéniosité absolument supérieure, avec un esprit remarquable. Giotto, en ses plus beaux élans, n'exprimera pas d'une façon plus noble et plus grave l'action de Dieu lançant le monde dans l'espace. La Vierge, assise sur son trône glorieux, dans une pose hiératique, fait penser aux madones byzantines du plus beau temps. Le Christ, dont nous avons signalé la majestueuse et imposante grandeur mystérieuse, apparaît drapé dans un manteau calamistré qui rappelle l'Orient. Quant au *Combat de saint Michel et du dragon*, il semble qu'on l'ait déjà vu dans quelque liturgie grecque. Mais si le détail de certaines de ces compositions intéresse et retient, l'impression produite par l'ensemble énorme de ces peintures ne se peut guère analyser. On se trouve ici en présence de tout un monde.

La petite chapelle du Liget, moins complète, moins importante à tous égards, nous montre également des saints personnages aux proportions allongées, vêtus d'habillements de provenance orientale. Cet allongement s'accentue encore dans les figures aux types archaïques, sauvages même, de la chapelle de Saint-Michel de Rocamadour, représentant *l'Annonciation*, où, suivant un mot bien joli de notre cher Paul Mantz, « les pieds et les mains révèlent de la part du peintre une ignorance obstinée[1] ».

Et si à l'église du Petit-Quevilly nous revenons, dans de curieux médaillons entourés de feuillages, à des proportions meilleures, à des apparences plus occidentales, c'est que nous approchons du milieu du xiie siècle, de cette époque que Viollet-le-Duc, avec un enthousiasme peut-être exagéré, considérait comme l'apogée de la peinture architectonique en France, c'est-à-dire de celle qui, suivant l'éminent architecte, se prête le mieux à la décoration des grandes surfaces murales.

De ces traits rapidement notés, il résulte, semble-t-il, que l'art byzantin n'a pas, ainsi que nous l'avons constaté, exercé son indiscutable influence seulement sur les sculpteurs de l'époque romane, mais qu'il a impressionné aussi les peintres leurs contemporains. « Ce n'est point dans les costumes de son temps, remarque Mérimée au cours de sa lumineuse étude consacrée à l'église de Saint-Savin[2], que l'artiste a trouvé ces larges manteaux qui drapent si élégamment ses principaux personnages. Ni au xie ni au xiie siècle, on n'allait tête nue en France.... Si les personnages de Saint-Savin ont un costume de convention, si dans ces peintures on observe maints détails qui ne se rapportent pas au temps où elles ont été exécutées, il faut reconnaître que l'artiste n'a pas pris ses modèles dans la nature de son époque, mais qu'il a copié des types anciens et consacrés par la tradition. » Ajoutons que ce n'est pas le costume seul qui présente ces particularités. Les attitudes, les gestes, sont d'une surprenante justesse et ne s'accordent guère avec la trop évidente insuffisance de l'exécutant. Ils témoignent d'un esprit d'observation trop supérieur pour être personnel. Les têtes sont presque toutes présentées de face, difficulté à laquelle répugnent les dessinateurs inexpérimentés[3]. Elles se recommandent, en outre, par une distinction, un air noble, surtout par une régularité, qui, malgré l'infériorité criante de l'exécution, rappellent certains types admirés de l'art antique. Ces qualités rares et inattendues, le peintre les perd brusquement lorsqu'il dessine des visages de profil. Il ne paraît pas mieux armé quand, réduit à ses propres ressources, n'ayant plus ni figures à mettre au carreau, ni draperies à décalquer, il se mesure avec les accessoires au milieu desquels se déroule l'action. Paysage, architectures, se résument en des signes purement conventionnels, sortes de notations graphiques plutôt qu'images inspirées par la contemplation de la nature. Les nuages, les arbres, les rochers, les édifices, ne dénotent pas la moindre idée d'imitation. Ce sont des explications linéaires, chargées de compléter, de localiser, de dater la composition, de spécialiser les figures, et qui semblent adjointes à celles-ci uniquement pour l'intelligence de l'action[4].

Encore, l'absence d'échelle rend-elle parfois ces explications difficilement compréhensibles. On a peine à se figurer qu'un saint personnage ait pu être retenu

---

1. Paul Mantz, *la Peinture française*, p. 86.
2. *l'Église de Saint-Savin.* — *Étude sur les arts au Moyen Age*, p. 164.
3. Voir notre *Art à travers les mœurs*, p. 63 et suiv.
4. Fait curieux, on retrouve à Ravenne ces mêmes disparates. Dans les précieuses mosaïques de *Sant'Appolinare in Città*, le palais de Théodoric et la ville de Classis, naïvement figurés à une trop petite échelle, jurent avec la noblesse d'attitude et les belles proportions du double défilé de saints et de saintes qui orne les murailles de la nef.

PL. XII

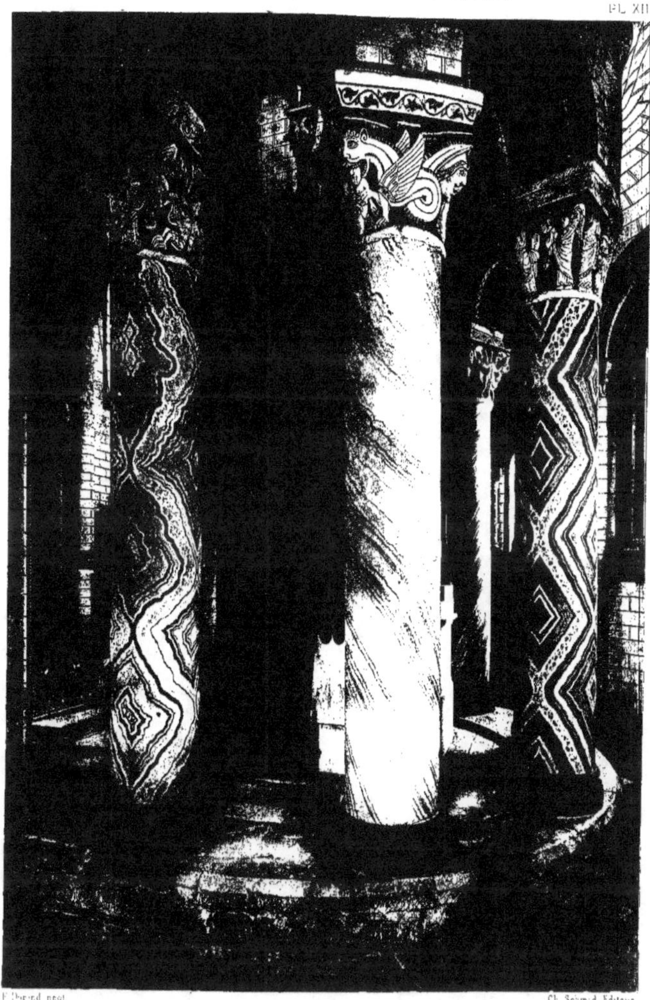

ÉGLISE SAINT PIERRE DE CHAUVIGNY

Pourtour de l'abside

prisonnier dans une tour qui lui vient à la ceinture, ou dormir sous un arbre moins haut encore que la tour. Ces incorrections étranges, du reste, ces fautes de proportions qui nous choquent si vivement, — blasés que nous sommes sur la recherche de la vérité jusque dans les plus insignifiants détails, — ne paraissent pas avoir autrement scandalisé les artistes du Moyen Age. On les retrouve, en effet, atténuées, adoucies, jusque dans les ouvrages des plus grands maîtres, des artistes les plus éminents, jusque dans ces sculptures exquises, bas-reliefs charmants qui enveloppent le chœur d'Amiens et celui de Chartres, et même jusque dans la délicieuse *Vierge au donateur* de Jean Van Eyck, l'honneur de notre Salon carré, au Louvre.

Si, de ces observations concernant plus particulièrement la conception de l'œuvre et sa composition, nous passons à l'exécution matérielle, il nous paraîtra que ces diverses peintures, aussi bien celles de Montmajour que celles de Saint-Savin, de Montmorillon, de Notre-Dame-la-Grande, à Poitiers, du Liget, de Poncé, du Petit-Quevilly, ou du temple Saint-Jean, ont été exécutées d'après un formulaire analogue à ceux que nous possédons de l'excellent moine Denys et du brave prêtre Théophile.

Celui-ci, il est vrai, recommande bien à ses disciples de ne pas s'éloigner du « naturel »[1]; mais, ce « naturel », il le comprend d'une façon singulièrement générale, puisqu'il prodigue à son lecteur attentif et soumis toute une collection de recettes qui, si elles sont adoptées par l'exécutant, ne lui laissent aucune initiative personnelle dans la composition de sa palette ni dans l'application de ses couleurs. C'est ainsi qu'il lui livre une formule pour la « composition des nuances servant à figurer les diverses carnations[2] » — suivant l'âge et le sexe, — puis une autre formule pour rendre « les cheveux des enfants[3] », ensuite « les barbes des adolescents[4] », et enfin « les cheveux et la barbe des hommes décrépits et des vieillards[5] ». Il n'est pas jusqu'aux « lumières[6] » qui doivent donner aux visages vus de face le modelé nécessaire; aux « ombres » qui, appliquées sur les carnations et les vêtements en hachures, en accentueront les saillies et les plis; aux traits qui cernent le personnage pour bien en limiter les contours et que notre brave maître appelle « l'ombre extérieure, *umbram externam*[7] »; il n'est aucune nuance, en un mot, dont il ne fournisse l'exacte composition, en indiquant la manière de s'en servir. On ne voit pas bien ce que devient, dans cette cuisine chromatique, l'infinie variété de la nature.

Toutes ces remarques nous amènent à conclure que la peinture de l'époque romane a pu fournir la parure par excellence des sanctuaires sans que les compositions innombrables et touffues dont elle couvrit les murailles des églises aient constitué une suite d'œuvres foncièrement originales, naïves, sincères, de premier jet, qui trouvent l'explication et l'excuse de leurs insuffisances dans l'inexpérience même de l'artiste. « Depuis les enfants qui charbonnent sur les murs jusqu'aux artistes médiocres de tous les temps, écrit avec beaucoup de justesse Mérimée[8], le procédé d'imitation est le même : les uns comme les autres cherchent un but à leur portée; ils ne voient dans la nature que ce qu'ils peuvent comprendre et reproduire. » Ici, il ne s'agit pas généralement de peintres médiocres qui ont cherché un but à leur portée, mais d'artistes relativement inexpérimentés, qui ont obéi, pour la confection de leurs figures principales, à un formulaire, et — comme le constatait Paul Mantz[9] à propos des peintres de Rocamadour — qui n'ont pas « rompu avec le byzantinisme ».

Enfin, si l'on objectait que de certaines de ces œuvres se dégagent cependant des expressions saines et fortes, nous répondrions que le génie, même dépourvu de moyens d'exécution, a parfois des envolées sublimes. Si l'on insistait sur les différences qu'on relève, comme qualité de facture, comme intelligence d'expression, comme agencement et composition, entre ces œuvres diverses, nous dirions que ces différences tiennent d'une part à l'inégalité de talent qu'on a constatée de tout temps entre les artistes d'un même pays, et d'autre part au morcellement extraordinaire de la France, morcellement sur les conséquences duquel nous aurons bientôt à revenir.

---

1.   Sensim per partes discantur quælibet artes.
    Artis pictorum prior est factura colorum,
    Post ad mixturas committat mens tua curas.
    Hoc opus exerce, sed ad unguem cuncta cohesce,
    Ut sit adornatum quod pinxeris et quasi natum.
    Postea multorum documentis ingeniorum
    Ars opus augebit, sicut liber iste docebit.
      THEOPHILI, *Diversarium Artium Schedula*, Præfatio.

2. Cap. I, *De Temperamento colorum in nudis corporibus.*

3. Cap. X, *De Capillis puerorum adolescentum et juvenum.*

4. Cap. XI, *De Barbis adolescentum.*

5. Cap. XII, *De Capillis et barba decrepitorum et senum.*

6. Cap. V, *De lumine primo.*

7. Cap. XIV, *De Mixtura diversarum colorum in vestimentis,* etc. Le chapitre XV, consacré à l'application des peintures murales sur enduit frais, c'est-à-dire à *fresque,* nous apprend que la pratique au Moyen Age, en France, différait de celle usitée en Italie à l'époque de la Renaissance. On commençait par enduire toute la paroi; puis, au moment d'appliquer les couleurs, on les arrosait d'eau jusqu'à ce qu'elles devinssent humides. « C'est dans cet état d'humidité que se donnent toutes les couches que le mur doit recevoir, écrit Théophile. Que toutes soient mélangées de chaux et sèchent avec le mur, afin qu'elles adhèrent.»

8. Mérimée, *Étude sur les Arts au Moyen Age,* p. 166.

9. Paul Mantz, *la Peinture française,* p. 86.

V

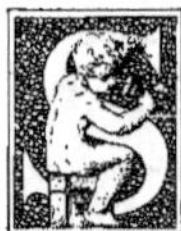 les caractères particuliers de la peinture décorative varièrent pendant la période romane, non seulement suivant la succession du temps, mais suivant la variété des lieux de production, il n'en fut pas autrement pour l'architecture et la sculpture. Ces variations sont même assez sensibles pour embarrasser les archéologues, qui se sont demandé maintes fois comment il fallait identifier les productions de l'art roman et quel genre de classification il convenait d'adopter de préférence. C'est ainsi que les uns proposent de grouper ces productions par époques et d'après le moment de leur manifestation, alors que d'autres, estimant la division par provinces ou par régions plus nette, mieux tranchée, plus caractéristique en un mot, prétendent les répartir en écoles régionales. Les premiers qualifient, selon le temps de leur apparition, ces productions de roman primaire, secondaire ou tertiaire; les seconds les divisent, au contraire, en écoles auvergnate, périgourdine, provençale, languedocienne, limousine, poitevine, normande et française[1].

Pour nous, s'il nous était demandé de choisir, nous n'hésiterions pas à accorder une préférence justifiée au second mode de classement : parce que, au point de vue historique, il concorde d'une façon plus exacte avec l'état d'esprit qui domina durant cette obscure période et avec les événements principaux auxquels l'art roman fut appelé à fournir son décor. Au moment où cet art commence à se manifester, en effet, l'écroulement de la centralisation carolingienne est complet. La féodalité partout triomphe, et sa victoire s'affirme presque de suite par le particularisme le plus décidé. Charlemagne meurt chargé d'ans et de gloire en 814, et, avant la fin du IXe siècle, vingt-huit provinces ou fragments de province composant son empire se sont vus érigés en petits États, dont les anciens gouverneurs sont devenus les souverains indépendants. L'œuvre du Grand Empereur se trouve ainsi anéantie. Son royaume est partagé, divisé, morcelé, et chacune de ses fractions est confiée aux mains d'un maître soupçonneux, défiant et jaloux, qui, redoutant les compétitions de ses voisins médiats ou immédiats, rompt tout contact avec eux, brise toutes relations avec l'extérieur et s'isole[1].

Chaque prince s'enferme dans sa principauté, chaque comte dans son comté, chaque abbé dans son monastère, chaque évêque dans son diocèse, chaque seigneur dans son domaine. Tous ces *barons*, — car c'est alors que ce mot apparaît avec la signification qu'il garda cinq cents ans et qui diffère si sensiblement de celle qu'il a prise depuis lors, — tous ces *barons* prétendent ignorer le reste des humains. Dès lors, comme l'écrit Voltaire, « plus de communications entre les provinces, plus de grands chemins, plus de sûreté pour les marchands, dont, cependant, on ne pouvait se passer.... Beaucoup de châteaux sur les bords des rivières et au passage des montagnes ne furent que de vraies cavernes de voleurs[3]. »

Avec un pareil état de civilisation et de telles dispositions d'esprit, l'art d'élever des monuments, privé de toutes interventions extérieures, se vit progressivement réduit à la mise en pratique des procédés de bâtir les plus spécialement usités dans la région où il opérait, — procédés imposés le plus souvent par l'emploi forcément exclusif des matériaux qu'on avait directement sous la main; de même pour le décorateur, pour l'ouvrier d'art; et, de la sorte, la production se modifia, se transforma, non seulement suivant les exigences climatériques et les nécessités géologiques, mais aussi d'après les conditions ethniques des populations, d'après leur degré de culture, leurs croyances, leurs préjugés et enfin suivant les spécimens des édifices antérieurs qui pouvaient être choisis pour modèles et utilement imités.

Si nous prenons comme exemple la vallée du Rhône et de la Saône, de Marseille à Chalon et même un peu au delà, région dans laquelle un grand nombre d'édifices antiques se dressaient alors à peu près intacts, et où les traditions romaines s'étaient solidement assises, nous constaterons que les monuments du XIe et du XIIe siècle y rappellent assez l'architecture romaine du Bas-Empire. Nous retrouverons même dans ceux qui peuvent être le plus justement qualifiés de constructions

---

1. Ce qu'on nommait alors la France ne comprenait que l'Ile-de-France et plus tard ce qui constitua le Domaine royal.

2. L'action des divers États sous la féodalité, comme le remarque fort justement Mignet, fut essentiellement intérieure. Elle ne devint extérieure que lorsque la monarchie commença à s'établir d'une façon sérieuse. — évolution qui se produisit presque en même temps pour toutes les grandes nations de l'Europe. — Alors commença la lutte des rois entre eux, ou, comme on disait alors, des Couronnes, qui dura jusqu'à ce que le grand mouvement de la Révolution lui substituât celle des rois avec les peuples. (*Histoire de la Révolution*, tome I. p. 177.)

3. Voir Voltaire, *Essai sur les Mœurs*, t. II (IX des Œuvres complètes). p. 211.

romanes, dans l'admirable porche de Saint-Trophime d'Arles, dans celui de la basilique de Saint-Gilles, à Notre-Dame-des-Doms d'Avignon, dans les églises de Vénasque, de Pernes (Vaucluse), etc., des fragments qui, sans modifier l'ensemble de dispositions dictées par des

quarantaine d'églises où la couverture en coupole a été employée systématiquement[1]. Eh bien, si nous jetons les yeux sur une carte représentant la France telle qu'elle était divisée à cette époque, nous remarquerons que cette Aquitaine était bornée au sud par la Gascogne et le

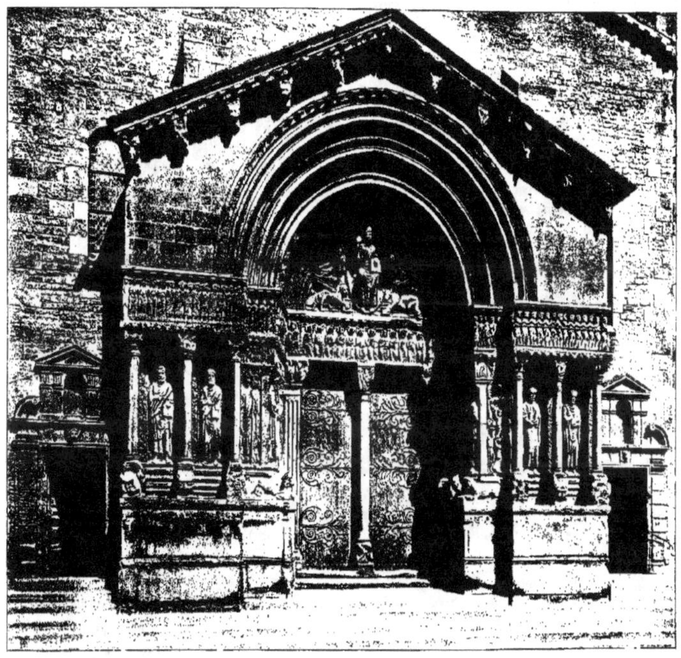

PORTAIL DE L'ÉGLISE SAINT-TROPHIME, A ARLES.

besoins nouveaux, témoignent de réminiscences romaines indiscutables.

Fait plus remarquable encore, nous avons vu, dans un chapitre précédent, que l'architecture byzantine s'était manifestée par son organe le plus caractéristique — la coupole sur pendentifs — dans un pays où l'on ne s'attendait guère à la rencontrer, au milieu même de l'Aquitaine, dans les murs de l'antique Vésone, dans ce Périgueux rempli de débris romains d'une rare importance. Nous avons vu que ce mode de bâtir, essentiellement oriental, s'était répandu dans les localités avoisinantes, et qu'on comptait encore aujourd'hui une

comté de Toulouse, à l'est par la Bourgogne, à l'ouest par l'Océan, au nord par l'Anjou et le Domaine royal, et nous constaterons que c'est exclusivement à l'intérieur de ces frontières parfaitement délimitées, dans cette vaste province et seulement dans cette province, que l'architecture française fit emploi, comme couverture, de la coupole portée par des arcs doubleaux; et, particularité à retenir, même dans les églises voûtées en berceau de cette région, dans certaines églises d'Auvergne et du Poitou, nous sentirons, avec Viollet-le-Duc[2], « dans la manière de construire les grandes nefs, une dernière trace de coupole ».

<hr>

1. Voir supra, col. 166 et suiv.

2. Viollet-le-Duc, Dictionnaire de l'Architecture, t. 1, p. 137.

Si maintenant, remontant vers le nord, nous entrons en Normandie et dans le Domaine royal, dévastés par les successives invasions, où rien d'antique n'est demeuré debout, nous trouverons que les édifices, empruntant moins au passé classique ou aux influences extérieures, se ressentent, par contre, des idées d'ordre, de méthode, qui sont restées en honneur et constituent un des bienfaits du pouvoir royal. Enfin, nous dirigeons-nous vers l'est, vers la Germanie, nous verrons sur les bords du Rhin, où l'architecture carolingienne avait laissé des monuments d'une importance considérable, l'influence byzantine se traduire : 1° par cette singularité des doubles absides, comme les cathédrales de Trèves, de Mayence, en possèdent encore, comme les cathédrales de Besançon et de Verdun et l'abbatiale de Laach en ont possédé jadis, avant d'avoir été modifiées; 2° par une fidélité relative aux plans à côtés égaux et symétriques, surmontés de coupoles, réminiscence lointaine de *San Vitale* et d'Aix-la-Chapelle (témoins Saint-Martin de Bonn, le baptistère de la collégiale de Saint-Georges, à Cologne, les églises d'Ottmarsheim, de Trèves, etc.)[1]; 3° enfin, par les transepts hémisphériques tels que ceux de Sainte-Marie-du-Capitole, de Saint-Martin-le-Grand et des Saints-Apôtres, à Cologne, de Saint-Quirin, à Neuss, de Sainte-Élisabeth, à Magdebourg, des saints Cassius et Florent, à Bonn, de la cathédrale de Tournay, des cathédrales de Noyon et de Soissons, bien que, dans cette dernière, un seul des côtés soit en demi-rotonde.

Ainsi, sans abdiquer ses caractères essentiels, le style roman varie suivant les latitudes, quant à l'architecture. Des différences analogues se manifestent dans la sculpture romane, si foisonnante, si variée, si curieusement personnelle dans sa barbarie même, et qui, en dépit de certaines réminiscences rappelant Byzance, — nous les avons signalées plus haut, — se rattache, en l'exagérant même, au goût si prononcé que les Romains marquèrent toujours pour les œuvres de la Statuaire.

Comme le constate Mérimée, c'est le moment, en effet, où « la sculpture, longtemps abandonnée, reparaît pour jouer un rôle considérable dans la décoration des églises. Des statues souvent colossales, des bas-reliefs compliqués, garnissent les parois et les tympans des portails; les corniches, les modillons, toutes les parties saillantes de la bâtisse, reçoivent mille formes capri-

cieuses où s'exerce l'imagination inventive des sculpteurs. Souvent même les façades présentent des suites de niches ou des arcades qui n'ont d'autre but que de servir d'encadrement à des figures de ronde bosse ou de haut relief[2].... » Et peut-être n'est-il pas hors de propos de remarquer ici l'étalage de luxe et de richesse où se complaisent les « imagiers » de cette époque. Non seulement les rois, mais les saints, sont représentés couverts de vêtements magnifiques, où sont prodiguées les broderies et les perles. Curieuse profusion qui, selon la remarque de F. de Verneilh, devient caractéristique de nos édifices du xi° et du xii° siècle, et permet de tenir notre art roman pour un art national[3].

Cette sculpture, à la fois si riche et si prodigue de ses œuvres, s'empare même du sol des églises, et saint Bernard s'indigne qu'on foule aux pieds de vénérables images, « qu'on crache sur le visage d'un ange, sur la face d'un saint ». Elle exploite tous les sujets, mêlant le sacré au profane, le grotesque au sublime, et, aux plus édifiantes représentations, « de ridicules monstruosités, d'étonnantes et laides beautés, de superbes laideurs[4] ». « Que viennent faire ici, devant les frères occupés à méditer et à lire, s'écrie encore le vénérable fondateur de Clairvaux, ces singes immondes, ces lions cruels, ces tigres tachetés, ces soldats combattant, ces chasseurs sonnant de la trompe? » Mais, condescendance singulière, s'il bannit des monastères ces figurations monstrueuses, saint Bernard, cependant, les tolère au portail des cathédrales. « Autre est l'œuvre des évêques et celle des moines, dit-il. Les premiers se doivent aux sages et aux insensés, — *sapientibus et insipientibus debitores*, — et, ne pouvant provoquer la dévotion de la foule par des idées purement spirituelles, il leur est loisible de l'exciter par de matérielles représentations[5]. » C'est par cet aveu, sans doute, qu'il faut expliquer la préférence accordée aux compositions tragiques, à ces terrifiantes représentations des supplices réservés aux pécheurs endurcis, à cette prodigalité de *jugements derniers*, sorte de frontispice inéluctable de nos vieux sanctuaires, où les artistes « se sont complu à montrer des diables hideux, des monstres bizarres torturant les damnés[6] ». En s'efforçant d'effrayer les consciences douteuses, les âmes timorées, le sculpteur venait en aide à la prédication; il donnait une forme visible à ses menaces véhémentes. Qui donc oserait dou-

---

1. Séroux d'Agincourt, *Histoire de l'Art par les monuments : Tableau historique*, t. I, p. 63.
2. Mérimée, *Étude sur les Arts au Moyen Age*, p. 18 et suiv.
3. F. de Verneilh, *Annales archéologiques*, t. XIV, p. 245.
4. « Quid facit illa ridicula monstruositas, mira quædam deformis formositas, ac formosa deformitas. »
5. Migne, *Patrologie*, t. CLXXXII, col. 914 et suiv.
6. Mérimée, *Étude sur les Arts au Moyen Age*, p. 18 et suiv.

ter de l'efficacité qu'eurent alors ces terribles images? On cite des conversions produites par la crainte qu'elles firent naître, et nous verrons plus loin que leur contemplation a bien pu donner le jour à l'œuvre immortelle de Dante, à *la Divine Comédie*.

Mais ce langage, qui s'adressait aux foules, devait — plus encore que l'architecture — varier ses expressions en changeant de climats. Dans la Provence et en remontant le cours du Rhône et de la Saône, en Bourgogne, en Champagne, à l'embouchure de la Gironde, dans le comté de Toulouse, partout où l'art romain avait laissé des traces, des monuments durables, ou de magnifiques débris capables d'éduquer l'œil et le goût du public, il se forma des écoles de Statuaire vivantes et fécondes. Malgré le peu de respect qu'on professait pour les monuments païens[1], l'influence des œuvres sur les œuvres se fit heureusement sentir. Nous avons déjà constaté la déférente application avec laquelle les artistes éminents — auxquels

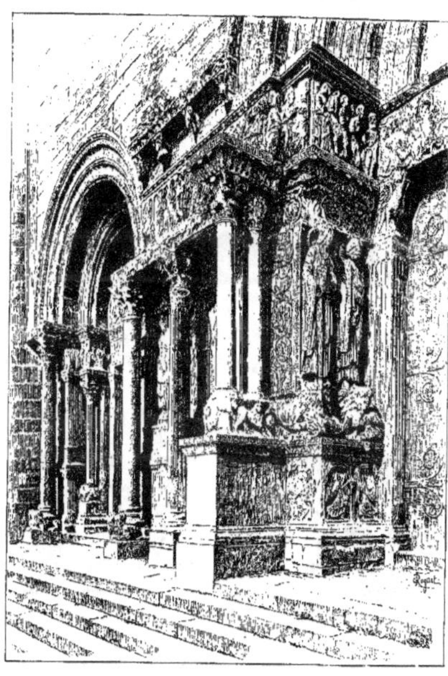

nous devons les chefs-d'œuvre du cloître de Saint-Trophime et du portail de Saint-Gilles — s'inspirèrent des bas-reliefs antiques et des mausolées placés sous leurs yeux. Cette statue de saint Pierre dont nous avons parlé, aux proportions si justes, à l'allure si digne, où les connaissances anatomiques et l'étude de la nature se révèlent d'une façon si évidente dans le modelé du bras droit, des mains et des pieds chaussés de sandales; les figures non moins remarquables de saint Jacques de Compostelle et de ses deux pèlerins, qui, nous l'avons dit, font penser aux captifs antiques, dont sont ornés les arcs de triomphe romains; le saint Trophime, maître du lieu, d'une exécution également remarquable, quoiqu'un peu plus raide; les trois Maries, qui apparaissent en un bas-relief et qui se distinguent par leurs mouvements si bien rythmés et si ingénieusement symétriques, aussi bien que les pèlerins d'Emmaüs situés au-dessous, tous ces ouvrages, si précieux à tant de titres, peuvent assurément se réclamer d'une brillante et généreuse généalogie. Et cette généalogie, pour en découvrir les origines fécondes, il suffit de traverser une place, de pénétrer dans un modeste musée, de contempler les beaux sarcophages d'Hydria et de Tertullia, ou celui de saint Hilaire. La tradition est, ici, bien facile à saisir.

La façade de l'église Saint-Nicolas, à Saint-Gilles, n'est pas moins intéressante en ses révélations. A défaut de sarcophages, les colonnettes galbées, les pilastres cannelés, l'acanthe correcte des chapiteaux, les grecques, les palmettes, les oves, les rais de cœur, indiquent assez clairement que l'art antique n'était pas inconnu des auteurs de ce beau portail. Si les figures des apôtres n'ont plus la libre aisance des belles œuvres que nous venons de citer, encore sont-elles d'un faire tout à fait supérieur pour le temps. La longue frise qui occupe l'entablement nous montre un *Jugement* et

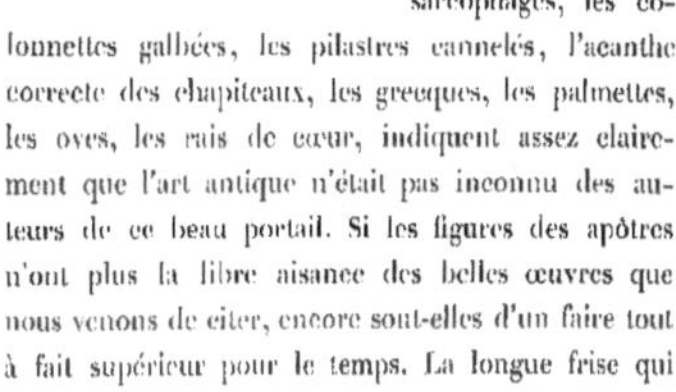

PORTAIL DE L'ÉGLISE SAINT-GILLES DU GARD.

---

[1]. Les substructions des monuments religieux ou civils de Reims, de Sens, de Périgueux, du Puy, montrent assez combien les fragments d'une valeur artistique indiscutable étaient nombreux. Malheureusement, ils ne furent considérés en ces temps troublés et même plus tard que comme des matériaux de construction. FRODOARD (*Chronique*, dans GUIZOT, *op. cit.*, t. VI, p. 160) reproche à Adalberon, « archevêque de nom et nullement de mérite », d'avoir fait détruire les arcs antiques qui étaient près de Sainte-Marie de Reims, et des fontaines d'un admirable travail. Nous avons vu plus haut que, de l'aveu même de Quatremère de Quincy et de Séroux d'Agincourt, les monuments antiques furent longtemps traités comme de simples carrières.

une *Flagellation* qui sont certainement inspirés par des bas-reliefs d'une grande époque. Un autre sujet, *l'Entrée à Jérusalem*, est d'une exécution supérieure. Le geste de Jésus, qui de la main gauche guide son âne et de la main droite bénit, est d'une justesse singulière. La cohue des apôtres et des disciples portant des palmes est d'une exécution remarquable. L'ânesse et l'ânon sont curieusement observés. L'empressement du personnage étendant son manteau est d'une vérité surprenante. Enfin, dans deux scènes, à Arles et à Saint-Gilles, le nu apparaît ; et, pour qui connaît l'horreur que le Christianisme, en ses premiers temps, marqua pour la nudité même partielle, voilà qui dénonce des influences singulièrement profanes. C'est cette horreur, en effet, qui amena l'art byzantin à chasser la Statuaire du Temple[1].

Moins scrupuleuse ou plus tolérante, l'orthodoxie occidentale admit sans trop d'effort, avec Clément d'Alexandrie, que Dieu, en créant l'homme, avait créé la première statue animée, et que ce ne pouvait être un grand crime que de se conformer à l'exemple de Dieu. Elle se prévalut du passage de la Bible qui dit : « Le Seigneur convertit la femme de Loth, qui avait regardé derrière elle, en statue de sel[2], » pour s'écrier plus tard, avec le lexicographe Suidas, plus ingénieux encore que saint Clément : « C'est la première statue, et elle fut dénommée par dieu *simulacre*, afin que toute la statuaire des hommes s'en inspirât comme d'un modèle (*veluti ad regulam*) »[3]. Mais cette interprétation des textes sacrés n'alla jamais jusqu'à faire admettre, à moins de nécessité absolue, la nudité dans les représentations sculptées[4]. En tout cas, elle était incapable d'inspirer aux artistes des formes aussi remarquablement étudiées que le torse de Jésus, entourant de ses bras nus la colonne traditionnelle, dans la *Flagellation* de Saint-Gilles, ou celui du Christ montrant ses plaies à saint Thomas, au cloître de Saint-Trophime.

Cette inspiration antique, qui se manifeste par des œuvres si magistrales dans les centres où la culture gallo-romaine continua d'être en honneur, et dont on trouve encore de beaux spécimens dans l'église Saint-Sernin de Toulouse, est frappée de relâchement et d'infériorité à mesure qu'on monte vers l'ouest et le nord. C'est une autre école qui fleurit à Angoulême, à Limoges, à Uzerche, à Tulle, à Brives, à Souillac, à Cahors. Moins savante, elle fait faillite à la tradition ; mais la part d'observation y est grande encore, — plus grande surtout que dans le Poitou, la Saintonge, l'Ile-de-France et la Normandie, où les frises ornées de rinceaux et les chapiteaux d'une richesse singulière alternent avec les productions d'une Statuaire notablement barbare, plus grande aussi que dans les régions où l'abbé de Cluny, cet *abbé des abbés* qui régentait deux mille prieurés[5] et jouait un rôle si important dans les fastes ecclésiastiques du Moyen Age, entreprit de donner à l'art religieux un magnifique essor.

Le tout-puissant Odon avait, pour atteindre ce but, tous les moyens d'action, sauf un. L'Art, en effet, ne se conduit pas dogmatiquement. Les Clunisiens, n'ayant pas en eux ni dans leur doctrine la possibilité de donner à leurs artistes l'inspiration et le talent, crurent remédier à cette impuissance par la réalisation des formules que leur livraient les manuels byzantins. Nous avons vu à Vézelay, à Autun, à Moissac, à Charlieu, les résultats singuliers de cette transfusion d'un art dans un autre. La transplantation de ces icones agitées, aux peu vraisemblables proportions, dans l'encadrement de ces tympans romans aux profils calmes, aux contours pondérés et sages, produit une impression si fantastique, si troublante, que Viollet-le-Duc avoue avoir longtemps hésité avant de décider si ces bas-reliefs avaient été exécutés par des artistes byzantins « ou s'ils étaient dus à des sculpteurs occidentaux travaillant sous une influence byzantine[6] ». Nous avons démontré comment l'artiste, dès qu'il pouvait se dérober à cette influence exotique, dès qu'il lui était permis de se libérer des formules obligatoires, adoptait une esthétique littéralement opposée. L'hésitation n'est donc plus permise.

Mais les statuaires de l'école clunisienne, s'ils inscrivirent au frontispice de nos églises des icones orientales et quelque peu extravagantes, n'en exercèrent pas moins une influence féconde sur la marche générale

---

1. Voir Séroux d'Agincourt, *Histoire de l'Art par les monuments : Tableau historique*, t. I, p. 63. Même dans leurs peintures, les Byzantins professèrent pour le nu une horreur marquée. À partir de la sortie du paradis terrestre, Adam et Ève sont vêtus. La faute de David contemplant Bethsabée et l'histoire de la chaste Suzanne sont passées sous silence. La seule exception qui soit faite concerne le baptême de Jésus.

2. « Uxorem Loth respicientem convertit Dominus in statuam salis. » (*Genèse*, XIX.)

3. Cité par Ad. Jésus, *De Pictura veterum*, liv. II, chap. I.

4. Dans les premiers crucifix, le Christ lui-même est représenté vêtu d'une longue robe (voir notre *Histoire de l'Orfèvrerie française*). Et c'est une exception extraordinaire quand on voit, comme à l'Octogone de Montmorillon, des statues de femmes entièrement nues (consulter les reproductions qu'Alexandre Lenoir a données de ces figures).

5. Voir Lorain, *Histoire de l'Abbaye de Cluny depuis sa fondation jusqu'à sa destruction* (1845), et Martin Marrier, *Bibliothèque de la Congrégation de Cluny*.

6. Viollet-le-Duc, *Dictionnaire de l'Architecture*, t. VIII, p. 108.

de leur art. Ces figures, dont ils respectaient l'aspect dogmatique, eurent l'heureux avantage de ramener les artistes à une meilleure observation de l'exactitude et de la variété du geste. Chez les Grecs, de tout temps, « l'art des gestes » avait été considéré comme un art de grande importance, égal à ceux de la danse ou du chant. Au temps de Périclès et même de Philippe, les gestes étaient le complément indispensable du langage. Ils servaient à souligner les intentions, à expliquer les sous-entendus, à multiplier les expressions des sentiments, à en faire apprécier les nuances. Ils avaient leur éloquence. En Grèce, un geste faux était qualifié de solécisme. On disait : « faire un solécisme avec la main », et ce n'étaient pas seulement les délicats qui se montraient sensibles à ces fautes, mais le peuple entier. De là l'étonnante propriété, la justesse parfaite des gestes dans la Statuaire antique, et sa grâce particulière.

Avec des hommes endurcis par les rudes travaux de la guerre, de la chasse, bardés de fer, comme l'étaient les descendants des compagnons de Charlemagne ou les contemporains de Hugues Capet et de son fils Robert, cette délicatesse assouplie s'était changée en rudesse, en gaucherie. Ainsi, grâce au prestige de Byzance et à l'autorité de Cluny, ce fut encore de la Grèce, et par d'assez mauvais modèles cette fois, que nous vint l'initiation qui devait assouplir, dans le Nord de la France, les gestes anguleux de la Statuaire nationale et lui permettre, aux siècles suivants, de réaliser de véritables merveilles d'élégance et de distinction.

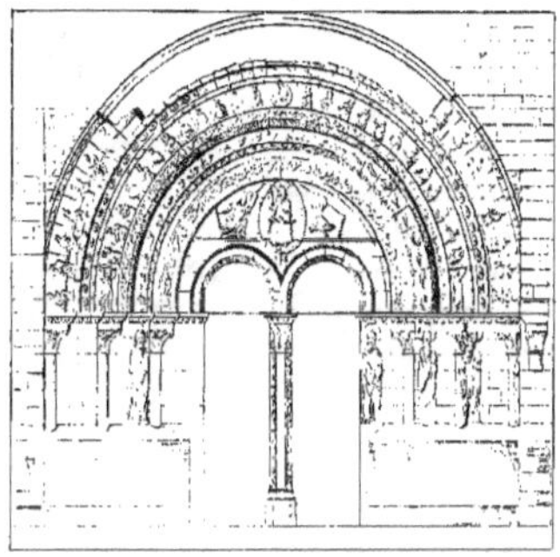

PORTAIL DE L'ÉGLISE DE MORLAAS.

VI

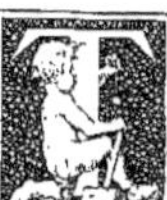

RÈS souvent, écrit Herzen, une différence de structure en apparence peu importante produit une grande diversité de réaction[1]. » Cette constatation ne concerne pas seulement les êtres animés, elle trouve aussi son application dans le domaine des œuvres humaines. Nous avons vu que la voûte en berceau, employée à la couverture de larges espaces, avait obligé les constructeurs à gratifier les monuments religieux de murs épais, percés de baies peu nombreuses et de peu d'étendue. La solidité des murs et le nombre volontairement restreint des ouvertures eurent pour effet de transformer, soit d'une façon permanente, soit accidentellement, les sanctuaires catholiques en de véritables places fortes. Cette transformation, au surplus, était assez naturelle. Nous n'avons plus guère idée de l'insécurité qui, même en dehors des temps d'invasion, régnait alors sur toute l'étendue du pays. Lisez Orderic Vital : il vous racontera les déprédations auxquelles se livraient, en pleine paix, d'une part les seigneurs des moindres manoirs, et d'autre part les bandes de brigands ou d'insurgés : Jacques, Cottereaux ou Mauvais-Garçons. Les premiers se faisaient une habitude, même sans prétexte plausible, de piller les terres de leurs voisins, de ravir le bétail, de mettre les habitants à rançon. Les autres « parcouraient en troupe les bourgs comme les campagnes et, véritables bandes de voleurs, se livraient à toutes sortes d'excès contre le peuple désarmé ». Prises ainsi entre l'enclume et le marteau, et pour être à même de résister à ces déprédations, les abbayes, bien avant l'effondrement de la dynastie carolingienne, s'étaient transformées en véritables places de guerre. Grégoire de Tours parle déjà des tours et des barbacanes qui défendaient le couvent de Sainte-Croix, à Poitiers[2]. Abbon rapporte, dans son poème du *Siège de Paris*, que l'effort des Normands vint se briser contre la tour fortifiée qui défendait Saint-Germain-des-Prés[3]. La tourelle qui occupe l'angle de la rue du Verbois est un dernier vestige des fortifications du prieuré de Saint Martin-des-Champs. Partout on garnit les murs d'enceinte de tours et de créneaux,

---

1. Herzen, *Physiologie de la Volonté, op. cit.*, p. 69.
2. Grégoire de Tours, *Liber de gloria confessorum*, cap. CVI : « .... per fenestras turrium et ipsa quoque muri propugnacula ...» « *Propugnacula Gallice barbaquenne* », dit maître Jean de Garlande (voir *Magistri Johannis de Garlandia Dictionnarius*, art. XLVIII).
3. Abbon, *Siège de Paris par les Normands*, liv. VIII.

de *propugnacula*, comme les appellent Grégoire de Tours et Suger, parlant des défenses dont il gratifia la basilique de Saint-Denis[1]. « Si par hasard, écrit Alfred Darcel, les textes qui relatent les sièges supportés par les églises venaient à manquer, l'aspect seul de celles des Pyrénées nous prouverait avec surabondance que ces édifices furent presque autant militaires que religieux[2]. » Partout en France, au surplus, cette remarque se trouve justifiée.

L'abbaye célèbre de Montmajour, celles de Saint-Victor de Marseille, du Mont-Saint-Michel-au-Péril-de-la-Mer, le palais épiscopal d'Alby, l'église des Templiers de Luz (Hautes-Pyrénées), celles de Saint-Philibert, à Tournus, de Saint-Désert (Saône-et-Loire), de Saint-Vincent, à Mâcon, l'abbaye de Cluny elle-même, furent ou sont encore de véritables forteresses. L'abbatiale de Nouaillé (Vienne), avec sa tour formant donjon et ses murs en partie couronnés de chemins de ronde, ne fut pas moins redoutable en son temps. L'église de Royat a conservé l'aspect d'un château féodal. Celles des Saintes-Maries-de-la-Mer, de Saint-Saturnin, de Rouffiac, de Saint-Bertrand de Comminges, avec leurs murs robustes, leurs tours redoutables, leurs ferrures compliquées, leurs fenêtres grillées, étroites et difficilement accessibles, disent assez qu'on prétendait à l'occasion résister à un coup de main et même soutenir un siège. On ne se barricade pas ainsi pour dire ou écouter la messe[3]. C'est que ces asiles de prière étaient, aux jours de lutte et de désespoir, non seulement la retraite naturelle des religieux, mais le refuge des populations environnantes[4].

Dans ce même but de relative sécurité, les villes se ceignirent, elles aussi, de murailles et de tours. En outre, comme l'ennemi n'était pas exclusivement au dehors des murs, qu'il pouvait se trouver dans une rue voisine, dans une maison mitoyenne, on s'ingénia à fortifier non seulement les quartiers, mais les habitations particulières. Interrogez M. A. Monteil[5] : il vous apprendra que, au XIIe et au XIIIe siècle, Rodez était divisée en deux parties, la Cité et le Bourg, l'une et l'autre entourés de remparts. De temps en temps, Bourg et Cité entraient en guerre, et même, quand on était en paix, chaque nuit les habitants fermaient soigneusement les portes de leur enceinte respective, et faisaient plus exactement le guet sur les murailles qui les séparaient que sur celles du côté des champs. Ces mêmes dispositions défensives, dictées par un égal esprit de méfiance, se retrouvent dans beaucoup d'autres villes, pareillement séparées : à Carcassonne, notamment, à Auch, à Périgueux, à Meaux en Brie, etc. Quant aux maisons fortifiées, elles étaient extrêmement nombreuses.

Guillaume le Breton, dans son poème de *la Philippide*, nous apprend que Gand tirait vanité de ses « maisons ornées de tours »[6], et cependant elles avaient été flétries, comme un signe d'orgueil, par l'archevêque de Reims[7]. Les biographes de Louis VIII rapportent que ce prince, maître d'Avignon, fit jeter bas « trois cents maisons garnies de tours »[8]. Guillaume de Nangis ajoute que Henri, roi des Romains, s'étant emparé de Crémone, fit détruire « les maisons fortifiées et leurs tours[9] ». En 1248, le parti de l'Empire (gibelin), vainqueur et maître de Florence, y fit démolir trente-six palais fortifiés appartenant aux Guelfes. Les deux énormes tours penchées de Bologne, la *torre Asinella* et la *torre Garisenda*[10], attestent encore cette vanité des possesseurs de donjons, dont parle Muratori[11], alors qu'à Vérone la rébarbative maison des Montaigu, toute hérissée de créneaux, le Bargello de Florence, et chez nous la tour ronde de l'ancien évêché de Beauvais, aussi bien que la porte de l'hôtel de Clisson, à Paris, montrent que ces défenses privées étaient parfois des plus sérieuses.

Pour se faire une idée, au surplus, de l'importance que les habitants des villes, en apparence les plus débonnaires, attachaient à ces fortifications, il faut lire l'épique récit des luttes que les habitants de Vézelay soutinrent pour conserver cette marque de leur indé-

---

1. « Turrim etiam et superiora frontis propugnacula, tam ad ecclesiæ decorem quam et utilitatem, si opportunitas exigeret, variari condiximus. » (Suger, *De rebus in Administratione sua gestis*, XXVI.)

2. A. Darcel, *Annales archéologiques*, t. XIII, p. 310.

3. On éleva de ces fortifications jusqu'à une époque relativement récente. Au XVe siècle, la collégiale de Dorat fut exhaussée d'un mur crénelé et l'abside fut surmontée d'une tour (l'abbé Texier, *Album du Petit Séminaire de Dorat*, et *Annales archéologiques*, t. XII, p. 255).

4. On lit dans une lettre de Gui de Sévérac dénonçant au comte de Poitiers les agissements de Vivian de Boge, évêque de Rodez : « Ensuite sachez que la plupart des habitants n'ont d'autres forts que leurs églises, et qu'en ce temps de guerre les bonnes gens du pays mettent dans lesdites églises leurs arches, dans lesquelles ils serrent leurs habits. Or, l'évêque a défendu de porter les arches dans les églises et a excommunié ceux qui les y placent ». (*Histoire du Rouergue*, année 1260, p. 286.)

5. A. Monteil, *Histoire des Français des divers états pendant les cinq derniers siècles*, t. II, p. 196.

6. Guillaume le Breton, *la Philippide*, chant II.

7. Baron de Reiffenberg, *Recherches sur la Statistique de la Belgique*.

8. Guillaume de Nangis, *Chroniques*, dans Guizot, *Collection des Mémoires*, etc., t. XIII, p. 136. — *Vie de Louis VIII*, dans D. Brial, *Recueil des Historiens français*, t. V.

9. Guillaume de Nangis, id., *ibid.*, t. XIII, p. 285.

10. La *torre Asinella*, édifiée en 1105 par la famille Asinelli, mesure 89 mètres de haut. La *Garisenda*, bâtie en 1110 par les frères Garisendi, n'en mesure que 49.

11. « Nobilium locupletum erat gloria turres habere. » (Muratori, cité par Charles Blanc, *Histoire de la Renaissance en Italie*, p. 7.)

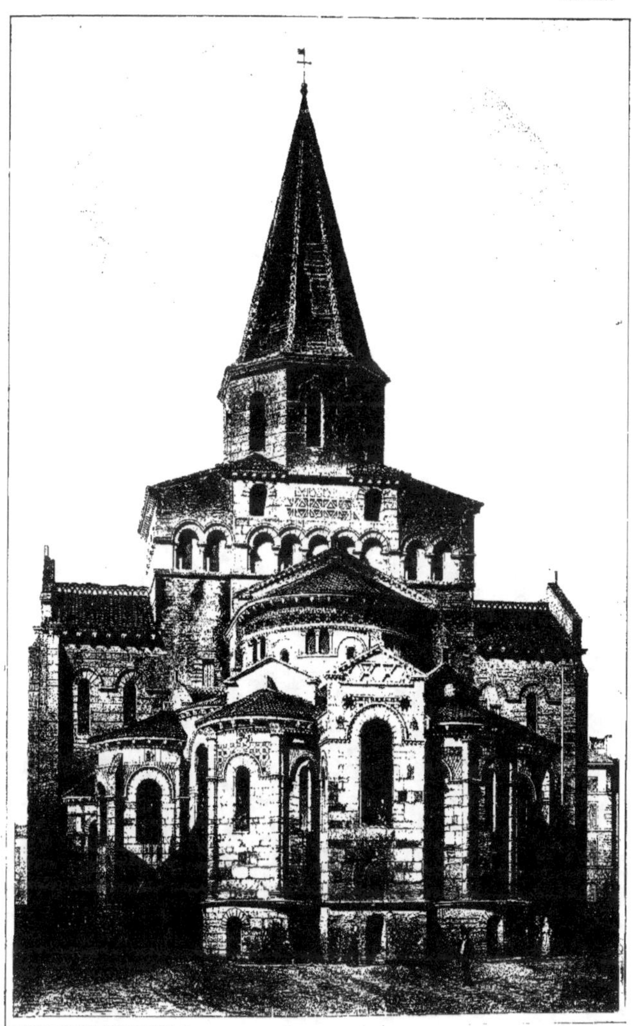

Ducourtioux et Huillard, sc.

Ch. Schmid, éd.

ISSOIRE

Abside et clocher de l'église Saint-Paul

pendance relative. On y verra que, condamnés par sentence royale à « abattre eux-mêmes les enceintes et travaux de leurs maisons », ils s'y refusèrent parce que « cet ordre était pour eux un grand sujet de douleur, et comme un aiguillon perçant, qui pénétrait jusque dans le fond de leurs yeux ». L'abbé dut armer les serfs de ses domaines pour procéder *manu militari* à cette exécution, qui ne s'effectua pas sans effusion de sang[1].

Les villes érigées en communes furent plus favorisées. L'autorité souveraine respecta les logis fortifiés et Guillebert de Metz nous donne la curieuse description d'un hôtel de ce genre, qu'un brave bourgeois parisien possédait de son temps rue des Prouvaires, et qui contenait non seulement un véritable arsenal, mais aussi un pacifique donjon[2].

Cet emblème guerrier des créneaux, symbole d'indépendance, survécut même aux préoccupations qui lui avaient donné le jour. On retrouve encore dans certaines villes

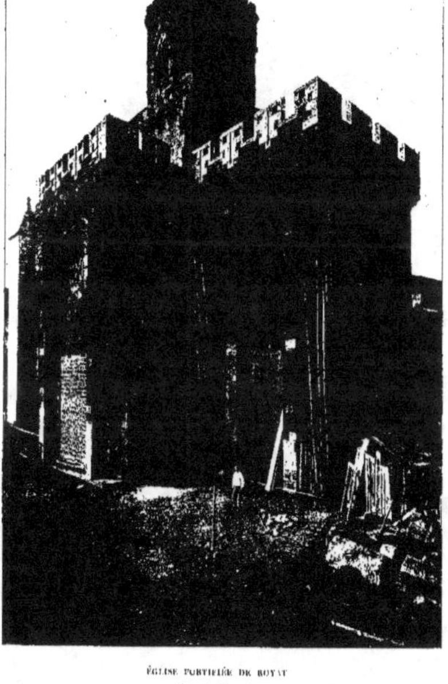

ÉGLISE FORTIFIÉE DE ROYAT
(Puy-de-Dôme).

jadis jalouses de leurs libertés, à Cologne, à Nantes, à Poitiers, à Arles, à Chinon, par exemple, des restes de ces *propugnacula* inoffensifs, assez semblables aux épaulettes de général que Louis XVIII plaçait sur son habit bourgeois[1]. Dans d'autres demeures d'un caractère moins privé, à l'hôtel de Cluny, à Paris, ou au Rathhaus de Bâle, pour avoir un aspect plus sérieux la couronne crénelée n'offrait guère plus d'importance au point de vue défensif. Du reste, le véritable refuge de la population dans les circonstances pressantes, quand la ville surtout était prise d'assaut, envahie, occupée par l'ennemi, c'était, nous venons de le dire, l'église, — cette église dont Grégoire de Tours nous montre, dès les Mérovingiens, le rôle efficacement protecteur. Dans sa naïve croyance, le peuple, pendant bien des siècles, identifia même en son esprit ces deux conceptions, pourtant distinctes : la protection matérielle et l'affranchissement moral. De curieuses images en témoignent. A Saint-Savin, sur la voûte du vestibule, le peintre, ayant à représenter le paradis, l'a figuré sous la forme d'une église, enfermée dans une forteresse. A Saint-Bonnet-le-Château, la réception de la Vierge dans le divin séjour nous montre celui-ci entouré d'un mur crénelé, armé d'échauguettes et pré-

---

1. HUGUES DE POITIERS, *Histoire du Monastère de Vézelay*, liv. III.
2. GUILLEBERT DE METZ, *Description de Paris*, p. 68 : « En une chambre haulte estoient grand nombre d'arbalestes, dont les aucuns estoient pains (*sic*) à belles figures. Là estoient estendars, banières, pennons, arcs à mains, picques, faussurs, planchons, haches, guisarmes, maillés de fer et plont, pavois, targes, escus, canons et autres engins avec plenté d'armeures, et briefment il y avoit aussi comme toutes manières d'appareils de guerre. Item là estoit une fenestre faite de merveillable artifice, par laquele on mettoit hors une teste de plates de fer creuse, parmy laquele on regardoit et parloit à ceulx de dehors, se besoing estoit sans doubter le trait. Item par-dessus tout l'ostel estoit une chambre carrée, où estoient fenestres de tous costés pour regarder par-dessus la ville.

Et quant on y mangeoit, on montoit et avaloit vins et viandes à une polie pour ce que trop hault eust été à porter. »
3. Il faut bien reconnaître que le créneau, après avoir été un moyen de défense, est devenu une sorte d'ornement, puisqu'on a fait des meubles crénelés. A Noyon, la cathédrale possède une armoire célèbre surmontée de créneaux. A l'église *San Zeno* de Vérone, les stalles du chœur, remontant au XIVe siècle, sont également couronnées de créneaux. Mais le plus curieux peut-être, ce sont les tours de l'église de Sainte-Gudule, à Bruxelles, qui s'amortissent en *créneaux ajourés*. En Angleterre, l'architecture néo-gothique a fait aussi grand usage de ce genre d'ornements, qui pour n'être pas ajourés n'en sont pas mieux à leur place sur de bourgeoises et pacifiques demeures.

cédé d'une grande tour sous laquelle saint Pierre, ses clefs à la main, semble écouter les explications de trois moines qui le supplient de leur faire bon accueil. Un

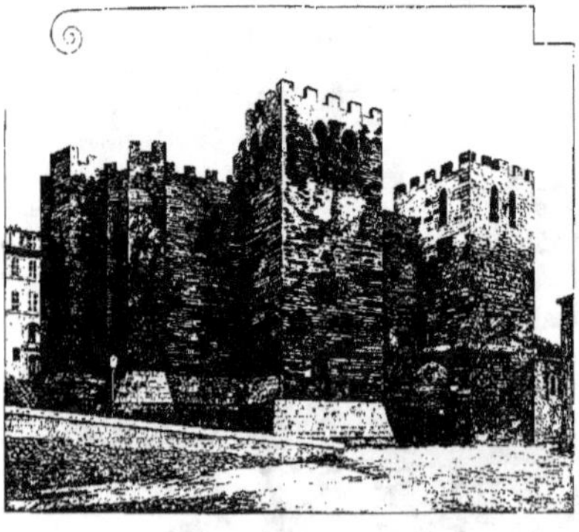

L'ABBATIALE SAINT-VINCENT, A MARSEILLE.

ivoire sculpté, qu'on prétend du XI⁰ siècle[1], représente également la Jérusalem céleste sous la forme d'une ville fortifiée. Enfin, c'est sous cette même forme que le paradis est figuré dans l'Évangéliaire carolingien de Sainte-Aure[2]. On voit que cette conception du Paradis est fort ancienne. Un artiste de ces temps ne pouvait imaginer autrement la divine résidence, tant, en ces époques troublées, l'idée de sécurité était liée à celle de fortification.

Ajoutons que, pour ce qui concerne les établissements religieux, — couvents ou églises, — la sécurité y était d'autant plus probable que leur population tonsurée affectait des allures et des mœurs autrement militantes que de nos jours. Dans le principe, sous la dynastie mérovingienne et même au temps de Charlemagne, le vêtement des ecclésiastiques, en dehors des saints offices, ne se distinguait pas sensiblement de celui des cavaliers les plus guerroyants[3]. Ce fut seulement sous le règne de Louis le Débonnaire que les « évêques et les clercs commencèrent à quitter ces baudriers, ces ceintures dorées chargées de couteaux aux manches précieux, ces éperons dont leurs chaussures étaient embarrassées[4] ». Mais, s'ils renoncèrent momentanément à ce costume guerrier qui leur était si cher, ils se gardèrent bien, par contre, d'abdiquer l'esprit batailleur de leur temps.

Venant à parler de l'évêque Turpin, qui dans le combat « court férir son ennemi, brise l'écu et déconfit le haubert du païen »[5], Léon Gautier[6] s'écrie gravement : « Il n'y a jamais eu de prêtre comme Turpin », et il ajoute : « heureusement ! » C'est une erreur. Les évêques guerriers sont légion au Moyen Age. A l'imitation de ces « deux frères Salone et Sagittaire, tous deux évêques[7], » que Grégoire de Tours nous montre « armés, non pas de la croix céleste, mais de la cuirasse et du casque séculiers, et tuant beaucoup d'ennemis de leur propre main[8], » on vit, durant le siège de Paris par les Normands, le pontife Gozlin, non moins bon archer que prêtre instruit, percer de ses flèches les Danois qui s'approchaient des murs[9]; l'évêque Auscherie commander une sortie, et faire mordre la poussière à six cents ennemis[10]; et l'abbé Ebblé, « fameux guerrier, distingué par la connaissance des lettres et propre à tout s'il n'eût été trop avide de richesses et trop abandonné aux plaisirs de la volupté, » figurer au premier rang des chevaliers les plus valeureux[11].

Longtemps après ces faits héroïques, les évêques marchaient encore à la tête des troupes de leurs diocèses, et les curés guidaient la bannière de leurs paroisses. Louis le Débonnaire lui-même, tout réformateur qu'il se montrât de la tenue et du costume ecclésiastiques, n'hésita pas à charger, en 828, Héliscar, « prêtre et abbé », d'aller réprimer la rébellion qui ensanglantait les marches de l'Espagne[12]. On s'explique à la rigueur que les Croisades et la guerre des Albigeois aient été conduites par des membres du clergé, mais on comprend moins le rôle d'Odon, évêque de Bayeux, « prélat libéral et très grave », suscitant des conspirations constantes et de perpétuelles émeutes[13], et l'on s'étonne de voir, aux côtés de Philippe Auguste, sur le

---

1. Cet ivoire a été gravé par Gaucherel et publié dans les *Annales archéologiques*, t. XX, p. 288.

2. Bibliothèque de l'Arsenal, Ms. n° 1171.

3. Ils ne revêtaient les habits sacerdotaux qu'à l'heure des offices : c'est ce qui explique cette précaution mentionnée par Eginhard (*Vie de Charlemagne*) qu'avaient les empereurs de doter les sanctuaires de chasubles, d'étoles, de soutanes, qui y restaient à demeure.

4. L'Astronome, *Vie de Louis le Débonnaire*, dans Guizot, *Collection des Mémoires*, etc., t. III, p. 356.

5. *Chanson de Roland*, II, vers 465 à 481.

6. L. Gautier. *l'Idée religieuse dans la poésie épique*.

7. Salone était évêque d'Embrun et Sagittaire évêque de Gap.

8. Grégoire de Tours, *Histoire ecclésiastique des Francs*. liv. IV.

9. Abbon, *Siège de Paris par les Normands* (poème), dans Guizot, *Collection des Mémoires*, etc., t. VI. p. 21.

10. Id., *ibid.*, p. 60. — 11. Id., *ibid.*, p. 18 et 57.

12. Eginhard, *Annales*, dans Guizot, *op. cit.*, t. III, p. 110.

13. Orderic Vital, *Histoire ecclésiastique de Normandie*, liv. VIII.

champ de bataille de Bouvines, l'élu de Senlis faisant fonction de capitaine expérimenté, ou l'évêque de Beauvais assommant les chevaliers et refusant de recevoir comme prisonniers ceux qu'il désarçonnait, « pour ne pas être accusé d'avoir commis, comme prêtre, une œuvre illicite[1] ».

Dès l'avènement des Capétiens, non seulement les prélats, mais les simples moines, avaient repris l'habit militaire. Adalberon[2], évêque de Laon, dans son petit poème adressé au pieux roi Robert, trace un curieux croquis de ces moines-soldats. « Il a quitté son habit de religieux, écrit-il. Un haut bonnet fait de la peau d'un ours de Libye surmonte sa tête[3]. Sa longue robe est écourtée et tombe à peine aux mollets. Il l'a fendue par devant et par derrière, pour être plus agile. Ses flancs sont ceints d'un baudrier étroit. Une foule d'objets pendent à sa ceinture; on y reconnaît un arc et son carquois, des tenailles, une masse d'armes, une épée, une pierre à feu, un briquet pour la frapper et la feuille de chêne sèche pour recevoir l'étincelle.... Des bandelettes de cuir entourent ses jambes et ses bras. Ses éperons piquent la terre et ses pieds sont enfermés dans des chaussures élevées, qu'un bec recourbé termine[4]. » On croirait presque entrevoir, à travers cette critique du costume des moines de Cluny, la curieuse estampe représentant la *Procession de la Ligue*. Si telle était la tenue des Clunisiens, on peut deviner quelle était la martiale tournure des prélats[4].

Ces détails font mieux comprendre la confiance que la population paisible mettait, au jour du danger, en de pareils hommes, et pourquoi on courait chercher un asile assuré dans les monastères. Mais, pour que ces derniers pussent remplir leur rôle protecteur, il fallait, ne craignons pas d'insister sur ce point, qu'ils présentassent des défenses sérieuses. De là ces créneaux, ces *propugnacula* dont on remarque encore la présence aux façades de l'abbaye de Saint-Denis, de Notre-Dame du Puy, de la cathédrale de Sens, de l'église de Tournus et de Saint-Benoît-sur-Loire, de Saint-Nazaire de Carcassonne, etc., et qui donnent à ces édifices de paix et de recueillement une apparence presque guerrière, jurant avec leur destination. De là

aussi ces clochers robustes, massifs, véritables donjons, qui ajoutent non seulement à la beauté, mais à la force de résistance de ces pieux édifices, et dont il nous faut tout d'abord bien établir l'ancienneté.

Nous ne nous attarderons pas à discuter avec Viollet-le-Duc si, avant le viiie siècle, les églises, « ne possédant pas de cloches, étaient naturellement dépourvues de clochers[5] ». Nous ferons simplement remarquer que les églises de Ravenne, qui datent du ve et du vi[e] siècle, possèdent dans leur voisinage des tours rondes, isolées,

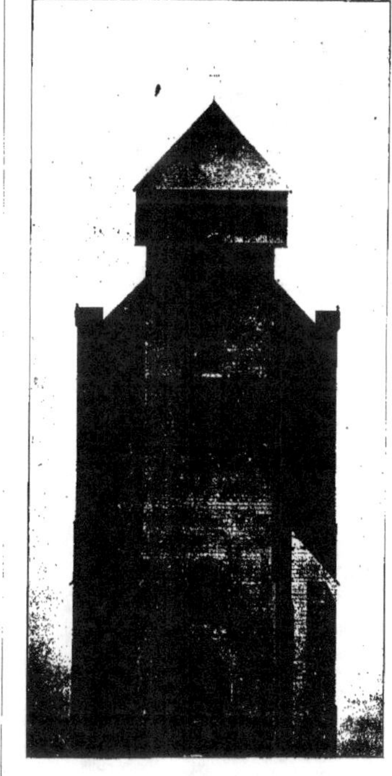

CLOCHER DE SAINT-BERTRAND DE COMMINGES.

---

1. « Attendu qu'il n'est jamais permis à un ecclésiastique de se trouver en de telles rencontres, puisqu'il ne doit profaner ses yeux et ses mains par le sang.... Encore qu'il ne soit pas interdit de se défendre soi et les siens, pourvu que cette défense n'excède pas les bornes légitimes. » (GUILLAUME LE BRETON *la Philippide*, chants X et XI.) C'est ce même évêque de Beauvais qui, quelques années plus tôt, ayant été pris les armes à la main par Richard Cœur de Lion, fut réclamé par le pape Célestin III. « Vous devez me rendre mon fils, écrivait-il à Richard; mais le roi, envoyant au Saint Père la cuirasse du l'évêque, lui répondait par les paroles de l'histoire de Joseph : « Reconnaissez-vous la tunique de votre fils? » (VOLTAIRE, *Essai sur l'Esprit et les Mœurs*, t. I (OEuvres complètes), t. VIII, p. 450.)

2. ADALBERON, *Dialogue avec le roi Robert*, dans GUIZOT, *Collection des Mémoires*, etc., t. VI, p. 428.

3. On voit que l'origine des bonnets à poil remonte loin.

4. C'est la première mention que nous ayons relevée des chaussures à la poulaine.

5. VIOLLET-LE-DUC, *Dictionnaire raisonné de l'Architecture*, t. III, p. 288.

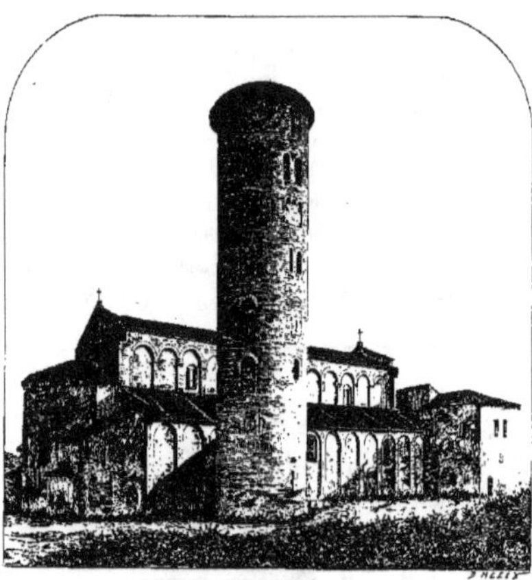

TOUR DE SANT' APOLLINARE, A RAVENNE.

il est vrai, mais dont la destination fut certainement de servir de campaniles. Nous constaterons, en outre, avec le R. P. Jacques Dubreul[1], que Venantius Fortunatus, au vi[e] siècle, comparait « la dévotion des fidèles de son temps à l'enthousiasme des soldats, lesquels, excités par la trompette, courent avec allégresse au combat, pour défendre leur peuple, » et ajoutait : « Aussi ce peuple, au son de la cloche, s'empresse de venir à l'église, ouïr le divin service et rendre louange à Dieu ». Quant au volume des cloches, qui, au vıII[e] siècle, toujours selon Viollet-le-Duc, « n'étaient pas d'une assez grande dimension pour exiger l'érection de tours considérables », nous nous bornerons à rappeler qu'en 610, l'armée de Clotaire assiégeant la ville de Sens, le vénérable Loup, qui se trouvait enfermé dans la tour de l'église Saint-Étienne, apprenant que l'ennemi allait donner l'assaut, ordonna qu'on sonnât à toute volée les cloches de l'église, qui depuis le commencement du siège étaient restées muettes en signe de deuil. Il faut croire que ces cloches étaient puissantes et que leur son était d'une gravité sinistre, car les soldats de Clotaire, épouvantés par ce bruit inattendu, prirent la fuite, et leurs officiers eurent la plus grande peine à calmer leur inquiétude et à les ramener au combat[2]. Ainsi, l'usage des cloches, et même des cloches relativement volumineuses, est, dans le culte catholique, infiniment plus ancien que certains archéologues paraissent le supposer.

En France, comme en Italie, on éleva tout d'abord des tours exclusivement pour les recevoir, et les deux pays possèdent un certain nombre de ces tours indépendantes. Au delà des Alpes, le campanile de Saint-Marc, celui de Florence et la Tour penchée de Pise sont trop célèbres pour qu'on les passe sous silence. Chez nous, la tour de Charlemagne, à Tours, celles des églises de Brantôme, de Tracy-le-Val, le clocher de Nesle, primitivement détaché de l'église et lors de la reconstruction de celle-ci englobé dans un des collatéraux, le clocher de Notre-Dame du Puy, presque indépendant du reste des constructions, ne sont guère moins connus; alors que les tours de Saint-Michel et de Peyberland, à Bordeaux, montrent l'usage des clochers isolés se perpétuant pendant plus d'un siècle encore.

« Jusqu'à la fin du xII[e] siècle, écrit Viollet-le-Duc, le clocher est encore un édifice à part[3]. » Ceci est inexact, car, en bien des lieux déjà, il était réuni à l'église. Saint-Pierre d'Angoulême, la Madeleine de Vézelay, avec ses tours multiples, Saint-Savin, avec sa flèche de cent mètres de haut, Saint-Porchaire de Poitiers et cent autres églises attestent l'imprudence de cette affirmation. « Pendant cette période, ajoute-t-il, il est plutôt un monument de vanité qu'un monument d'utilité. » Autre erreur non moins capitale. Depuis son origine, le clocher exerça une triple fonction, religieuse, politique et guerrière; et ce triple rôle fut trop important

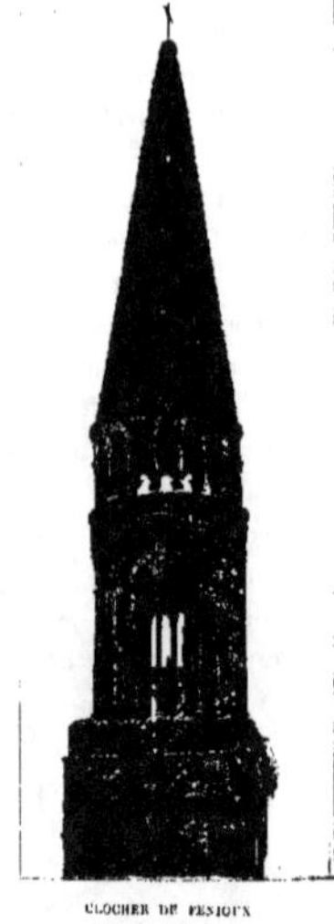

CLOCHER DE FENIOUX
(Charente-Inférieure).

pour que nous ne lui consacrions pas quelques pages.

<hr>

1. J. Du Breul, *le Théâtre des Antiquités de Paris*, p. 8.
2. Voir (*Bibliothèque des Arts de l'Ameublement*), dans notre volume *les Bronzes d'Art et d'Ameublement*, p. 100 et suiv., une histoire des cloches.
3. Viollet-le-Duc, *Dictionnaire d'Architecture*, t. III, p. 365.

VII

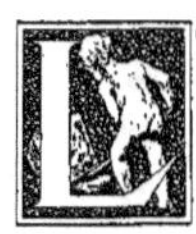OIN d'être uniquement un monument d'orgueil et de vanité, le clocher, ne craignons pas de le redire, joua, dès son apparition, un rôle politique, religieux et militant de tout premier ordre. A la suite des invasions normandes, quand on se prit à reconstruire les églises romanes, pour les mettre à l'abri de visites indiscrètes, on songea à défendre les approches et l'accès de l'édifice ; les façades latérales et l'abside pouvaient être privées de portes, seule la façade principale comportait forcément une entrée. De là l'érection, sur ce point, de tours solides et puissantes. Un des plus anciens exemples de cette disposition si prudente nous est fourni par l'église Saint-Germain-des-Prés, qui conserve encore les parties inférieures de la tour carolingienne bâtie au-devant de sa porte occidentale, et qui résista, nous l'avons vu, à l'effort des Normands. Moins heureux, le clocher de la cathédrale de Bayeux qui, en 1105, servant d'asile à Robert Fitz-Haimon, assiégé par le duc de Normandie, dut être abandonné de ses défenseurs parce que les assiégeants mirent le feu à l'église[1]. Les églises de Poissy et de Créteil sur la Seine, les abbatiales de Saint-Savin (Haute-Vienne), de Saint-Benoît-sur-Loire, de Moissac, de Lesterps (Charente), de Saint-Porchaire et de Sainte-Radegonde, à Poitiers, de Thaon, près de Caen, d'Uzerches, de Morienval (Oise), de Saint-Sauveur, à Bruges, montrent que cette disposition si favorable à la défense a non seulement été adoptée sur les points les plus distants, mais a survécu au style roman et est demeurée en usage pendant plusieurs siècles. Le rôle guerrier de ces tours massives, surmontant le porche et commandant l'entrée de l'édifice, est si évident, au surplus, que Viollet-le-Duc, dont nous venons de noter l'opinion singulière, disait à leur propos : « On ne

saurait admettre que les énormes clochers précédant les églises abbatiales de XIe siècle, comme par exemple ceux dont on voit encore les étages inférieurs, à Saint-Benoît-sur-Loire et à Moissac entre autres, fussent uniquement destinés à recevoir des cloches à leur sommet[2]. » C'est la même impression qu'on éprouve en maint autre lieu. A Saint-Savin (Vienne), la porte d'entrée, relativement moderne, en a remplacé une qui était encore plus étroite, et qui, dépourvue de toute ornementation, « annonçait, suivant l'expression de Mérimée, plutôt l'entrée d'une forteresse que d'un édifice religieux[3] ». Le clocher à sa base a une apparence militaire indiscutable. Carré, très solidement bâti, flanqué d'épais contreforts, il montre dans sa maçonnerie les longues ouvertures qui servaient jadis à la manœuvre du pont-levis. C'est encore cette formidable impression que ressentait Vitet, contemplant les clochers de Noyon[4], et qu'il exprimait presque dans des termes identiques. C'est celle que produit la tour aveugle de Saint-Bertrand de Comminges. De même F. de Verneilh, visitant une des tours du portail occidental de l'église de Beaumont en Périgord, constatait qu'à l'intérieur, cette tour couronnée de créneaux et de mâchicoulis renferme des logements militaires, un puits et des latrines, comme un véritable donjon[5].

Le siège homérique de Notre-Dame, que Victor Hugo a éclairé des lueurs de son génie, n'est pas une fiction de roman, un récit fantaisiste. Le journal que le syndic de Bruges Galbert nous a laissé du meurtre du comte Charles le Bon, puis du siège que ses assassins et leurs partisans soutinrent dans l'église Saint-Donatien d'abord et finalement dans le clocher de cette église, dernier asile qui leur restât et qu'ils défendirent avec l'énergie du désespoir, est encore plus dramatique. Il fallut non seulement la participation de la population tout entière, mais la venue en Flandre du roi de France lui-même, de Louis le Gros en personne, pour triompher de cette résistance opiniâtre[6]. Et ce n'était pas là un fait exceptionnel. Dans la curieuse notice qu'il a consacrée à l'église de Saint-Savin, Mérimée[7] montre que, jusqu'à l'aurore du XVIIe siècle, cette abbatiale fut

---

1. Le *Roman du Rou* (vers 1619 et suiv.) nous a transmis le souvenir de cet incendie :

> Robert s'combati el mostier
> Sus en la toer tres k'ol clochier.
> Maiz il n'i pout gaires atendre,
> Volsit ou non fallut descendre,
> Kar li feu ifu aportéz.
> Dunc li mostier fu alumèz.

2. Viollet-le-Duc, *Dictionnaire de l'Architecture*, t. III, p. 289.

3. Mérimée, *Étude sur les Arts au Moyen Age*, p. 21.

4. « Ces tours ne s'élancent pas en pyramide. Elles sont presque aussi larges au sommet qu'à la base.... Tout en elles est sombre et sévère. Elles semblent placées là bien plus pour défendre la ville contre l'ennemi que pour renfermer des cloches qui appellent les fidèles à la prière. » (Vitet. *Notre-Dame de Noyon*, p. 4.)

5. F. de Verneilh, *Architecture civile au Moyen Age : Annales archéologiques*, t. VI, p. 80. L'église des Saintes-Maries possède également un puits à l'intérieur et, à la hauteur du toit crénelé de la nef, un véritable corps de garde qui sert aujourd'hui de sacristie.

6. *Vie de Charles le Bon, comte de Flandre*, par Galbert, syndic de Bruges, dans Guizot, *Collection des Mémoires*, etc., t. VIII, p. 241 et suiv.

7. Mérimée, *l'Église Saint-Savin*, p. 111 et suiv.

considérée par les divers partis qui luttèrent en France comme une place de guerre. Cette destination toute martiale des clochers est, au reste, assez prouvée, comme le remarque autre part Mérimée[1], « par les entraves que les rois et les Communes apportèrent souvent à leur érection ». Ajoutons que leur rôle économique et social dans l'existence des grandes villes n'était pas d'une importance moindre.

Nous avons indiqué, dans un autre ouvrage[2], la place considérable que les sonneries des cloches tinrent durant tout le Moyen Age dans la vie civile et religieuse des cités et des bourgs. A une époque où les horloges n'existaient pas encore, et tant qu'elles furent considérées comme des objets de la plus grande rareté, c'étaient les sonneries des paroisses et des monastères qui réglaient les principaux actes de la vie publique et privée. Chaque sanctuaire faisait entendre chaque jour huit sonneries principales régulièrement espacées de trois heures en trois heures[3]. C'était avec elles qu'on faisait concorder l'ouverture et la fermeture des portes, l'entrée et la sortie des ateliers, le couvre-feu. En outre, chaque église, chaque couvent avait la coutume et la spécialité de certains services, de certaines oraisons, qu'on annonçait aux fidèles par un tintement particulier. Cette sonnerie, bien connue des gens du quartier, leur servait de point de repère et leur permettait d'introduire des subdivisions dans ces huit divisions principales[4].

Indispensables à la régularité de la vie commune, les clochers assuraient encore le repos de la cité en la mettant à l'abri de toute surprise. Les guetteurs placés à leur sommet signalaient les incendies et prévenaient non seulement les manants et bourgeois de toute apparition inquiétante, mais encore les serviteurs occupés aux travaux du dehors. Enfin, dans les grandes solennités ou dans les circonstances graves, la sonnerie des cloches devenait en quelque sorte la voix de la Cité. C'est elle qui appelait les habitants aux armes ou à la prière, qui sonnait allégrement les fêtes de l'Église et celles du pouvoir laïque, les Entrées solennelles, les glorieux anniversaires, ou qui de son glas funèbre annonçait les malheurs, les dangers et les morts. On

peut donc, renversant hardiment l'affirmation un peu téméraire de Viollet-le-Duc, prétendre, au contraire, que le clocher commença par être un objet de nécessité, un organe essentiel de la vie religieuse et civile. C'est même pour cette raison qu'il devint le symbole de la paroisse, cette première unité territoriale, petite patrie dans la grande, et c'est aussi à cause de cela que plus tard tout le monde rivalisa pour le parer, pour l'embellir, et que les architectes épuisèrent leur ingéniosité à lui donner des formes nouvelles et singulières, ainsi que cette hauteur invraisemblable qui le faisait distinguer à d'énormes distances : car il ne servait pas seulement à désigner la place du saint lieu, mais à faire reconnaître la ville, pour laquelle il était un objet d'orgueil.

Si quelque fait architectural est capable, en effet, de montrer combien certains critiques, trop épris de l'art charmant qui a succédé au style roman, ont été injustes en signifiant au public que « l'architecture romane demeura pauvre d'invention » et que « toutes les fois qu'elle ne s'est pas appuyée sur la tradition romaine elle a été stérile[5] », c'est bien le clocher. Partout où des clochers romans s'élèvent, on constate entre eux la plus étonnante variété; et plus on les étudie, plus on s'aperçoit qu'ils diffèrent les uns des autres, aussi bien dans leurs dispositions essentielles que dans leurs parties accessoires. Qu'ils partent du fond ou qu'ils s'élèvent sur les collatéraux de l'église, ou encore qu'ils couronnent la croisée de la nef et du transept, ce n'est point assez de constater, avec Mérimée[6], qu'ils sont carrés ou octogones : il faut bien reconnaître encore qu'ils sont, suivant les cas, longs et élancés ou ramassés et trapus, pleins ou ajourés, décorés d'arcatures aveugles comme à Sainte-Foi de Schlestadt ou éclairés par des arcades géminées comme à Saintes, à Poissy, à Obasine (Corrèze), ou par des baies jumelles comme à Châteauneuf (Saône-et-Loire) et à Lyon, à l'église d'Ainay. Leurs couronnements sont encore, s'il est possible, plus variés. Les uns se terminent en pyramides à quatre côtés, comme à Brantôme; d'autres en pyramides octogonales, comme à Saint-Léonard (Haute-Vienne) ou à Uzerche;

---

1. Mérimée, *Étude sur les arts au Moyen Age.* p. 21.

2. Voir, dans la *Bibliothèque des Arts de l'Ameublement*, notre volume sur l'*Horlogerie.*

3. Ces sonneries principales, c'était *matines*, qu'on sonnait à minuit; *laudes*, à trois heures; *prime*, à six heures; *tierce*, à neuf heures; *sexte*, à midi; *none*, à trois heures; *vêpres*, à six heures; et *complies*, à neuf heures du soir.

4. L'habitude de faire coïncider les principaux actes, non seulement de la vie publique, mais de la vie commerciale, avec les sonneries d'églises, était si générale au xie et au xiie siècle, que le prévôt des marchands Étienne Boileau, chargé par Saint Louis de codifier les statuts des différentes corporations parisiennes, nota ces sonneries comme heures indicatrices de la réglementation du travail. [Étienne Boileau, *Livre des Métiers*, tit. I, art. xxx; tit. II et III, art. iii; tit. XIX, art. iv; tit. XXV, art. iii; tit. XXVIII, art. viii; tit. XLIII, art. v; tit. XLVII, art. vi, etc., etc.; et notre *Horlogerie*, p. 46 et suiv.]

5. Viollet-le-Duc, *Dictionnaire de l'Architecture*, t. III, p. 290.

6. Mérimée, *Étude sur les Arts au Moyen Age.* p. 21.

d'autres comportent des toits presque plats, comme à Angoulême et à Poitiers; d'autres finissent en coupoles allongées, comme à Périgueux et à Saintes. Quelques-uns s'amortissent en un toit à double pignon; d'autres à quatre pignons ou gables. Et ce n'est point tout. Au cours de sa marche ascendante, le clocher change de forme, et ses divers étages s'élèvent sur des plans différents. Carré à sa base, il peut monter droit jusqu'à son

absolument pareils. Et plus on avance dans la marche du temps, plus ces particularités s'accentuent. Le clocher peut avoir été, à l'époque romane, un objet de vanité, mais il s'est créé par ses multiples services des droits si indiscutables à la reconnaissance publique, qu'il est devenu la personnification, en quelque sorte, politique de l'agglomération. Les termes « querelle de clocher », « esprit de clocher », « amour-propre de

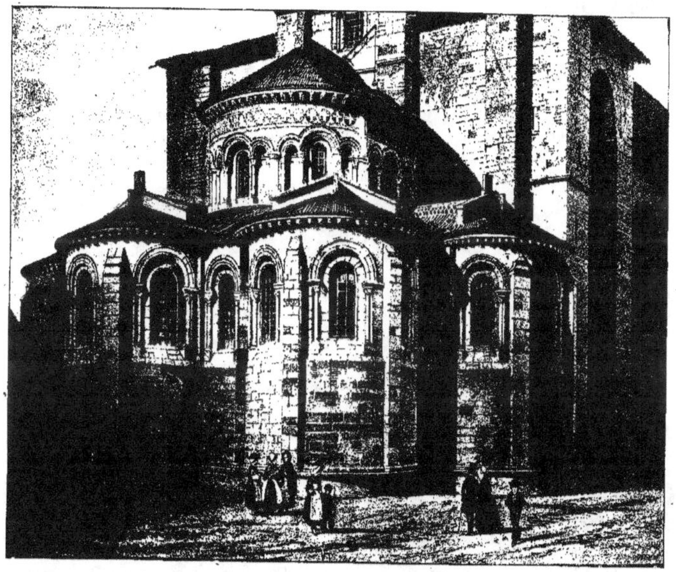

ABSIDE DE L'ÉGLISE DE SAINT-JULIEN DE BRIOUDE.

sommet, ou encore établir ses étages supérieurs en retraite comme au Puy. Parfois, le plan rectangulaire du rez-de-chaussée se transforme en octogone aux étages supérieurs. Cet octogone peut être régulier, comme à Saint-Léonard, ou irrégulier, comme à Poissy. Exceptionnellement, comme à Saintes, à Fenioux ou à Périgueux, l'amortissement se transforme en rotonde. Ainsi, cette pauvreté d'invention se traduit par une telle fécondité de créations, que non seulement dans la même région, dans la même province, mais encore dans la même ville, il est à peu près impossible de trouver deux clochers identiques.

Mieux que cela, il est extrêmement rare de rencontrer dans la façade d'une cathédrale deux clochers

clocher », qui ont persisté dans notre langue, disent, au surplus, assez clairement combien ces géants de pierre ont tenu dans l'existence si tourmentée de nos pères une place importante.

Cette place parut même si considérable à l'autorité civile, qu'elle finit par s'en alarmer, par en prendre ombrage; et, pour combattre la main-mise du clergé sur les habitudes journalières de la Cité, pour que l'autorité religieuse ne fût pas seule dépositaire de cette grande voix qui appelait les habitants non seulement à la prière, mais aux armes, après l'émancipation des Communes on vit se dresser le beffroi en face du clocher. Celui-ci, dans son principe, ne devait être chargé que de donner l'alarme. Son nom semble l'indiquer, du moins[1]. Mais bientôt on établit à son sommet la contre-partie des sonneries religieuses, soit à l'aide de tintements lancés à heures fixes par les cloches d'un carillon, soit par des appels de cor donnés par le guet et les veilleurs de jour et de nuit.

Nulle part cet antagonisme du pouvoir civil naissant et du pouvoir religieux en possession de la plénitude

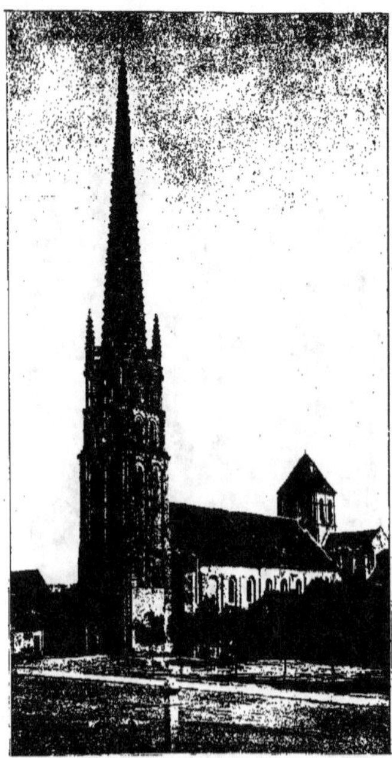

TOUR DE L'ABBATIALE DE SAINT-SAVIN.

de son autorité n'apparaît mieux que dans les robustes villes du Nord et de la Flandre. Les masses imposantes et crénelées des beffrois de Bruges, d'Ypres, de Béthune, semblent presque menacer les cités qu'elles dominent; mais c'est à Bruges surtout que cet antagonisme se révèle plus frappant, plus sombre, plus impressionnant que partout ailleurs. Aucun édifice municipal n'exprima jamais avec une intensité pareille l'orgueil méfiant et la

vaillance soupçonneuse des anciennes Communes. La *Signoria* de Florence, qui a plus d'un trait commun avec la Halle de Bruges, n'a pourtant pas, à beaucoup près, son aspect formidable et farouche. Elle est, en outre, si admirablement entourée par une galerie de chefs-d'œuvre, que l'éclat des ouvrages d'art se reflétant sur sa sombre façade semble en diminuer l'austérité. La Halle de Bruges, elle, n'a rien qui atténue sa physionomie sévère; et si, quittant ses portes surbaissées, ses murs trapus, son beffroi menaçant, nous nous transportons à deux cents pas de là, au pied du clocher de Saint-Sauveur, le rapprochement de ces deux rivaux sera pour nous un trait de lumière.

Assise au milieu d'un ancien cimetière, dont sa grande masse sombre ne dépare pas le mélancolique abandon, la haute tour de Saint-Sauveur, plus semblable à un donjon qu'à un clocher, se dresse, elle aussi, droite, fière, menaçante. Ce ne sont point des idées de paix, des intentions de sacrifice, qu'expriment ses lignes, sobres, rigides, inflexibles. Ce sont des idées de lutte outrancière, de résistance acharnée, de menace. Il semble que ce colosse de pierre ait été dressé là pour tenir en respect la ville si souvent rebelle et trois fois mise en interdit. Avec ses grands murs aveugles, ses sortes de mâchicoulis, ses tourelles, « cette tour altière a plus l'air d'un chevalier surveillant l'ennemi que d'un prélat voulant bénir ses ouailles; et dans sa robuste fierté il semble qu'elle affecte des allures de bravade vis-à-vis du beffroi, qu'elle aperçoit planant, comme elle, à vingt mètres au-dessus des toits rouges qui l'entourent[2] ».

En France, ce n'est guère que dans le Midi, où l'organisation municipale avait survécu dans quelques cités gallo-romaines, qu'on rencontre le beffroi avec un aspect, sinon aussi martial, du moins fier et hardi. Celui de Saint-Antonin, qu'on a surnommé le plus vieil hôtel de ville de France[3], serait un exemple bien curieux de ces sortes de constructions, si l'on était certain que les restaurations aient respecté sa forme primitive. Mais partout ailleurs le beffroi se trouve réduit le plus ordinairement au rôle secondaire de campanile ou de clocheton. La grande lutte dans ces régions, alors soumises à la féodalité, n'était pas entre le clocher et le beffroi, mais entre le clocher et le donjon, cette autre expression, plus formidable encore, de la domination pesante et rude.

1. Suivant certains auteurs, *beffroi* serait la contraction du flamand *bell*. « cloche », et du français *effroi*.

2. HENRY HAVARD, *la Terre des Gueux*, p. 293.
3. Voir *la France artistique et monumentale*. t. V. p. 177.

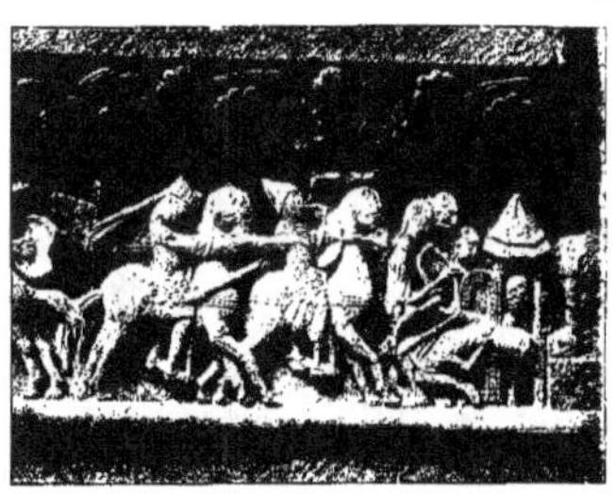

FRISE SCULPTÉE.
(Cathédrale d'Angoulême.)

VIII

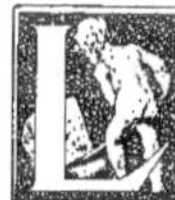

Es luttes constantes, perpétuelles, entre les trois éléments qui, à partir du XIIe siècle, allaient se disputer la possession et le gouvernement de la France : entre l'autorité royale s'appuyant sur les Communes, l'autorité religieuse et la féodalité, nous amènent à consacrer quelques lignes à l'architecture militaire, dont nous aurons à reparler, du reste, avec plus de développement dans un autre chapitre. Après la cathédrale, dont on a pu dire qu'elle était au Moyen Age l'expression la plus haute de l'Art et la plus complète, la plus profonde et la plus vivante, le chef-d'œuvre, en un mot[1], les édifices les plus impressionnants et les plus extraordinaires sont bien ceux relevant de l'architecture militaire. Ils répondent, eux aussi, à une des préoccupations majeures de l'époque.

En même temps qu'elles prodiguaient dans l'édification des églises et des monastères les élans d'une foi qui devait sauvegarder leurs droits à une vie future, les populations étaient décidées à assurer, par tous les moyens en leur pouvoir, la sécurité de leurs personnes et de leurs biens, — sécurité que les invasions successives, la désorganisation politique et sociale du pays, l'absence de tout pouvoir respecté, rendaient au moins précaire. De là l'érection par tout le pays de fortifications chargées de préserver les villes, et surtout de ces châteaux innombrables, dont le nom et la redoutable physionomie incarnent, encore aujourd'hui, l'idée la plus concrète de la société féodale. — Géants de pierre, dont les vestiges partout épars, et toujours formidables malgré les brèches terribles qu'on a taillées dans leurs murs, sont, suivant la parole d'un historien, « la déclaration de son triomphe ».

Avant l'avènement de la féodalité, en effet, il n'existait rien de pareil sur toute l'étendue de notre vieille Gaule. Les grands propriétaires gallo-romains, nous l'avons vu, habitaient, au millieu des campagnes, de riches *villa*, ouvertes à tous venants, ou des cités agréablement bâties au bord des fleuves. Dès que les invasions germaines eurent enlevé au pays jusqu'à l'apparence de la paix, on commença de se réfugier sur les hauteurs, dans des lieux difficilement accessibles, et d'entourer ces refuges de hautes murailles. Nous avons lu la description que Sidoine Apollinaire donne d'une de ces résidences fortifiées. Fortunatus, de son côté, nous montre saint Nicet, évêque de Trèves, emmenant ses ouailles sur une hauteur qu'il enveloppe d'un rempart[2]. C'est à cette condition seulement que, désormais, on pouvait espérer de vivre.

Dans l'anarchie des siècles suivants, la nécessité de ces fortifications devint plus pressante encore. Au lieu de rechercher les endroits accessibles, de s'établir à la rencontre des grandes voies romaines, dont le pays était sillonné, on s'éloigna de plus en plus des chemins suivis par les bandes armées, on gravit les sentiers escarpés, on escalada les collines. Puis, ce qui était dans le principe un refuge devint pour certains un repaire. Le besoin de mener une vie de maraude et de pillage; la facilité de rançonner les paisibles marchands qui passaient à portée de leurs aériennes demeures; le désir de mettre à l'abri de toutes reprises le fruit de leurs déprédations; le moyen de prévenir les vengeances et de résister aux officiers royaux : telle fut l'origine d'un grand nombre de ces orgueilleux castels, redoutables à tous.

Mais c'est surtout après la mort de Charlemagne que ces farouches repaires se dressèrent de tous côtés, si nombreux, si menaçants, que l'autorité royale en prit ombrage, et que Charles le Chauve, malgré sa faiblesse, enjoignit à ses comtes, non seulement de ne plus tolérer qu'on en construisit de nouveaux, mais

---

1. « Toutes les branches de l'art, écrit avec raison l'abbé Sagette, viennent se réunir et former une immense et puissante harmonie dans la cathédrale; et cette harmonie, comme celle des sphères, comme celle de la création, ne chante qu'un nom, le grand nom de Dieu, écho et prélude de l'harmonie éternelle des Saints. » (*Essai sur l'Art chrétien, son principe, ses développements, sa renaissance.* Paris, 1853.)

2. « Il construisit pour son troupeau un bercail tutélaire. Il ceignit la colline de trente tours qui l'enfermaient de tous côtés et éleva ainsi une ville, là où était auparavant une forêt. » (VENANTII FORTUNATI *Carmina*, liv. III, c. XII.)

de détruire ceux qui avaient été récemment édifiés[1]. L'autorité royale, dépourvue de sanction, n'avait pas toutefois la possibilité d'enrayer par la force un mou-

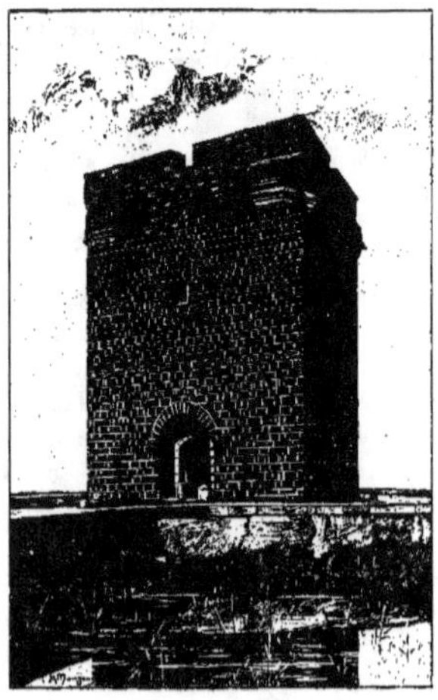

LA TOUR CARBONNIÈRE
Près d'Aigues-Mortes.

vement aussi général. Elle fut outrageusement bravée. La jalousie, l'envie, le désir de posséder seul de ces retraites inexpugnables, provoquèrent des guerres locales interminables entre les seigneurs de manoirs voisins, et surtout entre ceux-ci et les villes situées dans un périmètre rapproché. De toutes parts ce fut un concert de plaintes qui s'éleva jusqu'au trône.

Sous les premiers Capétiens, les choses n'en allèrent pas mieux. Pour ne citer qu'un exemple : nous voyons l'évêque de Chartres, Fulbert, se plaindre au roi de ce que Geoffroy, vicomte de Châteaudun, à l'aide de deux châteaux construits l'un à Gallardon, l'autre à Illiers, tient sa ville bloquée. Il menace, si l'on ne vient à son

secours, de mettre tout le diocèse en interdit[2]. Pour qui connaît les croyances du temps, ses dévotions et ses terreurs, cette menace du pieux évêque est l'indice d'un trouble bien profond. Les récits des chroniqueurs, du reste, sont pleins d'atroces tableaux, et ce lamentable état durera jusqu'au jour où, de sa rude main gantée de fer, Louis le Gros viendra mettre un peu d'ordre dans ce sanglant chaos[3].

En quoi consistaient au juste ces premiers castels de la féodalité naissante? Quelques archéologues se sont autorisés d'un passage d'Ermold le Noir[4] indiquant qu'au IXe siècle certaines forteresses importantes de Bretagne n'étaient guère entourées que de palissades et de fossés, pour affirmer que ce système primitif de défense était adopté dans toutes nos provinces et dans les pays voisins. C'est aller peut-être un peu vite en besogne. La Bretagne au IXe siècle, il ne faut pas l'oublier, était encore une terre sauvage. On a pu relever en cette région, et même en Anjou, en Touraine, en Saintonge, en Poitou, les traces, les vestiges d'une soixantaine de prétendus châteaux élevés sur des *mottes* ou éminences artificielles, et par conséquent offrant des analogies avec la forteresse décrite par Ermold le Noir[5]; mais, dès l'époque mérovingienne, nombre de villes présentaient des fortifications infiniment plus sérieuses. Bourges, le Mans, Dijon, Paris même, étaient pourvues d'enceintes de pierre datant de l'époque gallo-romaine; et l'empressement que les habitants du Puy, de Périgueux, de Reims, de Sens, mirent à utiliser les monuments romains comme carrières pour renforcer leurs remparts, montrent que nos ancêtres, à l'époque carolingienne, étaient, en architecture militaire, moins ignorants qu'on paraît le croire. Il convient, du reste, de se souvenir que Charles le Chauve, dans le capitulaire que nous venons de signaler, distingue entre les châteaux, les places fortifiées et celles simplement entourées de palissades (*haie*).

Il ne faut pas perdre de vue, en outre, qu'en dehors des traditions matérielles, — qui se conservent toujours

---

1. « Nous voulons et ordonnons expressément que quiconque aura fait construire sans notre autorisation des châteaux, des fortifications, ou des habitations entourées de palissades (*haie*), les fasse démolir d'ici aux calendes d'août, attendu que les voisins et habitants des alentours ont beaucoup à souffrir de ces constructions, et qu'elles sont une cause de déprédations et de gêne. Et si quelques-uns se refusent à démolir ces fortifications, que les comtes, dans les comtés desquels elles ont été construites. les fassent démolir eux-mêmes; et si les propriétaires résistent, qu'on nous en informe sur-le-champ. » (*Capitulaires de Charles le Chauve*, dans BALUZE. *Regum Francorum Capitularia*. t. II, col. 195.)

2. « Si vous ne mettez un terme à ce mal, si vous ne faites cesser cette confusion, que nous restera-t-il à faire, si ce n'est à interdire formellement la célébration de tout office divin dans notre diocèse et nous-même à nous exiler en quelque lieu, où nous pourrons ne plus souffrir l'oppression de la sainte Église de Dieu? » (D. E. MARTÈNE, *Veterum Scriptor. et Monument. amplissima Collectio*, t. I, p. 621.)

3. Voir SUGER, *Vita Ludovici Grossi regis Francorum*. — ORDERIC VITAL, *Histoire ecclésiastique de Normandie*. — GUIBERT DE NOGENT, *De vita sua*. etc., etc.

4.

     Est locus hinc sylvis, hinc flamine cinctus amœno
        Sepibus et sulcis, atque paludo situs.
     Intus optima domus, hinc inde recurrent armis,
        Forte repletus erat milite seu vario.

     (ERMOLDI NIGELLI, *Carmina de rebus gestis Ludovici Pii*, lib. III. vers 93-96, apud BOUQUET. *op. cit.*, t. IV, p. 40.)

5. De Caumont a énuméré ces primitives places fortes dans son *Cours d'Antiquités* et dans son *Abécédaire d'Archéologie*.

soigneusement quand il s'agit de faits d'une utilité aussi indiscutable, — la plupart des perfectionnements attribués, soit au XIIe siècle, parce qu'on n'en relève aucun vestige antérieur, soit à des importations exotiques, sont décrits dans des ouvrages fort anciens, et notamment dans Végèce. La herse et les mâchicoulis sont de ce nombre. Or, Végèce fut toujours consulté au Moyen Age, aussi bien par les hommes de guerre que par les constructeurs[1]. Plaider l'ignorance des uns et des autres, ce serait vraiment faire trop d'honneur à leur esprit d'invention, à leur extraordinaire perspicacité, à leur ingéniosité surprenante. L'appareil des défenses qu'ils surent combiner est tel, en effet, que, lorsqu'on l'étudie avec quelque attention, on se demande comment de pareils ouvrages, avec les moyens restreints dont on disposait alors, pouvaient être attaqués utilement. Car il ne faut pas oublier que les adversaires, pour se combattre, étaient obligés de se joindre.

Afin d'éviter ce contact si dangereux, le premier objectif poursuivi par l'ingénieur ou par l'architecte militaire était de rendre sa construction aussi inaccessible que faire se pouvait. Pour atteindre ce but, il commençait par multiplier les obstacles protégeant les approches de la place. De là une succession de fossés, de chausse-trapes, de palissades avec réduits, permettant à l'assiégé de frapper l'assaillant, en demeurant à l'abri de ses coups. Ces premiers obstacles, toutefois, n'ont rien à démêler avec le sujet de nos études; mais il n'en est pas de même pour les constructions qu'ils enveloppaient, dont ils défendaient l'accès, et qui avaient un caractère permanent et définitif. Cette recherche de l'inaccessibilité porta tout d'abord les architectes militaires à choisir, autant que possible, des situations élevées pour y établir leurs châteaux forts. En pays de montagne ou solidement vallonnés, ils donnèrent la préférence à des plateaux étroits, sortes de caps ou d'éperons s'avançant au-dessus d'une vallée, à une hauteur permettant d'avoir facilement de l'eau, mais assez isolés, cependant, pour que les escarpements naturels de trois faces rendissent l'accès difficile, et qu'il suffît d'entasser les défenses sur le quatrième côté pour que la place devînt à peu près imprenable. Amboise, Loches, les Baux, Coucy,

Pierrefonds, Ribeauvillé, Polignac, Montlhéry Domfront, Chinon, à Avignon, le château des Papes sur son rocher des Doms, sont dans ce cas[2].

Lorsqu'on était en pays de plaine, on suppléait par des *mottes* ou buttes artificielles à l'absence de terrasses élevées. C'est ainsi que furent édifiés les châteaux de Broué, de Néaufle, de Gisors, etc. Le plus ordinairement, toutefois, on s'établissait dans les îles des rivières, ou à proximité de cours d'eau, qu'on pouvait dériver et qui remplissaient les fossés d'une forte couche de liquide vaseux reposant sur une boue profonde. De cette façon, les communications avec l'extérieur se trouvaient réduites à quelques têtes de pont, qu'il était facile de sauvegarder. Les châteaux de Tarascon, de Nantes, d'Angers, d'Aigues-Mortes, de Meulan, etc., étaient ainsi protégés.

Mais, quel que fût l'emplacement choisi, tous les ouvrages de défense étaient montés à une élévation considérable, parce que cette exagération de hauteur, en augmentant les difficultés d'escalade, rendait la place plus facile à défendre. Telle est la raison de ces constructions énormes, de ces murailles gigantesques, de ces tours colossales, aux proportions presque invrai-

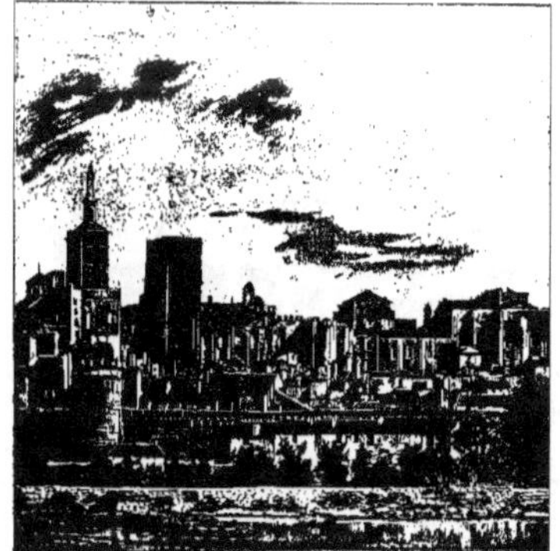

AVIGNON. — LE CHÂTEAU DES PAPES.

semblables, dont l'étonnante variété est réglée, cependant, par des calculs savants, et obéit à un ensemble de principes à peu près fixes et toujours rationnels. Dès la

---

1. Deville cite, dans son *Histoire du Château-Gaillard*, un passage du moine Jean de Marmoutier, où l'on voit Geoffroy Plantagenet étudiant, dans Végèce, le moyen de mieux attaquer un château fort.

2. En 1048, la situation de Domfront était jugée si formidable, que le duc Guillaume, assiégeant le comte d'Anjou Geoffroy Martel, et désespérant d'emporter la place, fit construire autour d'elle trois châteaux pour la bloquer et la réduire par la disette. Le *Roman du Rou* (vers 9120-9127) nous a conservé le souvenir de cette construction.

fin du x° siècle, en effet, il est aisé de reconnaître que toute fortification permanente d'une place de guerre se compose d'un mur continu, ou courtine, ordinairement crénelé et, à partir du xiii° siècle, garni de mâchicoulis; que la hauteur de cette courtine se trouve généralement augmentée par le creusement d'un fossé très profond, divisé, si l'on peut dire ainsi, en « compartiments étanches »; que les tours sont reliées entre elles par un chemin de ronde étroit, sans parapet du côté de l'intérieur, difficile à occuper, par conséquent, et d'où l'assaillant temporairement maître de la courtine peut facilement être précipité dans le vide par des sorties effectuées des tours voisines; que cette courtine, enfin, est coupée par des portes, aussi peu nombreuses que possible, protégées non seulement par d'énormes tours crénelées et munies de mâchicoulis spéciaux, mais encore par ces herses dont nous parlions tout à l'heure, par des réduits et des ouvrages avancés, percés de meurtrières.

Ce plan général, sagement combiné, recevait, suivant les circonstances, différentes adjonctions ou modifications, dans lesquelles il nous est interdit de nous attarder, et qui compliquaient comme à plaisir les éléments de la défense : barrières de diverses sortes; ponts fortifiés et ponts-levis interrompant toute circulation; chemins voûtés, coupés de portes nombreuses; cours intérieures séparées et isolées par des obstacles du même genre et répétant, en les variant, ces mêmes dispositions; souterrains, magasins, casernes, logis pour la garnison, et surtout donjon qui reproduisait, en les exagérant encore, tous ces moyens préventifs.

Le rôle de chacune de ces défenses avait été étudié, en outre, avec une intelligence, un soin, une précision extrêmes. Les fossés n'avaient pas uniquement pour but d'augmenter la hauteur des courtines et des tours. Leur profondeur était calculée de manière que les assaillants ne pussent conduire à pied d'œuvre leurs machines d'escalade; leur largeur, de telle sorte que la sape des murailles et l'établissement de galeries étaient rendus à peu près impossibles. Enfin, la hauteur et la pente de la contrescarpe étaient réglées de façon que l'assiégeant se trouvât bien à portée du trait. On sait qu'en ce temps, où la poudre n'était pas en usage, l'artillerie — ce mot existait déjà — consistait surtout en projectiles lancés à la main, et en flèches ou carreaux qui, dirigés par des archers d'une adresse supérieure, produisaient de grands ravages parmi les ennemis[1].

Ce thème, fortement approfondi, où rien n'était abandonné au hasard, fut étendu aux villes, aux cités et aux bourgs. Si le besoin de sauvegarder leurs biens, de préserver leurs personnes et leurs familles, décida les maîtres de ces châteaux redoutables à un luxe de précautions qui portèrent rapidement l'architecture militaire à sa perfection, les collectivités, qui avaient, elles aussi, des biens à sauvegarder et des existences à défendre, les imitèrent promptement. Beaucoup d'agglomérations se groupèrent d'abord autour des demeures féodales, dont le prestige servait à les protéger contre les tentatives des seigneurs de médiocre importance. « Plus on posséda de châteaux, écrit fort justement De Caumont, et plus on acquit de pouvoir et d'indépendance[2]. » L'établissement de ces forteresses — événement capital — entraîna, en effet, de notables changements dans l'état du pays. Telle bourgade inconnue au ix° siècle, mais dans laquelle, au xi°, un seigneur avait élevé un château, était devenue, au xii°, un centre important, qui non seulement avait déplacé une partie de la population, mais duquel dépendaient parfois des villes anciennement fondées. Pour ces dernières, durant tout le Moyen Age, quand elles étaient riches, populeuses, attachées a un prince qui avait su s'en faire aimer; grâce à une double ou triple ceinture de fortifications aussi savamment établies que celles de ces manoirs dont nous venons de parler; grâce aussi à la solidité de leur assiette savamment choisie, elles pouvaient braver impunément les mauvais desseins. Laon, Provins, Coucy, Poitiers, Carcassonne, Avignon, Angoulême, laissent deviner ce qu'était cette armure de remparts et de tours permettant de vivre à l'abri des surprises.

Machiavel, dans une page éloquente[3], a résumé les raisons de cette sécurité relative : « Les villes d'Allemagne, écrit-il, jouissent d'une liberté très étendue, quoiqu'elles ne possèdent qu'un territoire très borné; cependant, elles n'obéissent à l'Empereur qu'autant qu'il leur plait, et ne craignent ni sa puissance ni celle

---

[1] Un nombre assez considérable de personnages illustres périrent de cette façon, notamment Richard Cœur de Lion : « Et avint un jour que le rois Richars aloit remirant le castiel... fu pierchus d'un arbelestrier qui estoit en une touriele. Si mist quariel en coche et traist au roi, et le feri à descouvert au tournant de la drete espaule et le navra durement. » (*La Chronique de Rains*, publiée sur le Ms. de la Bibliothèque du Roi par Louis Paris, chap. X, p. 79.) De même, au siège de Brionne, le célèbre Gilbert du Pin « fut frappé d'un trait qui l'atteignit au-dessus de l'œil ». Vers le même temps, « Richard, comte de Montfort, attaquant le monastère de Saint-Pierre de Châtillon et n'étant pas arrêté dans son entreprise par le respect qu'il devait aux moines, fut atteint d'un trait lancé par un assiégé et mourut le jour même ». (Orderic Vital, *Histoire ecclésiastique de Normandie*, liv. VIII.)

[2] De Caumont, *l'Architecture militaire au xi° et au xii° siècle*, dans son *Abécédaire d'Archéologie civile*, p. 349.

[3] Machiavel, *le Prince*, chap. X.

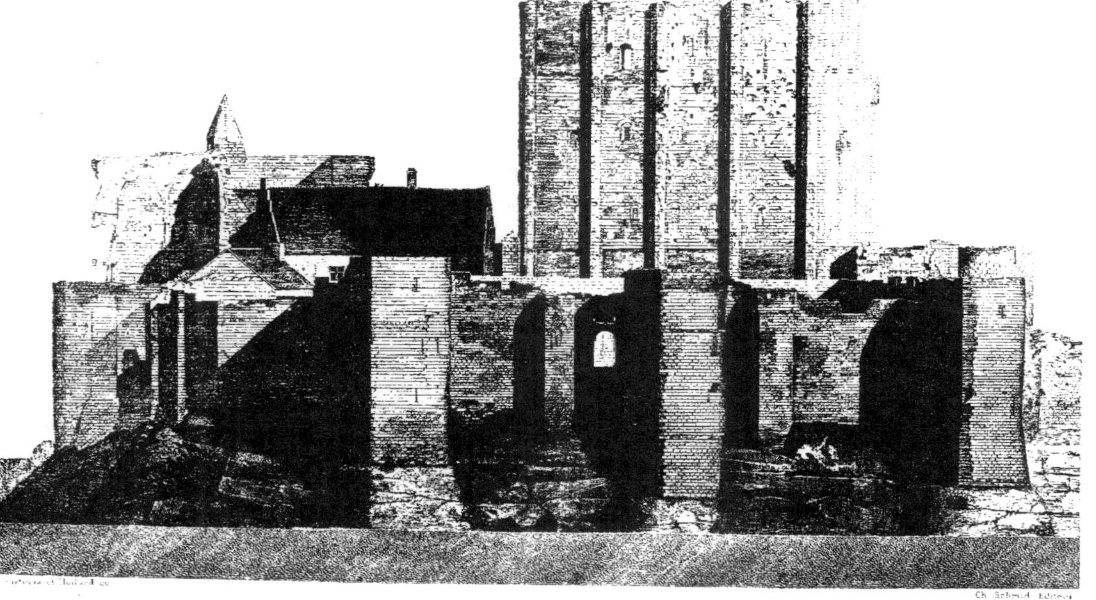

CHÂTEAU ET DONJON DE LOCHES

des États qui les entourent. C'est qu'elles sont fortifiées de manière que le siège qu'il faudrait en entreprendre serait une opération difficile et dangereuse; c'est qu'elles sont toutes entourées de fossés et de bonnes murailles, et qu'elles ont une artillerie suffisante; c'est qu'elles renferment toujours, dans les magasins publics, des provisions d'aliments, de boissons, de combustibles, pour une année; elles ont même encore, pour faire subsister les gens du menu peuple, sans perte pour le public, des matières en assez grande quantité pour leur fournir du travail pendant toute une année, dans le genre d'industrie ou le métier dont ils s'occupent ordinairement, et qui fait la richesse et la vie du pays. De plus, elles maintiennent les exercices militaires en honneur. — Ainsi, un prince dont la ville est fortifiée, et qui ne se fait point haïr de ses sujets, ne doit pas craindre d'être attaqué; et, s'il l'était jamais, l'assaillant s'en retournerait avec honte; car les choses de ce monde sont variables, et il n'est guère

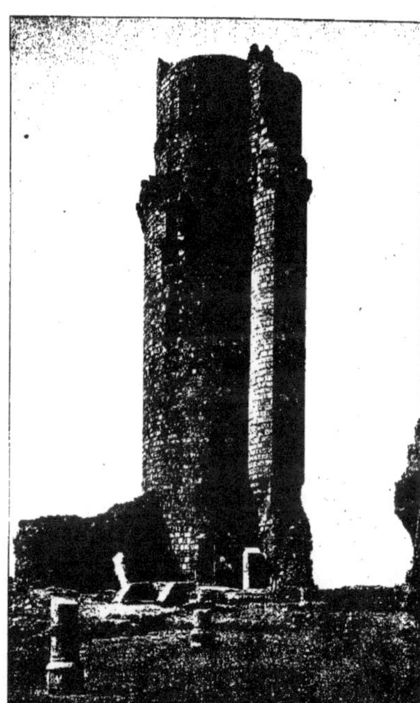

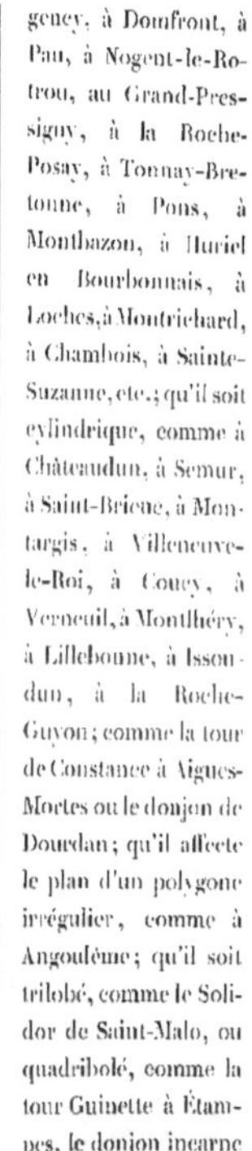

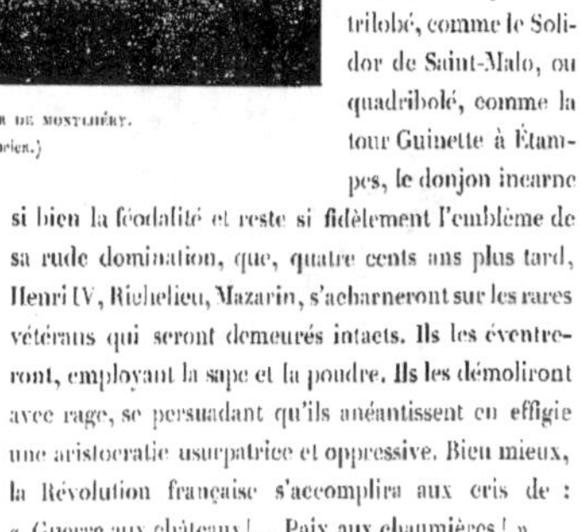

LE DONJON OU TOUR DE MONTLHÉRY.
(État ancien.)

possible qu'un ennemi demeure campé toute une année avec des troupes autour d'une place. » Ce que Machiavel dit des villes d'Allemagne au XVᵉ siècle peut s'appliquer à celles de France du XIᵉ, et même aux châteaux de la féodalité.

Mais, de tout ce déploiement de murs et de tours, c'est le donjon qui, aussi bien pour les villes que pour les châteaux, renchérit encore sur l'amoncellement d'obstacles opposés à l'envahisseur. Refuge suprême de la garnison après que toutes les défenses antérieures ont été forcées, que courtines, remparts et tours ont été occupés par l'assaillant, il résume le dernier effort de la

résistance. Aussi est-ce le thème sur lequel les architectes militaires du Moyen Age ont exécuté leurs plus subtiles et leurs plus étonnantes variations. Il en est résulté des donjons de presque toutes les formes. On en connaît de carrés, de barlongs, de prismatiques, de triangulaires, d'elliptiques, de lobés; mais, qu'il soit à carré ou barlong, comme à Beaugency, à Domfront, à Pau, à Nogent-le-Rotrou, au Grand-Pressigny, à la Roche-Posay, à Tonnay-Bretonne, à Pons, à Montbazon, à Huriel en Bourbonnais, à Loches, à Montrichard, à Chambois, à Sainte-Suzanne, etc.; qu'il soit cylindrique, comme à Châteaudun, à Semur, à Saint-Brieuc, à Montargis, à Villeneuve-le-Roi, à Coucy, à Verneuil, à Montlhéry, à Lillebonne, à Issoudun, à la Roche-Guyon; comme la tour de Constance à Aigues-Mortes ou le donjon de Dourdan; qu'il affecte le plan d'un polygone irrégulier, comme à Angoulême; qu'il soit trilobé, comme le Solidor de Saint-Malo, ou quadribolé, comme la tour Guinette à Étampes, le donjon incarne si bien la féodalité et reste si fidèlement l'emblème de sa rude domination, que, quatre cents ans plus tard, Henri IV, Richelieu, Mazarin, s'acharneront sur les rares vétérans qui seront demeurés intacts. Ils les éventreront, employant la sape et la poudre. Ils les démoliront avec rage, se persuadant qu'ils anéantissent en effigie une aristocratie usurpatrice et oppressive. Bien mieux, la Révolution française s'accomplira aux cris de : « Guerre aux châteaux !… Paix aux chaumières ! »

Cette haine, le donjon la méritait-il? Peut-être. S'il faut en croire Guizot', l'inaccessibilité qui constituait sa valeur principale créa l'isolement. La subordination du plan aux nécessités de la défense fit reléguer parmi les faits accessoires les commodités de la vie. Jamais existence ne fut plus dénuée de confort, des plaisirs de l'esprit et du corps, que celle menée par les barons dans ces repaires inabordables dont les créneaux sont pareils à « d'énormes dents[1] ». Les premières agglomérations qui, dans la Gaule Romaine, s'initièrent à la culture antique, semblent avoir pratiqué une sorte d'âge d'or, à côté de ce farouche recueillement. Privé de toute activité, de toute société, le maître du château, dès qu'une menace directe ne planait pas sur lui, s'élançait au dehors; et la vie des possesseurs de fiefs s'écoulait en courses perpétuelles, en expéditions pillardes et aventureuses, dérivatif à l'action déprimante de cet isolement. Telles sont les conditions spéciales d'un « état d'âme » dont on chercherait vainement l'équivalent dans une autre civilisation. Elles aident à comprendre les deux grandes curiosités du Moyen Age : la Chevalerie errante et les Croisades[2].

De pareils hommes étaient-ils accessibles aux idées d'Art, à l'intelligence, à la recherche du Beau? C'eût été leur demander beaucoup; et, cependant, on retrouve jusque dans leurs créations toutes militaires des traces d'un goût parfois délicat. Mais il ne faut pas trop s'attarder dans ces recherches, car c'est surtout de leurs formes martiales, de leurs proportions majestueuses, que les châteaux de l'époque romane tirent leur beauté principale.

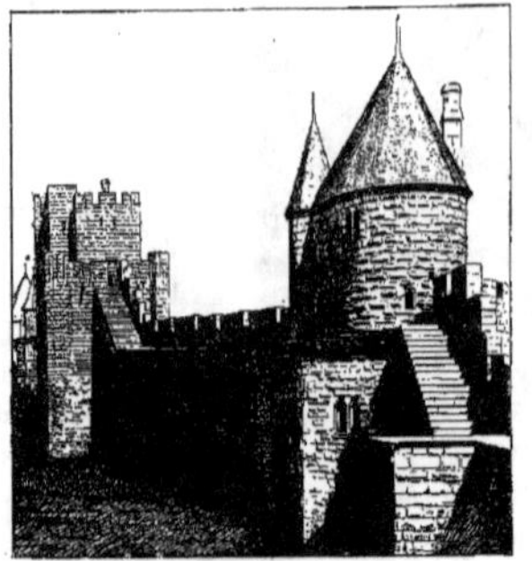

REMPARTS DE CARCASSONNE.

IX

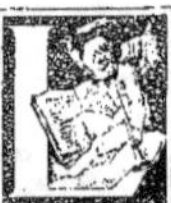

LA période romane ne borna pas sa tâche féconde à doter l'Europe occidentale de ces deux grandes créations qui sont comme l'expression saisissante de la société féodale : la cathédrale et le château. Elle donna encore le jour à certains types d'architecture privée, qui, à travers des vicissitudes singulières, se sont transmis presque intacts jusqu'à nous, et c'est à elle aussi que les établissements monastiques durent, avec leur complet développement, leur forme définitive.

« Dans l'art de l'architecture, a dit fort justement Viollet-le-Duc, la maison est certainement ce qui caractérise le mieux les mœurs, les goûts et les usages d'une population[3] »; mais, comme ces usages, ces goûts, ces mœurs sont essentiellement variables, la maison est, de tous les édifices, celui qui se trouve soumis aux mutabilités les plus délétères. Beaucoup de ces constructions sont même, par la volonté de leur constructeur, condamnées à une existence précaire. Les procédés économiques de la bâtisse, les matériaux défectueux employés, sont des causes de destruction rapide. Il n'est pas jusqu'à la nature de ces matériaux qui n'influe sur le peu de durée des habitations privées. Dans le Centre et le Nord de la France, aux xie et xiie siècles, la plupart des maisons furent édifiées en pans de bois, et l'incendie eut ainsi raison en quelques heures de villes entières.

Enfin, plus destructive que le feu, la mode, jointe à l'instabilité des fortunes, aux exigences de la voirie, au renchérissement ou à la dépréciation des terrains, au besoin de confort, a amené partout des transformations générales. N'est-il pas curieux qu'un certain nombre de maisons romanes aient survécu à tant de causes de désastres et à de si variées?

Nous manquons de détails précis sur les habitations urbaines antérieures au xie siècle[4]. Nous savons seulement, par Grégoire de Tours, que certaines d'entre

---

1. LAMENNAIS. *De l'Art et du Beau*, Paris, 1865, p. 65.

2. « Concevrait-on aujourd'hui un peuple de propriétaires qui tout d'un coup se déplaçât, abandonnât ses propriétés, ses familles, aller, sans une nécessité absolue, chercher ailleurs des aventures? Rien de pareil n'eût été possible si la vie quotidienne des possesseurs de fiefs n'eût été, pour ainsi dire, un avant-goût des Croisades, s'ils ne se fussent pas trouvés tout prêts pour de telles expéditions?... Leur vie était, sauf le pieux motif, une course, une croisade continuelle dans leur pays; ils sont allés plus loin et pour d'autres causes, voilà la différence! » (GUIZOT, *op. cit.*, t. III, p. 342.) L'opinion de Guizot est peut-être trop absolue. La colonisation de l'Amérique en est la preuve.

3. VIOLLET-LE-DUC, *Dictionnaire de l'Architecture*, t, VI, p. 214.

4. VIOLLET-LE-DUC (*op. cit.*, t. VI, p. 216) prétend qu'il existe encore dans le nord de la France des maisons mérovingiennes, mais il ne dit pas où. Pour nous, nous n'en avons jamais vu, et la généralité des archéologues est, croyons-nous, dans ce cas.

elles étaient à plusieurs étages[1]. Il semble probable, en outre, que leur dispositif se rapprochait de la maison gallo-romaine. Celui de la maison romane est tout autre. Ses vues, en effet, au lieu d'être prises, comme dans l'habitation antique, sur une ou plusieurs cours intérieures, donnent sur la voie publique; et la cour, lorsqu'il en existe une, est peu vaste et réservée aux services domestiques. De la rue, on entre dans une première salle par une large baie cintrée qui tient souvent toute la largeur de la façade, à moins qu'à côté de cette baie ne s'ouvre une autre petite porte (sorte de poterne) qui, par un couloir étroit, conduit à l'escalier. Au premier étage se trouvent les chambres, éclairées par des fenêtres géminées ou par une large baie que divisent des montants en pierre. Le second étage, qui renferme des chambres moins belles, porte la toiture. Celle-ci tantôt repose sur un mur gouterot, tantôt montre « le pignon sur rue » si cher à nos braves ancêtres. Tel est le type fort simple, mais non dénué d'élégance, dont on rencontre de nombreux exemplaires dans la ville si curieuse de Cluny, et qu'on retrouve à Saint-Antonin (Tarn-et-Garonne), à Gaillac, à Figeac, à Saint-Gilles (Gard), à Saint-Yriex, à Montpazier, à Poitiers, à Laon, à Alby, à Périgueux, à Embrun, à Saint-Guillem-du-Désert, etc... sous forme d'édifices plus ou moins bien conservés, mais présentant encore, avec quelques variantes, ces caractères essentiels[2].

Ajoutons que ce dispositif répondait si bien à une conception raisonnée des besoins peu compliqués de certaines classes de la population, qu'à Cluny on constate la présence d'un grand nombre d'habitations relativement récentes, qui ont été copiées sur leurs aînées. Bien mieux, c'est lui qui réapparaît, sans grandes modifications, dans certaines habitations de Vierzon, de Saint-Étienne, du Puy, d'Orléans, etc., datant du XVe et du XVIe siècle, et jusque dans les traités d'architecture du XVIIe et du XVIIIe siècle s'occupant de la maison bourgeoise[3]. Franchissant même nos frontières du nord, ce type simple et rationnel fournira le schéma des habitations urbaines de Bruges, de Cologne et de toute l'industrieuse Hollande[4].

Hâtons-nous d'ajouter qu'à côté de ce type modeste et pratique, si pieusement transmis d'âge en âge, l'architecture romane peut revendiquer une quantité d'autres monuments privés plus importants, et dont l'aspect extérieur, aussi bien que les dispositions intérieures, attestent chez les constructeurs du XIe et du XIIe siècle une fécondité de combinaisons tout à leur honneur. L'hôtel de ville de Saint-Antonin, qu'on a appelé avec raison « la plus vieille maison commune de la France[5] »; la façade de l'ancien Hôtel-Dieu de Caen, détruit en 1827, et dont De Caumont nous a conservé le dessin[6]; la Manécanterie de Lyon; la curieuse maison à large pignon de Chartres; l'hôtel de

MAISON ROMANE, A CLUNY.
Restitution de M. Aymar Verdier (Archives des Monuments Historiques.)

---

1. « Le duc Beppolen était à table dans une maison à trois étages : tout à coup le plancher s'écroula. » (GRÉGOIRE DE TOURS, *Histoire ecclésiastique des Francs*, liv. VIII, chap. XLII.)

2. Voir VERNIER ET CATTOIS, *Architecture domestique*. — DE CAUMONT, *Abécédaire d'Archéologie* (à l'article *Maisons privées*). — VIOLLET-LE-DUC, *Dictionnaire de l'Architecture* (à l'article *Maison*). — F. DE VERNEILH ET V. PETIT, *l'Architecture civile au Moyen Age* : *Annales Archéologiques*, t. VI, X, XI, XII, etc.

3. PIERRE LE MUET, *Manière de bien bastir pour toutes sortes de personnes*. Paris, 1663. Voir pl. VII, IX, XI et XIII. — *L'Architecture moderne ou l'Art de bien bâtir*, etc. Paris, 1728, t. II, Distributions 1 et 2.

4. Voir PHILIPS VINGBOONS, *Gronden en Afbeeldsels der voornaamste gebouwen*. Amsterdam, 1688.

5. Voir l'article de M. CH. NORMAND dans *la France artistique et monumentale*, t. V, p. 177.

6. DE CAUMONT, *Abécédaire d'Archéologie*, p. 89.

ville de la Réole, montrent la souplesse de leur esprit et la solidité de leur goût. Ce n'est pas que la décoration de ces habitations soit débordante ni très luxueuse, loin de là. La sculpture intervient rarement, et, quand elle se manifeste, comme à Saint-Antonin, elle ne brille ni par son éclat ni par sa finesse. A Cluny, on peut citer, cependant, telle frise faite d'une guirlande de feuillage d'assez bon style. A Tournus, il y a

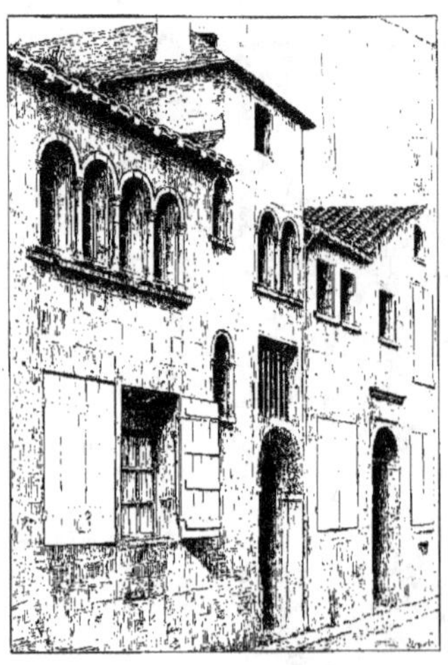

MAISON ROMANE, A POITIERS.

cinquante ans, on pouvait voir plusieurs maisons ornées de frises semblables. Mais, ce qui charme dans ces petits édifices, c'est leur bonne allure, les qualités de structure rationnelle qu'on observe en eux, leur caractère de solidité, de robustesse intime, de durée, l'heureuse et sage disposition des ouvertures, et même une massiveté générale qui n'est pas dépourvue de force ni de grâce.

Malgré son aspect vaillant, logique et bien approprié, ce que l'architecture romane produisit dans le domaine civil n'approche pas à beaucoup près de ce qu'elle enfanta dans le domaine monastique. De l'aveu même des juges les moins bien disposés pour elle[1], dans ce genre elle atteignit l'apogée. Après le xııe siècle, l'architecture monastique ne progresse plus. Saint Bernard essayera bien de lui rendre sa grandeur compromise, mais il est déjà trop tard : le règne des couvents est passé. Il y aurait un fort beau livre à faire sur l'existence qu'on menait dans les communautés religieuses durant la première partie du Moyen Age. Saint Ouen[2], dans sa *Vie de saint Éloi*, nous a tracé un croquis charmant de ce monastère de Solignac où le pieux orfèvre s'était retiré pour donner le jour à d'incomparables ouvrages d'art. Il nous montre cette pieuse retraite entourée d'une simple haie vive, bordée par une rivière poissonneuse, avec ses bâtiments s'élevant au milieu d'une campagne fertile, chargée d'arbres fruitiers ; et, dans ce verger béni, le personnel religieux, soumis à une exacte discipline, éprouve comme un avant-goût du céleste séjour. En cherchant bien, on découvrirait, hélas! quelques ombres à ce gracieux tableau ; et la sereine tranquillité préconisée par Orderic Vital[3] comme règle de ces dévots asiles était parfois troublée. Grégoire de Tours nous a déjà fait la confidence de scandales d'autant plus douloureux, que des personnes royales s'y trouvaient compromises[4]. Plus tard, Raoul Glaber flétrira ces moines « qui, n'ayant des religieux que le nom, mènent une détestable conduite... et dont l'avarice impie développait chez le peuple un esprit d'audacieuse hostilité[5] ». A son tour, Hugues de Poitiers protestera contre « l'insolence des moines de Cluny », contre cette « abbaye enflée d'orgueil ». Il nous montrera l'abbé de Vézelay dénoncé au Saint-Siège comme usurpateur et prévaricateur[6], etc. Mais tout en ce monde est affaire de mesure et de comparaison. Et, malgré les crimes qui pouvaient se comploter dans le silence des cellules, les couvents, durant toute cette longue période, si troublée, si incertaine, de l'heure prochaine, demeurèrent « des asiles sûrs et honorables, où l'on allait chercher un refuge contre les troubles et les inquiétudes du dehors[7] ». C'est là que les cœurs mal armés pour la lutte trouvaient, dans une pratique méticuleuse et absorbante, le moyen de ne pas trop penser aux malheurs des temps[8]; et les âmes blessées pouvaient

---

1. Viollet-le-Duc, loc. cit., t. VI, p. 219.

2. Audoenus, *Vita Sancti Eligii*, liv. I, chap. ix, x et xv. — Voir aussi l'abbé Texier, *Histoire de l'Abbaye de Solignac* (*Annales Archéologiques*, t. XX, p. 125).

3. « Les moines et les clercs, ministres de la sainte Loi, vivent joyeusement, grâce à la munificence des Grands, au milieu de l'abondance, célébrant le service divin nuit et jour, et consacrant sans relâche leurs veilles au Seigneur dans leurs pieuses retraites en des endroits marqués. » (Orderic Vital. *Histoire ecclésiastique de Normandie*, liv. VIII).

4. Grégoire de Tours, *Histoire ecclésiastique des Francs*, liv. X et supra, col. 63.

5. Raoul Glaber, *Chroniques*, liv. I, chap. iv ; liv. IV, chap. i.

6. Hugues de Poitiers, *Histoire du monastère de Vézelay*, liv. IV.

7. Voltaire, *Essai sur l'Esprit et les Mœurs*, t. I, p. 272.

8. « Les religieux ne s'ennuient pas autant que les gens du monde. ... Chacune des divisions du jour employée à la prière, à la lecture, offre

se faire l'illusion d'un peu d'affection, en entendant, comme le disait notre regretté Charles Bigot, ce doux nom de frère et de sœur sur toutes les lèvres[1].

Toujours est-il que les princes, les seigneurs, et parmi eux les plus grands, les plus illustres, gagnés par ce besoin de contemplation, de repos, venaient demander une retraite à ces cloîtres paisibles et discrets. Un des frères de Charlemagne, avant la mort de leur père, s'était fait moine au monastère de Saint-Sylvestre. Rachis roi des Lombards, Carloman frère de Pépin, prirent l'habit de bénédictin. Imma fille de Charlemagne, Angilbert son gendre, et Alcuin mari d'Imma, allèrent aussi s'enfermer dans des monastères. Angilbert fut nommé abbé de Saint-Riquier; Alcuin, abbé de Saint-Martin de Tours : retraite admirable et qui, avec ses immenses domaines renfermant vingt mille serfs ou colons, valait mieux qu'un comté[2].

Les abbayes, en effet, à ces époques lointaines, étaient d'une richesse que nous ne soupçonnons plus. Des villages, des bourgs, parfois même des villes, se trouvaient englobés dans leurs dépendances. L'abbaye de Saint-Denis, qui devait à la générosité de Charlemagne de posséder le franc-alleu de toute l'Ile-de-France, s'était vu gratifier par Charles le Chauve, en pur don, de la ville de Rueil avec ses « appartenances »; et sa domination s'étendait pendant près de neuf lieues sur le cours de la Seine et sur ses deux rives[3]. Saint-Martin de Tours, Saint-Hilaire de Poitiers, disposaient de biens presque aussi considérables. Saint-Riquier avait en propre quatorze villes, treize villages, et recevait en offrandes deux millions de notre monnaie[4]. Au siècle dernier, — quoique les choses eussent déjà bien changé, — parlant de l'abbaye de Montivilliers, qui ne comptait pas moins de « cent vingt-huit clochers seigneuriaux soumis à sa crosse et à sa tour suzeraine », Mme de Créquy pouvait écrire : « Après la princesse de Guéménée, la marquise de Nesle et l'abbesse de Fontevrault, l'abbesse de Montivilliers est assurément la plus grande dame de France[5] ».

Au xi⁰ et au xii⁰ siècle, les possesseurs de ces grandes abbayes pouvaient donc s'abandonner à tout le luxe imaginable et aux plus fastueuses dépenses, d'autant

mieux que le personnel innombrable placé sous leurs ordres, obéissant à une règle inflexible, les enrichissait de ses travaux sans presque rien dépenser. Ce fut même là le grand service que la vie monastique rendit au Moyen Age. Elle réhabilita l'agriculture, abandonnée depuis la conquête franque aux mains des colons avilis et des serfs. « Qui ne sait, écrit Viollet-le-Duc, que les meilleures moissons, les plus riches, les vins précieux, proviennent encore aujourd'hui des terres dont les moines ont été dépossédés[6]? »

A côté des travaux des champs, ceux de l'esprit ne furent pas oubliés. Charlemagne, qui avait encouragé les études classiques dans les couvents, aida à la création de leurs bibliothèques. L'art de copier les manuscrits fut dès lors une source de gloire et de fortune. Les monastères où s'exécutaient les copies les plus exactes et les plus belles comme calligraphie devinrent riches et célèbres. On a conservé les noms de l'abbaye de Fontenelle et de deux de ses moines, Odon et Hardouin, qui obtinrent dans ce genre une durable célébrité. Reims et Corbie égalèrent Fontenelle[7]. Quant aux autres arts, ils n'étaient nullement négligés. Orderic Vital cite, à l'abbaye d'Ouche, les trois frères Nicolas, Roger et Odon de Montreuil, dont l'un était un architecte éminent, le second un orfèvre du plus rare mérite, le troisième un prédicateur exceptionnel[8]. « Les plus grandes et les plus saintes abbayes, écrit Montalembert, étaient précisément les plus renommées par le zèle qu'on y déployait dans la culture de l'art. Saint-Gall en Allemagne, le Mont-Cassin en Italie, Cluny en France, furent, pendant plusieurs siècles, les métropoles de l'art chrétien[9]. »

On a comparé les puissantes abbayes du xi⁰ et du xii⁰ siècle à la demeure d'un riche patricien romain, avec les diverses catégories d'ouvriers et d'esclaves attachés au service du domaine et de son propriétaire. On a rapproché les plans et l'organisation de la villa romaine des plans et de l'organisation du monastère chrétien, et l'on en a signalé la ressemblance[10]. Celle-ci se manifestait surtout en ce que « l'abbé était le maître de tout un monde respectueux et soumis. Les Pères sous ses ordres, comme les affranchis romains, culti-

---

à l'imagination un court espace de temps à parcourir. Elle seroit effrayée en contemplant l'emploi d'une journée entière. » (SÉNAC DE MEILHAN, *Considérations sur l'Esprit et les Mœurs*, p. 170.)

1. CH. BIGOT, *la Sociabilité et le monde*. Paris, 1895.

2. GUIZOT, *Histoire de la Civilisation française*, t. II, p. 201.

3. *Grandes Chroniques : les Gestes de l'Empereur Charles le Chauve*, ch. XIV. — PHILIPPE MOUSKES, *Chronique rimée*, vers 9608 et suiv.

4. Voir notre *Histoire de l'Orfèvrerie française*, p. 122.

5. *Souvenirs de la marquise de Créquy*, t. I, p. 19.

6. VIOLLET-LE-DUC, *Dictionnaire de l'Architecture*, t. I, p. 256.

7. *La Vie et les Actes de Louis le Débonnaire*, liv. III. — GUIZOT, *Histoire de la Civilisation*, t. II, p. 187.

8. ORDERIC VITAL, *Histoire ecclésiastique de Normandie*, liv. VI.

9. MONTALEMBERT, *l'Art et les Moines* (voir les *Annales archéologiques*, t. VI, p. 123).

10. « Je m'imagine trouver dans les monastères des vestiges de la disposition des maisons antiques romaines, telles que les ont décrites Vitruve et Palladio. » (L'abbé DE FLEURY, cité par BATISSIER : *Éléments d'Archéologie nationale*, p. 533.) — Voir également DE CAUMONT, *Abécédaire d'Archéologie*, p. 7 et 8.

vaient les lettres, les sciences et les arts. Quant aux frères convers attachés à la glèbe, — comme des serfs, — ils étaient souvent la propriété personnelle des abbés. » La règle de saint Benoît, qui servit de modèle et de type à presque toutes les règles monastiques de l'Occident, ordonnait aux religieux de pratiquer tous les « arts nécessaires », à l'intérieur de leur couvent, pour éviter de trouver au dehors l'occasion de distractions dangereuses[1].

Nous possédons un plan original représentant l'abbaye de Saint-Gall telle qu'elle était sous les premiers Carolingiens[2]. On y voit les ateliers où de nombreux métiers étaient exercés par le personnel de ce célèbre monastère. Orderic Vital, parlant de la fondation de celui de Saint-Sauveur, à Téron, près de Chartres (1107), dit qu'à l'appel de Bernard, abbé de Quincé, des ouvriers tant en bois qu'en fer, des sculpteurs et des orfèvres, des peintres, des maçons, des vignerons, des laboureurs et d'autres artisans habiles en tous genres, accoururent, faisant avec empressement tout ce que leur demandait le vieillard, et appliquant à l'utilité commune le produit de leur profession[3]. L'historien de Suger nous apprend qu'à Saint-Denis les dépendances de l'abbaye abritaient, de même, une armée d'artisans éprouvés et d'artistes remarquables[4], — d'autant plus dévoués, d'autant plus remplis d'abnégation, que la règle de saint Benoît, inflexible sur ce point, ordonnait qu'on interdît l'exercice de sa profession à tout religieux qui prétendait tirer de ses œuvres un titre de gloire. De quelle force de création et d'exécution pouvait disposer un abbé riche, puissant, gouvernant sans contrôle des domaines immenses et un personnel désintéressé, dont il ne se faisait point faute d'abuser à l'occasion[5]! Voilà comment, en un temps assez court, plein de bouleverse-

ments et de troubles, dans un monde en ébullition, tant de monastères jaillirent du sol, dont l'importance, la grandeur, la magnificence, déroutent les esprits même les plus prévenus, et chez les autres excitent l'enthousiasme[6].

Ajoutons que ces prodiges durent leur réalisation surtout à ce que les établissements monastiques incarnèrent, au milieu de cette tourmente, cette unité de doctrine, cette discipline qui était devenue si rare, cette cohésion autre part inconnue. Bien plus que les exagérations mystiques et la surexcitation de la foi, ces qualités d'ordre, de méthode, d'union, d'apaisement, bannies de la vie courante et qu'on retrouvait dans la vie religieuse, permirent à un certain nombre de ces asiles de la prière de conquérir une place d'honneur dans l'histoire de la civilisation; et ce sont précisément ces mêmes qualités d'ordre et de méthode que tous les archéologues se plaisent à reconnaître dans les édifices monastiques du xie et du xiie siècle[7].

Constatons encore que ces édifices montrent des dispositions nouvelles, qui ajoutent, par leur sage ordonnance et leur ingéniosité, à l'estime que doit nous inspirer le personnel si méconnu de ces grandes institutions, qui furent comme le conservatoire des traditions antiques, et dont on peut dire qu'elles ont créé notre architecture nationale. Parmi ces dispositions nouvelles, le cloître est la plus considérable: si considérable, que, par une sorte de synecdoque, son nom est devenu synonyme du monastère lui-même. On l'a comparé à l'*atrium* latin. Comme lui, il était carré ou légèrement barlong. On nous dit bien que, dans le principe, on en vit quelques-uns de ronds ou de triangulaires[8], mais il faut remonter pour cela à la période carolingienne, alors que les influences byzantines étaient, de par la volonté impériale, toutes-

---

1. « Ut non sit necessitas monachis vagandi foras, quia non expedit omnium animus eorum. » (*Règle de saint Benoît*, chap. LVII, dans la *Patrologie* de MIGNE, t. XLVI, p. 802.) Cette règle de saint Benoit, malgré son sévère enthousiasme, était sensée et libérale, humaine et modérée dans sa pratique. Revue, sous le règne de Louis le Débonnaire, par Benoît d'Aniane, elle devint, sous le titre de *Codex regularum*, étroite, mesquine, surchargée de minutieux détails, de prescriptions puériles, de pratiques vaines et ridicules. Sur 80 articles, il en est 21 qui sont étrangers à toute intention morale, à tout sentiment religieux. Il y est dit, notamment, que les moines ne se raseront pas durant le carême; que l'usage des bains est à la discrétion du prieur; les dimensions du capuchon sont réglées, ainsi que les jours où il est permis de manger de la volaille, etc., etc.

2. Ce plan a été reproduit à une petite échelle par D. MABILLON (*Annales Bénédictines*, t. II, p. 571) et en fac-similé par KELLER avec une notice descriptive (voir ALBERT LENOIR, *Inst. sur l'Architecture monastique*).

3. ORDERIC VITAL, *Histoire ecclésiastique de Normandie*, liv. VIII.

4. GUILLAUME, MOINE DE SAINT-DENIS, *Vita Sugeri abb.*, apud D. BOUQUET, t. XII, p. 107.

5. Le concile de Tolède (c. 51), tenu en 633, signale certains mo-

nastères où les moines « étaient assujettis à des travaux serviles » et où les droits établis par les instituts canoniques étaient méconnus à tel point « qu'un monastère devenait une sorte de domaine, et que cette illustre partie du corps de Jésus-Christ était presque réduite à l'ignominie et à la servitude ».

6. MONTALEMBERT, *l'Art et les moines*, loc. cit.

7. « Plus anciennes que le style ogival, les églises bâties par les moines étaient, même à l'origine, d'une dimension, d'une richesse d'ornementation, et même d'autres fois, dans leur simplicité, comme choix de matériaux et comme main-d'œuvre, d'une perfection qui ne permettait pas de les confondre avec les églises paroissiales ordinaires, et même avec celles qui, appartenant à des localités importantes, restaient les plus souvent inachevées. » (PUY DE LABASTIE, *les Grandes Lignes architecturales*, p. 158.) On demeure confondu d'admiration quand on voit, à Rouen, un abbé de Saint-Ouen, Jean Roussel Marc d'Argent, entreprendre de lutter avec la métropole, en jetant les bases d'une église presque égale en étendue et plus majestueuse dans son ensemble. (OTIS LACROIX, *Histoire des anciennes Corporations d'arts et métiers de la capitale de la Normandie*, p. 230.)

8. BESOUVILLE. *Encyclopédie de l'Architecture*, t. II, p. 3o6.

puissantes. Dès que l'esprit gallo-romain reprit le dessus, on revint à la forme quadrangulaire :

Quadratam structura domestica præfert
Atria bis binis inclyta porticibus.

Les quatre côtés extérieurs du cloître étaient constitués par des constructions ayant chacune sa destination particulière et, liturgiquement, une signification symbolique[1]. A ces bâtiments, parmi lesquels figurait en premier lieu l'église, dans laquelle le cloître donnait accès, était adossée une galerie dans le genre des portiques anciens et rappelant *l'impluvium* de la maison romaine. Vraisemblablement, les premiers de ces portiques furent en bois. Comme il n'en est rien resté, nous sommes, sur ce point, réduits aux conjectures. On croit également que ceux construits en pierre ne furent pas voûtés d'abord, mais couverts de charpentes disposées en appentis[2]. Cependant, le plus vénérable spécimen de cloître qu'il nous soit permis d'étudier, la partie ancienne de celui du Puy, — partie qui remonte au xe siècle, — est recouverte de voûtes d'arête romaines portant sur les murs extérieurs. Elle est, en outre, séparée de l'intérieur par un petit mur en bahut sur lequel portent les piles, — innovation intéressante et que ne comportait pas l'impluvium. — Enfin, une disposition singulière de la pile d'angle montre que les artifices de construction les plus ingénieux étaient déjà familiers à ces bâtisseurs qu'on nous présente comme si naïfs et d'une ignorance si rudimentaire.

La décoration de ce doyen de nos cloîtres est encore simple. Les piliers sont cantonnés de colonnettes. Les arcs sont formés de claveaux de pierres de couleurs

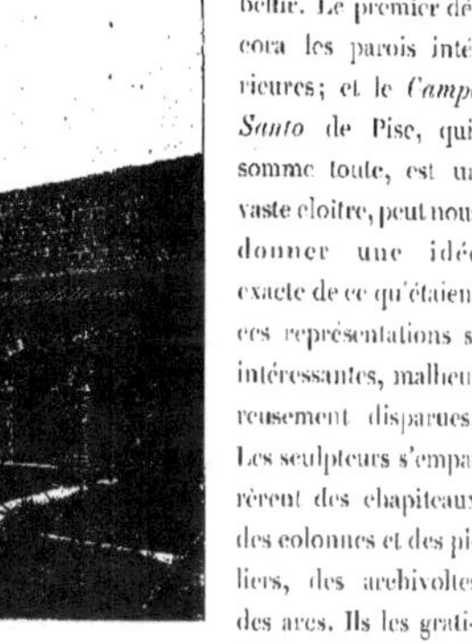

CLOÎTRE DE LA CATHÉDRALE DU PUY.

différentes et alternées. L'architecture trouve son ornementation dans la diversité et l'alternance de ces nuances, et, dans la partie haute (tympans et frises), en une sorte d'*opus reticulatum* formé de losanges disposés en damier. Mais, si ce début peut paraître simple, à partir du xie siècle les abbayes ne se firent pas faute de construire des cloîtres d'une grande richesse ; car après l'église ce fut, surtout dans les régions au doux climat, la partie la plus fréquentée du monastère. L'art du peintre et celui du sculpteur furent donc appelés à l'embellir. Le premier décora les parois intérieures ; et le *Campo Santo* de Pise, qui, somme toute, est un vaste cloître, peut nous donner une idée exacte de ce qu'étaient ces représentations si intéressantes, malheureusement disparues. Les sculpteurs s'emparèrent des chapiteaux des colonnes et des piliers, des archivoltes des arcs. Ils les gratifièrent de bas-reliefs et de statues. Enfin, l'architecte donna tous ses soins à ce que l'élégance de la structure et la distinction des lignes répondissent à la richesse de cette double parure.

Nous avons déjà longuement parlé des belles sculptures du cloître de Saint-Trophime, à Arles. Celui de Moissac, qui compte des parties du xie siècle, est également garni de statues, mais de moindre valeur au point de vue de l'art. Ceux de Saint-Sauveur (Aix), de Saint-Elne (Perpignan), du Mont-Saint-Michel, jouissent aussi d'une grande célébrité. On peut citer ceux de Thorouet (Var), de Saint-Remi (Bouches-du-Rhône), de Senanque (Vaucluse), de Silvacane (près de la Durance), de Montmajour, mais leur beauté est d'ordre plus austère. La réforme prêchée par saint Bernard devait provoquer un peu partout une affectation de simplicité,

---

1. « La diversité des demeures et des offices dans le cloître, écrit Guillaume Durand (*Rational de la Messe*, liv. I, chap. i, § 43), signifie la diversité des demeures et des récompenses dans le royaume céleste, car. » dans la maison de mon père, il y a beaucoup de demeures », dit le Seigneur.... Dans le cloître, il y a quatre murailles, qui sont le mépris de soi-même, le mépris du monde, l'amour du prochain et l'amour de Dieu. Et chaque côté a sa rangée de colonnes.... La base de toutes les colonnes est la patience. Dans le cloître, la diversité des demeures est celle des vertus. »

2. Viollet-le-Duc (*Dictionnaire de l'Architecture*, t. III, p. 415). Certains cloîtres du xiie siècle, celui de Moissac entre autres, sont couverts en bois. On voit que les dates ont ici peu de valeur.

qui se fit jour surtout dans la construction des cloîtres cisterciens et dans ceux qui subirent l'influence de leur exemple. Cette austérité, qui franchit le Rhin et laissa des traces si évidentes dans les cloîtres de Rommersdorff, de Saint-Géréon et de Saint-Pantaléon, à Cologne, devait être, toutefois, de courte durée. Elle allait se trouver prochainement aux prises avec les traditions des établissements monastiques de Cluny, qui se gardaient bien de professer la même rigueur. Et l'on verra, durant la période ogivale, la splendeur des cloîtres lutter de nouveau avec la magnificence des églises.

Au XIIe siècle, après tant de difficultés surmontées, tant de travaux entrepris et menés à bonne fin, tant de luttes suivies de victoire, l'ordre monastique était, du reste, arrivé à son apogée. Il réunissait des pouvoirs qu'on avait crus inconciliables. Saint Bernard gouvernait de haut les affaires temporelles aussi bien que celles de l'Église. Suger, guerrier à ses heures, abbé par vocation, homme d'État par nécessité, s'était vu instituer régent de France; et, à côté de ces deux hommes si différents dans leur élévation, Pierre le Vénérable, qui fut, comme le dit M. de Rémusat, « l'idéal du moine[1] », osait se déclarer le protecteur d'Abailard, faisait traduire le *Coran*, et exerçait assez d'ascendant sur ses contemporains pour assurer le triomphe d'un pape. Eh bien, cette grandeur du monachisme, qui s'affirme si haut, se justifie, dans une certaine mesure, par le soin, par la recherche extraordinaire, par le goût que tous ces religieux apportaient dans l'érection, non pas seulement de leurs églises et des édifices qui pouvaient flatter leur orgueil, mais aussi des bâtiments de pure utilité et d'intérêt en apparence secondaire. Leurs réfectoires, leurs dortoirs et jusqu'aux granges dans lesquelles ils serraient leurs récoltes en témoignent.

Les réfectoires, presque toujours voûtés, parfois séparés en plusieurs nefs égales, étaient de proportions considérables[2]. Les murailles en étaient lambrissées ou peintes. Leurs vastes proportions paraissaient si heureuses, leur décoration si brillante, que les princes et les rois ne se faisaient point faute de les emprunter, quand ils avaient de grandes réceptions, avec leur *tinel*, c'est-à-dire leur cour à tenir, et des repas nombreux à donner. De même ils ne dédaignaient pas ces spacieux dortoirs qui, coupés par des cloisons provisoires, ou distribués en pièces successives par des tentures en tapisserie, pouvaient leur fournir tout le logement désirable. Mais ces grandes qualités, qui avaient porté si haut le pouvoir monastique, ne pouvaient se perpétuer toujours. De tout temps, certaines abbayes avaient eu à leur tête des prélats de piété douteuse, comme ceux que saint Jérôme signalait déjà à l'indignation de ses contemporains[3], et qui profitaient de leur titre pour mener la vie licencieuse des grands seigneurs. L'apologiste de Bouchard[4], comte de Melun, nous révèle la vie ultra-mondaine du très noble et très illustre Maynard, abbé de Saint-Maur-des-Fossés[3] : « Lorsqu'il sortait, écrit-il, il quittait les habits religieux, se parait de vêtements précieux, de fourrures. Ceux qui étaient sous son gouvernement se conformaient de leur mieux à son exemple; ce qui ne saurait être imputé à crime aux moines de cette abbaye, car tous ceux du royaume agissaient à peu près de même. » Le grand plaisir de Bouchard était la chasse, « soit au chien, soit à l'oiseau ». C'est aussi dans une partie de chasse à courre que, quatre cents ans plus tard, Dampt-Abbé rencontrera la dame des Belles-Cousines, et la vie qu'il devait mener avec elle montre assez qu'au XVe siècle l'existence des abbés mondains avait continué de n'être guère plus édifiante qu'au temps du très illustre Maynard[5].

Mais ce qui, bien plus encore que les sacrifices à ce qu'on appelait alors « l'esprit du siècle », porta une atteinte décisive à ces nobles œuvres, à ces magistrales entreprises, ce fut la transformation de ces colonies laborieuses en de véritables fiefs, et le renoncement du personnel religieux à toute participation directe dans

---

1. C. DE RÉMUSAT, *Saint Anselme de Cantorbéry*, chap. I et II.

2. Le réfectoire de Saint-Germain-des-Prés, bâti par l'abbé Simon, mesurait 40 mètres sur 10; celui de Poissy, édifié par Philippe le Bel, 47 mètres sur 12.

3. « Ils n'ont renoncé qu'à l'habit laïque et se sont bien gardés de changer leur manière de vivre. Ils possèdent autour d'eux des cohortes d'esclaves, apportent la même pompe dans leurs banquets, et au milieu d'un essaim de serviteurs se font appeler solitaires. » (SAINT JÉRÔME, *Lettre* 95, colonne 4.)

4. ODON, moine de Saint-Maur-des-Fossés. Il écrivait en 1058. Cette apologie de Burckhard ou Bouchard, fils de Foulques le Bon, comte d'Anjou, a été traduite et publiée par Sébastien Rouillard dans son *Histoire de Melun*. Paris, 1623.

5. Voir l'*Hystoire et plaisante Cronicque du Petit Jehan de Saintré*, ch. LXIX.

6. A partir du XIIe siècle, les abbés de Fulde, de Saint-Gall, de Saint-Denis, de Cluny, de Corbie, etc., s'attribuèrent, grâce à la complicité du Saint-Siège, des droits régaliens. On peut lire dans l'*Histoire de Vézelay*, par HUGUES DE POITIERS (*Collection des Mémoires relatifs à l'histoire de France*, t. VII, p. 95 et suiv.), la lutte homérique soutenue par l'abbé Pons contre le duc de Nevers, pour établir sa juridiction sur les pays environnants; et cependant, Vézelay dépendait de Cluny. Si l'on en croit Voltaire, ces abbés réclamaient tous les droits féodaux, même « le droit de cuissage, markette et prélibation », auquel certains d'entre eux ne renoncèrent qu'au XVIIIe siècle et contre rachat (*Essai sur l'Esprit et les Mœurs*, t. I, p. 462). Les évêques et les archevêques, de leur côté, ne demeurèrent pas en reste. Ils n'avaient, grâce à leurs dotations, qu'un pas à faire pour devenir princes, et ce pas fut bientôt fait. En France, cette puissance des ecclésiastiques ne fut pas de longue durée;

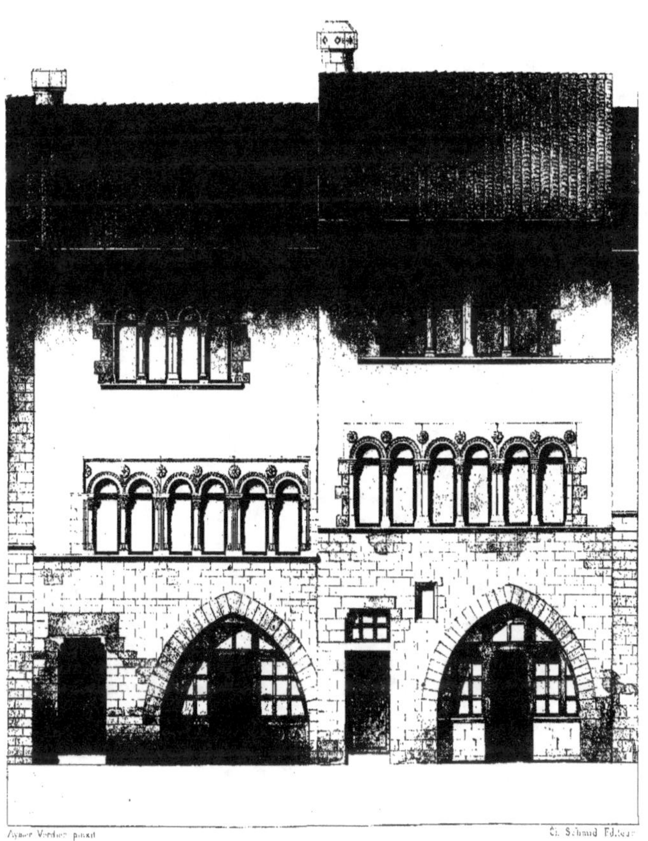

CLUNY — MAISONS ROMANES

les travaux qui avaient fait la force et la grandeur des premiers établissements monastiques. Fait curieux, cette prétention se fait jour pour la première fois dans un poème qu'Adalberon, évêque de Laon, adresse au roi Robert[1]. Plus tard, elle fut reprise par les moines de cette abbaye de Molème dont Renaud, évêque de Langres, disait : « Aimer Molène, c'est presque obtenir le baptème, — *Est quasi baptismus quibus est in amore Molismus* ». Ils prétendaient que les princes et les rois n'avaient pas richement doté d'augustes monastères et ne leur avaient pas assuré un nombre considérable de vassaux « pour que des philosophes subtils et d'éloquents docteurs, parce qu'ils avaient renoncé au « siècle », fussent obligés comme de vils esclaves de s'occuper de travaux vulgaires[2] ».

Le temps était passé, en effet, où les prélats se vantaient, à l'imitation de Namatius et de Perpetuus, d'être les architectes de leurs basiliques ; où, comme l'évêque Scutaire, ils inscrivaient pompeusement leur nom au fronton de leur église[3]. On aurait rougi de ré-

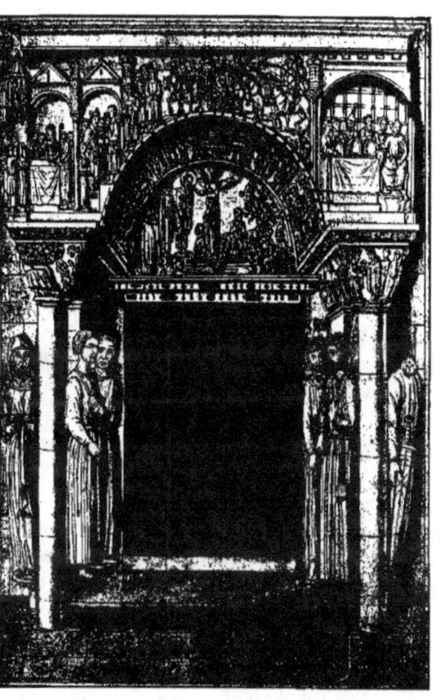

Porte de la *Sainte-Larme* d'après un dessin ancien de la Collection Gaignières.

server, comme Geoffroi de Champ-Allemand, évêque d'Auxerre, trois des meilleures prébendes d'un diocèse aux trois ecclésiastiques les plus réputés dans les industries d'art. Désormais, chaque monastère devient un établissement féodal[4]. « Il est d'usage en France, proclament les religieux de Molène, que les paysans exécutent partout les travaux des champs, et que les serviteurs s'acquittent partout des services qui les concernent[5]. »

Ils avaient, comme l'évêque Adalberon, la persuasion que la condition inéluctable du serf est de « fournir à tous de l'or, la nourriture, le vêtement ». Ils affirmaient que la famille humaine est divisée par le Très Haut en trois classes : « Les uns prient, disaient-ils, les autres combattent, les derniers travaillent[6] ».

Ainsi, les pieuses fondations d'une religion de tendresse et d'amour, ces refuges de générations meurtries, ces asiles inviolables des déshérités et des bannis, se transformèrent en institutions oppressives et tyranniques. Raoul Glaber, ce moine insoumis, nous dévoile quels sentiments

---

elle se transforma promptement en titres honorifiques; et le clergé se vit attribuer six pairies, qui restèrent attachées aux sièges de Reims, de Laon, de Langres, de Beauvais, de Châlons et de Noyon. En Allemagne, il n'en fut pas de même, et les évêques de Mayence, de Cologne, de Trèves, de Wurtzbourg, continuèrent à exercer le pouvoir souverain avec le titre d'Électeur.

1. « La loi religieuse, écrit-il en parlant des moines, les exempte de toute tâche vile et mondaine. Ce n'est point à eux qu'incombe le soin d'ouvrir péniblement le sein de la terre et de marcher derrière les bœufs pour les faire avancer. A peine leur convient-il de donner leurs soins à la culture des vignes, des arbres et des jardins. Ils ne s'abaissent pas jusqu'à être bouchers, gardeurs de cochons, conducteurs de boucs ou bergers. Cribler le blé ou s'échauffer autour des chaudières grasses et brûlantes n'est point leur fait. Attacher des porcs sur le dos des bœufs et les conduire ainsi au marché est indigne d'eux; blanchir les étoffes ou les faire bouillir pour les livrer au foulon sont choses qu'ils ne consentent à faire. Leur seul devoir est de tenir leur âme et leur corps exempts de toute souillure, d'avoir des mœurs recommandables et de veiller sur celles des autres. L'éternelle loi de Dieu ordonne à ses ministres de se maintenir toujours purs. Mais elle veut aussi qu'ils soient affranchis de toutes fonctions serviles. » (ADALBERON, *Dialogue avec le roi Robert*, dans GUIZOT, *Collection des Mémoires*, etc., t. VI, p. 437.)

2. ORDÉRIC VITAL, *Histoire ecclésiastique de Normandie*, liv. VIII.

3. On conserve au musée du Puy une inscription ingénieusement complétée dont on peut voir au-dessus de la porte épiscopale de la cathédrale un important fragment. Cette inscription est relative à l'évêque Scutaire, second évêque du Puy; elle remonterait donc au vᵉ siècle. Elle porte SCVTARIVS. EPIS. ✧ SENATUR ARTIFEX.

4. LEBEUF, *Mémoires concernant l'église d'Auxerre*, t. II, p. 244. — Du SOMMERARD, *les Arts au Moyen Age*, t. V, p. 256. — TEXIER, *Dictionnaire d'Orfèvrerie*, col. 247 et 932.

5. ORDÉRIC VITAL, *op. cit.*, liv. VIII.

6. « LE ROI : Cette classe malheureuse ne possède rien qu'elle ne l'achète par un dur travail. Qui pourrait, en les multipliant par eux-mêmes autant de fois qu'un damier contient de cases, compter les peines, les courses, les fatigues qu'ont à supporter les serfs infortunés?... » (ADALBERON, *Dialogue avec le roi Robert*, dans GUIZOT, *Collection des Mémoires relatifs à l'Histoire de France*, t. VI, p. 439.

naquirent de cette transformation. Le peuple se prit à
haïr cette féodalité nouvelle plus encore que la première.

C'est cette haine, sourde d'abord, ouverte ensuite,
qui devait, dans la seconde partie du Moyen Age, servir de pivot à la guerre que les rois et le clergé séculier
allaient entamer contre « cette race paresseuse, comme
l'appelait l'empereur Othon, née seulement pour con-
sommer les grains, qui vit d'oisiveté, à l'ombre et sous
le toit des maisons : hommes inutiles, dont la crapule
fait gonfler les membres incessamment engraissés et
charge le ventre d'un embonpoint énorme[1] ». Et de
cette lutte allait naître un nouvel État dans l'État, un
élément laïque et puissant, dont l'intervention dans le
fonctionnement et les rouages de la nation devait
donner naissance à un art tout nouveau. Tant il est
vrai, comme l'a dit Guizot[2], qu'à côté des grands
événements, des révolutions ou des transformations
publiques, on aperçoit toujours, dans notre histoire,
des idées générales, des doctrines qui leur correspondent. Rien ne se passe dans le monde réel dont
l'intelligence ne fasse son profit. Rien ne s'accomplit
dans le domaine de l'intelligence sans que le contre-
coup ne s'en fasse sentir dans le monde réel. Ce
double caractère d'activité intellectuelle et d'application
pratique fait le fond même de notre histoire. Abailard
est contemporain des bourgeois de Laon et de Vézelay,
comme l'avènement du Tiers État est contemporain de
la Réforme ; et, quoique ces divers mouvements paraissent fort étrangers les uns aux autres, la première
grande lutte des libres-penseurs contre le pouvoir
absolu du Clergé, ainsi que la première lutte des bourgeois pour la liberté publique, coïncident avec l'avènement du style ogival, comme la Réforme et la manifestation du Tiers État coïncident dans le Nord de l'Europe
avec l'avènement de la Renaissance.

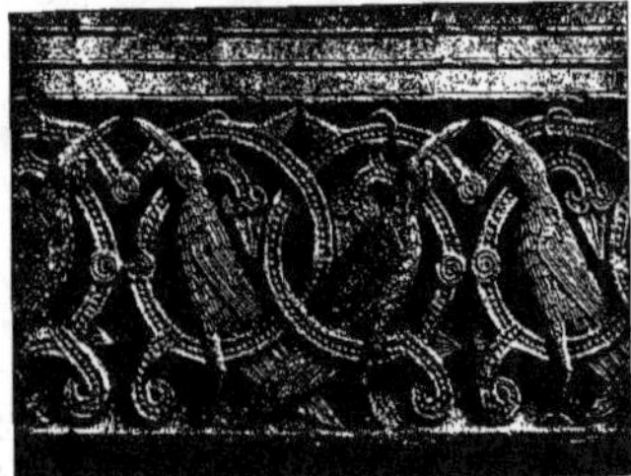

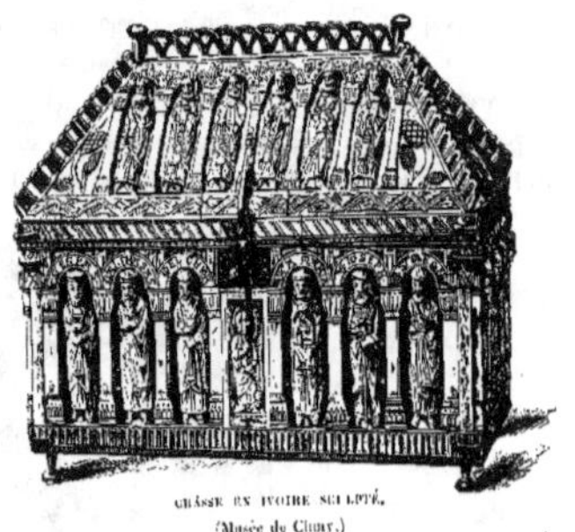

CHASSE EN IVOIRE SCULPTÉ.
(Musée de Cluny.)

X

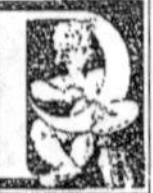

Pour que cette étude de l'art roman soit
à peu près complète, il nous faut maintenant dire quelques mots des « arts
mineurs », de ceux qui gravitent autour
des grandes manifestations que nous
venons d'analyser. Mais, ici, tout s'obscurcit d'une
façon singulière. Les arts de l'ameublement n'ont pas
pour mission de produire des œuvres durables. Comme
les besoins auxquels ils sont chargés de satisfaire,
comme les modes dont ils sont l'expression, ils n'ont
qu'une existence éphémère. Un nombre si restreint
de spécimens de ces arts charmants est parvenu jusqu'à nous, que le meilleur moyen de dégager leur
caractère est encore de rechercher ce que leurs contemporains en ont dit, et de retracer en quelques
mots le peu qu'on sait de leur histoire.

Le plus brillant de ces arts somptuaires est l'orfèvrerie. Nous avons vu que, sous les Mérovingiens déjà,
il avait jeté un certain éclat, un peu rudimentaire, un
peu farouche, et que, sous la race suivante, un grand
pas s'était accompli dans son esthétique. La figure de
la Sainte Foy, première manifestation en orfèvrerie de la
Statuaire, qui allait prendre dans l'art roman une
importance presque débordante, avait montré que les
artistes français étaient préparés à entrer résolument
dans une voie aussi nouvelle que féconde. Au XIe et au
XIIe siècle, l'exemple avait été suivi sans qu'on renon-
çât, cependant, à ce déploiement de travaux accessoires,
de filigranes soudés, de pièces de rapport et de pierres
précieuses, qui sent toujours le luxe primitif et barbare.

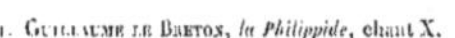

1. GUILLAUME LE BRETON, la Philippide, chant X.

2. GUIZOT, Histoire de la Civilisation en France, t. I, p. 16 et 17.

Le morceau magistral exécuté dans ce genre semble avoir été le mausolée que la veuve de Louis VII fit élever à son mari. « Dans ce tombeau, écrit un contemporain, l'art le plus exquis avait fait un heureux mélange d'or, d'argent, d'airain et de pierres précieuses. Jamais chef-d'œuvre aussi étonnant n'avait paru dans aucun royaume depuis Salomon[1]. » Mais cette œuvre de magnificence n'existe plus. Elle fut remplacée, à la fin du XVIIe siècle, par un monument nouveau[2]. Il nous est donc impossible de raisonner sur son caractère d'art. Il en est de même, hélas! pour les orfèvreries magnifiques dont le comte Bouchard gratifia le monastère de Saint-Germain-des-Fossés, pour les candélabres d'or offerts par l'impératrice Mathilde aux moines de Vézelay, pour les vases d'or que le comte Thibault donna à saint Bernard en témoignage de son éternelle reconnaissance[3]. Heureusement, nous possédons, de ce temps, des ouvrages plus modestes; et ces ouvrages suffisent à nous dénoncer une évolution capitale, que Alfred Darcel désignait par cette périphrase, un peu sévère peut-être, mais significative : « l'intrusion des formes de l'architecture et leur exacte reproduction dans l'orfèvrerie[4] ».

Cette nouveauté constitue, en effet, un événement de toute première importance, non seulement dans l'histoire de la mise en œuvre des métaux précieux, mais encore de tous les autres arts du mobilier. Car, en consentant à subir cet ascendant de l'architecture, tous les artistes qui ont en vue les arts secondaires vont renoncer à poursuivre un idéal exclusivement somptuaire; ils cesseront d'être surtout préoccupés de magnificence et de luxe. Ils abandonneront ainsi progressivement leur indépendance, abdiqueront leur autonomie, si l'on peut dire ainsi. Empruntant désormais à l'Architecture et à la Statuaire une partie de leurs moyens d'expression, ils suivront ces deux autres arts dans toutes les transformations qu'il leur plaira d'adopter. Au point de vue de la logique, ils y perdront sans doute; ils gagneront certainement en variété et en grandeur.

De tous les ouvrages exécutés par les orfèvres et destinés à l'ornementation des sanctuaires, il n'en est pas où cette révolution (le mot n'est pas trop fort) s'affirme d'une façon plus décisive que dans les reliquaires désignés sous le nom de châsses. Dans le principe, qu'elles fussent en bois, en ivoire ou en métal, comme l'étymologie du mot l'indique, les châsses[5] consistèrent en une sorte de boîte en forme de sarcophage. Plus tard, quand on eut pris l'habitude de promener les reliques et de faire figurer les châsses dans les processions[6]; par crainte de la pluie, ces châsses furent recouvertes par un petit toit à deux versants; puis les façades latérales furent divisées en compartiments par des arcatures aveugles, abritant des personnages (voir

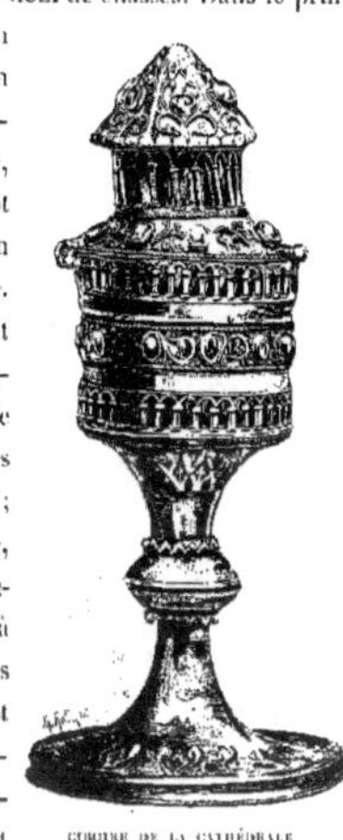

CIBOIRE DE LA CATHÉDRALE
DE SAINT-OMER.

col. 316). Plus tard encore, la ressemblance s'accentue et nous arrivons, en passant par la châsse d'Ambazac, qui marque la première intention de cette ressemblance, par celles de saint Avit, provenant des Dames Ursulines de Verneuil, par celle de Chamberet (Corrèze), à la châsse justement fameuse de saint Calminius[7], qu'on prétend rappeler la cathédrale de Laon, et surtout à celle si célèbre de saint Taurin d'Évreux, véritable église gothique en miniature, surmontée d'une flèche centrale, avec arcades et contreforts à pinacles.

---

1. RIGORD. *Vie de Philippe Auguste*, dans GUIZOT, *Collection des Mémoires*. etc.. t. XI, p. 21.

2. L'inscription qui fut placée sur la tombe nouvelle expliquait les vicissitudes de celle qui l'avait précédée. Voici le texte de cette inscription telle que l'a relevée MILLIN (*Antiquités nationales : abbaye du Barbeau*, p. 12) : « Piissimo regi Francorum, Ludovico VII hic sepulto XIX septemb. MCLXXX. mausoleum quondam magnificum erexit Adela, regina, ejus uxor, quod vetustate collapsum instauravit, pretiosas ejus reliquas colligendo, Em. Reverend. et Celsissimus Princeps Guillelmus, ego Landgravius de Furstenberg. S. R. E. Cardinalis Episcopus et Princeps Argentisiensis. hujus regii monasterii abbas, anno MDCXCV ». Louis VII avait été enterré en septembre 1180; il était donc demeuré juste 515 ans dans son premier tombeau. Malheureusement, on ignore ce que devint le premier sarcophage (*magnificum mausoleum*).

3. *Vie de Bouchard*, dans GUIZOT : *Collection des Mémoires*, t. VIII, p. 23. — HUGUES DE POITIERS, *Histoire du monastère de Vézelay*, liv. IV. — ARNAULT DE BONNEVAL. *Vie de Saint Bernard*, liv. II. chap. VIII.

4. ALFRED DARCEL, *la Trésor de Conques*. Voir dans les *Annales Archéologiques*, t. XXIV, p. 319.

5. *Capsa, capse, casse, caisse*. On trouve ces divers mots employés régulièrement jusqu'au XVIe siècle avec la signification de cercueil.

6. Charles le Chauve, à la prière des religieux de Saint-Médard de Soissons. porta sur ses épaules les châsses de quinze saints qu'on changeait de résidence (NITHARD. *Histoire des divisions entre les fils de Louis le Débonnaire*. dans DOM BOUQUET, *Script. franc.*, etc., t. VII, p. 12] Robert le Pieux, lors de la translation des reliques de saint Savinien, porta également la châsse de ce saint sur ses royales épaules (GUYON, *Histoire de l'Église d'Orléans*, t. I, p. 206).

7. Cette châsse, après avoir appartenu à la paroisse de l'Aguène, a figuré dans la collection Soltykoff.

Ajoutons que, dans nombre d'autres instruments du culte, où l'assimilation semblait plus malaisée, cette imitation n'est pas moins flagrante. Tels sont le ciboire-calice de la cathédrale de Saint-Omer, qui figure dans sa partie haute un clocher avec les arcatures caractéristiques de l'architecture romane; le reliquaire assez clairement désigné sous le nom de *Lanterne de saint Vincent*[1], — don de l'abbé Bégon à l'église de Conques, — curieux édicule aux allures franchement byzantines, carré à sa base, octo

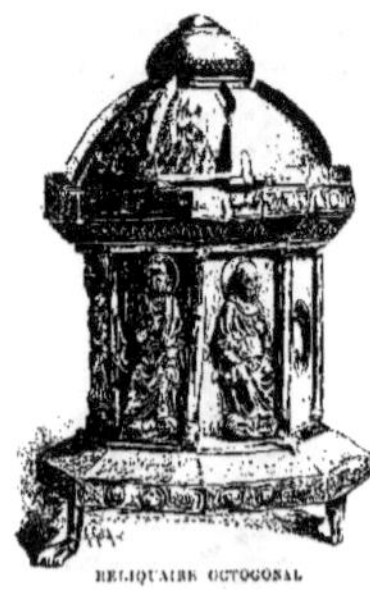

RELIQUAIRE OCTOGONAL
DE VARZY
en forme de baptistère.

gone à sa partie supérieure et surmonté, comme à Saint-Front, d'une toiture conique couverte d'imbrications. Tels encore la boîte à hosties de l'église de Charroux, représentant une minuscule chapelle, et le reliquaire octogonal de Varzy (Nièvre), en forme de baptistère.

Après l'orfèvrerie, celui de tous les arts somptuaires qui paraît avoir le plus ajouté à la splendeur des églises est l'art du vitrail. Le bon moine Théophile ne cache pas l'admiration que ces verrières, qualifiées par lui « d'un prix considérable et d'une inestimable beauté »[2], inspiraient à ses contemporains. Il fait mieux encore, il consacre un des trois livres de sa précieuse *Schedula* à enseigner leur fabrication[3], et il fait l'honneur à nos compatriotes de déclarer qu'ils excellaient dans l'agencement de ces belles parures de fenêtres que la lumière du ciel transformait en un ruissellement de pierreries[4]. Cette supériorité, au surplus, s'explique par un long

état de possession. L'usage de vitraux, sous forme de mosaïques de verres colorés enfermés ou, mieux, sertis dans des armatures de métal, parfois même de bois (*vitro tignis incluso*, pour nous servir de l'expression de Grégoire de Tours), remontait au ve ou au vie siècle[5]. Quant à la peinture sur verre, elle est forcément postérieure, et (si nous en croyons Le Vieil) de plusieurs centaines d'années[6]. Émeric David cite un texte qui la ferait remonter à Charles le Chauve[7]. Le certain, c'est que ce genre de peinture, s'il avait été pratiqué du temps de Charlemagne, eût été certainement employé par ce prince pour la décoration d'Ingelheim et d'Aix-la-Chapelle, et les historiographes du grand Empereur et de son fils n'auraient pas manqué de nous informer d'un fait aussi capital[8].

L'essor du vitrail dans les édifices religieux paraît avoir été très rapide. Les prélats et les moines avaient couvert, nous l'avons vu, les murailles de leurs églises

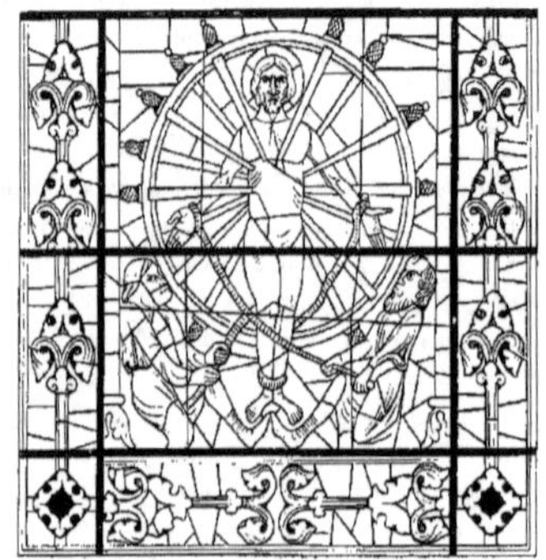

FRAGMENT DU VITRAIL DE SAINT GEORGES.
(Cathédrale de Chartres.)

---

1. Ce nom évoque en effet, sans que notre ami A. Darcel, le descripteur de Conques, ait paru le soupçonner, le souvenir de ces édicules, assez nombreux au Moyen Age, dont il nous reste encore quelques spécimens, et qu'on désignait sous le nom de « lanternes des morts ».

2. « Si luminis abundantiam ex fenestris intuetur, inestimabilem vitri decorem et operis pretiosissimi varietatem miratur. » (*Schedula diversarum artium*, op. cit., — prologue du IIIe livre, p. 123.)

3. Voir notamment, dans le second livre de la *Schedula*, les chapitres XVII à XXIX.

4. *Schedula*, préface. Ce témoignage confirmé par ce fait que saint Benoît Biscop fit venir des verriers de France pour initier les Anglo-Saxons à cet art, et qu'en Allemagne ce furent également des Français qui exécutèrent les premiers vitraux connus, ceux du monastère de Hirschau et Tegernsee (MONTALEMBERT, *l'Art et les Moines* : *Annales archéologiques*, t. VI, p. 132), est très important, parce qu'il contredit heureusement le passage de LE VIEIL (*l'Art de la Peinture sur verre et de la Vitrerie*, 1re partie, p. 24), où ce spécialiste attribue, au Moyen Age, une certaine supériorité aux Allemands dans l'art du vitrail.

5. Fortunatus, en effet, nous initie à l'impression très vive que les verrières des églises faisaient sur les peuplades barbares. Racontant une visite à Notre-Dame de Paris, il s'extasie, en vers latins, sur l'effet magique produit par la lumière traversant les fenêtres du chœur. Autre part, il parle également avec éloges des vitraux qui ornaient les basiliques de Bordeaux et de Tours. Dans Grégoire de Tours et dans saint Ouen, il est également fait mention de verrières.

6. LE VIEIL, *l'Art de la Peinture sur verre et de la Vitrerie*, 1re partie, p. 20.

7. « L'historien du monastère de Saint-Bénigne, qui écrivait vers 1052, assure qu'il existait de son temps dans l'église de ce monastère un très ancien vitrail, représentant le martyre de sainte Paschasie, et que cette peinture avait été retirée de la vieille église restaurée par Charles le Chauve. » (E. DAVID, *Histoire de la Peinture au Moyen Age*, p. 79.)

8. Voir, dans *les Arts de l'Ameublement*, notre volume sur *la Verrerie*, p. 140. La constatation de ces diverses dates est importante, parce que, longtemps, on a prétendu que l'art des vitraux avait été importé à la suite des croisades. — Voir aussi LOYSEL, *Essai sur l'Art de la Verrerie*, Paris, an VIII.

de peintures et de mosaïques, ayant une portée didactique. Il était naturel qu'ils étendissent aux clôtures

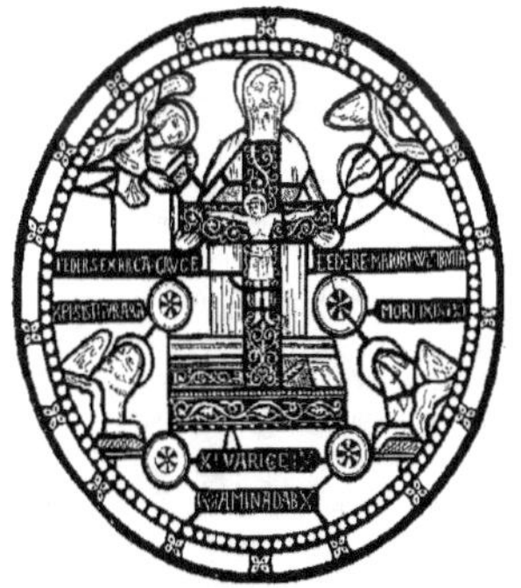

FRAGMENT DE VITRAIL.
(Abbaye de Saint-Denis.)

des baies ces pieuses représentations destinées à l'instruction et à l'édification des fidèles.

Fait assez extraordinaire, presque invraisemblable et cependant peu contesté aujourd'hui, les peintres verriers, moines et laïques, paraissent avoir atteint presque du premier coup à la perfection de leur art. Loin de nous la témérité de prétendre que les vitraux du xiie siècle (les plus anciens qui soient parvenus jusqu'à nous) sont au-dessus de toute critique. Assemblage ingénieux d'une infinité de pièces de rapport de très petites dimensions, ces premiers essais se rapprochent encore trop des primitives mosaïques de verre. Les figures y sont forcément de taille exiguë. Suivant l'esthétique du temps, les personnages sont trapus, leurs gestes sont raides et gauches, leur dessin incorrect. Les sujets, empruntés aux Saintes Écritures ou aux légendes des saints, insérés dans des cartouches circulaires ou lobés, détachent sur un fond bleu de saphir leurs contours simplifiés. Mais si l'on contemple les vitraux de ces premiers temps qui sont encore en place, soit en l'église de la Trinité, à Vendôme, soit dans celles de Saint-Père, à Chartres, de Saint-Serge, à Angers, soit

encore au chevet de l'église abbatiale de Saint-Denis, etc., il est facile de se convaincre que jamais à une autre époque on n'a mieux compris le rôle de la peinture sur verre. « Rien, en effet, n'est à la fois plus agréable à l'œil, plus magnifique, plus riche, que ces mosaïques translucides, dont les compartiments aux teintes vives, colorant les rayons du soleil, laissent filtrer dans l'intérieur de nos vieilles basiliques ce jour atténué, dont l'effet « dévotieux » agit si fort sur nos imaginations. » On s'explique dès lors l'enthousiasme qu'excitait l'exécution de ces belles verrières[1], et l'on se prend à regretter amèrement que la plupart de ces vitraux du xie et du xiie siècle aient été impitoyablement détruits depuis deux cents ans, par ordre d'un clergé bien fâcheusement inspiré et trop peu respectueux des trésors confiés à sa garde[2]. Ajoutons que ce massacre, systématiquement organisé par les religieux eux-mêmes, fut complété par la négligence qu'on mit, à la Révolution, à recueillir les épaves qui avaient bravé les injures des hommes et des ans[3].

Constatons encore que les vitraux peints ne furent pas seuls en honneur au xie et au xiie siècle. Dans les

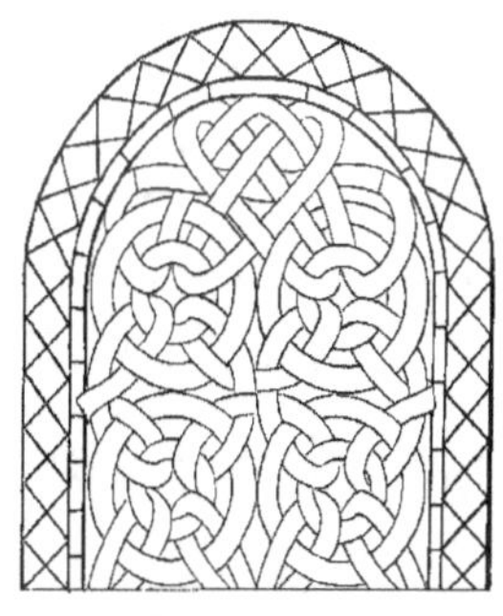

VITRAIL EN VERRE INCOLORE.
(Église d'Olanine, Corrèze.)

monastères pauvres ou dans les paroisses éloignées de tout centre industriel, et qui, faute d'artistes ou d'ar-

---

1. Parlant de Suger, le Père Doublet écrit : « que la dévotion lorsqu'il faisoit faire ces vitres (celles qui garnissent le chœur de Saint-Denis) étoit si vive, tant des grands que des petits, que l'argent abondoit dans les troncs, au point qu'il y en avoit quasi assez pour payer les ouvriers au bout de chaque semaine ». (*Antiquités et Recherches de l'abbaye de Saint-Denis*, par D. Doublet, bénédictin, Paris, 1625.) Il est question, du reste, à diverses reprises, dans le livre que Suger consacra à son administration, de ces vitraux, et notamment de ce bleu saphir que Viollet-le-Duc (*Dictionnaire de l'Architecture*, t. IX, p. 398) indique comme étant « la lumière » du vitrail.

2. « On comptoit encore à Paris, il y a quarante ans au plus, au rang des monuments de la peinture sur verre au xiie siècle, quelques anciens vitraux du chœur de l'église de Paris, dont j'ai démoli en 1741 les deux derniers, pour les remplir de vitres blanches. » (LE VIEIL, *Histoire de la Verrerie*, p. 24.)

3. « Sachant que beaucoup de vitraux avaient été transportés dans les magasins de Saint-Denis après la dispersion du musée des Petits-Augustins, nous demandâmes où étaient déposés ces vitraux.... On nous montra trois ou quatre grandes caisses contenant des milliers de morceaux de verres empilés.... A peine s'il en restait trois morceaux unis par des plombs. » (VIOLLET-LE-DUC, *Dictionnaire de l'Architecture*, t. VIII, p. 374, note.)

gent, ne pouvaient s'offrir de verrières colorées, on se contentait de verre blanc ordinaire, et tout l'intérêt du

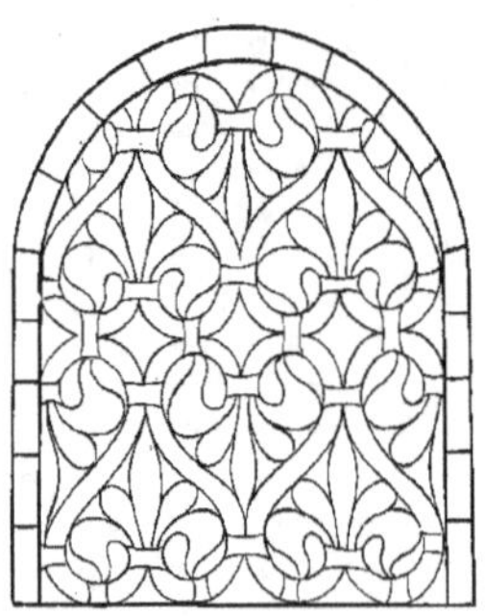

VITRAIL EN VERRE INCOLORE.
(Église de Bonlieu, Creuse.)

décor résidait dans les dessins symétriques formés par la mise en plomb. Telles étaient les vitreries qui garnissaient encore, il y a quelques années, l'église de Bonlieu (Creuse) et celle d'Obazine (Corrèze). Ici les dates sont connues. L'église de Bonlieu, fondée en 1119, fut consacrée par Gérard, évêque de Limoges, en 1141. En 1142, celle d'Obazine touchait à sa fin[1], et, selon toute probabilité, la garniture des fenêtres coïncida avec l'achèvement de ces deux sanctuaires. Plus tard, ces vitraux, relativement modestes, continuèrent d'être en honneur dans certains monastères de la règle de Cîteaux, où la plus grande simplicité fut rigoureusement commandée. Les clôtures devaient y être « de couleur blanche, sans croix ni ornements[2] ». Il en existe de cette sorte, du reste, à l'abbaye de Pontigny, dont les plombs seuls forment des dessins de beau style et de grande allure.

En règle avec l'orfèvrerie et la peinture sur verre, il nous faut aborder maintenant le mobilier civil et religieux, dont la confection, jusqu'au milieu du xive siècle, releva d'une corporation puissante, les « charpentiers de la petite cognée », chargés d'exécuter, en bois du pays, tous les « meubles d'apparat » et les « meubles meublants », dont on avait besoin pour les plus somptueuses habitations, comme dans les logis les plus

humbles. Malheureusement, ces bois indigènes, le chêne, le noyer, le sapin, le châtaignier, portent en eux-mêmes leur cause de destruction. En outre, alors que la pierre et les métaux résistent parfois à l'incendie, les meubles en bois sont le premier élément qui le propage. Il ne faut donc pas se trop étonner qu'un très petit nombre de meubles, une dizaine à peine, soient parvenus jusqu'à nous, qui nous permettent, non pas de bien établir, mais de soupçonner ce que pouvait être le mobilier courant du xie, du xiie et même du xiiie siècle, qui, sous ce rapport, ne paraît pas sensiblement avoir été plus favorisé que ses prédécesseurs médiat et immédiat. Les plus connus de ces meubles sont le coffre du musée Carnavalet, le coffre et les grandes armoires de Noyon et de Bayeux, et celle, plus simple, mais non moins curieuse, d'Obazine.

Ces divers meubles nous révèlent trois faits d'une indiscutable importance : en premier lieu, tous sont dépourvus de sculpture, et cette absence de décorations saillantes est extrêmement remarquable, à une époque surtout où la Statuaire prenait, dans les œuvres de pierre, une importance sans précédent. En faut-il conclure que l'art de sculpter le bois, ou tout au moins de le couvrir de bas-reliefs, était tombé en complet oubli ? Non pas assurément, puisque les portes justement fameuses de la cathédrale du Puy[3] nous

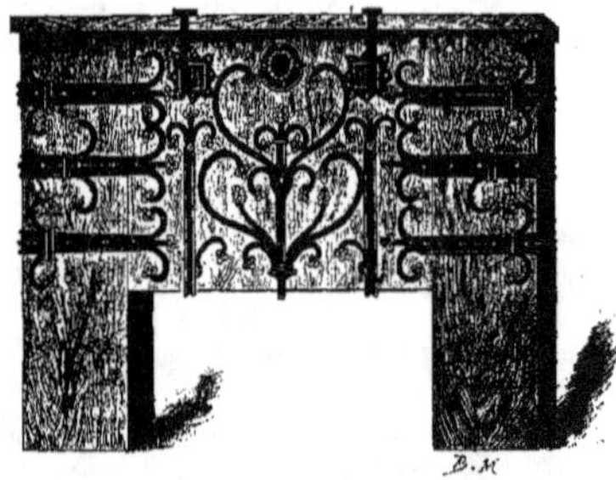

COFFRE EN BOIS.
(Sacristie de l'ancienne cathédrale de Noyon.)

montrent, dans ce genre, un travail considérable et par son étendue et par la variété des sujets qu'il

---

1. *Album de la Creuse*, p. 61. — *Vie de Saint Étienne d'Obazine* (dans BALUZE, *Miscell.*, t. IV, p. 69). — Abbé TEXIER, *Histoire de la Peinture sur verre* : *Annales archéologiques*, t. X, p. 85 et suiv.

2. BARON CHASTELUX DES BARRES, *l'Abbaye de Pontigny* (1844).

3. Les Archives des Monuments Historiques possèdent, en deux remarquables dessins de M. Petitgrand, une magistrale reproduction de

ces portes qui ont été publiées également en lithographie, dans *l'Ancienne Auvergne et le Velay*, ainsi que dans les *Œuvres* de LONGPÉRIER, t. I, p. 485. Ce dernier, dans l'inscription en vers léonins qui les décore, a déchiffré les mots : GAUZFREDUS ME FECIT PETRUS ERI...; ce qui lui a permis de dater leur confection de l'épiscopat de Pierre II, évêque du Puy de 1050 à 1073.

représente. Or, ces portes furent exécutées au XIe siècle, et, à cette époque, le Velay ne passait pas pour être un centre artistique des plus avancés. Il faut plutôt, croyons-nous, attribuer cette absence de sculpture à la qualité de « meubles » attribuée à ces armoires et à ces coffres[1], qualité qui, dérivant de leurs déplacements continuels et souvent forcés, pouvait faire redouter que le relief des panneaux devînt la cause de dégradations, fatales en quelque sorte.

En second lieu, l'armoire d'Obazine nous confirme cette mainmise de l'architecture sur le mobilier, que nous venons de constater à propos de l'orfèvrerie. Les arcatures aveugles qui décorent ses parois latérales, les colonnettes allongées qui ourlent ses angles, en fournissent une preuve très frappante.

Enfin cette armoire et, plus encore, les grands coffres du musée Carnavalet et de la cathédrale de Noyon[2], si on les compare à la curieuse armoire à livres représentée dans les mosaïques de Ravenne

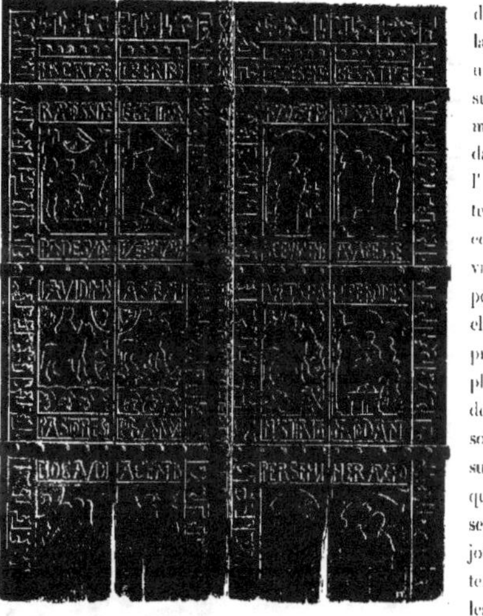

PORTES EN BOIS SCULPTÉ DE NOTRE-DAME DU PUY.

(tombeau de Galla Placidia), montrent une infériorité singulière comme structure, exécution et aspect, et dévoilent l'état rudimentaire auquel le travail du bois avait rétrogradé. Dans ces divers meubles, les assemblages sont nuls ou insuffisants pour assurer la solidité. Les panneaux des portes ne tiennent ensemble que grâce aux pentures qui assurent leurs évolutions. Sans cette armature extérieure, les planches, mal corroyées, mal assemblées, se désuniraient. Cette insuffisance de construction se manifeste surtout dans les coffres ou huches, où des verges de fer repliées en élégantes volutes présentent, comme facture et comme dessin,

de grandes analogies avec les fausses pentures, chargées de maintenir les portes des églises, faites, elles aussi, de plateaux juxtaposés.

Il était naturel qu'on essayât de masquer ce que le travail du bois avait alors de trop grossier; et, dans ce but, on avait recours à la peinture. C'était là une pratique si générale, que le moine Théophile[3] a pris soin de décrire minutieusement les procédés employés pour mener à bien ce genre de travail. Mais, comme la peinture aurait fait une assez triste figure sur ces ais insuffisamment polis, on se gardait bien d'appliquer l' « impression » directement sur le bois. On commençait par recouvrir celui-ci avec des peaux de cerf ou de cheval convenablement préparées, ou, plus simplement, avec de la toile de lin, le tout collé avec soin; et l'on peignait sur cette préparation, qui, à l'avantage de présenter une surface unie, joignait celui de maintenir encore les ais, et les empêchait de se coffiner et de se disjoindre. L'habitude de traiter ainsi les gros meubles, non sujets à de fréquents déplacements, demeura longtemps dans la pratique.

Deux armoires, l'une à Noyon, l'autre à Bayeux, qu'on attribue l'une et l'autre au commencement du XIVe siècle, quoique la grossièreté relative de la fabrication semble leur assigner une date sensiblement plus ancienne, en fournissent la preuve. Elles nous montrent des peintures sur toiles de lin appliquées, comme nous venons de dire, sur des bois mal planés et retenus ensemble uniquement par un système de ferrures. Elles témoignent, cependant, d'un progrès sensible de construction, puisque les bâtis qui forment la carcasse de

<hr>

1. Voir, dans notre *Dictionnaire de l'Ameublement et de la Décoration* (1re édition, t. III, col. 850), la définition ancienne du mot *Meuble*.

2. Il ne s'agit point ici de la jolie armoire peinte de Noyon, dont le relevé a été exécuté par M. Bœswilwald (*Portefeuille des Monuments Historiques*), dont Viollet-le-Duc a tenté une restitution, et dont il

existe une gravure à la Chalcographie, mais d'autres meubles beaucoup plus anciens, qui n'ont pas encore été publiés et qu'on peut voir dans la sacristie du rez-de-chaussée et celle du premier étage.

3. *Diversarum Artium Schedula*, chap. XVII et suiv. Voir, pour la façon dont ce travail était exécuté, notre manuel de *la Menuiserie*, p. 112.

l'ouvrage sont assemblés à tenons et mortaises. Enfin, l'une de ces deux armoires, — celle de Noyon, —

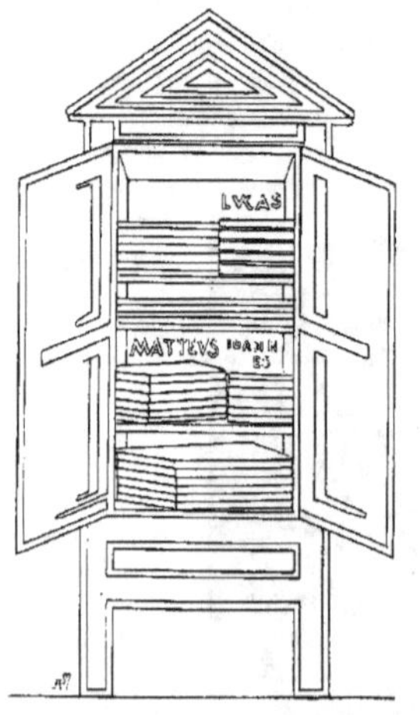

PETITE ARMOIRE A LIVRES BYZANTINE.
Restituée d'après la mosaïque de Ravenne.

surmontée d'une toiture à combles inclinés et décorés d'un crénelage et d'un faîtage ajourés, atteste d'une façon décisive l'intervention de l'architecture dans la composition du mobilier.

Relativement aux autres meubles, siéges, tables, lits, il ne nous est rien resté. Seuls quelques vieux comptes nous révèlent qu'ils étaient nombreux, et que les premiers, au moins, étaient peints[1]. Quelques bas-reliefs, quelques miniatures nous édifient en outre sur leurs formes plus ou moins sommaires. Les bas-reliefs de l'église de Moissac, notamment, nous fournissent un lit et un siège. La reproduction que nous donnons de celui-ci nous dispense d'une description. Il semble que le lit soit en métal. Diverses miniatures prêtent à penser, du reste, que les lits de bronze étaient assez nombreux. Cette abondance peut s'expliquer par ce

fait, que ces sortes de meubles, construits à claire-voie et avec des tringles reliées par des écrous, pouvant se démonter facilement, étaient d'un transport assez commode. Une vignette du manuscrit d'Herrade de Landsberg[2] représente Salomon sur un lit de ce genre. C'est également sur un lit de bronze que repose Joseph, dans le vitrail de la cathédrale de Chartres, figurant le songe de ce personnage[3]. Quant aux lits de bois, plus lourds, plus massifs, plus grossiers, on les dissimulait sous des draperies qui nous en dérobent la structure et la forme[4].

Cependant, nous aimerions d'autant plus à être renseignés sur leur construction, que, durant tout le Moyen Age, le lit joua un rôle hiérarchique et politique. Nous avons constaté plus haut, qu'à la cour des Carolingiens, l'usage romain de prendre les repas étendu s'était conservé[5]. Des textes plus récents nous apprennent que, même sous Philippe Auguste, de simples châtelains avaient gardé cette habitude[6]; et c'est en elle qu'il faut très vraisemblablement chercher l'origine de ces fameux « lits de justice » dont l'institution, se transmettant à travers les âges, montra, jusqu'à la fin de la monarchie, le roi dans toute sa gloire, couché sur un lit de parade, pendant qu'à ses pieds les plus grands dignitaires du royaume se tenaient agenouillés, accroupis ou debout[7].

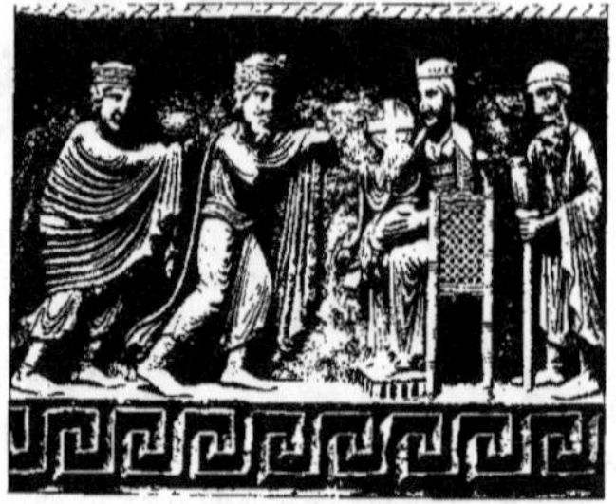

SIÉGE A MARCHEPIED.
D'après un bas-relief de l'église de Moissac.

---

1. Voir ces différents mots dans notre *Dictionnaire de l'Ameublement et de la Décoration*.

2. A la Bibliothèque de Strasbourg. Cette miniature a été reproduite par Viollet-le-Duc dans son *Dictionnaire du Mobilier*, t. I, p. 159.

3. Ce vitrail nous révèle un détail curieux. Il nous montre une veilleuse éclairant le dormeur, et suspendue à l'arcade de son lit.

4. Plusieurs miniatures, que nous reproduisons dans notre *Dictionnaire de l'Ameublement* (2e édition, t. III, fig. 299, 300, 308, 309), attestent l'importance que les étoffes avaient dans la parure des lits d'apparat et même des lits de repos.

5. Ermold le Noir, racontant une partie de chasse de Louis le Débonnaire, nous apprend que, pendant que la Cour prend son repas couchée sur l'herbe épaisse de la forêt, « César et sa belle compagne s'étendent ensemble sur un lit d'or ». (Ermoldi Nigelli, *Carmina*, chant IV.)

6. Guillaume le Breton, racontant l'assassinat de Josselin, gouverneur de Mantes, dit : « Il donnait généreusement à boire et à manger à ses prisonniers, et très souvent il leur permettait de se coucher devant les tables avec lui.... Tandis qu'il buvait au milieu d'eux, il fut tué par ces hommes.... » (*Philippide*, chant V.)

7. Suivant Eustache Deschamps, les premiers lits de justice, tenus par les rois de France remonteraient à saint Louis. Il est bien probable qu'ils sont infiniment plus anciens, et que le pieux roi ne fit que se conformer à des traditions ignorées de l'auteur du *Miroir du Mariage*.

Des tables, rien à dire non plus, si ce n'est qu'on continua de les dresser au moment où l'on en avait besoin, pour les enlever dès que le repas avait pris fin[1], et que, montées sur des tréteaux légers, elles tiraient des nappes précieuses qui les recouvraient le meilleur de leur parure.

Quant aux sièges, qui partagèrent avec les lits l'honneur de recevoir les princes et les rois, leur luxe dut être fort grand et leur magnificence digne de leurs illustres possesseurs. Il est souvent question, chez les chroniqueurs et les poëtes, de trônes et de « faudesteuils » d'or, qui n'étaient peut-être que dorés. Nous avons parlé plus haut, à propos du trône de Dagobert, de la forme persistante des sièges royaux en manière d'X, avec têtes et pieds d'animaux. Ce modèle fut adopté par quelques abbés. Les sceaux des abbayes de Breteuil et de Saint-Amand, au XIIe siècle, en fournissent la preuve[2]. Quant aux spécimens de sièges antérieurs au XIIIe siècle qui seraient parvenus jusqu'à nous, en France du moins, nous n'en connaissons pas, et, au delà des Alpes, les vénérables chaires épiscopales de *Sant' Ambrogio* de Milan,

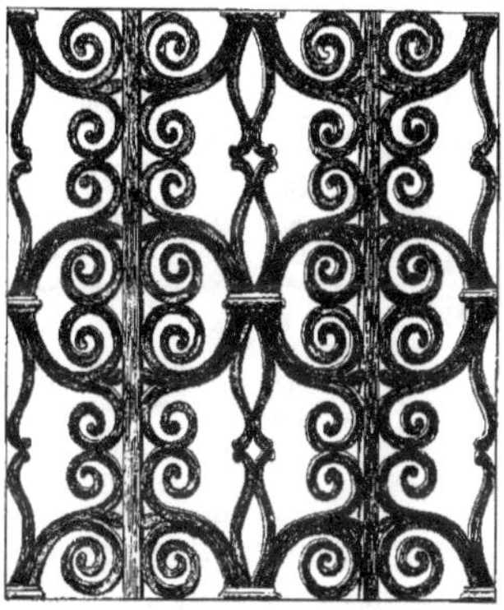

GRILLE EN FER DE L'ÉGLISE SAINT-JEAN DE MALTE.
A Aix en Provence.

de Saint-Marc de Venise, de *San Giovanni Evangelista* de Ravenne, n'ont rien de très suggestif. Leur forme massive, qu'ils doivent sans doute à la pierre dans laquelle ils sont taillés, ne rappelle guère l'élégante parure de la *cathedra* en ivoire de Saint-Maximien, non plus que les trônes resplendissants représentés dans les mosaïques de *Sant' Apollinare*, et les sièges légers à pieds contournés du baptistère de *San Giovanni in Fonte*[3]. Ce sont les essais rudimentaires d'une civilisation qui se refait, d'un art qui se recommence.

Avec la serrurerie, nous avons meilleure opinion des artisans du XIe et du XIIe siècle. La longue pratique du fer qu'avaient les forgerons et maréchaux employés en si grand nombre à forger les armes offensives et défensives dont tout le monde faisait usage, aussi bien que les « harnois » des hommes et des chevaux, avaient familiarisé ces modestes artisans avec le rude métal. C'est à eux, nous venons de le voir, qu'on demandait la consolidation des meubles d'usage courant. La serrurerie des énormes portes qui fermaient les châteaux, les villes et les sanctuaires, et qui devaient résister aux plus rudes assauts; les pentures et fausses pentures, les verroux gigantesques, les crochets, les herses, les grilles des portes et des fenêtres; les clôtures de chœur, les portes à claire-voie; les chaines, les colliers, et jusqu'aux instruments de torture... ouvraient un large champ à leur infatigable activité. Aussi, quand on réclamait de leur habileté des morceaux ouvragés, des pièces artistiques, en dépit du médiocre métal qu'ils avaient à ouvrer et de leur outillage presque réduit au marteau, encore enfantaient-ils des œuvres remarquables, comme la grille ouvrante du Puy, la clôture si pittoresque de Conques, les grilles de la cathédrale de Reims, de l'église de Braisne, de l'abbaye de Saint-Denis, de celle d'Ourscamp, de l'église Saint-Jean de Malte, à Aix[4].

Ce n'est pas que ces divers ouvrages soient très compliqués. Tous, uniformément, sont formés de montants reliés entre eux par un jeu de brindilles contournées en volutes symétriques, et soudées de façon à former un assez gros fleuron. Ce fleuron, maintenu à son centre par un collier, est fixé aux montants, soit par d'autres colliers, soit, plus simplement, par des liens courbés à chaud et soudés. Ce système de construction, assurément ingénieux et dont les forgerons du Moyen Age surent tirer d'intéressants effets, paraît être demeuré en usage jusqu'au XVe siècle. Avant cette date, toutefois, trouvant ces combinaisons un peu monotones et démuées de richesse et d'ampleur, nos serruriers s'étaient avisés de terminer les brindilles en fleu-

---

1. « Les tables sont enlevées selon que le prescrit l'heure qui s'avance.... Un lit couvert de pourpre reçoit le corps du roi, et le sommeil ose enfin s'étendre sur ses membres appesantis. » (NICOLAS DE BRAY, *Faits et Gestes de Louis VIII*.)

2. DEMAY, *le Costume au Moyen Age d'après les sceaux*, p. 86.

3. Voir *suprà*, col. 51, 124, 145, 146.

4. Plusieurs de ces grilles ne datent que du XIIIe siècle. Mais, comme principe et comme « style », elles sont identiques à celles façonnées cent ans plus tôt. De tous les arts industriels, la serrurerie est celui, du reste, qui est toujours demeuré le plus fidèle aux formes antérieures.

rons étampés, et de la sorte, en variant l'aspect des petits fers, ils enlevèrent à leur ouvrage une partie de sa maigreur[1].

Pour terminer cette rapide revue des arts somptuaires au XIᵉ et au XIIᵉ siècle, il nous reste à dire un

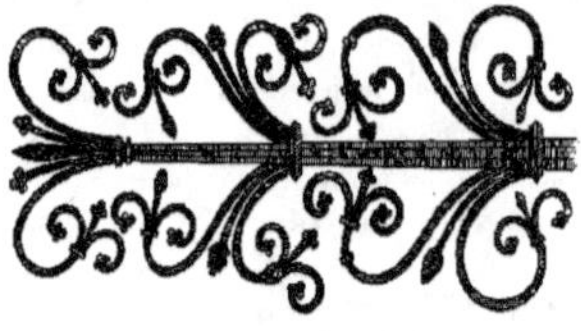

PENTURE FLEURONNÉE EN FER.
(Ancienne cathédrale de Noyon, porte de la sacristie.)

mot des tissus, dont nous avons indiqué déjà, dans un chapitre spécial[2], le rôle considérable et la mission éducatrice[3]. Adenés li Rois, en son roman si connu de *Berthe aus grans piés*, nous décrit des chambres

De dras d'or et de soie très bien encortinées.

La reine Blancheflor voulant se reposer : il nous montre ses serviteurs, qui vite

Par terre ont abatu maint drap d'or, maint tapi[4].

On voit que le luxe des beaux tissus persistait, et que le Moyen Age royal n'avait rien à envier aux époques précédentes. Ce luxe persista, du reste, pendant les siècles suivants. Les demeures des bourgeois étaient elles-mêmes si abondamment pourvues de tapis et tentures, qu'après la bataille de Bouvines, l'armée royale rentrant à Paris, « les rues, les maisons, les chemins de tous les châteaux, les avenues des villes », étaient tendus sur son passage « de courtines et de tapisseries[5] ». Aux grandes fêtes de l'Église (coutume qui devait se perpétuer jusqu'à nos jours), on en usait de même. L'incendie qui détruisit la cathédrale de Laon fut communiqué par des décorations de ce genre[6]. Intérieurement, les sanctuaires n'avaient pas, non plus, des parures moins somptueuses. En 1218, la veille de l'Assomption, un malfaiteur anglais, s'efforçant d'enlever un candélabre allumé placé sur le maître-autel de Notre-Dame de Paris, mit le feu aux tentures du chœur. Il en brûla pour 800 mares d'argent, près d'un demi-million de notre monnaie[7]. Ce chiffre en dit plus que tous les commentaires.

Beaucoup de ces étoffes, et les plus précieuses surtout, continuaient d'être tirées de l'Orient et importées en Europe par les Juifs et les Vénitiens. Mais notre Occident en produisait aussi en abondance. La vie féodale, du reste, avec ses exigences particulières, avec la claustration presque continuelle des châtelaines dans leurs manoirs, avec l'isolement dans lequel elles se trouvaient parfois plongées pendant des mois et des années, facilitait la confection de ces gigantesques ouvrages. Si l'on veut rapprocher de la légendaire tapisserie exécutée par la belle Hélène cette autre épopée de l'aiguille qui porte le nom de *Tapisserie de Bayeux*, on verra que les grandes dames du Moyen Age n'étaient point indignes de se mesurer avec leurs aînées de la période héroïque.

La reine Mathilde, à qui l'on attribue bénévolement[8] cet énorme travail, n'est pas la seule princesse de ces temps obscurs qui se soit acquis dans ce genre de talents une réputation durable[9]. Judith de Bavière, mère de Charles le Chauve ; la comtesse Ghisia, femme de Guifred de Cerdagne, dont le musée de Cluny possède une curieuse broderie ; Agnès, abbesse de Quedlimbourg, qui, aux environs de 1200, exécuta, avec le

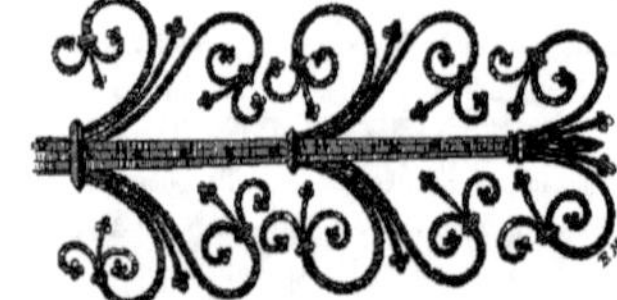

PENTURE FLEURONNÉE EN FER.
(Ancienne cathédrale de Noyon, porte de la sacristie.)

1. Voir, pour plus de détails, dans *les Arts de l'Ameublement*, notre volume sur *la Serrurerie*, p. 127 et suiv.

2. Voir plus haut, col. 129 et suiv.

3. Cette mission est indiquée par une phrase de THÉOPHILE (*Divers. Art. Schedula*, p. 123) : « si respiciat (oculus humanus) laquearia, vernant quasi pallia ». La peinture copiait donc les étoffes.

4. ADENÈS LI ROIS, *li Roumans de Berthe aus grans piés*, vers 2015 et 2138.

5. GUILLAUME LE BRETON, *Vie de Philippe Auguste*, dans GUIZOT, *Collection des mémoires*, etc., XI, 301.

6. « Le pourtour de la basilique avait été si richement orné de tentures de drap et de tapisseries en l'honneur des fêtes qu'on solennisait alors.... Le feu mis à la maison du trésorier gagna ainsi l'église. » (*Vie de Guibert de Nogent*, liv. III, chap. X.)

7. GUILLAUME LE BRETON, *Vie de Philippe Auguste*, dans GUIZOT, *Collection des Mémoires*, etc. XI, p. 332.

8. M. Franke Rede Fowke, qui a consacré un important travail à la tapisserie de Bayeux (Londres, 1875, in-j. 79 pl.), croit que cette œuvre considérable fut exécutée par les ouvriers du pays, pour l'évêque Odon, frère de Guillaume le Conquérant. Voir également DUCAREL, *Antiquités anglo-normandes*, et A. JUBINAL, *Tapisseries historiées*.

9. Cette reine Mathilde aimait à donner aux monastères de ces tissus précieux. « Elle fit don à Saint-Éraoul d'une chasuble ornée d'or et de pierreries ainsi que d'une chape élégante. » A son exemple, Adeline, femme de Roger de Beaumont, donna aux religieux d'Ouches « une aube amplement ornée d'orfrois ». (ORDERIC VITAL, *Histoire ecclésiastique de Normandie*, liv. VI.)

concours de ses religieuses, une tenture complète figurant le *Mariage de Mercure et de la Philologie*, dont fut décoré le chœur de sa chapelle; Jeanne, abbesse de Lothen, en Westphalie, qui représenta en de précieux tapis la fondation du couvent qu'elle gouvernait... ont acquis, grâce à leurs talents, une immortalité relative[1]. A ces ouvrages de broderie, déjà fort compliqués, il faut ajouter les tapisseries fabriquées par des professionnels au métier de haute lisse, dont l'histoire, malheureusement, est des plus obscures en ses commencements. On croit savoir, toutefois, qu'Angelme, évêque

à cette même époque[2]; puis viennent les tapisseries du dôme de Halberstadt, et enfin la tapisserie de Saint-Géréon de Cologne, qui, dépecée par le chanoine Bock, a vu ses fragments dispersés, et qu'un archéologue compétent dit ne pouvoir être de beaucoup postérieure à l'année 1200[3].

Ces différents ouvrages et quelques autres moins fameux que nous pourrions citer, s'ils ne suffisent pas à éclairer d'une lumière bien intense l'obscurité de ces débuts, montrent au moins que la haute lisse pratiquée en Égypte, honorée en Grèce et à Rome, n'a jamais

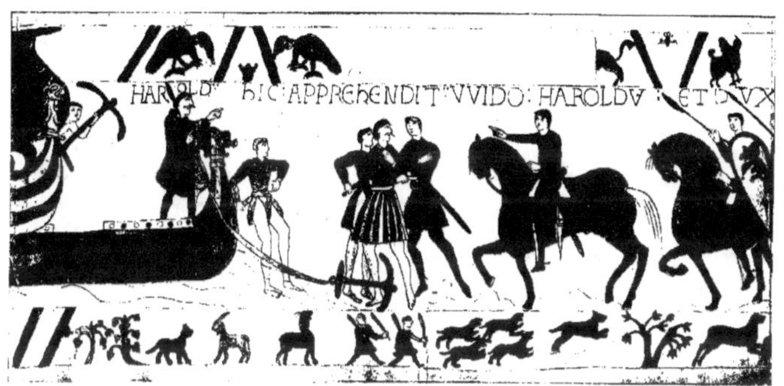

FRAGMENT DE LA TAPISSERIE DE BAYEUX.
Attribuée à la reine Mathilde.

d'Auxerre, fit, en 846, exécuter dans sa ville plusieurs tapis destinés à son église, et que, vers 985, Robert III, abbé de Saint-Florent de Saumur, commanda à des tapissiers de sa province des tentures historiées, destinées à son abbaye. Après cela, on signale au XIe siècle, à Poitiers, une manufacture dont les produits semblaient alors « admirables », et, vers le même temps, Jervin, abbé de Saint-Riquier, dépensait d'importantes sommes à faire tisser des tentures pour son monastère. Au siècle suivant, Mathieu de Loudun, abbé de Saint-Florent, à Saumur, enrichit le chœur de son abbaye de tapisseries représentant les *Vingt-quatre Vieillards de l'Apocalypse*[4]. Notons encore l'abbaye de Murbach, où se trouvait une tapisserie qu'un inventaire du XVe siècle déclarait « très ancienne et du plus grand prix » et qu'on attribuait, à cause de son sujet,

cessé de fonctionner sur notre sol depuis l'occupation romaine. Elle n'a donc pas eu besoin, comme quelques auteurs l'ont affirmé, d'être réimportée chez nous par les Croisés revenant de leurs expéditions hasardeuses. Tout au plus pourrait-on émettre cette prétention pour les tapis dits de *haute laine*, dont les artisans — à cause de l'origine foncièrement orientale des tissus qu'ils fabriquaient — prirent le nom de *tapissiers sarrazinois*[5].

Toutes ces industries d'art, qui devaient par la suite devenir pour notre pays une source de richesse et même de gloire, attestent par leur indiscutable activité le réveil de la race française, après de longs siècles de somnolence. Comme l'architecture, la sculpture, la peinture, elles marquent l'épanouissement progressif d'un art national, qui ne fut pas l'effet accidentel

1. Eugène Müntz, *la Tapisserie.* — Jules Guiffrey, *Histoire de la Tapisserie.* — Achille Jubinal, *Tapisseries historiées*, etc.

2. Lebeuf, *Histoire du Diocèse d'Auxerre*, t. I, p. 173. — Martenne et Durand, *Amplissima Collectio*, t. V, col. 1106 et suiv. et 1130 et suiv.

3. Ces tapisseries représentent un empereur dotant les abbés de Murbach d'importants privilèges.

4. Alfred Darcel, *Gazette des Beaux-Arts*, 1877, t. II, p. 273.

5. Voir les *Metiers et Corporations de la Ville de Paris*, titre LII, t. I, p. 106.

d'une importation étrangère, mais la conséquence de la fusion de races différentes, qui, amalgamant sur notre sol leurs facultés personnelles avec des traditions empruntées à des civilisations antérieures ou lointaines, ont su faire jaillir de ce mélange d'efforts une fleur essentiellement originale. Car l'art roman, nous croyons l'avoir démontré, se distingue des manifestations qui le précèdent et qui le suivent par des caractères très particuliers et faciles à reconnaître. En outre, ces caractères, à quelques divergences près, se retrouvent, identiquement les mêmes dans tous les pays où l'art roman a pris pied. « J'ai eu l'occasion, écrit Tocqueville, d'étudier les institutions politiques du Moyen Age en France, en Angleterre, en Allemagne, et, à mesure que j'avançais dans ce travail, j'étais rempli d'étonnement en voyant la prodigieuse similitude qui se rencontre en toutes ces lois, et j'admirais comment des peuples si différents, si peu mêlés, avaient pu s'en donner de si semblables[1]. » Ce que Tocqueville disait de la législation au Moyen Age, on pourrait le répéter de l'Art à la même époque. C'est pourquoi nous n'avons pas cru devoir séparer dans cette étude la France des pays qui l'entourent. On aura remarqué que nous avons emprunté nos exemples aussi bien à l'Italie, à l'Allemagne, à la Flandre, à l'Angleterre même, qu'à notre vieille Gaule.

Nous ne nous attarderons donc pas à discuter, avec Séroux d'Agincourt[2] et avec d'autres critiques, le rôle que, dans les modifications de certains détails, ont pu jouer des nationalités qui, au dire d'un écrivain très compétent et bon juge en la matière, n'existaient pas encore[3]. Peu nous importe, en effet, que Maffei[4], dans le bel ouvrage consacré à sa ville natale, se donne la peine et la joie d'établir que les monuments véronais antérieurs au xiie siècle ont été élevés par des constructeurs italiens, si ces monuments n'ont rien de personnel, et si leurs chapiteaux, leurs colonnes, leurs moulures, pareils ou presque semblables à ceux qu'on rencontre en Allemagne ou chez nous, se retrouvent jusque sur le curieux album que l'Anglais Strutt[5] a consacré à l'architecture de son pays. Ces similitudes, qui révèlent plus qu'une coïncidence, permettent d'appliquer à toutes ces manifestations artistiques ce que Sénac de Meilhan disait de certains livres : « C'est l'esprit du siècle et non celui de l'écrivain qu'on retrouve dans tous ces ouvrages ».

---

1. Tocqueville, *l'Ancien Régime et la Révolution*, liv. I, chap. iv.
2. Séroux d'Agincourt, *Histoire de l'Art par les monuments* t. I, p. 39.
3. Guizot, *Histoire de la Civilisation en France*.

4. Maffei, *Verona illustrata*, t. I, cap. xi.
5. Strutt, *Essai sur les Mœurs, Usages et Costumes des Anglais depuis l'invasion des Saxons jusqu'au règne d'Henri VIII*, t. I, pl. I.

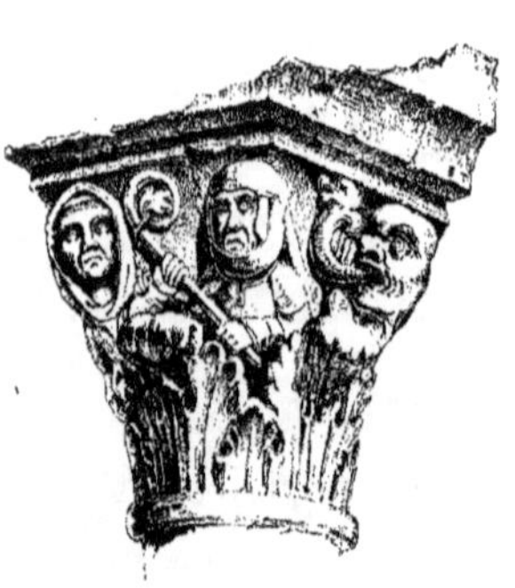

LA DISPUTE POUR LA CROSSE.
Chapiteau satirique du cloître de Notre-Dame du Puy.

LIVRE CINQUIÈME

Le Style Ogival

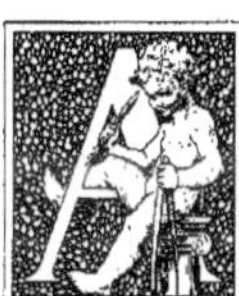
vec la fin du xiie siècle, nous voici parvenus à une de ces éclosions artistiques qui marquent, non pas seulement dans l'histoire d'un pays, quelque grand qu'il puisse être, mais dans celle de l'Humanité. « A une architecture dans laquelle les traditions romaines conservaient encore une si large part, écrit Viollet-le-Duc[1], à ces tentatives des xe et xie siècles, à cette ignorance des effets produits par les poussées des voûtes..., allait succéder un art profondément raisonné, savant, une connaissance exacte des forces des matériaux, une forme nouvelle, et cela dans un coin de l'Europe, tout à coup, par une transition brusque et tellement rapide qu'on a peine à la saisir. » Cette évolution, dont l'importance et la grandeur sont demeurées longtemps insoupçonnées, a depuis un siècle environ provoqué d'ardentes recherches, et fourni matière à des polémiques passionnées. On s'est efforcé de déterminer ses origines, et de suite trois ou quatre pays ont revendiqué l'honneur de lui avoir donné le jour. Actuellement, ces questions, assez confuses jadis, se sont peu à peu éclaircies; mais ce n'a pas été sans discussions, sans luttes même. On a mis beaucoup d'aigreur où un peu d'observation était seulement nécessaire. Il n'est pas jusqu'au nom sous lequel on désigne cet art si considérable, qui n'ait donné lieu à de grosses contestations qu'il nous faut, avant tout, passer en revue.

Et, tout d'abord, quel nom convient à cet art nouveau? Nous ne nous arrêterons pas à ceux de *Sarrazin*, de *Saracinique*, de *Syrien* ou d'*Arabe* adoptés par A. Lenoir[2] et dont nous aurons plus loin l'occasion de constater le peu de valeur. Celui de *Gothique*, longtemps en honneur, est également reconnu par tous comme impropre et mal appliqué. Louis Gonse, au début du beau livre qu'il consacre à l'*Art gothique*, éprouve même le besoin de se justifier d'employer un terme qu'il est le premier à reconnaître défectueux. « Je condamne, dit-il, comme tous les amis sincères de notre art national, l'impropriété et l'injustice de cette dénomination. Elle est vide de sens. Elle offense la raison; et, cependant, son emploi se trouve si fort entré dans l'usage, qu'aucune autre, même celle d'*Art ogival*, ne pourrait être aussi bien comprise du public, et, par conséquent, ne saurait prévaloir pour le titre d'un livre[3]. » Longtemps avant Louis Gonse, Quatremère de Quincy avait, dans une longue et compendieuse dissertation, établi que les Goths, peuple essentiellement nomade, n'avaient pu être les inventeurs d'un style d'architecture aussi compliqué[4]. Ajoutons que Quatremère aurait pu s'éviter la peine de suivre « la nation ancienne des Goths, qui, dit-il, est aujourd'hui la Suède », dans ses pérégrinations à travers l'Europe, s'il s'était souvenu qu'au Moyen Age on a désigné les peuples les plus divers sous ce nom; soit qu'on les ait identifiés, comme Guillaume de Jumiège[5], avec les Normands, soit qu'au contraire on ait englobé sous la

---

1. Viollet-le-Duc, *De la Construction des édifices religieux.* — Voir *Annales archéologiques*, t. II, p. 78.

2. Alexandre Lenoir, *Musée des Monuments français*, t, I, p. 35, et t. VII, p. 41 et 129.

3. Louis Gonse, *l'Art gothique*, avant-propos.

4. « Il faudroit qu'il fût probable que le peuple appelé goth eût créé un genre de bâtir dans son propre pays, genre qu'il auroit transporté avec lui dans ses migrations conquérantes, ou bien qu'il l'eût formé, au milieu des peuples par lui conquis et qui possédoient un si grand nombre d'ouvrages d'un autre art et des monuments d'une autre architecture. » (Quatremère de Quincy, *Dictionnaire historique d'Architecture*, t. I, p. 670.)

5. Guillaume de Jumiège (*Histoire de Normandie*, liv. I, ch. iii) fait descendre les Goths de *Magog*, fils de Japhet, fils lui-même de Noé, et,

dénomination de Goths les populations du Languedoc, du Béarn et du nord de l'Espagne, par opposition aux habitants des pays situés en deçà de la Loire, qu'on appelait, d'une façon plus particulière, les Franks[1]. Mais son raisonnement, alors qu'il aurait tenu compte de cette constatation, n'aurait pas été moins exact, car ce n'est ni en Normandie, ni dans le Béarn, ni dans le Languedoc, ni dans le nord de l'Espagne, que le style gothique vit le jour.

Quatremère prend, du reste, le soin de faire observer, en ce même article, qu'à « Naples et en Sicile on l'appelle (cette architecture) structure française ou normande ». Avant F. de Verneilh et A. Berty[2], il eût pu faire remarquer également, qu'à l'époque de la Renaissance, les systèmes d'*arcs-doubleaux*, d'*ogives*, de *liernes*, de *tiercerets* et de *formerets*, qui forment la base du système d'architecture que nous allons étudier, constituaient, aux yeux des architectes les plus éminents et notamment de Philibert de l'Orme, ce qu'on nommait la *voûte française* ou *à la mode française*[3]. Enfin, l'*Encyclopédie*, s'il l'eût feuilletée, lui aurait appris que cette désignation se conserva jusqu'à la fin du XVIII° siècle dans le langage des constructeurs.

Le nom d'art ogival est-il meilleur? Avant de répondre, il faudrait d'abord établir ce qu'on doit entendre par *ogive*. Si c'est, comme le pense aujourd'hui la généralité du public, le nom de l'arc brisé substitué au plein cintre, assurément la définition est défectueuse. Dès le plus beau temps de l'architecture romane, en effet, les architectes de nos diverses provinces s'étaient convaincus par l'expérience, qu'un arc obtenu par l'intersection de deux fragments de cercle et qui semble former ainsi la partie supérieure d'un triangle curviligne, a moins de tendance à s'écraser qu'une courbe hémisphérique. Aussi ne s'étaient-ils point fait faute d'employer ces arcs brisés pour les grandes portées, alors que le plein cintre continuait d'être d'un usage courant pour les baies de dimensions restreintes. C'est là un fait dont on peut aisément se persuader en visitant Saint-Front de Périgueux, Saint-Pierre d'An-

goulême, les cathédrales d'Autun, du Puy, l'église de Maillezais (Vendée) dont nous donnons la façade, et toutes les églises du Midi, pays si rebelle au nouveau style, Saint-Trophime d'Arles, Saint-Victor de Marseille, les Saintes-Maries, etc., où l'on rencontre des « berceaux » voûtés en tiers-point. Prétendra-t-on que ces monuments cessent, à cause de cela, d'appartenir au style roman? A Notre-Dame du Puy, l'emploi simultané des deux formes d'arcs est d'autant plus frappant, que, sur de grands arcs franchement brisés, supports des coupoles, apparaissent de petits arcs cintrés, qui, meublant le tambour, transforment le carré en octogone, disposition extrêmement ingénieuse et qui passe pour unique. Faudra-t-il, pour cette raison, ranger cette église parmi les monuments ogivaux? Cherchera-t-on, pour des motifs analogues, à Saint-Front, le point de départ du nouveau style, ou à Maillezais, qui montre, sous des arcades cintrées, des ogives normales et des ogives surpassées? De Périgueux qu'on soit allé à Fontevrault, cela est possible; mais, ainsi que le remarque F. de Verneilh[4], de Fontevrault à Notre-Dame de Paris, il y a un abîme.

Ajoutons que toute affirmation de ce genre serait d'autant plus téméraire que l'usage en architecture de l'arc brisé est très antérieur aux monuments dont nous venons de tracer les noms. Cet arc a été connu dès qu'on a commencé à faire usage du compas[5]; et c'est ce qui faisait dire à Mérimée qu'on doit « attacher peu d'importance à la forme des arcs lorsqu'il s'agit de déterminer l'âge d'un monument[6] ». Pratiquement, l'idée de rapprocher l'un de l'autre les deux côtés d'une voûte en supprimant quelques claveaux est trop simple pour n'être pas venue à différentes reprises à l'esprit de constructeurs expérimentés. Cette disposition, en effet, du moment où les voûtes, au lieu d'être coulées en béton sur un moule, étaient appareillées d'une façon régulière, présentait — ainsi qu'on l'a remarqué — des avantages évidents. C'est ce qui explique comment les Byzantins l'ont pratiquée[7]; et si, pénétrés d'un vieux levain de doctrines romaines, ils dédaignèrent

---

après avoir raconté leurs invraisemblables et fabuleuses pérégrinations à travers le monde, cherche à démontrer qu'ils ne sont autres que les Normands.

1. Cette désignation était si bien admise au XIII° siècle, que Rigord, dans la dédicace au roi de sa *Vie de Philippe Auguste*, se qualifie « Moi M° Rigord, Goth de nation, médecin de profession et chronographe du roi des François ».

2. De Verneilh, *Ogive, ancienne signification de ce mot* (*Annales archéologiques*, t. I, p. 209). — A. Berty, *Dictionnaire de l'Architecture au Moyen Age*

3. « Aujourd'huy, ceux qui ont quelque cognoissance de la vraye Architecture ne suivent plus ceste façon de voûte (la voûte à ogives) appelée entre les ouvriers de la mode françoise, laquelle, véritablement, je ne veux despriser ains plus tost confesser qu'on y a faict et pratiqué de forts bons traicts et difficiles. » (Philibert de l'Orme, *Livre III* de l'*Architecture*, chap. VIII, p. 107 a.)

4. F. De Verneilh, *Annales archéologiques*, t. XI, p. 108.

5. « Il en est de l'ogive comme de la poudre à canon, de l'imprimerie, de la vapeur; de tout temps on a connu ces trois puissances, mais on n'a commencé à les appliquer que lorsque le besoin est devenu impérieux, et alors seulement on a dit qu'on les avait trouvées. » (Viollet-le-Duc, *De la Construction des Édifices religieux*, loc. cit.)

6. Mérimée, *Voyage dans l'Auvergne et le Limousin*, p. 104.

7. On remarque, en effet, des arcs brisés à Sainte-Irène, vaste église fondée par Justinien et qui, dans sa forme actuelle, remonte (selon Salzenberg) au VIII° siècle, ainsi qu'à Sainte-Théodosie devenue aujourd'hui la mosquée de la Rose.

cette sorte d'arc, avant eux les Sassanides s'étaient montrés moins exclusifs, et, après eux, ou même à leurs côtés, les Arabes, les Maures et les Turcs en tirèrent un assez brillant parti, et, partout où ils séjournèrent, le mirent en honneur. Pour s'en convaincre, il suffit de considérer l'usage systématique qu'ils en ont fait à Palerme, où les Normands, cela est certain, ne l'ont pas apporté avec eux, quoique, avant la conquête de la Sicile, on ne se privât pas, au cœur même de la France, d'employer des arcs brisés qui ressemblent au moins autant aux arcs en tiers-point usités chez nous au XIIIe siècle, que ceux du palais de la Zisa ou de la mosquée d'Ebn'-Touloum[1].

Voilà donc une forme d'arc d'un usage bien général; mais c'est précisément l'universalité de cet usage qui empêche l'arc brisé de caractériser un style. On ne peut soutenir, en effet, que les ogives de leurs portes d'entrée interdisent à Notre-Dame-la-Grande de Poitiers, ou à l'ancienne église Saint-Pierre de Soissons, d'appartenir à l'architecture romane;

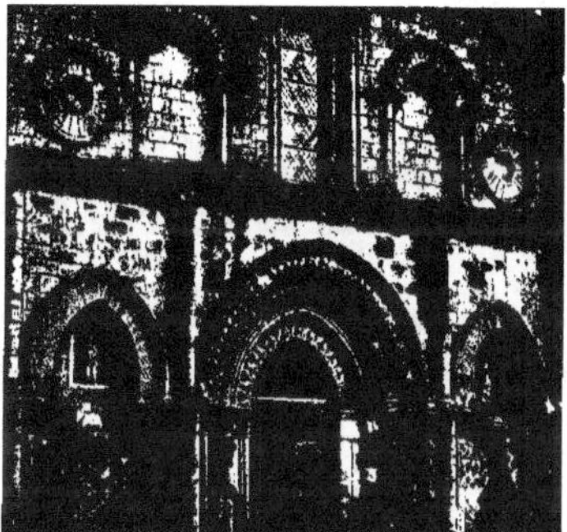

FAÇADE DE L'ÉGLISE DE MAILLEZAIS (VENDÉE)
montrant l'arc brisé associé au plein cintre dans un monument roman.

et l'on ne saurait prétendre que *San Michele in Borgo* de Pise soit un monument gothique ou ogival, parce que son architecte, fra Guglielmo Beato Agnelli, a substitué des arcs brisés aux cintres des arcades caractéristiques, dont sont décorés tous les autres édifices de cette antique et glorieuse cité.

Mais si l'arc brisé ne suffit pas à caractériser le nouveau style, quel est donc l'élément absolument inédit qui le distingue et lui donne son véritable caractère? Ce n'est pas l'élancement extraordinaire de ses nefs, puisqu'on retrouve ces prodigieuses envolées dans les églises de Chauvigny, de Conques, de Saint-Savin, de Cluny, etc., toutes bien franchement romanes; ce ne sont pas les absides polygonales; ce ne sont pas

non plus l'arc-boutant, la prédominance des vides sur les pleins, l'abus des claires-voies. Tout cela ne constitue, en effet, qu'un ensemble de conséquences, dont la cause est ailleurs. La grande innovation du nouveau système, le point de départ de toutes les particularités que nous venons d'énoncer, ce qui permit la réalisation de certaines d'entre elles et obligea à recourir aux autres, c'est l'emploi systématique de la voûte d'arête appareillée sur une membrure indépendante; c'est, en un mot, la mise en pratique de la voûte appareillée sur nervure croisée. Voilà quelle a été la découverte capitale du XIIe siècle, celle qui allait révolutionner tout l'art de bâtir.

Pour bien examiner cette importante évolution, toutefois, et pour en pénétrer toutes les conséquences, il faut se garder des excès d'enthousiasme, de toute exagération, de toute partialité. C'est pourquoi il est imprudent de dire, avec Viollet-le-Duc[1], que les constructeurs de la période romane se sont trouvés dans une position singulièrement critique, « voyant toutes les nefs de leurs églises s'écrouler[3] », alors que le nombre considérable d'églises romanes parvenues presque intactes jusqu'à nous montre assez que, partout où des constructeurs habiles eurent à leur disposition les matériaux congruents, ils élevèrent des édifices que leur parfaite conservation pourrait faire croire presque indestructibles. Il n'est pas plus équitable d'affirmer, avec Louis Gonse, que « les monuments du XIe siècle n'existent plus, qu'ils ont été remplacés au siècle suivant par de nouvelles bâtisses ou rajeunis au goût du temps[4] ». Il faut s'abstenir de toute affirmation dogmatique, et se défier surtout d'une confiance excessive en ses propres lumières.

Jadis on faisait aux vieux textes un crédit peut-être

---

1. Voir MÉRIMÉE, *Voyage dans le Centre et le Midi de la France.* — BATISSIER. *Éléments d'Archéologie nationale.* — F. DE VERNEUIL, *Origine française de l'Architecture ogivale.*

2. *Construction des édifices religieux en France,* loc. cit., p. 80.

3. Ce désarroi, dont parle Viollet-le-Duc, est d'autant plus surprenant sous sa plume, que lui-même est rempli d'admiration pour ces beaux ouvrages et pour les artifices ingénieux qui en assurent la solidité: pour l'élévation des collatéraux venant contrebuter la nef, pour la combinaison des galeries en demi-berceau élevées sur les bas-côtés et qui maintenaient la construction centrale dans toute sa longueur, ou pour ces berceaux perpendiculaires à la nef qui jouaient le rôle de contreforts. Mieux que personne il a mis en lumière ces savants procédés. Comment a-t-il pu en perdre le souvenir?

4. GONSE, *l'Art gothique,* p. 80.

exagéré. Les *Chroniques* rédigées par des religieux et qui nous donnent souvent les dates de fondation et de consécration des églises, la *Gallia Christiana*, les chartes portant donations, dotations, privilèges, étaient crues autant que textes sacrés ou articles de foi; et, s'en tenant uniquement à des renseignements mal transmis ou volontairement falsifiés, mais qu'on croyait irréfutables, on se basait sur une chronologie parfois dangereuse. Aujourd'hui, on a au contraire une tendance exagérée à ne plus tenir compte de ces vénérables écritures, et considérant, avec Voltaire[1], le manque de certitude de pièces qui ne sont pas contemporaines d'un événement, on s'en rapporte uniquement à des observations personnelles qui, tout expérimenté et savant qu'on puisse être, ne s'en ressentent pas moins de la fragilité de nos jugements, de l'imperfection de nos moyens d'investigation particulière. Le plus sage est donc de se borner à présenter comme infiniment probable ce que d'autres donnent pour absolument certain.

Nous accorderons volontiers que les architectes romans, s'ils surent maintes fois triompher des difficultés redoutables de la voûte en berceau, se virent, en certaines circonstances, obligés de recourir à la voûte d'arête, qui, au lieu de prolonger la poussée sur toute la longueur des murs, la reportait sur des points déterminés, auxquels il suffisait de donner une solidité et une fixité suffisantes pour n'avoir à redouter aucun accident. Ces voûtes d'arête étaient, assurément, d'une grande solidité, puisqu'un nombre important d'entre elles ont traversé les siècles et sont parvenues intactes jusqu'à nous. Le cloître du Puy, les cryptes de Saint-Denis, de Champdeniers, les absides de Notre-Dame-la-Grande à Poitiers, de Saint-Pierre de Chauvigny, de l'abbatiale de Saint-Savin, etc., disent assez que Viollet-le-Duc se plaignait à tort de la disparition de ces édifices intermédiaires[2]. Enfin, employé pour les grandes voûtes de Vézelay, construites de 1120 à 1128[3], ce mode de couverture avait fait ses preuves définitives. Mais, simplement coulées sur des formes en bois (souvent imparfaites, comme on ne le voit que trop à Chauvigny et à Notre-Dame-la-Grande), toute la solidité de ces voûtes dépendait de l'inaltérable cohésion du mortier, de ce fameux ciment dont les Romains avaient fait un si triomphant usage.

Ainsi moulée, cette construction formait une espèce de croûte, dont la contexture cassante s'accordait mal avec l'élasticité des arcs-doubleaux. Un tassement venait-il à se produire, il pouvait se traduire par une lézarde funeste. Pour remédier à ce grave défaut, il fallait arriver à donner à ces voûtes la souplesse des autres membres de la construction; et, pour atteindre ce but, un homme de génie eut cette idée féconde de remplacer l'ancien moule — c'est-à-dire les cintres de bois sur lesquels on avait établi jusque-là les voûtes en moellons, et qui étaient enlevés dès que le mortier avait acquis la dureté et la résistance nécessaires — par des arcs de pierre appareillés et destinés à soutenir d'une façon permanente ces arêtes fragiles, dont la solidité, souvent insuffisante, présentait de si grands inconvénients.

Ce fut cette innovation qui entraîna tout le reste. Une fois qu'on eut ainsi, d'une manière logique et durable, reporté tout le poids de la voûte et sa poussée sur les quatre piliers, points de départ et de retombée des arcs diagonaux et des arcs-doubleaux, on n'eut plus à se préoccuper que de prévenir tout écartement des points d'appui. Pour cela, il suffisait d'ajouter aux quatre supports des étais inclinés, paralysant leur tendance à l'écartement. Ce résultat fut atteint avec l'arc-boutant. Dès lors, une foule de problèmes, auxquels on cherchait depuis longtemps une solution, purent être menés à bien. De telle sorte que, sous l'action de ces applications nouvelles, on vit la tradition romaine s'amoindrir progressivement, et finalement se perdre. Les matériaux, leur mise en œuvre, la manière de les appareiller, les profils, les ornements, tout se renouvela. Les piles de la nef prirent un autre aspect. Leur nécessité de résistance se trouvant diminuée, on put les construire moins épaisses et les éloigner davantage l'une de l'autre. De là plus d'espace intérieur, plus d'air et une allure dégagée que n'avaient pas connue les vieilles nefs romanes. Enfin, la constitution logique des arcs-boutants, nouveau membre essentiel de la construction, permit de donner à la voûte cette hauteur impressionnante à laquelle on aspirait et qu'on avait déjà accidentellement réalisée. Bien mieux, enlevant aux murailles tout rôle indispensable dans la bâtisse, les réduisant à l'état de remplissage, elle permit de les faire presque disparaître et de leur substituer ces

---

[1] « On est généralement porté à croire qu'un monument érigé par une nation pour célébrer un événement en atteste la certitude. Cependant, si ces monuments n'ont pas été élevés par des contemporains, s'ils célèbrent quelques faits peu vraisemblables, prouvent-ils autre chose, sinon qu'on a voulu conserver une opinion populaire. » (Voltaire, *Questions sur l'Encyclopédie*, dans Œuvres complètes, t. XXIII, p. 402.)

[2] Viollet-le-Duc. *Dictionnaire de l'Architecture*, t. III, p. 300; et t. IV, p. 31.

[3] La consécration eut lieu en 1132. — Voir *Congrès scientifique d'Auxerre*, 1859, t. II, p. 193, note de M. Cherest.

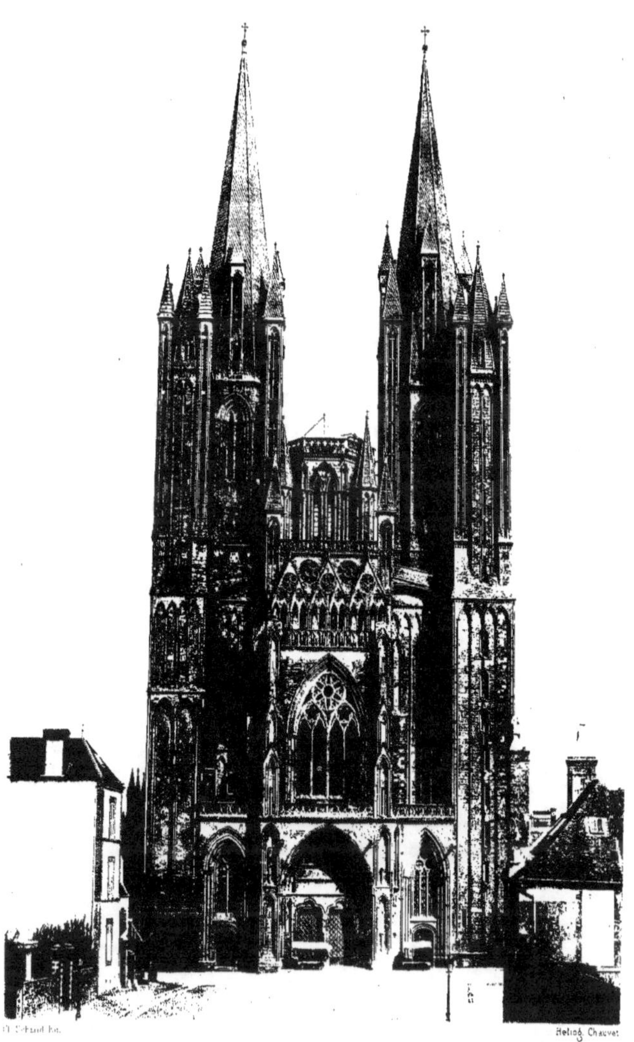

CATHÉDRALE DE COUTANCES

claires-voies, ces fenestrages de pierre qui concourent à donner aux monuments gothiques une partie de leur aérienne beauté.

Hâtons-nous de constater que ces transformations, présentées ici comme une évolution simple et en quelque sorte naturelle, furent assez longues à s'opérer, et demandèrent, pour arriver à leur point de perfection, plus d'un siècle de tâtonnements et d'expériences. Pour que les croisées d'ogives pussent entrer dans la pratique régulière des constructeurs, pour qu'on s'avisât de donner aux contreforts la forme d'un arc de cercle, formé de voussoirs extra-dossés couverts par un dallage en pente et consolidé à sa base par un robuste contre-fort saillant en dehors du collatéral, cent ans furent presque nécessaires. Mais, une fois les termes du problème acquis, en moins de cinquante années l'art nouveau atteignit son complet épanouissement. La façon de bâtir se trouva en possession de lois nou-velles, et les règles presque fixes auxquelles elle se soumit volontairement ont permis à un de nos plus illustres architectes d'écrire que « la belle époque de l'architecture gothique doit être étudiée avec tout le soin, tout le respect, toute l'attention qu'on a mis et que l'on met à étudier les monuments antiques[1] ». Elles ont également fourni à un illustre philosophe l'occasion de proclamer que, « comme tous les grands styles, le gothique fut parfait en naissant[2] ».

Notre impartialité nous fait un devoir de reconnaître que ces éloges mérités, cet enthousiasme légitime et général, n'ont pas été sans soulever, chez un grand nombre d'hommes éminents, appartenant à l'art et aux lettres, des contradictions parfois dédaigneuses et sou-vent passionnées. Renan, dont nous notions à l'instant le cri d'admiration, n'hésite pas à tracer, quelques pages plus loin, cette restriction sévère : « Le Parthé-non, les temples de Pæstum, ceux de Baalbeck, n'aspi-rant qu'au solide, seraient intacts aujourd'hui si l'espèce humaine eût disparu le lendemain de la con-struction. Dans ces conditions-là, une église gothique

n'eût pas vécu cent ans[3] ». Celui de nos historiens que le Moyen Age a le plus ému, Michelet, prodigue, lui aussi, à ces monuments (qu'il qualifie cependant de sublimes, vantant « le miracle subsistant de ces voûtes improbables »), des critiques acerbes et peu justifiées[4]. Un poète doux et conciliant, V. de Laprade, les accuse de gâter « le sentiment de l'infini par celui de l'ina-chevé[5] ». Enfin, un des critiques d'art qui ont le plus contribué à remettre cette architecture en honneur ne peut s'empêcher d'écrire : « Si, en entrant dans une église gothique, nous admirons la hardiesse des voûtes, l'élancement des colonnes, en un mot, sa fabrique tout aérienne, pour me servir de l'expression si juste de M. Du Sommerard, on éprouve en la contemplant de loin le sentiment pénible qu'excite la vue d'une ruine chancelante et soutenue par des étais[6] ». Les amis faisant de ces restrictions, que diront les adversaires?

Sans même nous arrêter aux boutades de Molière[7], ou du président de Brosses, qui ne peut pardonner aux « Goths maudits... leur manière laborieusement mi-nutieuse et travaillée[8] », nous les verrons, avec Qua-tremère de Quincy, nous signifier que toute architec-ture qui ne dérive pas de la gréco-romaine n'est que « mélange fortuit et confusion »; que, notamment pour ce qui « compose les dehors des églises, c'est là qu'on ne trouve aucune sorte de goût ni de raison »; que tout ce qui en fait partie peut y être ou n'y être pas, peut occuper une place ou une autre place sans qu'on sache ou qu'on puisse dire pourquoi; enfin, que cette période artistique, considérée par nous comme si glorieuse et si grande, « fut un produit de la corruption du goût, de l'ignorance de tout vrai modèle, de l'ab-sence de toute étude d'après nature..., etc.[9] ».

Ces contradictions n'étaient pas inutiles à signaler, parce qu'elles montrent à quel degré d'engouement et de dénigrement des passions qui semblent un peu spéculatives peuvent entraîner d'excellents esprits. Elles ne doivent pas, toutefois, nous faire perdre de vue notre question primitive, concernant le nom qui

---

1. Viollet-le-Duc, *Construction des édifices religieux*, loc. cit., p. 145.

2. Renan, *Revue des Deux Mondes*, 1ᵉʳ juillet 1862, p. 114.

3. Il y a là beaucoup d'exagération, car la charpente était condamnée ainsi que le toit à disparaître, sans tenir compte de la gelée qui effrite la pierre et des tremblements de terre qui jettent les colonnes à bas, comme cela est arrivé à Sélinonte.

4. « Pourquoi autour cette armée d'arcs-boutants, ces énormes con-treforts, cet éternel échafaudage qui semble oublié par le maçon?... Tout ce bâtiment vu de près communique au spectateur un sentiment de fatigue. Tout neuf encore, il avoue sa caducité précoce. » (Michelet, *Histoire de France*, t. IX, p. 13 et 70 à 72.)

5. « En faisant le tour d'une cathédrale, en la considérant en plein soleil, à l'aspect de ces arcs-boutants, de ces aiguilles, de ces terrasses d'inégale hauteur, de ces lignes droites et courbes qui s'entrechoquent dans tous les sens, nous éprouvons quelque chose qui nous gâte le sen-timent de l'infini par celui de l'inachevé.... Ce besoin d'ordre, de clarté, de précision, ce sentiment d'une mesure arrêtée, d'une mélodie franche, d'un accord entre le tout et ses parties, en un mot toutes ces notions diverses qui constituent la notion du Beau restent hési-tantes et bouleversées, et la jouissance qu'on éprouve a quelque chose d'inquiet et de maladif. » (Victor de Laprade, *Questions d'Art et de Morale*, 2ᵉ édit., p. 181 et suivantes.)

6. Mérimée, *Étude sur les Arts au Moyen Age*, p. 48.

7. Molière, *la Gloire du Val-de-Grâce*.

8. Président de Brosses, *Lettres familières écrites en Italie*, t. II (Rome, palais Pamfili Doria).

9. Quatremère de Quincy, *Dictionnaire historique d'Architecture*, Paris, 1832, t. I, p. 674 et suivantes.

convient le mieux au style nouveau, objet de cette étude. Or, nous venons d'établir que ce qui particularise l'architecture du XIIIe siècle, c'est que chaque portion de voûte est consolidée par deux arcs se croisant diagonalement et formant l'ossature de chaque travée. Si nous pouvions démontrer que le nom d'ogive a été précisément donné, dans le principe, à ces deux arcs, membres capitaux de la voûte dite « gothique », — grande nouveauté du système et condition essentielle,

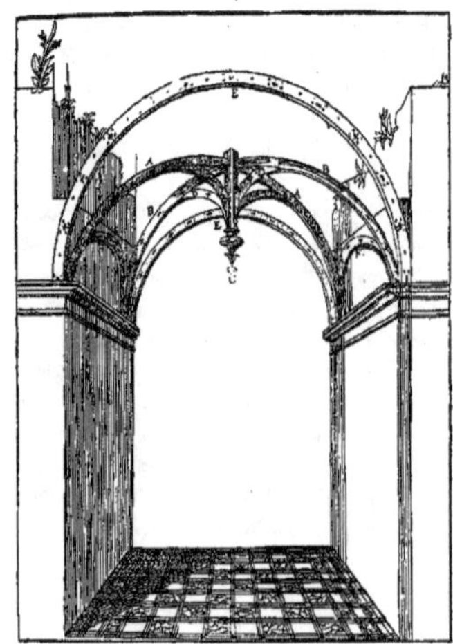

FIGURE DÉMONSTRATIVE DE L'OSSATURE DE LA CROISÉE D'OGIVES
tirée du IVe livre de *l'Architecture* de Philibert de l'Orme.

de laquelle découlent toutes les autres particularités considérées aujourd'hui comme caractéristiques de ce style, — il faudrait bien admettre que l'architecture, dont la base indiscutée est la *croisée d'ogives*, doit prendre le nom d'*architecture ogivale*. Eh bien, c'est là une démonstration qu'il est relativement facile de faire, comme aussi de prouver que le nom d'ogive donné à tout autre membre d'architecture est à la fois téméraire et abusif.

D'où vient donc ce mot *ogive*? Il vient du verbe *augere*; en basse latinité : *augificare*[1], augmenter, parce que l'ogive augmentait la solidité de la voûte. A-t-on, au Moyen Age, d'autres exemples de dérivés analogues de ce verbe? Assurément. Dans sa préface de la *Vie de Philippe Auguste*, Guillaume Le Breton dit : « Les écrivains, ordinairement, donnaient le nom d'augustes (du verbe *augeo, auges*) aux Césars qui avaient augmenté l'État[2] ». En outre, un autre biographe royal, Nicolas de Bray, dans sa *Vie de Louis VIII*, parlant de ce même Philippe Auguste, emploie le substantif *ogis* avec la signification de soutien[3]. Si, après cette petite incursion étymologique, nous consultons les vieux textes et les documents d'archives, nous verrons qu'au XIVe et au XVe siècle, sous ses deux formes *ogive* et *augive*, notre mot était couramment employé, avec le sens que nous lui souhaitons, dans le langage des architectes; que, par exemple, dans le *Compte de la construction d'une chapelle chez les Célestins de la forêt de Compiègne*[4], on lit : « La dicte chapelle » sera voûtée « de trois croisées d'ogives »; que, dans un autre *Compte relatif à la tour d'Aubette à Rouen*[5], il est dit qu'il faut pour ce « environ quarante piés d'augives, dont y a environ seize piés taillés et la clef »; que nombre de documents du même genre mentionnent notre mot, lui attribuant une signification identique[6].

Ces documents divers nous amènent au XVIe siècle, où une autorité de premier ordre va nous apporter l'appui de sa compétence. Au quatrième livre de son précieux ouvrage, Philibert de l'Orme écrit : « Les maistres maçons de ce royaume et aussi d'autres pays ont accoustumé de faire les voûtes, esquelles y a grande espace, avec une croisée qu'ils appellent d'ogives »[7]; et, dans un autre endroit, l'illustre architecte donne le schéma en charpente « d'une voulte à croisée d'ogives ayant une clef suspendue »; ceci « pour faire entendre et cognoistre plus facilement ce qu'on appelle branches de voultes, croisées d'ogives, formerets et doubleaux, aussi pour montrer comment les pendentifs se mettent sur les branches ». Au XVIIe siècle, dans le langage des

---

1. Voir Du Cange, *Glossarium*, etc., sous ce mot.

2. Voir *Historiæ francor.-scriptor.* (Francfort, in-folio, p. 158). Il est curieux de rapprocher cette explication singulière du nom d'Auguste, de celle toute hiératique que donne Suétone (*Cæsar Augustus*, VII). Octave, dit-il, préféra le nom d'Auguste à celui de Romulus « ... quod loca quoque religiosa, et in quibus augurato quid consecratur, augusta dicantur, ab auctu, vel ab avium gestu gustave ».

3.   Rex regum mundi venerabilis ille Philippus,
  Catholicæ fidei callidus defensor et ogis.

4. *Ancien Bulletin du Comité des Arts*, t. I, p. 48.

5. Quicherat, *Revue archéologique*, t. VII, p. 68.

6. « Item faut deux piliers qui porteront trois piés de saillie pour cuillir les arcs doubleaux et les croix d'augives. » (*Revue archéologique*, t. VII, p. 68.) « Laquelle voulsure a quatre branques et celle ou rond de la dicte tour six branques et sont tourné les ogives à anses de panier. » (*Compte de la construction de la Collégiale de Béthune : Bulletin du Comité des Arts*, t. II, p. 64.) « Tailler des ogives pour faire les vostes. » (*Comptes de l'Œuvre de la cathédrale de Troyes : Bibl. de l'École des Chartes*, mai-juin 1862), etc.

7. Philibert de l'Orme, *l'Architecture*, ou *Traité complet de l'Art de bâtir*, liv. IV, chap. VIII et IX.

architectes, rien n'était encore changé ; et d'Aviler, dans les *Explications* qui suivent son *Cours d'Architecture*, dit au mot Ogive : « Ce sont les arcs qui, dans les voûtes gothiques, se croisent diagonalement et forment ce qu'on nomme des croisées d'ogives[1] ».

Ajoutons que notre mot n'avait pas sa signification très nettement formulée seulement dans le langage des gens de métier[2]. Les lexicographes n'étaient pas moins précis, et Richelet, qui le premier publia un dictionnaire établi sur un plan philosophique, écrivait : « Ogive, terme d'architecture, arceau qui passe au dedans d'une voûte d'un angle à l'autre[3] ». Furetière, son contemporain, était, avec plus de détails, aussi précis[4], et leurs définitions fort peu modifiées furent rééditées sans changements notables jusqu'au commencement de ce siècle, où, dans le *Dictionnaire historique d'Architecture* de Quatremère de Quincy[5], nous trouvons que « ce nom d'ogive a été donné et se donne encore, et généralement au pluriel, dans l'architecture gothique, à ces courbures saillantes que nous appelons des *nervures*, qui, dans les travées ou croisées des voûtes (comme on le voit dans les églises gothiques), se croisent diagonalement en allant d'un angle à l'autre et produisent dans les voûtes ces compartiments angulaires qu'on y remarque ».

Le *Dictionnaire* de Quatremère de Quincy fut publié en 1832. Quatremère mourut en 1849. Par quelles singulières interprétations notre mot avait-il subitement passé, pour que, dès 1844, F. de Verneilh se crût obligé de faire paraître, dans les *Annales archéologiques* alors naissantes, un article de timide revendication destiné à établir que ce nom d'*ogive*, appliqué à un arc aigu, était abusif[6], et pour que, cinq ans plus tard, Quicherat, venant à la rescousse, publiât une dissertation pour bien établir que l'ogive était seulement une nervure[7]. A en croire F. de Verneilh et Louis Gonse[8], ce serait Millin qui serait responsable de l'hérésie par eux combattue. Mais Millin, mort dès 1818, disait, en parlant des ogives : « Ce sont les arcs ou branches d'une voûte gothique qui la traversent diagonalement[9] ». Pour Lassus[10], c'est Frezier qui serait le vrai coupable. Mais Frezier a publié son livre justement estimé en 1754[11], et nous avons vu que, quatre-vingts ans plus tard, l'erreur qu'on lui impute n'avait pas encore pris racine chez nous.

Il y a là, il faut bien le reconnaître, un singulier mystère, presque contemporain et d'autant plus impénétrable, que le mot ogive, dans sa nouvelle acception, c'est-à-dire appliqué à la désignation d'un arc brisé ou arc aigu, « nous est acquis », comme le remarque F. de Verneilh[12], et que même « il nous est nécessaire », car, avec ses dérivés « il tient une grande place dans notre terminologie ». C'est ainsi que tous les ouvrages d'architecture, ou presque tous, aujourd'hui, donnent des exemples d'*ogives en lancettes*, d'*ogives équilatérales*, d'*ogives surbaissées*. Nous-même, au cours de ce travail, nous serons appelé à nous servir de ces définitions fautives. Tant il est vrai que, dans le langage, tout est affaire de convention. Pour le moment, du reste, notre intention n'est pas de nous poser en redresseur de torts, mais de faire simplement remarquer que, légitimement et logiquement, le seul nom auquel puisse prétendre le style succédant au style roman est le nom de style ogival.

---

1. D'Aviler, *Explication des Termes d'Architecture*, à la suite du *Cours d'Architecture*. Paris, 1691, t. III, p. 711.

2. Pour ne pas nous arrêter qu'aux textes qui peuvent éclairer ce débat, nous ne retiendrons pas ici la définition de Robert Estienne (*Dictionnaire françois-latin*, Paris, 1549) qui cependant présente un certain intérêt : « Augive : *Corona præcinctura, præcinctio* »; celle de Ménage, assez ridicule, qui fait dériver *augive* de *auge*, à cause de la ressemblance de la voûte en ogive avec un chaudron renversé (Ménage, *Dictionnaire étymologique de la langue française*, édition de 1750). — Enfin Diderot (*Encyclopédie*, sous Ogive) prétend dériver notre mot « de l'allemand *Aug.* qui signifie « œil », parce que les arcs des ceintres (*sic*) des voûtes gothiques font des angles curvilignes, semblables à ceux des coins de l'œil, quoique dans une position différente ». —Définition au moins étrange, qui a été rééditée par Boisserée dans sa description de la cathédrale de Cologne.

3. Richelet, *Dictionnaire français, contenant les mots et les choses*, etc., 1680. Les éditions de Genève (1693) et de Rouen (1719) conservent la même définition.

4. « C'est le trait d'une voûte qui, au lieu d'être en berceau ou en plein cintre, trace une diagonale en forme d'arête (*sic*). Les deux ogives diagonales, en se croisant, forment la clef de la voûte. Les arcs en berceaux d'où les ogives sortent s'appellent arcs doubleaux. Ce qui est entre les ogives et l'arc doubleau s'appelle pendentif de la voûte. Les parties des ogives qui sont en saillie s'appellent nerfs. » (Furetière, *Essai d'un Dictionnaire universel*. Amsterdam, 1685.) *Le Dictionnaire universel*, publié à Rotterdam en 1690, réédite cette définition sans changement sérieux.

5. *Dictionnaire historique d'Architecture*, t. II, p. 164.

6. F. de Verneilh, *Annales archéologiques*, t. I, p. 209.

7. *Revue archéologique*, année 1850, p. 65 et suiv.

8. L. Gonse, *Art gothique*, loc. cit.

9. Millin, *Dictionnaire des Beaux-Arts*. Paris, 1806, t. II, p. 658.

10. Lassus, *De l'Arc appelé Ogive* (*Annales archéologiques*, t. II, p. 41).

11. Frezier, *la Théorie et la Pratique de la Coupe des pierres et des bois*, 1754, 3 vol. in-4°.

12. F. de Verneilh, *Annales archéologiques*, t. I, p. 210.

II

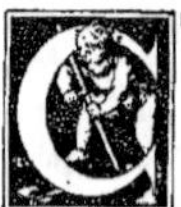

Ce n'est pas seulement parce qu'il occupe dans l'histoire de l'art une place considérable, que nous nous sommes longuement étendu sur le nom qu'il convient de donner au style succédant à l'art roman, mais c'est aussi parce que, dans un ouvrage comme celui-ci, les déterminations exactes et les définitions précises ont une importance capitale.

Dans le présent cas, cette importance est double, car le style ogival est le seul qui dérive son nom d'une particularité d'art à lui propre. Tous les autres, en effet, empruntent les leurs à des conditions extérieures, provenant du temps, du cycle politique, parfois du règne, qui les voit naître et prendre fin, ou, encore, de leur pays prétendu d'origine. Pour démontrer l'excellence du nom, il nous a ici suffi de nous en rapporter aux hommes du métier et aux lexicographes. Toutefois, au cours de notre étude, il nous faudra, nous venons de le dire, largement compter avec l'étrange erreur née de la confusion fâcheuse et difficilement explicable par nous signalée. Il était naturel, au surplus, que le public, peu au courant des secrets de la construction, plaçât le principal caractère de l'art ogival, non dans l'aménagement d'une voûte dont les arcs sont souvent cintrés, parfois même écrasés en anse de panier, mais dans cet arc aigu improprement appelée par lui *ogive*, parce que cet arc est à peu près le seul qui, dans les édifices franchement gothiques, voûtés ou non, civils ou religieux, riches ou pauvres, soit employé pour couronner les baies et relier les masses portantes.

Cette façon erronée de comprendre une désignation, bien ancienne et nullement ambiguë, doit, en outre, entrer d'autant plus en ligne de compte, qu'elle a jeté sur les origines mêmes de notre style un voile assez difficile à soulever. De ce que les baies des édifices arabes ou byzantins de Jérusalem étaient amorties en arc brisé, on en a conclu que ces baies avaient dû faire une impression assez vive sur les Croisés ou sur les pèlerins, pour qu'un souvenir durable de ces courbes gracieuses se soit traduit, au retour, par une application pratique et générale. Qu'une pareille supposition ait pu séduire l'imagination populaire, il ne faut pas en être surpris. Elle est ingénieuse, poétique même; et, sans partager aucunement l'avis sévère de Cicognara, prétendant que, « mises en activité par un fou, les croisades n'ont produit que des erreurs et des folies[1] », on peut dire qu'elles ont coûté si cher et causé tant de maux à notre pays, qu'il serait consolant de découvrir une compensation, fût-elle purement artistique, à tant de sacrifices. Que Alexandre Lenoir traite cette architecture de *Saracinique*, de *Syrienne*, que, parlant de la Sainte-Chapelle et de Saint-Martin-des-Champs, il écrive que « ce genre hardi d'architecture » est « imité des Arabes[2] », on le comprend à la rigueur. Mais que de libres esprits, des critiques illustres, des architectes éminents, se soient laissé gagner à cette théorie d'importation, au point d'oublier que chez nous l'ogive a été une courbe de construction, de laquelle on a fait dériver tout un système, alors que l'ogive arabe ne joue qu'un rôle de couronnement ou d'amortissement de baies, c'est là ce qu'on a quelque mal à s'expliquer. Et, cependant, on a vu Quicherat, après avoir longtemps soutenu que la croisée d'ogives était un produit de l'architecture occidentale, se laisser ébranler et presque gagner à cette idée qu'une origine orientale n'était pas insoutenable[3]. Bien mieux, l'apôtre de notre architecture nationale ne s'est-il pas laissé aller à écrire que les Clunisiens, ces maîtres en l'art de bâtir, en relations constantes avec l'Orient, « en rapportèrent l'arc brisé[4] », ajoutant même que, dès le commencement du xıı[e] siècle, des Croisés ramenèrent de leurs pieuses campagnes « de nombreux motifs de sculpture d'ornement d'un beau caractère[5] ». C'est pousser, il faut l'avouer, l'amour du merveilleux un peu loin.

Et, en effet, on se représente mal ces farouches Croisés, qui, de l'aveu général, menèrent en Terre Sainte la vie peu édifiante de conquérants et de pillards[6], voyageant avec un chapiteau ou un morceau de frise à l'arçon de leurs selles, ou encore emplissant les bateaux, qu'ils avaient tant de mal à se procurer pour

---

1. Cicognara, *Storia della Scultura*, t. II, p. 152.

2. *Musée des Monuments français*, t. I, p. 35; t. VII, p. 41 et 129.

3. Quicherat, *Mélanges d'Archéologie*, t. II, p. 506.

4. Viollet-le-Duc, *Dictionnaire d'Architecture*, t. VI, p. 425.

5. Id., *ibid.*, t. VIII, p. 107. Cette opinion a été rééditée plus récemment par Charles Blanc, prétendant que « les Pèlerins de l'Occident ont pu observer l'arc brisé dans les mosquées du Caire ». Voir Charles Blanc, *Histoire de la Renaissance en Italie*. Introduction.

6. Voir, dans Orderic Vital (*Histoire ecclésiastique de Normandie*, liv. IX), le départ des premiers convois de ces Croisés, « ces gens sans roi, sans chefs, rassemblés de tous les lieux, n'observant aucune discipline, se jetant avec rapacité sur le bien d'autrui, enlevant le plomb des toits d'église pour le vendre, détruisant les palais, se comportant en toute chose avec iniquité ». Voir également Guillaume de Tyr, *Histoire des Faits et Gestes dans les Régions d'outre-mer*, et Geoffroi de Villehardouin, *Histoire de la Conquête de Constantinople*.

le retour, de débris de sculpture sans valeur vénale, encombrants et dangereux. En outre, ces spécimens, que sont-ils devenus? Qu'on en montre la trace! Un peuple se livra à ces importations méthodiques, les Vénitiens, et Saint-Marc prouve assez que, dans ce métier d'écumeurs de côtes où ils excellèrent, ils se préoccupèrent surtout de la beauté des marbres, de leur rareté, et des œuvres de métal, mais non pas des morceaux de statuaire ou de sculpture qui pouvaient comporter un enseignement didactique[1]. En outre, la chronologie est là, précise, inexorable, qui nous montre l'ogive « bien comprise et largement pratiquée en France près d'un siècle et demi avant la première croisade[2] », et cela avec une telle évidence, que M. de Vogüé lui-même se fait un devoir de proclamer que si « les croisades ont pu hâter le jour où elle a été employée en Occident, ce n'est pas en Terre Sainte qu'il faut chercher pour nous l'origine de l'ogive[3] ».

A ces raisons chronologiques, on en doit ajouter d'autres non moins pressantes. Viollet-le-Duc, que nous venons de voir à tout le moins hésitant et presque gagné aux théories orientales, se demande ailleurs, avec infiniment de bon sens, comment ce phénomène d'importation a pu se produire. « Comment cette influence se serait-elle exercée seulement sur trois ou quatre provinces de la France et n'aurait-elle pas envahi toute l'Europe, qui s'était précipitée en Orient[4]? » D'autant mieux que ces provinces où le nouveau style apparaît, prend force, se développe avec une progression méthodique, ne sont point sur le passage des bandes aventureuses qui reviennent de Palestine. Quelle importance avait donc ce secret, pour qu'on n'en laissât rien transpirer au cours d'un si long voyage, et qu'on le gardât tout entier pour le point d'arrivée? Nous aurons bientôt occasion de constater, en effet, que le berceau de l'architecture ogivale ou gothique paraît être exclusivement limité à quatre ou cinq provinces : à l'Ile-de-France, la Champagne, la Picardie, la Bourgogne.... Car c'est là qu'apparaît tout d'abord le style nouveau avec tous ses caractères, sa franchise d'allures, son unité, et possesseur déjà de ses règles essentielles.

Faut-il maintenant, allant d'un extrême à l'autre, affirmer dogmatiquement, avec quelques critiques érudits, que les Croisés « n'ont rien, absolument rien, rapporté des croisades[?] » Ce serait dépasser le but. Les fervents chrétiens furent si impressionnés par la forme du Saint-Sépulcre, qu'à leur retour ils élevèrent un certain nombre d'édifices pieux, qui en figuraient plus ou moins fidèlement l'aspect; et les Templiers, de leur côté, dans leurs établissements d'Occident, ne se firent point faute de bâtir des reproductions plus ou moins exactes du Temple, asile de leur ordre. Mais, ni de près ni de loin, ces monuments, généralement de dimensions réduites, n'eurent jamais rien à démêler avec l'architecture ogivale proprement dite.

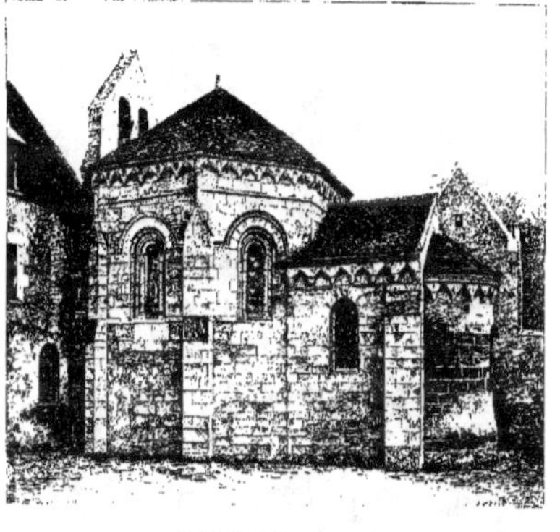

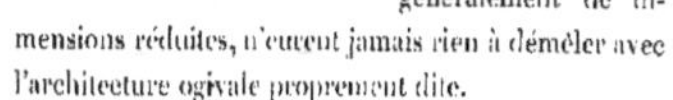

CHAPELLE DES TEMPLIERS, A LAON
avant la restauration.

La forme de l'église du Saint-Sépulcre, on le sait, n'avait guère été fixe. Elle avait d'abord été construite sur le plan des basiliques latines, avec cette seule différence que la tribune avait sa voûte percée au sommet, parce qu'il n'était pas permis, comme l'avait fait remarquer saint Jérôme, de fermer « la voie par laquelle le Seigneur s'était élevé au ciel ». Cette disposition basilicale, toutefois, ne fut pas respectée. Détruite par Chosroès II, puis restituée par Héraclius, la basilique de Constantin fut transformée en rotonde, et c'est cette forme qui prévalut définitivement, quand, après avoir été ruinée une seconde fois par le calife Hakem, le

<hr>

1. Voir G. et L. Kreutz, *la Basilica di San Marco in Venezia* (1843).
2. F. de Verneilh, *Annales archéologiques*, t. XX, p. 29.
3. De Vogüé, *les Églises de Terre Sainte*, p. 399.

4. Viollet-le-Duc, *De la Construction des édifices religieux* (loc. cit., p. 79).
5. Anthyme Saint-Paul, *Viollet-le-Duc, ses travaux, son système d'archéologie*, p. 179-189. — Gonse, *Art gothique*, p. 42.

Saint-Sépulcre fut réédifié de nouveau. La rotonde de l'*Anastasis*, ou de la Résurrection, fut alors rétablie sur son plan circulaire. Elle fut, en outre, coiffée de poutres ingénieusement assemblées, formant un comble ouvert à son sommet.

C'est sur ce modèle, ou tout au moins en s'inspirant de ces dispositions essentielles, qu'on éleva en France, en Allemagne, en Italie surtout, et à des époques très différentes, des copies du Saint-Sépulcre. Dans ce dernier pays, nous citerons, notamment à Pise, un édicule octogone reconstruit, dit-on, par Diotisalvi, l'architecte du Baptistère, et auquel on a conservé le nom de *San Sepolcro*. Le Baptistère de Pise se terminait également, dans le principe, en cône tronqué. Ce cône, dissimulé depuis sous une calotte hémisphérique, avait été construit à l'imitation du Saint-Sépulcre. Parme et Milan possèdent elles aussi des églises du Saint-Sépulcre de même forme, rebâties sur les ruines de sanctuaires plus anciens. A Bologne, une agglomération fort curieuse de sept petites églises, communiquant ensemble et qui paraissent remonter au xie siècle, entoure un temple octogonal, malheureusement restauré en 1804, et qui porte, pareillement, le nom de Saint-Sépulcre. A Plaisance, une construction analogue a été réédifiée complètement par Bramante, et, près d'Arezzo, il existe un village nommé Borgho San Sepolero.

En France, plusieurs localités ont reçu, non sans raison vraisemblablement, des dénominations pareilles. Tels sont le village de Samblières, près de Troyes, qui changea de nom après que saint Aderaid y eut fondé, au commencement du xie siècle, un monastère destiné à abriter une pierre du Saint-Sépulcre rapportée par lui de Terre Sainte[1]. A Neuvy-Saint-Sépulcre, en Berry, se trouve également une rotonde signalée par Viollet-le-Duc[2]. Ce même nom fut pareillement donné à une abbaye fondée par Liebert, évêque de Cambrai, aux portes de cette ville, et qui plus tard fut englobée dans ses murailles[3]. F. de Verneilh attribue une origine identique à une rotonde munie de bas côtés existant à Saint-Léonard(Haute-Vienne) et qui fut longtemps prise pour un ancien baptistère[4]. Les églises de Ferrières (Loiret), de Rieux-Minervois (Aude), de Chambon (Puy-de-Dôme), édifiées sur un plan circulaire ou polygonal, sont dans le même cas. Et, vraisemblablement, on en peut dire autant de l'église si particulière, si curieuse, de Saint-Michel d'Entraigues, près Angoulême (voir col. 178), quoique sa couverture entièrement refaite ne permette plus de voir si la sortie de l'*Anastasis* y avait été ménagée.

Le plan et l'aspect général des chapelles bâties en Occident par les Templiers n'étaient pas, non plus, sans analogies avec ces reproductions du Saint-Sépulcre. « L'enceinte du Temple, berceau de leur ordre, écrit M. de Vogüé[5], avait leurs plus chères affections. Le Temple lui-même, c'est-à-dire la mosquée d'Omar[6],

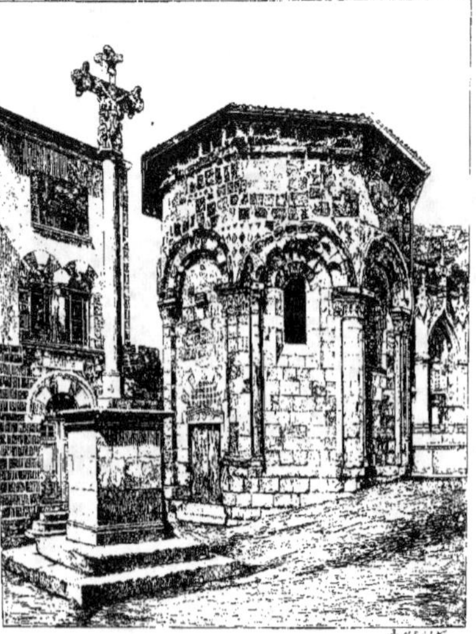

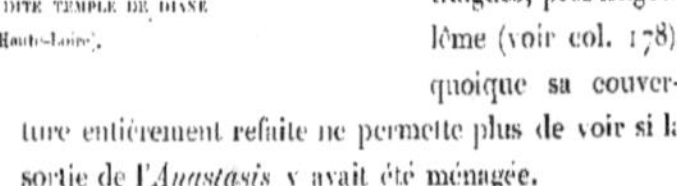

CHAPELLE OCTOGONALE DITE TEMPLE DE DIANE
à Aiguilhe (Haute-Loire).

---

1. Bruzen de la Martinière. *Grand Dictionnaire géographique, historique et critique*, t. V, p. 323.
2. Viollet-le-Duc, *Dictionnaire de l'Architecture*. t. V. p. 179.
3. Piganiol de la Force, *Description de la France*, t. VI. p. 161. Le Carpentier, *Histoire de Cambray*, t. II, chap. viii.
4. De Verneilh, *Annales archéologiques*, t. XX. p. 27.

5. De Vogüé, *les Églises de Terre Sainte*, p. 290.
6. Les templiers n'étaient pas établis auprès du Saint-Sépulcre, comme on l'a souvent écrit, mais assez loin du Golgotha, sur l'emplacement de l'ancien temple de Salomon, près d'une église bâtie par Justinien en l'honneur de la présentation de la sainte Vierge, église convertie plus tard en mosquée, puis rendue au culte chrétien.

était l'objet d'un culte tout spécial, et devint le point de départ de leurs traditions empreintes d'un certain mysticisme. Son plan, à la fois circulaire et octogonal, sa coupole sphérique[1], formes étranges pour eux et facilement symboliques, avaient frappé leur imagination. Ils les représentèrent sur le sceau de l'Ordre, et tâchèrent de les imiter dans leurs constructions religieuses..., et c'est ainsi qu'une mosquée est devenue au Moyen Age le type d'un grand nombre d'églises chrétiennes. » Cette même forme, — circulaire ou octogonale, — ils la donnèrent en effet à leurs chapelles. Celle de Laon, par exemple, celles de Paris, de Metz, de Londres[2], de Ségovie, celle de Montmorillon, avec ses deux étages et son cône tronqué rappelant le Baptistère de Pise, sont dans ce cas, et aussi cette petite construction octogonale si curieuse de l'Aiguilhe que son nom singulier de *Temple de Diane* désigne spécialement à notre attention[3]. C'est très exceptionnellement que les églises des Templiers affectent, comme à Montsaunés, la forme basilicale.

On voit que le bagage architectonique rapporté par les chrétiens de leurs séjours plus ou moins prolongés en Orient, s'il s'est traduit chez nous par quelques monuments d'importance limitée, n'a rien à démêler avec les origines de l'architecture ogivale. — Et, du reste, comme le remarque fort justement un critique éminent, « qu'importe que le développement du système ogival corresponde à peu près à la seconde croisade? Il correspond aussi à la naissance de nos langues et de nos littératures nationales, à l'avènement de toute une civilisation nouvelle. Les croisades sont l'effet et non la cause de ce mouvement général[4]. » L'observation de F. de Verneilh est d'autant plus juste, que ces exodes, dans lesquels on a voulu voir un irrésistible élan de la foi, et que des juges peu enthousiastes[5] ont qualifiés d'une façon moins poétique, marquent, non le début, mais la fin d'un système social, et, si l'on peut dire ainsi, sa liquidation.

Enfin, dernière objection et dont il n'est pas permis de ne pas sentir toute l'importance : si le style ogival avait été rapporté de Terre Sainte par les Croisés, on aurait peine à comprendre, nous l'avons déjà dit, comment la forte impression produite par les monuments d'Orient et qui dut être commune à tous les peuples ayant participé à ces lointaines expéditions, aux Italiens comme aux Allemands, aux Flamands comme aux Anglais, aux Français du Midi comme à ceux du Nord, ne s'est traduite en applications pratiques que dans un espace limité et parfaitement circonscrit.

Or, de l'avis de tous ceux qui ont étudié avec compétence les origines de l'art gothique, de l'avis de Viollet-le-Duc, de Quicherat, de F. de Verneilh notamment, c'est dans la région comprise entre Saint-Denis, Poissy et Beauvais qu'il faut placer le lieu d'éclosion de l'art nouveau. Pour MM. Lefèvre-Pontalis et Gonse, c'est dans l'ancien évêché de Senlis et dans une partie des diocèses de Soissons, de Noyon, de Beauvais, qu'on doit chercher son berceau. « C'est dans cette région dont le comté de Clermont forme à peu près le centre, écrit Louis Gonse, que nous rencontrerons les rares vestiges de la période primitive. C'est dans ce vieux pays de l'Oise, berceau de l'unité française, que nous pourrons toucher du doigt les origines de l'art gothique, pays plus ignoré des touristes que la Pouille et la Calabre, pays boisé, coupé de cours d'eau, délicieusement pittoresque et semé de témoins archéologiques d'un immense intérêt[6]. » La distance, on le voit, n'est pas grande; en outre, l'une et l'autre de ces circonscriptions se trouvent enclavées dans la France proprement dite d'alors, dans ce Domaine royal où Louis le Gros et son fils avaient commencé à mettre un peu d'ordre, au prix de combien d'efforts et de peines! Et ce qui rend cette constatation plus frappante, c'est que l'architecture nouvelle, comme le pouvoir royal, comme l'état social qu'elle va personnifier, procédera pendant longtemps avec une relative timidité.

---

1. De là cette légende : SUB TUBA TEMPLI XPI, signifiant sous la coupole du temple, et l'expression relevée par M. de Mas-Latrie *cum tuba roborari*, « confirmer avec la coupole », parce que celle-ci figurait sur le sceau des templiers.

2. Les trois nefs d'égale hauteur ne furent ajoutées qu'en 1240. — Voir FÉLIX DE VERNEILH, *le Style ogival en Angleterre* (*Annales archéologiques*, t. XXV, p. 43).

3. Il faut prendre garde à ce nom de « temple » qui, malgré des adjonctions profanes, peut constituer une indication précieuse.

4. F. DE VERNEILH, *Origine de l'Architecture ogivale* (*Annales archéologiques*, t. II, p. 159).

5. « Personne aujourd'hui n'ignore que, outre les intérêts de la religion, des vues d'ambition et de politique concoururent à ces entreprises.... On sait aussi comment l'orgueil national, l'esprit guerrier, un fanatisme crédule et aventureux et la corruption des mœurs entraînèrent dans ces lointaines expéditions tant d'hommes de conditions et de contrées si diverses. Mais ne peut-on admettre que la fortune prodigieuse récemment faite par de simples gentilshommes normands à la suite d'un voyage à peu près de même espèce, offrit encore un appât très puissant et que le motif déterminant pour beaucoup de croisés et surtout pour la plupart des guerriers de profession, fut un espoir éblouissant d'élévation et de richesse? » (SÉROUX D'AGINCOURT, *Histoire de l'Art par les Monuments : Tableau historique*, p. 72.)

6. L. GONSE, *l'Art gothique*, p. 55. Peut-être ce déplacement, de peu d'importance, au surplus, provient-il simplement de ce que, dans ces derniers temps, nos jeunes archéologues ont étudié avec une passion curieuse cette région de l'Oise jusque-là assez négligée, et qu'ils y ont découvert des trésors inexplorés, lesquels ont fourni, à M. Lefèvre-Pontalis notamment, les éléments d'une thèse à l'École des Chartes extrêmement remarquable.

Avant d'aborder les grandes cathédrales, seuls édifices, cependant, où le nouveau système produira tous ses effets, il semble que les architectes se soient exercés, essayés et fait la main, dans des églises modestes. Dès l'extrême fin du xi⁰ siècle ou aux premières années du siècle suivant, on constate leurs tentatives initiales à Morienval, dont le déambulatoire a fourni à MM. Anthyme Saint-Paul et Lefèvre-Pontalis l'occasion d'une discussion si brillante, à Béthisy-Saint-Pierre, à l'église de Montille; le style ogival apparait ensuite dans les bas-côtés de Saint-Étienne de Beauvais. Puis voici le plein xii⁰ siècle avec des essais non moins intéressants, non moins curieux, réalisés dans les églises de Béthisy-Saint-Martin, de Cambronne, de Bury, de La-Noël-Saint-Martin, de Saint-Gervais de Pontpoint, de Berzy-le-Sec, de Vauxrezis, de Saint-Pierre de Montmartre, de Chelles, de Bellefontaine, de Saint-Louis de Poissy, dans le chœur de l'église de Marolles-en-Brie signalé par M. Noël de Crèvecœur et si soigneusement décrit par M. Perrault-Dabot[1], et dans le déambulatoire de Saint-Germain-des-Prés. — Essais qui aboutissent triomphalement au chœur de l'église abbatiale de Saint-Denis, orgueil de Suger, et l'œuvre la plus célèbre certainement de ce qu'on peut appeler la période de transition[1].

Saint-Denis est-il, comme l'ont prétendu nombre d'archéologues, et des plus autorisés[2], le point de départ de l'architecture nouvelle et de l'art ogival? Faut-il, au contraire, considérer comme un point d'arrivée ce sanctuaire qui emprunte à la juste célébrité de son constructeur, à ses dimensions magnifiques, à son rôle historique, à ses richesses, aux tombeaux de nos rois, une importance unique? C'est peut-être à cette seconde opinion qu'il est préférable de s'arrêter. Saint-Denis, en effet, présente cette particularité que si, dans ses œuvres basses, elle n'appartient déjà plus par son esprit au style roman, elle lui demeure fidèle par ses procédés de construction. Sa crypte aux chapelles rayonnantes est encore couverte de voûtes d'arêtes appareillées sans nervures. C'est sur cette base primitive que le chœur s'établit et prend son essor, c'est là que l'architecte devinant, par une intuition admirable, ce que peut produire la croisée d'ogives unie à l'arc en tiers-point, s'affranchit pour la première fois de toutes les entraves, et s'élance à ces hauteurs mystiques qui allaient caractériser désormais les nefs ogivales.

Suger ne put réaliser qu'une partie réduite de l'œuvre entreprise par ses soins. Seules la façade et l'abside furent érigées de son vivant. C'est sous le règne de saint Louis qu'on édifia la nef et les transepts. Mais le peu qu'on lui doit suffit à démontrer la fin de l'ère des tâtonnements; et, point de départ ou d'arrivée, Saint-Denis ouvre d'une façon magistrale le cycle grandiose de l'architecture ogivale. C'est « l'école de l'Ile-de-France, jusqu'alors la plus modeste, la plus timide, la plus déshéritée, très en retard sur les autres, presque effacée[3] », qui résout le mystérieux et passionnant problème, et donne le jour aux premiers édifices qui vont faire de l'architecture chrétienne un art absolument renouvelé.

Ajoutons que le terrain était ici doublement propice. L'art ogival, en permettant d'élever des voûtes considérables sur des points d'appui espacés et d'établir entre ceux-ci des claires-voies, ne pouvait être utilement pratiqué que dans un pays où régnait déjà une sorte de sécurité relative. Or, c'était, nous venons de le voir, le cas de l'Ile-de-France. En outre, le développement de l'architecture est lié, suivant le mot si heureux de F. de Verneilh[4], « à certaines circonstances peu glorieuses ». La nature des matériaux est du nombre de ces circonstances. L'architecture ogivale ne pouvait, en effet, prendre naissance et se développer avec toutes ses conséquences de séparations frêles, de baies ajourées, de décoration prolixe et fouillée, que dans un pays produisant à discrétion un calcaire au grain fin, résistant, assez tendre pour accepter sans trop de peine des tailles à la fois précieuses et compliquées, assez consistant, assez homogène pour conserver la précision de ses arêtes et la finesse détaillée de son ornementation foisonnante. Or, c'était admirablement le cas du bassin de Paris[5].

Partout où, à défaut de ce calcaire complaisant, on

---

1. On a revendiqué cette priorité pour la cathédrale de Sens. Mais il a été établi que l'honneur de la reconstitution de ce sanctuaire appartenait à Hugues de Touey (1143-1168). Cette église est donc plus récente. (Voir *Congrès d'Auxerre*, 1859, t. II, p. 183, et *Annales archéologiques*, t. XXIII, p. 129.)

2. « L'architecture adoptée par Suger était, pour son temps, une innovation des plus hardies; la première tentative d'un art dont les principes étaient alors nouveaux. En effet, pendant que, sur toute la surface de la France, on construisait encore des monuments religieux et civils, conformément à l'ancien système roman, on voit tout à coup s'élever à Saint-Denis une église dont la construction repose unique-

ment sur les principes de l'art gothique. » (VIOLLET-LE-DUC, *Revue de l'Architecture*, année 1861, p. 309.)

3. L. GOSSE, *l'Art gothique*, p. 36.

4. DE VERNEILH. *Annales archéologiques*, t. IV, p. 26.

5. Les carrières de l'Ile-de-France, de la Bourgogne et de la Champagne ont toujours été renommées à cause de la qualité des pierres qu'on en extrayait. « Je crois qu'il ne se trouvera royaume, ne païs, quel qu'il soit, écrit Philibert de l'Orme, mieux meublé et garny de diversité de pierres pour bastimens que cestuy-cy. De sorte que Nature a si bien pourveu, qu'il me semble qu'on ne sçauroit trouver nation qui ait plus beau moyen de bastir que les François. Mais la plupart d'eux

ne trouve, comme en Italie, que la brique ou le marbre, comme en Auvergne et dans le Velay, que des roches volcaniques quartzeuses ou schisteuses, ou, comme en Bretagne, que des granits rugueux, c'est-à-dire des pierres rebelles à la taille, éclatant sous l'outil ou dont la contexture sablonneuse a une disposition naturelle à se désagréger, le style ogival ou gothique, avec ses efflorescences, ses nervures ressenties, sa mouluration si compliquée dans les claires-voies, ne peut accentuer les finesses qui font son charme et sa légèreté. Là, au contraire, le style roman, grâce à ses masses robustes, à ses mâles profils, à sa simplicité relative, s'affirme par des œuvres magistrales. De nombreux monuments auvergnats et bretons prouvent assez cette concordance heureuse, et expliquent à la fois la persistance de l'architecture romane en ces provinces et l'infériorité des quelques édifices gothiques qu'on a essayé d'acclimater dans des régions où le nouveau style ne pouvait rien produire de pareil à ce qu'il a enfanté sous des climats mieux partagés.

Comparez, au Puy, la façade méridionale de la cathédrale avec le portail de la chapelle de l'Hôtel-Dieu sis tout à côté. Cette démonstration saute aux yeux. Autant la vieille façade romane, magnifique en ses lignes simples avec ses alternances de pierres noires et grises et ses incrustations en damier (voir col. 247), est austère et grandiose, autant, dans le portail voisin, d'un dessin excellent cependant et d'un style très défendable, tout paraît pesant et engoncé. Les meneaux et formettes des baies semblent épais, les colonnettes alourdies ; les ornements, forcément simplifiés, n'ont plus cette finesse svelte et fouillée qu'on admire dans le Nord.

Il n'est pas jusqu'à la mouluration qui ne soit empâtée. Ce monument ogival n'a plus rien de la souplesse, de la grâce des édifices gothiques.

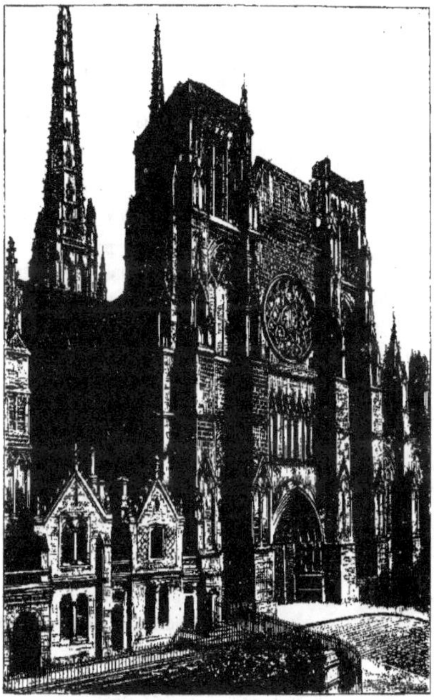

Ce serait, toutefois, exagérer singulièrement l'importance des matériaux que de faire dépendre uniquement d'eux la perfection d'un style. Celle-ci réclame d'autres éléments et d'un ordre supérieur. Les matériaux peuvent faciliter la réalisation d'une conception architectonique, ils ne peuvent ni provoquer son éclosion, ni même l'avancer d'une heure. Soumis, sinon de toute éternité, du moins depuis un nombre incalculable de siècles, à la volonté de l'homme, il leur faut attendre que celle-ci daigne leur imposer une forme, pour qu'ils prennent une signification. Où la pensée est absente, ils demeurent à l'état de substance inerte. Si le concours de circonstances nécessaires pour les revêtir d'un aspect précis fait défaut, tous les efforts n'arrivent qu'à des résultats imparfaits. Nous en avons la

ÉGLISE SAINT-ANDRÉ DE BORDEAUX.
(Porte méridionale et chœur.)

---

ont telle coustume qu'ils ne trouvent rien bon s'il ne vient d'estranges païs. » (*Le premier Tome de l'Architecture* de Philibert de l'Orme, ch. xv). Au xvii⁰ siècle, l'Anglais Lister s'enquérait avec intérêt, auprès des architectes du Louvre, des qualités distinctives des pierres du bassin de Paris, qui jouissaient dans son pays d'une certaine renommée (pierre d'Arcueil, pierre de Saint-Cloud, pierre de Lieusaint, pierre du faubourg Saint-Jacques) (*Voyage de Lister à Paris*, publié par la Société des Bibliophile, p. 61). Enfin, dans sa restauration de Notre-Dame de Paris, Viollet-le-Duc a pu constater que notre grande cathédrale était entièrement sortie « des carrières qui s'étendent sous la butte Saint-Jacques et sous la plaine de Montrouge jusqu'à Bagneux et Arcueil » (*Dictionnaire de l'Architecture*, t. VII, p. 127).

preuve dans ce fait que le Midi de la France (et nous entendons par là toute la partie située à trente lieues au-dessous de la Loire) est toujours demeuré rebelle à l'art ogival, non par manque de matériaux, mais parce que ses dispositions d'esprit étaient autres.

Quand, sous l'empire de la mode, les prélats du Midi voulurent ériger, dans leurs diocèses, des églises rappelant celles du Nord, ils firent appel à des artistes septentrionaux. C'est ainsi que Jean Deschamps, qu'on dit être Picard, construisit la cathédrale de Clermont, et que Raymond de Lafont fournit le dessin du portail de Saint-Seurin de Bordeaux. On sait, du reste, par les voyages de Villard de Honnecourt, avec quelle facilité les architectes se déplaçaient. Mais, en dépit de ces immigrations, l'esprit de l'art nouveau ne pénétra jamais ces contrées si différentes du Nord. L'église Saint-Étienne de Toulouse, le chœur et la façade méridionale de Saint-André de Bordeaux, l'église de Brives, la cathédrale de Bayonne, Saint-Nazaire de Carcassonne, comptent, assurément, parmi les monuments importants du xiii° siècle, mais ils ne présentent entre eux aucun lien solide. Ils semblent disséminés, et leur naissance garde quelque chose d'accidentel.

Dans le Domaine royal, au contraire, pas de soubresauts, pas de ces pointes en avant fortuites et inattendues. Le nouveau système, à mesure que sa supériorité s'affirme, gagne de proche en proche. Il se perfectionne en Champagne, prend son essor en Picardie, et, dans toute ville où il pénètre, il se révèle avec son ensemble de formes, d'ornements, de principes et de règles. Sa marche est calculée, son invasion suit la politique. C'est seulement après la réunion, par Philippe Auguste, de la Normandie à la Couronne, que le style ogival s'implante définitivement dans cette province. Jusque-là, il ne s'était manifesté que par des tentatives hésitantes, et, comme la Bourgogne, la Normandie demeurait fidèle de cœur à cet art roman, qui avait embelli ses villes de tant d'édifices remarquables. Mais, à peine la réunion est-elle opérée, que l'on voit, en un petit nombre d'années, les cathédrales de Rouen, de Coutances, l'église abbatiale d'Eu, la Trinité de Fécamp, Saint-Pierre de Lisieux, précieux monuments de l'art ogival en son meilleur moment, venir réparer le temps perdu. L'Abbaye-aux-Hommes, de Caen, se complète par un chœur, et les voûtes *sexparties* de ses nefs remplacent sa couverture en bois. Le Mont-Saint-Michel « au Péril-de-la-Mer » s'embellit de cette construction que l'admiration naïve de ces siècles enthousiastes surnomma « la Merveille », nom que la postérité devait ratifier.

Avant d'avoir pris possession de la Normandie, toutefois, l'art nouveau s'était engagé sur le chemin de la Bourgogne. Il s'était arrêté à Sens pour y créer un monument d'une importance capitale. On a établi avec beaucoup d'ingéniosité les liens de parenté existant entre cette église Saint-Étienne et d'autres monuments plus voisins de Paris, avec l'église Saint-Louis de Poissy, notamment. Ce sont, au dire d'observateurs attentifs, même disposition du déambulatoire en larges travées, mêmes formerets en anses de panier, même méthode d'appareillage, même prédominance du plein cintre dans les arcs, mêmes arcatures appliquées aux surfaces murales. Seulement, à Sens il n'y a plus d'incertitude ni de timidité. Les voûtes franchement nervées sont d'une indiscutable beauté, et Saint-Étienne compte, au dire des archéologues, au nombre des œuvres capitales du xii° siècle. Après Sens, on verra le nouveau style gagner Dijon, Semur, Auxerre et, dans une évolution un peu tardive, mais qui atteindra promptement une puissante et virile maturité, embellir le pays d'ouvrages charmants, comme les églises de Clamecy, de Saint-Julien-du-Sault, comme ce bijou exquis de Saint-Père-sous-Vézelay, ou cette cathédrale de Nevers si troublante avec sa double abside. Puis, par Autun, Langres, Tonnerre, il s'étendra jusqu'à Lyon sa persuasive influence. Mais nous voici bien loin, semble-t-il, de notre point de départ. Pas aussi loin qu'on pourrait le croire cependant, car cette expansion systématique, si l'on peut dire ainsi, cette progression lente et sûre, sont les deux meilleures preuves que nous sommes certainement en présence du foyer initial. Et nous voilà fixés déjà sur deux points : la légitimité du nom du style ogival et son lieu d'origine.

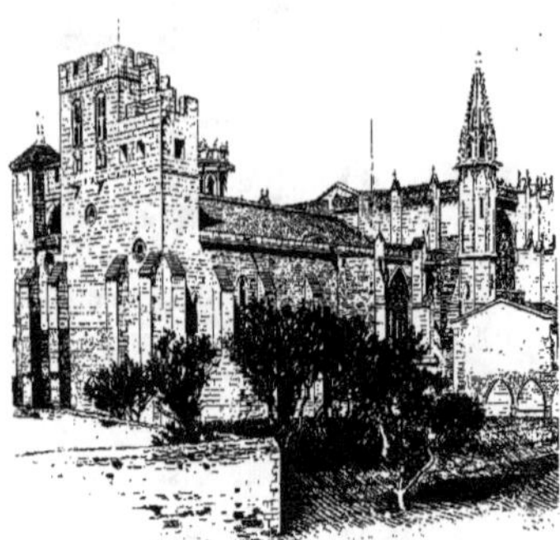

CARCASSONNE. — ÉGLISE DE SAINT-NAZAIRE.

III

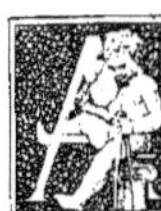

APRÈS avoir fixé le nom qui convient au style que nous étudions, et avoir déterminé son lieu d'origine, il nous faut retracer brièvement son histoire, c'est-à-dire décrire son développement, assister à son épanouissement, raconter son déclin. Mais, comme l'archéologie, science éprise de clarté et de bon ordre, amoureuse surtout des classifications nettes et précises, est tenue d'introduire dans toute évolution intellectuelle une certaine méthode, il a été convenu que, pour rendre plus claires, plus facilement perceptibles, les diverses étapes parcourues par l'art ogival, l'existence de celui-ci serait divisée en trois périodes distinctes, s'enfermant chacune, assez bien, dans la durée d'un siècle, et qu'on a réparties comme suit :

Style ogival primaire : xiiie siècle.

Style ogival secondaire : xive siècle.

Style ogival tertiaire : xve siècle.

Tel fut, du moins, le classement primitif, celui présenté par De Caumont et adopté par les archéologues ses contemporains. Puis, quand on se fut persuadé avec Vitet que, « parmi les lois nécessaires et constantes de l'esprit humain, il en est une qui n'est ni la moins constante, ni la moins nécessaire : celle qui veut que ni l'homme ni l'esprit humain ne fassent rien de complet ni d'achevé du premier coup[1] », on fit précéder les trois périodes que nous venons d'indiquer d'une période préalable de transformation, qu'on appela « style ogival de transition ».

Mais, avant d'entrer dans l'analyse de cette classification, qui n'a de valeur bien sérieuse, comme le remarque Batissier[2], que pour nos provinces de l'ancienne France proprement dite, il convient de remarquer que les caractères distinctifs des diverses périodes du style ogival, s'ils facilitent la répartition des édifices gothiques, ne laissent pas de présenter, pour le public distrait ou mal renseigné, le danger qu'offrent toujours les classements factices; et cela par la bonne raison qu'il n'existe presque pas de monuments importants construits d'un seul jet, et qu'on puisse proclamer « purs de style ». C'est pourquoi l'observateur même exercé est obligé à d'autant plus de prudence, que, pour corriger ses impressions, il n'a que des traditions souvent incertaines, des documents trop facilement contestables, des archives presque muettes, et les faibles renseignements que peuvent lui fournir des historiens peu clairvoyants.

Sans même faire état des églises qui, à diverses reprises, devinrent partiellement la proie des flammes (comme Reims, Laon, Noyon, Chartres, pour ne citer que les plus illustres), la plupart de nos cathédrales, conçues d'après des plans ou trop vastes ou trop étroits, traduits en plusieurs fois, ont été, au cours même de leur exécution, remaniées, transformées, modifiées d'après des besoins nouveaux et suivant les exigences de la mode. Guillaume de Jumiège[3] nous montre le bon évêque Yves rentrant à Séez, après avoir parcouru l'Orient et l'Occident, riche d'argent reçu, détenteur de reliques précieuses, commençant, sitôt son retour, à édifier une église si vaste, que ses successeurs, Robert Gérard et Serlon, ne purent venir à bout de la terminer[4]. Et, pour celles qui eurent un meilleur sort, il suffit de constater que tous les trente ans il s'opère dans le goût des modifications plus ou moins décisives, mais suffisantes pour différencier une construction d'une autre. Ce n'est pas que nous prétendions critiquer la relative lenteur avec laquelle ces édifices furent construits. Loin de là. L'effort, au contraire, fut si surprenant, si colossal, que, pour expliquer comment, en un nombre relativement restreint d'années, une si grande quantité de monuments immenses, dispendieux, compliqués, jaillirent d'un pays longtemps épuisé par des guerres intestines, on a évoqué l'image d'un enthousiasme fécond et capable de triompher de tous les obstacles. « Aux populations affranchies, écrit Lubke, il fallait des cathédrales élevées par elles et pour elles; aux jeunes Communes, des hôtels de ville; aux corporations laïques, des lieux de réunion. Aussi la fin du xiie siècle marque-t-elle le véritable réveil de l'esprit gaulois[5]. »

De cet enthousiasme nous avons, du reste, des témoignages nombreux et contemporains. Hannon, abbé de Saint-Pierre-sur-Dives, nous apprend que les plus

---

1. Vitet, *Études sur l'Histoire de l'Art*, 2e série, p. 96.

2. Batissier, *Éléments d'Archéologie : Classification des styles*, p. 399.

3. Guillaume de Jumièges, *Histoire des Normands*, liv. VIII, chap. xiv; dans Duchesne, *Recueil des Historiens de Normandie* (1619).

4. Ces disparates n'ont pas été sans choquer même les poètes. « Outre qu'il n'y a presque pas au monde de cathédrales gothiques réellement terminées, écrit Victor de Laprade, il n'y en a pas une seule qui ait l'air d'être achevée, et cet aspect d'inachèvement, l'indétermination de ce rythme architectural si vague et qui n'éveille aucune idée d'ordre, de proportion, de symétrie, offre quelque chose de douloureux à l'esprit. » (*Questions d'Art et de Morale*, p. 181 et suiv.)

5. W. Lubke, *Essai de l'Histoire de l'Art*, t. II, p. 2.

riches comme les plus pauvres, les nobles comme les vilains, prétendirent travailler à la reconstruction de la cathédrale de Chartres, et que, dans un même sentiment de piété, ils s'attelaient aux chars amenant les matériaux de construction[1]. Faites, si vous voulez, dans ce pieux récit (confirmé, en partie, par une lettre d'Hugues, archevêque de Rouen, adressée à Thierry, évêque d'Amiens), la part de l'exagération[2]; mais relisez aussi ce que Suger dit de l'inépuisable générosité des visiteurs de son église en construction[3]. Constatez enfin qu'une *Histoire des évêques d'Auxerre*, écrite au XIIIe siècle[4], signale cette même exaltation se manifestant en offrandes, quêtes, dons volontaires, qui permettront à Guillaume de Seignelay, aidé aussi par la vente des indulgences, les pèlerinages, promenades de reliques, etc., de faire rivaliser sa cathédrale avec celles des plus grandes villes, et de la reconstruire à la dernière mode.

Cet enthousiasme, toutefois, ne laissait pas que d'être un peu intermittent, et ces entreprises colossales demandaient trop de temps en leur réalisation pour ne pas présenter de disparates. Sans parler des restaurations récentes, sur lesquelles il y aurait cependant beaucoup à dire, nous avons déjà constaté que Saint-Denis, fondée par Suger, ne doit à son grand abbé que son chœur et son portail; la nef date de saint Louis. La cathédrale de Soissons nous montre le bras droit du transept arrondi en forme d'hémicycle et enveloppé par des arcades romanes, alors que l'autre bras est gothique et carré. La cathédrale de Reims, elle-même, qu'on cite comme un modèle d'unité, n'a pas été, si nous en croyons L. Gonse, achevée sur son plan primitif[5]. A Chartres, c'est mieux encore, ou c'est pis. Nous avons deux façades latérales d'époques sensiblement différentes et de styles très distincts. Sur la principale façade se dressent deux clochers dont l'un est qualifié *vieux*, ce qui montre assez qu'il est très antérieur à son voisin. Vézelay, à la suite d'une nef de pur style roman, nous offre un chœur de style ogival extrêmement remarquable. La cathédrale de Laon, bâtie au milieu de troubles étranges et sanglants, subit des remaniements non moins importants, au cours de

son exécution, sans compter que ses tours, comme celles de Notre-Dame de Reims ou de Notre-Dame de Paris, étaient destinées à porter des flèches d'une hauteur considérable, et sont demeurées incomplètes. Quant à cette dernière, nous parlons de Notre-Dame de Paris, que reste-t-il au juste de l'œuvre originale de Maurice de Sully? Le chœur peut-être, dans ses parties essentielles. Construit, en 1163, jusqu'aux fenêtres hautes il est demeuré à peu près tel que le XIIe siècle l'a laissé. Mais la nef, élevée de 1197 à 1208; la façade, bâtie de 1208 à 1223; celle du transept méridional, commencée en 1257 seulement, sous la direction de Jean de Chelles : osera-t-on prétendre que, durant un siècle de transformations constantes, toutes ces parties aient pu se dérober aux fluctuations du goût? Faut-il encore citer Beauvais, dont le chœur, d'une hauteur unique et justement célèbre[6], commencé sous saint Louis, fut terminé par Martin Chambiges; la cathédrale de Clermont-Ferrand et Saint-Ouen de Rouen, terminées presque de nos jours; la cathédrale de Rouen, dont le portail gothique, construit en plein XVIe siècle par le cardinal d'Amboise, attend qu'on l'achève?

L'œil expérimenté de l'archéologue retrouve assurément au milieu de ces adjonctions composites les traces distinctes des évolutions successives, des étapes parcourues, sorte de « chemin de la croix » qui marque les stations de cette voie triomphale de l'art français. Encore ne doit-il décider qu'avec une extrême prudence. Se fie-t-on à des documents en apparence certains, on risque d'être induit gravement en erreur. Pour telle église : pour Notre-Dame de Coutances, par exemple, on propose trois dates, toutes trois appuyées par des textes importants, toutes trois distinctes, cependant, et dont pas une peut-être n'est exacte[7]. Pour Laon, pour Noyon, pour Séez, pareille obscurité. Cherche-t-on ses renseignements dans les caractères mêmes de l'édifice, une égale circonspection est aussi nécessaire. D'une ville à l'autre, le goût avance ou retarde. Qui croirait, en visitant Amsterdam, que la Nouvelle Église (*Nieuwe Kerk*), d'un style si simplement ogival, date du XVIe siècle (1521-1576) et fut, après un

---

1. « Quelquefois *mille* personnes, hommes et femmes, sont attelées à un chariot.... Quand on s'arrête en chemin, on parle seulement de ses péchés, dont on fait la confession avec larmes et prières. » (*Lettre aux religieux de Tuthberg (Angleterre)*, citée par LUBKE, *Essai sur l'Histoire de l'Art*, t. II, p. 25.)

2. Sans cet enthousiasme, on ne s'expliquerait pas comment, de 1220 à 1288, on put construire intégralement la cathédrale d'Amiens, chœur, nefs, portails, alors que de 1248 à 1322 on acheva à peine le chœur de Cologne. et qu'en soixante-huit ans les modestes évêques d'une ville de seconde importance, aidés par leur seule Commune, aient pu faire deux fois plus de besogne que les prélats les plus puissants de l'Allemagne ayant à leur disposition les ressources d'une riche province n'en purent faire en soixante-quatorze ans.

3. SUGER, *De Administratione sua.*

4. Voir ABBÉ LEBEUF, *Remarques*, au t. VI des *Annales Bénédictines* de D. MABILLON.

5. GONSE, *la France artistique et monumentale*, t. I, p. 13.

6. « Miræ altitudinis et amplitudinis. » (Consulter la *Gallia Christiana*, t. IX, p. 74.)

7. Voir l'abbé DELAMARE, *Essai sur les véritables origines et sur les vicissitudes de la cathédrale de Coutances*; l'abbé PIGEON. *Histoire de la cathédrale de Coutances*; et VITET, *Études sur l'Histoire de l'Art*, 2e série. p. 96.

incendie, restituée, au milieu du xvıᵉ siècle, dans sa forme actuelle? Mais à Paris même, au cœur de l'Ile-de-France, n'est-il pas surprenant de rencontrer un édifice aussi franchement caractérisé que la tour Saint-Jacques bâtie en pleine Renaissance, ou la Sainte-Chapelle de Vincennes commencée sous Charles V et complétée, terminée sous les règnes de François Iᵉʳ et de Henri II, avec un tel soin, une telle préoccupation d'exactitude, de tels scrupules, qu'il est impossible d'apercevoir le point de jonction des deux œuvres, et que, de l'avis même des écrivains les plus avisés[1], il faut « examiner les sculptures avec un soin minutieux, et reconnaître les dégradations causées par les pluies et la gelée aux parties supérieures des constructions laissées inachevées pendant un siècle, pour trouver les points de soudure des deux époques[2]. »

Si, au lieu de s'occuper plus spécialement des divisions du temps, on a particulièrement en vue les divisions géographiques, là encore, en voulant être trop précis, trop dogmatique, on s'expose à bien des mécomptes, car les groupements que nos modernes archéologues qualifient d'Écoles, sans que ce terme soit très justifié, se pénètrent entre eux, se font des emprunts nombreux, des concessions inattendues, ou ne se différencient souvent de leurs voisins que par des détails de structure ou d'ornementation, qui se manifestent dans une même région avec des inégalités parfois troublantes. Mais ce travail de dissection, s'il ravit l'archéologue et le passionne, déroute, par contre,

le profane, toujours un peu simpliste, qui, ne sachant analyser et cataloguer les morceaux qui composent l'ensemble, juge avec son sentiment, se laisse gagner par le charme de l'œuvre, et trouve dans l'unité de l'impression générale des raisons pour croire à une unité de conception et d'exécution qui n'existe pas. Comment supposer, en effet, que ces merveilleux vaisseaux si impressionnants, d'où se dégagent une émotion si pénétrante et ce charme qui, suivant l'heureuse expression de Schnaase, naît « du rapport harmonieux des proportions avec l'esprit de l'époque[1] », ne sont qu'un ramassis de morceaux juxtaposés, un amalgame de pièces rapportées, un compromis entre des passés très différents, l'expression d'artistes successifs, subissant forcément des influences diverses?

Or, c'est surtout pour les esprits simples, ennemis des complications inutiles, épris, au contraire, de divisions claires et nettement précisées, qu'on a établi une classification synthétique des productions du style ogival. Voilà pourquoi la répartition ne saurait être faite avec une irréprochable justesse. Voilà comment les sous-titres chargés de compléter ce que les titres principaux de primaire, secondaire, tertiaire, ont forcément de très vague, ne sont pas d'une logique et d'une exactitude au-dessus du reproche. Le STYLE OGIVAL PRIMAIRE, par exemple, est dénommé A LANCETTE, parce que les arcs brisés, usités de préférence pour le couronnement de ses baies, sont allongés de façon à figurer le fer d'une lance. Ainsi, du premier coup, voici une définition qui

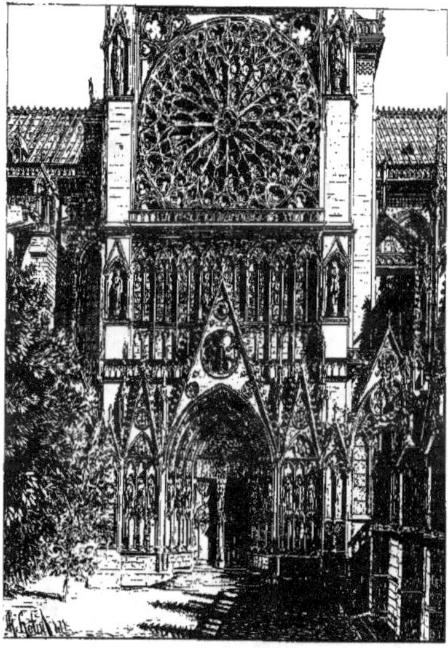

NOTRE-DAME DE PARIS.
(Portail méridional, par Jean de Chelles.)

---

[1]. VIOLLET-LE-DUC, *Dictionnaire de l'Architecture*, t. II, p. 436.

[2]. Lorsque la maladie de Charles VI fit abandonner la construction, le bâtiment s'élevait vers l'abside jusqu'aux corniches supérieures; dans la nef, il atteignait l'archivolte des fenêtres; sur la façade, il s'arrêtait à la naissance de la rose. (Voir *Coucy, Pierrefonds, Vincennes*, dans la *France artistique et monumentale*. t. V, p. 172.)

[1]. Docteur SCHNAASE, *Histoire générale de l'Art*, cité par la *Revue archéologique*.

se trouve faussée, puisque, au lieu d'être inspirée par un organe essentiel de la construction, elle emprunte son nom à une courbe accessoire. Cette transposition, pour illogique qu'elle paraisse, s'explique, cependant, par ce fait qu'à partir du xiii° siècle, comme le remarque Vitet, « l'emploi de l'ogive devient exclusif, non seulement dans les églises, mais dans tous les autres édifices. On n'ouvre plus une fenêtre, en effet, on ne pratique plus une porte dans une construction quelconque, sans lui donner la forme aiguë. » Elle s'excuse, en outre, par cet autre fait, qu'un œil inexpérimenté est plus vite et plus sûrement frappé par la répétition de certaines lignes, par certains détails accessoires mais caractéristiques, que par des conditions essentielles de construction, toujours délicates à analyser, parfois difficiles à comprendre. Et voilà comment nous sommes amenés à étudier les particularités caractéristiques des divers arcs brisés employés par l'architecture ogivale, et nommés improprement *ogives*.

On en distingue sept sortes principales :

1° Le PLEIN CINTRE BRISÉ, arc presque hémicirculaire, qui se distingue du plein cintre ordinaire en ce qu'il forme à son sommet un angle très évasé. — C'est l'arc des voûtes en berceau du Midi. Les deux courbes qui viennent s'unir dans cet angle ont leur centre au dedans des contours de l'arcade. Ce premier genre d'ogives se rencontre aux époques les plus archaïques. Il est usité dans un nombre assez considérable de monuments, dont le caractère, en dépit de sa présence, reste franchement roman ou indiscutablement byzantin. C'est lui qu'on retrouve à Saint-Trophime d'Arles, à Notre-Dame-la-Grande de Poitiers, à Saint-Front de Périgueux, à Saint-Victor de Marseille, à Saint-Pierre d'Angoulème, etc.

2° L'OGIVE AIGUË OU EN LANCETTE, qui vient ensuite, est, nous l'avons dit, un arc très pointu. Elle est formée par deux arcs dont le centre est placé en dehors du contour de l'arcade. Son ouverture, par conséquent, est plus petite que le rayon de chacun des deux arcs qui la forment; et si l'on inscrit à l'intérieur de cette arcade un triangle, ce triangle, forcément isocèle, comportera à son sommet un angle très aigu. Ce genre d'arc domina à la fin du xii° et pendant une assez grande partie du xiii° siècle. C'est lui qu'on trouve à Saint-Gervais de Soissons extérieurement et intérieurement; à Reims, à la cathédrale, et surtout à Saint-Jacques, où la nef est voûtée en lancette. Par la suite, on l'employa peu, si ce n'est dans les espaces resserrés, aux portes des châteaux, par exemple, ou pour les arcades formant l'hémicycle des sanctuaires.

3° L'OGIVE EN TIERS-POINT, que l'on considère avec raison comme la plus parfaite, est produite par la rencontre de deux arcs, ayant chacun leur centre à la naissance de l'arc opposé. L'ouverture de l'arcade se trouve donc forcément égale au rayon des deux arcs, et le triangle inscrit dans l'ouverture est équilatéral. L'ogive en tiers-point a été particulièrement en honneur à la fin du xiii° et au xiv° siècle.

4° L'OGIVE SURBAISSÉE OU OBTUSE n'est pas sans présenter quelque analogie avec le *cintre brisé*, dont nous avons parlé en premier lieu. Comme lui, elle est constituée par deux arcs dont le rayon est plus court que l'ouverture de l'arcade n'est large. Mais la brisure est plus accentuée et présente à son sommet une pointe plus franchement accusée. Le cintre brisé marquait une sorte de départ. On y pouvait reconnaître l'ogive encore hésitante, cherchant à se dégager du plein cintre. L'ogive surbaissée marque, au contraire, un retour vers ce même plein cintre, qui bientôt va lui succéder, et redevenir la seule courbe officielle, le seul arc en honneur dans l'architecture occidentale. L'ogive surbaissée fut utilisée au xv° siècle jusqu'au milieu du xvi°.

A ces arcs, qu'on pourrait justement qualifier de classiques, si ce mot n'avait pas en architecture une signification un peu trop étroite, il faut en ajouter d'autres, qui relèvent plus spécialement du domaine de la fantaisie. Tels sont :

5° L'ARC EN ACCOLADE, qui est formé, comme son nom l'indique, de deux arcs à courbure contrariée. La partie inférieure est à courbure normale, la partie supérieure à contre-courbure; de telle sorte que l'accolade est en réalité composée de quatre fragments d'arc, dont les deux inférieurs ont leur centre à l'intérieur de l'arcade, et les deux supérieurs à l'extérieur et par conséquent au-dessus de cette même arcade. L'accolade peut être très déprimée, comme on la voit à Dijon, au palais des ducs de Bourgogne; à Paris, à l'église Saint-Leu et à l'hôtel de Cluny; à Bourges, à l'église Saint-Etienne; à Nogent-le-Rotrou; aux hôtels de Ville de Noyon, de Compiègne, etc. Elle peut être, au contraire, normale, comme à Yerres, ou très aiguë, comme celles qu'on rencontre au Palais Ducal et à la *Cà d'Oro* de Venise, à Padone, à Vérone, etc. Dans le premier et le second cas, elle joue le plus souvent le rôle de courbe décorative, chargée d'atténuer ce que l'amortissement rectangulaire d'une baie à angles droits aurait de sec et de dur à l'œil. Dans le second, au contraire, elle est employée plutôt comme une courbe de construction.

Enfin, on donne le nom d'OGIVE LANCÉOLÉE à des arcades formées par deux arcs, dont la courbure se prolonge au delà de la ligne des centres; et celui d'OGIVE MORESQUE à un arc en fer à cheval brisé. Cette dernière sorte d'arcade n'a, pour ainsi dire, jamais été employée en France. Il n'en est pas de même de l'ogive lancéolée, dont on relève quelques applications heureuses, notamment à la cathédrale d'Autun, à Saint-Gervais de Soissons, aux cathédrales de Noyon et de Reims.

En possession de ces définitions, nous voilà rensei-

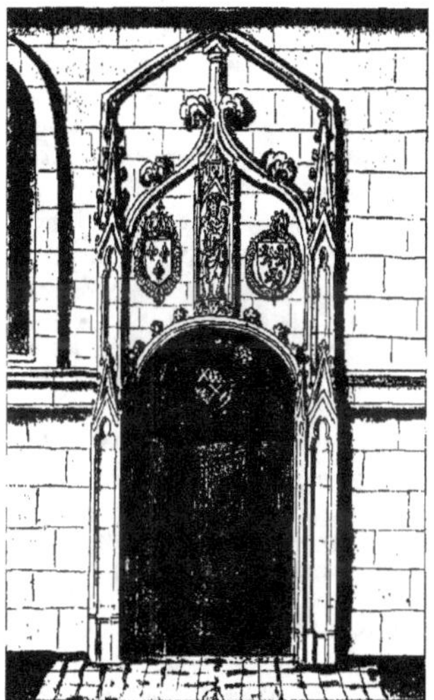

PORTAIL DE L'ÉGLISE NOTRE-DAME D'YERRES.
(D'après un dessin ancien de la collection Gaignières.)

gnés sur la signification de GOTHIQUE A LANCETTE, nom donné à la période du style ogival succèdant au GOTHIQUE DE TRANSITION. Celui de la période suivante, dénommée GOTHIQUE RAYONNANT, provient des énormes baies caractéristiques du style ogival. Jusque-là, les ouvertures avaient été rares, de petites dimensions, sans divisions, ou simplement géminées. L'architecture romane n'en connut pas d'autres. Avec le style ogival, il n'en alla plus de même. Dès que les murs extérieurs n'eurent plus un devoir de consolidation à remplir, les architectes s'empressèrent de les faire disparaître pour leur substituer de vastes et larges fenêtres, toutes brodées de rosaces, de meneaux; et ces fenêtres jouent un rôle si décoratif dans l'ensemble de l'édifice, qu'on arrive à se demander si la légèreté qu'elles donnent à la construction, les ornements magnifiques dont elles permettent de décorer les façades latérales et les absides, n'ont pas été une des séductions qui ont le plus influé sur le succès et la propagation du style ogival.

On ne saurait nier que, dans certains sanctuaires, à la Sainte-Chapelle de Saint-Germer, à Sainte-Gudule de Bruxelles, à Saint-Nazaire de Carcassonne, à Vincennes, ces fenestrages ne jouent un rôle capital. A Chartres, pour la première fois, on vit des claires-voies de pierre découper dans les façades latérales des baies prenant toute la largeur des travées, et adoptant le formeret de la voûte comme archivolte. Pour clore ces vastes fenêtres, les architectes, nous venons de le dire, eurent recours à des combinaisons supérieurement décoratives. Les trèfles finement ciselés dans la pierre étalèrent leurs rayons au sommet des meneaux; les roses occupèrent les tympans des transepts et du portail. De là le nom de GOTHIQUE RAYONNANT donné, un peu témérairement peut-être, à cette troisième période. Ajoutons que la juxtaposition de toutes ces roses, de tous ces trèfles, de tous ces lobes aux dispositions radiales, ne permettait plus l'emploi d'un arc suraigu. L'*ogive à lancette* fit dès lors place à l'*ogive équilatérale*, la plus noble et la plus parfaite, de telle sorte que le GOTHIQUE RAYONNANT compte, non seulement parmi les périodes les plus opulentes, mais encore parmi les plus correctes et les plus belles du style ogival.

Au XVᵉ siècle, les baies ne réduisent pas leurs dimensions, les meneaux et formettes ne sont donc pas moins nombreux, mais, au lieu de s'arrêter aux trois quarts du chemin, pour s'arrondir en roses lobées plus ou moins riches, ils poursuivent leur route en prenant une allure ondulée, ondoyante, comparable à une flamme qui monte, et c'est là l'origine du nom de GOTHIQUE FLAMBOYANT, assigné à cette nouvelle évolution de notre style. Ajoutons que les gables ajourés couronnant portails et fenestrages affectent ces mêmes ondulations.

Au cours des chapitres qui suivent, nous aurons à relever d'autres particularités sensiblement plus importantes, qui caractériseront d'une façon plus précise l'art ogival en ses évolutions successives. Ici, nous n'avions à nous occuper que de désignations couramment admises, et qui prennent naissance dans des faits parfois accidentels et de médiocre valeur, car il semble que les diverses époques du style ogival aient, comme plusieurs de nos rois, puisé leurs surnoms historiques dans des singularités, extérieures et d'une bien faible importance, si on les compare aux événements considérables dont leurs règnes furent témoins.

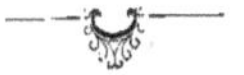

IV

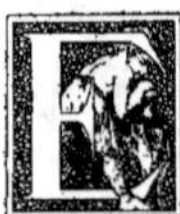

ÉTANT admis et suffisamment démontré que les désignations des diverses évolutions du style ogival sont un peu superficielles, il nous faut reconnaître, maintenant, qu'au point de vue chronologique elles ne sont pas non plus très exactes. Si du *gothique rudimentaire*, dont nous avons retracé les premiers essais et qui, suivant une expression assez juste de Louis Gonse, nous fait assister aux luttes du « plein cintre se défendant pied à pied contre l'arc brisé[1] », nous passons à la période suivante, chargée de tirer d'un principe nouveau toutes les applications, toutes les améliorations avantageuses qui en découlent, nous verrons que le gothique de transition ne dure nullement jusqu'à la fin du xii° siècle, puisque dès 1144, à Saint-Denis, dans le chœur de la nouvelle église construite par Suger — « ouvrage glorieux » dont le grand abbé n'hésitait pas à faire honneur à Dieu même[2] — le nouveau style avait définitivement prévalu. L'arc brisé et la croisée d'ogives ne sont plus ici maniés avec hésitation, avec timidité. Ils sont franchement acceptés avec leurs conséquences, et le constructeur n'aura plus à s'occuper désormais que de perfectionner ces deux organes essentiels de l'architecture nouvelle.

Pour avoir pu bâtir, en trois ans et trois mois, comme Suger le constate lui-même, non seulement le portail et la façade principale, mais encore la crypte et le chœur, jusqu'à la « sublime élévation des voûtes » (*in superiore voltarum sublimitate*), il fallait, en effet, que le grand abbé eût sous ses ordres, au lieu d'architectes hésitants et timides, des artistes déjà maîtres de

leurs calculs. Il n'est donc pas étonnant de voir l'art nouveau gagner de proche en proche. Sens, Provins, Corbeil, Orléans, Chartres, Saint-Maclou de Pontoise, montrent la même fermeté dans l'application de ces mêmes principes. Fait à noter : c'est principalement sur les chœurs des églises et sur la distribution des absides, que les effets de ces derniers se font surtout sentir. C'est que là de nouveaux besoins se sont produits, qu'il importe de satisfaire. Les cérémonies religieuses ont pris une importance et un développement plus considérables. Elles exigent, avec des emplacements plus spacieux, des dégagements plus vastes. En outre, dans ces grandes cathédrales élevées à frais communs, le clergé n'est plus exclusivement le maître. La maison n'est plus uniquement à lui. En dehors des heures consacrées aux offices, à la prédication, à la lecture des Évangiles, etc., la foule prend possession du sanctuaire et s'y livre aux entretiens et aux occupations les plus profanes. Les marchands ne sont plus bannis du Temple. « Dans ce temps, écrit le notaire Galbert, les négociants de tous les pays environnants s'étaient rassemblés à Ypres, dans la cathédrale de Saint-Pierre, où se tenaient alors tous les marchés et toutes les foires, et trafiquaient en sûreté sous la protection du pieux comte[3]. » Cette transformation de l'église en bourse de commerce alternait avec des cérémonies moins édifiantes. La cathédrale, à la fin du xi° et au xii° siècle, était devenue la maison du peuple, une sorte de forum couvert, où les confréries représentaient leurs Mystères, où les bourgeois et les artisans donnaient des mascarades, des banquets, et célébraient avec grande pompe et furieux tapage les fêtes de l'Ane et des Fous[4].

Les collatéraux, aujourd'hui recueillis, silencieux, déserts, virent défiler à Dijon le cortège de la Mère folle[5]; à Paris celui du Prince des Sots et des Enfants sans souci[6]; à Rouen celui des Conards[7]; un peu partout le cortège de l'Ane, qu'on voyait apparaître drapé,

---

1. Gonse, *l'Art gothique*, p. 100.

2. « Quod quidem gloriosum opus quantum divina manus in talibus operosa protexerit, certum est etiam argumentum, quod in tribus annis et tribus mensibus totum illud magnificum opus, et in inferiore cripta, et in superiore voltarum sublimitate, tot arcuum et columnarum distinctione variatum etiam operturæ integrum supplementum admiserit. » (Suger, *De Administratione sua*, dans *Œuvres complètes*, p. 190.)

3. Galbert, *la Vie de Charles le Bon*, chap. iv. Galbert parle d'événements qui se passèrent en 1128, et c'est seulement en 1200 qu'on commença la construction de la fameuse halle d'Ypres. Les travaux marchèrent lentement, et l'édifice fut achevé en 1304. Les halles de Bruges, commencées en 1291, furent terminées en 1364.

4. Du Tilliot, *Mémoires pour servir à la fête des Fous qui se faisoit autrefois dans les églises*, Lausanne, 1741. — *Remarques sur les anciennes réjouissances ecclésiastiques dites* de fructus *qui avoient lieu durant les fêtes de Noël, et diverses particularités de la fête des Fous* (*Mercure* de février 1726). — Ch. Hidé, *Notice sur les fêtes des Innocents et des Fous à Laon* (Laon 1863). — Voir aussi : *Annales archéologiques*, t. IV, p. 208; t. VIII, p. 159; t. X,

p. 93; t. XVIII, p. 189; t. XIX, p. 136, etc., etc. Il existe, au surplus, toute une littérature relative à ces cérémonies singulières, qui devaient présenter une licence d'autant plus grande que, même dans les solennités les plus sacrées, la tenue et le costume des fidèles laissaient souvent à désirer. Nous lisons, en effet, à l'année 1315, dans le Continuateur de Nangis (Guizot, *Collection des Mémoires relatifs à l'Histoire de France*, t. XIII, p. 213) : « Nous avons vu pendant quinze jours consécutifs une multitude d'hommes et de femmes venir en foule, en procession, avec le clergé à l'église du Saint-Martyr-Denys, non seulement de lieux voisins, mais d'une distance de plus de cinq lieues, marchant les pieds nus et même *tout le corps nu*, et apportant *dévotement* dans cette église les corps des Saints et d'autres vénérables reliques. »

5. Voir *Lettre originale d'un gentilhomme de Bourgogne sur l'institution de la Compagnie de la Mère folle, à Dijon* (*Mercure* de janvier 1724).

6. Voir *Notice sur les Enfants sans souci et les princes des Sots*, dans *Collection des meilleures dissertations, notices, etc. relatives à l'Histoire de France*, par C. Leber, t. II, 2° liv., p. 318.

7. Voir les *Triomphes de l'abbaye des Conards sous le receveur en dismes*

CATHÉDRALE D'AMIENS

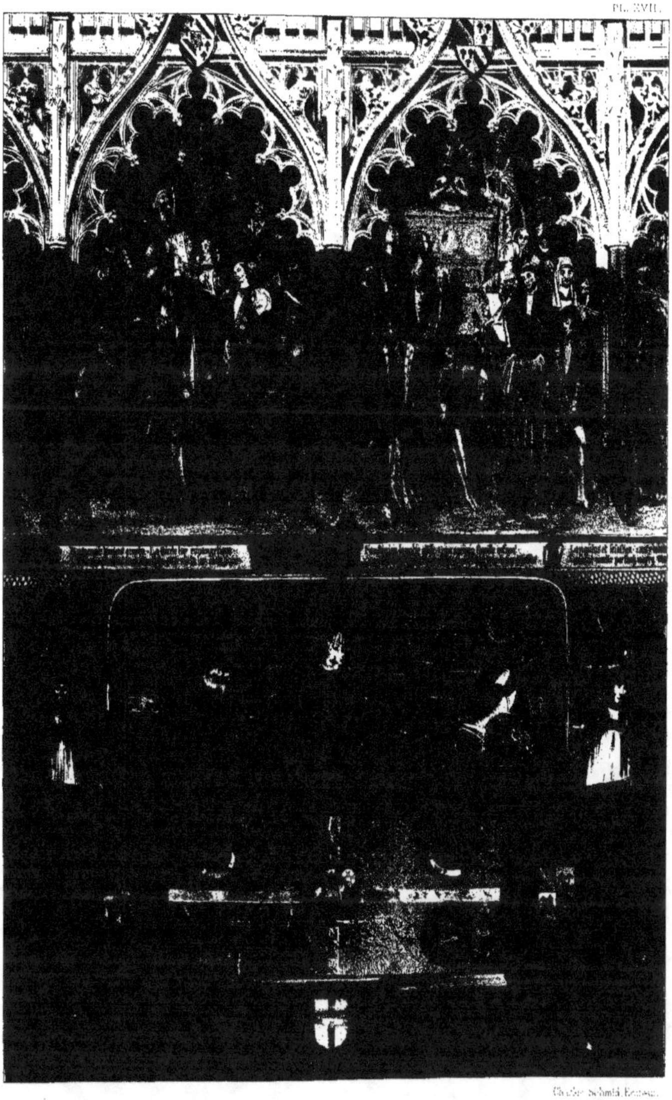

(CLÔTURE DU CHŒUR)

chapé, mitré, et qui dans certaines églises, dans certains diocèses, avait sa *prose* spéciale.

Il ne faudrait pas croire que le menu clergé demeurait à l'écart de ces mascarades grossières. Un religieux qui vivait à la fin du xii° siècle, dom Beleth, nous décrit quatre danses que les diacres et sous-diacres dansaient de son temps dans diverses églises, aux fêtes de saint Étienne et de saint Jean Évangéliste, à la Circoncision et à l'Épiphanie[1]. Ces « réjouissances », qui, s'il faut en croire l'abbé d'Artigny, « passaient les bornes de la modestie »[2], tournaient parfois au scandale, et l'on possède des lettres d'évêques déplorant ces excès de gaîté[3], qui, toutefois, n'en persistèrent pas moins. Ce sont eux qui motivaient la curieuse lamentation adressée par Neuré à Gassendi sur les extravagances du clergé d'Antibes, le jour des Saints Innocents[4], et que Voltaire[5] flétrissait en ces termes : « Les danses dans l'église, les festins sur l'autel, les dissolutions, les farces obscènes, étaient les cérémonies de ces fêtes, dont l'usage extravagant dura sept siècles dans plusieurs diocèses ».

Ainsi, quoi qu'en disent certains archéologues chrétiens[6], ces étranges solennités n'étaient pas sans contrister l'épiscopat, qui voyait dans ces momeries une violente satire allant parfois jusqu'à l'outrage; aussi, pour parer aux inconvénients d'un voisinage scabreux et d'une promiscuité fâcheuse, on adopta des dispositions nouvelles et particulières. Jusque-là le clergé ne s'était pas adjugé une place à part. Il était partout, parce qu'il était tout. Désormais, chacun eut son domaine. Le chœur, autour duquel on éleva des barrières infranchissables au vulgaire, devint le refuge des ecclésiastiques. Il fallut donc lui assurer des proportions plus vastes. A Reims, à Chartres, à Paris, il est considérable, et surtout à Laon, où il égale la nef en étendue. Dans d'autres villes, comme à Noyon, on lui réunit le transept surélevé et rendu inaccessible à la foule, et quelle foule! Notre-Dame d'Amiens peut abriter dix-huit mille fidèles!

Ces barrières, — qui consistaient parfois en clôtures admirables, chargées de hauts reliefs de pierre, comme à Chartres, à Amiens, à Alby, — furent complétées par des jubés, aujourd'hui disparus[7]; et, pour obtenir l'espace nécessaire, presque partout on fut obligé de développer et par conséquent de reconstruire le chœur. L'architecture romane n'avait pas prévu, en effet, ces dispositions nouvelles. La voûte en berceau se prêtait mal à de pareils accroissements. La voûte d'arête elle-même était insuffisante dans certains cas, et toujours difficile à pratiquer. La voûte ogivale répondait à toutes les exigences. De là, cet empressement général à substituer au chœur roman, forcément resserré, sans air, sans ampleur, un chœur large et qui s'épanouît en tous sens. C'est ainsi que l'art nouveau prit pied un peu partout, se développa spontanément, et se dégagea d'un art anté-

CATHÉDRALE D'AMIENS,
(Bas-reliefs du transept.)

Fagot, abbé des Conards, contenant les criées et proclamations faites à son advénement jusqu'à l'an présent, plus l'ingénieuse lessive qu'ils ont conardement montrée aux joüurs gens de l'an 1540, à Rouen. 1587, in-8. — MARC DE MONTIFAUD, *les Triomphes de l'abbaye des Conards.* Paris, in-12.

1. BELETUS, *Libr. de divinorum officiorum.* cap. LXXII et CXX, apud Du Cange, sub *Kalendæ.*

2. D'ARTIGNY, *Fête des Fous et autres pratiques analogues,* dans LEBER, *Collection de Dissertations,* etc., t. II, 2 liv., p. 236.

3. Un évêque de Troyes (voir *Annales archéologiques.* t. IV, p. 209) se plaint qu' « anciennes gens d'Esglise en ceste ville soubs umbre de leurs Feste aux Fols ont fait grandes moqueries, dérisions, et folies contre l'onneur et révérence de Dieu ». Il constate que l'orgie dura quatre jours et que, contrairement à la Pragmatique Sauction, « lesdits

Fols ont fait des évêques, des archevêques, lesquels ils ont affublés de mitres, croix, crosses et aultres ornemens pontificaux; » et qu'ainsi vêtus in *pontificalibus* ces prélats ont donné la bénédiction au peuple, sont sortis de l'église, ont parcouru la ville, etc., etc. Accessoirement, nous apprenons qu'à Sens les choses ne se passaient pas autrement.

4. Publiée par TRIXAS, dans son *Traité des Jeux et Divertissements.* Paris, 1686, p. 149.

5. VOLTAIRE, *Essai sur l'Esprit et les Mœurs,* t. I, p. 417 (t. VIII des *Œuvres complètes*).

6. Notamment DE GUILHERMY, *Iconographie des Fabliaux (Annales archéologiques,* t. III, p. 25).

7. Rien n'est resté, en effet, des jubés d'Amiens, de Reims, de Paris, de Bourges, etc., perte irréparable pour l'art.

rieur, en n'empruntant rien qu'à lui-même. Bientôt la séduction qu'il exerça fit désirer des œuvres homogènes en toutes leurs parties, et le chœur ne fut plus seul appelé à profiter de ces magnifiques conquêtes. L'édifice tout entier fut conçu, construit, décoré d'après les principes nouveaux. Partout on rivalisa d'efforts et d'ingéniosité. L'art progresse rapidement, quand il est stimulé de la sorte. Si, dans son plan primitif du xiie siècle, on a pu dire de Notre-Dame de Paris qu'elle était la descendante de Saint-Denis et « sa fille directe[1] », son architecte, par contre, tout en développant les formes habilement expérimentées par ses prédécesseurs, ne connaît plus leurs indécisions. Il procède avec une puissance, une netteté de conception, une volonté, une clarté surtout, qui font de ce monument admirable le type pour ainsi dire parfait de la cathédrale gothique de style primaire.

Tout a été dit sur ce magnifique sanctuaire, sur son chœur si plein d'élégance et de poésie, sur ses cinq nefs vaillantes, robustes et en même temps si légères. Sa façade, elle aussi, a si bien bénéficié des descriptions nombreuses, enthousiastes, poétiques, romantiques même, que, avec un peu d'exagération peut-être, des archéologues enthousiastes ont déclaré qu'on la peut proclamer « la reine des façades gothiques[2] ». Cependant, ce n'est qu'une façade incomplète, inachevée, puisque les aiguilles qui devaient surmonter ses clochers et presque en doubler la hauteur n'ont point été construites. En outre, sa division en cinq étages ne répondant en rien aux divisions intérieures, et clairement indiquées cependant par des lignes horizontales tracées avec une rare fermeté d'intention, se trouve en contradiction avec ce qui semble être le principe essentiel de l'art gothique. Il est certain, en effet, que les architectes de ce temps — et c'est là un point capital sur lequel nous allons revenir — ont systématiquement exclu de leurs constructions les lignes horizontales, si fortement accentuées dans l'entablement antique. Ainsi que le remarque Vitet[3] : « C'est à peine si de légers filets permettent à l'œil de suivre les divisions des divers étages, tandis que les fortes saillies verticales, à l'extérieur sous forme de contreforts, à l'intérieur sous forme de longues colonnes s'élançant d'un seul jet de la base au sommet de l'édifice, traversent toutes les lignes horizontales, les interrompent et les font oublier. Si bien que le système de l'architecture à ogive

peut se résumer en ces mots : déguiser les lignes horizontales, accentuer les lignes perpendiculaires. » Eh bien, ces principes sont violés dans la cathédrale de Paris, et, malgré l'élévation des tours (68 mètres), la façade n'a pas l'aspect élégant, élancé, gracieux, qui distingue la plupart des autres grandes cathédrales. Sa physionomie très imposante, trop sévère même, a quelque chose de massif et de trapu.

On a souvent comparé la façade de la cathédrale de Paris à celle d'Amiens, à laquelle sa galerie des rois et sa belle rose donnent plus d'un point de ressemblance avec son aînée. Mais, là, le principe de la recherche de la verticalité a été respecté, et les contreforts partent de terre pour s'élever jusqu'au sommet sans être interrompus par aucune horizontalité continue[4]. Avec Amiens, du reste, nous arrivons au point culminant de l'architecture ogivale. Nulle part, aucun édifice religieux ne présente, dans l'ensemble de ses lignes, plus d'élégante unité, plus de sereine grandeur. À l'intérieur, l'impression est inoubliable. Non seulement c'est un des édifices les plus vastes du monde, car seuls Saint-Pierre de Rome, la cathédrale de Cologne et Sainte-Sophie, couvrent un plus large espace, mais, cette grandeur, on l'oublie dès qu'on franchit le seuil, pour se laisser pénétrer par une vénération sans bornes, par une respectueuse reconnaissance pour l'architecte de génie qui a su réaliser, dans l'édification de cette nef incomparable, l'expression la plus haute de l'esprit français, temporairement émancipé des formules grecques et latines.

Cette magnifique église n'est pas seulement un chef-d'œuvre de conception, elle est aussi un chef-d'œuvre de technique. L'appréhension est bannie des calculs qui ont présidé à sa construction. Nulle part on ne rencontre, dans les parties inférieures, de ces excès de solidité qui marquent un défaut de confiance dans les principes, et témoignent de précautions exagérées, prises contre des éventualités redoutables. « Les piles des bas-côtés, plus hautes que celles de Reims, ont, ainsi que le remarque Viollet-le-Duc[5], près d'un tiers de moins d'épaisseur. La nef s'élève à 5 mètres de plus sous clef. La distance des piles est de près de 15 mètres d'axe en axe, d'une audace, par conséquent, inconnue jusque-là ; et, cependant, cette construction si hardie ne s'est ni déformée ni déversée. Elle n'a subi aucune altération sérieuse et peut durer encore autant de siècles qu'elle en a traversé. »

---

1. Gosse, *l'Art gothique*, p. 123. — 2. Gosse, *op. cit.*, p. 166.
3. Vitet, *Études sur l'histoire de l'Art*, 2e série, p. 52.
4. Cette façade d'Amiens, bien supérieure à sa réputation, peut passer dans sa partie inférieure et jusqu'à la grande rose pour un chef-d'œuvre de science, de clarté, d'élégance et richesse sobre et sérieuse.
5. Viollet-le-Duc, *Dictionnaire de l'Architecture*.

Nous venons de parler de l'élévation. Amiens est la première de nos cathédrales qui ait suspendu ses voûtes à des hauteurs vertigineuses, réalisant enfin ce qu'on cherchait depuis un siècle au moins. Les architectes de la période romane étaient, déjà, à la poursuite de ce problème, qui, en Allemagne (à Mayence, à Worms, à Spire); en France (à Cluny, à Saint-Savin et à Conques), avait été presque résolu; car ces églises aux arcades en plein cintre égalent ou égalèrent en hauteur nombre de grandes églises gothiques du XIIIe siècle. Malgré l'adoption de la croisée d'ogive, au commencement de ce XIIIe siècle, les nefs, en effet, ne dépassaient pas généralement 35 à 37 mètres. Paris n'en compte que 34, Chartres 36 et demi, Bourges 37, Reims 38. En 1222, Robert de Luzarches osait assigner une hauteur de 43 mètres sous clef à son chœur et à sa nef. Le chœur de Beauvais, commencé trois ans plus tard, compta 48 mètres, et cette hauteur, qui pouvait paraître excessive, — puisque deux fois les voûtes s'écroulèrent et qu'il fallut, pour les faire tenir, doubler le nombre des piliers, — fut dépassée encore à Cologne, où l'on atteignit 50 mètres[1].

Mais ce qui rend surtout impressionnante cette vertigineuse hauteur, ce sont les partis pris, les artifices ingénieux, auxquels l'architecte n'hésita pas à recourir. Tout d'abord, c'est la largeur de la nef principale sacrifiée à sa longueur et à son élévation, qui donne aux sanctuaires leur aspect si particulièrement impressionnant[2]. C'est, en outre, nous l'avons déjà indiqué, cette suppression systématique de toutes les lignes horizontales qui ne sont pas indispensables, la subordination complète, absolue de ces dernières, aux lignes verticales, qui, s'élançant de la base au sommet de l'édifice, « font oublier », suivant le mot de Vitet, les rares horizontalités qui persistent. Bien mieux, l'architecte élague tout décor, tout détail ornemental capable d'arrêter le regard dans son mouvement ascensionnel[1]. La voûte paraît ainsi prendre naissance aux pieds mêmes des piliers; et ce triomphe voulu et raisonné de la verticalité est rendu plus sensible encore par l'emploi d'un autre artifice non moins ingénieux, dédaigné par l'Antiquité. Tous les monuments gothiques sont construits à *l'échelle de l'homme*, c'est-à-dire que, quelle que soit la hauteur de l'édifice, les parties destinées à l'usage de l'homme demeurent fixes, et, par conséquent, donnent *l'échelle* de la construction. « La voûte a beau s'élever, la porte ne grandit pas à proportion, la colonne ne grossit pas à mesure; on peut toujours gravir les marches sans effort, s'appuyer sur la balustrade, atteindre le bénitier. À côté des courbes les plus vastes, des arcs les plus hardis, des pinacles les plus audacieux, un escalier, une fenêtre, un balcon, une lucarne, détails insignifiants en apparence, viennent nous donner la mesure exacte de l'homme, le *module humain*, pour employer le terme de Viollet-le-Duc et par comparaison nous faire sentir l'extrême élévation de l'édifice[3]. »

« L'exacte proportion de la fameuse église de Saint-Pierre, écrit Montesquieu[4], fait qu'elle ne paraît pas d'abord aussi grande qu'elle est, car nous ne savons d'abord où nous prendre pour juger de sa grandeur : si elle était moins large, nous serions frappés de sa longueur; si elle était moins longue, nous le serions de sa largeur; mais, à mesure que l'on examine, l'œil la

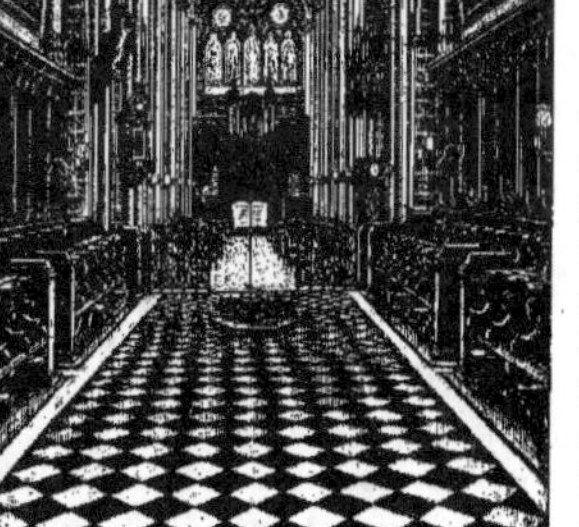

ÉGLISE ABBATIALE DE SAINT-MARTIN
à Laon.

---

1. Voir F. DE VERNEUIL, *Origine française de l'Architecture ogivale*. — GILBERT, *Histoire de la Cathédrale de Beauvais*. — Le baron DE ROISIN, *Notice sur l'Achèvement du Dôme de Cologne*.

2. C'est à peine, en effet, si, dans quelques grandes églises, comme à Reims ou à Laon, on voit l'architecte oublier ce principe en ceignant les colonnes de bagues qui les divisent.

3. *L'Art à travers les mœurs*, p. 236.

4. MONTESQUIEU, *Œuvres complètes*, t. VII, p. 156. Saint-Pierre de

voit s'agrandir ». Il faut, en effet, avoir contemplé le prêtre à l'autel pour reconnaître la prodigieuse élévation de celui-ci; il faut avoir vu un fidèle s'approcher des petits anges qui soutiennent les bénitiers pour constater que ces petits anges sont des géants; puis, par l'énormité même des bénitiers, on est insensiblement amené à juger de la taille des piliers, et, par les piliers, de l'incroyable hauteur de la voûte, de l'immensité de la nef et de la prodigieuse ouverture de la coupole. Il y a là une sorte d'effet complexe, qui, faisant dépendre l'impression définitive de toute une suite de raisonnements, lui enlève sa spontanéité et atténue ses effets. C'est là une neutralisation de sensations que nos architectes du XIIIe et du XIVe siècle surent éviter à merveille; et c'est grâce à de savants partis pris, à cette inégalité voulue des dimensions, à cette disproportion des membres de l'édifice, ainsi qu'à l'emploi systématique et au développement exclusif des lignes verticales, qu'ils parvinrent non seulement à imprimer à leurs édifices un caractère de profondeur et d'élévation inconnu avant eux, mais encore à les imprégner d'une sorte de mysticisme saisissant et inoubliable.

Les lignes et les proportions, en effet, ont, comme les couleurs, une signification qu'on peut qualifier de *sentimentale*. « C'est l'esprit qui voit, écrit Garbett[1]. L'œil se borne à lui présenter les objets, mais c'est l'esprit qui les discerne. Est-il possible que le blanc et le noir, la ligne droite et la ligne courbe, affectent l'esprit, si ce n'est par l'idée qu'ils représentent? » « Il y a des couleurs gaies et des couleurs tristes, écrit Laurens[2], et ce n'est pas par pure convention qu'elles servent d'emblèmes à des sentiments. » Écoutez maintenant Renan : il vous expliquera que, dans la langue hébraïque, « l'expression du bien se tire de la rectitude, celle du mal de la déviation ou de la ligne courbe, » et cette assimilation, acceptée par tous les peuples, passée dans toutes les langues[3], cette répercussion morale d'une impression purement physique, peut être considérée comme un lointain écho de « l'antique harmonie qui existait jadis entre la pensée et la sensation, entre l'homme et la nature[4] ».

Mais, indépendamment de leur caractère adéquat, des qualités découlant de leur nature même, les lignes, comme les couleurs, peuvent prendre des qualités et même une signification nouvelles, par la position qu'elles occupent et les voisinages qu'elles subissent. Telle nuance paraîtra claire ou foncée, suivant qu'on la rapprochera d'une autre nuance plus foncée ou plus claire; telle couleur s'exaltera ou perdra de son éclat, si l'on place près d'elle une couleur qui s'approche ou s'éloigne de sa complémentaire. C'est ce que Watelet a expliqué en des vers médiocres, et Charles Blanc en excellent français[5]. De même pour les lignes. La contemplation d'une ligne droite, disposée horizontalement, pénètre notre esprit d'un sentiment parfaitement appréciable de stabilité, de durée, de repos. La vue des lignes verticales développe en nous des impressions toutes contraires. Elle donne naissance à une inquiétude forcée, quoique peu facile à définir; elle entraîne à la fois nos regards et notre pensée vers des sphères supérieures; elle nous dispose au mysticisme, à la poésie. « Contemplez une colonne renversée, votre esprit ne songera pas à s'émouvoir. Redressez-la, soudain une certaine émotion succédera à votre placidité antérieure[6]. » Or, si une ligne isolée a déjà une signification si précise, combien l'impression deviendra forte et pénétrante quand, systématiquement employées, multipliées à toute occasion, une infinité de lignes parallèlement disposées auront pour mission de fortifier l'effet produit isolément par chacune d'elles.

Puisque les lignes ont cette éloquence, les proportions, qui graphiquement se traduisent par des lignes, ont, comme les lignes elles-mêmes, une signification sentimentale; car, selon qu'une des dimensions prime les autres, les lignes chargées d'exprimer cette dimension prennent un développement plus considérable, et par suite leur expression première augmente d'intensité. Supposons que nous ayons à construire un édifice tout en largeur, c'est-à-dire dans lequel prédominent les lignes horizontales. Ces lignes qui, individuellement, font naître en nous des idées de durée, de stabilité, de solidité, se corroborant les unes par les autres, le monument en question ne saurait nous inspirer que des sentiments d'apaisement, de sécurité, de confiance. Si, dans l'édifice que nous envisageons, ce sont, au contraire, les lignes verticales qui dominent, elles imprimeront fata-

---

Rome n'est pas le seul monument qui cause de ces surprises. Qui croirait à première inspection que le dôme des Invalides est plus élevé de 22 mètres que celui du Panthéon et que la tour nord de Saint-Sulpice mesure 73 mètres alors que celles de Notre-Dame de Paris n'en comptent que 68? Voir les causes de ces illusions singulières dans notre volume *la Décoration*, p. 96.

1. Garbett, *Rudimentary Treatise on design*.

2. Laurens, *Études théoriques et pratiques sur le Beau pittoresque*, p. 14.

3. Il est à observer, en effet, que l'adjectif *droit* a, dans toutes les langues modernes, une double signification.

4. Renan, *De l'Origine du Langage*, p. 122.

5. Watelet, *l'Art de peindre*, poème. Amsterdam, 1771, p. 32. Charles Blanc, *la Grammaire des Arts du Dessin*.

6. Voir notre volume *la Décoration*, loc. cit.

lement à celui-ci un caractère d'élévation, de sveltesse, d'élégance. Enfin, est-ce la profondeur qui se trouve accentuée? A mesure que les surfaces limitant la vue s'éloignent, elles deviennent moins perceptibles, plus incertaines, mystérieuses par conséquent. « La nuit, écrit Diderot, dérobe les formes, donne de l'horreur aux bruits, ne fût-ce que celui d'une feuille au fond d'une forêt; elle met l'imagination en jeu, et l'imagination secoue les entrailles[1]. » Or, dans nos cathédrales, l'éloignement prémédité crée l'illusion de cette nuit impressionnante qui vient ajouter son mystère à la vague inquiétude produite par tant de verticalités, répétées à l'infini et qui semblent se terminer à regret dans ces arceaux entre-croisés à des hauteurs vertigineuses.

Ainsi, les monuments qu'élève le style ogival parvenu à la plénitude de son expression ne se distinguent pas seulement par un goût charmant et par une rare profusion de

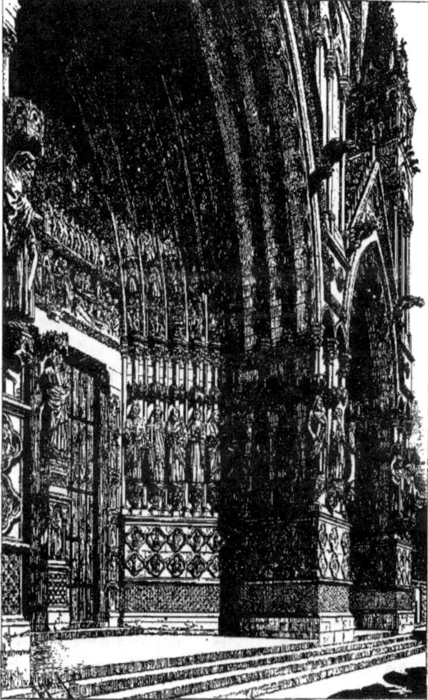

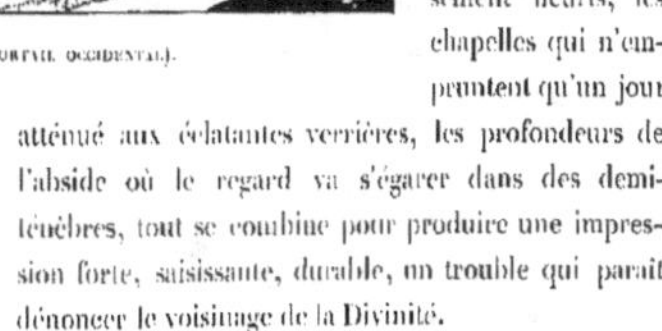

CATHÉDRALE D'AMIENS (PORTAIL OCCIDENTAL).

remarquables qualités techniques, par la logique du plan, l'harmonie des proportions, l'élégance et la légèreté des formes, mais encore — et cela en dépit d'adjonctions nombreuses et de modifications fatales — par une unité d'intention qui étonne et séduit.

Certes, il faut admirer sans réserve, dans ces colosses de pierre, l'étonnante réduction des points d'appui, l'élargissement féerique des baies, les surprenantes combinaisons qui président à l'exécution des claires-voies de pierre, l'impeccable science des appareilleurs et des tailleurs, qui n'a pas été dépassée depuis[2], leurs coupes d'une complication et d'une précision avant eux inconnues, l'invraisemblable élévation des voûtes, le savant équilibre qui en assure la stabilité; mais, plus que tout cela, ce qui nous émeut surtout, c'est l'ensemble des qualités morales qui font de ces gigantesques édifices les protagonistes les plus éloquents de la foi chrétienne, mystique et agissante.

Aussi, même pour l'indifférent, pour le profane, l'incrédule, aux heures de recueillement ou lorsqu'elles retentissent des pompes du culte catholique, ces grandes nefs sont un objet d'émerveillement. Leurs piliers savamment décomposés, leurs colonnes effilées, leurs chapiteaux gracieusement fleuris, les chapelles qui n'empruntent qu'un jour atténué aux éclatantes verrières, les profondeurs de l'abside où le regard va s'égarer dans des demi-ténèbres, tout se combine pour produire une impression forte, saisissante, durable, un trouble qui paraît dénoncer le voisinage de la Divinité.

Et cette impression est si puissante, si générale, que les esprits les plus libres, les moins disposés au mys-

---

1. Diderot, *Salon de 1767.*

2. En un temps où l'architecture ogivale n'était pourtant pas en honneur, l'auteur, dans sa *Théorie et pratique de la Coupe des pierres et du bois* (1754, 3 vol. in-4°), qui fait encore autorité, écrit qu'à aucune autre époque la coupe des pierres n'a été aussi savante. Il invoque, à l'appui de son opinion, non seulement la simplicité des coupes qu'on rencontre dans les monuments antiques, mais ce fait que « Vitruve, dans l'énumération des connaissances nécessaires à l'architecte, ne parle pas de celle de la coupe des pierres », Frézier s'autorise de ce silence pour rapporter à l'architecture gothique l'origine de cet art.

ticisme, s'en laissent pénétrer. « Il n'est âme si revesche, écrit Montaigne, le grand douteur, qui ne se sente touchée de quelque révérence à considérer la vastité sombre de nos églises, la diversité d'ornemens, et ouyr le son devotieux des orgues. » « Qu'on y prenne garde ! s'écrie Blondel, le pontife de l'architecture classique, certaines églises gothiques ont une ordonnance dont le caractère sacré ramène l'homme à Dieu, à la religion, à lui-même. » Quatremère de Quincy enfin, l'ennemi né de l'art gothique, ne laisse pas que d'être frappé « de cette sorte d'impression religieuse que produit sur le spectateur l'effet de ces longues voûtes et de ces vitraux mystérieusement obscurs »[1]. Et nos compatriotes ne sont pas seuls à se laisser gagner par cette respectueuse admiration. Muratori[2] déclare ces édifices empreints d'une *veneranda maestà e magnificenza* ; un Espagnol, l'auteur des *Memorias históricas*[3], avoue que « l'architecture gothique imprime un certain genre de tristesse délicieuse, qui porte l'âme à la contemplation ». Il n'est pas jusqu'aux Anglais qui ne soient touchés, émus par ces beautés d'un ordre si spécial. Horace Walpole[4] trouve que tout dans ces églises « fait naître la délicieuse sensation d'une dévotion romanesque » ; et Bentham[5] exprime le même sentiment en des termes plus forts.

Ceux-là mêmes qui s'étaient érigés en ennemis déclarés de cette architecture vieillie étaient cependant si frappés de son caractère, qu'ils essayèrent de s'emparer de ceux de ses procédés et de ses moyens qu'ils jugeaient à leur portée[6]. D'autres, voulant chercher une origine extra-naturelle à cette grandeur morale, se sont efforcés de lui trouver une cause supérieure à nos humaines combinaisons. Procédant d'analogies purement sentimentales, ils ont imaginé, avec W. Warburton, que les « Goths choisirent pour leur modèle d'architecture leurs habitations ordinaires, les forêts dont les arbres s'entrelacent en berceaux ». Sans oser se prononcer sur une aussi audacieuse découverte, Séroux d'Agincourt essaye de justifier par quelques images cette idée un peu singulière[7]. Moins timide, Chateaubriand[8] n'hésite pas à proclamer que ce grand épanouissement architectonique de notre pays est sorti de nos forêts, « premier temple de la divinité » ; et Schnaase[9] vient à la rescousse en invoquant des raisons de statistique auxquelles on ne se serait guère attendu.

Mais, en admettant même cette curieuse hypothèse, en reconnaissant que les longues allées de nos forêts centenaires ont bien pu produire sur l'esprit de nos ancêtres une féconde impression, encore faut-il constater que ces allées ne datent pas du xii⁰ siècle. Si elles ont alors si vivement suggestionné les architectes, c'est que leurs idées, à ce moment précis, affectaient une tournure particulière qui les disposait à se profondément émouvoir à la contemplation de ces spectacles. En outre, remarquez qu'il ne s'agit point, dans cette éclosion surprenante, d'une suite d'œuvres identiques, toutes taillées, ainsi que paraît le croire M. Brunetière[10], sur le même patron, élevées d'après un « canon » qui les condamne toutes à une inéluctable ressemblance.

Aucune autre époque, en effet, ne montre mieux que l'architecture, si elle est soumise, comme le remarque M. Anthyme Saint-Paul, « aux lois inflexibles de la pesanteur, de la climatologie, de la géologie, » obéit encore à d'autres lois d'une essence plus délicate. Sans quoi, une fois le type trouvé, le modèle adopté, dans un pays et pour un peuple, il n'y aurait plus qu'à répéter les copies de ce modèle, les reproductions de ce type, qui ne tarderait pas à devenir immuable.

Or, on chercherait vainement deux monumens du xiii⁰ et du xiv⁰ siècle qui soient identiques. S'ils se ressemblent, ce n'est qu'un air de parenté. Même quand on accuse l'architecte de Cologne de s'être inspiré du

---

1. Montaigne, *Essais.* — Blondel, *Cours d'Architecture*, ch. IV. Au chapitre VIII, il fait mieux encore, il invite à imiter les beautés de certaines de ces églises, celles notamment de Reims, de Sainte-Croix d'Orléans, de Saint-Ouen de Rouen. — Voir également Quatremère de Quincy, *Dictionnaire historique d'Architecture*, t. I. p. 672.

2. Muratori, *Antiquitates italicæ medii ævi*, 24⁰ dissertation.

3. « La arquitectura gotica imprime cierto genere de tristeza deliciosa que recoge l'animo en la contemplacion. »

4. H. Walpole, *Anecdotes of Painting in England* (1762, ch. v).

5. Parlant de la chapelle du collège de Cambridge, il dit que tout y concourt *in affecting the imagination with pleasure and delight, at the same time that it inspires awe and devotion* (Bentham. *The History and Antiquities of the conventual and cathedral church of Ely*. Londres. 1771).

6. Alberti (*De Re ædificatoria*, lib. VII, cap. xii) écrit : « apertiones fenestrarum in templis opportet esse modicas et sublimas, unde nihil præter cœlum spectes... horror qui ex umbra excitatur, natura sua auget in animo venerationem. »

7. Séroux d'Agincourt, *Histoire de l'Art par les monumens*, t. IV (Architecture), pl. 111.

8. « L'ordre gothique, au milieu de ses proportions barbares, a, toutefois, une beauté qui lui est particulière. Les forêts ont été les premiers temples de la divinité, et les hommes ont pris dans les forêts la première idée de l'architecture.... Ces voûtes ciselées en feuillages, ces jambages qui appuient les murs, la fraîcheur des voûtes, les ténèbres du sanctuaire, les ailes obscures..., tout retrace les labyrinthes des bois dans l'église gothique. » (Chateaubriand, *Génie du Christianisme*. 3⁰ partie, liv. I : *Beaux-Arts.*)

9. « La raison statique et décisive de cette ressemblance est dans l'élément perpendiculaire qui caractérise également le règne végétal et le style gothique ; car cet élément détermine la jonction des piliers par des arcs, et offre ainsi une analogie avec les branches des arbres et l'inclinaison des tiges. » (Docteur Schnaase, *la Symbolique de l'Architecture*, dans son *Histoire générale de l'Art*.)

10. « Une cathédrale gothique — *opus francigenum* — n'a rien de plus français à Paris qu'à Cologne, ou de plus allemand à Cologne qu'à Cantorbéry. » (F. Brunetière, *Manuel de l'Histoire de la Littérature française*, p. 4.) Nous allons voir, au contraire, que jamais architecture n'a mieux exprimé les particularités locales et les caractères nationaux.

chef-d'œuvre de Robert de Luzarches, encore les dimensions ne sont-elles pas les mêmes, et l'imitation n'est-elle pas aussi rigoureuse qu'on a bien voulu le dire. Le même thème est traduit de cent façons différentes. Tous ces constructeurs visent au même but. Dans la période dite gothique du Moyen Age, l'esprit humain, se dégageant de l'obscurité qui l'enveloppe encore, tend

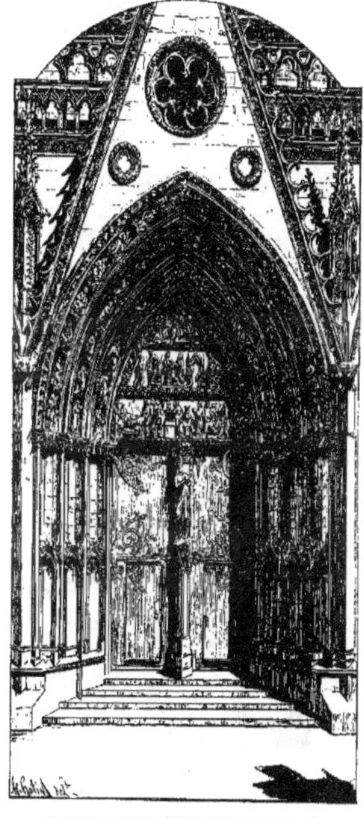

NOTRE-DAME DE PARIS (PORTE DU TRANSEPT NORD).

vers une civilisation nouvelle qui assurera au monde une condition meilleure. C'est cette tendance dont l'architecture se fait l'interprète le plus complet peut-être, parce qu'elle tire, nous l'avons déjà dit, le meilleur de son charme « du rapport harmonieux de ses proportions avec l'esprit de l'époque ». Mais son interprétation est infiniment variée. Chacune de ses grandes œuvres, avec un organisme commun à toutes ses rivales, possède une vie qui lui est propre, une personnalité distincte. Paris, Rouen, Chartres, Bourges, s'incarnent dans leurs cathédrales, et, en approfondissant la structure et la décoration de chacun de ces admirables colosses, on ne tarde pas à démêler le caractère et les aspirations du peuple et de la cité auxquels ils doivent l'existence.

V

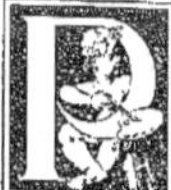

PLACÉ en présence de pareils efforts de l'intelligence humaine, il semble qu'on se doive à soi-même l'explication des causes qui leur ont donné le jour. C'est ce que n'ont pas manqué de faire la plupart des écrivains qui se sont passionnés pour l'étude de l'art ogival ; mais il ne paraît pas que leurs raisons ou leurs suppositions, quelque ingénieuses qu'elles puissent être, aient ce caractère décisif qui supprime tous les doutes et prévient toutes les négations. De ce que le mysticisme trouvé son expression la plus complète, la plus haute, dans ces géants de pierre, on a conclu tout d'abord qu'il fallait lui faire honneur de leur édification. C'est méconnaître un peu trop les patients calculs, les savantes combinaisons qui forment le fond de l'architecture gothique ; le long apprentissage, les qualités techniques que réclame l'exécution du moindre de ces monuments. Ces grêles colonnes qui, sur le sommier évasé de leurs chapiteaux, sculptés avec une puissance de ciseau, une ampleur, une facilité d'invention surprenantes, portent dans le réfectoire de Saint-Martin-des-Champs, ou à l'église de Saint-Leu, des voûtes d'une hardiesse prodigieuse et qui, depuis des siècles, n'ont pas bougé, révèlent la solution extraordinairement savante de problèmes très compliqués de statique, une connaissance approfondie des forces agissantes et des résistances qu'on leur peut opposer : toutes choses qui n'ont rien à voir avec le mysticisme. On a dit que la Foi peut soulever des montagnes, parce que tout croyant peut être terrassier. Mais le mysticisme ne peut enfanter des cathédrales, parce qu'il ne suffit pas pour former un architecte de génie, ou même un sculpteur de mérite.

Que l'enthousiasme ait aidé singulièrement à la réalisation de ces œuvres colossales, il n'en faut pas douter. Il fut immense, nous l'avons dit plus haut, et on le comprend. Songez que, dans la plupart des villes, les habitants étaient pour la première fois appelés à édifier une œuvre leur appartenant en propre, et à manifester ainsi leur existence civile nouvellement conquise et chèrement achetée. Jusque-là, ces énormes constructions étaient demeurées l'œuvre du clergé séculier ou de la féodalité toute-puissante. C'était bien toujours le malheureux serf ou le manant taillable et corvéable à merci qui avait fourni les matériaux, le travail, la main-d'œuvre. C'était le peuple infortuné qui, suivant le mot si juste d'Adalbéron[1], avait tout payé, de « sa sueur et de son sang »; mais, malgré lui, contraint, forcé, battu, traité en bête de somme et, comme telle, parfois assommé sur la place. Maintenant, il édifiait de son plein gré, pour lui! Il faudrait mal connaître le cœur humain pour ne pas s'expliquer le prodigieux effort dont le peuple fut alors capable.

On répète que le siècle de saint Louis fut un siècle de Foi. Assurément il fut dévot et pénétré de croyance en Dieu, mais sa foi, somme toute, fut mitigée et intermittente, puisqu'il vit en même temps les trois plus grands princes de l'Europe mis au ban de la Chrétienté. Le roi de France Philippe Auguste, le roi d'Angleterre Jean Sans Terre, et l'empereur d'Allemagne Othon « le Réprouvé », comme l'appelle Guillaume le Breton, furent tous trois frappés d'excommunication. Non content d'avoir édicté « contre le roi Philippe et son royaume de dures et intolérables sentences[2] », le pape excommunia encore son fils bien-aimé, le père de Louis IX, qui lui-même fut presque un saint et mourut de chasteté[3]; et cependant ce n'étaient pas les coupables qui manquaient.... Jamais période de notre histoire ne fut plus fertile en hérésies. Sous le nom de Manichéens, de Bulgares, d'Ariens, de Poblicains, de Patarins, de Cathares, de Vaudois, d'Albigeois, etc., ces dissidents apparaissent successivement sur tous les points de la France, dans le nord de l'Italie et dans une grande partie de l'Allemagne. « On trouve de tous côtés des églises sans troupeau, des troupeaux sans prêtres, des prêtres auxquels on ne porte pas le respect qui leur est dû, et enfin des chrétiens qui ne reconnaissent plus le Christ.... Le chemin de la vie de Jésus-Christ est fermé aux petits enfants des chrétiens, car on leur refuse la grâce même du baptême. On tourne en dérision les prières et les ablutions pour les morts, l'invocation des saints, les excommunications lancées par les prêtres, les pèlerinages, *la construction des basiliques....* En un mot, on couvre de mépris toutes les institutions de l'Église[4]. » Qui dit cela? Saint Bernard, et nous savons, par les historiens du temps, par Pierre de Vaux-Cernay notamment[5], que ce mépris du culte était, dans certaines provinces, accompagné de profa-

nations qui ne se peuvent décrire en français[6]. En aucun temps les bûchers ne dévorèrent plus de victimes. Il n'est pas jusqu'aux protecteurs naturels de la Foi, aux « fils aînés de l'Église », qui ne pillent les sanctuaires, « accablant d'exactions odieuses les églises de leur propre royaume ». Si bien que Nicolas de Bray, témoin de ces profanations, spectateur ému de cet effroyable désordre, se croit obligé de déclarer, dans son apologie de Louis VIII[7], « que la barque de saint Pierre est sur le point de périr et d'être engloutie; que la sainte foi est ébranlée et que nul ne présente ses épaules pour la soutenir ». Faut-il citer encore les démêlés fameux de Philippe le Bel avec Boniface VIII, l'arrestation de ce dernier par Nogaret? Après de tels événements, il semble qu'on doive chercher ailleurs que dans un excès de pieuse conviction ou dans une dévotion exagérée le mystérieux secret de ces belles œuvres de pierre. D'autant plus que si, dans leur ensemble, elles ont un parfum si pénétrant de fidélité mystique, dans une foule de détails elles montrent un irrespect singulier, sinon de la divinité elle-même, du moins de ses ministres et de ses officiers.

Depuis le fameux chapiteau du Puy, représentant deux ecclésiastiques, un prêtre et un moine, inspirés chacun par un démon, et se disputant la crosse abbatiale[8], jusqu'à ceux des cathédrales de Strasbourg et du Mans, figurant des pourceaux revêtus d'habits pontificaux, jusqu'aux modillons de Sainte-Radegonde de Poitiers et de Saint-Michel d'Entraigues, qui sont simplement obscènes, ce ne sont certes pas les témoignages lapidaires d'irrévérence qui font défaut.

On s'est maintes fois scandalisé de ces représentations osées, de ces critiques grossières et violentes; mais elles n'étaient que la traduction, la paraphrase de ce qu'on lisait dans les livres écrits par les religieux eux-mêmes. C'était la chronique très scandaleuse du temps mise à la portée d'un public illettré, d'une foule encore mal dégrossie. Depuis les *Chroniques* que le moine de Saint-Gall traça par ordre d'un empereur[9], et qui ont soulevé de la part de dom Bouquet, des critiques si vives[10], jusqu'aux historiens de saint Louis et de Philippe le Bel, nous assistons à un réquisitoire passionné contre les mœurs du clergé et les usurpations des

---

1. Adalbéron, *Dialogue du roi Robert*, dans Guizot, *op. cit.*, t. VI. p. 439.

2. Guillaume le Breton, *Vie de Philippe Auguste*, dans Guizot, *Collection des Mémoires*, etc., t. XI, p. 323.

3. Michelet, *Histoire de France*, III, ch. VIII.

4. Geoffroy de Clairvaux, *Vie de Saint Bernard*, liv. III, chap. IV.

5. Voir Pierre de Vaux-Cernay, *Histoire de l'Hérésie des Albigeois*, et Dom Vaissette, *Histoire générale du Languedoc*, t. III, p. 553 et suiv.

6. Pierre de Vaux-Cernay, *op. cit.* Voir notamment, chap. V et XVI : « juxta altare cujusdam ecclesiæ purgavit ventrem suum, et in contemptum Dei, cum palla altaris tersit posteriora sua ».

7. Nicolas de Bray, *Faits et Gestes de Louis VIII*, dans Guizot, *Collection des Mémoires*, etc., t. XI, p. 428.

8. Voir plus haut, col. 335-336.

9. Le Moine de Saint-Gall, *les Faits et Gestes de Charles le Grand, roi des Francs et empereur*.

10. D. Bouquet, *Recueil des Historiens de la Gaule*, t. V, Préface, p. x.

moines. Ici, c'est l'évêque Adalbéron qui se plaint au roi de voir la prélature occupée par « des rustres grossiers, paresseux, difformes, abreuvés de honte[1] ». Là, c'est ce même Adalbéron, qualifié par Hugues de Fleury de « traître exécrable[2] ». Autre part, c'est Hugues de Poitiers qui nous dénonce les machinations honteuses des « Judas du cloître[3] ». Puis voilà Orderic Vital, qui, après avoir traité l'évêque de Laon « d'imitateur d'Architopel et de Judas », accuse Silvestre II de s'être fait prédire par Satan son élévation au trône de saint Pierre[4]. Mais c'est Guibert de Nogent et Guillaume de Nangis qu'il faut interroger si l'on veut être édifié d'une façon complète. Ce dernier, surtout, ne laisse rien dans l'ombre. De tous les religieux révélateurs des méfaits du clergé, c'est lui qui tient le record des accusations formidables. À l'en croire, il n'est presque pas un « beau crime » perpétré de son temps où l'on ne trouve gravement compromis quelque prélat ou quelque ecclésiastique[5].

On comprend que ces confessions douloureuses n'étaient pas pour disposer le public à un grand respect. Si le ciseau des statuaires donnait une expression un peu brutale à la censure que les religieux portaient sur eux-mêmes, la verve railleuse des laïques ne leur laissait pas l'exclusif privilège de signaler à la risée ou à l'indignation générales les défaillances et les hontes d'un certain clergé. Sans grande peine, en effet, et simplement en feuilletant les *rimes* de ce temps, on pourrait aisément découvrir toute une littérature assez scabreuse, traitant ce sujet délicat. Depuis *les Crieries de Paris*, de Guillaume de Villeneuve, où l'on passe la revue de toutes les communautés mendiantes[6], jusqu'à la *Descrission et la Plaisance des Religions*, où le poète Rois de Cambray, sous prétexte de chercher un abri contre la corruption du monde, parcourt tous les monastères et met à nu les vices des religieux[7]; depuis le *Renart le nouvel*, où l'auteur menace le clergé de son temps d'une éternelle damnation, jusqu'aux chansons à la louange de la Vierge, d'Adam de la Halle, il n'y aurait vraiment que l'embarras du choix; si Rutebeuf, avec *la Chanson des Ordres*, *le Dict des Jacobins*, *le Dict des Cordeliers*, *les Ordres de Paris*, *le Dict des Beguines*, et surtout *la Vie dou monde ou la Complaincte de saincte Église*, etc.[8], ne suffisait à lui

seul à caractériser « l'état d'âme » de cette population qu'on nous représente comme pénétrée d'une dévotion aveugle et imbue d'une contagieuse religiosité.

Nous n'avons pas la prétention, du reste, en notant ici ces faits assez peu édifiants, de rien révéler qui soit inconnu. Nous constatons simplement, et cette constatation n'est même pas faite pour nous trop étonner, car dans le domaine de la politique nous assistons à une évolution qui montre assez combien la dévotion superstitieuse du Moyen Age était peu capable de faire oublier aux rois les intérêts de leur Couronne et aux peuples leurs aspirations vers un état meilleur et une relative sécurité. Si l'on a pu dire, en effet, que le régime féodal commence avec Louis le Pieux, il faut bien reconnaître qu'il finit avec saint Louis, et que, surtout depuis Louis le Gros, qui ne laissa pas son grand cœur fléchir sous le poids de son énorme corpulence[9], le mouvement s'accélère avec une rapidité singulière et une régularité en quelque sorte automatique.

C'est le moment, en effet, où non seulement la France se forme géographiquement, mais où l'État moderne se dégage et se constitue. Entre Louis le Gros entrant en campagne à treize ans pour rétablir la police dans son royaume, et Philippe le Bel convoquant, en 1302, les premiers États, la plus grande révolution peut-être des temps modernes s'est accomplie : le Tiers État, c'est-à-dire « les maires, échevins, jurats, conseils des communautés, villes, cités et bourgs du royaume de France », entrent en scène à côté de la noblesse et du clergé. La féodalité, à ce moment, est vaincue, et non seulement la féodalité nobiliaire et militaire, mais aussi la féodalité ecclésiastique.

Rien n'est plus instructif, en effet, que de relever dans Suger le récit de ces premières campagnes de Louis le Gros, bon gendarme s'efforçant de mettre un peu d'ordre dans le chaos qui l'entoure, passant sa vie sous le harnois, toujours par monts et par vaux, non pas pour courir le monde, mais pour châtier les seigneurs insolents qui poussent leurs incursions jusque sur son Domaine; pour forcer le terrible Bouchard à respecter Saint-Denis[10]; pour assiéger Montlhéry et ouvrir la route de Paris à Orléans, car il fallait à cette époque un petit corps d'armée pour voyager impunément entre ces deux villes; pour dissoudre cette ligue

---

1. ADALBÉRON, *Dialogue du roi Robert*, dans GUIZOT, *Collection des Mémoires*, etc., t. VI, p. 425.

2. HUGUES DE FLEURY, *Chroniques*, ap. *ibid.*, t. VIII, p. 68.

3. HUGUES DE POITIERS, *Histoire du monastère de Vezelay*, liv. IV.

4. ORDERIC VITAL, *Histoire de la Normandie*, liv. I.

5. Voir, notamment, *Vie de Guibert de Nogent*, liv. III, chap. I, II, III, IV, V, VIII, X, XII, et *Chroniques de Guillaume de Nangis*, dans GUIZOT, *Collection des mémoires*, etc., t. XIII, p. 296, 302, 310, 343, 347, 363, etc.

6. MÉON, *Nouveau Recueil de Fabliaux* (1823), t. II, p. 280.

7. À la suite des *Œuvres de Rutebeuf*.

8. Voir ACHILLE JUBINAL, *les Œuvres de Rutebeuf* (Paris, 1840).

9. *Corporis debilitas gravitate* (SUGER, *Vita Ludovici Grossi regis*, cap. XXXI).

10. SUGER, *Id.*, cap. II.

fameuse de Thibaut de Chartres, de Hugues de Troyes, de Hugues de Crécy, de Gui de Rochefort, qui « livrait tout le pays de Paris et celui d'Étampes à la dévastation » pour arriver à dompter le terrible seigneur du Puiset, « véritable brute, vrai chef de scélérats, » qui venait batailler jusque dans la banlieue parisienne[1].

A ce moment, la tâche pouvait paraître surhumaine ; la reconstitution d'un pays unifié, irréalisable ; et cependant, malgré le morcellement de la France, malgré l'opposition des origines, des intérêts et des mœurs, l'idée de l'unité nationale n'avait pas complètement disparu. En un temps où la monarchie était assiégée et tenue en échec dans ses propres châteaux, le lien qui rattachait à elle des provinces éloignées, comme le Languedoc, l'Aquitaine, la Bretagne, la Provence, le Maine, le Poitou, devait être bien lâche. Les habitants de ces provinces possédaient non seulement des noms spéciaux, mais aussi des lois particulières, des destinées personnelles. Au-dessus de cette division, toutefois, planait l'idée générale d'une patrie commune, qui s'appelait la France, idée encore obscure, timide, mal formulée, étrangère le plus souvent aux réalités de la vie, mais persistante et indéracinable[2].

Pour faire passer cette idée vague du domaine des abstractions dans celui des réalités, il fallait opérer une transformation dans le pays, faire plier ce qui dans chaque individu demeure libre et indépendant de toute influence extérieure, en un mot l'élément individuel, caractère fondamental de la féodalité, devant la nécessité de mettre certains biens en commun, de contracter des relations, d'obéir à des obligations supérieures plus ou moins librement acceptées : toutes choses qui constituent le caractère non moins fondamental de la société civile. Ce fut là l'origine d'un des événements les plus considérables de l'histoire moderne, l'émancipation des Communes, qui allait replacer l'organisation nationale sur des bases nouvelles.

L'étude approfondie de cet événement capital sort du cadre de ce livre. Nous n'avons qu'à en envisager les conséquences. Qu'il nous suffise de constater que ce fut en s'appuyant sur ce nouvel élément que Louis le Gros parvint à remplir ce rôle de juge de paix universel assumé par lui et à fonder la royauté moderne. A partir de ce moment, il fallut compter avec ces deux forces réunies et reliées par le bas clergé, car alors on vit « les prêtres accompagner le roi aux sièges des villes, prendre part aux combats avec leurs paroissiens et les bannières de leurs paroisses[3] », et Guillaume Le Breton nous donne la liste des Communes qui combattirent à Bouvines autour de Philippe Auguste et des prisonniers qui furent attribués à chacune d'elles[4]. C'est, au surplus, avec ce dernier roi que le rôle des légistes commence à s'affirmer. Ils vont travailler avec hardiesse à reconstituer au profit de la royauté l'indivisibilité du pouvoir souverain ; à détruire au profit du peuple l'enchevêtrement des justices féodales, considérées désormais comme des usurpations ; à tenir pour non avenu tout ce qui, du vᵉ au xᵉ siècle, s'était accompli sur le sol de la vieille Gaule. Cette revanche de l'organisation latine fut, du reste, rapide. Au commencement du xiᵉ siècle, c'est à peine si la royauté est visible, et les Communes n'étaient pas ou ne comptaient guère, ce qui revient au même. A la fin du xiiᵉ siècle, la royauté a pris résolument la tête de l'État, et les Communes sont devenues le corps de la nation. Un siècle encore et les deux forces sous lesquelles la féodalité devait succomber auront atteint, non pas leur entier développement, mais une prépondérance décisive.

Or, n'est-il pas curieux de constater que la grande efflorescence de l'art gothique coïncide exactement avec ce prodigieux mouvement d'émancipation laïque ; que, commençant à se dessiner franchement sous Louis le Gros, cet art atteignit son apogée avec Philippe Auguste, à ce point qu'en 1236, quand Louis IX monta sur le trône, toutes les grandes cathédrales étaient ou achevées, ou en voie d'exécution ; qu'en cela comme en politique, le saint roi continua et perfectionna l'œuvre de son illustre aïeul, mais qu'après son règne l'époque des grandes audaces est passée. L'achèvement du chœur fameux de Beauvais précède de douze ans l'avènement de Philippe le Bel. La coïncidence était trop curieuse, trop frappante, pour ne pas émouvoir les historiens de l'art gothique. Aussi a-t-on essayé d'expliquer ces anomalies apparentes, et, dans ce but, changeant brusquement d'objectif, renonçant à attribuer à la dévotion seule l'édification des grands sanctuaires et l'avènement du style nouveau, on a imaginé l'existence d'associations problématiques de francs-maçons, et la lutte de ces corporations mystérieuses contre l'élément monastique.

---

1. Suger, *Fita Ludovici Grossi regis*, cap. VIII et XVII.

2. Cette idée était si forte, que les Normands, conquérants de l'Angleterre, étaient désignés dans ce pays et se désignaient eux-mêmes sous le nom de Franks, et que sous ce même nom on englobait en Orient tous les peuples qui s'étaient précipités dans la croisade. (Voir Orderic Vital, *Histoire ecclésiastique des Normands*. — Guillaume de Tyr, *Histoire des Croisades*. — Augustin Thierry, *Histoire de la Conquête de l'Angleterre*.)

3. Orderic Vital, *Histoire de la Normandie*, loc. cit.

4. Guillaume le Breton, *Vie de Philippe Auguste*, loc. cit., t. XI, p. 295.

VI

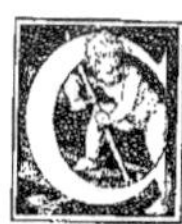

'est Batissier[1], je crois, qui le premier fit part au public de ces curieuses découvertes. Il lui apprit que nos constructeurs, « formés pour la plupart à l'école italienne et qui arrivaient de la Lombardie », s'étaient constitués en associations de francs-maçons; il ajouta que ces confréries, plus tard appelées par Vitet des *fraternités* d'ouvriers[2], jouissaient de divers privilèges exclusifs, et que, après avoir été reçus maîtres, leurs membres étaient fondés à exercer partout leur profession; que ces maîtres respectaient le plan général des édifices (cette concession est heureuse!), « mais qu'ils avaient le droit de suivre leurs idées et leurs propres inspirations en ce qui regardait les détails »; que c'est de là — raisonnement et conclusion un peu contradictoires — que dérive, « durant la période de l'architecture ogivale... une surprenante fixité de principes et de style ». Pour nous, qui avons reconnu la physionomie distincte et la personnalité accusée de chacun des édifices de cette magistrale époque, qui avons suivi le développement rationnel et progressif, quoique très inégal, des éléments constitutifs de cette architecture, nous cherchons vainement cette fixité. Pour les autres postulats, ils sont aussi vains. Mais il nous tarde d'écouter Vitet, qui, avec une éloquence plus entraînante, va développer le système imaginé par Batissier, l'appuyant de conclusions encore plus radicales — sans laisser voir, toutefois, sur quels documents ces conclusions peuvent bien s'étayer.

« Un fait incontestable, écrit le célèbre archéologue, c'est qu'avant le xii° siècle on ne construit pas un seul édifice religieux dans le nord de l'Europe sans que l'architecte soit moine, chanoine, ou tout au moins ecclésiastique. » — Affirmation aussi énorme que gratuite et que l'état de la science ne permet pas de considérer comme sérieuse, puisque nous ignorons par qui et dans quelles conditions les neuf dixièmes de ces édifices ont été construits. — « Un autre fait non moins incontestable, ajoute Vitet, c'est qu'à partir du xii° siècle, sauf quelques exceptions presque imper-

ceptibles, nous ne voyons plus d'autres architectes que des laïques. Les Robert de Luzarches, les Thomas de Cormont, les Hugues Libergier, les Robert de Coucy, les Pierre de Montereau, les Jean de Chelles, les Erwin de Steinbach, les Eudes de Montreuil n'appartiennent ni à l'Église, ni à aucun ordre. » Fort bien... et les autres? Ce ne sont pas ces dix architectes seulement qui ont édifié les centaines d'églises gothiques qui couvrent encore notre sol, et les centaines d'autres monuments qui ont disparu. --Mais arrivons à la conclusion : « Avant le xii° siècle, avant la première apparition du style à ogive, l'architecture est dans les mains du clergé.... Au xiii° siècle, au contraire, lorsque l'ogive est souveraine, l'art de bâtir n'appartient qu'aux laïques.... Les libres constructeurs, les *maîtres de l'œuvre*, comme ils s'intitulaient, s'appropriant l'ogive, s'en façonnent un système et s'en servent comme d'une arme pour se rendre maîtres à leur tour de l'art de bâtir. »

Un si beau paradoxe ne pouvait manquer de séduire les esprits systématiques et d'enthousiasmer les historiens philosophes. Michelet s'en empare pour nous montrer « l'ogive arabe et persane adoptée au xii° siècle par les francs-maçons et combinée avec génie dans des monuments sublimes[3] ». A côté de lui, Viollet-le-Duc se laisse gagner par le charme de cette fable, et Daniel Ramée réédite, avec une satisfaction évidente, les arguments produits en Allemagne et en Angleterre en faveur de cette théorie singulière[4].

Autant d'affirmations, autant d'erreurs! Eh quoi, suivant Batissier, l'architecture ogivale nous aurait été apportée par des confréries venues d'Italie : mais il suffit d'un simple coup d'œil jeté sur les églises de Lombardie, d'Émilie et de Toscane pour constater combien l'appareil de ces édifices est inférieur à ce qui existe en France, et pour s'apercevoir que les Italiens n'ont jamais rien compris à l'architecture ogivale[5]. Vitet, frappé sans doute de cette infériorité, donne l'Allemagne comme patrie d'origine à ces fraternités ténébreuses; et, plus tard, il déclare lui-même que l'architecture gothique est passée de France en Allemagne. Comment faire concorder ces deux affirmations? Faut-il, pour sauvegarder l'existence problématique de la franc-maçonnerie, « cette église laïque », comme l'appelle notre critique, choisir un terrain neutre et prétendre que ces associations fameuses sont

---

1. Batissier, *Éléments d'Archéologie nationale*, p. 413 et suiv.
2. Vitet, *Notre-Dame de Noyon*, p. 132.
3. Michelet, *Histoire de France*, t. IX, p. 70 (*Renaissance*, Introduction).
4. Daniel Ramée, *Manuel d'Histoire générale de l'Architecture*, t. II, p. 283.
5. Voir notamment Adolphe Lance, *Excursion en Italie*.

nées spontanément sur notre sol? Mais alors, que deviennent, avec ces mystérieuses institutions, avec ces « sodalités », avec ces « fraternités » vagabondes, nos vieilles Communautés féodalement organisées, ces corporations dont la main-mise sur les diverses professions avait reçu une officielle consécration de l'autorité royale, épiscopale ou seigneuriale, et dont les privilèges à Paris avaient été codifiés sous saint Louis?

L'existence de ces corporations très sédentaires n'a, en effet, rien de fabuleux. Le livre d'Étienne Boileau[1] lèverait, s'il en était besoin, les doutes à cet égard. Les statuts des maçons, tailleurs de pierre, plâtriers et mortelliers de Paris[2], enregistrés par le prévôt des marchands, ne comptent pas moins de vingt-quatre articles, déterminant le fonctionnement du « Métier ». Les conditions de l'admission, le nombre des apprentis, des ouvriers ou « valets »[3], la réglementation du travail, l'obligation de fournir des hommes pour le guet, prouvent l'existence sédentaire de ceux qui exerçaient la profession. Il est à remarquer, en outre, que, dès cette époque, « la mestrise des maçons »[4] appartenait au maître maçon du roi, dont la juridiction, sans autre changement qu'une modification de titre, conserva jusqu'au milieu du XVIIIe siècle la même autorité et les mêmes prérogatives[5].

Ce serait assurément mal connaître l'esprit des corporations du Moyen Age, que de prêter à une Communauté si fortement organisée des sentiments de bienveillance et un libéralisme assez large pour tolérer, sur son domaine, l'intrusion de ces mystérieux francsmaçons venus de pays étrangers. Ajoutons que la corporation n'était pas seulement officiellement constituée, elle était nombreuse et riche. Le *Livre de la Taille* de 1292 ne comprend pas moins de 104 maîtres maçons, 36 maîtres plâtriers, 12 maîtres tailleurs de pierre et 8 maîtres mortelliers, soit 160 maîtres, qui, avec leurs apprentis, compagnons et valets, pouvaient facilement mettre en ligne un personnel de 2 à 3000 artisans, ce

qui, pour le Paris d'alors, pouvait être jugé très suffisant[6]. On remarquera, en outre, que la Communauté donna son nom à deux rues, la rue *aux Maçons*, devenue depuis la rue des Maçons-Sorbonne, et disparue aujourd'hui, et la rue *de la Mortellerie*, elle aussi détruite depuis quelques années. Enfin, dernière particularité attestant les habitudes sédentaires de la profession : parmi les maçons inscrits à la taille de 1292, nous trouvons deux *maçonnes*[7], toutes deux assez fortement imposées et qui, par conséquent, veuves actives et intelligentes, continuaient la profession de leurs défunts maris.

M. de Lespinasse, dans son ouvrage sur les corporations[7], a montré que cette organisation dura presque aussi longtemps que la monarchie. Était-elle essentiellement parisienne? En aucune façon. On la retrouvait, avec quelques modifications peu importantes, dans les autres villes principales du royaume. Ouin-Lacroix, à qui l'on doit une étude si attentive des Communautés industrielles et marchandes de Rouen, n'a rien relevé d'anormal dans la constitution de la confrérie des maçons rouennais[8]. Le *Livre des Métiers de la ville de Montpellier*, retrouvé vers 1850, et qui contient les statuts de la Communauté des maçons, démontre que, là encore, on avait affaire à une corporation ordinaire[9]. Bien mieux, Berty, à propos du vieux Louvre, a épluché les *Comptes des Bâtiments du Roi*, et constaté que les dépenses s'ordonnaient comme de nos jours. Les devis sont évalués par l'architecte Raymond du Temple, et exécutés à l'entreprise par Jean Bairot, le maître maçon[10].

Enfin, il importe de constater que, sans remonter, comme le prétendaient alors certains membres, jusqu'à Charles Martel, en s'en tenant à l'acte confirmatif du prévôt des marchands, nos corporations parisiennes datent au moins du commencement du XIIIe siècle. Or, bien qu'on voie dès le XIIe siècle des prélats allemands s'adresser à des constructeurs laïques[11], il n'est

---

1. Voir René de Lespinasse et François Bonnardot, *les Métiers et Corporations de la ville de Paris : le Livre des Mestiers*, d'Étienne Boileau, titre XLVIII, p. 88.

2. Les plâtriers ou « maçons de Paris » employaient exclusivement le plâtre. Les mortelliers ou « Limousins » se servaient plus spécialement de mortier.

3. Ce dernier article est ainsi conçu : « Les maçons, les mortelliers et les plâtriers peuvent avoir tant aides et vallés à leur mestier come il leur plaist, pour tant qu'il ne moustrent à nul de eus nul point de leur mestier ». Ces « vallets » étaient, par conséquent, condamnés à *servir* à perpétuité les maçons. Il ne leur était pas permis de mettre la main à l'œuvre.

4. Voir à l'article IV, le serment juré par Guillaume de Saint-Patru « ès loges du Palés, que il le mestier desus dit garderoit bien et loiaument à son pooir ainsi pour le povre comme pour le riche ».

5. Cette organisation, consacrée par saint Louis, devait être beaucoup plus ancienne, puisque, dans un de ses articles, les tailleurs de pierre se réfèrent à un privilège qui leur avait été concédé « très le tans Charles Martel ».

6. H. Géraud, *Paris sous Philippe le Bel, contenant le rôle de la taille imposée sur les habitants de Paris en 1292*. Paris, 1837. Ces deux commerçantes avaient nom « dame Gile la maçonne, à la pissotte Saint-Martin » (p. 59), et « Perronele la maçonne, paroisse Saint-Merri » (p. 83).

7. René de Lespinasse, *les Métiers et Corporations de la ville de Paris*, t. II, p. 597.

8. Ouin-Lacroix, *Histoire des anciennes Corporations d'arts et métiers et des Conférences religieuses de la capitale de la Normandie*. Rouen, 1850, p. xvi et suiv.

9. *Publications de la Société archéologique de Montpellier*, t. XVI, p. 151.

10. Berty, *Topographie de l'ancien Paris*, t. I, p. 182.

11. Une charte de 1133 porte que l'évêque de Würzbourg confia à un

nullement probable, ainsi que le remarque fort justement F. de Verneilh, que le luxe d'organisation qu'on nous décrit comme étant la loi des francs-maçons ait jamais existé, pas plus en Allemagne que chez nous, avant le XIVe siècle[1]. Louis Schneegans, qui, dans ses minutieuses recherches sur la cathédrale de Strasbourg et ses constructeurs, a étudié avec un soin spécial le fonctionnement des corporations allemandes, ne constate en effet que par présomption, leur existence « possible » à l'extrême fin du XIIIe siècle, et leur action efficace n'apparaît que par l'organisation que leur donna Iodocus Dotzinger, architecte de la cathédrale, au XVe siècle[2]. C'est également au milieu du XIIIe siècle que le docteur Schnaase place le premier acte corporatif des constructeurs d'outre-Rhin[3], et ce pacte ne se distingue que par une particularité : la juridiction du « maître » de la Loge (ou du parleur qui le remplaçait) s'étendant à toute une province au lieu d'être limitée à une ville. Enfin, nous apprenons encore ce qu'étaient ces fameuses loges autour desquelles il a été, depuis lors, fait si grand bruit. Dans le principe, c'étaient de simples cabanes en planches, des « huttes » (Bauhütte), pour nous servir du terme originel, constructions temporaires élevées auprès de chaque édifice en cours d'exécution, pour y combiner et y distribuer les travaux. Mais cette hutte, cette loge à laquelle nous donnons de nos jours le nom d'agence, a existé de tout temps, parce qu'elle était indispensable. On la retrouve non seulement en Allemagne et en France, pays brumeux, au climat inhospitalier, mais même en Italie. L'histoire de l'érection du dôme d'Orvieto en fournit la preuve[4]. Prétendra-t-on, à cause de cela, que Jean de Pise, qui dirigea la construction du Campo Santo, ou Giotto, qui en 1326 éleva le fameux campanile de Florence, étaient francs-maçons?

Il est à remarquer, du reste, que c'est seulement à partir du XVIe siècle, que l'esprit rêveur de quelques écrivains allemands prêta à cette organisation, assez normale cependant, une importance considérable, une origine mystérieuse, une antiquité qu'on se plut à faire remonter jusqu'aux Pharaons d'Égypte ; le tout additionné de pratiques secrètes reçues des Templiers[5]. D'Angleterre, où dès le Xe siècle elles auraient joué un rôle mystérieux dans la politique, ces loges ténébreuses seraient passées en Allemagne[6], laissant sur les murailles des édifices construits par elles des sigles cabalistiques, reconnus par l'érudition moderne pour être

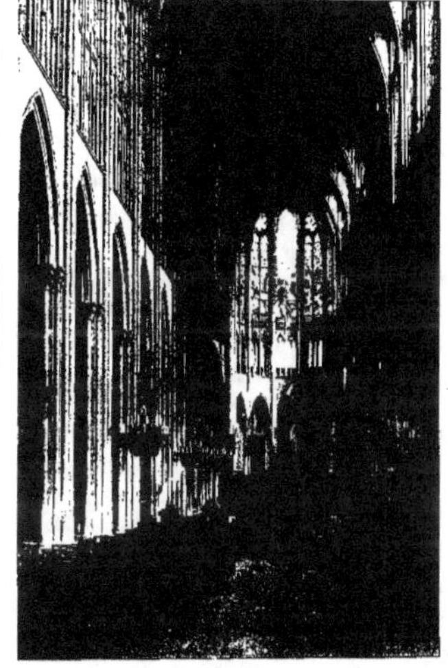

NEF ET CHŒUR DE L'ABBATIALE DE SAINT-DENIS.

tout simplement les marques de modestes tâcherons[7].

Le rôle problématique et invraisemblable des francs-maçons réduit à sa juste valeur, il n'en reste pas moins une théorie singulière imaginée par Batissier, prônée par Vitet, acceptée par Daniel Ramée, Viollet-le-Duc et quelques autres architectes, célébrée avec enthousiasme par Michelet et qui, de loin en loin, se trouve rééditée

---

laïque désigné par le suffrage de tous (acclamantibus omnibus civibus nostris) « la charge et maîtrise pour la restauration et décoration de son église (curam et magisterium in reparanda et ornanda ecclesia) ». Cet architecte ou entrepreneur avait nom Enzelin (Enzelinus). (Voir Dr Schnaase, les Francs-Maçons au Moyen Age : dans les Annales archéologiques. t. XI, p. 327.)

1. Félix de Verneilh, la Cathédrale de Cologne (Annales archéologiques, t. IX, p. 11.)

2. Louis Schneegans, les Architectes de la cathédrale de Strasbourg.

3. Ce pacte aurait été conclu à Ratisbonne en 1459. (Voir Dr Schnaase, les Francs-Maçons au Moyen Age, loc. cit.)

4. « Era questa una casa vicina al Duomo in cui architetti e pittori e scultori si radunavano per presentare al Maestro de' Maestri i loro disegni e modelli, per eseguirli, dopo che da esso, dal camerlingo e dai soprastanti erano stati approvati. » (G. Della Valle, Storia del Duomo di Orvietto. Rome. 1691 p. 101.) On trouverait difficilement un texte plus précis et plus formel.

5. Un auteur anglais, Henry Gally Knight, dans un livre intitulé An Architectural Tour in Normandy (Londres, 1836, p. 209), s'efforce d'établir que l'introduction du style ogival dans les différentes contrées de l'Europe a suivi de près l'établissement des Templiers dans ces diverses localités. On est d'accord sur ce qu'il faut penser de cette supposition hasardée.

6. Voir, au sujet des francs-maçons allemands, la compilation de Karl Heideloff, Die Bauhütte des Mittelalters in Deutschland. Nuremberg, 1844.

7. Daniel Ramée, Manuel de l'Histoire de l'Architecture chez tous les peuples, t. II, p. 283.

par quelques écrivains spéciaux. Nous voulons parler de l'antagonisme ardent qui aurait existé entre les deux éléments laïque et monastique, et amené, après bien des luttes, la victoire de l'ogive libérale sur le plein cintre clérical. Une seule observation fera crouler ce fragile échafaudage. Il nous suffira de remarquer que le système ogival tout entier se trouve à l'état embryonnaire dans les constructions monastiques. Qu'on étudie Morienval, abbaye fondée par Dagobert et enrichie par Charles le Chauve, la chapelle du prieuré de Belle-Fontaine, l'église bénédictine de Saint-Leu d'Esserent, Saint-Martin de Laon, appartenant à l'ordre des Prémontrés, et la conviction sera faite. Faut-il d'autres témoignages? Quelle est la seconde église gothique construite en Bourgogne? L'abbatiale de Pontigny. Et n'est-ce pas dans la célèbre abbaye bénédictine de Saint-Germer de Flay, aux limites du Beauvaisis, que pour la première fois on distingue nettement les arcs-boutants dégagés de la maçonnerie, non plus dissimulés, mais jetés dans l'espace comme des étais de pierre? A Paris, quelles sont les plus vieilles constructions ogivales? Ce sont: le chœur de l'ancien prieuré de Saint-Martin-des-Champs, l'église Saint-Pierre de Montmartre et le déambulatoire de l'église abbatiale de Saint-Germain-des-Prés. Citer encore la célèbre église de Saint-Yved, à Braisne, ancienne dépendance d'une abbaye de Prémontrés, le prieuré des Bénédictines de Saint-Jean-aux-Bois, l'abbaye d'Ourscamp, l'église cistercienne de Chalis, l'église bénédictine de Saint-Laumer (Loir-et-Cher), c'est constater, avec L. Gonse, « l'importance du rôle des bénédictins et des cisterciens dans la diffusion de l'art gothique au commencement du xiiie siècle[1] ».

Pour que les affirmations de Vitet aient quelque valeur, pour que l'antagonisme qu'il affirme sans preuves soit démontré, pour que l'expulsion du plein cintre et la victoire finale de l'ogive prennent le caractère qu'il veut bien leur prêter, il faudrait qu'il produisît les noms des architectes auxquels nous devons tous ces édifices, et qu'il prouvât qu'étant laïques, ils ont surmonté les obstacles que leur opposait la résistance monacale. Or, c'est une preuve qu'on se garde bien de faire. Mais, alors même que tous ces monuments nous feraient défaut, il en est un autre qui suffirait à lui seul pour réduire à néant cette prétention singulière et ces téméraires affirmations : nous voulons parler de la construction du chœur de Saint-Denis par Suger.

Si nous consultons le livre que l'éminent abbé a consacré à son administration, nous verrons, au chapitre xxiv, que le mauvais état de l'ancienne église, — menaçant ruine dans certaines parties[2], — l'engagea à entreprendre de la restaurer d'abord et ensuite de la rebâtir. Dans ce but, s'aidant des conseils d'hommes expérimentés (*virorum sapientium consilio*), il fit reconstruire la façade principale, comportant le triple portail avec les tours[3]. Il nous décrit ensuite la confection des portes de bronze fondues et dorées[4], puis l'édification du chœur, qu'il élève avec la coopération directe de Dieu et *avec l'aide des frères de l'abbaye et de ses compagnons de cloître*[5]. Enfin, il met la main à la nef. Franchement, il faut bien avouer qu'il n'y a pas dans tout cela trace de lutte ; et si l'on veut remarquer que, dans ce passage de son livre, Suger qualifie l'ouvrage qu'il a entrepris de mener à bonne fin de saint, glorieux, fameux, magnifique, noble, etc. ; qu'il parle avec orgueil de la sublime élévation des voûtes, de la singulière distinction des arcs (ogives) et des colonnes[6] ; si l'on se souvient, enfin, que le chœur de Saint-Denis fut le premier édifice franchement et définitivement ogival élevé en France, il faudra bien reconnaître que le clergé régulier n'éprouvait pas à l'endroit du style nouveau la répulsion invincible que, bien gratuitement, Vitet lui attribue. Mais ce n'est pas tout.

Dans un autre de ses livres, traitant de la consécration de son église[7], notre célèbre abbé s'identifie encore davantage avec la grande œuvre qu'il avait entreprise. Il entre dans des détails si précis, si variés, on pourrait dire si intimes, qu'il n'est plus possible de nier la part personnelle qu'il prit à la construction. Il nous apprend qu'il fit venir du dehors une quantité de mortelliers (*cementariorum*), de maçons, de sculpteurs et d'autres gens de métiers expérimentés dans leur art. Cet appel, adressé à des artisans du dehors, était naturel, au surplus, puisque — nous l'avons expliqué dans un précédent chapitre[8] — les religieux avaient renoncé à ces gros ouvrages, qu'ils regardaient comme au-dessous d'eux. Mais, dans cette énumération, Suger ne parle pas d'architecte, de dessinateur, de maître de l'œuvre. Celui-ci,

---

1. L. Gonse, *Art gothique*, p. 152.
2. « ...propter antiquarum materiarum vetustatem et in aliquibus locis minacem diraptionem.... » [*OEuvres complètes de Suger* (Société de l'Histoire de France). *De Rebus in Administr. sua gestis*, cap. xxiv, p. 286.]
3. Ch. xxv, *De Ecclesiæ primo augmento*.
4. Ch. xxvii, *De Portis fusibilibus et dauratis*.
5. « Deo cooperante et nostra prosperante eum fratribus et conversis

---

nostris tam sanctum, tam gloriosum, tam famosum opus ad bonum perduci finem misericorditer obtinere meruimus. » (Cap. xxviii, *De Augmento superioris partis.*)
6. « ... et in inferiore cripta et in superiore voltarum sublimitate tot arcuum et columnarum distinctione variatum... » (*Op. cit.*, cap. xxviii.)
7. Suger, *op. cit.*, *De Consecratione ecclesiæ Sancti Dionysii*.
8. Voir *supra*, col. 312 et suiv.

cependant, devait être bien près de l'abbé et toujours à ses ordres, car Suger, qui avait obtenu du pape (à l'imitation de Charlemagne) d'enlever des colonnes du palais de Dioclétien et des thermes qui existaient encore à son époque[1]; Suger, qui avait fait marché avec les Sarrasins et les Normands pour que ces précieux monolithes pussent passer par le détroit de Gibraltar, remonter l'Océan et arriver par les détours de la Seine presque jusqu'à pied-d'œuvre; Suger fut un jour averti qu'on venait de découvrir près de Pontoise une carrière admirable, qui rendait inutile ce grand voyage si dangereux, si incertain. Bien mieux, quand on arriva à la toiture, il fallut des poutres, des solives, des chevrons, des poutrelles pour édifier les combles; le grand abbé partit lui-même, escorté par les charpentiers munis d'outils et des mesures précises, et, dans la forêt d'Iveline, il fit abattre et équarrir les bois qui lui étaient nécessaires[2]; et ces faits ne sont pas pour nous surprendre. Si Suger

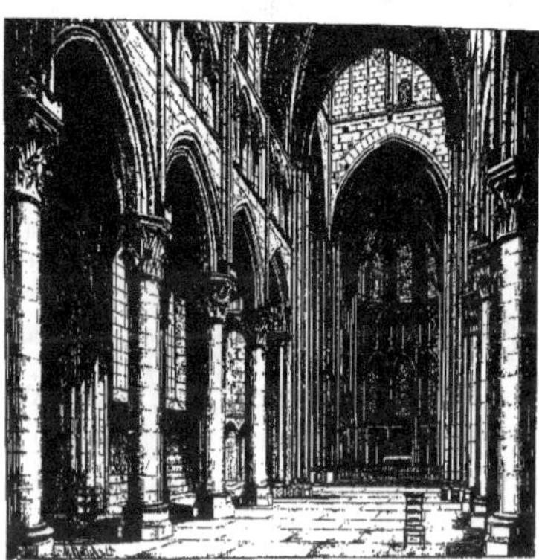

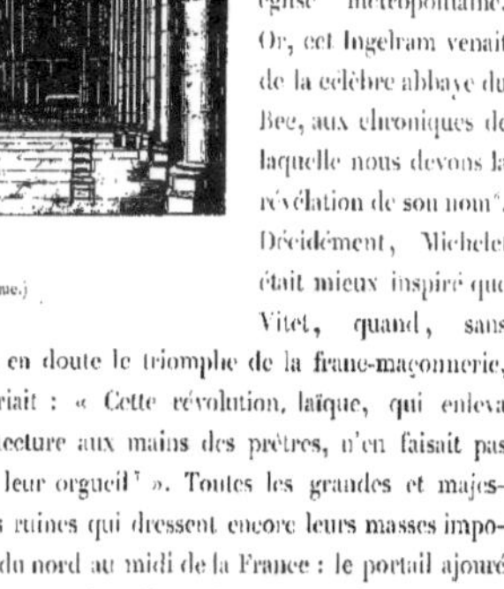

DIJON.
(Intérieur de l'église Notre-Dame.)

n'eût pas payé de sa personne, si son clergé ne l'eût pas secondé avec ardeur, s'il n'eût pas trouvé dans son entourage direct une coopération à la fois intelligente et dévouée, il n'eût pu en un temps si court — en trois ans et trois mois[3] — construire une « fabrique » de cette importance.

Ajoutons encore que tous ses biographes attestent son intervention effective et personnelle dans cette œuvre superbe, dont l'édification allait avoir dans le monde chrétien un si grand retentissement, et qui devait exercer sur les constructions religieuses de ce temps une si décisive influence[1].

On voit assez par ces quelques observations que Vitet peut être taxé au moins d'exagération, quand il affirme que « les confréries maçonniques durent déployer leur plus grande énergie et faire preuve de cette persévérance que l'esprit d'association peut seul inspirer », lorsqu'il fallut « triompher des habitudes de routine, et diriger le système vainqueur dans des voies régulières, méthodiques et savantes[5] ». Son erreur est d'autant plus évidente, que la participation directe de Suger et de ses religieux à l'édification de Saint-Denis n'est pas un fait unique. En 1208, le chapitre de la cathédrale de Rouen confiait à un architecte nommé Ingelram la construction de la colossale église métropolitaine. Or, cet Ingelram venait de la célèbre abbaye du Bec, aux chroniques de laquelle nous devons la révélation de son nom[6]. Décidément, Michelet était mieux inspiré que Vitet, quand, sans mettre en doute le triomphe de la franc-maçonnerie, il s'écriait : « Cette révolution, laïque, qui enleva l'architecture aux mains des prêtres, n'en faisait pas moins leur orgueil[7] ». Toutes les grandes et majestueuses ruines qui dressent encore leurs masses imposantes du nord au midi de la France : le portail ajouré de Saint-Jean-des-Vignes à Soissons, les restes des abbayes de Saint-Bertin à Saint-Omer, de la Couronne près d'Angoulême, de Montmajour près d'Arles, etc., lui donnent assez raison.

---

1. *Libellus alter de Consecratione ecclesiæ Sancti Dionysii*, cap. II : « Romæ enim in palatio Diocletiani et aliis thermis sæpe mirabiles conspexeramus ». L'Italie et Rome surtout furent, pendant tout le Moyen Age, les grands pourvoyeurs de marbre de l'Europe entière. « Au x siècle, saint Gérard, abbé de Broigne, revenant de Rome, escortait lui-même, à travers les passages si difficiles des Alpes, les blocs de porphyre qu'il faisait transporter, à dos de mulets, d'Italie en Belgique, pour embellir son église. » (MONTALEMBERT, *l'Art et les Moines : Annales archéologiques*, t. VI, p. 127.)

2. *De Consecratione*, etc., cap. III.

3. *De Administratione sua*, cap. XXVIII.

4. Simon Chèvre-d'Or, chanoine de Saint-Victor, qui composa l'épitaphe de Suger, écrit, en parlant de la réédification de Saint-Denis :

> Nobilis ecclesiæ decoravit, repulit, auxit,
> Sedem, damna, chorum, laudo, vigore, viris.

(Voir *Notice sur Suger*, dans GUIZOT, *Collection des Mémoires relatifs à l'Histoire de France*, t. VIII, p. 19, et à la suite des *Œuvres compl. de Suger*, p. 422.)

5. VITET, *Études sur l'Histoire de l'Art*, t. II, p. 133. Ailleurs, il ajoute encore : « Sans le secours de ces confréries, jamais, encore une fois, l'architecture à ogive n'aurait accompli sa destinée! » Il est difficile de pousser l'aveuglement plus loin.

6. DEVILLE, *Revue des Architectes de la cathédrale de Rouen*.

7. MICHELET, *Histoire de France*, t. IX, p. 70.

VII

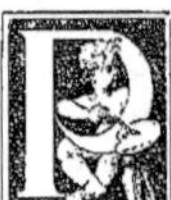Uisque nous relevons les erreurs accréditées par certains critiques, il est encore une observation de Batissier à laquelle il nous faut répondre, — autre confusion à rectifier. Nous avons vu que, parlant de ces fameux francs-maçons dont l'existence est demeurée si problématique, l'auteur des *Éléments d'Archéologie* écrit : « Il paraît que les *frères* étaient obligés de suivre le plan général adopté pour les édifices, mais qu'ils avaient le droit de suivre leurs idées et leurs propres inspirations pour ce qui regardait les détails. Tout ce qui est ornement, moulure, sculpture, est un ouvrage de caprice individuel[1]. »

Vraiment, si l'on eût laissé à de simples artisans une liberté aussi complète, on serait arrivé à une singulière cacophonie, et l'erreur du bon Batissier est si manifeste, qu'elle ne mériterait pas d'être signalée, si elle n'avait été partagée par d'autres écrivains, qui font autorité en la matière. « Les corporations, écrit Viollet-le-Duc, toujours à propos de ces mystérieuses *fraternités*[2], si elles établissaient dans leur organisation des règles fixes, n'imposaient pas, comme les académies modernes, des formes immuables.... L'architecte donnait la hauteur d'un chapiteau, d'une frise, imposait leur ordonnance, mais le sculpteur pouvait faire de ce chapiteau ou de ce morceau de frise son œuvre propre ; il se mouvait dans sa sphère en prenant la responsabilité de son œuvre. » Eh quoi, en ce temps d'orthodoxie farouche, où le moindre soupçon d'hérésie entraînait la torture d'abord et le bûcher ensuite, on aurait laissé à de simples *ymagiers* la faculté, la possibilité, le droit de tailler à leur fantaisie ces sculptures « aux sujets si variés, aux formes si diverses, qu'on pouvait lire sur les murailles plus d'histoires que les Saintes Écritures n'en ont jamais renfermé[3] ! » Vraiment, pour oser émettre de pareilles affirmations, il ne faut guère savoir combien était com-

pliqué le symbolisme chrétien, et quelles règles étroites gouvernaient tout ce qui se rapportait au culte.

Bien loin d'être abandonnés à eux-mêmes, les divers arts qui concouraient à la glorification divine se trouvaient alors régis par une sorte de protocole, où le moindre détail avait sa signification. Ainsi que nous l'avons expliqué autre part[4], l'hiérologie était, au Moyen Age, comme la hiérarchie mondaine, soumise à des lois inexorables. A quelles inconséquences n'eussent pas été exposés de simples artisans, le plus souvent illettrés, si, obligés de combiner une de ces compositions compliquées où les figures abondent, il n'eussent eu pour se guider que leur fantaisie, et d'autre conseiller pour régler l'ordre des préséances que leur ignorance des convenances terrestres et célestes !

Aux difficultés d'ordre religieux s'ajoutaient, en effet, celles d'ordre social. La représentation d'un personnage vivant ou mort, prince ou prélat, était également délicate. Lisez, dans la *Chronique de Rains*, le sacre, à Rome, de Miles, « li esleus de Biauvais[5] », vous verrez que chaque pièce, chaque partie du costume ecclésiastique avait son importance, sa signification, sa valeur. Dans le costume laïque, il en était de même. « Quelque grand seigneur que l'on fût, écrit Amelot de la Houssaye[6], il n'était permis de porter le manteau qu'après avoir été fait chevalier ». Les éperons, les gants, le cordon autour du bonnet, la nature du glaive, la ceinture[7], la forme, la hauteur, l'aspect de la couronne, du casque, le langage des émaux, des métaux, l'emploi dans les armoiries du lambel, de la barre, étaient régis par une science déjà complète, enseignée dans les Cours, étudiée dans les châteaux, et qui avait son nom, le *blason*. Dans la sculpture d'un tombeau, chaque particularité avait une importance souvent capitale. Il n'était pas indifférent que l'effigie fût casquée ou non, revêtue du manteau, avec des gantelets aux mains. La position du glaive et de l'écu n'étaient pas arbitraires. Tout avait sa valeur, jusqu'à l'animal accroupi sous les pieds du défunt ou de la défunte : généralement chien pour celle-ci, lion pour celui-là, à moins que, par un de ces jeux d'esprit habituels à l'époque, on ne se permît quelque plaisante allusion au nom du per-

---

1. Batissier, *Éléments d'Archéologie*, p. 414.

2. Viollet-le-Duc, *Dictionnaire de l'Architecture*, t. I, p. 143.

3. Saint Bernard, *Apolog. apud. Guillelm.*, ch. xii.

4. « La forme du nimbe suffit à déterminer le degré de sainteté du personnage, l'absence de chaussures désigne un apôtre, et l'instrument de son supplice fait connaître le nom du martyr. Geste, costume, position, ont leur signification précise. La place est caractéristique, car la gauche est inférieure à la droite, le bas moins honorable que le haut, le centre préférable à la circonférence. » (*Hist. de l'Orfevrerie*, p. 105.)

5. Voir la *Chronique de Rains*, chap. xiv, p. 105.

6. Amelot de la Houssaye, *Mémoires historiques, politiques*, etc., t. II, p. 342. Cette particularité explique la hâte de Louis XI à se faire armer chevalier par Philippe le Bon, celle de François Ier armé par Bayard le jour même de Marignan, et de Henri II armé par le maréchal de Biez, du vivant même de son père.

7. Détachée (à cause de la bourse et des clefs qu'elle portait), elle était le signe des biens confisqués ou de la renonciation volontaire aux richesses de ce monde.

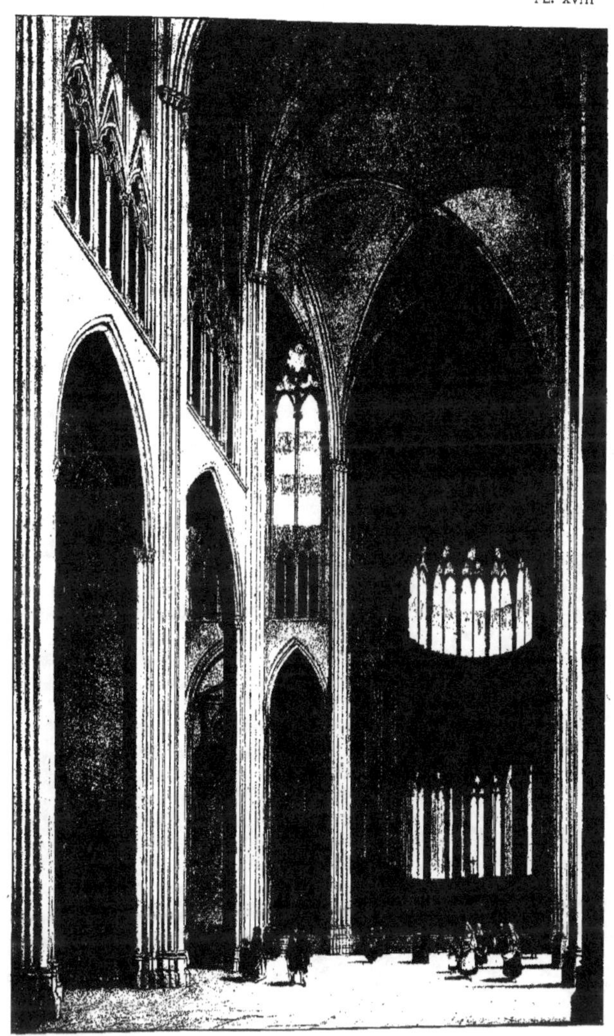

CATHEDRALE DE CLERMONT
(Vue intérieure de la nef)

sonnage. Tels l'ours (*bär* en allemand) qui sommeille sur la tombe du duc de Berry, et les agneaux (*agnus*) qui réchauffent de leur toison les pieds d'Agnès Sorel.

Et notez que le public de ce temps ne promenait pas, comme la foule de nos jours, sur ces édifiantes représentations, un regard distrait et rêveur. Chaque scène était étudiée, analysée, paraphrasée. Ce « livre des illettrés », comme l'appelait saint Bernard, était commenté par des esprits inquiets, chercheurs, qui arrivaient à découvrir dans les bas-reliefs compliqués, dans les théories de statues, le secret du Grand OEuvre et les mystères les plus cachés de l'Hermétique et de l'Alchimie[1]. Cette attention, un peu fiévreuse, était, du reste, justifiée. Sur les milliers de statues qui ornent nos grandes cathédrales, Reims, Chartres, Paris, Milan, il n'en est pas une qui ait été placée au hasard. Toutes, elles occupent un emplacement prévu, décidé, voulu, et s'enchaînent les unes aux autres dans un ordre logique et sévèrement déduit. A Reims, au portail Nord, Ève nous perd en écoutant le démon. A l'Occident, Marie, la seconde Ève, comme l'appelle la Liturgie, nous sauve par

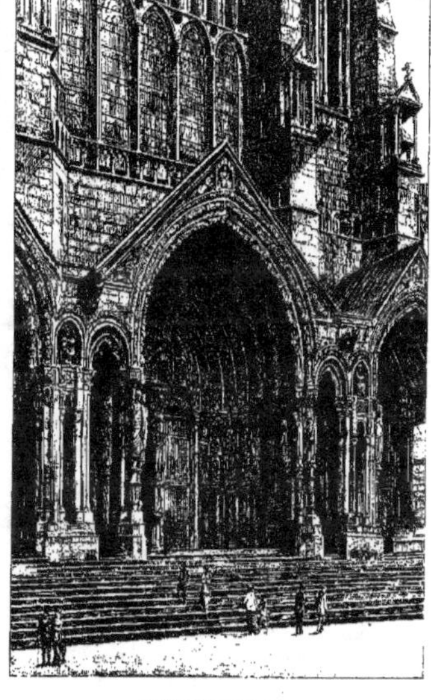

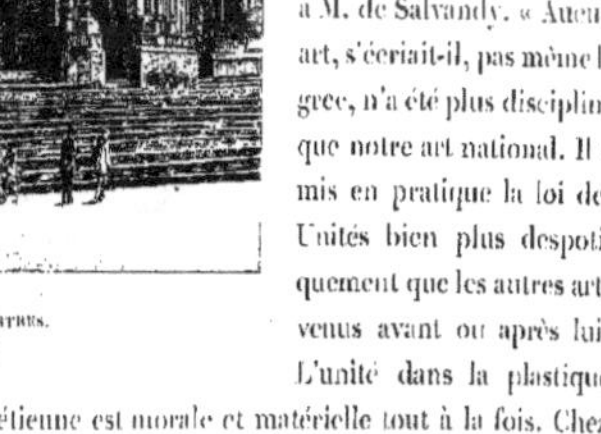

CATHÉDRALE DE CHARTRES.
(Portail Nord.)

son humilité en écoutant l'archange Gabriel. Au Sud, la Synagogue est détrônée par l'Église. Ève a fait triompher le serpent dont Marie écrase la tête.

A Chartres, mieux encore qu'à Reims, les dix-huit cent quatorze figures sculptées qui ornent l'église préférée de Marie, celle dont elle se déclarait suzeraine[2], ces dix-huit cent quatorze figures s'ordonnent « à la façon d'un poème, où chaque statue équivaut à un vers, à une strophe, à une tirade ». — Poème immense, gigantesque, embrassant l'histoire religieuse de l'univers, telle qu'on la comprenait au Moyen Age, et dont la *Divine Comédie* n'est que l'épisode final. Et ce n'est pas seulement dix-huit cent quatorze statues qui décorent Chartres, mais cinq mille figures, si l'on compte celles de l'ornementation et des vitraux. Franchement, un pareil ensemble, une si formidable orchestration, qu'on nous permette ce mot, n'ont pu être combinés, conduits, ordonnés que par une volonté supérieure, par une science impeccable, guidant tout un monde d'artistes, les soumettant à une forte et étroite discipline, les entraînant, pendant une suite considérable d'années, avec une méthode inflexible, à la réalisation d'un plan longuement et savamment médité.

C'est un ensemble de remarques pareilles qui dictaient à Didron aîné le dithyrambe qu'il adressait à M. de Salvandy. « Aucun art, s'écriait-il, pas même le grec, n'a été plus discipliné que notre art national. Il a mis en pratique la loi des Unités bien plus despotiquement que les autres arts venus avant ou après lui. L'unité dans la plastique chrétienne est morale et matérielle tout à la fois. Chez les Grecs et les Romains, elle n'est que matérielle[3]. »

Cet enthousiasme de Didron est d'autant plus légitime, que le Christianisme, en hiérarchisant le ciel, avait rendu plus délicate la traduction plastique des Saintes Écritures. Les divinités anciennes, en effet, avaient vécu un peu en république, — république même parfois assez troublée[4]; — le Christianisme avait

---

1. Voir *Explication des Énigmes et Figures hiéroglyphiques, physiques, qui sont au grand portail de l'église cathédrale et métropolitaine de Paris*, par le sieur Esprit Gobineau de Montluisant (dans *la Bibliothèque des Philosophes alchimiques et hermétiques*, t. IV, p. 366 à 391).

2. « Chartres..., ville pour laquelle la bienheureuse Vierge Marie mettrait de côté toutes les autres villes; portant à celle-là une affection toute particulière, daignant souvent s'appeler elle-même Notre-Dame de Chartres. » (GUILLAUME LE BRETON, *la Philippide*.)

3. *Annales archéologiques*, t. XXVII, p. 23.

4. Jupiter, en effet, ne pouvait adorer Junon, qui était à la fois sa sœur et sa femme. Neptune et Pluton ne pouvaient professer pour Jupiter qu'un respect fraternel. Apollon et Diane, témoins des continuelles querelles du roi des dieux et de son orgueilleuse épouse, n'éprouvaient qu'une dévotion mitigée pour ce couple mal assorti; et Minerve ne pouvait ressentir qu'une bien faible estime pour Mars et Vénus, dont elle connaissait les coupables écarts.

substitué à ce désordre relatif une ordonnance parfaite, calquée sur l'étiquette de la cour impériale, un protocole aussi sévèrement codifié que celui de Constantin Porphyrogénète. Aussi, tout en laissant aux artistes sous ses ordres cette liberté d'interprétation que recommande l'évêque de Mende[1], le directeur de l'œuvre, qui devait être ferré sur la théologie, conservait toujours la haute main et exerçait une surveillance incessante sur ses humbles collaborateurs.

À ces observations d'ordre moral, il en est une autre, purement technique, qui aurait dû empêcher les hommes éminents, dont nous critiquons l'opinion, de croire à une indépendance absolue, qui n'eût pas manqué de produire, dans d'aussi vastes ensembles, des dissonances singulières. C'est l'harmonie parfaite qui, dans les édifices du XIIIe et du XIVe siècle, règne entre la forme architectonique et l'ornementation. L'architecture romane avait distribué sur ses courbes cintrées, sur ses frises et jusque sur ses colonnes, une sorte de broderie faite de figures géométriques ou d'objets naturels : galons, billettes, rosaces, têtes de clous, imbrications, etc., qui ne tiennent en rien aux formes qu'ils habillent. Non seulement l'architecture ogivale répudie cette parure barbare, mais (et c'est là son grand mérite) elle dérive son ornementation nouvelle des formes mêmes de la structure générale. Ce renoncement, cette transformation, n'ont pas lieu brusquement, brutalement. Les églises de Bury, de Saint-Germer, de Foulangues, de Chars, le porche de Saint-Leu d'Esserent, montrent encore des archivoltes décorées de bâtons rompus, de dents de scie. Mais, dès le XIIIe siècle, l'art gothique répudie ces exemples du style roman, et d'autre part, s'écartant des traditions antiques, il donne naissance à des profils absolument inédits. « Prenez tous les filets, toutes les moulures creuses ou saillantes, plates ou arrondies, qui décorent une construction du XIIIe siècle, dit Vitet, examinez la forme des arcs-doubleaux, celle des nervures qui tapissent les piliers et les voûtes, vous trouverez partout des profils nouveaux[2]. » En outre, toute la partie ornementale se résume dans l'imitation des végétaux qu'on ne s'efforce plus d'idéaliser, mais qu'on copie simplement, ou

qu'on interprète avec une discrétion rare. « Ce que les Grecs ont fait une fois pour l'acanthe, écrit F. de Verneilh, les sculpteurs gothiques l'ont accompli pour toutes les feuilles de nos arbres, pour toutes les plantes de nos prairies, pour toutes les fleurs de nos jardins[3]. » L'artiste, en effet, ne cherche plus ses modèles sous le ciel bleu de l'Italie ou de la Grèce, il les emprunte à nos forêts, à nos champs. La feuille de lierre, de vigne, de hêtre, de chêne, la mauve, le chardon, le houx, la

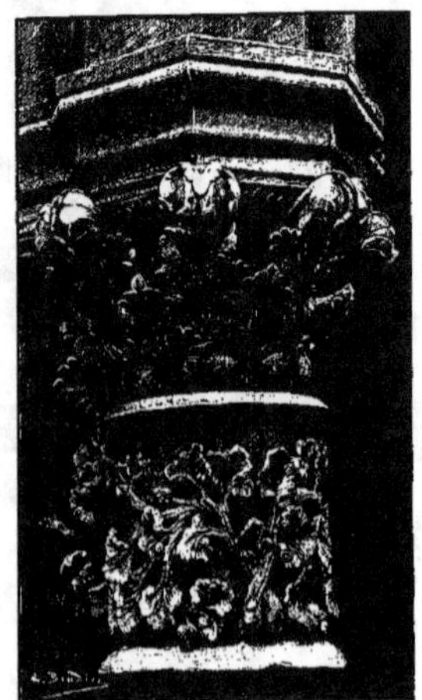

CHAPITEAU DE LA CATHÉDRALE DE REIMS.
(Interprétation de la flore indigène.)

chicorée, accompagnent les archivoltes, courent le long des frises, habillent les corbeilles des chapiteaux, d'où elles chassent les *histoires* chères au style précédent. Celles-ci, toutefois, ne disparaissent pas instantanément. Elles persistent dans plus d'un endroit et s'associent (témoins Reims et Laon) à cette efflorescence. Si bien qu'à l'aurore du XVIe siècle il se trouvera encore des moines grognons pour protester, à l'instar de saint Bernard, contre ces mélanges de personnages et d'animaux parfois déplacés au milieu de cette décora-

---

1. G. Durand, *Rationale divin. off.* Voir *supra*, col. 128.

2. *Notre-Dame de Noyon*, p. 66. Nous avons tenu à reproduire ce passage si juste de Vitet parce qu'il inflige un démenti fondé aux divagations de Quatremère. « L'ornement gothique, écrit celui-ci, n'est qu'une dégénération de l'ornement antique, tradition confuse, transposition incohérente de tous les éléments décoratifs des ordres grecs, où les feuilles du corinthien, les volutes de l'ionique, les tores du dorique se trouvent compilés sans intention, sans choix, et exécutés sans goût. » (*Dictionnaire historique d'Architecture*, t. I, p. 674.)

3. En 1853, un savant botaniste de Reims, M. Soubinet aîné, constatait dans les frises et chapiteaux de la cathédrale la représentation du nénuphar, de la sagittaire, de la fougère, du fraisier, de la pariétaire, de la giroflée, du chardon, du trèfle, du lierre, du laurier, de l'olivier, du houx; mais surtout du rosier, de la vigne, du peuplier, de l'érable, de l'orme, du chêne, du poirier, du châtaignier, en un mot de toutes les herbacées, de tous les arbrisseaux et même des grands arbres, qui de Reims à Laon, à Châlons, à Rethel, à Épernay, bordent les routes, couvrent le sol ou peuplent les marais.

tion curieusement fouillée et toujours élégante[1]. Mais ceci devait vaincre cela. Ajoutons que, quelque variée que soit cette moisson végétale dont le sculpteur fait sa propriété, encore ne la produit-il qu'avec méthode et discrétion. En prétendant qu'il n'existait pas « deux chapiteaux gothiques qui fussent semblables », Renan[2] commettait une singulière erreur. Ce reproche, si c'en est un, peut s'adresser à l'époque romane. Au xie et au commencement du xiie siècle, les chapiteaux, en effet, sont presque tous dissemblables. Non seulement leur décoration, mais leur forme et jusqu'à leurs dimensions diffèrent. A partir du xiiie siècle, tous, au contraire, sont conçus dans un même esprit, quand ils ne sont pas exécutés d'après un modèle unique Si le feuillage varie, ce qui arrive souvent, encore le reste, aspect général, hauteur, largeur, volume, offre une masse identique, le même galbe, les mêmes profils et le même caractère. Il en est des bases comme des chapiteaux. La régularité s'y établit, et les voûtes, quelle que soit la variété de leur décoration, ne présentent pareillement que des combinaisons symétriques.

Mais, ce qui assigne à cette ornementation si magnifiquement fleurie son véritable caractère, — ne craignons pas d'insister sur ce point, — c'est qu'elle n'est pas, comme dans l'art roman, surajoutée à la forme. Bien au contraire, elle en découle, si l'on peut dire ainsi, et fait corps avec elle. Contemplez la façade d'une de ces églises, qui sont l'orgueil de nos grandes cités provinciales, vous conviendrez tout d'abord, avec Félix de Verneilh, « qu'il y a plus d'invention, plus de dessin, dans un seul portail que dans tous les temples de la Grèce[2] ». En même temps, il vous faudra bien constater également la connexité surprenante qui existe dans cet énorme ouvrage entre la forme et son ornementation. Fixez avec attention un membre de l'édifice, une rose, un fenestrage, étudiez un contrefort, une balustrade, un pinacle : quelque simple ou quelque chargé qu'il puisse être, quelque ingéniosité qu'on ait apportée pour ajourer les murs, les gables et les balcons, ou pour meubler les claires-voies, cette floraison aussi riche, aussi abondante que vous la puissiez imaginer, tient à la forme par des liens si étroits, qu'on est tenté de se demander à qui, du constructeur ou du décorateur, il faut faire honneur de la conception initiale de l'ouvrage. Le décor, en effet, se marie si bien aux

contours qui l'enserrent et le limitent, qu'il y a entre eux une concordance absolue. L'appareilleur et le sculpteur ont tellement fait donner à la matière tout ce qu'elle peut produire, qu'on est embarrassé pour décider si l'ornementation découle de la structure, ou si la structure a été combinée pour permettre à l'ornementation de produire complètement son effet. Certes, tous deux, constructeur et ornemaniste, auraient un droit égal à notre admiration, si, en ces époques vaillantes et fécondes, l'un et l'autre ne se confondaient en un seul et même artiste. Au lieu de demander à un collaborateur de décorer la construction qu'il élève, l'architecte triomphe d'une des difficultés les plus ardues de son art. Du premier jet et sans effort apparent, il construit une décoration.

Enfin, deux observations, qu'on s'étonne de n'avoir pas été relevées par les critiques ingénieux que nous citons, viennent encore attester cette subordination étroite de tous les collaborateurs à une volonté et à une direction uniques : c'est, d'abord, l'étonnante complication de coupes et d'appareillage que réclame la moindre de ces constructions gothiques, complication qui exige des calculs innombrables et une science géométrique de premier ordre. C'est, en outre, la façon dont tous ces détails charmants, que nous contemplons en place et qui font si bonne figure, ont été exécutés par l'armée d'artistes et d'artisans que dirigeait et qu'inspirait le maître de l'œuvre, le *maestro de' maestri*.

Comme taille de pierres et comme appareil, en effet, aucune sorte d'architecture, nous l'avons déjà constaté, ne peut lutter avec l'architecture gothique. Ainsi que le remarque le docteur Schnaase[4], l'Antiquité classique n'avait point connu, si ce n'est pour ses frontons, d'autre angle que l'angle droit, et d'autre courbe que le cercle. Dans les édifices gothiques, au contraire, la direction oblique joue un rôle capital et, par suite de l'adoption de la voûte sur nervures, la diagonale devient, à proprement parler, la ligne vitale de la construction. Pour la première fois, on voit apparaître des formes polygonales, des angles aigus et obtus, des concavités profondes.

Les anciennes formules ne suffisant plus, il fallut en découvrir de nouvelles. C'est ainsi que la géométrie fut amenée à prendre, dans l'architecture gothique, une importance sans précédent. Or, cette intervention capi-

---

1. Angelus Rumpherius, moine de Formbach, qui écrivait, en 1501, les annales de son abbaye, proteste, un peu tardivement, contre l'abus fait de personnages et d'animaux exotiques dans la sculpture des églises : « Quid faciunt in ecclesia Christi. Leones; quid Leænæ? quid Dracones? quid denique cætera animalia? sed et turpido nonnunquam rotantium inseritur.... » (*Thesaur. anecdotorum novissim. ex German. bibliothecis adornata Collectio*. 1721, t. I. p. 178.)

2. *Revue des Deux Mondes*, 1er juillet 1862, p. 216.

3. F. de Verneilh. *l'Art au Moyen Age* (*Ann. archéol.*, t. XXII. p. 165).

4. Schnaase, *Histoire générale de l'Art, la Symbolique de l'Architecture*.

tale de la géométrie, qui se manifeste jusque dans la taille de la moindre pierre, du moindre fragment d'arc, du moindre claveau, est si admirablement masquée par un autre élément fait d'élégance, de caprice, elle est mitigée par tant de liberté et de souplesse, que les parties constitutives de l'édifice prennent en quelque sorte une apparence végétale et semblent jaillir spontanément du sol. Et ces deux qualités si différentes, contradictoires presque, sont si exactement amalgamées, qu'on ne peut faire prédominer l'une sur l'autre sans détruire immédiatement l'harmonie exquise de l'ensemble.

La façon dont ces détails, compliqués à plaisir, dont ces divers fragments qui s'emboîtent comme un jeu de patience ont été exécutés, atteste également, avec une suite de vues singulière, l'intervention d'une volonté supérieure, obéie avec une subordination absolue. Tous ces « morceaux » qui, réunis, composent un ensemble d'une unité si surprenante, ont été, en effet, façonnés séparément, à pied-d'œuvre, et mis postérieurement en place après leur complet achèvement.

M. Auguste Choisy, dans le beau livre qu'il a consacré à l'architecture byzantine[1], remarque que si les Romains construisaient leurs voûtes sur

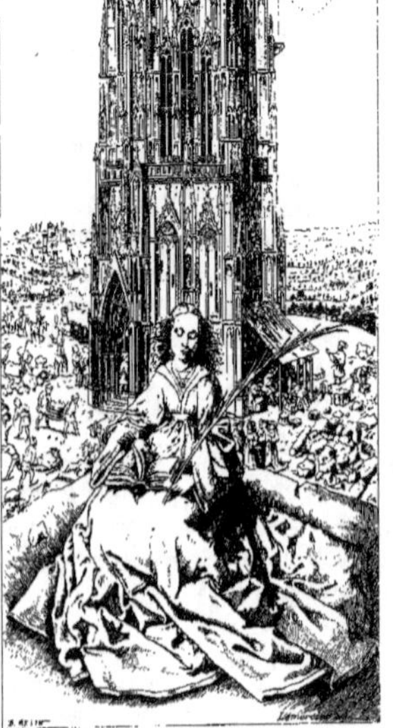

SAINTE BARBE PERSONNIFIANT L'ARCHITECTURE.
(Tableau de Jean van Eyck. Musée d'Anvers.)

des cintres en bois échafaudé, qu'ils démolissaient ensuite, les Byzantins, par contre, incités par la rareté du bois en Orient, furent amenés à chercher à se passer de ces coûteuses charpentes, et qu'ils réussirent, grâce à d'ingénieuses combinaisons, à maçonner leurs voûtes dans l'espace. Guidés certainement par d'autres raisons, puisque les forêts étaient nombreuses et bien fournies en Gaule, les architectes de la période gothique dédaignèrent, eux aussi, les grands échafaudages, et le genre de voûtes adopté par eux leur permit de s'en passer. Et, en effet, une fois les « augives » posées, le remplissage des voussures se faisait du dehors avec des pierres de petit appareil, qu'on n'avait besoin de soutenir intérieurement que dans la partie avoisinant la clef; ce qui pouvait se faire avec un échafaudage volant. Quant à l'extérieur, les matériaux, montés directement, à l'aide de grues, de treuils et de poulies, à la place qu'ils devaient occuper, étaient posés sans qu'on eût besoin de recourir à ce déploiement dispendieux de charpentes, qui distingue l'édification des monuments modernes.

Cette absence de grands échafaudages extérieurs est attestée par un nombre assez considérable de documents[1]. La jolie grisaille du musée d'Anvers, attribuée à Jean Van Eyck, représentant sainte Barbe, et qui montre, en pleine activité de construction, un clocher qu'on a prétendu, tour à tour, être anversois et lyonnais; les naïves gravures qui illustrent la *Chronique de Nuremberg* et la *Mer des Hystoires*; une série de miniatures tirées de manuscrits anglais et publiées jadis par les *Annales archéologiques*[2]; une délicieuse miniature représentant la *Construction de Rome*, conservée à la Bibliothèque de l'Arsenal... prouvent surabondamment que cette façon de bâtir était générale dans l'Ouest de l'Europe[1]. A défaut de ces documents, d'autres témoins permettraient de faire sur ce point la lumière. En examinant de très près les ornements courants, frises, moulures, archivoltes, qui décorent les monuments gothiques, on reconnaît, à de légères différences de niveau dans les raccords, que les pierres se faisant suite n'ont pas été l'objet d'un ravalement

---

1. Auguste Choisy, *l'Art de bâtir chez les Byzantins*.

2. Voir notre *Dictionnaire de l'Ameublement et de la Décoration*, à l'article Maçon, t. III, col. 79 et suiv.

3. *Annales archéologiques*, t. VI, p. 337.

4. Une seule représentation de ce genre peut être invoquée à l'appui d'une affirmation contraire. Nous voulons parler du petit bas-relief qui orne le campanile de Florence. Mais ici nous sommes en Italie, où les traditions romaines demeurèrent toujours plus vivaces, et encore cet échafaudage léger et primitif a plus l'aspect d'un échafaudage volant que d'une construction charpentée de fond et enveloppant l'édifice.

général, mais que la mouluration en a été exécutée fragmentairement, et qu'elles ont été juxtaposées une fois façonnées. Enfin, dans certaines parties demeurées inachevées, — au Mont-Saint-Michel, par exemple, — des cavités pratiquées dans la pierre à une grande hauteur, qu'on pourrait qualifier « cavités d'attente », et destinées en principe au scellement de ferrures (grilles de fenêtres, châssis de portes) qui n'ont jamais été posées, ainsi que des saillies en pierre (corbeaux, consoles, modillons), appelées à soutenir des poutres, solives, fermes, chevrons, et qui, entièrement moulurées et sculptées (la construction n'ayant pas été achevée), sont demeurées inutiles.

Nous n'ignorons pas qu'on peut nous opposer la façade inachevée de la cathédrale de Rouen, dont les matériaux mis en place attendent le sculpteur, mais cette façade date du xvi° siècle, c'est-à-dire d'une époque où les traditions de la période héroïque étaient déjà bien oubliées.

Ajoutons que cette façon de bâtir, sans échafaudage extérieur, offrait, en ces temps d'insécurité absolue, de grands avantages. Elle permettait au constructeur de s'enfermer dans sa construction, et le mettait à l'abri d'un coup de main toujours à redouter. Elle le débarrassait, en outre, des frais considérables exigés par l'érection d'un échafaudage compliqué, facile à incendier du dehors; mais, par contre, elle le contraignait à n'employer que des matériaux de petit ou de moyen appareil, et elle exigeait de la part des architectes et des appareilleurs des épures d'une étonnante précision. Aussi, ne craignons pas de le redire, jamais l'art de tailler la pierre et de

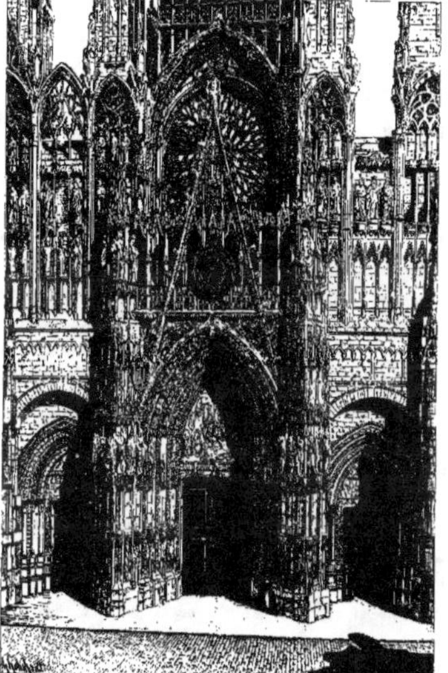

De la cathédrale de Rouen.

l'appareiller n'a été poussé aussi loin. Jamais cette science difficile, qui réclame une expérience si complète, n'a approché autant de l'absolue perfection. Aucune autre époque ne pourrait présenter des morceaux de stéréotomie comparables aux roses qui décorent nos vieilles façades du xiii° et du xiv° siècle, aux gables ajourés qui surmontent les portails, aux formettes qui meublent les claires-voies. Il y a là une supériorité de coupe qui, de l'aveu même des juges les plus compétents et les moins prévenus[1], n'a été dépassée en aucun autre temps. Et quant aux sculptures qui accompagnent si harmonieusement les grandes lignes de l'architecture, quant à ces frises feuillues, ces archivoltes fleuries, ces chapiteaux revêtus de végétations ornementales, alors que, pour nous édifier sur le soin des architectes à ne négliger aucun détail, nous n'aurions ni le projet du portail de la cathédrale de Clermont[2], ni les dessins de Villard de Honnecourt[3], si nombreux, touchant à des matières si variées, et si suggestifs, — quand cet artiste vagabond aurait omis de relever les roses de Lausanne et de Chartres[3], de tracer toute cette suite de figures curieuses, dont nous reparlerons à la page suivante, — la parure exquise de ces puissantes colonnes, la floraison délicate de ces arcatures, leur parfaite concordance avec la forme générale de l'édifice, prouvent assez que la science la plus raffinée a présidé à leur conception et qu'elles ne sont en aucune manière le produit du caprice de quelque sculpteur faisant « son œuvre propre » d'un morceau dont la place est marquée dans la sereine harmonie d'un prodigieux ensemble.

---

1. Voir Fuezira, passage cité à la col. 385 (note).

2. Conservé aux archives de Clermont-Ferrand. Nous en donnons une reproduction dans *l'Art à travers les mœurs*, p. 213.

3. Voir J.-B.-A. Lassus, *Album de Villard de Honnecourt*. Paris, 1858; pl. XXIX : *Ista est fenestra in templo Sce Marie Carnoti*, et pl. XXX : « C'est la réonde verière de lé glise de Lozane. »

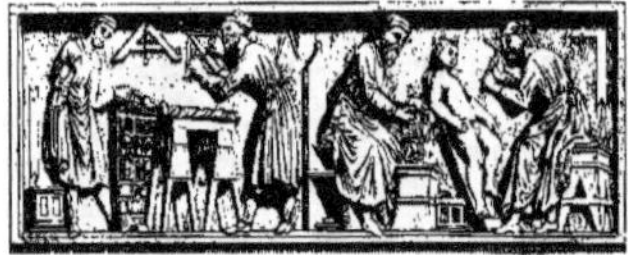

BAS-RELIEF D'« OR SAN MICHELE », A FLORENCE.

VIII

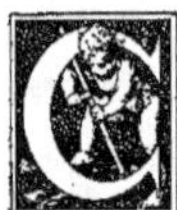

E qui a pu donner naissance à cette légende d'une liberté absolue laissée aux interprètes par le maître de l'œuvre, ce sont les différences, parfois très grandes, d'habileté technique, de savoir et de goût, qui d'un chapiteau à un autre, d'un bas-relief à son voisin, distinguent beaucoup de ces ouvrages. Ces différences, qui se manifestent surtout dans l'interprétation, ont une autre origine que celle supposée. Ils proviennent de ce fait, que l'artiste ou l'artisan n'exécutait pas le morceau dont il était chargé d'après un original préalablement modelé en terre et moulé ensuite en plâtre, comme on fait aujourd'hui, mais simplement d'après un dessin tracé ou fourni par le « maître de l'œuvre ». Les sculpteurs du XIIIe et du XIVe siècle ne « tremblaient pas devant la matière ». Ils s'attaquaient directement à la pierre et, après avoir établi leurs points de repère, taillaient dans le bloc bravement et sans hésitation. Un certain nombre de documents d'un ordre tout spécial, auxquels, selon nous, on n'a pas jusqu'à présent suffisamment pris garde, le démontrent péremptoirement. Nous voulons parler des dessins, images, vitraux, bas-reliefs, etc., représentant des ateliers de statuaires.

Pour ne citer que les plus connus, nous mentionnerons, au XIIIe siècle, le beau vitrail de la cathédrale de Chartres; au XIVe, le curieux bas-relief de Phidias au campanile de Florence; au XVe, l'autre bas-relief si expressif d'*Or San Michele*, et la planche VII des *Tableaux de la Civilisation*[1]. Même au XVIe siècle, les choses ne se passaient pas d'une façon différente. La gravure de Joost Amman représentant un atelier de sculpteur suffirait à le prouver[2]. Enfin, dernier document, d'une importance capitale, l'album de Villard de Honnecourt, dont nous venons de parler, atteste que non seulement les architectes dessinaient à l'occasion des compositions appelées à être réalisées en peinture ou en bas-relief[3], mais qu'ils traçaient sur leurs albums des figures d'apôtres, de rois, d'évêques, de cavaliers, des Vices, des Vertus, des chats, des chiens, des cygnes, des ours, des criquets, des homards, etc., et jusqu'à des rinceaux, des « têtes de feuilles » destinés à être traduits par les sculpteurs et les ornemanistes. Bien mieux, ce recueil mutilé, incomplet, ne se borne pas à nous apprendre qu'au XIIIe siècle, chez nous, comme au XIVe et au XVe en Italie, les artistes étaient mécaniciens, ingénieurs, fournisseurs de modèles d'orfèvrerie, de lutrins et de « poupées[4] », c'est-à-dire de menuiserie. En quatre planches qui paraissent avoir été mal comprises et dont le sens est resté mystérieux pour les éditeurs mêmes de l'ouvrage, il nous montre comment, à l'aide de figures géométriques, on peut livrer au praticien des indications assez précises pour lui permettre de commencer sans hésitation l'épannelage des blocs, et d'approcher même de la forme générale[5]. Il y a là des recettes non seulement pour exécuter des animaux : aigle, lévrier, agneau, autruches, chevaux; mais des personnages : lutteurs, vierges, guerriers, et aussi ces travailleurs des champs chargés de figurer dans les représentations curieuses qui, au portail de nos cathédrales, alternent avec les signes zodiacaux[6].

On voit par ces quelques détails quelle part revenait à l'architecte, au directeur, au « maître de l'œuvre », dans ces ouvrages de sculpture du Moyen Age, et lui-même n'avait garde de rien commander, de rien entreprendre sans avoir, au préalable, soumis ses projets à qui de

---

1. *Les Tableaux de la Civilisation et de la Vie seigneuriale.* Paris, 1885.

2. Aujourd'hui, nos sculpteurs n'exécutent guère que le modèle en terre. Ce sont des praticiens qui font l'épannelage du marbre ou de la pierre, la mise aux points et la *pratique* : d'où leur nom. Seuls les sculpteurs en bois ont pour modèle un dessin qu'ils se bornent à décalquer avant d'attaquer directement la masse.

3. Voir, notamment, les dessins représentant la *Descente de croix*, le *Jugement de Salomon*, la *Flagellation*, *Jésus au jardin des Oliviers*, le *Martyre des saints Cosme et Damien*, etc.

4. Nom donné aux appuis séparant les stalles dans les églises.

5. Deux notes tracées par Villard de Honnecourt sur les pl. XXXV et XXXVII indiquent clairement l'intention qui présida à la confection de ces croquis. Elles sont ainsi conçues : « Ci comence li force des trais de portraiture, si con li ars de iometrie les ensaigne por legiere-ment ovrer, et en l'autre foel sont cil de le maçonerie »; et sur l'autre feuillet : « En ces IIII fuelles a des figures de l'art de iometrie, mais al conoistre co'n]vient avoir grant esgart, ki savoir velt de que cascune doit ovrer ». (*Album de Villard de Honnecourt*, p. 139 et 143.)

6. Notamment à Vézelay, à Notre-Dame de Paris, à Amiens, à Reims, etc. Les occupations rurales, si importantes dans la vie des peuples et sanctifiées en quelque sorte par leur représentation à la porte de l'église, avaient été résumées en quatre vers latins, qui pouvaient servir de guide au dessinateur et au statuaire (*Bibl. de l'Arsenal*, Ms. Théolog. Latine, n° 182) :

> Poto — lignum eremo — de vite superflua demo.
> De gramen gratum — mihi flos servit — mihi pratum;
> Ferrum declino — messes meto — vina propino;
> Semen humi jacio — mihi pasco sues — immolo porcos.

droit, et fait accepter ses plans et ses épures par le prélat, l'abbé, le religieux chargé de suivre son travail et de contrôler ses dépenses. Il n'en pouvait, du reste, être autrement. Le lien qui unit cette féconde Statuaire du xiie et du xiiie siècle à l'architecture est trop étroit — ne craignons pas de le redire — pour que celle-ci n'ait pas imposé à celle-là une subordination de laquelle devait découler la puissante harmonie qui distingue ces édifices si compliqués du Moyen Âge.

Ces constatations ne sont pas, qu'on le comprenne bien, pour diminuer la part d'éloges et de considération qui revient aux sculpteurs de cette féconde époque. L'étroitesse du programme dans lequel ils étaient obligés de se mouvoir et qu'ils ont si bien rempli augmente encore leur mérite. On a porté bien des jugements, et de fort divers, sur toute cette Statuaire relevant du style ogival. Les uns se sont obstinés à ne trouver dans ces graves et sérieuses figures qu'un « caractère morne et hébété[1] »; les autres se sont plu, au contraire, à admirer « l'expression sereine et calme, pleine de confiance et de foi, des saints sculptés par les gothiques[2] ». Quelques écrivains, plus enthousiastes encore, ont osé établir un parallèle entre notre sculpture du Moyen Âge et celle des plus belles époques de la Grèce[3]. On a même essayé de faire passer ce parallèle du livre dans la réalité[4]. Peut-être ces rapprochements, pour instructifs qu'ils puissent être, paraîtront-ils un peu superflus, car le but poursuivi par les deux arts diffère totalement. Ce que les Grecs voulurent surtout exprimer, c'était la beauté de la forme; les statuaires du Parthénon avaient pour idéal de nous montrer, en de beaux corps resplendissants de santé et de force[5], la beauté divine, parfaite et immuable par conséquent. « C'est par le travail des statuaires grecs, comme l'observe Proudhon[6], que s'est constituée la religion polythéiste. C'est le culte de la beauté visible qui a fait adorer les dieux. » Mais, le paradis chrétien, ainsi qu'on l'a finement remarqué, contenait beaucoup plus de penseurs que d'athlètes[7]. Voilà pourquoi les épaules des statues gothiques sont moins larges, leurs jambes moins longues, leurs têtes moins petites, leurs fronts moins bas. A Reims, à Amiens, à Notre-Dame de Paris, les figures innombrables ne s'efforcent pas de montrer de beaux muscles, elles enseignent et prient.

Pour bien comprendre, au surplus, la signification esthétique de ces précieux ouvrages, il faut se placer à un point de vue assez différent du nôtre. Il faut se pénétrer de l'esprit de leurs contemporains. A travers les œuvres de ses artistes, l'œil du chrétien, au Moyen Âge, entrevoyait des réalités immortelles, et l'art, en paraissant travailler à une satisfaction extérieure, poursuivait un but infiniment plus élevé.

Il n'est pas douteux que l'idéal antique n'ait été plus

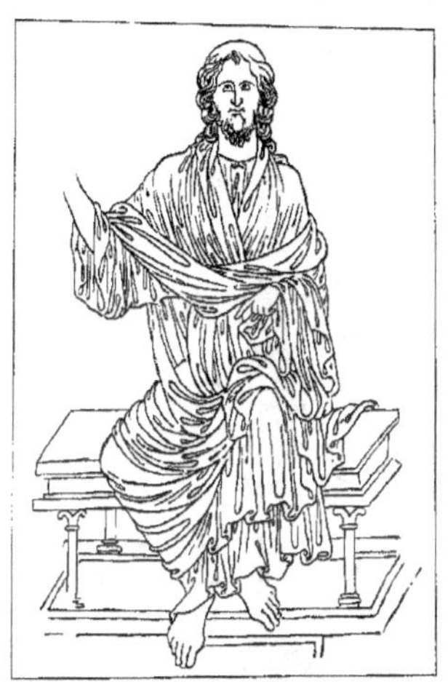

FIGURE D'APÔTRE DRAPÉ.
(Album de Villard de Honnecourt.)

favorable à la Statuaire. Il est toujours dangereux de vouloir faire exprimer à un art concret des pensées abstraites et des sentiments mystiques. Il est clair que cette représentation de belles formes, dont tout un peuple était épris, devait enfanter des œuvres supérieures à celles que pouvait produire un art chargé de rendre un sentiment souvent fort complexe, d'exprimer une idée purement métaphysique, avec quelques gestes peu accentués, un visage impassible et des draperies dépourvues d'éloquence.

Mais, pour téméraire que puisse paraître ce rapprochement, il est un fait assez surprenant, que Viollet-le-

---

1. Daniel Ramée. *Histoire de l'Architecture*, liv. III, p. 79.
2. Renan. *Revue des Deux Mondes*, 1er juillet 1862, p. 204.
3. Viollet-le-Duc, *Dictionnaire raisonné de l'Architecture*, loc. cit.
4. Au Musée de Sculpture du Trocadéro.
5. Taine. Voir son *Voyage en Italie* et la *Philosophie de l'Art*.
6. Proudhon. *Du principe de l'Art et de sa Destination sociale*, p. 293.

7. F. de Verneilh, *l'Art au Moyen Age*, AA. t. XXII, p. 165. « La beauté des formes, écrit fort justement J.-B.-A. Lassus, n'est point l'affaire des artistes du Moyen Age. Ce qu'ils étudiaient surtout dans les figures nues, c'était la forme générale et la position des articulations qui donnent du relief et du mouvement aux draperies. » (*Album de Villard de Honnecourt*, p. 101.)

Duc[1] a mis fort justement en évidence : c'est que l'épanouissement de l'art ogival suivit une marche presque identique à celui de l'art grec. Des sculptures du temple d'Égine, empreintes encore d'un profond caractère hiératique, aux sculptures de Phidias, il s'écoule un peu plus d'un tiers de siècle. Entre les statues démesurément longues de Corbeil et du portail royal de Chartres d'une part, et d'autre part la Statuaire si remarquable du portail occidental de Paris, on ne compte pas plus de cinquante ans. Or, ces derniers ouvrages marquent, eux aussi, une transformation complète. Et l'on n'y retrouve pas plus trace de ces figures allongées à l'excès, figées dans leurs poses immuables, qu'on ne découvre dans les sublimes figures du temple de Thésée ou dans celles du Parthénon l'empreinte de l'hiératisme éginétique.

Loin de nous la pensée de prétendre que ces maigres et solennelles figures de Chartres et leurs contemporaines de Corbeil sont dénuées d'intérêt. Enchâssés, emboîtés, si l'on peut dire ainsi, dans leurs pompeux ajustements, ces personnages extraordinaires, avec leurs yeux à fleur de tête, leurs cheveux frisés ou descendant en longues nattes, leurs lèvres finement dessinées, à moitié souriantes, présentent un caractère personnel qui laisse pressentir l'étude de la nature et la préoccupation d'une ressemblance cherchée. Bientôt suivies par celles du porche méridional de la cathédrale du Mans, puis par celles du transept nord de Saint-Denis et enfin par les si remarquables statues de la porte Sainte-Anne de la cathédrale de Paris, elles constituent, si l'on peut dire ainsi, une série de chaînons caractérisant l'évolution qui, à l'avènement de Philippe Auguste, ouvrira le cycle d'or de la sculpture gothique.

Avec le xiiie siècle, en effet, nous parcourons une des plus belles périodes de l'histoire de la Statuaire. Les personnages, qui s'alignent en nobles théories — semblant former la haie — sous les voussures des vénérables portails, ou encore qu'abritent l'arcature d'une niche ou la saillie audacieuse d'un dais ouvragé, ne sont plus des créatures difformes ou maladives. Ce sont des êtres sains, très humains, dignes et recueillis, parfois gracieux, encore naïfs, mais dont la naïveté nous plaît, parce qu'elle témoigne de la sincérité de l'artiste. L'expression n'atténue pas la beauté des traits, elle les particularise. Ajoutez que les attitudes sont aisées, les mouvements simples et sobres, les vêtements noblement drapés, sans exagération de détails et de plis. En beaucoup moins d'un siècle, le goût général s'est formé ; l'œil de l'artiste s'est ouvert ; il comprend la nature. l'aime et la consulte. À cette puissante et sereine école, son faire devient gras et large, « simple et insaisissable comme aux grandes époques ». Il restitue, en outre, aux acteurs du grand drame liturgique leur longueur normale de sept têtes et demie à huit têtes ; jamais plus. À mesure que le corps se rapproche de sa hauteur traditionnelle, l'œil diminue de volume. « Dans les sculptures du portail royal de Chartres, il répondait encore à la cinquième partie de la longueur faciale. Dans certaines figures de Notre-Dame de Paris, comme dans le « beau Dieu » d'Amiens, et dans les nobles statues de Reims, il n'est plus que le sixième. Ce sont les proportions de l'Hercule Farnèse[1]. »

L'Antiquité, au surplus, ne semble pas étrangère à cette résurrection du goût. Pourquoi l'admirable artiste à qui l'on doit, à Reims, les deux sereines et célèbres figures de matrones drapées à la romaine de la *Visitation*, n'aurait-il pas consulté le sarcophage de Jovin, comme fit Nicolas de Pise, qui s'inspira de ceux garnissant encore le Campo Santo de sa ville natale[2] ? Quoi qu'il en soit, l'art nouveau, s'il n'égale pas l'art ancien, se recommande par sa sincérité ; et ses œuvres nous charment non seulement par la relative pureté et par l'élégance de leurs formes, mais surtout par l'expression chaste et placide de leurs visages, par la parfaite convenance de leurs attitudes et le sentiment élevé, presque surnaturel, qui se dégage de leurs poses. Encore faut-il ne pas perdre de vue que ces admirables figures de Paris, d'Amiens, de Bourges, de Reims, sont des ouvrages de décoration destinés à être vus de loin, à se perdre, en quelque sorte, dans un ensemble, et dont la forme et la taille, l'attitude même, sont commandées par des exigences étrangères à l'art du sculpteur.

STATUES DU PORTAIL ROYAL.
(Chartres.)

---

1. VIOLLET-LE-DUC, *Dictionnaire raisonné de l'Architecture*, t. VIII, à l'article SCULPTURE.

2. Voir *l'Art à travers les mœurs*, p. 220.

3. CICOGNARA. *Storia della Scultura*, t. III, p. 201.

On remarquera encore qu'elles nous apparaissent ayant pour unique parure la patine, souvent triste et sale, que le temps a donnée à la pierre de liais, alors qu'à l'origine elles étaient entièrement dorées, comme *le Couronnement de la vierge* qui décore la façade de la cathédrale de Reims[1], ou recouvertes de couleurs éclatantes, comme les tombeaux des ducs de Bourgogne, à Dijon[2], comme les statues du duc Jean de Berry et de

Laon[3], portent encore des traces de peinture et de dorure. « A Notre-Dame de Paris, écrit Viollet-le-Duc, les trois portes, avec leurs voussures et leurs tympans, étaient entièrement peintes et dorées ; les quatre niches reliant ces portes et contenant quatre statues colossales étaient également peintes. Au-dessus, la galerie des rois formait une large litre toute colorée et dorée. La peinture au-dessus de cette litre ne s'attachait plus qu'aux

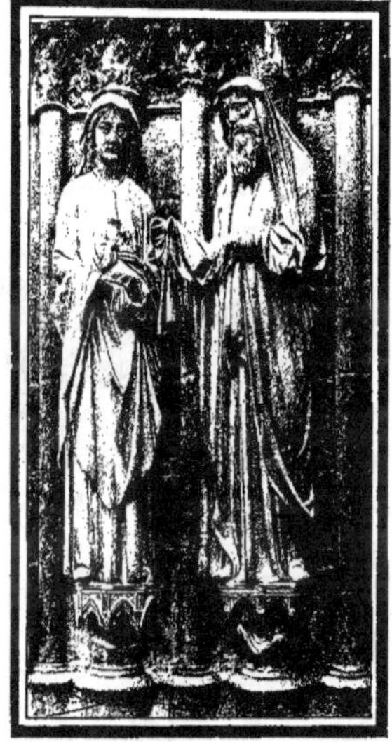

LA VISITATION.

Figures décorant le grand portail de la cathédrale de Reims.

LA PURIFICATION.

Figures décorant le grand portail de la cathédrale de Reims.

Jeanne de Laval, restituées à Bourges, et dont Holbein nous a conservé le primitif aspect. Le doute n'est plus permis, en effet, sur l'emploi, courant au Moyen Age et à l'époque de la Renaissance, de cette brillante polychromie. Le portail sud de la cathédrale de Laon, ceux des cathédrales de Bourges, d'Amiens, de Noyon, le porche de Notre-Dame du Puy, le portail de Saint-Martin de

deux grandes arcades, aux fenêtres sous les tours et à la rose centrale, qui étincelait de dorures[4]. » Aujourd'hui, cette magique décoration a disparu ; mais la porte du transept nord de Reims, conservée comme par miracle, grâce à la construction d'une sacristie qui l'a longtemps protégée, peut donner une idée de sa magnificence[5]. La plupart des monuments civils et des

---

1. « Les statues du portique du milieu gardent des traces de peinture et de dorure. Lacourt les mentionne dans un manuscrit (*Église de Reims*, t. II). Nous avons vu, dans un devis de 1593, que le Sagittaire fut doré ; nous retrouverons tout à l'heure des traces de dorure dans le fronton qui surmonte le portique central. Les statues du portail nord ont été peintes et dorées, les anges de l'abside ont été dorés. Ce n'est pas seulement à l'intérieur que nos pères prodiguèrent cette splendide décoration : les statues extérieures, les pinacles, le couronnement, étaient peints et dorés, tant était grand leur zèle pour l'embellissement du palais du roi des rois. » (CHANOINE CERF. *Description de Notre-Dame de Reims.*)

2. Sur la peinture des tombeaux de Dijon, lire les *Mémoires de la Commission des Antiquités du département de la Côte d'Or*, t. II, p. 10 et suiv.

3. GÉLIS-DIDOT et LAFFILLÉE, *la Peinture décorative en France*.

4. VIOLLET-LE-DUC. *Dictionnaire de l'Architecture*, t. VIII, p. 109.

5. Parfois ces décorations peintes étaient temporaires : telles étaient les *litres* qu'on traçait autour des églises en certaines circonstances spéciales. « LITRE OU CEINTURE FUNÈBRE, écrit PIERRE PALLIOT (*la Vraye et Parfaite Science des Armoiries ou l'Indice armorial de feu Maistre Louvand Geliot*, p. 416), est une trace de peinture de couleur noire, large d'un pied et demy ou de deux au plus, qui s'applique contre les murailles d'une église ou chappelle, à la mémoire et en signe de dueil pour la

monuments religieux étaient alors revêtus de cette brillante parure. Millin a reconnu des traces de couleur et de dorure sur le bas-relief qui représentait Charles V à la porte du couvent des Grands-Augustins de Paris[1]. La statue de ce prince et celle de Jeanne de Bourbon, élevées sur la façade de l'église des Grands-Augustins, étaient également peintes et dorées[2]. Les douze apôtres de la Sainte-Chapelle étaient, eux aussi, « coloriés et peints au naturel[3] ».

Viollet-le-Duc, lors de la restauration de Pierrefonds, a retrouvé des statues fixées à l'extérieur, couvertes de trois tons principaux, brun, rouge et blanc[4]. Il a, en outre, démontré que toutes les figures de la façade de l'hôtel de Jacques Cœur, à Bourges, étaient peintes. Grâce aux beaux travaux du chanoine Dehaisne, nous savons que Jean de Beaumetz, peintre de Philippe le Hardi, peignit et dora, en 1361, pour la halle des jurés de Valenciennes, une statue restaurée par André Beauneveu[5], et que le fameux puits de Moïse avait été revêtu d'une décoration polychrome par Jean Malouel, qui n'était pas,

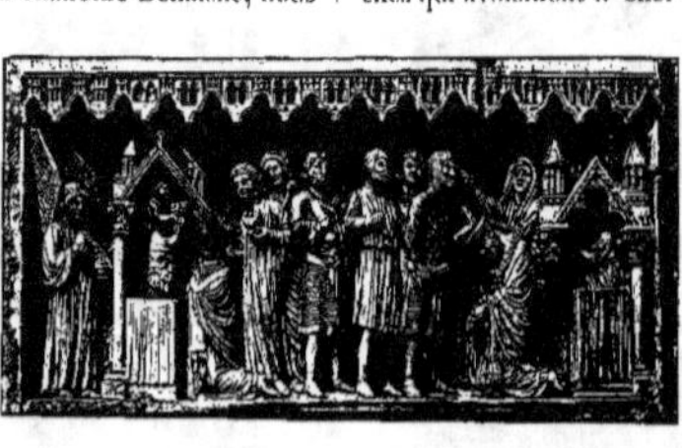
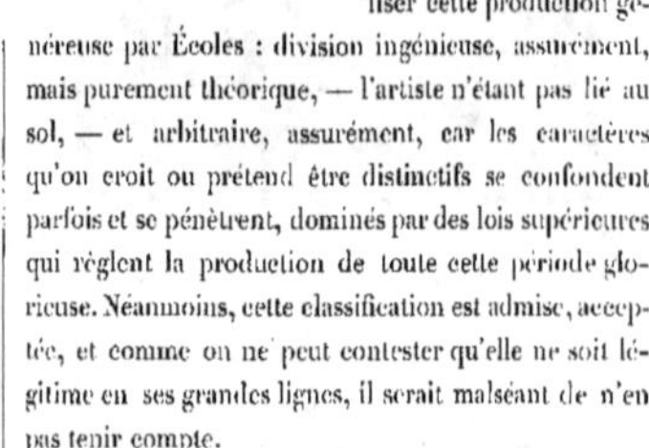

LE MARTYRE DE SAINT-DENIS.
Bas-relief à la cathédrale de Reims.

comme l'ont écrit MM. Crowe et Cavalcaselle, un « badigeonneur de statues », mais un artiste de mérite[6]. Les plus grands peintres, en effet, ne répugnaient pas à ces travaux, et M. James Weale, le descripteur de Bruges, nous apprend que « toutes les parties sculptées de la façade extérieure de l'hôtel de ville étaient peintes et dorées[7] ». Enfin, les admirables clôtures de chœur d'Amiens et d'Albi, qui sont encore coloriées, les claires-voies si curieusement variées qui ferment les nombreuses chapelles du chœur de la cathédrale de Laon, démontrent avec évidence que, jusqu'à une époque relativement moderne, une riche polychromie habilla la sculpture même ornementale[8].

Ainsi, les ouvrages que nous contemplons aujourd'hui avec tant d'admiration, non seulement sont incomplets, étant destitués des couleurs riches et brillantes qui constituaient une partie de leur caractère, mais encore ne nous montrent qu'une exécution imparfaite, puisque, les ayant façonnées pour être peintes, le sculpteur ne s'est pas appliqué à donner à ses figures cette finesse de rendu, cette puissance d'accent, cette perfection de travail, qu'eût réclamées la matière demeurée visible. Et, malgré cela, il semble difficile de ne pas s'écrier, avec un écrivain aussi compétent que sévère pour l'art français : « Nicolas et Jean de Pise n'ont rien fait de plus beau[9] ! »

Toutes ces sculptures, nous ne le savons que trop, ne sont pas d'un mérite égal. A côté de certaines d'entre elles qui avoisinent le chef-d'œuvre, il en est qui montrent, et dans la pensée et dans l'exécution, de grandes insuffisances. D'une statue à sa voisine, souvent de singulières différences apparaissent; à plus forte raison d'une ville, d'une province, d'une région à l'autre. C'est ce qui a engagé certains critiques à localiser cette production généreuse par Écoles : division ingénieuse, assurément, mais purement théorique, — l'artiste n'étant pas lié au sol, — et arbitraire, assurément, car les caractères qu'on croit ou prétend être distinctifs se confondent parfois et se pénètrent, dominés par des lois supérieures qui règlent la production de toute cette période glorieuse. Néanmoins, cette classification est admise, acceptée, et comme on ne peut contester qu'elle ne soit légitime en ses grandes lignes, il serait malséant de n'en pas tenir compte.

Ces Écoles sont au nombre de quatre : « celle de Champagne, écrit Louis Gonse, qui a pour elle la force et l'expression, la richesse des idées et l'originalité de l'exécution ; celle de Picardie, moins habile

<hr>

mort du patron de l'église ou seigneur haut justicier du lieu, sur laquelle trace en divers endroits sont peintes les armes du deffunt »

1. MILLIN, *Antiquités nationales*, t. III : *Grands-Augustins*, p. 13.
2. BEFRRIER, *Histoire du Monastère des Célestins*, p. 60.
3. A. LENOIR, *Musée des Monuments français*, t. VIII, p. 133
4. VIOLLET-LE-DUC, *Dictionnaire de l'Architecture*, t. VIII, p. 275.
5. DEHAISNE, *Histoire de l'Art dans la Flandre, l'Artois, le Hainaut, avant le XVe siècle*. t. I. p. 496.
6. ID., *ibid.*, t. I, p. 500 à 503.
7. JAMES WEALE, *Bruges et ses environs*, Bruges, 1875, p 22.
8 Les statuts des corporations des peintres au Moyen Age ne laissent aucun doute sur l'habitude où l'on était, non seulement de peindre alors les statues, bas-reliefs, etc., mais aussi de rehausser et de rechampir la sculpture ornementale, les saillies des frises et des chapiteaux. (Voir *le Livre des Metiers*, d'ÉTIENNE BOILEAU, op. cit., et ORIN LACROIX, *les Corporations et Confréries de l'ancienne capitale de la Normandie*, op. cit.) L'usage de cette polychromie était, en outre, consacré par une haute ancienneté. ANASTASE (*De Vitis Pontificum*, p. 116), EMERIC DAVID (*Tableau historique de la Sculpture française*, p. 94), CORROYER (*la Polychromie dans la Sculpture au Moyen Age*), démontrent qu'elle remonte aux premiers siècles de notre ère.
9. LABARTE, *Histoire des Arts industriels*, t. I, p. 95.

comme technique, mais mieux entendue dans la composition des grands ensembles, plus architecturale, en un mot; celle de Bourgogne, au ciseau généreux, amoureuse de vie et de vérité; celle de l'Ile-de-France, enfin, qui réunit les qualités des trois autres, en les surpassant par la pureté et l'élévation du style, l'élégance et la délicatesse de la pratique.' » Restent encore les anciennes provinces du Nord, où l'éclosion du style ogival fut tardive, et la Normandie, qui, mal partagée au point de vue des aptitudes sculpturales, n'a jamais fait preuve « d'une personnalité bien tranchée[1]. »

Mais, quelques différences qu'on puisse noter entre les œuvres de ces diverses Écoles, il est un point qui leur est commun : c'est la prodigieuse fécondité dont elles ont toutes fait preuve. Rien qu'à passer la revue de ce que renferment encore nos principales cathédrales, Chartres, Reims, Amiens, Paris, Saint-Urbain de Troyes, Saint-Seurin de Bordeaux, Auxerre, Bourges, Albi, etc., on demeure stupéfait par l'essor invraisemblable de cette infatigable production. Que serait-ce, s'il fallait faire entrer en ligne de compte tout ce qui a été impitoyablement détruit : clôtures de chœur, jubés, parures d'autel, piscines, fonts baptismaux, tombes, ornements de chapelle? On recule presque interdit à la pensée que toutes ces niches, aujourd'hui vides, étaient peuplées jadis, que sous ces portails aux voussures mutilées fourmillait une population de saints, d'anges et de bienheureux.

Mais c'est surtout dans ces énormes bas-reliefs inscrits aux tympans des grandes portes qu'éclate la puissance d'imagination et de production de ce Moyen Age dénoncé par Michelet comme « un monde d'idiots[2] ». Chacune de ces grandes compositions est ordonnée comme la représentation d'un *mystère*[3]; et quels *mystères*! Ceux qui tenaient le plus au cœur de la foule : d'une part, le Jugement dernier avec la Résurrection et la Pesée des âmes, pierre angulaire de toute l'influence ecclésiastique; d'autre part, l'histoire de la Vierge consolatrice et bienfaisante, l'inspiratrice par excellence des imagiers du xiii⁰ siècle. A Reims, à Paris, à Chartres, à Bourges, c'est sa douce légende qui alimente la verve des sculpteurs, alternant avec celles des martyrs de la Foi, protecteurs du sanctuaire, avec celles des saints

chers à la région. Jamais iconographie liturgique ne fut plus complète et plus foisonnante.

Il faut être frappé d'une sorte de cécité[4] pour n'être pas troublé par cette fécondité merveilleuse, par cette puissance de production infatigable, aboutissant à la création d'un pareil nombre d'œuvres supérieures. Et si, à nos yeux prévenus, à nous dont l'éducation est si différente, dont les croyances sont ébranlées, elles paraissent empreintes de tant de grandeur et de

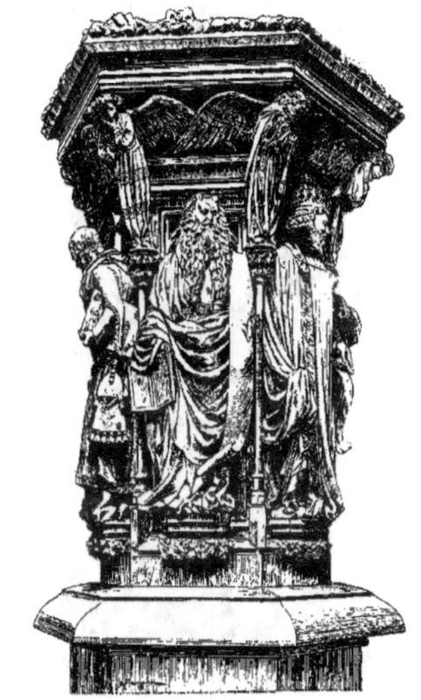

LE PUITS DE MOÏSE.
A la Chartreuse de Champmol (Dijon).

charme, que devaient-elles sembler à ceux pour qui elles furent exécutées, et dont elles réalisaient les idées et les aspirations! Car l'effort de l'artiste, nous l'avons dit, ne se bornait pas alors à inventer des formes gracieuses ou touchantes, héroïques et nobles. Il s'efforçait de traduire un sentiment élevé, d'interpréter une pensée pieuse. Ses ouvrages parlaient un double langage, dont la clef est perdue pour nous. Les figures sacrées, outre

---

1. Louis Gonse, *l'Art gothique*, p. 418.

2. Michelet. *Histoire de France*, t. IX, p. 32.

3. Ceux qui, comme M. Brunetière, voient dans les *mystères* « un prolongement du culte », peuvent également donner cette qualification à ces sculptures extérieures, si impressionnantes (*Manuel de l'Histoire de la Littérature française*, p. 20).

4. C'est le cas du comte Cicognara, qui, avec un parti pris inqualifiable, osait prétendre qu'on ne pouvait citer aucun monument de sculpture vraiment français « avant 1404 ou plutôt 1507 » (*Storia della Scultura dal suo risorgimento in Italia sino al secolo* XIX). Cet aveuglement incompréhensible fut partagé, du reste, par Quatremère de Quincy, osant écrire : « Il est certain qu'aux époques des xiii⁰, xiv⁰ et xv⁰ siècles, la sculpture ou n'était pas pratiquée en France, ou ne l'était que par des artistes italiens.... En France, avant le xv⁰ siècle à peine peut-on nommer un seul sculpteur. » (*Journal des Savants*, septembre 1816, p. 39, et octobre 1816, p. 18, et *Revue encyclopédique*, août 1819.)

leur beauté plastique, puisaient dans un commentaire muet une valeur didactique et morale, une éloquence prophétique que nous ne comprenons plus. Dès lors, on est en droit de s'étonner que ce Moyen Age, qui était en si parfaite communauté de sentiments avec ses artistes, se soit tellement absorbé dans la contemplation de leurs

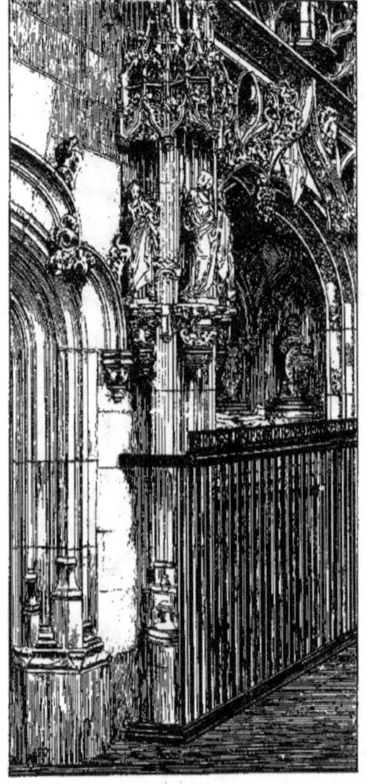

ÉGLISE DE BROU A BOURG.
Tombeau de Marguerite de Bourbon.

œuvres, qu'il ait oublié de retenir leurs noms et de les transmettre à la postérité.

Quelques monuments pieux attestent, cependant, qu'il ne fut pas absolument ingrat pour certains de ses architectes, et qu'il sut parfois les apprécier à leur juste valeur. On peut voir encore, dressée contre un des murs de la cathédrale de Reims, la pierre tombale de Hugues Libergier, « qui commença cette église ». Il y est qualifié de *magister*[1], titre honorable assurément. Plus généreux, les rédacteurs de l'épitaphe de Pierre de Montreuil lui accordent les beaux surnoms de *flos plenus morum, vivens Doctor Latomorum*[2]…. A Caen, les moines de Saint-Etienne prodiguent aussi à leur architecte ce beau titre de *petrarum summus in arte*. Également reconnaissants, le chapitre et l'évêque d'Amiens firent tracer au milieu de leur église, dans les méandres d'un « chemin de Jérusalem », une longue inscription commémorative qui racontait la part respective de Robert de Luzarches et de ses successeurs, les deux Cormont dans cette œuvre admirable. Il nous faut reconnaître que l'histoire a pieusement enregistré les noms d'un certain nombre d'architectes qui ont été porter au delà de nos frontières notre style ogival. Enfin, celui de Raymond du Temple, le constructeur du Louvre sous Charles V, a reçu d'un de ses plus distingués confrères, A. Berty, le tribut d'éloges qui lui était dû. Mais, pour les sculpteurs, il n'en va pas de même. C'est à peine s'il se trouve une dizaine d'entre eux qui n'ont pu résister au naturel désir de transmettre leurs noms à la postérité.

Une des figures du portail de Saint-Gilles, près d'Arles, porte la signature d'un certain BRUNUS. Au-dessous du *Jugement dernier* qui décore le tympan du portail d'Autun, on lit : GHISLEBERTUS HOC FECIT. M. Du Seigneur nous apprend qu'un des chapiteaux du porche de l'église de Saint-Benoit-sur-Loire porte UMBERTUS ME FECIT[3]. Un savant anglais, Thomas Wright, a signalé sur un des chapiteaux de l'église abbatiale de Ramsey : ROBERTUS ME FECIT. Un autre sculpteur du même nom a inscrit sur la base d'une colonne, dans l'église de Saint-Réverien (Nièvre), une inscription pareille, deux fois répétée avec une légère variante. Au musée de Toulouse, on conserve deux statues représentant l'une saint Thomas, l'autre saint André ; elles proviennent de la chapelle de Saint-Étienne et sont signées du nom de GILABERTUS[4]. Didron a relevé sur le linteau de la porte de Saint-Ursin de Bourges l'inscription : GIRALDUS FECIT ISTAS PORTAS, et sur celles de Notre-Dame du Puy on lit : GAUZFREDUS ME FECIT. Nous-même, sur un chapiteau de l'église Saint-Pierre de Chauvigny, nous avons copié la triomphante signature I. GOFREDUS ME FECIT[5]. Gaignières a fait dessiner dans l'église byzantine

---

1. Cette pierre tombale a été reproduite dans *l'Art gothique*, de M. GONSE, p. 432, et dans *la France artistique et monumentale*, t. I, p. 23.
2. PIGANIOL DE LA FORCE, *Description de Paris*, t. VIII, p. 71.
3. J. Du SEIGNEUR, *Notes et Observations*, à la suite du *Tableau historique de la Sculpture française*, p. 297.

4. Sur l'une de ces statues, on lit : VIR NON INCERTUS ME CELAVIT GILABERTUS, et, à ce propos, Didron aîné dit : « ce *vir non incertus*, un homme que tout le monde connaît bien, me parait orgueilleux ». (*Annales archéologiques*, t. I. p. 28.)
5. TRANCHANT (*Notice sommaire sur Chauvigny*), donne une autre leçon.

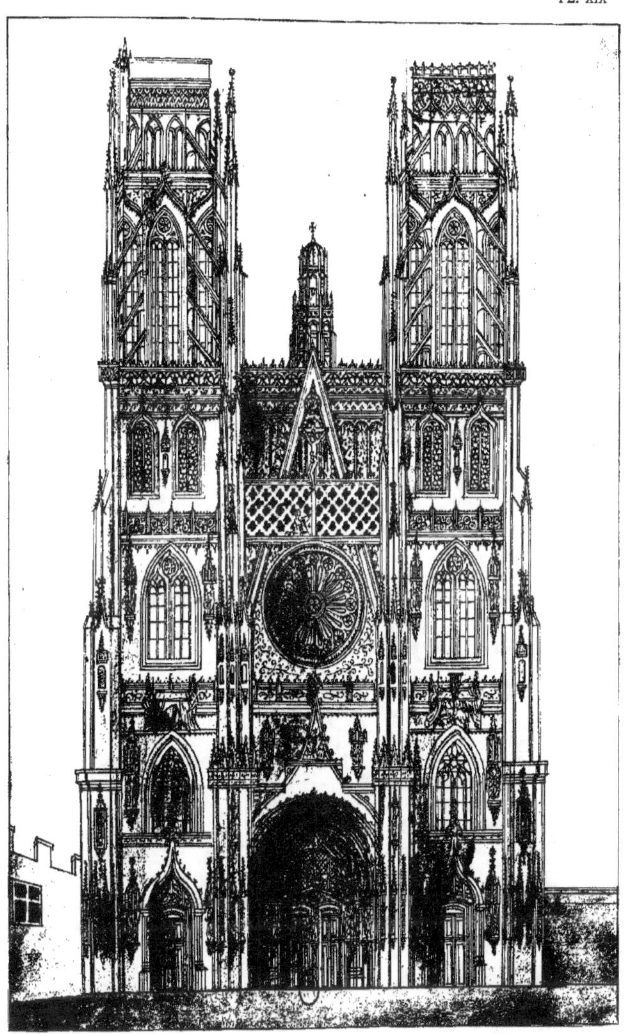

Ducourtioux et Huillard, sc.

Ch. Schmid, éd.

PORTAIL DE LA CATHEDRALE DE TOUL
D'après un dessin ancien (Cabinet des Estampes)

de la cité de Périgueux la tombe d'un évêque mort en 1169, portant la mention : Constantinus de Jarnac fecit hoc opus. On lui doit également la reproduction du tombeau de René de Breslay, évêque de Troyes, signé : Alexandre Macdelain m'a faicte, et de la tombe en cuivre d'Eude de Sully, avec cette inscription : Stephanus de Boisse me fecit. Enfin Lenoir exposa au Musée des Monuments français une mosaïque signée : Bono frater hæc ecclesiæ fecit hoc opus[1]. Encore est-il à remarquer que la plupart de ces artistes appartiennent à la période romane, à celle où l'on prétend que l'art était exclusivement exercé par les religieux. Singularité qui vient de nouveau infirmer les théories extravagantes des Batissier, des Vitet et des Viollet-le-Duc.

Ainsi, alors qu'en Italie chaque œuvre, même médiocre, est revendiquée par un et parfois par plusieurs auteurs[2], les artistes français forment une cohorte silencieuse de travailleurs innommés, où les hommes de génie ne songent à se distinguer de la foule de leurs collègues que par la sereine beauté de leurs œuvres.

Rien n'est plus louable, assurément, mais rien n'est plus fâcheux que cet anonymat. Il a donné naissance, en effet, aux yeux de l'Europe et à nos propres yeux, à une dépréciation singulière de nos vieux artistes.

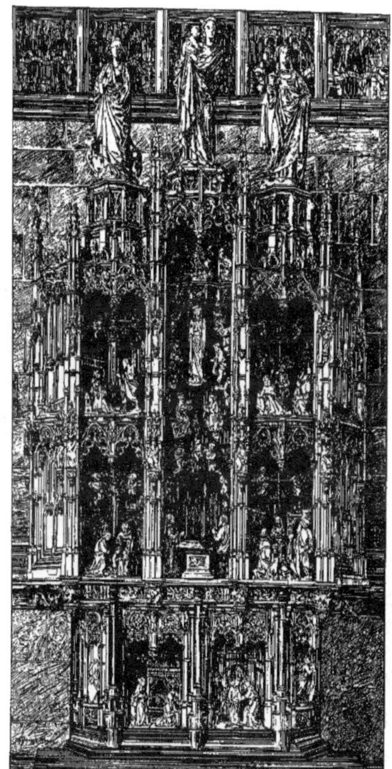

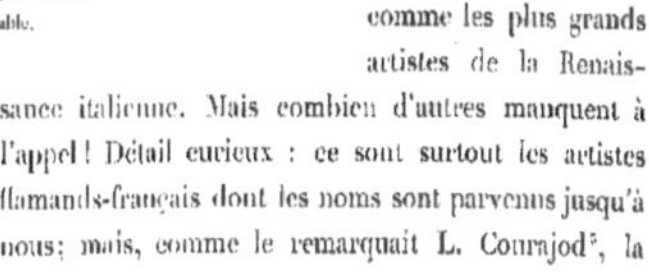
ÉGLISE DE BROU, A BOURG.
Grand retable.

Il nous a manqué un Vasari pour écrire leur légende dorée. Lacune irréparable. Car c'est en vain qu'une légion de patients critiques s'est mise à l'œuvre, en ces derniers temps, pour arracher tant de noms à l'oubli et dérober aux feuillets de nos archives le secret qu'elles gardent trop fidèlement. Il n'est plus temps ; le prestige de l'École française, atteint par un trop long silence, ne se relèvera jamais de cette négligence, de cette indifférence coupable, de ce désintéressement exagéré. C'est à peine si une quarantaine de noms, pieusement recueillis, émergent de cette nuit obscure. Jean de Liège, Pierre de Chelles, Jean de Cambrai, Jean d'Arras, Claus Sluter, Claus de Werve, Jean Ravy, Jean Le Bouteillier, Jacques de Chartres, Jean Pépin de Huy, Guy de Dampmartin, Jean de Saint-Romain, Jacques Morel, Jean de Marville, Philippe de Foncières, Guillaume Josse, Antoine le Moiturier, Jean Poncet, Jean de Launay, André Beauneveu de Valenciennes, ce dernier, artiste complet : statuaire, peintre, décorateur, miniaturiste, génie universel comme les plus grands artistes de la Renaissance italienne. Mais combien d'autres manquent à l'appel ! Détail curieux : ce sont surtout les artistes flamands-français dont les noms sont parvenus jusqu'à nous ; mais, comme le remarquait L. Courajod[3], la

---

1. Bibliothèque Nationale, Ms. fonds latin 6652 et 6692. — Id., Topographie générale de la France, Va, 39. — Alexandre Lenoir, Musée des Monuments français, t. II, p. 23.

2. Voir, au sujet d'inscriptions analogues relevées en Italie, sur la façade de Saint-André de Pistoia, sur une colonne de Padoue, sur la porte dite Porte Romaine de Milan, etc., etc., Morona, Pisa illustrata, t. II. p. 42. — Vasari. Vite de' Pittori, t. I, p. 245. — Giulini, Memorie della Città di Milano. etc.. t. I. p. 187. — Séroux d'Agincourt, Histoire de l'Art par les Monuments, t. III, p. 21 et suiv.

3. Courajod, la Part de la France du Nord dans l'œuvre de la Renaissance.

plupart avaient passé par Paris, et « Paris leur imposait une manière, une allure de travail particulier ». Malheureusement, les éléments nous manquent pour porter un jugement définitif sur cette profusion d'artistes. Si la Statuaire, associée à l'architecture, nous plonge dans une admiration si grande, si ces œuvres, commandées pour une destination précise et subordonnées à cette destination, exécutées en outre pour être vues à distance, excitent un si vif enthousiasme, quels sentiments éveillerait donc en nous la contemplation de ces figures fines, délicates, caressées avec amour, faites pour être sous l'œil, dont l'infatigable ciseau de nos sculpteurs avait peuplé églises et palais! Mais, là encore, les ouvrages sont presque aussi rares que les noms. Admirez sans réserve, à Saint-Denis, ce panthéon de la royauté française, les tombeaux du fils et du frère de saint Louis, de Clémence de Hongrie, de Louis d'Évreux, de Marguerite de Valois, sa femme, de Charles de Valois, de Catherine de Courtenay; dans la crypte de Bourges, la figure *gisante* du duc Jean de Berry; celles du comte Haymon à Corbeil; des papes Jean XXII et Benoît XII à Avignon; de Pierre de Roquefort à Saint-Nazaire de Carcassonne; d'Olivier de Clisson et de Marguerite de Rohan à Josselin (Morbihan); et regrettez que la plupart de ces monuments transformés, déplacés, incomplets, ne puissent vous donner qu'un faible aperçu d'un art aussi exquis dans son exécution savoureuse et souple, que fier dans sa conception de la beauté et du caractère humains.

La plupart de ces effigies de Saint-Denis, empruntées à des sanctuaires aujourd'hui détruits, ne reposent plus sur leurs anciennes bases. Démontées, transportées par Lenoir au musée des Augustins avant d'aller aboutir à la nécropole royale, elles ne constituent plus que des fragments provenant de grands ensembles qu'il eût fallu, pour les bien juger, contempler dans leur milieu. Même celles qui paraissent avoir été le mieux respectées ont été au moins déplacées. La gracieuse sépulture d'Agnès Sorel, avec les deux anges mignards qui portent l'oreiller où repose la tête de « la Belle des belles[1] », fut d'abord dressée dans le chœur de Notre-Dame de Loches, puis, en 1777, transportée du chœur dans la nef, et, en 1809, dans la tour du château, dite « tour d'Agnès[2] »…. Qui oserait affirmer qu'elle a gagné à ces déplacements? Les mausolées de Philippe le

Hardi et de Jean Sans Peur furent saccagés à la Révolution. Il fallut qu'une main pieuse en recueillit les morceaux épars pour les reconstituer tels qu'on les voit au musée de Dijon[3]. Combien d'autres, dans leurs pérégrinations, ont été plus maltraités encore! Les guerres de religion en respectèrent bien peu, et, même avant ce temps, beaucoup avaient été profanés ou détruits! Songez, en effet, que la plupart de ces gisants que nous contemplons à Saint-Denis, étendus sur une

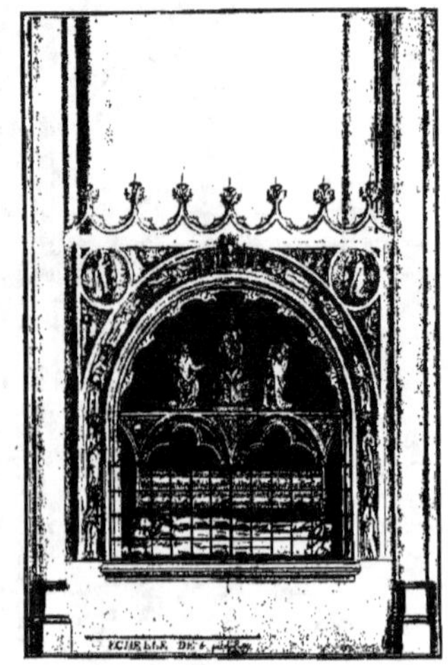

ARRAS. TOMBEAU DE THIERRY, ROI DE FRANCE.
Enlevé par ordre royal en 1747. (D'après un ancien dessin du cabinet des Estampes.)

simple dalle blanche ou noire, étaient sur leurs tombes primitives entourés par un cortège de statues dites des *deuils*[4], abritées sous de gracieuses arcatures, pleurants, orants, pénitents de tous habits, ou encore saints patrons, apôtres, prophètes, Vertus ou Vices[5]. Combien d'autres étaient protégés par des dais somptueux, comme à Brou, par des niches sculptées dans l'épaisseur de la muraille comme à Arras! Aujourd'hui, de ces beaux monuments il ne reste plus qu'une effigie souvent mutilée personnifiant le calme sommeil de la mort.

---

1. DE LA THAUMASSIÈRE, *Histoire du Berry*, p. 92. — ALAIN CHARTIER, *Histoire de Charles VII*, p. 192.
2. DUFOUR, *Dictionnaire historique d'Indre-et-Loire*, t. II, p. 178 à 273.
3. Sur les mutilations commises en 1525, par les soudards du connétable de Bourbon, consulter RUFFI, *Histoire de Marseille*, part. II, p. 105.
4. E. DAVID, *Tableau historique de la Sculpture française*, p. 131.
5. Cette disposition était fort ancienne. On la trouve en 1166 (MARTÈNE, *Voyage littéraire*, part. II, p. 59). Elle devint ensuite caractéristique des tombeaux royaux. Parlant du mausolée dédié par Charles VI à son oncle le duc de Berry, JEAN CHENU écrit : « C'était une sépulture élevée, en la forme des sépultures des roys et enfants de France, par figures et représentations ». (*Recherches des Antiquités de Bourges*, p. 46.)

VIII

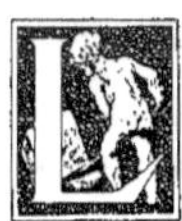

L'ARCHITECTURE religieuse, dans cette étude de l'art ogival, nous a presque uniquement absorbés jusqu'ici. Ce n'était que justice. Sans sortir de notre pays, est-il une ville de province qui puisse opposer une préfecture, un palais de justice, un hôtel de ville, une église même, à ces admirables cathédrales qui font l'orgueil de Paris, de Reims, de Chartres, d'Amiens, de Bourges? Quelle ville, et parmi les plus riches, peut mettre en ligne des édifices rivalisant avec ces chefs-d'œuvre de l'époque ogivale? Paris peut-être, à cause de son Louvre et de son hôtel de ville; Lyon et Bordeaux également. Celle-ci avec son théâtre et ses quais; celle-là grâce à son hôtel de ville et à son palais de la Bourse, pourraient prétendre à l'exception. Rouen, dont le palais de justice est justement célèbre; et Marseille, orgueilleuse de sa cathédrale nouvelle et de son palais de Longchamp, figureraient sur le même rang. Mais combien pourrait-on en citer d'autres?

Est-ce à dire, toutefois, que, seule, l'architecture religieuse ait, au Moyen Age, produit de grandes œuvres? Non pas; mais, comme l'écrivait Bain, « la religion change moins que tout le reste ». C'est pourquoi nombre d'églises, grâce au dogme immuable, nous ont été conservées, alors que les constructions civiles, asiles d'une société en perpétuelle transformation, victimes d'évolutions périodiques et souvent subversives, ont été constamment remaniées et trop souvent détruites. Si bien que l'on peut constater (ce qui semble un paradoxe) qu'il est presque moins rare de retrouver une maison romane en très bon état qu'une maison gothique. Et, cependant, ce n'est pas que les constructeurs civils fissent défaut à l'époque où nous sommes parvenus; puisque c'est le temps, on s'en souvient, où l'on assigne à l'élément franc-maçon sa prépondérance mystérieuse. Déjà, sous ce qu'on est convenu d'appeler l'hé-

gémonie des moines, on avait vu une foule de travaux publics exécutés par les laïques, les châteaux surtout et les ponts. Ces derniers, qui jouaient au Moyen Age un rôle si important qu'ils décidaient parfois du sort d'une cité, et dont la construction était regardée comme extraordinairement délicate et difficile, furent tous, sauf deux[1], construits par des civils. Or, pour se convaincre du nombre de ceux qui furent édifiés pendant le Moyen Age, il suffit de relever la quantité de villes grandes et petites, qui empruntent leurs noms aux ponts les mettant en communication avec le rivage opposé[2], et celles aussi qui font figurer ces mêmes ponts dans leurs armoiries, comme Cahors, Pont-Audemer, Pontacq (Basses-Pyrénées), Pontbriant[3], etc..., preuve que le monument était essentiellement municipal. Ajoutons que certains de ces ponts, solidement fortifiés, gardés par de hautes tours (tels sont encore ceux d'Orthez et de Cahors), constituent même aujourd'hui des monuments du plus haut intérêt.

Bien loin de ralentir les constructions civiles, la période ogivale, au contraire, les fit se développer à ce point que, durant le siècle et demi qui sépare l'avènement de Philippe Auguste de la guerre de Cent Ans (1180-1337), des villes entières virent presque subitement le jour. Il suffit, en effet, de quelques années de paix pour que la France pût se ressaisir et — avec ce merveilleux ressort dont elle a donné des preuves éclatantes en maintes occasions cruelles — se retrouvât forte, vaillante et plus prospère que jamais. La sécurité parut même alors si grande, si durable, qu'on cessa de bâtir les cités sur des éminences difficilement accessibles. On les installa dans des plaines coupées par des routes, sur les rives de fleuves navigables. En outre, on adopta pour ces agglomérations nouvelles des plans simples, en forme de quadrilatères, percés de rues rectilignes se coupant à angles droits, et constituant une succession d'îlots d'épaisseur et de largeur à peu près égales, — disposition si régulière que F. de Verneilh, contemplant le plan d'une d'elles, s'écriait : « On dirait un potager ». Didron aîné, à propos de ces villes « en damier », ajoutait : « N'en déplaise aux archéologues de l'école de M. Victor Hugo..., au Moyen Age on aimait la ligne droite

<hr>

1. Ce sont le pont d'Avignon, construit par saint Benezet, et celui du château de Ponsal, sur la Gartempe, édifié par les moines de Grandmont et surnommé, à cause de cela : pont des Bonshommes. (Dr. Verneilh, *Architecture civile au Moyen Age : Annales archéologiques*, t. XVI, p. 296.)

2. Une infinité de villes, en effet, sont dans ce cas. Nous citerons, entre autres : Pont-à-Mousson, Pont-Audemer, Pont-Croix (Finistère), Pont-de-l'Arche, Pont-de-Roide (Doubs), Pont-de-Vaux (Ain), Pont-de-Beauvoisin (Isère), Pont-de-Veyle (Ain), Pont-Gibaut (Puy-de-Dôme), Pont-l'Abbé (Finistère), Pont-l'Évêque, Pont-Levoy (Loir-et-

Cher), Pont-Saint-Esprit, Pontault, Longpont, Grand-Pont (Vienne), Pontarlier, Pont-Sainte-Maxence, Pontivy, Pontoise, les Ponts-de-Cé, Pontchartrain, Pontorson (*Pons Ursonis*), Pont-Saint-Pierre (Eure), Pont-sur-Seine, Pont-sur-Yonne, etc...

3. Voir Pierre Palliot, *la Vraye et Parfaite Science des Armoiries*, t. II, p. 551. Nombre de ces constructions furent faites en participation avec les seigneurs suzerains, et même avec la coopération spirituelle du clergé local. (Consulter à ce sujet *Archives de Montauban*, livre rouge, fol. 5, p. 105. — *Annales du Rouergue*, t. I, p. 261, 295 et 372. — Vicomte de Gourgues, *Lettres sur le Périgord*, p. 4, etc.)

comme le plus court chemin d'un point à un autre[1] ».

De 1240 à 1250, Montflanquin[2], qui devait servir de type à la plupart de ces villes nouvelles, — au moins de celles élevées au-dessous de la Loire, — fut ainsi rebâtie sur un plan régulier. En 1248, Aigues-Mortes, acquise par saint Louis, fut pareillement reconstruite[3]. Libourne, Beaumont en Périgord, Montpazier, suivirent de près. La jolie petite cité de Sainte-Foi, « dont la plupart des rues paraissent tirées au cordeau et qui a une place entourée d'arcades[4] », date de cette époque. La ville basse de Carcassonne, détruite par le Prince Noir et réédifiée sous le règne de saint Louis et sous la direction de ses consuls[5], affecte ce même plan, et en 1631 elle faisait encore l'admiration des voyageurs par la rectitude de sa voirie[6]. Ce qui achève d'assigner, au surplus, un caractère confiant et pacifique à ces diverses cités, c'est que les rues principales traversant l'agglomération de part en part aboutissent à des portes d'un accès facile, — particularité qui, étant donné l'esprit du temps, atteste un degré surprenant de sécurité.

Cette tranquillité si longtemps souhaitée, si vainement poursuivie pendant tant de siècles, enfin conquise et qui causait l'étonnement et l'envie des étrangers[7], permit la création de toutes ces *Villeneuve*, de toutes ces *Villefranche*, qui jaillirent presque simultanément du sol français. Villeneuve-d'Agen, fondée en 1259 par ordre d'Alphonse de Poitiers, frère de saint Louis[8]; Villefranche de Périgord, aux futurs habitants de laquelle le même prince accorde les privilèges et prérogatives dont jouissent les habitants de Bordeaux, Bergerac et Périgueux (1270)[9]; Villefranche de Rouergue... datent du même temps; et si l'on remarque que Philippe de Montfort posa la première pierre de Villefranche (Tarn), on ne sera pas loin de conclure, avec Félix de Verneilh, que « tout ce qui porte le nom de Villefranche ou de Villeneuve » remonte à cette époque et « offre un plan régulier[10] ».

Or, ces deux noms sont encore extrêmement répandus[11]; et cependant combien de villes ainsi fondées au xiie et xiiie siècle ont disparu! Car ce facile accès, qui faisait leur originalité et leur aptitude commerciale, devait aussi amener leur perte. Impropres à une longue défense, elles furent, au cours de la guerre de Cent Ans, la proie facile du pillage et de l'incendie. Mais l'éclosion de cette multitude de cités en si peu d'années était d'autant plus à signaler, qu'il nous faut faire un bond de quatre cents ans dans l'histoire, non pas pour revoir fait pareil se produire, mais pour assister simplement à la création d'une ville nouvelle[12]. C'est, en effet, seulement en 1606 que Charleville fut fondée par Charles de Gonzague, duc de Nevers. Dans ce même temps, Sully jette les bases de la ville d'Henrichemont, qu'il dut abandonner à la mort de Henri IV[13]. Puis Richelieu essaye, non pas de créer, mais de rebâtir sur un plan régulier la ville dont il portait le nom[14]. Enfin, nous arrivons à Louis XIV, qui, grand bâtisseur cependant, ne vit naître sous son long règne que trois villes : Rochefort, Neuf-Brisac et Versailles. Après lui, le xviiie siècle ne porte guère à son actif que Lorient, fondée par la Compagnie des Indes en 1719, érigée en commune en 1738; et, en ce siècle, Napoléon-Vendée est la seule ville qui compte comme une création du chef de l'État. Encore Napoléon Ier ne put-il achever l'œuvre entreprise. Pour la mener à bien, il lui fallut

---

1. F. DE VERNEILH, *l'Architecture civile au Moyen Age.* — DIDRON, *Annales archéologiques*, t. VI, p. 304.

2. Voir *la Guienne historique et monumentale*, 2e partie, p. 288.

3. E. DI PIETRO, *Notice sur la ville d'Aigues-Mortes*, Paris, 1821. — MARIUS TOPIN, *Aigues-Mortes*, 1873. — *La France artistique et monumentale*, t. III, p. 145.

4. *Histoire de Libourne*, p. 26.

5. CROS MAYREVIEILLE, *Histoire du Comté et de la Vicomté de Carcassonne*.

6. « Carcassona duplex.... Ima urbs ad radicem prioris quadratum, æquilateri exstructa.... Si edificia qui lignea et sine ornatu sunt, cum platearum symmetria parietibus fecerent. elegantiorem Gallia urbem non haberet. Nam vici et plateæ artificiosa dispositione in longum protentæ « transversis plateis recta linea decussatim transsecantur. » (*Itinerarium belgica-gallicum*. Leyde, Elzevier, 1631, p. 584.)

7. Notamment de Brunetto Latini, témoin oculaire et peu suspect, qui écrit : « Les Ytaliens qui soyent guerroyent entreaus se délitent à faire hautes tours et maisons de pierres. Et se cest hors de ville, ils font fossées et palis et murs et tournelles et pons et portes coleices, et sont garniz de mangoniaux et de saettes, et de toutes choses qui apartiennent à guerre, por défendre et por getter, et por la vie des homes ens et hors maintenir. Mais li Franchois font maisons grans et planiers et paintes, et chambres lées por avoir joie et délit, sens noise et sens guerre; et por ce savent mielz faire praillis et vergiers, et pomiers entour leur habitation. » (BRUNETTO LATINI, *le Trésor*, dans PAULIN PARIS, *Manuscrits français de la Bibliothèque du Roi*, t. IV, p. 361.)

8. *La Guienne historique et monumentale*, t. I, p. 26.

9. VICOMTE DE GOURGUES, *Des Communes de Périgord*, p. 25.

10. F. DE VERNEILH, *l'Architecture civile au Moyen Age* (*Annales archéologiques*, t. VI, p. 85).

11. BRUZEN DE LA MARTINIÈRE (*Grand Dictionnaire géographique, historique et critique*. Paris. 1768, t. VI, p. 179) cite douze Villefranche bâties du xiie au xiiie siècle et signale pour quelques-unes (notamment Villefranche de Roussillon et Villefranche-sur-Mer) leur forme quadrangulaire et la régularité de leurs rues. Il cite seize Villeneuve, et sa nomenclature est loin d'être complète, puisque VICTOR PETIT, dans le seul département de l'Yonne, en a découvert sept (VICTOR PETIT, *Villes champenoises au xiiie siècle*).

12. La seule ville qu'on voie se construire avant le xviie siècle est Vitry-le-François, mais elle fut seulement rétablie, et non pas créée. François Ier la fit édifier, en effet, pour recevoir les habitants de Vitry en Perthois. que Charles-Quint venait de détruire (1544).

13. Sully avait passé à ce sujet un marché avec Jonas Robelin, maître maçon de Paris, et Hugues Cosnier, entrepreneur du canal de Briare (*Annales archéologiques*, t. XI, p. 340).

14. Sur la reconstruction de Richelieu, voir DESMARETS DE SAINT-SORLIN, *Promenades à Richelieu*. — COLARDEAU, *Description de Richelieu*, à la suite des *Mémoires du cardinal duc de Richelieu* (1643). — DUFOURNY, *Voyage à Richelieu* (1800). — E. BONNAFFÉ, *Recherches sur les collections du Richelieu*, etc.

englober dans son agglomération factice le bourg de
la Roche-sur-Yon, dont le nom, après bien des vicissitudes, a fini par prévaloir[1].

Cette fièvre de construction n'a malheureusement
laissé après elle, nous en avons dit la cause, qu'un
nombre limité de spécimens, trop insuffisant pour
qu'on puisse porter sur l'architecture privée de cette
époque un jugement fortement motivé. Les habitations
du xiiie au xve siècle peuvent toutefois être réparties
entre deux types principaux : les constructions à pans
de bois (*lignea*), de beaucoup les plus nombreuses, et
qui jusque dans le Midi (nous l'avons vu pour Carcassonne) occupaient des quartiers entiers. Ces maisons,
en grande partie, disparurent fatalement dans les incendies périodiques qui dévastaient les villes du Moyen Age.
On en retrouve, cependant, un peu partout. A Paris
même, elles étaient, il y a quelques années encore,
assez nombreuses. A Reims et à Angers, il en est de fort
belles, et dont le nom est connu. A Nantes, à Moulins, à
Compiègne, à Beauvais, aux Audelys, à Rouen, à Caen,
à Bures (Seine-Inférieure), dans toute la Normandie,
du reste, on en rencontre de remarquables ; mais, à
cause des éléments de destruction qu'elles portent
en elles-mêmes, la plupart sont relativement récentes,
c'est-à-dire qu'elles remontent au xve siècle et pas plus
haut. Elles sont généralement à deux ou trois étages, et
n'en comptent qu'exceptionnellement un ou deux de
plus. Leur décoration est presque partout la même, et
la sculpture ornementale y joue un rôle important.
Autrefois, la peinture venait ajouter à la gaieté de ces
façades historiées. La couleur pittoresque et joyeuse
a aujourd'hui disparu, et c'est à peine si l'on rencontre
encore de loin en loin deux ou trois de ces habitations
ayant conservé leur ancienne parure.

Les maisons de pierre offrent des spécimens plus
anciens. On en connaît du xiiie et surtout du xive siècle,
car c'est durant ce dernier que la vie civile prit un
développement sérieux, et que le Tiers État, appuyé
sur l'autorité royale, commença de jouer un rôle
important. Les villes donc élèvent des maisons communes, avec tour ou beffroi ; la bourgeoisie, devenue
riche, construit des habitations plus vastes et plus ornées.
Nous ne sommes plus loin du temps où Jacques Cœur,
fils de marchands, banquier lui-même, fera édifier à
Bourges un vrai palais, portant, en mille reliefs exquis, sa

généreuse devise : « A cœur vaillant, rien d'impossible ».

Limoges, brûlée à deux reprises, en 1167 et 1200,
reconstruite entre 1210 et 1250, renferme en ses anciens
quartiers un nombre relativement important de maisons
contemporaines de Philippe Auguste et de saint Louis.
Périgueux en possède également plusieurs. On en voit
aussi quelques-unes à Laon, à Poitiers, à Provins, à
Bourges, à Montpazier. Au Mans, la maison dite *d'Adam
et Ève* est justement célèbre ; à Reims, la *maison des*

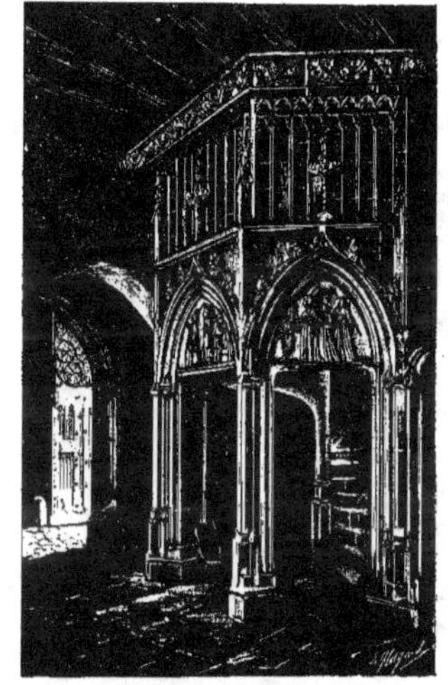

ESCALIER DE L'HOTEL DE JACQUES CŒUR.

Ménétriers jouit d'une réputation plus grande encore.
Certaines villes, au delà de nos frontières, comme
Bruges, par exemple, comptent les habitations gothiques par centaines ; et, quoique construites en briques,
presque toutes sont d'un goût charmant et d'une élégance raffinée.

Quelles étaient, d'une façon générale, la disposition
extérieure et la distribution de ces maisons bourgeoises ? En dépit des remaniements qu'elles ont presque
toutes subis, il semble qu'on puisse prétendre avec
F. de Verneilh[2] que ce qui s'est passé dans le domaine
religieux au Moyen Age se retrouve dans le domaine

---

1. De Barante nous a révélé un curieux entretien où Napoléon était
forcé de reconnaître en plein conseil des ministres, que les villes ne
s'établissent pas à la volonté d'un gouvernement, et qu'il faut une
réunion de circonstances spéciales pour leur assurer une existence

durable. (Voir article de BERGER DE XIVREY, dans les *Débats*,
23 novembre 1847.)
2. FÉLIX DE VERNEILH, *Architecture civile au Moyen Age* (*Annales
archéologiques*, t. IV, p. 167).

civil. « Ainsi que l'église romane est devenue gothique, la maison romane subsiste dans la maison gothique[1]. » Les besoins demeurant les mêmes, le dispositif du plan ne dut pas varier beaucoup. Dans les habitations marchandes, la grande baie existe toujours au rez-de-chaussée, mais elle s'amortit en ogive généralement obtuse, car il s'agit d'ouvrir un large accès aux visiteurs, à l'air et au jour. La séparation des étages est indiquée par des corniches à modillons, qui sentent encore l'influence romane, mais où les têtes caracté-

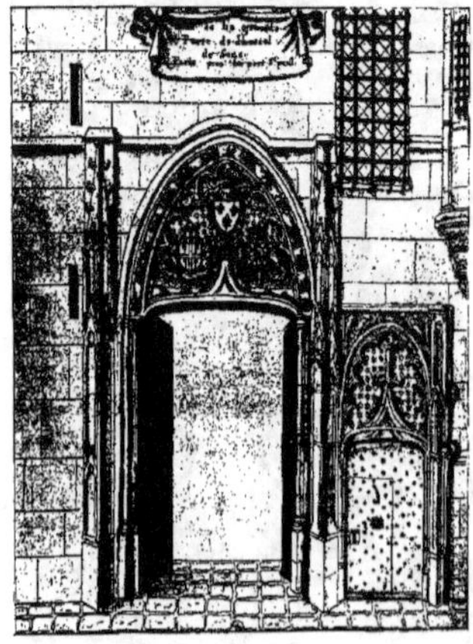

GRAND PORTAIL DE L'HOTEL DE SENS, A PARIS.
D'après un dessin ancien de la collection Gaignières.

ristiques de l'époque précédente sont remplacées par des personnages ou des écussons. Les fenêtres, élégantes et ornées, coupées de croisillons, constituent la décoration principale de la façade. Aussi nombreuses et rapprochées que possible, elles s'inscrivent parfois en une série d'arcades ogivales, qui, à la fin du XIIIe siècle, s'affinent, deviennent plus gracieuses, pour affecter ensuite, au XIVe et au XVe siècle, une forme rectangulaire s'amortissant en accolade. Telles sont la plupart de ces maisons marchandes, à Limoges notamment[1].

Ces indications, naturellement, ne sont que générales, et l'aspect varie suivant les climats. Dans le Nord, ordinairement les façades sont à pignon ; dans le Midi, à murs goutterots. Dans le Centre et le Nord, l'escalier en vis est parfois construit en hors-d'œuvre. Au Sud, le plus souvent, il est intérieur et à rampe droite. Parfois aussi, dans le Midi, le rez-de-chaussée est voûté. Une maison de ce genre, détruite il y a quarante ans, à Saint-Yriex, par l'administration des ponts et chaussées, mais qui a été étudiée avec le plus grand soin par F. de Verneilh et dont, grâce à lui, l'image nous a été conservée[1], révèle la science profonde déployée par les architectes d'alors, même dans les habitations privées. La façade, mince en apparence, était consolidée par des contreforts intérieurs, qui, se répétant aux étages supérieurs, étaient réunis par des arcades dans le genre de celles que Perronet employa, pour la première fois, dans la construction des ponts, et qui consistent à utiliser une très petite partie d'un très grand cintre, — façon ingénieuse de gagner de l'espace et d'éviter dans la construction l'excès des matériaux[1].

Quant à la distribution intérieure, une maison de Montpazier demeurée intacte et dont le plan est assez clair pour rendre toute description superflue, peut nous en donner une idée. Les fenêtres à croisillons, dans leurs embrasures, sont pourvues de bancs; les cheminées sont établies souvent dans les angles de la pièce, ou, quand elles occupent le milieu de la muraille, elles deviennent, comme au palais des Ducs, à Dijon, au palais de justice, à Poitiers, un élément de décoration considérable. Le confort de ces maisons bourgeoises et le luxe de leur parure se développent en même temps que le Tiers État des villes fait, suivant l'expression pittoresque de Michelet, « l'ascension du peuple », en attendant qu'il fasse celle de la noblesse.

A partir du règne de Charles VII surtout, ces recherches de confort et de magnificence privée apparaissent dans les habitations des personnages qui jouent un rôle dans l'État. Les demeures, naguère bien closes et sombres, laissent pénétrer le jour et la lumière. On élève des portiques, on creuse des niches dans les gros murs pour abriter des statues. Bientôt, le style flamboyant vient broder sur ces façades ses réseaux de dentelles et ses végétations luxuriantes. Non content de meubler les baies de châssis de pierre aux formes compliquées, sur la paroi des murailles l'architecte simule des claires-voies, et l'œil dérouté s'égare dans les méandres aveugles de faux meneaux, chargés de masquer les pleins. On ne se contente plus d'interpréter la flore, on la copie, et l'on pousse l'imitation à l'excès. On exagère la saillie du

---

1. Principalement dans les rues du Temple, du Consulat, et sur le côté gauche de la rue Poulaillerie.

2. Publié dans les *Annales archéologiques*, t. IV, p. 170.

3. Une maison de commerce avec rez-de-chaussée voûté existe encore à Milan, qui, bien que construite sans ces raffinements, fournirait à une étude attentive des renseignements précieux.

modelé à ce point, que l'ornementation trop dégagée semble ne plus tenir à la masse, dont elle fait cependant partie. Au lieu de souligner, d'accompagner les formes, souvent même elle les contrarie. L'excessive recherche des combinaisons dénonce, à travers ces complications trop voulues, un manque d'intention manifeste et une absence trop visible de sincérité. La profusion des courbes inutiles, la prodigalité des détails, fatiguent l'intelligence. Elles ôtent à la construction tout air de grandeur. Elles lui dérobent ce cachet individuel, ce sentiment de l'ensemble, qui donnent aux géants de pierre du xiii° siècle un caractère si magistral.

C'est surtout dans les édifices religieux d'une certaine importance que ce manque de conviction et de personnalité s'affirme. Dans les édifices civils, la fluidité de cette ornementation capricieuse, fugace, qui semble vouloir s'échapper pour se répandre partout, est déjà moins déroutante, et, en quelques-uns de nos hôtels de ville, ceux de Compiègne, d'Arras, de Saint-Quentin et de Noyon par exemple, elle donne une note charmante. Dans les habitations privées et d'allure intime, elle devient exquise, et cette gradation de qualités en raison inverse des dimensions, la caractérise. C'est une architecture essentiellement mondaine, insinuante et souple comme la classe nouvelle de magistrats, de diplomates, de gens de droit et de plume, qui arrive au pouvoir. Comme elle, le style flamboyant est riche, savant, ingénieux et sociable. Se distinguant surtout par l'emploi et même par l'abus des contre-courbes dans les fenestrages et les panneaux de décoration, il est certainement celui qui suppose le plus de science dans la coupe et l'appareillage des pierres. Aucune autre variété du style gothique ne raffine plus en inutiles difficultés. Mais ce qui aurait dû faire, semble-t-il, sa force, lui devient, au contraire, fatal et funeste. Désormais, la science favorise le talent aux dépens du génie; les principes dominent et asservissent la poésie. Le besoin d'éblouir opprime la logique. Dans un art jusque-là épris de l'imprévu, tout se prévoit à présent. Une forme en commande et en amène infailliblement une autre, — grande inconséquence dans une architecture si amoureuse de la variété qu'elle s'ingéniait à ne jamais se répéter et se complaisait dans l'asymétrie jusqu'à ne pas décorer de deux clochers pareils les façades de ses plus

superbes églises[1]! Viollet-le-Duc eut donc raison d'écrire : « Par le fait, l'architecture gothique avait dit, à la fin du xv° siècle, son dernier mot. Il n'était plus possible d'aller au delà; la matière était soumise, la science n'en tenait plus compte; l'extrême habileté manuelle des exécutants ne pouvait être matériellement dépassée; l'esprit, le raisonnement, avaient fait de la pierre, du bois, du fer, du plomb, tout ce qu'on en pouvait faire, jusqu'à franchir les limites du bon sens.

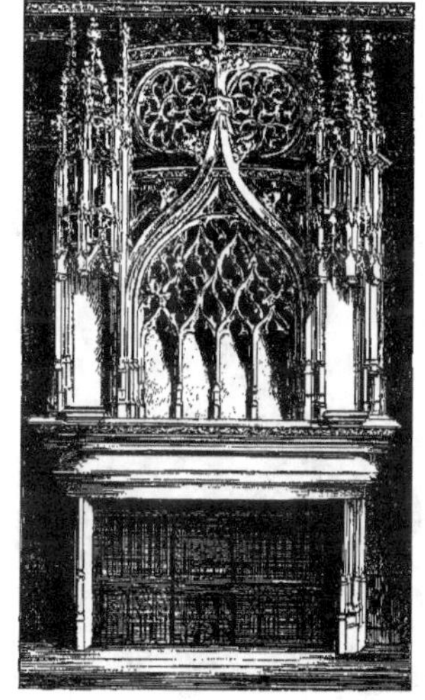

CHEMINÉE DE LA GRANDE SALLE DU PALAIS DES DUCS DE BOURGOGNE
à Dijon.

Un pas de plus, et la matière se déclarait rebelle. Les monuments n'eussent pu exister que sur les épures et dans le cerveau des constructeurs[2]. »

Mais, s'il est juste de reconnaître le vice même de cette architecture trop quintessenciée, péchant par excès de recherche et par un amour exagéré des difficultés vaincues, il est injuste, par contre, de l'accuser, comme on l'a fait trop souvent, d'une stérilité relative. Notez qu'à la grande rigueur ce reproche, s'il était justifié, pourrait s'expliquer par les événements dou-

<hr>

1. C'est, en effet, une chose vraiment curieuse, que, à quelques exceptions près, nos plus grandes et nos plus belles églises gothiques aient des clochers non seulement asymétriques, mais souvent dissemblables. Chartres, Amiens, Rouen, Noyon, possèdent des cathédrales dont les clochers diffèrent; de même à Saint-Jean-des-Vignes de Soissons, à Coutances, à Mende, à Notre-Dame de Paris, où les deux tours, cependant, semblent pareilles, quoique celle du Nord soit sensiblement plus large, et suffisamment pour que le nombre des rois de la grande arcature ne soit pas le même que dans l'autre clocher. L'architecte n'a donc pas cherché à racheter cette différence; il l'a avouée, au contraire, et très sincèrement.

2. Viollet-le-Duc, *Dictionnaire de l'Architecture*, t. I, p. 158.

loureux de la guerre de Cent Ans. La surprenante activité du xiiiᵉ siècle fut, nous l'avons dit, le résultat de la paix intérieure conquise par Philippe Auguste, et qui se prolongea sous ses successeurs. Lorsque cette paix fit place à de ruineux combats et à des invasions pillardes, l'activité à bâtir prit fin, naturellement. En temps de guerre civile ou étrangère, on n'a guère le loisir de supputer, suivant le mot de Philibert de L'Orme[1], « le grand bien et proufit que rapporte

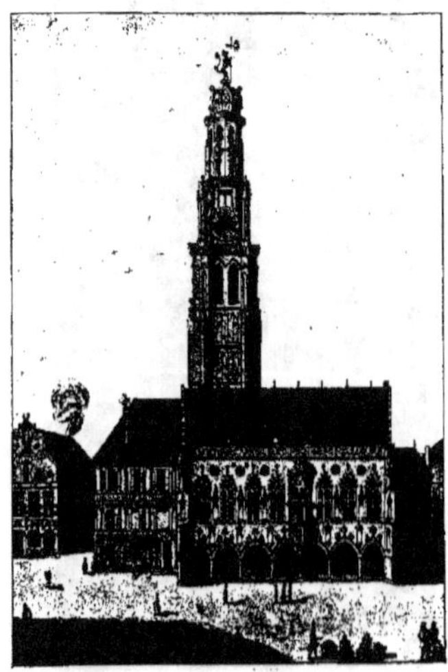

HÔTEL DE VILLE D'ARRAS.
(D'après un ancien dessin. Cabinet des Estampes.)

l'Architecture à un royaume ». Les Anglais en firent l'expérience, du reste, sous le règne de Jean Sans Terre, et les Flamands après que la guerre, qui avait si long-temps ravagé nos provinces, eût été reportée au delà de nos frontières. D'autres causes pourraient, à la rigueur, expliquer aussi cette pénurie de très vastes monuments. « Toutes les cathédrales du Nord de la France venaient d'être rebâties magnifiquement[1] ; on n'avait plus ni le besoin ni l'envie d'entreprendre de nouveau de ces grandes constructions qui hâtent ou déterminent les progrès de l'architecture ». Encore ne saurait-on qualifier de stériles la seconde moitié du xivᵉ siècle et le xvᵉ, époque à laquelle nous devons le Louvre de Charles V avec ce merveilleux escalier

construit par Raymond du Temple, si vanté par Sauval, et qui passa longtemps pour un incomparable chef-d'œuvre ; le château de Vincennes et celui de Pierre-fonds ; la Chartreuse de Champmol, dont on n'a pu sauver que quelques débris ; l'hôtel de Jacques Cœur, et l'hospice de Beaune, heureusement demeurés intacts ; les hôtels de ville de Saint-Quentin, de Noyon, de Com-piègne ; le Palais Ducal de Nancy, ceux de Nevers et de Dijon ; le palais de justice de Poitiers et, sur son extrême déclin, l'hôtel de Cluny, le palais de justice de Rouen, etc., etc., pour ne citer que les édifices demeurés debout. Car combien d'autres ont disparu, dont la perte est à jamais regrettable ! De l'hôtel des Tournelles, il ne nous reste plus qu'un fragment : ce curieux hôtel de Sens, que guette la pioche des démolisseurs. L'hôtel de la Trémoille, détruit en ce siècle et dont la Chalco-graphie nous conserve le souvenir ; les châteaux de Beauté, de Bercy, de Lusignan, du Plessis-lès-Tours, et une multitude de constructions privées dentelées, ajourées comme de l'orfèvrerie, ciselées comme des châsses, sont de ce nombre. Plus heureux, les triom-phants hôtels de ville de la Flandre et de l'Artois, ceux de Bruxelles, d'Audenarde, d'Arras, de Louvain, font encore l'émerveillement général.

Non, le gothique flamboyant, même à son déclin, ne fut pas un art stérile. Il était dégénéré peut-être, mais si charmant dans la prolixité de son excessive richesse, qu'on ne renonça pas à lui sans un regret évi-dent. Les princes, les prélats les plus épris de l'art qui allait succéder et qu'on a pompeusement qualifié « Renaissance », — dénomination, comme le remarque Léon Palustre, justifiée en Italie, mais contestable par-tout ailleurs, — lui demeurèrent encore longtemps fidèles. Plusieurs des édifices que nous venons de citer, et non des moindres, sont très postérieurs à la brillante équipée de Charles VIII, dont on fait le point de départ du style nouveau. L'hôtel de Cluny, comme le palais de Gaillon, est l'œuvre du cardinal Georges d'Amboise. Le palais de justice de Rouen date de Louis XII. Les hôtels de ville d'Orléans, de Saint-Quentin, de Noyon, appartiennent au xviᵉ siècle. C'est toujours le gothique flamboyant qui inspire les sculpteurs de Brou, les archi-tectes de la chapelle d'Amboise, les décorateurs de la salle d'honneur de Villers-Cotterets. Certaines parties du château de Blois, timbrées de la salamandre, le grand escalier de Chambord, relèvent encore de ces luxuriantes traditions. Il serait bien malaisé, en effet, de nous montrer en Italie rien de semblable.

---

1. Philibert de l'Orme, *Architecture* (Épitre dédicatoire).

2. De Verneilh, *l'Art au Moyen Age* (*Ann. arch.*, t. XXII, p. 169).

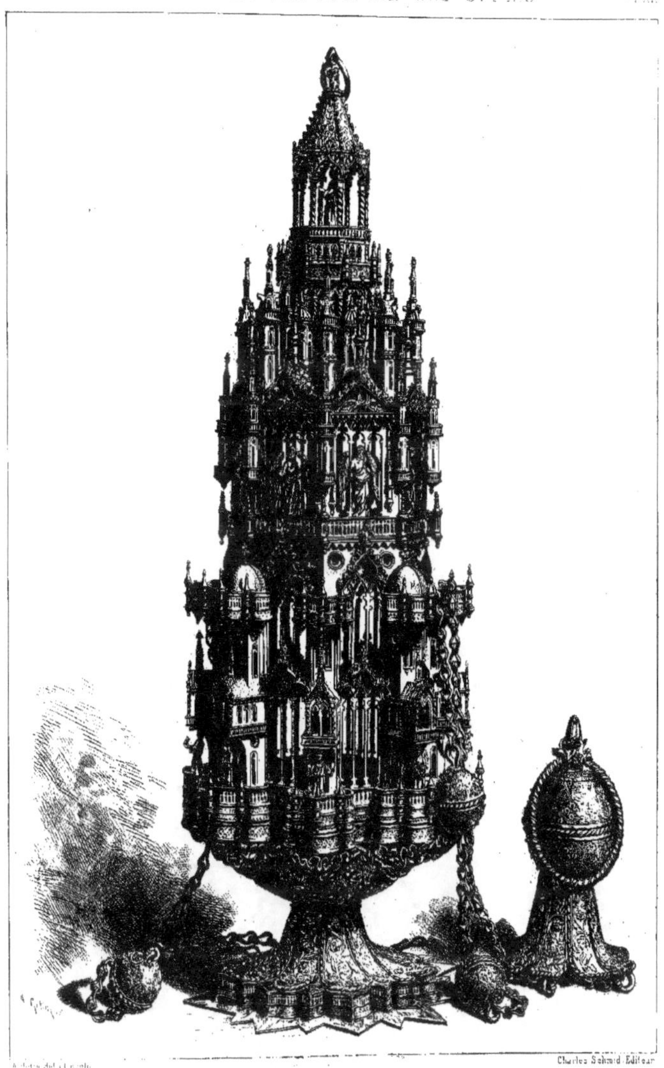

ENCENSOIR EN ARGENT CISELÉ

(Trésor de l'église Saint Antoine à Padoue)

A. Dubois del. et sculp.   Charles Schmid Éditeur

Imp. Pierrebœuf

IX

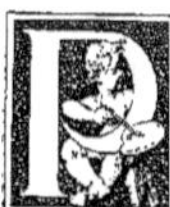 ENDANT la période gothique plus encore que pendant toute autre, écrit Louis Gonse, l'architecture est l'agent essentiel d'innovation et de diffusion. C'est elle qui détermine les principes, donne naissance aux formes, fixe les styles où doivent se mouvoir les artisans de la pierre, du bois, de l'ivoire et des matières textiles, tous les verriers, les peintres, les enlumineurs, les sculpteurs, les émailleurs, les ciseleurs, les armuriers, les brodeurs, les tisseurs[1].... » Rien de plus juste, rien de mieux exprimé, et si nous avions le loisir de passer en revue, non pas toutes les professions alors en exercice, — elles sont trop nombreuses et trop variées, — mais seulement celles que L. Gonse énumère, on pourrait voir qu'il n'y a rien d'exagéré dans son appréciation. Cette main-mise de l'architecture sur les arts somptuaires avait été, au surplus, signalée par nous comme un fait capital de la période précédente. Mais, entre temps, l'hégémonie s'est faite, complète, décisive, et d'autant plus absolue, que toutes les professions ont pris un développement surprenant[2]. La plupart des métiers, en outre, se sont perfectionnés, et quelques-uns d'entre eux ont atteint à un degré de supériorité qui ne sera pas dépassé par la suite.

Dans ce siècle de paix, qui, nous l'avons vu, avait été si favorable au développement des villes et avait porté à un si haut point la prospérité du royaume, la vie civile avait pris une extension inattendue et le bien-être un accroissement considérable. Au XIIe siècle, Jean de Garlande, dans son précieux *Dictionnaire*[3], donnait la nomenclature des meubles que, de son temps, on rencontrait dans la maison d'un bourgeois aisé. « Dans l'hôtel d'un honnête homme, écrivait-il, doivent se trouver une table décemment servie, une nappe blanche, des serviettes à franges, de hauts trépieds[4], de forts tréteaux[5], des tisonniers[5] dans l'âtre et une crémaillère, des briquets, des baquets, des barres de fermeture ou verrous, des bancs, des escabeaux, une chaire, un châlit et des sièges pliants faits de bois poli, des matelas, des oreillers, des coussins, un tamis, un sas à sasser la farine[6], un seau[7], une sonnette, une souricière. »

Un siècle et demi plus tard, un maître d'école de Bruges[8] tentait la même énumération, et, en quatre-vingt-huit vers, mentionnait près de soixante-dix objets au lieu de vingt-quatre. Dans ce laps de temps, le mobilier de nos ancêtres avait triplé d'importance; et encore n'est-il question que de l'indispensable :

> Des coses nécessaires
> Que on use aval une méson.

Inutile d'ajouter que le luxe s'était développé conjointement avec le bien-être; et le luxe public, le luxe religieux, aussi bien que le luxe privé.

Nous ne pouvons plus nous faire qu'une imparfaite idée des splendeurs de ces temples que nous voyons aujourd'hui dépouillés, nus, austères. L'architecture peut en paraître noble, grandiose, magnifique : elle est pauvre auprès de ce que nos ancêtres la souhaitaient. « C'est qu'à la cathédrale du XIIIe siècle, comme le remarque fort justement M. de Roisin[9], il faut les pompes liturgiques, le resplendissant appareil de la solennité chrétienne.... Aux parois des nefs, aux entre-colonnements, les tapis historiés, les tentures riches en couleurs; aux galeries, les bannières flottantes; aux autels, les antependium polychromes et à fonds d'or, les émaux resplendissants, les merveilleux reliquaires, qui défient l'art de nos jours. »

Les pompes du culte paraissent, en effet, avoir été à cette époque plus magnifiques qu'en aucun autre temps. Nous en avons pour témoins les poètes d'abord :

> Li clergiéz vient encontre moult ordénéement,
> A grand pourcession et bel et nétement,
> Fiertes et encensiers i ot d'or et d'argent,
> De dras d'or et de soie la campagne resplent....

dit Adenès li Rois, décrivant l'entrée de Berthe aux grands pieds dans la ville du Mans[10]. Nous en avons

---

1. Louis Gonse, *l'Art gothique*, Avant-propos.

2. Le livre d'Étienne Boileau enregistre les statuts de cent une professions distinctes, mais il ne s'occupe que des industries dont les titulaires étaient groupés en Communautés marchandes. Le livre de la taille de 1292 n'en mentionne pas moins de trois cent quatre-vingt-douze, et encore n'est-il pas complet. Ce nombre n'est pas très inférieur à celui des professions actuelles. (Voir *Paris sous Philippe le Bel.*)

3. *Magistri Johannis de Garlandia Dictionnarius*, I.II.

4. Pour dresser la table.

5. *Torves.* J. de GARLANDE donne comme équivalent français : *treffouel,* c'est-à-dire *treffère* ou *tirtifère,* tisonnier. (Voir *Dictionnaire de l'Ameublement et de la Décoration* à ces mots.)

6. *Taratantarum,* onomatopée, à cause du bruit fait par cet appareil.

7. *Pultru* « gallice *seuille* », ajoute J. de Garlande, orthographe arbitraire de *seille* ou seau.

8. MICHELANT, *le Livre des Mestiers, dialogues français-flamands composés au XIVe siècle par un maître d'école de Bruges.* Paris, 1875.

9. DE ROISIN, *la Cathédrale de Trèves,* dans les *Annales archéologiques,* t. XII, p. 155.

10. ADENÈS LI ROIS, *li Roumans de Berte aux grans piés,* vers 3264 et suiv.

aussi pour garants les inventaires des églises, que nous pourrions accuser d'accaparement, si les inventaires royaux ne prouvaient que les trésors des princes et des rois étaient aussi bien fournis, sinon mieux, que ceux des plus vénérés sanctuaires.

Ces richesses, ces trésors, en un temps où les valeurs mobilières n'existaient pas encore, consistaient surtout en métaux précieux, convertis en pièces superbes d'orfèvrerie. Dans un autre livre[1], nous avons longue-

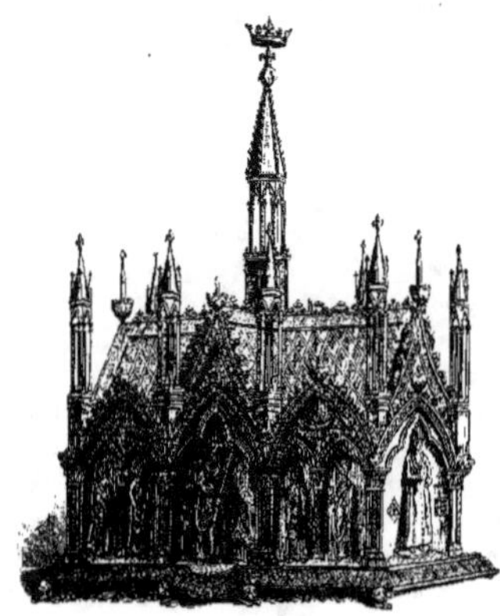

CHASSE DE SAINT SPIRE, A CORBEIL.
D'après Millin.

ment décrit les productions magnifiques de ce bel art au Moyen Age ; nous n'en reparlerons donc ici que pour dégager les caractères essentiels de ces coûteux ouvrages, ceux qui en constituent la marque distinctive et le style. C'est en eux surtout que l'influence de l'architecture et de la Statuaire se manifeste avec une remarquable intensité. Nous avons vu, à l'époque romane, l'orfèvre emprunter aux édifices religieux leur structure générale pour en gratifier ses châsses et ses reliquaires. Désormais, ce ne sont plus seulement les formes, c'est le détail, qu'il caresse avec amour. Quelle joie que d'exécuter, dans un métal splendide et pur, les rêves entrevus par l'architecte, de se permettre impunément les audaces que la pierre condamne, les témérités que le constructeur se sait impuissant à réaliser ! La châsse de saint Spire de Corbeil, avec ses

gables pointus, ses contreforts, ses légers pinacles, sa flèche élancée, ses élégantes arcades, reste pour nous le type de ces gracieux et délicats ouvrages. Et qu'était cependant ce joyau de province, ce « sanctuaire » de dixième ordre, à côté de la châsse fameuse de sainte Geneviève, patronne de Paris, palladium de la cité, qu'on sortait en grande pompe quand un irrémédiable malheur menaçait la capitale ? Elle s'en allait alors, portée sur des épaules augustes, à la rencontre de la châsse de saint Marcel, non moins vénérée, non moins brillante, et qui figurait Notre-Dame de Paris, avec sa grande nef, ses bas côtés, sa flèche ciselée en vermeil, entourée de statuettes d'or représentant les douze apôtres et saint Marcel[2].

En dehors de ces châsses en manière de chapelles, d'églises ou de cathédrales, l'imagination infatigable des artistes du XIIIe et du XIVe siècle savait rattacher aux traditions de l'architecture une foule de menus vases, dont les formes, déterminées par leur destination, semblaient présenter une incompatibilité absolue avec les dispositions architectoniques. Tels sont les reliquaires qu'on voit encore à Rouen, à Auxerre, à Villemaur (Aube), affectant la disposition de tourelles ou de campaniles pédiculés, surmontés de clochetons ou de pinacles, et même qui portent une chapelle entière sur un pied de calice, comme le reliquaire de Charroux (Vienne), — vases par la base, édifices par le sommet, constituant ainsi une sorte de compromis médiocrement logique, mais toujours gracieux et charmant. Combien d'autres pourrait-on citer qui reflètent cette influence ! La collégiale de Saint-Étienne de Troyes a possédé un reliquaire en « façon de portail ». A Soissons, c'est la ville entière, la ville ecclésiastique, avec ses églises, ses monastères, ses chapelles, avec sa statue colossale de la Vierge, qu'on trouve ainsi représentée[3]. Et les encensoirs, combien en connaît-on qui ont la forme de petits édicules ! A commencer par l'encensoir type décrit par Théophile et reconstitué par Viollet-le-Duc, sans compter ceux d'une richesse invraisemblable, comme l'encensoir de Saint-Antoine de Padoue, que nous reproduisons ici.

Et ce n'était pas seulement dans l'orfèvrerie religieuse que l'influence architecturale se faisait sentir. Les trésors princiers et royaux renfermaient quantité de jolis objets : fontaines, *nefs*, drageoirs, *cadenas*, où la copie des édifices contemporains était serrée de

---

1. Voir notre *Histoire de l'Orfèvrerie française*, chap. x, xi et xii.

2. Mme DE SÉVIGNÉ, *Recueil de lettres*. Rouen, 1790, t. III, p. 55 et 82. Un détail montrera quel prix on attachait à cette châsse. « On laisse en

otage à Sainte-Geneviève, écrit-elle, le prévost des marchands et quatre conseillers, jusqu'à ce que ce précieux trésor y soit revenu. »

3. Voir notre *Histoire de l'Orfèvrerie française*, p. 207.

plus près encore. Dans l'*Inventaire du roi Jean*[1], nous voyons figurer une grande et belle fontaine, du poids de soixante mares, qui affectait l'apparence d'un

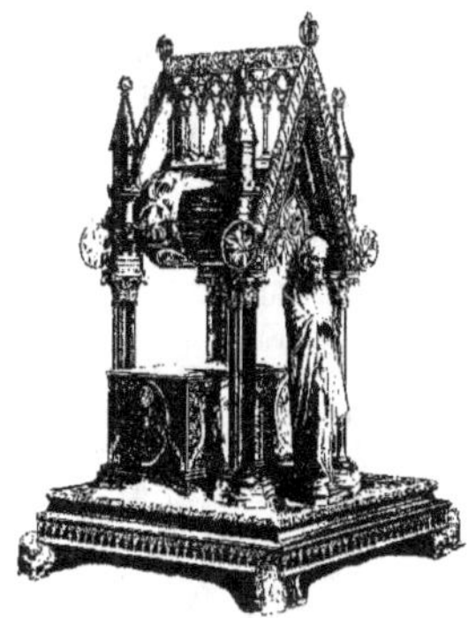

RELIQUAIRE DE SAINT PIERRE ET SAINT PAUL.
(Cathédrale de Reims.)

« chastel à pilliers de maçonnerie, hommes d'armes entour », et, dans celui du duc Louis d'Anjou[2], un surtout de table « faict en manière de chastel, à doubles murs crénelés » avec « des portes batailleresses » et des « tournelles de cristal ». Mais cet empire de l'architecture n'était nullement tyrannique, nullement exclusif, et la débordante imagination, la verve aussi infatigable que fantaisiste des artistes ne se privaient pas de donner, aux joyaux de ce temps, les formes les plus extraordinaires, les plus inattendues.

Ce fut surtout au xıvᵉ siècle, et mieux encore au xvᵉ, quand l'architecture, dans son flamboiement, perdit la notion exacte de sa mission et le sentiment de sa grandeur, que ces inconséquences se produisirent. En même temps que dans la construction des hôtels privés on se livrait à des enfantillages, à des représentations de goût douteux, — comme ces personnages sculptés et peints au naturel qui par les fenêtres de la maison de Jacques Cœur semblent regarder dans la rue, — dans l'orfèvrerie de table on voyait les motifs les moins vraisemblables et les plus bouffons prévaloir. L'*Inventaire des Joyaux et de l'Argenterie de Clémence de Hongrie*, dressé en 1328[3], contient encore bien peu de

ces excentricités singulières. Dans celui du roi Jean, dressé vingt-quatre ans plus tard, elles abondent. On y trouve des aiguières en forme « d'un homme assis sur un coq esmaillié »; d'autres représentent des hommes montés sur des griffons, des serpents ailés ou des lions; il en est qui revêtent l'aspect de coqs et de gelines, aux ventres faits de coquilles de perle. Dans l'*Inventaire de Louis duc d'Anjou*, cette fantaisie un peu triviale renchérit encore sur les précédentes productions. Les aiguières figurant des lions, des coqs, des griffons, abondent; et à côté on voit « une dame qui a la moitié du corps de femme et l'autre de beste sauvaige..., et du giron de ladite dame part une teste de bœuf, dont elle tient les cornes en ses mains ». Ailleurs, c'est « un singe d'argent doré..., lequel singe a une mittre d'evesque sur la teste et... sur les deux poinctes de la diete mittre a 11 boutonnés d'argent.... » Autre part voici une aiguière qui revêt la forme d'un « mallart (canard) d'argent tout esmaillié et à col vert, et en son bec tient un poisson par la bouche du quel ist eaue et au bout de sa queue est une feuille longue en laquelle a pertuis, par laquelle entre l'eaue dedans le ventre dudit mallart ». Combien n'en pourrait-on pas citer encore qui témoignent de cet esprit moqueur, un peu badin : ces gobelets « esmaillés à bestelettes de plusieurs manières » « à oyseaux d'or, à vizages de plusieurs contenances », etc., jusqu'à cet

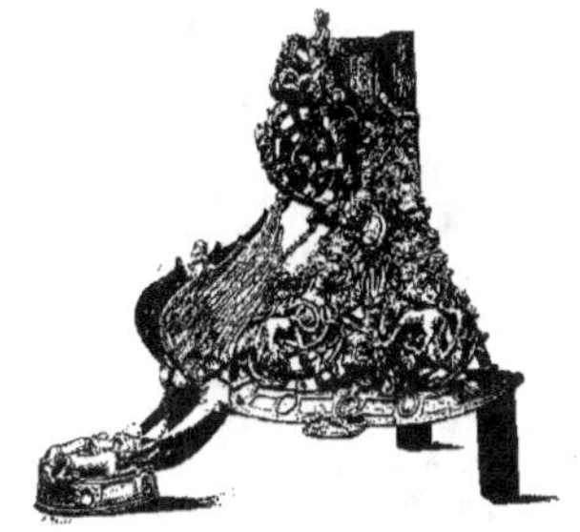

PIED DE CANDÉLABRE.
(Musée de Reims.)

homme à la brouette si curieusement réaliste[4] et à ces représentations plus que lestes, un peu cyniques, de fontaines en or, argent ou vermeil repoussés, comme

<hr>

1. Douët d'Arcq, *Comptes de l'Argenterie des rois de France*, p. 304 et suiv.

2. Léon de Laborde. *Inventaire des Joyaux de Louis de France, duc d'Anjou*. Paris, 1872.

3. Publié par Douët d'Arcq dans son *Nouveau Recueil des Comptes de l'Argenterie des rois de France*, p. 37.

4. « Une brouette séant sur un pié cizelé à fueilles de vigne... et y a en un des bouz un homme qui maine ladite brouète, qui a les pans à la ceinture et son chaperon en fourure, et la cornette du chaperon vient sur le front; et devant a une femme qui en sa main destre tient la brouète et en la senestre tient une hache danoise, et a un chaperon d'une vielle, lequel chaperon est à la façon de Picardie.... » (*Inventaire du duc d'Anjou*, nᵒ 76. p. 14.)

celle décrite dans le *Roman de Tristan le Blanc*, et qui figurait une jeune fille nue, en or émaillé, tenant ses mains serrées contre certaines parties de son corps, d'où jaillissait un vin généreux ; ou comme cette autre fontaine qui ornait la table de Philippe le Bon et rappelait par son attitude le fameux *Mannekenpiss* de Bruxelles[1]. Mais l'architecture, même en ces fantaisies de « haulte graisse », n'abdiquait pas ses droits désormais consacrés. La plupart de ces curiosités, de ces excentricités, reposaient sur des pieds simulant des « pilliers de maçonnerie » ornés de fenestrages ou d'orbevoies, avec des frises crénelées et parfois de petites toitures extra-pointues, surmontées de « fruitelets » en guise de girouette.

Ainsi les deux caractères principaux de l'orfèvrerie de ce temps se résument : 1° dans l'intervention active de l'architecture, dictant des formes et même imposant des apparences architectoniques à des ouvrages qui ne semblent guère avoir de rapport avec elle ; 2° dans une fantaisie surprenante, associée à un sentiment très curieux, très persistant, de réalisme dont le petit *brouettier* que nous venons de signaler et surtout le fameux *coursier d'or* (*goldene Rössel*)[2] fournissent de si curieux exemples, — réalisme qui, dans la sculpture, se traduira par l'adaptation au moins étrange des costumes contemporains aux personnages des Saintes Écritures, et, dans la peinture, par un rajeunissement singulier de la Bible et des pieuses légendes.

Ou pourrait encore déterminer un troisième caractère, et parler de la maîtrise de l'exécution, arrivée, surtout au commencement du xv° siècle, à un point de perfection tel, que certaines des trop rares pièces sauvées du désastre troublent nos orfèvres et ne sauraient certes être recommencées aujourd'hui.

Si les spécimens d'orfèvrerie du xiii° au xv° siècle parvenus jusqu'à nous sont peu nombreux, les meubles en bois ne le sont guère davantage, et cependant ils suffisent à nous faire constater, dans la confection de ces sortes d'ouvrages, une série de transformations du plus haut intérêt. Comme les autres arts, qu'on pourrait appeler annexes, la fabrication du mobilier resta d'abord fort en retard sur l'architecture. Comme eux, elle subit la loi de celle-ci, mais l'apparence architecturale donnée aux meubles ne fut longtemps qu'une simulation. On décora les parois des coffres d'arcatures amorties en tiers-point, abritant des personnages ou closes, soit par des orbevoies, soit par d'élégants fenestrages, sans que la structure du meuble fût changée en rien. Ces reliefs architectoniques étaient simplement entaillés dans d'épais plateaux assemblés en *queue d'aronde*[3], — mode de construction encore très primitif et dont on retrouve les premiers essais dans les sarcophages égyptiens, mais qui, pour sommaire qu'il soit, constituait cependant un grand progrès sur les procédés usités durant la période précédente. — Grâce à cette première transformation, le meuble désormais ne dut sa solidité qu'à lui-même. Il n'était pas obligé de l'emprunter à une armature de fer superposée. Le charpentier avait su s'émanciper de la tutelle du « fèvre ». Un superbe coffre, que nous reproduisons ici et qui appartient au musée de Cluny, montre l'accomplissement de cette première étape, qui, à une assez courte échéance, allait être suivie d'une véritable révolution.

Nous avons longuement expliqué quelle transformation radicale l'architecture ogivale introduisit dans la statique de l'architecture. Aux murailles épaisses et aveugles, supportant sur toute leur longueur la poussée d'une voûte en berceau, elle substitua une ossature chargée d'assurer la solidité de l'ouvrage ; quand on ne laissa pas, entre les piliers espacés, des baies franchement ouvertes, on remplit les intervalles de cette ossature à l'aide de murs légers. Eh bien, dès qu'ils se virent possesseurs d'un outillage assez perfectionné pour apprêter convenablement leurs bois, les « charpentiers de la petite cognée » s'empressèrent de s'inspirer de cet exemple. Ils cessèrent de fabriquer les panneaux de leurs meubles avec des planches épaisses, avec des plateaux simplement équarris ou lourdement entaillés, assujettis seulement à leurs extrémités. A l'exemple des architectes, ils bâtirent (d'où le nom de *bâti*) une membrure, formée de pièces de bois de calibre convenable, bien dressées, soigneusement corroyées, reliées ensemble par des assemblages à tenons et mortaises solidement chevillés ; et, dans la succession des cadres formés par cette membrure, ils *embrevèrent* des panneaux légers, chargés de jouer le rôle des murs de remplissage.

Cette transformation savante et radicale dota les meubles d'une statique nouvelle. Elle assura leur conservation, car les bois ont d'autant moins de tendance à se coffiner et à se fendre, qu'ils sont employés par moindres masses. Elle plaça les panneaux faibles sous la protection

---

1. LEGRAND D'AUSSY, *la Vie privée des François*, t. III, p. 164.

2. Voir, au sujet du *Rössel d'or*, les curieux articles d'EDOUARD DIDRON (*Annales archéologiques*, t. XXVI, p. 126), et de LABARTE (*ibid.*, p. 204), et aussi LABARTE, *Histoire des Arts industriels*, t. II, p. 53.

3. Voir, au sujet des diverses sortes d'assemblage, notre volume sur la *Menuiserie*, dans la *Bibliothèque des Arts de l'Ameublement*

de montants et de traverses taillés en des madriers solides et forts. Elle valut aux artisans qui la mirent en pratique le nom, alors nouveau et sous lequel ils furent connus depuis[1], de *menuisiers*, parce qu'ils employaient de « menus bois » à leurs ouvrages. Enfin, un nouveau système d'ornementation naquit, en quelque sorte spontanément, de la disposition que présentèrent désormais les diverses façades des meubles. Leurs parois n'étant plus formées de plateaux unis, mais de cadres saillants et de panneaux en retraite se

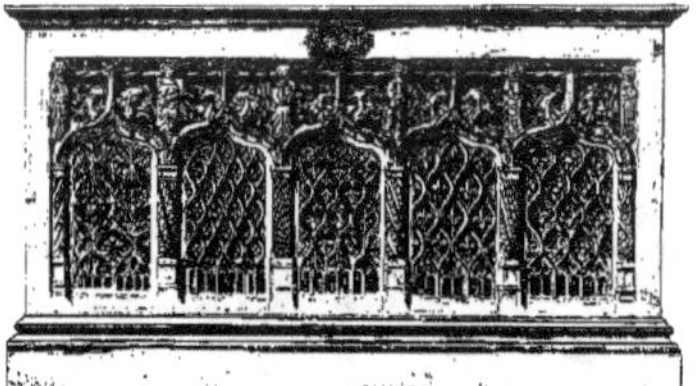

COFFRE EN BOIS
SCULPTÉ DANS LA MASSE.
(Musée de Cluny.)

succédant à intervalles réguliers, le décorateur fut amené à tenir compte, dans la distribution de ses ornements, de ces différences de plan. Les cadres, jouant le rôle de contreforts et destinés à subir les chocs, furent simplement moulurés et demeurèrent presque unis, alors que les panneaux protégés purent recevoir toute la parure dont un habile ciseau était capable de les embellir.

Ce n'est pas que, jusque-là, on se fût privé de sculpter les meubles en bois, — nous venons de constater le contraire[2]. L'art du sculpteur était même en avance, et de beaucoup, sur celui du menuisier, si bien que dans nombre de meubles le sculpteur s'ingéniait à simuler une division en

COFFRE EN BOIS SCULPTÉ DANS LA MASSE.
(Musée du Louvre.)

cadres et panneaux, qui, simplement apparente, était obtenue par une prise dans la masse, entraînant un travail considérable et coûteux. De là, on peut conclure, semble-t-il, que l'artisan, épris de la disposition si logique des surfaces distribuées d'après la statique nouvelle, mais ne possédant pas encore suffisamment la pratique des assemblages, en était réduit à employer d'ingénieux subterfuges.

C'est seulement au xv° siècle que la méthode nouvelle triompha partout et définitivement. Vers 1450, apparaît l'assemblage à bouement, qui constitua un nouveau progrès; puis, cinquante ans plus tard, la pratique régulière de l'assemblage à enfourchement et à anglets permit d'exécuter des portes savamment panneautées et de renoncer définitivement aux artifices singuliers auxquels jusque-là on avait cru devoir recourir.

Ajoutons que cette révolution féconde, qui servit de point de départ à la confection de tous les beaux meubles de la Renaissance, demeura pendant longtemps essentiellement française. En Italie, comme en Allemagne, la nouvelle méthode ne fut que tardivement pratiquée. Pour les coffres, on continua de faire usage de plateaux très épais, assemblés sur les côtés en *queue d'aronde*. Dans les grands ouvrages, comme les portes monumentales, on simula des assemblages extérieurs à l'aide de menus bois rapportés et cloués[3].

Si la construction des meubles et des boiseries subit une révolution complète, la décoration sculpturale donna une note d'art et des résultats plus magnifiques encore. On peut dire que jamais il ne fut exécuté en bois des ouvrages d'une maîtrise plus grande, d'une richesse plus considérable, — autant qu'on en peut juger du moins par les spécimens qui nous ont été conservés.

Les plus importants de ces spécimens consistent en stalles d'église. Certaines de ces garnitures de chœur

---

1. Ce nom de menuisier, si nous en croyons Roubo, aurait reçu sa consécration officielle dans un arrêt du 4 septembre 1382. Il remonterait donc environ à 1350. Cet arrêt ordonna qu'on distinguerait à l'avenir ces artisans en les qualifiant menuisiers, dérivé de *minutarius*, qui signifie, dit Roubo, « un ouvrier qui travaille à de menus ouvrages ». Après Roubo, Lacurne de Sainte-Palaye et Littré se réfèrent à cet arrêt royal que M. A. Franklin a depuis lors vainement cherché, soit dans les registres du Châtelet déposés, soit à la Bibliothèque Nationale, soit dans ceux conservés aux Archives. (Voir A. FRANKLIN, *Corporations ouvrières de Paris : Menuisier ébéniste*, p. 3.)

2. Les *Comptes de Geoffroy de Fleuri* (1316) nous apprennent, entre autres faits, que l'imagier Martin Maalot fournissait à Philippe le Long dix sièges sculptés (DOUET D'ARCQ, *Comptes de l'Argenterie des rois de France*, t. I, p. 17).

3. A Vérone, un certain nombre de portes monumentales, celles notamment de l'église *Santa Maria Matricolare* et du palazzo des Montaigus sont faites de plateaux très épais joints et consolidés à l'intérieur par des traverses, et recouverts extérieurement de ces bois rapportés formant un « croisillonnement » cloué, qui simule assez exactement une suite d'assemblages en anglet.

forment, même dans des sanctuaires de second ordre, des ensembles considérables. Les stalles de l'église de Lisieux sont au nombre de 56; celles de Saint-Benoît sur Loire, de 94; celles d'Amiens, de 120; celles de la Chaise-Dieu, de 144! Les plus anciennes, à ce qu'on croit, remontent au XIIIe siècle. Celles de Notre-Dame de la Roche, près Chevreuse (Seine-et-Oise), qui datent, suivant Sauvageot, de 1232[1], sont encore d'une grande simplicité. Elles tirent de leur structure même leur

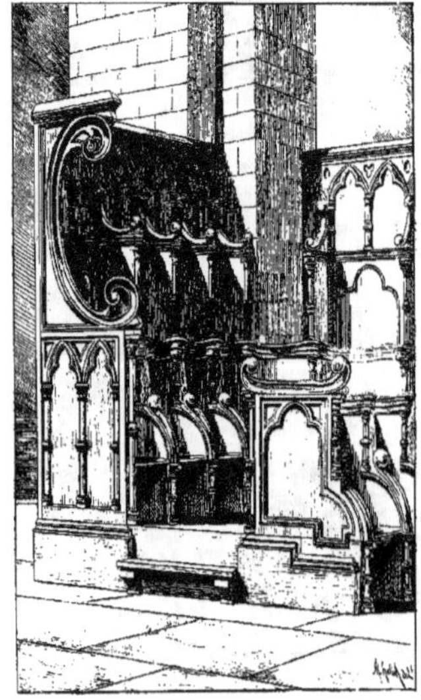

STALLES DE NOTRE-DAME DE LA ROCHE.

principale beauté, et, suivant l'observation de Didron aîné, elles pourraient encore aujourd'hui être considérées « comme un modèle facile, peu coûteux et très beau à imiter ». A cette décoration tout architecturale, faite d'arcatures en tiers-point moulurées et de colonnettes annelées, succéda une ornementation déjà plus variée et moins sobre. Les stalles de la cathédrale de Poitiers, remontant au plus tard à 1257[2], nous montrent, grâce à l'intervention du sculpteur, des anges, des

personnages moins édifiants, voire des monstres, des animaux et le huchier lui-même, son compas à la main (auto-portrait), que nous retrouverons souvent par la suite dans ces grands ensembles. Les stalles de Saint-Andoche de Saulieu marquent encore un pas en avant. Nous y relevons des bas-reliefs encadrés dans l'architecture et représentant des scènes à plusieurs personnages. Enfin, avec le beau mobilier de la Chaise-Dieu, l'évolution est complète. L'imagier a pris possession absolue de l'œuvre. Il s'y abandonne à une fantaisie souvent irrévérencieuse[3]. Les parois des dossiers sont enrichies de fins bas-reliefs. La partie purement ornementale n'est pas moins remarquable, et les dessins de Villard de Honnecourt achèvent de nous révéler la virtuosité avec laquelle alors on taillait, sculptait, reperçait et ajourait le bois[4]. A Lisieux, pareils feuillages refouillés, se mêlant à une décoration architecturale, une haute et grasse fantaisie, des anges terrassant les chimères, des masques d'animaux, s'associent au luxuriant épanouissement d'une verve facile. Ce sont ces mêmes qualités d'agencement, de construction, d'exécution, qu'on retrouve aux Andelys, à Charlieu (Loire), à l'église de la Trinité de Vendôme, à la cathédrale de Rodez, à l'ancienne abbaye de Mortain, à Chanteuges (Haute-Loire) et enfin à Rouen et à Amiens, où elles atteignent leur point culminant[5]. A contempler ces derniers ouvrages, on sent qu'on est en présence de cette extraordinaire maîtrise d'exécution qui, dans le traitement du bois comme dans celui de la pierre, fait du gothique à son déclin un art d'une perfection incomparable dans le détail, d'une richesse et d'une variété invraisemblables dans l'invention, d'une souplesse et d'une ingéniosité sans secondes, dans l'association des compositions les plus touffues à une architecture compliquée à plaisir.

A Rouen et à Amiens surtout, ce débordement de fantaisie gracieuse, se traduisant dans des scènes représentées presque en ronde bosse, joint à l'exubérance d'une architecture dont les enchevêtrements n'atténuent en rien la belle entente générale de la construction, nous forcent à reconnaître, avec M. Molinier[6], « que jamais peut-être on n'a poussé plus loin la virtuosité dans l'art de traiter le bois et de le plier aux formes de la dernière floraison de l'art gothique ».

1. CLAUDE et LOUIS SAUVAGEOT, *Monographie de Notre-Dame de la Roche* (Seine-et-Oise). Paris, 1863. — VIOLLET-LE-DUC, *Dictionnaire de l'Architecture*, t. VIII, p. 463.

2. Elles furent commandées par Jean de Melun, évêque de Poitiers (1239-1257). (Voir ROUILLARD, *Histoire de Melun.* — *Gallia Christiana*, t. II, p. 1184. — L'abbé AUBER, *Histoire de la Cathédrale de Poitiers, contenant la description de toutes les parties de l'édifice*, etc. Paris, 1863.)

3. On y voit, notamment, des porcs habillés en moines, un âne jouant de l'orgue et d'autres sujets satiriques du même goût.

4. Voir *Album de Villard de Honnecourt*, pl. LIII et LVI.

5. BION DE MARLAVAGNE, *Histoire de la Cathédrale de Rodez*. Paris, 1875. — LANGLOIS, *les Stalles de la Cathédrale de Rouen*, 1838. — JOURDAIN et DUVAL, *la Cathédrale d'Amiens : les Stalles et Clôtures du chœur*, 1867.

6. MOLINIER, *les Meubles du Moyen Age et de la Renaissance*.

Nous avons dit que la menuiserie et la sculpture sur bois marquaient, au départ, un retard assez sensible sur l'architecture. Les stalles de Rouen datent de 1469; celles d'Amiens, de 1508; celles de Saint-Pol-de-Léon et de Brou, qui peuvent supporter la comparaison avec les précédentes, sont de 1512 et 1520. Toutes, cependant, sont encore franchement gothiques. L'architecture avait donc conservé son avance.

Comme il fallait s'y attendre, en présence d'ouvrages si parfaits il s'est trouvé de bons patriotes pour

grand travail; mais un devis exige au préalable un projet préexistant[3], et ce projet émana certainement d'un architecte, et d'un architecte de grand talent, car les lignes magistrales de ces belles boiseries s'harmonisent trop bien avec celles de la cathédrale pour n'avoir pas été combinées par un maître en l'art de bâtir. Enfin, quand on passa à l'exécution, où ces habiles sculpteurs amiénois allèrent-ils chercher des exemples ? A Beauvais, à Saint-Riquier, à Rouen, c'est-à-dire en France, et non pas en pays flamand. On pourrait penser qu'à

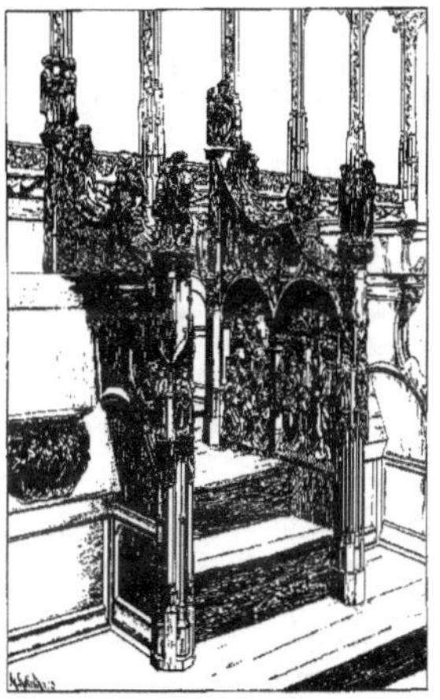

STALLES DE LA CATHÉDRALE D'AMIENS.

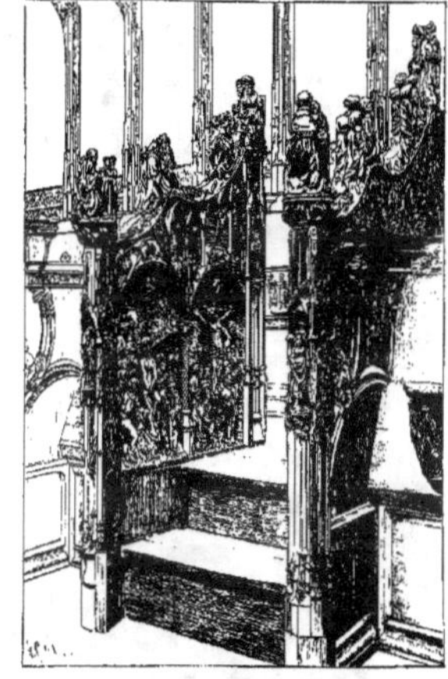

STALLES DE LA CATHÉDRALE D'AMIENS.

attribuer ces chefs-d'œuvre à des artistes étrangers. Heureusement, on connaît les noms des imagiers qui travaillèrent, de 1457 à 1469, aux stalles de Rouen, et si parmi eux on remarque quelques Flamands, ces vaillants artistes sont en majorité Français et, qui plus est, Normands[1]. De même pour les sculpteurs des stalles d'Amiens[2]. Le plus autorisé d'entre ces derniers, Arnoul Boulin, à qui paraît avoir été confiée la direction de l'œuvre, fut chargé, en 1508, d'établir le devis de ce

Brou, construit, décoré, meublé par la régente des Pays-Bas, il en fut autrement, et que là au moins la Flandre fut mise à forte contribution. Nullement. C'est un sculpteur de Bourg, nommé Terrasson, qui entreprit et dirigea cette magnifique menuiserie, dont l'idée première avait été demandée par Marguerite d'Autriche — malgré le juste ressentiment qu'elle nourrissait contre la France — à un peintre parisien, Jean Perréal, et à un sculpteur tourangeau, l'illustre Michel Colombe[4].

1. Les artistes français qui travaillèrent aux stalles de Rouen se nommaient F. Trubert, Gosset Brandard, Mathieu Marses, Pierre Rémond, Liénart, Laurent, Adam d'Auxerre, Jean Le Fizellier, Philippot Viart; les Flamands : Laurent d'Ypres, Pierre Moselmen, Gilles du Chastel dit Flamand, Hennequin d'Anvers. En 1467, c'est-à-dire deux ans avant l'achèvement, pour presser le travail on envoya embaucher des sculpteurs un peu partout, à Montreuil, à Abbeville, à Fécamp, à Arras, à Bruxelles, à Hesdin, à Lille, à Tournay, à Amiens. Mais l'ouvrage était assez avancé pour que, sous peine de créer des disparates, les nouveaux venus dussent se conformer aux exemples qu'ils avaient sous les yeux.

2. Les artistes qui exécutèrent les stalles d'Amiens se nommaient Arnoul Boulin, Antoine Avernier, Alexandre Huet, et Jean Turpin, qui s'est représenté lui-même en un curieux bas-relief. Tous étaient Amiénois.

3. L'existence d'un projet antérieur et très détaillé était d'autant plus indispensable, que l'entrepreneur affectait à la garantie de son devis, non seulement sa fortune, mais sa personne, c'est-à-dire sa liberté. Pour dépassement ou malfaçon, il pouvait être non seulement ruiné, mais emprisonné.

4. G. Sourdiat, *Notice sur les Stalles de Notre-Dame de Brou* (*Bulletin Monumental*, t. XV, p. 98 et suiv.). — Henry Havard, *la France artistique et monumentale*, t. I, p. 144.

Cette participation des artistes locaux à l'exécution de ces grands ouvrages n'est pas, au reste, pour nous surprendre. Il n'en pouvait être autrement, car, à cette époque, les arts, pas plus que l'industrie, n'étaient libres. Les Communautés ou corporations étaient jalouses et puissantes. Si elles imposaient une assez rude servitude aux artistes et aux artisans, par contre, elles n'admettaient guère qu'on empiétât sur leurs privilèges. Or, la plus précieuse de leurs prérogatives était de posséder le monopole des travaux à exécuter dans le rayon de

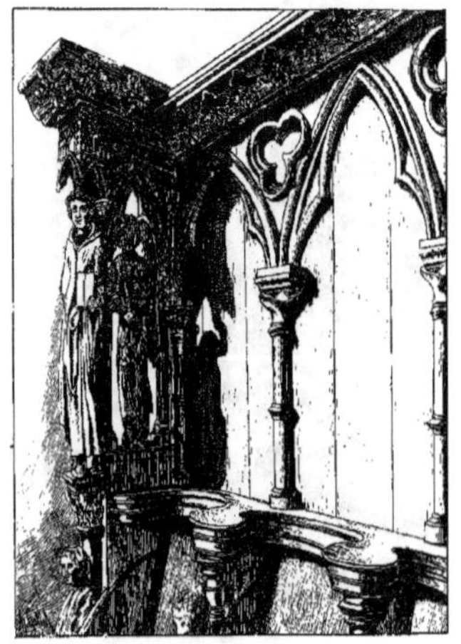

Panneau de clôture.

leur influence, et nous savons que, sur ce chapitre, elles ne toléraient pas d'usurpations. On put les voir, au XVIe et au XVIIe siècle, à une époque où, cependant, elles étaient déjà moins redoutées, entrer en lutte avec le pouvoir royal lui-même. Au XVe siècle, elles n'eussent certainement pas fléchi devant les caprices d'un prélat ou les volontés d'une princesse éloignée. Est-ce à dire que les artistes étrangers, compagnons ou artisans subalternes, aient été exclus de toute participation à ces belles entreprises? Certainement non. Dans les temps de grande presse, on envoyait chercher — comme cela eut lieu pour Rouen — des collaborateurs un peu partout. Mais, comme dans ces travaux compliqués

il nous est matériellement impossible de faire la part de la main-d'œuvre flamande et de la main-d'œuvre française, une conclusion s'impose : c'est qu'en France et dans les Pays-Bas cette main-d'œuvre était à peu près la même, et ne présentait pas de différences trop sensibles. Et, du reste, pouvait-il en être autrement? Eh quoi! les pays qui nous ont emprunté l'architecture gothique avec toutes ses conséquences auraient pu, dans leurs œuvres sculptées, non seulement résister à notre influence, mais nous imposer leur originalité! Cela est si peu vraisemblable, que, même en Allemagne et en Suisse, à Saint-Géréon de Cologne comme à la cathédrale de Lausanne[1], nous trouvons des garnitures de chœur fort considérables, qui ont plus qu'un air de famille avec celles que nous venons de mentionner. Et si l'on reconnaît, à la sécheresse d'exécution, aux plis trop brusquement cassés des draperies, à l'épaisseur des têtes, aux attaches empâtées, l'origine rhénane de ces belles œuvres, encore n'y trouve-t-on aucune divergence fondamentale, et procèdent-elles des mêmes préoccupations.

Pour peu que, de ces majestueux ensembles, nous passions aux meubles meublants, les spécimens authentiques parvenus jusqu'à nous deviennent si rares que les jugements motivés sont bien difficiles à porter. C'est à peine si l'on possède une douzaine de sièges isolés, d'une certaine importance. Quand on a cité la stalle ducale du musée de Dijon, enlevée à la Chartreuse de Champmol; une chaire à trois places provenant de la Sainte-Chapelle de Bourges, actuellement dans l'église de Morogues (Cher)[2]; le siège des Polignacs conservé au musée du Puy; la chaire aux armes de France que possède le musée de Cluny... on a passé en revue les échantillons les plus importants qui nous restent. Aujourd'hui, dans tous ces sièges, le bois est apparent; il a été dépouillé de ses colorations primitives. Par les *Comptes royaux*[3], toutefois, nous savons que, dans le principe, ces meubles étaient peints. Il en était de même des dressoirs : témoin celui justement célèbre que posséda la collection Bazilewski, et qui fut reproduit dans divers ouvrages[4]. Les armoires étaient peintes également, mais non plus à la façon décrite par le moine et prêtre Théophile. Les ornements couvrant les panneaux étaient réchampis « à cru » de couleurs à l'huile avec des tons plats et des dorures; quant aux figures et aux bas-reliefs, — ainsi qu'on le voit encore dans

---

1. RAHN, *Geschichte der bildenden Kunste in der Schweiz*, p. 750. — *Annales archéologiques*, t. IX, p. 129; XVI, p. 56.

2. DE CHAMPEAUX et GAUCHERY, *les Travaux d'art exécutés pour Jean de France, duc de Berry*.

3. Voir *Compte de l'Argenterie d'Étienne de la Fontaine*, dans *Comptes de l'Argenterie des rois de France*, p. 111.

4. Notamment dans notre *Dictionnaire de l'Ameublement et de la Décoration* (seconde édition), t. II, pl. XIII.

un grand nombre de retables, — ils étaient, suivant l'expression du temps, coloriés « au naturel ».

Quant aux coffres (huches, mets, escrins), sorte de meubles dont les spéci-mens sont parvenus jus-qu'à nous plus nombreux que tous autres, ils pré-sentent, nous l'avons dit, cette division en pan-neaux juxtaposés et em-brevés signalée plus haut comme caractéristique ; et tous, vraisemblable-ment, étaient habillés aussi de couleurs brillan-tes. Les fenestrages, les orbevoies, les arcades ai-guës qui les décorent étaient soigneusement ré-champis ; et, au xve siècle, quand on eut adopté ce genre d'ornement indû-ment dénommé *serviette*, et qui figure une feuille de parchemin symétri-

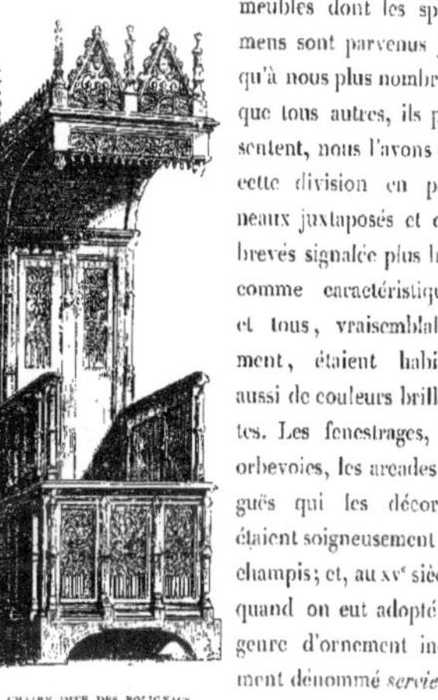

CHAIRE DITE DES POLIGNACS.
(Musée du Puy.)

quement recroquevillée, il en fut encore de même[1].

Ajoutons que ces observations sont d'ordre général et s'appliquent au mobilier de toute l'Europe occiden-tale. Le mobilier allemand est aussi pauvre que le nôtre en meubles authentiques du xiiie et du xive siècle, et ceux qui veulent pousser trop loin leurs investiga-tions se voient réduits aux conjectures et aux resti-tutions hasardeuses.

Enfin, dernière particularité et non la moins curieuse : tout ce mobilier était, par ses formes, son importance, ses dimensions, sa structure, essentiellement hiérar-chisé. Dans l'église, les stalles de la rangée inférieure, réservée aux Frères, étaient simples et découvertes ; celles de la rangée supérieure, réservée aux Pères, pos-sédaient un dosseret ; et le siége abbatial ou épiscopal était couronné d'un dais[2]. Dans la vie noble et de châ-teau, la chaire à haut dossier, meuble unique dans la pièce, était réservée au seigneur et maître du lieu ; les autres assistants devaient se contenter de coussins, de bancs ou d'escabelles. La hauteur de cette chaire et

celle de son dossier se proportionnaient à l'importance du personnage et de sa seigneurie ; et le dais indiquait qu'il avait le droit de haute et basse justice. La table, de son côté, avait son haut bout et son bas bout, et le nombre des degrés du dressoir était strictement réglé par l'étiquette. Le roi avait droit à cinq degrés, le prince souverain à quatre, le comte à trois, le chevalier banneret à deux, le chevalier noble à un ; pour le bour-geois, le dressoir n'en devait comporter aucun[3]. C'est ce qui explique comment on ne trouve guère dans nos collections de dressoirs comptant plus de un ou deux degrés. La plupart en sont dépourvus.

La serrurerie, dont il nous faut maintenant dire quel-ques mots, ne se distingue pas des autres arts de l'ameublement que nous venons de passer en revue par une indépendance plus évidente. Dans tous ses petits ouvrages, serrures, vertevelles, verrous, horloges, cof-frets, elle subit, elle aussi, l'influence directe de l'archi-tecture, — soit qu'elle se borne à garnir de petites arcades, d'arcs en tiers-point et de rosaces lobées, les

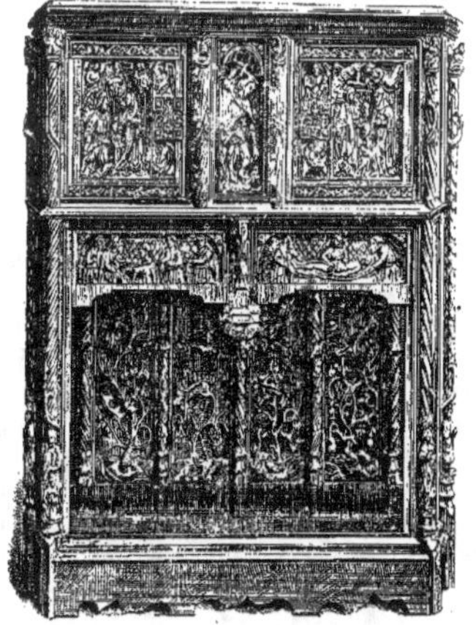

DRESSOIR EN BOIS SCULPTÉ ET PEINT.
(Exposition rétrospective de Lyon.)

parois des objets qu'elle confectionne, soit qu'elle leur donne la forme de petits édicules, soit enfin, comme dans une infinité de serrures, qu'elle les gratifie de

---

[1]. Sans doute ce curieux ornement a son point de départ dans les feuilles de peau de cerf, de cuir de cheval et de parchemin qu'on éten-dait et qu'on collait sur les meubles au xiie et au xiiie siècle, pour peindre ensuite par-dessus, comme le « moine et prêtre Théophile » l'explique dans sa *Diversarum artium schedula*. (Voir plus haut, col. 326.)

[2]. Le dais annexé à un meuble, ou séparé de celui-ci, a toujours été un signe honorable dont la possession n'était permise qu'aux prélats, aux princes et aux rois. (Voir *Dictionnaire de l'Ameublement*, t. II, col. 4.)

[3]. Pour le dressoir, voir également notre *Dictionnaire de l'Ameublement*, t. II, col. 225 et suiv.

détails architectoniques, de niches notamment ou de dais ouvragés abritant des statuettes minuscules.

Plus encore que les arts annexes que nous venons d'étudier, la serrurerie demeure, en ses curieux ouvrages, en retard sur la marche de l'esthétique générale. En outre, le métal rebelle qu'elle met en œuvre l'empêche d'atteindre à cette finesse, à cette élégance, à cette liberté d'exécution, qui distinguent le traitement du bois et des métaux précieux. Dans ses grands travaux, elle suit, par contre, pas à pas les évolutions de l'architecture. Elle s'unit à elle dans ces admirables pentures, qui donnent aux portes des églises

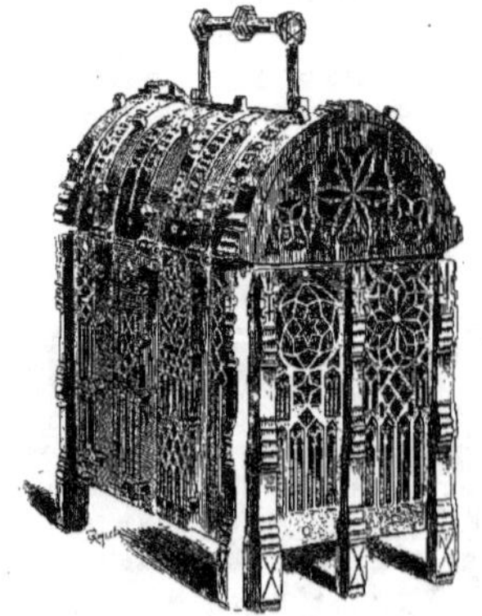

COFFRE EN FER FORGÉ, REPERCÉ ET CISELÉ.

la solidité, la force de résistance nécessaire, en même temps que la liberté d'évolution; et, à mesure que les années s'écoulent, elle se pare d'ornements nouveaux.

Quand l'architecture devient rayonnante, elle embellit ses robustes rinceaux de fleurons, de brindilles, de feuillages largement étampés. Dans les grilles de clôture, — à Reims, à Braisne, à l'abbaye de Saint-Denis, — ces ornements deviennent un élément de consolidation. En faisant mordre les uns sur les autres leurs multiples enroulements, en les rivant à leurs points de contact et aux montants extérieurs, le forgeron rend sa grille solidaire de son armature. Ainsi, l'art industriel, en des mains habiles et expérimentées, faisait concourir les enjolivements au but final, c'est-à-dire à la solidité

de la clôture. Puis, quand le flamboiement eut remplacé, en architecture, le gothique rayonnant, ces fleurons largement étampés parurent trop massifs et trop lourds. On leur substitua des ornements de fer battu découpés, et l'on arriva de la sorte, par des moyens plus rapides, à des effets moins puissants, mais d'une décoration plus légère et plus foisonnante.

Si l'industrie du fer, en se simplifiant, abdique en partie ses qualités héroïques, le serrurier, toutefois, ne cesse de faire preuve d'ingéniosité, et met à large contribution son imagination toujours en éveil pour varier ses façons et perfectionner sa main-d'œuvre. C'est ainsi que, parfois, il imprime à ses barreaux une torsion en spirale qui, augmentant leur force de résistance, donne de la variété d'aspect à l'ouvrage et ajoute à son agrément. D'autres fois, il les arme à leur extrémité supérieure de pointes et de chardons qui transforment en décoration des organes essentiellement défensifs. Enfin, il imagine ces grilles entrelacées, chef-d'œuvre d'ingéniosité et de patience, dont les *œils* alternés, rendant les montants solidaires des traverses, complètent la solidité de l'ouvrage par le mérite de la difficulté vaincue[1]; et il combine ces fermetures composées de cercles lobés reliés entre eux par des colliers rivés ou soudés, mais qui demeurent libres et donnent à ces robustes clôtures l'aspect et l'élasticité d'une gigantesque cotte de mailles[2].

Si la menuiserie et la serrurerie se distinguèrent, durant cette période du Moyen Age, par de curieux progrès dans l'exécution et par la confection d'ouvrages de tout premier ordre, que dire de la fabrication des tissus de grand luxe, qui fut créée industriellement chez nous à cette époque, et dans l'espace d'un siècle et demi atteignit son apogée comme finesse, richesse de dessin, beauté et magnificence! Jusque-là, toutes les étoffes de prix avaient été importées d'Orient d'abord, par les Syriens et les Juifs, et ensuite d'Italie par ces Lombards qui ont rempli le Moyen Age de leur nom.

Cette importation ne cessa pas complètement, et les étoffes d'Orient n'abdiquèrent jamais leur prestige. Le Dante lui-même le constate et vante la richesse de couleurs des tentures exécutées chez les Tartares et les Turcs[3]. Quant aux tissus italiens, quelques chiffres en feront connaître la valeur. Les *Comptes d'Étienne de la Fontaine*, argentier du roi en 1352[4], nous révèlent que l'aune de camocas blanc valait 8 écus, soit

<hr>

1. Les premières grilles entrelacées dont nous avons retrouvé la trace paraissent avoir été posées en 1331 par Renoud Le Fèvre au château des Andelys. Il est, en effet, question, dans le règlement de compte de cet artisan (voir *Actes normands de la Chambre des Comptes*, p. 28) de « posées de fer mises ès barreaux, où les verges sont engrafiées ».

1. Voir, notamment, à Vérone, autour du tombeau des Scaliger, une clôture faite de ces grilles souples et mobiles.

3. Dante, *Divine Comédie : Enfer*, chant XVII.

4. *Compte de l'Argenterie d'Étienne de la Fontaine pour le terme de la Saint-Jean de l'an 1352*, dans les *Comptes de l'Argenterie*, p. 81 et suiv.

224 francs de notre monnaie; le drap d'or, 16 livres, ou 406 fr. 55; le veluyau (velours) fin azuré, le veluyau

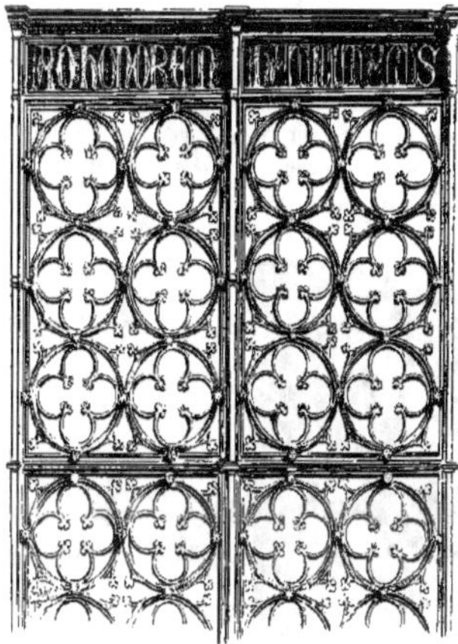

GRILLE DE LA CHAPELLE DES RENUCCINI.
(Église Santa Croce, à Florence.)

fort, le veluyau vermeil (rouge), 8 écus, ou 224 francs; le zatoni (satin), 4 écus, soit 112 francs; enfin, la soie était vendue de 7 à 8 écus la livre, soit 196 à 224 de nos francs le demi-kilo.

Le compte particulier d'Édouart Tadelin de Lucques, mercier du roi Philippe de Valois[1], monte, pour l'année 1342, à la somme de 9134 livres 17 sols 2 deniers. De 1321 à 1350, suivant M. d'Avenel[2], la livre tournois a valu 12 fr. 25, et la livre parisis un quart en plus, soit 15 fr. 30. Le compte d'Édouart Tadelin se solderait donc par 139 763 fr. 20 de notre monnaie, et comme le pouvoir de l'argent était de 3 et demi plus fort à cette époque que de nos jours, il s'ensuit qu'en une seule année Philippe de Valois a acheté pour un demi-million d'étoffes de prix (exactement 489 171 fr. 20) à un seul de ses fournisseurs. L'exemple du roi ne laissait pas, à cette époque, que d'être suivi; il ne faut donc pas s'étonner de voir Rigord s'indigner, non pas de ce que certains seigneurs portent des

costumes valant 20 à 30 marcs (c'est-à-dire de 3 500 à 5 250 francs de notre monnaie), mais de ce qu'après les avoir portés huit à dix fois, ils abandonnent ces costumes à des trouvères, à des jongleurs, à des histrions, « vrais ministres du diable[3] ».

Tadelin n'est pas le seul de ces commerçants italiens dont le souvenir nous ait été conservé. Parmi les fournisseurs du roi Jean, nous relevons les noms de Jehan de Millan (Milan), de Luchi de Lombardo, de Donnet de Venice (Venise), de Vincent de Lommelino de Gênes[4], etc. Si l'on veut se rappeler que non seulement ces habiles commerçants détenaient l'importation des tissus exotiques, mais encore celle des pierres précieuses, qu'en outre ils faisaient la banque, le change, et prêtaient à usure, on ne sera pas surpris de leur nombre et de l'étonnante prospérité de leurs affaires. Le *Livre de la taille de* 1292 débute par un recensement particulier de ces étrangers; il n'en compte pas moins de 205, répartis un peu sur toute la surface de Paris,

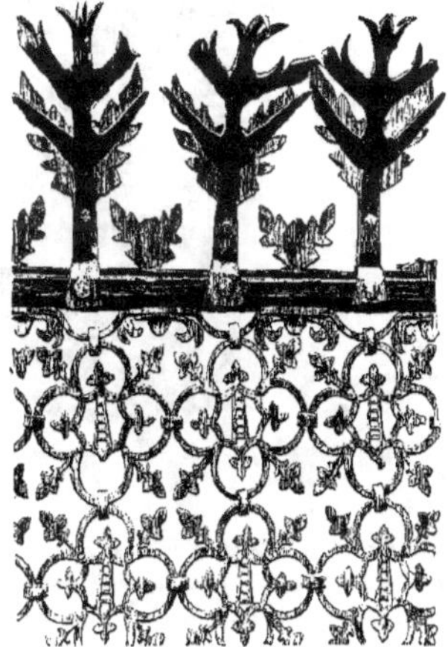

GRILLE DE TOMBEAU DES SCALIGER.
(Vérone.)

mais plus spécialement aux environs de la rue de la Buffeterie[5], qui devait, par la suite, prendre le nom de

---

1. *Compte particulier des draps d'or et de soie vendu par Édouart Tadelin de Lucques, mercier du roi Philippe de Valois*, en 1342, dans le *Nouveau Recueil des Comptes de l'Argenterie*, p. 20.

2. LE VICOMTE D'AVENEL, *la Fortune privée à travers sept siècles*. Paris, 1895, p. 37 et 72.

3. RIGORD, *Vie de Philippe Auguste*, dans GUIZOT, *Collection des Mémoires relatifs à l'Histoire de France*, t. XI, p. 62.

4. Voir *Comptes de l'Argenterie*, p. 109, 117, 158, 168, 185, 200, 258, et *Nouveau Recueil des Comptes*, etc., p. 20, 25, 29, 31, 45.

5. Les Lombards parisiens étaient établis dans les paroisses de Saint-Germain-l'Auxerrois, de Saint-Eustache, de Saint-Nicolas-des-Champs, de Saint-Merry, de Saint-Jacques-la-Boucherie, de Saint-Jean-en Grève, de Saint-Paul, etc., et même sur le territoire de Saint-Germain-des-Prés. Mais si l'on considère que la paroisse Saint-Jacques-la-Boucherie en

rue *des Lombards*, et, grâce à lui, nous pouvons constater que ces 205 Italiens payaient ensemble au roi une taille de 1511 livres 14 sols, soit le huitième de la taxe entière à laquelle Paris était soumis, — et Paris, à cette époque, renfermait dans ses murs 15200 contribuables soumis à la taille. Bien mieux, le contribuable le plus imposé de la capitale était Gandouffle le Lombard, lequel payait 114 livres 10 sols, somme énorme, et qui représentait un chiffre d'affaires considérable, puisque la taille avait pour base le cinquantième du revenu déclaré.

En dehors de Paris, réunis en compagnies puissantes, ils avaient des comptoirs autorisés par décisions royales dans presque toutes les grandes villes du royaume. Du Cange mentionne une charte, datée du 2 mars 1278, qui donne à une de ces compagnies le droit d'entreposer ses marchandises à Nimes[1]. Il cite un autre texte de 1272 concernant les Lombards de Guingamp, de Quimper, de Quimperlé, de Nantes, de Dinan ; on voit qu'ils étaient solidement établis en Bretagne[2]. Dans les autres provinces, ils n'étaient pas moins nombreux. « On trouve des Lombards, écrit le vicomte d'Avenel[3], durant la première moitié du XIVe siècle, non seulement dans les villes, mais dans de simples bourgs. Aux environs de Paris, ils pullulent : à Lagny, Bray ou Monte-

reau, aussi bien qu'à Meaux ou Provins. » Parfois même ils s'établissent dans certaines localités « en franchise », c'est-à-dire sans avoir obtenu le droit de trafiquer, et alors ils sont l'objet de sévères poursuites[4].

Cette importance financière et commerciale se perpétua, du reste, pendant tout le Moyen Age. Sous Philippe le Bel, elle était telle, qu'une tour du Louvre reçut son nom de deux Lombards qui y avaient été logés[5]. Au XVIe siècle, il existait encore des comptoirs des principales maisons milanaises, lucquoises et florentines dans presque toutes les villes importantes du royaume.

Cette invasion, toutefois, n'empêcha pas nos industries textiles de se fonder et de prendre un grand développement. Dès le règne de saint Louis, le *Livre des Métiers*[6], d'Étienne Boileau, signale l'existence, à Paris, de plusieurs professions qui mettaient la soie en œuvre, et, parmi ces professions, il en est deux au moins d'un intérêt capital. Nous voulons parler 1° « du mestier des tissus de soie » (titre XXXVIII) et 2° de l'ordonnance du mestier des ouvriers de Draps de soye de Paris et de veluyaus (velours) » (titre XL). D'autre part, les *Registres de la taille* de 1292 mentionnent un grand nombre d'industries annexes, qui paraissent s'être développées postérieurement à la codification des métiers parisiens par le prévôt de Louis IX.

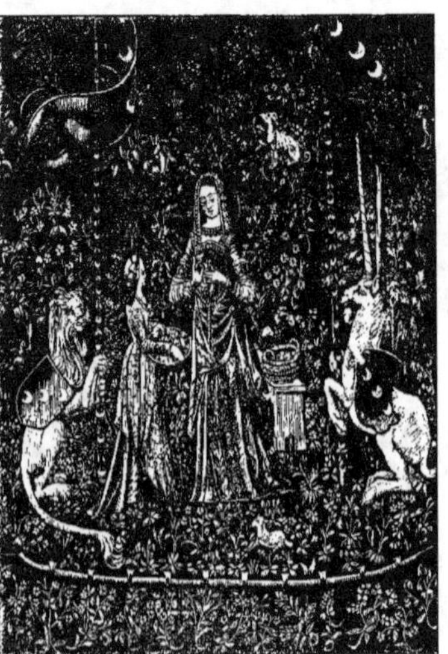

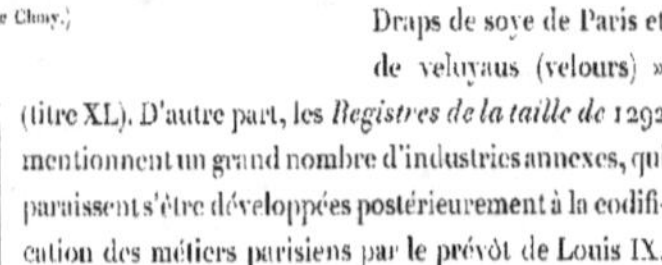

TAPISSERIE DE LA « DAME A LA LICORNE ».
(Musée de Cluny.)

---

abritait une quarantaine, que vingt-huit habitaient celle de Saint-Merry, quinze celle de Saint-Paul, et une dizaine celle de Saint-Jean-en-Grève, on reconnaîtra qu'ils étaient déjà groupés dans le quartier qui devait porter leur nom. (Voir H. Géraud, *Paris sous Philippe le Bel*. Paris, 1837.)

1. Ce contrat fut passé avec le roi de France par Falcone Caccio, de Plaisance, capitaine de l'Universalité des Marchands lombards et toscans, ayant aussi mandat et pouvoir spécial des consuls des Marchands romains, génois, vénitiens, et de ceux de Plaisance, Lucques, Bologne, Pistoie, Asti, Albe, Florence et Milan. On voit quelle forte organisation avaient ces étrangers. Le roi leur accorde le droit de s'établir à Nimes, d'y créer des entrepôts et de jouir du même privilège que les Lombards habitant Paris ; privilège dont ceux-ci se déclarent satisfaits. (Voir Du Cange, *Glossarium ad scriptores mediæ et infimæ latinitatis*, t. IV, col. 46.)

2. Le droit qu'ils acquittaient pour pouvoir ainsi trafiquer se nommait *lombarderie* (D.-F. Carpentier, *Glossarium novum, ... seu Supplementum ad auctiorem Cangiani editionem*, etc., t. IV, p. 393).

3. Le vicomte d'Avenel, *la Fortune privée à travers sept siècles*, p. 103.

4. Léopold Delisle cite, dans les *Actes normands de la Cour des Comptes* (Rouen, 1871, p. 22), un ordre envoyé en 1331 « à tous les vicontes pour prendre les Lombars qui s'estoient mis en franchise partout où l'en les trouveroit, et d'apliquer leurs biens au roy et de les faire bannir ».

5. La tour *Bisemouche* prit son nom de Biccio et Muschisto, employés par Philippe le Bel à la direction de ses finances. (Voir Berty, *Topographie de Paris*, t. 1, p. 48.)

6. Bossardeau et Lespinasse, *le Livre des Métiers d'Étienne Boileau*. Voir, principalement, les titres XXXIV, XXXV, XXXVI, XXXVII, XXVIII et surtout le titre XL.

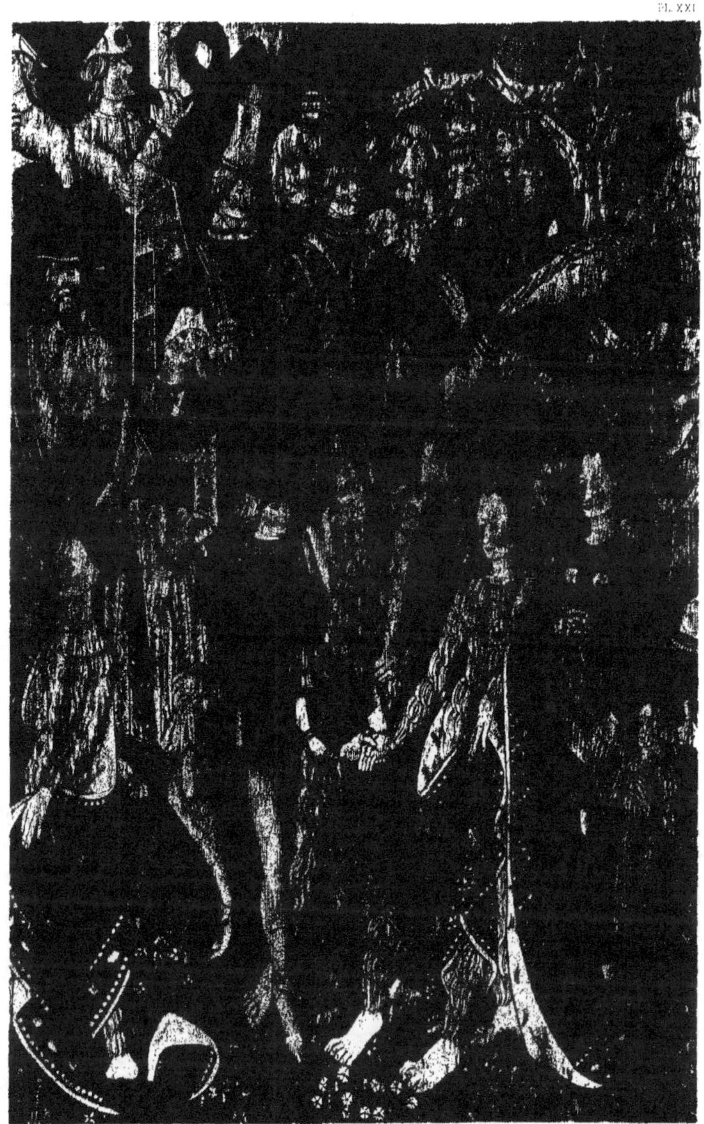

LE BAL DES HOMMES SAUVAGES

TAPISSERIE FRANÇAISE (ÉGLISE DE NOTRE DAME DE NANTILLY)

Tels étaient les dorlotiers[1], dont on comptait 14 ateliers à Paris. Ceux des crépiniers[2] étaient au nombre de 32; ceux des brodeurs, au nombre de 14; enfin il existait 24 manufactures de tapis. Les *Comptes* des argentiers de la couronne, de Geoffroi de Fleuri, d'Étienne de la Fontaine, de Gauchier de Vanves, de Guillaume Brunel[3], ainsi que l'*Inventaire de Charles V*[4], et ceux de la Bastille, du Louvre, de l'hôtel Saint-Pol, dressés sous Charles VI, décrivent des ameublements complets et de la plus grande magnificence en broderie d'entretaillure et de rapport, exécutés par ces habiles artistes. Les prix qui leur étaient payés mon-

Orient qui avait été notre maître dans l'art des beaux tissus[7]. Elle avait réinventé ou ressuscité, si l'on aime mieux, ces grandes compositions qui firent jadis la gloire de la Grèce antique. L'*Histoire d'Alexandre*, l'*Histoire du roi de France et des douze pairs*, l'*Histoire du roi Pharaon et de la Nation de Moïse*, le *Couronnement de Notre Dame*, le *Roman de la Rose*, l'*Histoire de Perceval le Gallois*, l'*Histoire des Vices et des Vertus*, celles de *Froimont de Bordiaux*, de *Saint Georges*, de *Guillaume d'Orange*, etc., telles étaient les aventures, on pourrait presque dire les épopées, avec lesquelles ces modestes artisans osaient se

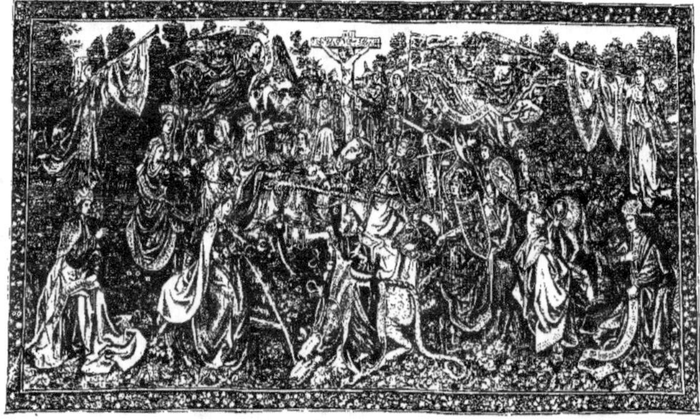

TAPISSERIE REPRÉSENTANT LE « COMBAT DES VERTUS ET DES VICES ».

trent, en outre, que, quoiqu'ils fussent d'assez petites gens, leurs travaux étaient extrêmement appréciés[5].

Mais l'intérêt qu'on doit prêter à ces belles broderies n'approche pas de celui qui s'attache aux productions des tapissiers. Ceux-ci, pendant trois siècles, firent la réputation de Paris et d'Arras. On sait que le nom de cette dernière ville est devenu, en Italie, synonyme de tapisseries de haute et basse lice[6], et que la réputation de ses ouvrages s'étendait jusqu'en cet

mesurer, et qu'ils traduisaient en des suites comprenant parfois six, huit et jusqu'à douze panneaux énormes.

Si les tapissiers d'Arras, jusqu'à la destruction de leur ville, jouirent d'une réputation méritée, s'ils servirent d'exemple à leurs confrères et concurrents de Bruxelles (1340), de Tournai (1352), de Valenciennes (1364), de Lille, de Douai, plus tard d'Audenarde, en un mot de toute la Flandre, leurs émules de Paris n'étaient pas moins appréciés. Non seulement les

---

1. On nommait ainsi les rubaniers, fabricants de rubans et de lacets de soie et de franges.

2. *Le Livre des Métiers* définit les crespiniers de fil de soie, « c'est à savoir ouvriers de coiffes à dame, et taies à oreilliers et de pavillons, que on met par dessus les autels, que on fait à l'aguille et au mestier ».

3. Voir DOUËT D'ARCQ, *Comptes de l'Argenterie des rois de France* et *Nouveau Recueil des Comptes de l'Argenterie*, déjà cités.

4. LABARTE, *Inventaire du mobilier de Charles V, roi de France* (Imprimerie Nationale, 1879).

5. En 1342, la reine, femme de Philippe de Valois, fit exécuter par Perrin de Paroy, son brodeur, un pavillon « en guise de chambre à tendre sur le lit de madite dame », qui coûta 344 livres 5 sols, soit 14 406 francs. A la même époque, la même princesse fit présent aux filles du roi de Navarre de deux corps de robes, qui furent payés 109 livres 16 sols, soit 4393 fr. 13 de notre monnaie. Cinquante ans plus tard (1387), Charles VI faisait broder des houppelandes pour la somme de 1010 livres, qui, au cours de l'époque, représentent 4452 fr. 80 de notre argent.

6. En italien, toutes les tapisseries de haute lice sont désignées sous le nom d'*arazzo*; d'où l'on a fait *arazzeria*, fabrique de tapisserie, et *arazziere*, tapissier.

7. Après la bataille de Nicopolis et sur l'indication de Bajazet, qui avait témoigné le désir d'avoir quelques beaux draps d'Arras, racontant de nobles histoires, Philippe le Hardi, duc de Bourgogne, paya la rançon du duc de Nevers et des seigneurs français prisonniers avec des tapisseries représentant l'*Histoire d'Alexandre* (FROISSART, *Chroniques*).

princes français, mais les princes bourguignons eux-mêmes, — qui cependant devaient à Arras une préférence légitime[1], — favorisèrent les tapissiers parisiens de commandes considérables. C'est à un d'eux, Jacques Dourdin, qu'en 1403 Marguerite de Flandre demandait toutes les tentures destinées à la comtesse de Rethel, sa belle-fille. C'est par un autre tapissier parisien, Nicolas Bataille, que le duc d'Anjou fit exécuter la fameuse tenture de *l'Apocalypse* encore admirée à Angers[2]. Trois pièces ou frises de cette magnifique tapisserie — chaque frise comportant quinze sujets — furent livrées en deux années. Aujourd'hui, chacune d'elles en réclamerait au moins dix.

De nombreux documents, l'*Inventaire de Clémence de Hongrie*, l'*Exécution du testament de Jehanne d'Evreux*, etc., jettent un jour curieux sur l'activité des ateliers de tapisserie au XIIIe et au XIVe siècle. L'*Inventaire du roi Charles V* renferme un chapitre intitulé : *Tappiz à Ymages*, qui serait digne d'être copié intégralement et dans lequel le sacré se mélange au profane[3]. Les commandes faites par Charles VI, en treize ans (1387 à 1400), de 250 pièces de tapisserie ; l'exécution par Michel Bernard d'Arras, en moins de quatre années, de la *Bataille de Rosebecque*, énorme tenture qui couvrait près de 285 mètres carrés… démontrent assez l'incroyable diligence et la prodigieuse fécondité de ces manufactures, qu'on est tenté, malgré soi, de considérer comme bien primitives.

Ajoutons que ce n'est pas seulement par la rapidité d'exécution que ces vaillants ateliers se recommandent. La beauté de certains de ces tissus et leur relative finesse ; la sobriété dans les moyens produisant la grandeur des effets ; le nombre très restreint de couleurs, prévenant les dissonances occasionnées fatalement par les années, quand la gamme de nuances est trop étendue ; la résolution et la sagesse des partis ; la magnificence des compositions ; la complication voulue des sujets ; la somptuosité des costumes : tout en ces beaux ouvrages se réunit pour charmer les yeux pour étonner et pour confondre l'esprit. Et, eu présence de ces travaux formidables, exécutés comme en se jouant, on arrive à se demander si l'art du tapissier,

comme celui du peintre verrier, n'a pas, en ces temps lointains, atteint le maximum d'intensité décorative auquel il puisse prétendre. Il n'est pas, en effet, jusqu'aux défauts qu'on lui reproche, qui, au point de vue de la décoration, ne se transforment en qualités, comme ce mépris voulu, affiché, de la perspective, qui éloigne toute arrière-pensée de créer une illusion déplacée.

Ces belles tapisseries présentent encore un autre intérêt. Les cartons d'après lesquels elles furent exécutées ont été peints par les mêmes artistes qui, entre temps, étaient chargés de décorer les châteaux et surtout les églises[4]. Elles peuvent donc nous donner une idée assez précise de ce qu'étaient ces peintures murales autrefois singulièrement nombreuses et fâcheusement détruites par l'indifférence des hommes et les fluctuations de la mode, plus encore que par l'action des années. Il n'est pas jusqu'aux traits noirs cernant les figures, aux hachures servant à les modeler, qui ne constituent pour nous de précieux indices. L'analogie de ces beaux ouvrages avec certaines peintures qui nous restent confirment, au surplus, ces présomptions ; et, par l'active fécondité de ces ateliers absorbés en un travail qui nous paraît aujourd'hui si long, on peut juger de la surprenante promptitude avec laquelle les peintres de l'époque ogivale arrivaient à couvrir de leurs débordantes compositions les murs de tant de châteaux aujourd'hui disparus ou ruinés.

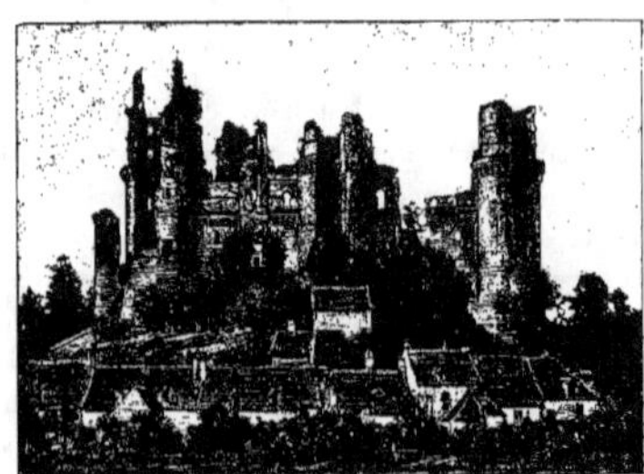

---

[1]. « Il résulte de l'examen des comptes des ducs de Bourgogne, écrit Boyer de Sainte-Suzanne (*les Tapisseries françaises, notes d'un curieux*, p. 109), qu'au XIVe et au XVe siècle la fabrication de Paris tenait en échec les fabriques d'Arras. Les acquisitions faites à Paris sont plus fréquentes, les prix plus élevés qu'à Arras. »

[2]. Voir L. DE FARCY, *les Comptes de Louis d'Anjou*. — J. GUIFFREY, *Nicolas Bataille, tapissier parisien*.

[3]. On y relève l'*Histoire de Godefroid de Bouillon* alternant avec la *Fontaine de Jouvence* ; les *Faiz et Batailles de Judas Macabeus*, avec les *Dames* qui chassent et volent ; la *Passion de Notre Seigneur* et la *Vie de Saint-Denis*, avec les *Ages des Gens*, etc., etc.

[4]. GUIFFREY, *Histoire de la Tapisserie*, p. 44.

[5]. Les peintres, dans leurs statuts primitifs, étaient tenus quittes du guet, parce que « leurs mestiers les acquite par la reison de ce que leurs meistiers n'apartient fors que au service de Nostre Seigneur et des sains et a l'honnerance de Sainte Yglise ». (Voir LESPINASSE et BONNARDOT, *le Livre des Métiers*, d'Étienne Boileau, titre LXII, concernant les « Paintres et Tailleurs d'Ymages ».)

X

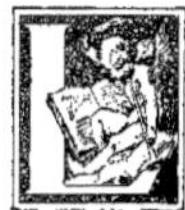

'ART ogival ou gothique, suivant le nom qu'il plaira de lui donner, est, nous venons de le voir, un art complet et parfait en son genre, qui, durant une période de près de quatre siècles, n'exerça pas son influence seulement sur un style d'architecture, mais sur toutes les manifestations artistiques, des plus imposantes aux plus familières. Nous avons pris cet art à son berceau, nous l'avons vu se développer, s'élever, grandir, puis s'étioler, se perdre dans ce que Michelet appelle curieusement « les petits arts d'ornement, les mignardises du ciseleur, du brodeur, frisures, guipures, etc., dans des problèmes compliqués à plaisir de stéréotomie et de dessin linéaire ». Il nous reste à chercher maintenant quels effets cette grande éclosion artistique produisit en dehors de nos frontières, et quelle part revient ainsi à l'initiative française dans la parure monumentale qui orne l'Ouest de notre Continent.

Il semble qu'après ce que nous venons d'établir il ne puisse y avoir de doute sur l'origine du style ogival, sur son point de départ, sur son centre de formation et de développement. Cependant, comme en archéologie le besoin de contredire ne perd jamais ses droits, il s'est trouvé des écrivains, — et non des moindres, — de ceux qui ne pouvaient, à l'instar de Mme Geoffrin, regarder l'ignorance « comme le principe actif et fécond de leur originalité », Beulé par exemple, — qui rééditèrent à propos de l'art gothique les scrupules exagérés que Vitet manifestait à l'égard du style roman, et qui s'écrièrent : « L'architecture gothique est-elle uniquement l'architecture de notre nation, pour que vous l'appeliez nationale[1] ? » Viollet-le-Duc, Didron, Vitet, de Verneilh, Darcel, Mérimée, Anthyme Saint-Paul, Gonse, pour ne citer que quelques noms, ont victorieusement répondu à cette réserve singulière. Nous n'insisterons donc pas sur un débat trop rebattu. Et, s'il y a quelque imprudence et beaucoup d'exagération à prétendre, avec Renan[2], « que le style gothique reste cent ans au moins la propriété exclusive de la France », encore y a-t-il injustice et inconséquence à ne pas reconnaître qu'il est un style éminemment français.

Mais une pareille prétention, si elle est peu compréhensible sous la plume de compatriotes, devient beaucoup moins déplaisante sous celles d'étrangers, que l'amour-propre national peut égarer un instant ; et nous ne saurions nous formaliser de voir l'Angleterre réclamer une part de création dans la genèse de l'art gothique auquel nos voisins d'outre-Manche ont essayé d'accoler leur nom, et auquel, plus qu'aucun autre peuple du Continent, ils sont demeurés fidèles. Ce fut cet amour du style ogival qui, dès 1742, remit en honneur, sur l'autre rive du détroit, les études sur le Moyen Age, à une époque où, de ce côté de la Manche, tout ce qui touchait à cette période n'était pas, comme on l'a écrit, lettre morte pour nos architectes[3], mais singulièrement ignoré ou méconnu par les gens du monde et même par nos artistes[4].

Comme il était naturel, les premiers archéologues anglais qui s'emparèrent de la question réclamèrent pour leur pays la paternité du style ogival ; mais, dès 1811, Whittington se désistait en leur nom de cette prétention, et en laissait tout l'honneur à la France. Plus tard, quelques écrivains, Parker notamment, renouvelèrent les revendications premières[5], mais sans succès, jusqu'au jour où Thomas Hope, en d'excellents termes, mit fin à la discussion. Il reconnut publiquement que, pour appuyer les prétentions de Parker, il faudrait démontrer que l'Angleterre a inventé, avant

---

1. Burlé. *Causeries sur l'Art* (Paris, 1867), p. 42.

2. Renan, *Revue des Deux Mondes*, 1er juillet 1862, p. 209.

3. Jamais le style ogival ne fut méprisé par nos architectes. Nous avons signalé plus haut un mot bien caractéristique de Blondel. Nous ne devons pas oublier non plus, qu'en 1739, Jacques-Jules Gabriel, aidé de son fils Jacques-Ange, déjà célèbre, avait commencé de reconstruire la façade de Sainte-Croix d'Orléans, travail qui réclamait de fortes études archéologiques. Le Cabinet des Estampes possède même deux dessins de ce grand architecte représentant l'un la *flèche de Sainte-Croix*, l'autre sa *façade*. Il conserve également deux projets très curieux concernant la réédification de la chapelle Notre-Dame de Bonne-Nouvelle de la même ville : l'un dans le goût gothique, l'autre dans le goût du xviiie siècle, avec cette mention : « Ce dessein n'a esté fait que pour faire connoistre la différence entre le gotique et l'antique ». Enfin ce Dépôt possède encore une gravure de 1782 représentant la flèche de la Sainte-Chapelle restaurée par Desmaisons, et des projets de restauration de l'église de Poissy, par Robert de Cotte, qui témoignent d'études très sérieuses et de beaucoup de goût. Il est curieux que ces dessins si précieux et qui attestent des recherches archéologiques savantes n'aient jamais été signalés. (Voir *Topographie générale de la France*, Va. 226. 291, 353.) N'oublions pas, en outre, l'architecte du *Fraumunster* de Zurich, qui, dès 1732, gratifiait la tour de cette église d'une fenêtre à double ogive s'amortissant en accolade aiguë.

4. A. Lenoir, *Musée des Monuments français* (t. I, Avant-propos), raconte que, lorsqu'il voulut sauver les monuments du Moyen Age, encore nombreux à son époque, il eut à lutter contre l'opposition des artistes, qui « regardaient ces monuments comme inutiles aux arts ».

5. Parker s'appuyait sur les coupoles nervées de l'Anjou pour démontrer l'importation en France de l'ogive par les Anglais. — Argument médiocre, puisque, si les architectes de Henri Plantagenet eussent connu la croisée d'ogives, ils n'eussent pas cherché une solution qu'ils auraient possédée.

tous autres pays, certaines transformations, alors qu'au contraire elle fut toujours une des dernières à adopter les modifications introduites dans le style ogival, et qu'elle ne peut présenter aucune nouveauté, aucun détail, dont on ne trouve sur le Continent un type plus ancien. Enfin, ajoutait Hope, « si cette opinion que le style ogival a pris naissance en Angleterre était fondée, selon toute vraisemblance les principaux architectes des édifices gothiques construits même hors de l'Angleterre auraient été des Anglais [1] ».

Ces conclusions, si remarquables non seulement à cause de leur justesse, mais aussi de cette équité courtoise qui n'accompagne pas toujours l'archéologie, ont été adoptées par des critiques anglais de grande valeur, notamment par Gally Knight [2], et confirmées par des documents irréfutables. Dès 1818, l'historien Henry Hallam [3] avait signalé, du reste, cette particularité, que la plus ancienne église ogivale de l'Angleterre, la cathédrale de Cantorbéry, avait été édifiée par un architecte français. Or, un fragment de chronique contemporaine de l'événement est venu nous apprendre que la reconstruction de ce magnifique sanctuaire fut l'objet d'un concours entre architectes anglais et français; que l'architecte chargé des travaux, « artiste que recommandaient la vivacité de son intelligence, sa science incontestée et une réputation bien établie », se nommait Guillaume, et qu'il était originaire de Sens [4].

Ce choix, au surplus, n'est pas aussi surprenant qu'il peut paraître. Le clergé de Cantorbéry était non seulement le plus éclairé de l'Angleterre, mais encore, par son origine et par ses traditions, tout imbu des idées françaises. Guillaume le Conquérant avait mis à sa tête l'illustre Lanfranc, qui, après avoir enseigné le droit à Bologne et à Pavie, était venu, suivi d'un cortège imposant de disciples, se fixer à l'abbaye du Bec, en Normandie, dont il fut prieur en même temps qu'il était abbé de Saint-Étienne, à Caen. Son successeur sur le siège épiscopal de Cantorbéry fut saint Anselme, également né dans le Midi de l'Europe, et qui, lui aussi,

avait passé par cette abbaye du Bec, laquelle lui demeura toujours chère. Deux ans avant sa mort, Lanfranc, « ce prélat que tout le monde latin honorait pour avoir rendu à la science son antique éclat », traversait la mer, avec une suite d'évêques et de clercs, et, chargé d'ans et d'infirmités, consacrait l'église de sa chère abbaye, dont il avait « de sa propre main posé la seconde pierre [5] ». Au cours de son épiscopat, saint Anselme vint également demander à cette abbaye du Bec un refuge de paix, un asile de recueillement. On est donc fondé à dire que les préférences du haut clergé de Cantorbéry étaient essentiellement françaises. Dès lors, il est assez naturel que les plans et projets de Guillaume de Sens aient été particulièrement appréciés. C'est ce qui explique comment, sur une crypte de construction normande, qui fut conservée, on éleva une église supérieure, qui, par son plan, son style et son ornementation, est à peu près semblable à celles que l'on édifiait de ce côté de la Manche.

Premier sanctuaire gothique de l'Angleterre, Cantorbéry excita une admiration universelle et justifiée. Par la suite, elle exerça une influence considérable sur la marche de l'architecture anglaise; mais n'oublions pas que son érection eut lieu en 1174 [6], c'est-à-dire plus de trente années après qu'à Saint-Denis, à Chartres et à Sens, patrie de l'architecte de Cantorbéry, le nouveau système avait pratiquement triomphé.

Si la descendance de l'architecture ogivale anglaise est facile à établir, celle de l'architecture ogivale allemande ne présente guère plus de difficultés. Mais il s'en faut que les archéologues allemands aient mis la même bonne grâce à le reconnaître. On n'a certes pas oublié le mémorable conflit que soutint un savant d'outre-Rhin, le vénérable M. Boisserée, rédacteur ou inspirateur du *Domblat* de Cologne, contre une pléiade de savants allemands, belges et français, notamment les de Roisin, les de Verneilh, les Zwirner, les Reischenperger, les Lacomblet, les de Las-

---

1. Th. Hope, *Essai sur l'Architecture*, trad. de Baron, p. 246. Dès le commencement du siècle, Alexandre Lenoir (*Musée des Monuments français*, t. VII, p. 1, 125 et suiv.) avouait que c'était un préjugé général de son temps, que les Anglais étaient les seuls constructeurs des plus beaux édifices gothiques de la France, tels que les cathédrales de Chartres, Rouen, etc. Pour réduire ces affirmations à leur valeur, Lenoir faisait observer que si les Anglais avaient eu le goût de construire des « monuments syriens » (c'est ainsi que Lenoir qualifiait les monuments ogivaux), ils auraient commencé à en élever chez eux avant de venir en édifier chez nous.

2. Voir *Bulletin monumental*, t. IV, p. 211.

3. Henri Hallam, *Tableau de l'Europe au Moyen Age* (ouvrage traduit en français en 1820-22, par Borghers et Dudouit, t. IV, p. 228) : « La nef de la cathédrale de Cantorbéry, élevée vers 1176 par un architecte français (Guillaume de Sens), et l'église du Temple, consacrée en 1183, écrit Hallam, sont, en Angleterre, les plus anciens édifices dans le genre gothique ».

4. « ... Convocati sunt artifices franci et angli.... Senonensis Willelmus nomine, vir admodum strenuus, in ligno et lapide artifex subtilissimus... hunc cæteris omissis, propter vivacitem ingenii et bonam famam in opera susceperunt.... » (Gervais, moine de Cantorbéry. *De Combustione et reparatione Dorotornensis ecclesiæ*, cité par Du Sommerard, dans ses *Arts au Moyen Age*.)

5. Guillaume de Jumièges, *Histoire ecclésiastique des Normands*, liv. VI.

6. Guillaume de Sens commença Cantorbéry, mais ne l'acheva pas. En 1179, il quitta l'Angleterre. Son successeur fut Anglais, croit-on, mais il continua les travaux dans le même style et certainement d'après les plans et les épures que lui avait laissés son prédécesseur.

saulx, etc. Pour maintenir à sa patrie une priorité plus que problématique, Boisserée faisait appel à ces argu-

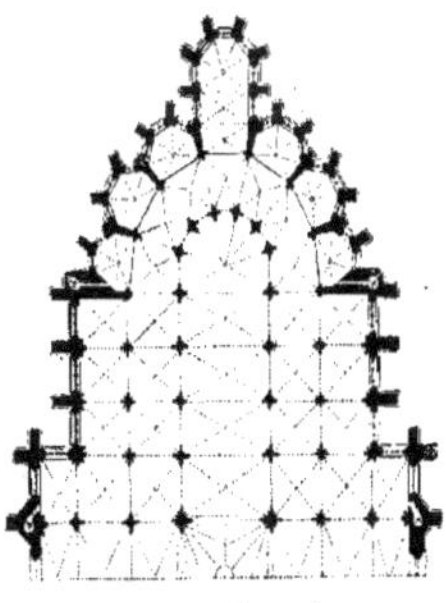

CHŒUR DE LA CATHÉDRALE D'AMIENS.

ments d'ordre sentimental, qui, suivant la juste remarque de Viollet-le-Duc, ont le tort énorme d'éloigner l'esprit « de la recherche des origines, des causes, de l'idée philosophique, sans laquelle l'Art n'est qu'un métier ou l'emploi d'une recette[1]. » Certes, Boisserée était sûr de n'être pas contredit, quand il s'écriait, en parlant de Cologne : « Où trouver, dans le monde, une création du style ogival aussi grandiose et sublime ? » Mais, où il était moins bien inspiré, c'est quand il ajoutait : « Ce fut en Allemagne que le style ogival atteignit sa plus haute perfection, témoins Cologne, Strasbourg et Fribourg. La France, parmi tant de monuments grandioses et dignes d'admiration,

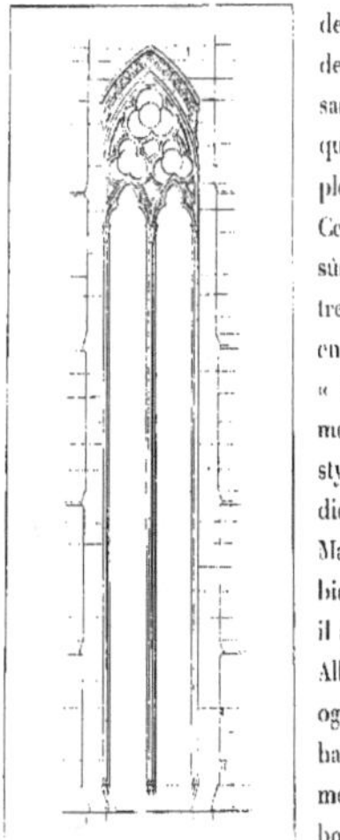

FENÊTRE DE LA SAINTE-CHAPELLE DE PARIS.

n'a rien à leur opposer *au point de vue de l'invention et de l'exécution artistique....* Que si l'Allemagne ne

compte pas un aussi grand nombre d'édifices de cette époque, rien d'étonnant. Nous autres Allemands, nous

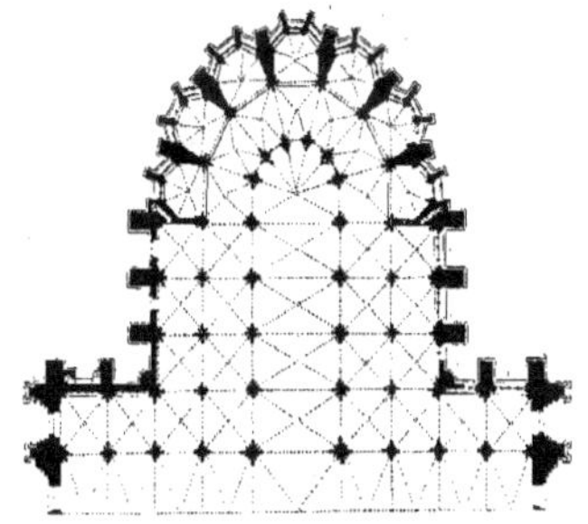

CHŒUR DE LA CATHÉDRALE DE COLOGNE.

avons assez de fois prouvé au monde que nous possédons plus d'esprit d'invention que de moyens d'exécution[1]. »

Si personne n'a jamais songé à marchander au dôme de Cologne l'admiration à laquelle il a droit, on ne peut contester, cependant, au baron de Roisin et aux architectes allemands de Lassaulx et Zwirner le droit « de retrouver dans la cathédrale d'Amiens le prototype de celle de Cologne[2] »; à Reichspenger celui de démontrer que la confrontation des plans de Cologne et d'Amiens offre une telle ressemblance, qu'on est bien contraint « de reconnaître un peu plus qu'une conformité d'inspiration, quelque chose comme une imitation flagrante, » — imitation

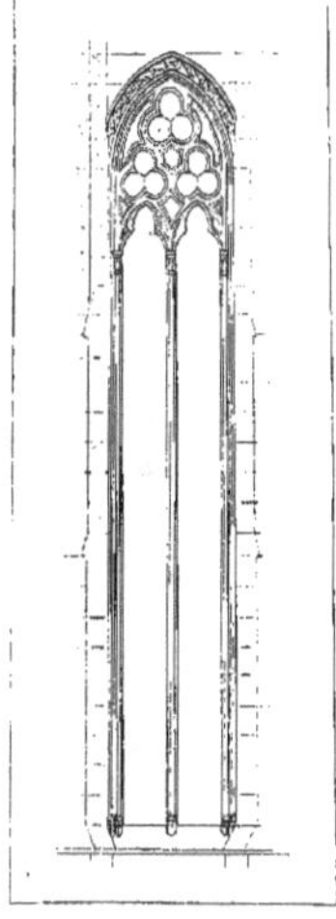

FENÊTRE DE LA CATHÉDRALE DE COLOGNE (ABSIDE).

d'autant moins douteuse que Lacomblet, archiviste du roi de Prusse, établissait, sur pièces d'archives, que

---

1. VIOLLET-LE-DUC. *Dictionnaire de l'Architecture*, t. VIII, p. 103.
2. SULPICE BOISSERÉE, *Lettre à Didron aîné* — et *Histoire et Description de la Cathédrale de Cologne.*

1. BARON DE ROISIN. *Note sur l'Achèvement du Dôme de Cologne*, p. 38. (Voir aussi F. DE VERNEUIL, *Origine française de l'Architecture ogivale* : (*Annales archéologiques*, t. III, p. 163).

Cologne n'avait pu être commencée avant 1270[1]. Or, de tous nos monuments gothiques, Amiens est peut-être le plus exactement daté. Autour du tombeau qui renfermait les cendres de Thomas de Cormont, de Renaud son fils, et de Robert de Luzarches, régnait une inscription souvent recopiée qui débutait par ces vers :

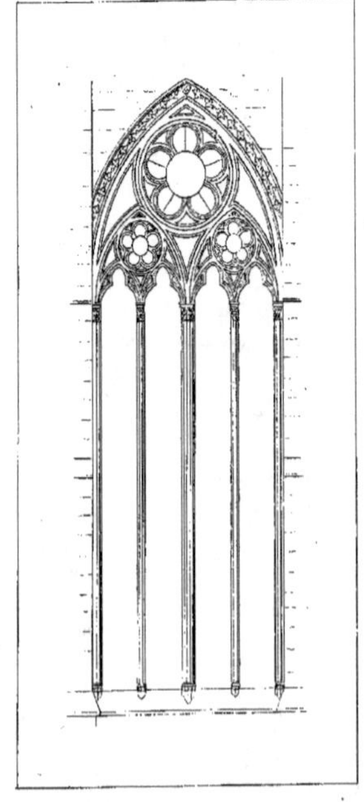

SAINTE-CHAPELLE DE PARIS.
Fenêtre du premier étage.

CATHÉDRALE DE COLOGNE.
Fenêtre des bas côtés.

En l'an de grâce mil IIe.
Et XX fu l'œuvre de chéens
Premièrement encomenchiée....

Une seconde inscription de 1237 dit qu'à cette année la construction avait « grandi jusqu'à l'immensité » (*crevit in immensis*), d'où l'on peut conclure que l'édifice était alors parvenu aux combles. Enfin il appartenait à F. de Verneilh[2] de démontrer, par d'ingénieux rapprochements de plans et par une comparaison de détails que nous reproduisons ici, que l'architecte de Cologne « n'avait pas seulement connu la cathédrale d'Amiens, mais celle de Beauvais, mais celle de Troyes, mais la Sainte-Chapelle de Paris.... Il a pris en France, partout où elle se trouvait, ajoutait-il, cette architecture ogivale qui n'existait point en Allemagne, et il l'a prise uniquement en France, parce que nulle part ailleurs elle n'était parvenue au même degré d'avancement et de perfection. »

Cette mémorable et passionnée querelle, qu'il nous était difficile de passer sous silence, a, du reste, perdu beaucoup de son intérêt depuis qu'on a reconnu que Cologne n'était pas le premier monument gothique allemand qu'on pût déclarer inspiré par nos cathédrales françaises. Dès 1211, Magdebourg possédait une église gothique à plan français, et, quelques années plus tard,

1. *La Cathédrale de Cologne, étude archéologique* (*Annales archéologiques*, t. VII, p. 58).

2. F. DE VERNEILH. *la Cathédrale de Cologne, étude archéologique.* — BARON DE ROISIN, *les Cathédrales de Cologne et d'Amiens.*

dans cette célèbre ville de Trèves qu'à l'époque gallo-romaine on nommait fièrement *Roma Secunda*, on élevait un double chœur à chapelles rayonnantes, qui, dérivé du plan de Saint-Yved de Braisne, montre que, déjà, au delà du Rhin, on se préoccupait de l'art ogival français[1]. Vers le même temps (1227), les cisterciens bâtissaient avec arcs-boutants cette église de Marienstadt (Nassau) qui faisait dire au baron de Roisin que les religieux de Cîteaux avaient été les « missionnaires de l'art français en Allemagne ». Enfin, à l'époque même où l'on construisait le chœur de Cologne (1263-1278), un architecte de « Paris en pays de France » était chargé par Richard de Dietenheim, à Wimpfen-im-Thal, près de Heidelberg, d'édifier, à la façon française (*opere francigeno*)[2], une église dédiée à saint Pierre et saint Paul.

« Le maître à qui fut confiée cette œuvre, écrivent MM. Lambert et Stahl[3], sut élever un chef-d'œuvre qui excita l'admiration de ses contemporains.... De nos jours encore, cette église est une des perles de l'architecture gothique en Allemagne. Tout y respire la fraîcheur, la candeur d'un art naissant, et cependant la hardiesse d'un style sûr de lui-même. » Cette sûreté, cette hardiesse, sont aussi les qualités maîtresses de Notre-Dame de Trèves. Nulle trace de tâtonnement, d'hésitation, aucune de ces indécisions qu'on rencontre dans les créations, et qui fourmillent chez nous dans les édifices du style ogival naissant. On est ici en face d'un art maître déjà de ses formules, et non pas des innovations d'un style qui se cherche encore.

En outre, il importe de constater que, en dehors des monuments que nous venons de citer et de quelques autres moins connus, mais dont l'origine est aussi peu douteuse[4], tous les édifices religieux ou civils qu'on achève ou même qu'on commence à cette époque appartiennent au style antérieur. Or, est-il admissible, comme le dit fort justement Vitet[5], « qu'en cette seconde moitié du XIIe siècle, alors que Frédéric Barberousse édifiait à Gelnhausen un palais où le plein cintre règne exclusivement, où rien ne laisse entrevoir l'apparition d'un style nouveau; alors que les évêques de Mayence, de Spire, achevaient leurs superbes cathédrales, sans penser à y introduire d'autre innovation qu'un peu plus de richesse dans l'ornementation et quelques broderies; lorsque l'Europe septentrionale paraissait encore vouloir demeurer fidèle aux formes architectoniques du siècle précédent, on puisse refuser une priorité à cette Ile-de-France où le système ogival ne se montrait pas seulement, à l'Europe surprise,

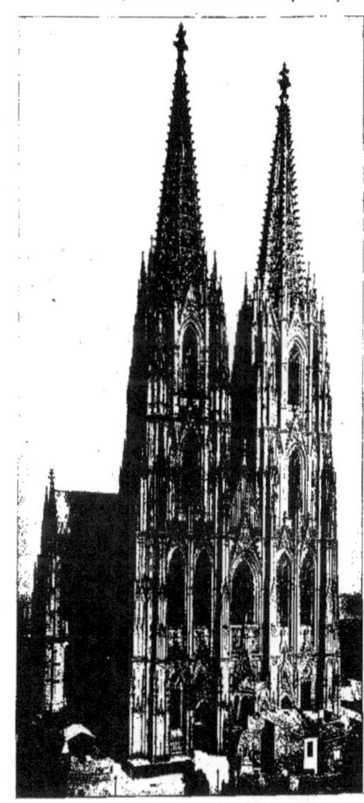

CATHÉDRALE DE COLOGNE.
(État actuel.)

timidement mêlé à des séries de pleins cintres, comme on le voit encore à Saint-Denis et à Sens, mais se manifestait triomphante dans des églises complètes et homogènes, comme Saint-Yved de Braisne et Notre-Dame de Paris[6]? »

Rien de plus juste que cette remarque. Il faut bien

1. Schnaase, *Histoire générale de l'Art.* — Baron de Roisin, *Histoire de la Cathédrale de Trèves.*

2. De Sommerard, *les Arts au Moyen Age : Architecture*, chap. v, p. 39.

3. Lambert et Stahl, *l'Architecture gothique allemande* (*Encyclopédie d'Architecture*, t. V, p. 18).

4. Dans la seconde moitié du XIIe siècle, un évêque de Breslau, en Silésie, bâtit sa cathédrale sur le modèle de celle de Lyon (Hunter, *Histoire des Institutions de l'Église*, t. III, p. 495).

5. Vitet, *Études sur l'Histoire de l'Art*, t. I, p. 350. — Voir aussi *Notre-Dame de Noyon*, p. 35.

6. Ailleurs, Vitet ajoute encore : « Il faudrait supposer que ceux qui bâtirent ces églises (Mayence, Spire, etc.) se seraient amusés à oublier

constater, en effet, que l'art roman n'avait pas cessé d'être en honneur en Allemagne, alors que l'art ogival arrivé à son apogée inspirait à Gerhart de Riele le plan de la cathédrale de Cologne. Plusieurs belles églises romanes de la vallée du Rhin ne sont pas, en effet, antérieures au XIII° siècle. Donc, pas de mélange comme chez nous, — ne craignons pas d'insister sur ce point, — pas de compromis. Ce sont deux systèmes qui se trouvent en présence, complets, parfaits en ce qu'ils prétendent être. On peut conclure, par conséquent, de cette dualité si évidente, qu'il s'est passé dans ces contrées quelque chose comme ce qui eut lieu en France à l'époque de la Renaissance, où nos architectes, parallèlement au Louvre et à Chambord, édifiaient les transepts de Beauvais, les tours de la cathédrale de Rouen, achevaient la Sainte-Chapelle de Vincennes et bâtissaient la tour Saint-Jacques. Ainsi que l'observe F. de Verneilh[1], « à côté de Pierre Lescot et de Philibert de l'Orme, artistes complètement italiens[2], il y avait Jean Wast et Maréchal, qui restaient fidèles au système ogival et n'en prétendaient pas moins rivaliser avec le célèbre architecte du dôme de Saint-Pierre de Rome.... Au XIII° siècle, la France aurait été pour l'Allemagne ce que l'Italie fut pour toute l'Europe au XVI°. »

Mais l'Allemagne, si elle ne peut réclamer une priorité qui ne repose sur aucun titre indiscutable, sérieux même, n'en possède pas moins sur son sol toute une suite de monuments de style ogival de la plus haute importance, de la plus grande beauté. Boisserée avait raison de prétendre que, sous le rapport de l'invention, aucun clocher n'est plus beau que celui de Fribourg, aucun portail ne l'emporte sur celui de Strasbourg, aucune abside sur celle de Cologne. Et, en dehors de ces types célèbres, connus dans le monde entier, combien d'autres œuvres magnifiques! Le dôme de Ratisbonne, tout dentelé et qui copie le plan de Saint-Urbain de Troyes; la cathédrale d'Ulm; Sainte-Élisabeth de Marbourg, si impressionnante dans sa majestueuse simplicité; Notre-Dame d'Esslingen, dont le clocher ajouré est une merveille de goût; Sainte-Catherine de Brandebourg, vraie guipure de pierre; la cathédrale d'Aix-la-Chapelle; le dôme d'Halberstadt, commencé en 1239 par l'évêque Jean Semen, qui, ayant vécu à Paris, adopta le plan français; le dôme de Magdebourg, également fondé par un prélat ayant longtemps séjourné chez nous, etc., double coïncidence qui faisait dire à MM. Lambert et Stahl : « que les fondateurs religieux de différentes églises avaient étudié en France ou avaient voyagé dans ce pays, ce qui explique l'imitation de certains types d'églises françaises en Allemagne[3] ».

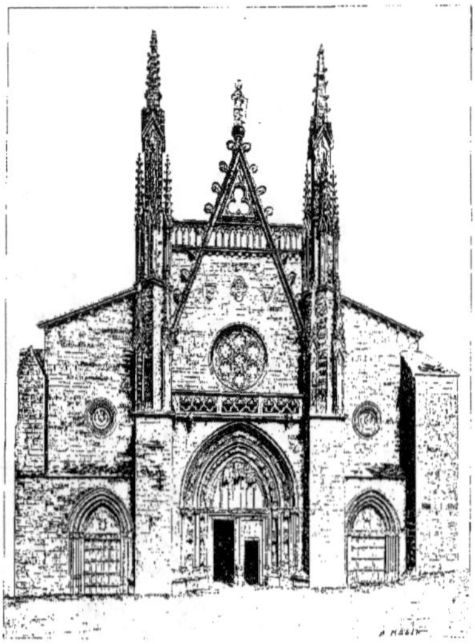

L'Allemagne, toutefois, ne s'en tint pas à des imitations plus ou moins fidèles : elle adapta le nouveau style à ses besoins et, disons-le, à ses ressources. On s'appliqua d'abord à supprimer le transept, puis on essaya de faire rentrer à l'intérieur les contreforts et l'on fit servir les entre-deux à l'établissement de chapelles occupant

ÉGLISE FRANÇAISE A NEFS ÉGALES.

Abbatiale de Saint-Laurent, au Puy (Haute-Loire).

---

les usages de leur temps, pour ressusciter ceux d'un siècle passé, — comme si cette façon d'emprunter les modes d'une autre époque, ce goût rétrospectif, comme on dit aujourd'hui, n'étaient pas d'invention toute moderne, comme si nos pères avaient connu de pareils raffinements! » (*Notre-Dame de Noyon*, p. 354.) Ces retours en arrière sont spéciaux, en effet, à un siècle qui s'intitule « siècle du progrès ».

1. *Origine française de l'Architecture ogivale.* — Voir *Annales archéologiques*, t. II, p. 138.

2. Il serait plus juste d'écrire « gagnés à l'esprit des doctrines de la renaissance italienne », car Pierre Lescot et Philibert de l'Orme furent et restèrent des artistes très français.

3. LAMBERT et STAHL, *l'Architecture gothique allemande*, loc. cit., t. V, p. 11.

toute la hauteur de l'édifice ; de cette façon, on s'éloigna de notre type ogival, et l'on aboutit à cette forme qu'on a baptisée *halle*, laquelle comporte trois nefs d'égale hauteur, et n'a plus de notre architecture gothique que la structure des voûtes, l'amortissement des baies en arc brisé, et le détail de l'ornementation. Ces transformations, si elles enlevèrent à ces sanctuaires une partie de leur majestueuse élégance, permirent, par contre, la réalisation assez rapide d'une foule d'édifices qui, faute de temps et surtout d'argent, auraient pu rester à l'état de projet. A ce titre, elle peut être regardée, ainsi qu'on l'a dit, comme « la protestation du gros bon sens bourgeois contre les exagérations luxueuses du clergé ».

Hâtons-nous d'ajouter que la halle, dont nous possédons en France quelques exemplaires, — dans la Vienne, la Loire, la Haute-Loire et l'Indre notamment (v. col. 487), — et dont on rencontre en Italie de très nombreux spécimens, si elle n'a pas l'envolée de la cathédrale gothique, n'en présente pas moins de grandes et sérieuses qualités. Sa simplicité extérieure, son aspect forcément lourd et un peu trapu, font paraître plus vastes et plus ornées les nefs intérieures, et si l'on n'est pas saisi à l'entrée par ce sentiment religieux si particulier que nous signalons dans un précédent chapitre, du moins les longues perspectives de ces piliers égaux aboutissant au superbe enchevêtrement des nervures, la simplicité du parti, la clarté uniforme du lieu, donnent un sentiment de calme, de tranquille examen, qui dut convenir aux âmes germaniques.

L'Allemagne possède un grand nombre d'églises bâties sur ce type : Saint-Sebald et Saint-Laurent de Nuremberg, Notre-Dame de Munich, Notre-Dame d'Esslingen, l'église paroissiale de Stuttgard, Saint-Georges de Nordlingen, Sainte-Croix de Gmünd, Saint-Martin de Landshut, Sainte-Marie de Kœnigsberg et Sainte-Catherine de Brandebourg. Le dôme de Lubeck, primitivement construit sur un plan basilical, fut ensuite transformé en halle.

Enfin, ce qui achève de caractériser cette adaptation, c'est, dans certaines provinces peu favorisées au point de vue des matériaux de construction, la substitution de la brique à la pierre. Dans le Nord-Est, cette substitution est imposée au constructeur, et l'aspect général des édifices s'en trouve considérablement altéré. Plus de détails ingénieux, plus d'ornementation délicate et riche, plus de ces fantaisies aimables qui particularisent si curieusement les œuvres de ce temps. Partout une sévérité qui n'est pas sans grandeur, une physionomie sombre et austère, surtout dans les villes han-

séatiques ; car, dans les Marches de Brandebourg, une heureuse mise en œuvre de briques émaillées vient racheter cet excès de tristesse et apporter, par son contraste avec les grandes masses rouge sombre, une note gaie et un grain de fantaisie, que complète l'emploi de terres cuites ajourées et repercées, jouant à la dentelle et à la guipure.

Dans les pays, au contraire, où la pierre docile se prêtait aux caprices du sculpteur, on vit, comme chez nous, se produire, par l'excès de la recherche, des effets d'un irrationalisme choquant. La multiplication des arcs entraînant le morcellement des compartiments de la voûte ; l'abus des contre-courbes enveloppant les surfaces, comme ferait un réseau ; la perfection technique s'exerçant aux dépens de la raison : tout ce qui, en France, caractérise le style flamboyant en ses excès se retrouve chez nos voisins, un peu plus tard, mais avec la même intention, sinon dans le même esprit. Tant il est vrai que les transformations imposées par le génie allemand à l'art ogival transplanté en son pays n'avaient pas rompu le lien qui rattachait cet art à sa primitive patrie.

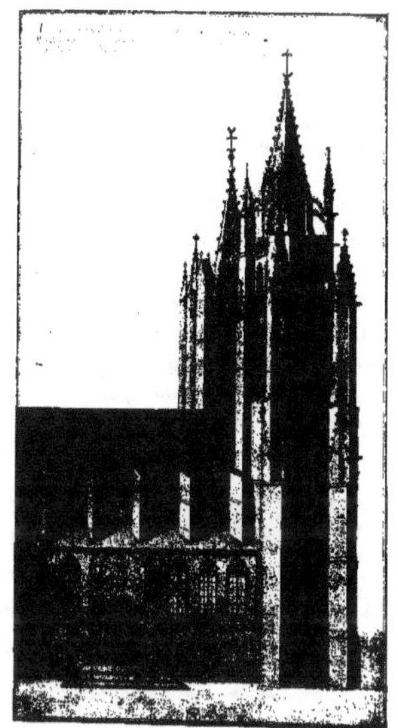

CLOCHERS DE LA CATHÉDRALE DE MENDE.
(Fac-similé d'un ancien dessin.)

XI

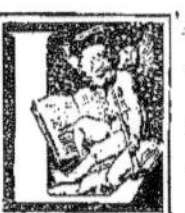'Angleterre, à laquelle il nous faut revenir après une rapide excursion en Allemagne, paraît avoir été toujours quelque peu rebelle à l'architecture. Affaire de climat, sans doute. « Les Romains eux-mêmes y avaient échoué, comme le remarque Vitet. Eux qui partout fondaient des monuments, ils n'en ont pas laissé un seul de quelque importance en Angleterre[1]. » Depuis lors, il est vrai, on s'est largement rattrapé, mais les édifices considérables y sont, cependant, moins nombreux que dans certains pays du Continent, et peut-être est-ce à cette particularité qu'il faut attribuer l'ordre et le soin avec lesquels sont entretenus les monuments anciens, édifiés sur ce sol peu fertile. Car il n'est personne qui n'ait été émerveillé de trouver les cathédrales anglaises luisantes de propreté et de conservation, alors qu'en France tant d'églises de premier ordre sont laissées dans un état de délabrement relatif.

Si l'on ne découvre rien dans le Royaume-Uni qui rappelle les Romains, on ne sait guère plus des Saxons, car la conquête fit table rase de toute architecture antérieure. Soit que celle-ci parût barbare au vainqueur, soit que ce dernier prétendît affirmer sa prise de possession par la substitution à des édifices anciens de nouvelles constructions élevées suivant son goût dans ce « style normand » qui n'était autre chose que le roman de la Normandie, toujours est-il que ce qui s'était produit en l'An Mille dans notre pays se reproduisit soixante-six ans plus tard de l'autre côté du Détroit, — avance que la France, du reste, devait toujours conserver. — En moins d'un siècle, l'architecture se trouva si bien renouvelée, que c'est à peine si l'on peut citer un petit nombre de fragments antérieurs à la venue de Guillaume le Conquérant, alors que la période suivant immédiatement s'enorgueillit de vingt-cinq cathédrales, la plupart retouchées, légèrement remaniées, gratifiées d'additions postérieures, mais dont quinze au moins montrent encore des parties considérables de leur construction primitive[2].

Ces circonstances toutes politiques expliquent, au surplus, la conformité de style qu'on rencontre pendant près d'un siècle des deux côtés de la Manche. Nous avons vu dans le précédent chapitre que, même avant la venue de Guillaume, l'aristocratie locale avait été préparée à cette importation de la culture française. « Pendant longtemps, écrit M. Lawrence Harvey[3], l'architecture du pays conquis, l'Angleterre, et l'architecture du conquérant, le Normand, sont une seule et même chose. Dans ce domaine, le Saxon n'a aucun élément à apporter. » Voilà pourquoi tout ce qui reste du xie siècle et des premières années du xiie en Angleterre[4] présente des analogies frappantes avec ce qu'on retrouve de cette époque en Normandie. Ce sont les mêmes profils, les mêmes ornements géométriques, un système de décoration et de construction identique, avec peut-être une sobriété plus grande dans ce qui regarde la sculpture, — sobriété que l'on pourrait attribuer sans doute à l'insuffisance de la main-d'œuvre indigène, si l'on ne savait que la plupart des édifices de ce temps furent élevés « grâce à des équipes d'ouvriers venus de France[5] ». Vitet va même plus loin que les auteurs anglais à qui nous empruntons cette loyale confession : il prétend que « les pierres de Caen, toutes taillées, toutes façonnées, étaient expédiées à grand renfort de barques et de navires[6] ». Peut-être y a-t-il là quelque exagération.

Pour les architectes, maçons, appareilleurs, etc., leur présence, par contre, s'explique facilement, nous l'avons déjà fait remarquer, par la nationalité même et les origines des prélats qui mettaient à contribution leur savoir. « Ici, c'est Thomas, chanoine de Bayeux, qui reconstruit de fond en comble le minster d'York ; là, c'est

---

1. Vitet, *Études sur l'Histoire de l'Art*, t. II, p. 267.

2. A. Darcel, *Annales archéologiques*, t. XV, p. 246. — Edward King, *Munimenta antiqua or observations on ancient castles, including remarks on the whole progress of architecture ecclesiastical... in Great Britain.* Londres, 1799-1805, 4 vol. in-fol. — Britton, *the Ancient Architecture of England, including the orders during the british roman, saxon and norman eras, and under the reigns of Henri III and Edward III.* Londres, 1845. — Ruprich-Robert, *l'Architecture normande au xie et au xiie siècle en Normandie et en Angleterre.* Paris, s. d.

3. *Encyclopédie de l'Architecture et de la Construction*, t. I, p. 161.

4. La période romane, qui ne dépasse pas chez nous l'année 1100, ne se termine en Angleterre qu'en 1154, avec l'avènement de Henri II, et la période de transition qui prend fin en France sous Louis VII (1137) avec la construction de Saint-Denis, se prolonge, de l'autre côté de la Manche, jusqu'à l'érection par Guillaume de Sens de la cathédrale de Cantorbéry (1178).

5. Lawrence Harvey, *loc. cit.*, t. I, p. 161.

6. Vitet, *Études sur l'Histoire de l'Art*, t. II, p. 270. Ce qui rend cette exportation invraisemblable, c'est la simplicité de la décoration qu'on remarque dans l'architecture anglaise de ce temps, et qui est beaucoup plus grande qu'en Normandie, où les chapiteaux, frises, archivoltes, etc., sont cependant bien moins riches qu'en Poitou, Languedoc ou Saintonge. Cette pénurie, qui s'explique par l'infériorité des ouvriers saxons placés sous la direction des artistes français, ne serait guère explicable, si les fragments sculptés avaient été importés directement de Normandie.

Remigius, moine de Fécamp, qui élève en quelques années une basilique sur l'emplacement de l'église de Lincoln. Lanfranc n'est pas plutôt nommé archevêque de Canterbury et primat d'Angleterre, qu'il renverse l'ancienne église et en érige une nouvelle; Gondulf, moine de l'abbaye du Bec, près Bernay, est consacré évêque de Rochester en 1087, et aussitôt rebâtit son église; il en est de même à Durham, à Wells, à Norwich, à Bristol. Partout des abbés ou des moines normands qui, à peine devenus évêques, se hâtent d'exercer ces talents d'architectes que quelques-uns d'entre eux possédaient à un haut degré et qui étaient encore à cette époque un privilège exclusivement ecclésiastique[1]. »

Parmi celles de ces cathédrales dont la physionomie est demeurée le plus franchement normande, il faut mentionner tout d'abord celles de Durham, de Norwich et de Peterborough. Dans ces trois sanctuaires, le plan primitif a été pieusement respecté. Le plein cintre règne en maître, et les altérations ne se manifestent que dans les détails ou dans des adjonctions de peu d'importance. A Norwich et à Peterborough, au XIVe et au XVe siècle, on a élargi les fenêtres, on les a garnies de formettes et de meneaux de style ogival, et l'on a ajouté, du même style, une chapelle de la Vierge. A Durham, à l'extrémité orientale, on a gratifié la construction d'une espèce de second transept couronné par de longues voûtes ogivales. A Rochester, à Chichester, à Ely, à Winchester, la part des restaurations et même des reconstructions est plus considérable. Dans cette dernière église, rendue célèbre dès le Xe siècle par l'abbé Ephége, qui l'avait dotée du plus grand orgue dont il soit question dans les annales du Moyen Age[2], et réédifiée en grande partie au XVe siècle par le célèbre Guillaume de Wykeham, son évêque, chancelier du royaume et architecte de talent[3], le plein cintre a disparu aussi bien du chœur que de la nef. On ne le retrouve plus que dans les deux bras du transept, où il produit un heureux contraste, qui rend plus aérienne encore la légèreté charmante des autres parties de l'édifice. Dans les trois autres cathédrales que nous venons de nommer, c'est la nef qui a conservé sa forme primitive, alors que le chœur, postérieurement reconstruit, montre des ogives aiguës. Quoi qu'il en soit et malgré ces remaniements, ces réfections parfois considérables, les témoins vénérables que nous avons évoqués suffisent à montrer que le style normand a joué un

assez grand rôle dans l'architecture religieuse anglaise.

Avant d'en terminer avec cette période, constatons qu'un certain nombre d'églises du Royaume-Uni sont encore couvertes de voûtes en bois. Ces couvertures à grands caissons enrichis de peinture ne sont pas particulières à la Grande-Bretagne[4]. On en retrouve, nous l'avons déjà fait remarquer, des spécimens assez nombreux dans les Pays-Bas et même en Italie. M. Lawrence Harvey[5] n'hésite pas à attribuer leur

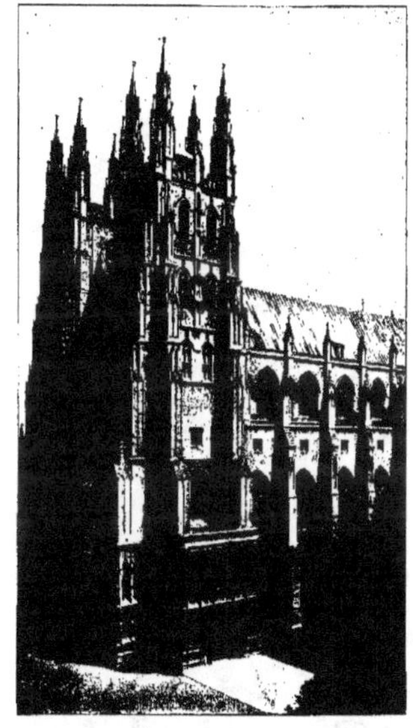

fréquence, en son pays, à l'insuffisance des constructeurs indigènes. « L'incapacité de l'ouvrier saxon, écrit-il, explique comment le Normand, en Angleterre, dut se contenter de couvrir ses églises en bois, tandis qu'en Normandie la moindre église de village est ornée de voûtes en pierres. » Ces « plafonds en bois », au contraire, séduisent Vitet[6]. Après les avoir salués à Ely, à Winchester, à Peterborough, il constate qu'il a dû en exister de nombreux chez nous; et en cela il pense

---

1. Vitet, *Études sur l'Art*, t. II, p. 271.

2. Montalembert, *l'Art et les Moines*. — Voir *Annales archéologiques*, t. VI, p. 136. Nous avons expliqué plus haut l'importance qu'on attachait alors à la possession de ces orgues.

3. Voir la notice de R. C. Cockerell, dans *Proceedings of the Archeo-logical Institute at Winchester* (1845) et Rev. R. Willis, *the Architectural History of Winchester Cathedral*.

4. Voir plus haut, à propos de ces voûtes en bois, col. 230.

5. Lawrence Harvey, *Encyclopédie d'Architecture*, op. cit., t. I, p. 161.

6. Vitet, *Études sur l'Art*, t. II, p. 274.

fort bien), puis il ajoute que, quitte à écraser les murailles et à faire crouler l'édifice, on se serait cru déshonoré si on ne les eût ensevelis sous une belle couche de moellons et de mortier. Ce n'est pas la seule fois que nous trouverons les critiques anglais moins enthousiastes de leur art national que ne le sont certains de nos compatriotes.

La France, qui avait fourni tout d'une pièce à l'Angleterre ce style normand dont elle tira un si remarquable parti, ne devait pas borner à ce seul cadeau son action généreuse et féconde. Dès le règne de Henri II Plantagenet, c'est-à-dire environ cent trente ans après la tardive importation de ce premier style, on vit apparaître à son tour, de l'autre côté du Détroit, la grande conquête du Moyen Age chrétien. Le style ogival traversa la Manche et vint s'implanter sur la terre anglaise. Si nous en croyons Parker[1], l'église de Kuckstall, bâtie de 1152 à 1182, serait le premier monument où l'arc brisé fut employé pour les grandes arcades mettant la nef en communication avec les bas côtés. Mais il ne devint « réellement habituel et systématique » qu'à partir de 1175, après que Guillaume de Sens, dont nous avons déjà parlé, eut livré les plans et commencé l'érection de la cathédrale de Cantorbéry[3]. L'intervention heureuse de l'architecte français fit faire, en effet, un pas immense à la transition. Grâce à elle, le style ogival fut introduit « tout d'une pièce » en Grande-Bretagne. Encore l'action de Guillaume de Sens eût-elle vraisemblablement été beaucoup plus efficace, si la chute qu'il fit, en 1178, d'une hauteur de cinquante pieds, ne l'avait forcé à retourner en France pour essayer de se rétablir, et si, comme le remarque M. Willis, « il n'avait pas été constamment gêné et gouverné, dans sa composition, par la nécessité de conserver dans son œuvre de vieux restes normands[2] ».

Guillaume de Sens fut-il le seul artiste du Continent qui aida à la transfusion du style ogival en Angleterre? Certainement non. Le clergé anglais mit à contribution un certain nombre de nos architectes. Malheureusement, leurs noms ne nous ont pas été conservés, si ce n'est pour l'un d'eux, Geoffroy de Noyers,

né, dit-on, près de Sainte-Maure en Touraine, et à qui l'on doit l'église de Lincoln. Ainsi, ce monument serait une œuvre française. C'est du moins l'opinion de l'éminent archéologue R. Willis, alors que certains de ses collègues français, F. de Verneilh notamment[1], et surtout Viollet-le-Duc, se refusent à y reconnaître l'ouvrage d'un de nos compatriotes, — refus singulier, et qui faisait dire à Parker[5] : « N'est-il pas plaisant que la plus haute autorité anglaise considère Lincoln comme une œuvre française, et que la plus haute autorité française considère le même édifice comme une œuvre purement anglaise? » Il serait au moins imprudent de vouloir trancher un si magistral débat. Nous nous bornerons donc à constater ici, comme nous l'avons fait pour l'Allemagne : 1° que l'introduction du style ogival en Angleterre, si elle présente dans quelques monuments religieux des hésitations explicables, ne montre ni ces compromis ni ces tâtonnements répétés qu'on relève dans nos églises appartenant au « style de transition »; 2° que sur l'autre rive de la Manche on ne trouve pas trace, comme chez nous, d'une formation progressive, d'une longue gestation, d'une parturition laborieuse; 3° que l'enfant apparaît de suite, non seulement viable, mais sain et vigoureux, et capable de recevoir un nom : celui de *early english*, qui correspond à notre « style ogival primaire ».

Car c'est encore là une particularité qui caractérise les deux Écoles. Chez l'une et l'autre, le style ogival parcourt trois étapes distinctes, de longueur à peu près égale dans les deux pays, et qui coïncideraient assez bien comme temps, si la France ne continuait de garder une avance de quelques lustres. En Angleterre, ces trois étapes ont reçu les noms : 1° de « anglais primitif » (*early english*), ou encore de *lancet* et de *geometrical*, pour la première période; 2° de *decorated english* ou de *curvilinear*, correspondant à notre « style rayonnant »; 3° et enfin de *perpendicular english* ou de *rectilinear* : ce dernier, au moins comme dates, concordant avec notre « gothique flamboyant », puisqu'il occupe la meilleure partie du xve siècle et au moins la moitié du xvie.

---

1. *Glossary of Architecture* (1850), t. 1, p. 38.

2. F. de Verneilh, *le Style ogival en Angleterre et en Normandie*.

3. Robert Willis, *the Architectural History of Canterbury, Winchester and York Cathedrals*, p. 94. Si l'on en croit quelques archéologues, l'Angleterre serait redevable à Guillaume de Sens d'une importante nouveauté architectonique. Nous voulons parler des *clustered pilars*, où les colonnettes se *pelotonnent* autour d'un pilier de pierre et, suivant l'expression d'un vieux poète, semblent danser une ronde (Dimock, *Metrical Life of saint Hugh*) :

> *Inde columnellæ quæ sic cinxere columnas,*
> *Et videantur ibi quamdam celebrare choream.*

Ces colonnettes ne sont pas sans analogie avec celles qu'on voit à Notre-Dame de Paris (nef), au porche de Notre-Dame de Dijon, dans le chœur d'Amiens, où leur présence donne élasticité et résistance aux piliers (Viollet-le-Duc, *Dictionnaire*, t. IV, p. 99, 166, 171), mais elles passent inaperçues, étant de même matière que le pilier : alors qu'en Angleterre elles produisent un effet décoratif, en opposant le noir du marbre à la blancheur de la pierre.

4. Edward Freemann, *Gentleman Magazine*, p. 315.

5. Parker, *Notes sur Rickman* (édition de 1862), p. 324. Louis Gonse croit trouver des analogies entre Lincoln et Saint-Nicolas de Blois. (Voir *Art gothique*, p. 314.)

Le *early english*, dont les caractères essentiels, nous venons de le dire, correspondent avec ceux de notre « style ogival primaire », montre, comme chez nous, l'ogive à lancette dans toute sa pureté[1]. Une décoration discrète et sobre accompagne les lignes principales sans les surcharger ; de nobles proportions communiquent à l'édifice un aspect robuste et une allure grandiose. Mais si l'on retrouve le même dispositif d'arcades et de piliers, et, dans bien des cas, la même espèce de chapiteaux et les mêmes systèmes de profils et de mouluration que dans nos cathédrales françaises (en un mot des analogies frappantes dans les détails), on note de suite dans le plan une différence essentielle.

Le chevet de nos églises, aussi bien romanes que gothiques, se termine presque toujours en hémicycle ; et il n'est personne qui n'ait éprouvé la prestigieuse impression produite par cette disposition ingénieuse et savante. Dès qu'on pénètre dans la nef, en effet, toutes les lignes, convergeant vers un point unique et fuyant sous le regard, viennent se confondre, s'estomper et se perdre dans une courbe pleine à la fois de majesté, d'harmonie, de mystère. Le spectacle est si merveilleusement combiné, l'art qui a présidé à cette distribution géniale est si parfait, que le visiteur, quelque prévenu qu'il puisse être, ne saurait se défendre d'une certaine émotion. Sur le Continent, cette disposition hémisphérique paraît si importante et d'un effet si puissant, qu'en certains pays, en Allemagne notamment, on a terminé pareillement d'une façon semi-circulaire les bras du transept[2].

En Angleterre, il n'est rien de pareil.

Dans presque toutes les églises d'outre-Manche (sauf de très rares exceptions), la nef principale et les collatéraux aboutissent à un mur plat, percé de larges baies vitrées, en sorte que, dès l'entrée, on découvre nettement l'extrémité du sanctuaire. Et même, lorsque la nef principale, comme cela arrive parfois, est fermée par une muraille pleine, masquée par un jubé surmonté de grandes orgues, l'effet demeure sec, borné, dénué de mystère, dépourvu de poésie. On n'a pas été, cela se comprend, sans chercher et rechercher la raison de cette singularité. A la suite d'une enquête faite par lui en Angleterre et en Allemagne, Lassus a cru voir dans cette différence curieuse un moyen de se tirer d'affaire à bon compte et d'éviter de grandes difficultés de con-

struction, car la disposition en hémicycle avec le déambulatoire et les chapelles rayonnantes, telle qu'on la rencontre en France, en Allemagne, dans les Pays-Bas et en Suisse, exige une science certaine et des calculs compliqués. Mais cette explication paraît insuffisante si l'on réfléchit que les premières églises de style ogival furent construites par des architectes français d'un talent et d'une expérience éprouvés[3], et si l'on ajoute

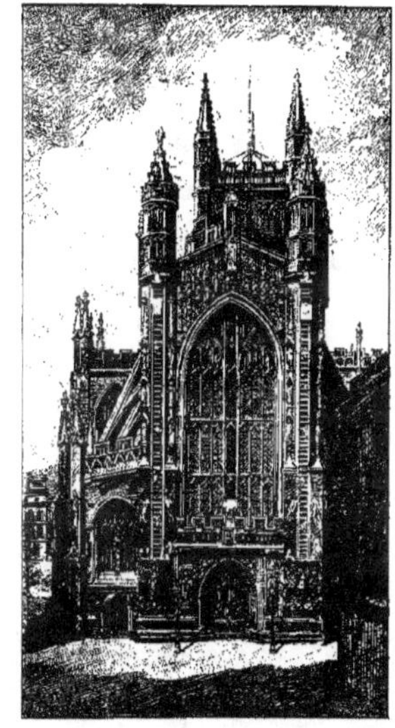

FAÇADE DE L'ÉGLISE ABBATIALE DE BATH.

que les architectes anglais n'étaient pas incapables de suivre l'exemple de leurs confrères du Continent, puisque l'église de l'abbaye de Westminster, à Londres, montre également un chœur à pourtour et chapelles radiantes. Or, nous n'avons vu nulle part que l'on attribuât Westminster à un architecte étranger. Mieux que cela, l'église actuelle, très beau spécimen du style ogival, a été reconstruite à une date relativement récente, sur l'emplacement d'une autre église beaucoup plus ancienne élevée par Édouard le Confesseur[4], et détruite nous (avons dit un peu plus haut pour quelle raison), aussitôt après la con-

---

1. D'où son second nom de *lancet*.

2. Cette particularité, nous l'avons remarqué, se retrouve dans quelques-unes de nos églises de l'Est et du Nord.

3. Il est vrai que Cantorbéry, édifiée sur les plans de Guillaume de Sens, possède une abside semi-circulaire.

4. La première église de Westminster fut achevée en 1066, et Édouard III, qui l'avait fait construire, mourut juste huit jours après sa consécration. L'église actuelle fut réédifiée sur les mêmes fondations par Henri III (1216-1272) et achevée par Édouard Ier Plantagenet (1272-1307).

quête. Or, cette première église avait, elle aussi, un chevet « rund », et cette particularité était si goûtée des contemporains, que, dans un poème français consacré à la mémoire de son fondateur et intitulé *la Estoire de Seint Aedward li Rei*[1], l'auteur, décrivant la fondation de Westminster, insiste sur ce fait. Voici, du reste, le passage. Il nous intéresse à un double titre.

> Atant ad fundé[2] sa iglise
> De grantz quareus de p[i]ère bise :
> A fundement lé é parfund ;
> *Le frunt vers orient fait rund ;*
> Li quarrel sunt mut[3] fort et dur ;
> En miliu dresce une tur
> Et deus en frunt del occident,
> E bons seinz[4] et grantz i pent.
> Li piler e li [en]tablemementz
> Sunt riches de hors et dedenz ;
> A basses et à chapitraus,
> Sunt d'ovre grantz é reaus[5]
> Entailéez sunt les p[i]ères,
> E à estoires les ver[i]ères ;
> Sunt faites tutés à mestrie,
> De bone et léau mestrancie[6].
> Et quant ad achevé le ovre,
> De plum[7] la iglise lon rovre ;
> Clostre i fait, chapitre a frund
> Vers orient[8], vouté é rund
> Refaitur é le dortur[9]
> E les officines ent[o]ur.

Ces deux constructions, Cantorbéry et Westminster, ne laissèrent pas que d'avoir un grand retentissement dans toute l'Angleterre. Pourquoi ne furent-elles pas imitées ? Pourquoi demeurèrent-elles à l'état d'exceptions ? Lassus a parlé d'économie, mais c'est là une raison insuffisante, puisque les cathédrales anglaises constituent des monuments considérables à tous égards, exécutés à grands frais, en matériaux de premier ordre, en « grantz quareus de p[i]ère bise » avec des piliers et des entablements d'une réelle richesse, des chapiteaux sculptés, des verrières « historiées » ; alors que chez nous de simples paroisses de villages, de modestes collégiales, sont pourvues d'une abside semi-circulaire ou polygonale à chapelles rayonnantes. Un architecte

anglais, M. Lawrence Harvey, attribue ces chœurs rectangulaires à l'emploi des couvertures en charpente qui, dans les chœurs hémisphériques, produisent « des complications hideuses[10] ». Ainsi ces charpentes, célébrées avec emphase par Vitet[11], auraient entraîné une infériorité avouée, reconnue. « Mon explication ne plaît guère à mes compatriotes, se hâte d'ajouter M. Lawrence Harvey. Ils préfèrent faire dériver le chœur carré des églises anglaises d'une tradition de l'église chrétienne primitive des deux premiers siècles de notre ère, tradition qui aurait passé directement de Rome en Angleterre sans laisser de traces ailleurs. » Mais cette prétention, si elle satisfait l'amour-propre national, est contredite par l'archéologie. Nous venons de voir que l'église primitive de Westminster était à chevet hémisphérique. Bien mieux, R. Willis, dans une lettre qu'il adressait en 1853 au critique anglais J. H. Parker, pour être communiquée à l'architecte Lassus[12], révélait à ses correspondants surpris que nombre d'églises actuellement rectangulaires avaient été dans le principe pourvues de chevets arrondis[13].

Enfin, un croquis tracé par Villard de Honnecourt, lequel montre le plan d'un sanctuaire à trois nefs avec chevet carré et porte cette légende : « Vesci une glize desquarie ki fu esgardée à faire en l'ordène de Cistiaux[14] », avait fait penser que cette disposition était particulière aux sanctuaires construits sous l'inspiration des cisterciens. Cette explication, à laquelle M. de Montalembert avait semblé donner son assentiment, et que le Dr Schnaase parut adopter, en constatant que « cette forme se retrouve dans les églises de cet ordre en Allemagne, quoiqu'elle ne soit ni exclusive ni exécutée de la même manière », aurait eu l'avantage de nous apprendre pourquoi ce chevet carré, d'une application générale en Angleterre, se rencontre exceptionnellement sous d'autres climats. On peut citer, en effet, un petit nombre d'églises françaises, dont quelques-unes sont considérables, qui affectent cette disposition Telles sont les cathédrales de Laon, d'Angers, de Poitiers, de Dol en Bretagne, Saint-Julien de Tours et

---

1. C'est la vie d'Édouard le Confesseur (1012-1066), publiée par le *Gentleman Magazine* de juin 1858 et éditée par Luard dans ses *Lives of Edward the Confessor*. Ce poème, quoique écrit en français, a été rédigé en Angleterre. Notre langue était alors généralement parlée à la cour des rois saxons.

2. Ce fondateur, c'est Édouard le Confesseur.

3. *Mut*, beaucoup, de *multum*. C'est le *much* anglais.

4. *Seinz* : saints, cloches. (Voir le *Dictionnaire de l'Ameublement et de la Décoration*, au mot SAINT.)

5. *Reaus* : royaux.

6. *Leau mestrancie* : loyale maçonnerie.

7. *De plum* : plomb. C'est le *plumb* anglais, qui se prononce : « pleumm ».

8. On remarquera que, non seulement l'église était régulièrement orientée, mais aussi la salle capitulaire, particularité qui se retrouve encore en Angleterre et en Allemagne.

9. *Refaitur e dortur* : réfectoire et dortoir.

10. LAWRENCE HARVEY, *Encyclopédie d'Architecture*, op. cit., t. I, p. 164.

11. VITET, *Études sur l'Histoire de l'Art*, t. II, p. 274.

12. Voir *Album de Villard de Honnecourt*, p. 114 et suiv.

13. « J'ai examiné moi-même, avec soin, écrivait-il, les fondations de la cathédrale d'Ely, mises à découvert par des fouilles récentes, et j'ai constaté ce fait curieux, que les fondations, disposées pour une abside circulaire, avaient été changées et modifiées de façon à recevoir une abside carrée. »

14. « Voici une église carrée qui fut projetée par l'ordre de Cîteaux. » (*Album de Villard de Honnecourt*, pl. XXVII.)

quelques autres de moindre importance, comme Saint-André d'Angoulème, l'église de Fontenet, près de Montbard, celles de Noirlac, près de Saint-Amand, en Berry, de Nouaillé (Vienne), Saint-Maurice de Chinon, Notre-Dame de Joinville (Haute-Marne), et, suivant l'expression même de M. de Montalembert, « toutes les églises primitives de Cîteaux ». Cette explication prenait une importance considérable, car ces chevets carrés, on en retrouve dans les Pays-Bas, en Allemagne et même en Italie, à *Santa Maria Novella* et à *Santa Croce* de Florence, à *San Fermo Maggiore* de Vérone et à Rome, dans la très vieille et très curieuse église de Saint-Vincent-et-Saint-Anastase, près de Saint-Paul-aux-trois-Fontaines. Mais, dès qu'on serre la question de près, on s'aperçoit que la construction de ces diverses églises ne coïncide nullement avec l'expansion de l'ordre de Cîteaux. Enfin, il faut attacher moins d'importance encore, pour les églises du Continent, à l'opinion qui voudrait voir dans cette disposition architectonique un effet réflexe de l'influence anglaise[1]. Si la prétention parait acceptable pour Saint-Serge d'Angers et la cathédrale de Poitiers, à l'édification desquelles les Plantagenet ne furent pas étrangers, pour les autres elle est absolument inadmissible ; et comme on ne trouve pour expliquer cette particularité aucune différence de rite, aucune prescription canonique qui l'impose, le champ reste ouvert aux hypothèses.

Cette différence capitale dans le plan n'est pas le seul fait essentiel qui distingue l'*early english* de notre « style ogival primaire ». Nous avons vu plus haut qu'une des préoccupations majeures des architectes

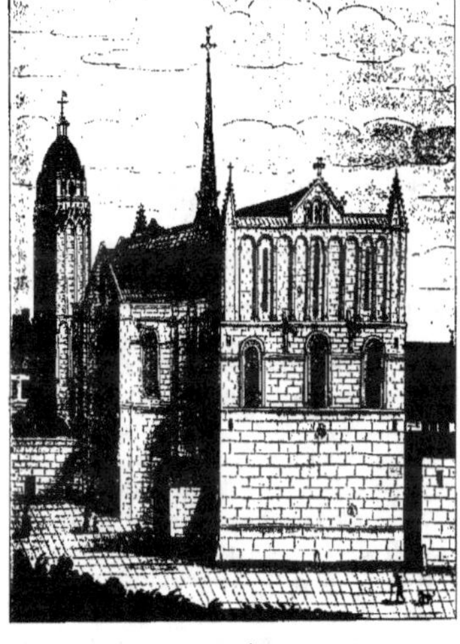

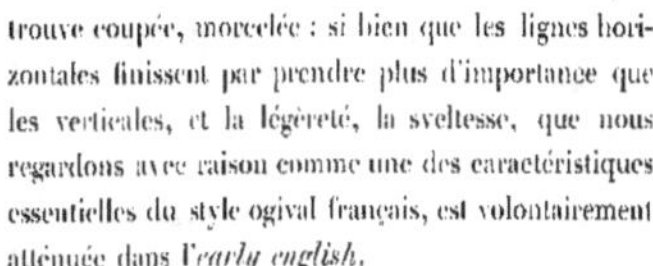

CHEVET PLAT DE LA CATHÉDRALE DE POITIERS.
D'après un ancien dessin de la collection Gaignières.

français était de donner à leurs églises une légèreté, un élancement, une hauteur apparente considérables, et que, ce résultat, ils l'avaient obtenu par l'emploi systématique des verticalités. En Angleterre, il n'en est plus ainsi. Le chœur s'allonge dans de telles proportions que parfois il égale la nef[1], « dont on le distinguerait à peine, comme le remarque Lubke, s'il n'en était pas séparé par un double transept[3] ». Cette extension considérable, augmentée encore par l'adjonction de la chapelle de la Vierge (*Lady chapel*), placée au fond et dans l'axe de la nef principale, imprime aux lignes horizontales une prédominance marquée. La prédominance est encore accentuée par ce fait, que les colonnes et piliers ne se relient pas aux voûtes. La retombée des arceaux porte sur des consoles alignées au-dessus du triforium, ou sur des colonnettes indépendantes des piles. Ces colonnettes, elles-mêmes, sont souvent *baguées*[3]. En sorte que l'ascension des lignes, très remarquable dans les édifices français, où elles partent du fond pour aller ensuite et sans interruption s'épanouir au sommet de la voûte, se trouve coupée, morcelée : si bien que les lignes horizontales finissent par prendre plus d'importance que les verticales, et la légèreté, la sveltesse, que nous regardons avec raison comme une des caractéristiques essentielles du style ogival français, est volontairement atténuée dans l'*early english*.

Enfin, à l'intérieur, l'aspect général est encore alourdi par l'excès d'importance donné à la mouluration des arcades, par l'emploi de chapiteaux ronds d'un médiocre effet, par la disposition des baies du triforium couronnées, comme à Wells, de lancettes égales, ou bien

---

1. Suivant D. Ramée (*Histoire de l'Architecture*, liv. III, p. 85). En 1219, le cardinal Guala Bicchieri, revenant d'Angleterre, où il avait rempli les fonctions de légat, aurait ramené de ce pays un architecte nommé Briginthe, qui aurait construit *Sant'Andrea* de Verceil et donné au chœur de ce sanctuaire sa forme carrée, caractéristique des églises d'Angleterre.

2. Cette même exagération se remarque également à Laon, alors qu'on ne la rencontre ni à Poitiers, ni à Saint-Serge d'Angers.

3. *Études sur l'Histoire de l'Art*, t. II, p. 279.

4. A Reims et à Laon, on trouve pareillement de ces colonnes et colonnettes baguées.

formées, comme à Worcester, d'ogives géminées, dont la succession régulière et ininterrompue ne laisse pas que d'être monotone. Ainsi, quoique né en France et transplanté en Angleterre par des architectes français, le style ogival revêt presque de suite, à l'intérieur, des caractères très particuliers, qui légitiment parfaitement les noms d' « anglais primitif » et d' « anglais décoré », etc., que lui ont donnés les archéologues de la Grande-Bretagne.

Extérieurement, on relève également des modifications très importantes, et qui achèvent d'assigner au gothique anglais sa saveur autochtone. Il suffit de contempler l'église de Salisbury, qui jouit, ainsi que le remarque Vitet, « d'une immense réputation[1] » (et, hâtons-nous de le constater, d'une réputation méritée, car c'est un des édifices religieux les plus grands et les plus complets qu'on puisse voir), pour être frappé de la différence d'aspect. De suite, deux particularités sautent aux yeux : la simplicité et la division des « partis », — qui, distribués en une suite d'étages, attribuent aux lignes horizontales une importance considérable, — et l'absence de toits apparents, ceux-ci étant masqués par de larges crénelages. Si nous en croyons les croquis tracés par Villard de Honnecourt, un certain nombre de nos cathédrales, Reims notamment, furent, jadis, gratifiées de ces amortissements crénelés[2]. Mais ils ont disparu depuis, remplacés par d'innocentes balustrades, et les seuls qui soient demeurés étaient en leur temps des ouvrages défensifs. En tout cas, ils ne masquèrent jamais la toiture, qui, chez nous, bien loin d'être plate, comme en Angleterre, continua — même aux plus beaux temps de la Renaissance — de découper sur le ciel ses énormes combles inclinés. De l'autre côté de la Manche, au contraire, les créneaux ont toujours été particulièrement en honneur, à ce point que ces *propugnacula* couronnent encore aujourd'hui de paisibles maisons de rapport et de pacifiques cottages.

Enfin, deux autres différences moins importantes, mais également caractéristiques, sont à relever : 1° la substitution de tours carrées un peu lourdes à ces belles flèches normandes si gracieuses et si sveltes; 2° la petite dimension des portes, jusque dans les édifices les plus considérables. « En France, écrit M. Lawrence Harvey[4], la porte d'une église, même d'une église de village, fait frontispice. C'est le trait dominant de la façade, auquel le reste de la composition se subordonne. En Angleterre, la porte n'a que les dimensions strictes que nécessitent les besoins pratiques. » Est-elle en façade, comme à Salisbury, à Derby (église de Tous-les-Saints), à Edington, à Bath, etc., la porte est, généralement, écrasée par une immense fenêtre, qui la surmonte, faisant pendant à celle du chœur. En outre, comme les églises anglaises sont rigoureusement orientées, il arrive parfois que la façade d'entrée ne donne pas sur une place publique, mais sur quelque ruelle dérobée, et n'a plus que les dimensions et l'aspect d'une poterne. Nous pourrions, en cherchant bien, noter encore quelques divergences curieuses[5]. Celles-ci suffisent pour montrer que, malgré son importation si loyalement reconnue par les archéologues anglais les plus éminents, le style ogival a revêtu en Angleterre, et presque dès ses débuts, une livrée fort personnelle; que les constructeurs anglais ont fait preuve d'une réelle et sincère originalité, et que le gothique anglais n'est nullement, comme on l'a prétendu, un simple dérivé, un modeste succédané de l'architecture ogivale française.

Avant de quitter l'*early english*, il nous faut même constater sur un point la haute maîtrise et, ajoutons, la supériorité des architectes anglais sur leurs confrères du Continent. A Salisbury, au centre de la salle du Chapitre (*Chapter house*), s'élève une colonne qui revêt la forme gracieuse d'un palmier. Ses branches, en se recourbant, forment, avec leurs immenses et symétriques rameaux, une sorte de vaste parasol, dont les extrémités vont se rattacher à huit autres palmiers, qui s'élancent de chacun des angles de l'octogone. Cette disposition, d'une élégance vraiment féerique, n'est point un fait unique en Angleterre. Les salles capitulaires de Lincoln, de Wells, d'York, en offrent d'autres exemples presque aussi surprenants. On peut encore citer comme des modèles dans ce genre la *Lady chapel* de Peterborough, la chapelle royale de Windsor, l'octogone d'Ely; et si l'on veut bien observer que, pendant la période suivante, celle qu'on appelle *decorated*

---

1. *Études sur l'Histoire de l'Art*, t. II. p. 279.

2. Villard de Honnecourt, *Album*, pl. XXXV et LX.

3. « Autant il est curieux, pittoresque, de découvrir de temps en temps une église sérieusement crénelée, c'est-à-dire garnie de véritables créneaux derrière lesquels on sent qu'un homme d'armes a pu s'abriter et combattre, comme à la façade de Saint-Denis, par exemple, comme à la cathédrale de Narbonne et dans certaines églises des Pyrénées, autant cet incident historique ajoute d'intérêt et de charme au monument, autant l'effet devient mesquin et monotone lorsqu'il se répète à chaque instant et lorsque les soi-disant créneaux ne sont qu'un ornement banal et obligé, qu'on applique à toute espèce de construction. » (Vitet, *l'Art au Moyen Age en Angleterre*, Œuvres, t. II. p. 286.)

4. Lawrence Harvey, *op. cit.*, t. I, p. 165.

5. Voir A. W. Pugin (traduction de L. Delobre), *Types d'Architecture gothique empruntés aux édifices les plus remarquables construits en Angleterre... et représentés en plans, élévations, coupes et détails géométraux.* Paris et Liège, 1851-1867.

english, les voûtes réticulées, particulièrement riches ou, comme à Exeter, les voûtes étoilées compliquées de sculptures, sont fort nombreuses et remarquablement belles, il faudra bien reconnaître que les Anglais, sur ce point, ont excellé et qu'ils demeurent nos maîtres.

Cette nouvelle phase de l'architecture anglaise (le *decorated english*) se perfectionne sous les règnes d'Édouard II et d'Édouard III. On ne peut pas dire que le style se transforme radicalement, car les carac-

A mesure qu'il s'éloigne de son point de jonction avec le style précédent, le *decorated english* subit des modifications importantes. Dès la fin du XIIIe siècle, la transformation prochaine s'annonce par la suppression des chapiteaux, la multiplication des nervures, l'emploi des contre-courbes. « Cette belle architecture, écrit Beredsford Hope, après une trop courte mais très glorieuse carrière commençait à trahir mille indications du style flamboyant, quand, presque soudainement,

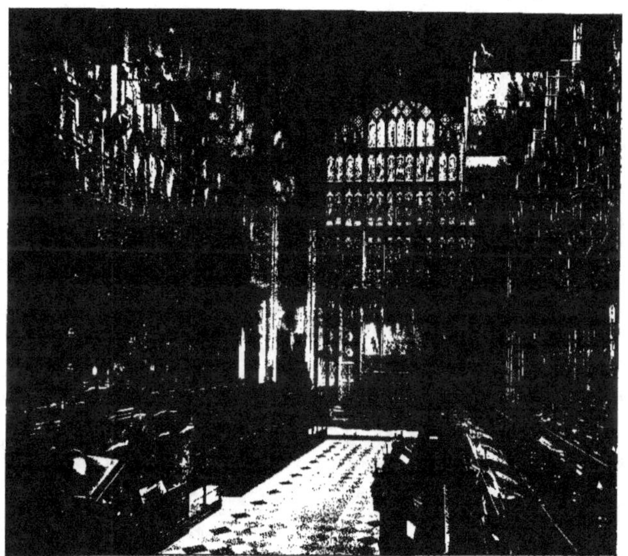

CHAPELLE DE SAINT-GEORGES, A WINDSOR.

tères généraux demeurent les mêmes, mais ils se modifient et s'enrichissent. Les détails se font plus délicats, le dessin est plus fin, le goût plus recherché. La décoration, elle aussi, joue un rôle plus important, et ainsi se trouve justifié le nom du nouveau style[1]. C'est à York qu'il faut le juger. La nef de cette cathédrale, édifiée de 1291 à 1330, et sa façade, qui fut achevée seulement aux premières années du XVe siècle, comptent parmi les chefs-d'œuvre de l'architecture anglaise. On y trouve une saveur de plus en plus britannique.

se développe le style tertiaire (*third pointed*), que Rickman appelle *perpendicular*[2]. » Période brillante, riche, épanouie à l'excès, prodigue de ses décorations arrivées à ce point de souplesse et de délicatesse que la pierre, avec ses ajourements audacieux, peut servir de modèles aux plus souples métaux, — efflorescence d'une opulence sans pareille, très diversement jugée, malgré cela, qualifiée par Louis Gonse de « style flamboyant de mauvais aloi[3] », par B. Hope d' « étrange amas des principes de l'architecture ogivale, fondus et moulés

---

1. Quelques archéologues préfèrent à la désignation de *decorated* donnée à cette période par Rikman, celle de *middle pointed* (ogival intermédiaire), proposée par Hope. Avec ce dernier, la première étape prend le nom de *early pointed* (ogival primitif) et la troisième celle de *third pointed* (ogival tertiaire), désignations qui n'ont pas prévalu.

2. A. J. Beresford Hope, *An Essay on the present state of ecclesiological science in England*, in-8°, the english Cathedral of the 19th century, in-8°, et, du même auteur, *L'Archéologie en Angleterre*, étude publiée dans les *Annales archéologiques*, t. VI, p. 69.

3. Louis Gonse, *L'Art gothique*, p. 312.

à neuf dans des moules de fabrique moderne[1] », alors que Lawrence Harvey s'écrie : « C'est notre seul style national[2] ». Et peut-être est-ce lui qui a raison. Cet amalgame, malgré ce que des juges très sévères appellent des « extravagances bizarres », a produit, en effet, des monuments admirables : la nef de Winchester, la grande tour de Cantorbéry, l'abbatiale de Sherbourne et la surprenante chapelle du Collège du Roi, à Cambridge : créations superbes dont l'Angleterre peut justement être fière. Favorisé dans son épanouissement par le tout-puissant Guillaume de Wykeham, évêque de Winchester, chancelier du royaume et architecte de mérite, il marque, en outre, sa prise de possession de l'architecture anglaise par deux innovations considérables : la charpente en ogive trilobée, dont *Westminster Hall* présente un si magnifique exemple, et la « voûte en éventail » connue dans le monde entier sous le nom de *voûte Tudor*, — innovations et applications qui possèdent une saveur d'autant plus autochtone, que l'Angleterre avait rompu depuis un siècle et demi tout rapport avec la Normandie, et qu'elle était devenue totalement insulaire, — si insulaire que, quelques lustres plus tard, deux hommes également éminents. Collett, doyen de Saint-Paul, et le chancelier Thomas Morus s'en effrayèrent. Ils essayèrent même de réagir et s'adressèrent à leurs amis d'Allemagne, pour que l'Angleterre ne restât pas en dehors du mouvement qui emportait l'Europe dans des voies nouvelles.

Si l'invention de la voûte à charpente trilobée n'a jamais été contestée à l'Angleterre, — quoiqu'on en trouve une du même genre à *San Firmo Maggiore* de Vérone, qui remonte à la fin du xive siècle, — on a cherché à expliquer de diverses façons la création si ingénieuse de la voûte en éventail (*fan tracery*), et notamment par une suite de déductions ayant leur point de départ dans la coupole. Cette opinion, soutenue par Viollet-le-Duc[3], a été combattue par F. de Verneilh à l'aide d'un argument difficilement réfutable, l'absence complète de coupoles en Angleterre et même en Normandie, — argument confirmé par la constatation de ce fait que les voûtes domicales qui apparaissent à Pontorson, à Valognes, à Cherbourg, ne traversèrent pas une seule fois la Manche[4]. Il est donc plus sage de chercher l'origine des « gracieuses voûtes Tudor » dans la multiplication des nervures, qui marqua l'avènement du *third pointed*. Cette multiplication qui, appliquée aux voûtes, avait pour but et pour effet de diminuer l'étendue de chaque pendentif, conduisit, ainsi que l'a démontré R. Willis[5], à l'invention d'une voûte nouvelle, formée de quatre trompes convexes fortifiées et décorées chacune par une gerbe de nervures, entre lesquelles est suspendu un plafond en guise de clef.

La voûte Tudor est donc une création bien anglaise, aussi anglaise que cet *english perpendicular* dont nous chercherions vainement l'équivalent dans le reste de l'Europe. Alors que chez nous, dans les baies comme sur les murailles, les lignes affectent ces ondulations ascendantes qui ont valu au « style flamboyant » son nom caractéristique; en Angleterre toutes les surfaces se partagent par de nombreux meneaux; et ces meneaux, sans souci des lobes qui les accompagnent et des courbes qui les amortissent, s'élèvent d'un seul jet jusqu'aux frises ou jusqu'aux intrados des arcs. — Décoration un peu raide peut-être, mais très originale, et surtout foncièrement personnelle. Et c'est ainsi que des deux côtés de la Manche l'art ogival, parcourant la voie où il s'était engagé, est arrivé à produire ses conséquences logiques et naturelles et, tout en présentant des analogies fatales et indiscutables, a revêtu, cependant, une physionomie assez particulière pour qu'on puisse hautement proclamer que, si l'un des deux pays s'est inspiré de l'autre, du moins il ne l'a pas platement copié.

C'est par ce rapide examen de son évolution hors de France que nous terminerons l'histoire de ce style ogival qui, né sur notre sol, expression de notre état moral, religieux et social, gouverna pendant trois siècles et demi l'esthétique de l'Europe et lui imposa ses formules. — Style foncièrement original, il eut ce rare mérite de ne rien emprunter aux diverses formes de l'Art qui l'avaient précédé, si ce n'est des principes généraux et pour ainsi dire de droit commun imposés par des conditions immuables. « Art du miracle », comme on l'a appelé, il sut appliquer à la réalisation d'un idéal nouveau des moyens d'expression antérieurement ignorés et qui, après quatre cents ans, n'ont rien perdu de leur éloquence. Il renouvela la statique de l'architecture et gratifia les innombrables monuments qui lui durent le jour d'une audacieuse beauté, insoupçonnée jusque-là, et d'une suprême élégance. L'ornementation fut aussi renouvelée par lui; et, s'emparant

---

1. Beresford Hope, *l'Archéologie en Angleterre*, loc. cit.
2. Lawrence Harvey, *l'Architecture anglaise*, dans *l'Encyclopédie de l'Architecture*, t. 1, p. 167.
3. Viollet-le-Duc, *Dictionnaire*, t. IV, p. 109.
4. F. de Verneilh, *le Style ogival en Angleterre et en Normandie*, dans les *Annales archéologiques*, t. XXV, p. 99.
5. R. Willis, *Construction des Voûtes au Moyen Age*, traduit par C. Daly, *Revue d'Architecture*, t. IV.

de la flore de nos champs, des feuillages de nos vergers, il recommença cinquante fois, et sans effort, le tour de force qui avait immortalisé le nom de Callimaque. Jamais, à aucune autre époque, on ne vit un art plus maître de ses moyens se jouer plus sûrement des difficultés les plus ardues et les plus dangereuses. On a pu dire que le premier il pratiqua la stéréotomie, tant la coupe et l'appareil de ses matériaux présente de complications voulues et cherchées, de problèmes insolubles en apparence résolus avec une maîtrise et une aisance incomparables. Il assouplit et dompta non seulement la pierre, mais les métaux et le bois. Sur toutes les branches de l'activité humaine relatives à la plastique, il exerça une influence indiscutée et imprima une marque indélébile. Après l'art égyptien et l'art grec, de tous ceux qui virent le jour dans le bassin de la Méditerranée l'art ogival est le seul qui, par la grandeur de son expression et l'unité de la conception, mérite une place d'honneur. Lui seul fut vraiment créateur. Après qu'il aura pris fin, entraîné par une évolution naturelle, nous assisterons de nouveau en Italie, en France, en Allemagne, en Angleterre, à de brillantes éclosions, qui pourront nous charmer, nous séduire. Le sentiment de la grâce, l'élégance souple et captivante, la grandeur même se retrouveront encore dans les manifestations que nous aurons à analyser ; mais il nous sera toujours facile de démêler dans ces beaux ouvrages des emprunts plus ou moins heureux, des inspirations extérieures, des adaptations plus ou moins légitimes, et nous ne rencontrerons plus jamais une indépendance aussi complète, une logique aussi puissante, une aussi profonde originalité.

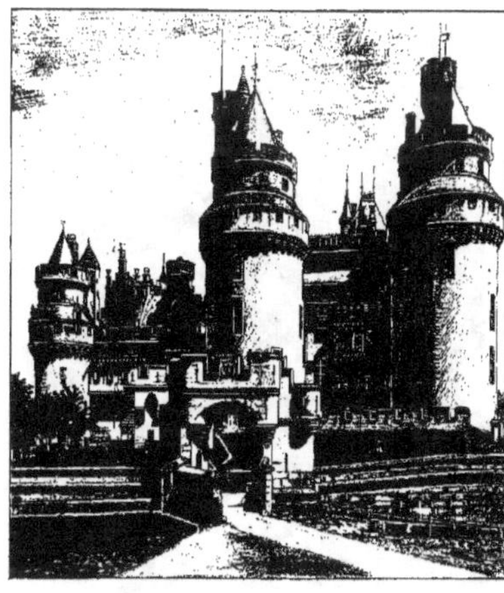

LE CHÂTEAU DE PIERREFONDS. — ÉTAT ACTUEL

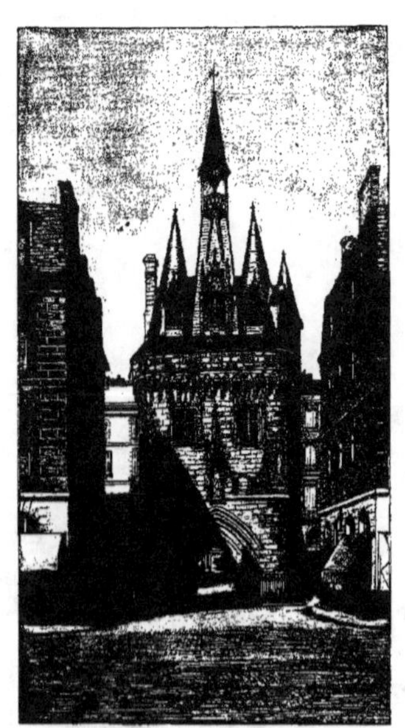

TABLE

pour le placement des gravures hors texte

Col.

TABLE DES MATIÈRES

contenues dans le tome premier

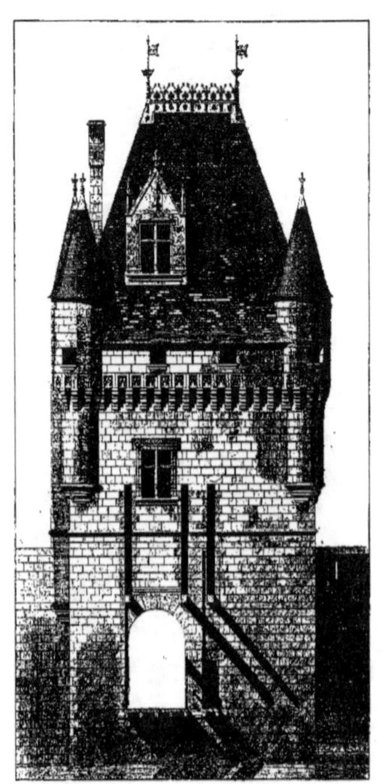

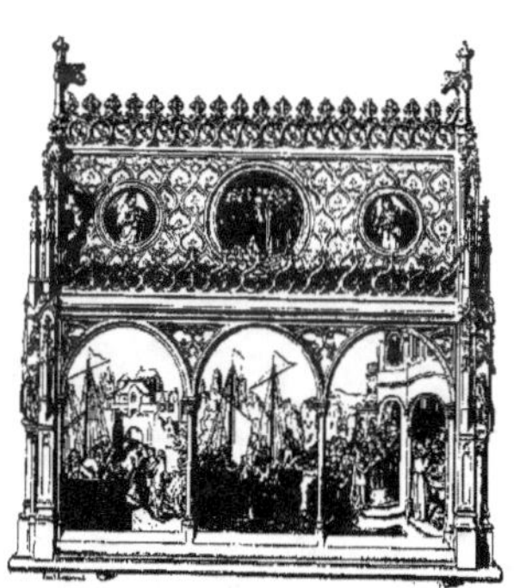